本成果受到中国人民大学 2016 年度“中央高校建设世界一流大学（学科）和特色发展引导专项资金”支持

清代驿站考

刘文鹏 著
LIU WENPENG

人民出版社

目　录

甘 肃

四 川

绪　论　清代驿站概说

置邮而传命，是中国历代王朝解决远距离通信问题，以维护对地域辽阔疆域管辖之不可或缺的因素，在近代通信技术诞生之前，世界各国之国家治理，概莫能外。只是各国疆域盈缩巨大，民族迁徙动荡，其邮传文化难觅踪影，鲜有能亘古不变者。唯有中国，驿站建设，陈陈相因，邮驿制度，一脉相承。驿传网络的主要功能就是在古代王朝中央和地方之间，即全国的权力中心——国都与各地方的权力中心之间，建立一个有效的信息联络方式，如此才能令行禁止，天下响应。

一、清代驿传与多民族统一国家的构建

驿站之建设和驿传网络的形成，与全国权力中心的地理位置，以及政治权力的地域分布有密切联系。一个朝代的驿传网络的形成及其分布特点，取决于该朝代对统辖区域如何划疆治理的地方行政制度。作为一个“大一统”的国家，自古以来，中国的权力中心即首都几经变迁。自三代以至隋唐，一统帝国的政治中心一直在关中的长安和中原的洛阳之间来回移动，分裂时期则又有金陵、杭州、开封等地先后为统治者所倚重。唐代以后，由于北方民族的发展和强大，北京这座古老但又一直被视为边陲之地的城市，因为其得天独厚的地理位置，开始在政治权力的地域分配上扮演越来越重要的角色。而自元代开始，北京作为大一统国家的首都，成为最重要的政

治中心。中国的首都第一次从黄河流域、长江流域这两个经济发达之地,转移到汉唐时期远离富庶地区的边陲之地。政治中心的北移带来的是中国内部地缘政治的巨大变化,交通与邮政格局开始过渡到以北京为核心的体系上。

自定鼎燕京,清朝经过几代皇帝几十年的苦心经营,四处用兵,直接控制的疆域比明代大大扩展。清代以驿站为构架的驿传系统在范围上已经大大超过明代,驿、站、台、塘也像触角一样由行省区沿各个方向向边疆地区延伸,使边情上传、政令下达,在统一国家信息流动、资源调配、人员往来方面具有不可替代之作用。中央统治力量借此输往帝国的各个角落,最终完成"大一统"帝国的重新构建。从清代驿传体系的发展来看,它同时吸收了元明两代在边疆地区和内地行省区两种不同的基因。明代在各行省所建立之水马驿系统,成为清代行省驿站的基本构架。清代承袭这一系统,并根据行省制度的调整而略作修改。而在蒙藏边疆地区,清代充分借鉴了元代的驿站制度。相对于内地的"驿",蒙古地区多称为"站""台","站"字本身也来自于蒙古语。而且,在驿站里程设置、差役制度、财政制度等各个方面,清代对边疆地区的台站管理与行省地区相比,大大不同。

清代驿传系统的发展过程大致分为三个阶段:第一阶段,从清朝定鼎北京到康熙平定三藩之乱,主要集中于对行省区原明代驿传系统的改造;第二阶段,从平定三藩到廓尔喀之役的胜利,是清代大力发展边疆驿传系统的时期,整个边疆地区的驿传系统借助于战争的推动得以全面建立;第三阶段,清末光绪时期,为应付诸多新的政治、军事事务而在某些地区扩充驿传系统。

从功能角度讲,清代的驿传体系集信息传递、官员接待、物资运输三种功能于一身。信息传递代表着中央政令的下达和地方情况的上传;官员接待意味着中央政令的执行、军政力量的调遣等;至于交通运输、物资转运,更是涉及战略布局的重要因素。这三种功能都是清朝中央获取各地信息,并向各个地区投放、输出军政力量,实现有效统治的方式。所以当时的驿传绝非仅仅是交通问题,而是关系到帝国开拓、安全和稳定的重要战略因素。

（一）对多民族国家统一战争的支撑作用

清代边疆驿传的发展常常以战争为契机，并直接影响到战争的胜败。康熙三十一年（1692），康熙帝下令安设内蒙古五路驿站，喜峰口外十五站，古北口外六站，独石口外六站，张家口外八站，杀虎口外十二站。这些驿站将从长城沿线向北延伸，直至草原深处，连通内蒙古各部。

康熙帝在这个时间安设内蒙古五路驿站包含着一个深刻的历史背景，那就是与蒙古准噶尔部的战争。康熙二十九年（1690）七月底，在离北京约500多公里的乌兰布通，清军遭遇挥师东进的蒙古准噶尔部首领噶尔丹。经过一场恶战，数万清军受挫，连康熙帝的舅舅佟国刚也身殁此役。惨重的失败使康熙帝认识到与准部争夺北方草原霸权的斗争将持续下去，为此必须构建长远的防御体系，稳步推进，而保证指令畅通、后勤补给运输顺利将是决定未来战争胜败的重要因素。内蒙古五路驿站就是在这一背景下设置的。

乌兰布通之战八年后，清、准大战再次展开。由于五路台站设置后，大量军队和军事物资源源不断地输往前线，清军拥有了有力的后勤支撑，很快将战线推进到喀尔喀蒙古地区，并主动出击、深入大漠深处寻找准部主力作战。康熙三十七年（1698），当双方在昭莫多遭遇时，清军终于大获全胜，尽雪前耻，准部主力被击垮。

此战之后，准部势力离开喀尔喀蒙古，退回新疆，而清军和清军的台站则尾随而至。根据范昭逵《从西纪略》的记载，康熙五十八年（1719）八月，朝廷派兵部尚书范时崇安设自杀虎口至喀尔喀蒙古、跨越大漠的北路四十七处台站，即阿尔泰军台的雏形，这就是北路。雍正十一年（1733），清朝组建乌里雅苏台大营，北路台站再次调整。自张家口至乌里雅苏台军营，凡四十七台，十六腰站。到乾隆十九年（1754），随着台站的延伸，北路大军稳定地据有科布多，与新疆仅有阿尔泰山一山之隔。而经陕西、甘肃进入新疆的驿路被称为西路。

台站是否畅通还影响着战争的进程。乾隆十九年，乾隆帝决心再次用兵准部。文武大臣大部分反对，主要理由是距离太远，台站和后勤补给需要长期筹备。乾隆帝力排众议，派军轻装西进，以图速战速决，其间虽然不是一帆风顺，但最终平定了此百年之患，台站运转得力使得文报往来神速、信息畅通无滞在其中起到了很重要的作用。

（二）构建边疆战略防御体系中不可或缺的因素

在清代边疆地区的军事防御体系中，驿传常常扮演着重要角色，康熙时期在黑龙江流域反击、防御沙俄的成功就是一例。

沙俄的侵略势力自顺治初年就已延伸到中国的东北。由于一直忙于平定全国以及后来的三藩之乱，清朝无暇北顾，所以直到康熙初年，清朝在东北的统治力量仍然非常薄弱。黑龙江流域的镇守由千里之外的宁古塔将军负责，驿站之设更无从谈起。在后勤补给和军报传送非常困难的情况下，每次沙俄骚扰边境时，清军总要奔波千里，劳师袭远，只求速战速决，东北边陲之患自然难以根绝。

平定了三藩之乱后，康熙帝着手于以长远之计来解决东北的边防问题。康熙二十一年（1682）八月，康熙帝派郎谈、彭春以围猎为名，探测雅克萨城的虚实和黑龙江沿岸的水陆路程，准备设立从吉林城到黑龙江沿岸的台站。驿站设置方案，不仅关系到兵力调派、后勤补给问题，也关系到文报传递、战争指挥问题。对于黑龙江驿站的设置，康熙帝一直有一种"建长久之计，不狃于目前之见"的思想，不但要为当时反击沙俄的战争服务，而且还将驿站之设与以后长期防御沙俄相联系。

康熙二十三年（1684）二月十四日，康熙帝派郎中保奇等人着手设立吉林到黑龙江沿岸的驿站。战略据点的选择是影响驿站路径的首要因素。清政府经过多方考虑，最终将爱珲（即黑龙江城所在地，今瑷珲）作为黑龙江沿岸的驻防地。此后，黑龙江城成为进攻雅克萨城的军事基地，并一度成为清朝镇戍黑龙江流域的核心力量所在。之后，清朝又以白都讷、吉林等几个战略要地为核心，构建台站道路，支撑军队调遣、战略物资转运和军报传递。在后来的两次雅克萨之战中，清军无论是快速出击，还是对俄军的长期围困，都得益于台站畅通和供给不断。

（三）关系边疆地区的安全和稳定

清代的边疆驿传不仅为战争提供有力保障，即使在承平时期，也是关系到边疆地区稳定和安全的重要因素。乾隆皇帝曾将驿传视为向西藏地区施放统治力量的主要载体，甚至不惜为此大动干戈。

修建通往藏区的驿路，唐宋时期就有，元代最盛，但真正实现对驿传的稳定管辖和控制的还是在清代。清朝设置通往藏区的驿传始自康熙时期，当时入藏驿路有二，南路经四川入藏，北路经青海入藏。康熙时期也曾试图建立由云南入藏的官方驿路，因难度太大而放弃。康熙五十五年（1716），准噶尔蒙古趁西藏内乱之机，派兵侵入拉萨，控制西藏。为维护国家统一和稳定，康熙五十七年（1718），康熙帝派皇十四子允禵为抚远大将军，督率大军，从青海、四川两路用兵，最终击败准噶尔军队。西藏的驿传也就以此为契机逐渐建立。

承平之时，西藏驿传所有兵丁的选派、台站的保护都由驻藏大臣直接管理。但驿站的后勤供给，需要的夫役、牛马雇佣，则依赖所在的各地藏人头目牒巴办理。牒巴负责各地钱粮赋税的征收，驿站所需要的人力、财物也在他们的掌握之中，但牒巴又听命于负责西藏行政事务的噶隆，而这在某些特殊时期会对驻藏大臣管驿权产生严重制约。乾隆十五年（1750）西藏贵族珠尔默特那木扎勒发动叛乱，其措施之一是下令巴塘、里塘一带的牒巴撤去对驿站的供应，这使从打箭炉到拉萨的驿站、塘汛立刻陷于瘫痪，文报阻断，连乾隆帝的上谕也无法送达拉萨。直到叛乱平定，在继任的藏族头领班第达的组织下，驿传才得以复通。

平叛之后，乾隆帝对藏人制约驿传、驻藏大臣无计可施的情况仍然心存顾忌。他在上谕中指出，最重要的事就是保证政令畅通。清朝下令把西藏各地牒巴的任免事务、驿站管理、向中央奏报事务等都归达赖喇嘛与驻藏大臣协商办理，并将这些内容写入《西藏善后章程》。这种人事权的重新划分，目的是保证清朝对藏区台站的有效控制，使之能够为清朝的军政事务提供服务。四十多年后，在驱逐廓尔喀的战争中,乾隆皇帝仍然强调这一点。

康熙帝晚年时曾说:“我朝驿递之设最善,自西边五千余里,九日可到,荆州、西安五日可到,浙江四日可到。三藩叛逆吴三桂,轻朕乳臭未退,及闻驿报神速,机谋远略,乃仰天叹服曰:休矣,未可与争也。”(《康熙起居注》,第 2459 页)字里行间透露出他对边疆驿传发达的自豪之情。清朝帝国疆域辽阔,民族复杂,即使边远疆域,其统治力也能通畅到达,驿传之完善功不可没。

二、清代驿站状况简析

本书所考证之驿站,以嘉庆《清会典》《清会典事例》为准。清代作为中国的最后传统王朝,共设置 2063 个驿站,其既承袭明代在行省区的驿站制度,又将蒙藏边疆地区的台站基因纳入其中。

据嘉庆《清会典》载,清代的驿站系统分为驿、站、塘、台几类,所具功能、分布地区及管理方式各不相同。1. 各省腹地及盛京地区所设为驿。2. 军报所设为站,主要指西北两路军报专线,一路由京师向北出张家口接阿尔泰军台之间所设为站,另一路由山陕、甘肃北部向西出嘉峪关,可接新疆军台。而由直隶至内蒙古至喜峰口、古北口、独石口和山西杀虎口以外,至内蒙古六盟四十九旗,沿途均设站,由理藩院所派司员章京管理。吉林、黑龙江也设站。3. 塘,则专设于甘肃安西州、新疆哈密厅、镇西厅三处,专门出入文报。光绪时期,新疆建省后,裁撤哈密、镇西两处军塘,唯安西军塘仍然保留。4. 台,专设于西北两路。北路出张家口至阿尔泰、乌里雅苏台、科布多地区,均为台。其中张家口外共四十四台,称阿尔泰军台,专设阿尔泰军台总管(后改为都统)管理,下设张家口章京和赛尔乌苏章京分段管理,坐台章京由理藩院派出。其余军台分别归乌里雅苏台将军和科布多参赞大臣管理。

清代驿站分为水陆两类,水路驿站主要分布在由北京到江、浙一带的运河沿线,然后溯长江而上,经安徽、江西,直至湖北、湖南,均有水驿与陆驿并行,设置各种船只、排夫、水夫等。在一些重要城市如苏州、杭州、南京、武汉等,均有水陆两个驿站。另外,在广东、广西地区也设有水驿。陆路驿站根据冲僻不一之状况，决定设置马匹、夫役、车辆等的数量，冲途大驿，驿马数量在百匹左右，偏远驿站则仅有一两匹马。驿马的数量决定驿夫及相应人力物力的配置数量。但在如福建等一些多山省份，由于道路过于崎岖，很多地方无法用马，只能用以人力。驿站间距离，行省区多按照明代制度，以 60 里为准。而在塞外蒙古地区，驿站距离多在 100 里左右。

《清会典·置驿》共四卷，按照行省及塞外将军大臣的行政辖区分列全国各地驿站及其夫马差役的设置状况，作为国家财政支出的主要依据。《清会典·驿程》阐明由京师至各地的驿路干道。这两部分有一些出入，并不能完全对应。原因有二：一是行省区的很多驿站属于偏僻小站，并不在驿路的主干道上，仅供省际之间或省内使用；二是在一些特殊地区的驿站在驿程之中却不在置驿之列，如云南缅甸边境很多驿站，专为驻军服务，财政开支由军方提供，不列入各省地方财政。而西藏更为特殊，清代有青海、四川入藏两条驿路，进入西藏境内的台站，虽归驻藏大臣管辖，但其夫役马匹差役等均由西藏当地提供，称为“乌拉”，并不列入国家财政开支之列，也就没有进入“置驿”范围。

清代国家每年投入到驿站上的经费约计 300 万两白银，这并不涵盖蒙藏边疆地区那些自备夫役的台站，也不包括军方在一些特殊时期、特殊地区用专门经费所设驿站，以及各省各县在国家规定的驿站经费之外贴补其中的费用。若把这些都算上，按照清朝雍乾时期每年大概 5000 万两的财政收入计算，驿站一项开支大概能占到国家财政收入的 10%。无论如何，都是一笔巨大开销了，证明传统国家在远距离获取信息、调拨资源，以便维持“大一统”方面所付出的巨大成本。故在中国走向近代化过程中，邮政改革首当其冲，呼声亦最高，也比较成功地开启了向电报、邮政等近代化事业的转变。

三、《清代驿路图》说

本书卷首彩图《清代驿路图》，为嘉庆二十五年（1820）的清代全国主干驿路图，有三个问题说明如下：

（一）清代的驿站以京师为中心向五个方向延伸

1. 东北方向

由京师向东北经直隶的通州，然后经山海关，沿辽西走廊到达盛京城，由盛京城向北经开原可以到达吉林城。由吉林城向西北经白都讷、齐齐哈尔，到达黑龙江畔的瑷珲城。将盛京、吉林、黑龙江三将军的辖地联为一体，又向西可以延伸至内蒙古，向南通至朝鲜，向北至俄罗斯边界。

2. 东南方向

由北京向南从直隶的涿州涿鹿驿分道东南经河间、景州进入山东，到达德州，由德州再向南分两路贯穿山东全境，一路从宿迁进入江苏，沿山阳、高邮、京口方向到达苏州；再由苏州分道向南进入浙江境内，到达杭州，再由杭州分道西南，经兰溪、上航进入福建；又经建阳、南平到达福州；又经福州分道而西经清流、上杭等地进入广东潮州的饶平。另一路从江苏的铜山县沿宿州、凤阳方向到达江宁；途间从凤阳分道西南，经合肥、桐城到达安庆；再由桐城分道入江西境到达南昌；由南昌又可分两路，一路向东南进入福建，另一路向南进入广东。

光绪《清会典事例》卷 696：康熙六年（1667）题准："差往江宁、安庆、江西、广东者，由山东中路；淮安、扬州、京口、苏州、松江、福建、浙江者，由山东东路；均于勘合火牌内明白填注，不许枉道。"

3. 中南方向

从北京向西南经保定、正定、邢台、大名、磁州进入河南安阳，可由安阳分道而西到达开封，主线则由安阳向南在新郑分为两路：一路经信阳进入湖北，到达武昌；再由武昌向南入湖南境到达长沙；可由长沙分道而南经郴州进入广东，至广州。再，西至广西，东至福建。亦可由长沙西南经湘潭、衡阳、广西全州到达桂林。

光绪《清会典事例》卷 696：顺治十五年（1658）题准："公务差往……湖北、湖南、广西、云南、贵州者，由河南路。"

4. 西南方向

从北京向南由正定分道西南经井陉直达太原，又向南经平遥、临汾、陕西的潼关,到达西安;由西安分为南北两道,向南经咸阳的渭水驿、宝鸡县驿等地贯穿陕境,入四川,再经剑州、绵州等地到达成都。由成都分道西北经打箭炉、里塘、巴塘等地进入西藏。

又,沿中南方向的河南、湖北一线,经新野、襄阳、公安,入湖南境,经澧州、桃源、芷江等地进入贵州,贯穿贵省全境后,到达云南。

光绪《清会典事例》卷 696:顺治十五年(1658)题准:"公务差往……陕西、甘肃、四川者,由山西路;均于勘合火牌内明白填注,不许枉道。"

5. 西北方向

从京师向西北分为两路军可进入新疆伊犁、喀什噶尔。所谓北路者,由京城向北,出张家口,向北经内蒙古、阿尔泰军台、乌里雅苏台军台、科布多军台,可与新疆的塔尔巴哈台的台站相接。所谓西路者,由京城向南经山西、陕西,由西安分道西北入甘肃境,经华亭、安定等地到达兰州;再由兰州向西经平番、张掖、肃州,过嘉峪关,再经安西入新疆哈密境,再至伊犁、喀什噶尔。

另外,又有专门的捷报处专线,由京师向北经回龙观,缘长城以南,越直隶、山西、陕西、甘肃到达嘉峪关,与从兰州方向过来的驿站相接,然后进入新疆各地。见后文详述。

(二)清代的水路驿站

清代承袭明代,构建了以运河航道为主干的水路驿道,由京城之东的通州沿运河南下,可至山东、江苏苏州和江宁、浙江、安徽、江西、湖北、湖南各省省城。其路线里程如下:

由皇华驿经水路至江宁共 2861 里,40 里至通州潞河驿,85 里至通州和合驿,70 里至武清县河西驿,60 里至武清县杨村驿,60 里至天津县杨青驿,75 里至静海县奉新驿,90 里至青县流河驿,70 里至青县干宁驿,70 里至沧州砖河驿,70 里至南皮县新桥驿,70 里至吴桥县连窝驿,70 里至德州良店驿,70 里至德州安德驿,70 里至德州梁家庄驿,90 里至武城县甲马营驿,70 里至临清州渡口驿,70 里至临清州清源驿,60 里至清平县清阳驿,60 里至聊城县崇武驿,90 里至阳谷县荆门驿,60 里至东平州安山驿,60 里至汶上县开河驿,

90 里至济宁州南城驿，80 里至鱼台县河桥驿，120 里至沛县泗亭驿，110 里至峄县万家驿，90 里至邳州赵村驿，120 里至宿迁县钟吾驿，621 里至仪征驿（与旱路同），100 里至江宁府上元县龙江驿。（由仪征驿分道，至苏州元和县姑苏驿）

由皇华驿经水路至杭州共 3531 里，3141 里至元和县姑苏驿，390 里至杭州武林驿。

由皇华驿经水路至安庆共 3421 里。2861 里至江南上元县龙江驿，120 里至当涂县采石驿，80 里至芜湖县槽港驿，90 里至繁昌县荻港驿，60 里至铜陵县铜陵驿，90 里至贵池县贵池驿，120 里至怀宁县同安驿（安庆）。

由皇华驿经水路至南昌共 4081 里，3421 里至怀宁县同安驿（安庆），90 里至东流县驿，120 里至彭泽县龙城驿，90 里至湖口县彭蠡驿，90 里至南康府星子县驿，270 里至南昌县南浦驿。

由皇华驿经水路至武昌共 4321 里，3721 里至江西湖口县彭蠡驿，60 里至德化县浔阳驿，180 里至蕲州蕲阳驿，180 里至黄冈县齐安驿，50 里至黄冈县李坪驿（由李坪驿分道，130 里至罗田县驿，130 里至蕲水县巴水驿，50 里至蕲水县浠川驿，80 里至蕲州西河驿，60 里至广济县广济驿，60 里至广济县双城驿），70 里至黄冈县阳逻驿，60 里至江夏县将台驿（武昌）。

由皇华驿经水路至长沙共 5811 里，4321 里至江夏县将台驿，220 里至嘉鱼县在城驿，240 里至巴陵县青冈驿，180 里至湘阴县在城驿，120 里至长沙县长沙驿。

据台北故宫博物院藏《岳州至龙州驿铺图》，自明代开始，由湖南岳阳，又专门水路可至广西龙州，即由岳阳向南溯湘江经长沙，如广西境，经过灵渠进入漓江，亦即进入左右江水系。再向南可至龙州、安南边界。向东可至广东。

（三）清代捷报处专线

所谓捷报处专线，所经过地方台站密集，距离较短，可保证传递速度较快。这些台站分布在长城沿线南侧地带，皆为明代九边军堡、驿站旧地。有明二百多年，九边军镇设置完备，自东向西，每 50

里左右置一军堡,东西延绵不绝数千里。台北故宫博物院藏有《北方口外图》《九边图》等,可以看到边墙南侧数十里宽的地带军堡之设,栉比鳞次,密密麻麻,可知明太祖、太宗为防御蒙古,用心之深,用力之笃。由是,直隶、山西、陕西、甘肃北部边墙一线,军堡呼应,台站相接,边境险要之地渐成通途,与京师声息相应,遥制数千里。清代收服内外蒙古,以为屏藩,故明长城九边军镇逐渐改为州县厅,处理民政。然因其地势险要,亦多有驻军把守,故有此军机专线台站之设,使清朝得以开疆拓土,遥制万里,前线戎机,尽收案头,实乘前明之便利也！故明有此险要地势之利,而太祖太宗后世子孙竟不能守,诚可叹惜也！

此捷报处专线,至光绪时期仍在使用。据光绪《清会典事例》卷688载:"道光四年奏定:军机处交寄西北两路将军大臣加封书字,及各处发京摺奏,均由军站驰递。西路自昌平州回龙观军站起,经由山西天镇县枳儿岭军站,陕西榆林县榆林军站,甘肃灵州花马池军站,至肃州直隶州酒泉军站,出嘉峪关,北路自昌平州回龙观军站,至宣化县宣化军站,出张家口。其内外各衙门与西北两路将军大臣往来应行马递公文,均由驿站驰递,西路自良乡县固节驿起,经由山西平定直隶州甘桃驿,陕西潼关厅潼关驿,甘肃泾州直隶州安定驿等处,至肃州直隶州酒泉驿,出嘉峪关,北路自昌平州州驿,至宣化县宣化驿,出张家口,不得由军站驰递,如混行签发者,照例议处。"

捷报处专线里程如下:

自捷报处由台站至伊犁9245里,30里至回龙观站,40里至昌平本城站,25里至南口站,20里至阴凉崖站,25里至青龙桥站,30里至榆林站,25里至怀来县本城站,30里至土木站,30里至东八里站,30里至鸡鸣站,30里至响水站,30里至宣化县本城站,30里至沙岭堡站,30里至左卫站,30里至太平庄站,30里至怀安县本城站,30里至山西省天镇县枳儿岭站,30里至阳高县东三十里铺站,30里至阳和站,30里至王官人屯站,30里至大同县聚乐堡站,30里至大同县东三十里铺站,30里至大同县本城站,30里至绣女村站,30里至怀仁县怀仁城站,40里至薛家庄站,40里至盐丰营站,30里至山阴县岱岳站,30里至朔州上西河站,30里至马邑城站,40里至朔州本城站，35 里至梨园头站，25 里至神池县大水口站，25 里至神池县本城站，40 里至义井村站，30 里至仁义村站，30 里至五寨县三岔堡站，30 里至韩家楼站，20 里至河曲县李家沟站，20 里至沙泉站，10 里至红崖站，30 里至保德州年延村站，30 里至东关站，15 里至陕西省府谷县石嘴头站，25 里至孤山站，40 里至镇羌站，40 里至神木县永兴站，20 里至三塘站，30 里至神木站，30 里至解家站，30 里至柏林站，40 里至高家站，40 里至榆林县建安站，40 里至牛角湾站，40 里至常乐站，30 里至榆林站，40 里至归德站，40 里至怀远县响水站，40 里至波罗站，40 里至怀远站，40 里至刘家土□瓜站，30 里至芦沟站，30 里至靖边县黑河站，40 里至石渡口站，30 里至丢哥子井站，30 里至沙头站，30 里至红柳滩站，30 里至定边县宁条梁站，30 里至三十里井站，30 里至安边站，40 里至砖井站，40 里至定边站，60 里至甘肃灵州花马池站，30 里至永兴站，30 里至兴武站，30 里至毛卜站，40 里至清水站，40 里至红山站，30 里至横城站，15 里至宁夏县张政站，15 里至魏信站，30 里至王洪站，20 里至叶昇站，20 里至宁朔县适中站，20 里至大坝站，40 里至广武站，30 里至中卫县渠口站，40 里至枣园站，40 里至石空寺站，30 里至胜金站，30 里至镇罗站，30 里至中卫站，40 里至沙坡站，40 里至长流水站，40 里至一碗泉站，30 里至三塘水站，40 里至石梯站，30 里至营盘站，30 里至天涝坝站，30 里至白墩塘站，50 里至红水站，40 里至平番县俄卜站，30 里至裴家营站，30 里至大靖塘站，30 里至古浪县关王庙站，30 里至夹山岭站，40 里至土门堡站，30 里至圆墩子站，30 里至达家寨站，30 里至武威县大河站，30 里至武威站，30 里至西三十里铺站，20 里至怀安站，40 里至柔远站，40 里至永昌县东三十里铺站，30 里至永昌站，30 里至崇冈铺站，30 里至水泉堡站，30 里至定羌庙站，30 里至山丹县硖口站，40 里至新河站，40 里至山丹铺站，20 里至西二十里铺站，30 里至东乐站，30 里至仁寿站，40 里至张掖县甘泉站，20 里至二十里铺站，30 里至沙井站，20 里至沙河站，20 里至广屯站，20 里至抚彝站，15 里至双泉站，20 里至高台县高台站，20 里至安定站，25 里至黑泉站，20 里至花墙站，30 里至深沟站，30 里至盐池塘站，40 里至双井站，40 里至肃州黄泥堡站，20 里至临水站，20 里至腰墩站，20 里至酒泉站，25 里至丁家坝站,45 里至嘉峪塘站,40 里至玉门县黑山湖台,50 里至惠回堡台,30 里至火烧沟台,40 里至赤金湖台,40 里至赤金硖台,90 里至大东渠口台,50 里至安西州三道沟台,90 里至布隆吉台,90 里至小湾台,80 里至安西台。

（由安西至伊犁均与驿程同,南至喀什噶尔,亦均与驿程相同。）

京师

兵部会同馆置皇华驿

嘉庆《清会典事例》卷528《置驿一》:“兵部会同馆置皇华驿,辇马四十四匹,驿马六百五十匹,马夫四百名,车一百五十辆。”

案:兵部会同馆,在今北京市东城区王府井大街。《日下旧闻考·兵部》谓:“会同馆在大兴县王府街,明永乐六年改顺天府燕台驿为之。今为在京牧养驿马之所,有馆大使”。《光绪顺天府志》“兵部会同馆”注:“至明之诸馆皆废,惟大兴县东王府街会同馆,专属兵部,犹永乐时旧馆也。”《清史稿》卷114:“会同馆管理馆所侍郎一人,本部侍郎简派。满、汉监督各一人,司员内补授。典京师驿传,以待使命。”

清初派兵部侍郎一员稽察馆所事务,一年奏换一次。下设监督,负责会同馆皇华驿驿马饲养、派拨之事。清初,监督之职仅设一员,从兵部满族司官中遴委。顺治八年(1651)将兵部馆所监督改为三年一次更代。乾隆十八年(1753),增设汉人会同馆监督一员,与原来的满族监督协同办理会同馆的马匹喂养事务,从兵部的汉人司官内拟定正陪引见补用。乾隆四十九年(1784),又将皇华驿满汉监督三年更换改为一年更换一次。

会同馆监督掌管皇华驿的日常事务。首先是负责驿马喂养及马匹车辆调拨,经管所有岁需夫马车及各项钱粮,每季将应用数目,造报车驾司核明,具稿请咨户部支领。会同馆皇华驿设驿马五百匹,马夫二百五十名;驿车一百五十辆,车夫一百五十名,其马匹喂养、车辆修缮、夫役米廪等所有开销,都由会同馆监督向户部奏销。其经费来源一则由户部拨给,二则又在直隶的三十二个州县中置典田地三百多顷,每年可得租息四千八百八十八两,由地方官员负责征收,然后汇解到会同馆,作为喂养马匹的津贴。[①] 其次是应付官、役驰驿者差使;清朝中央各部院的文报传递、官员奉差出行,均持勘合或火牌从会同馆皇华驿领取行营的马匹车辆,会同馆监督每日根据勘合、火牌的数量规定,为捷报处传递文报、官员出行调拨马匹车辆。第三是负责马匹的登记、买补事务。皇华驿马匹由会同馆监督于每年春秋二季烙印登记,由兵部车驾司每季度检查验看,又由兵部尚书每年春、秋二季亲自查验。

会同馆监督每年轮换一次,每次交接时,由管理会同馆的兵部侍郎检查所有马匹车辆等是否足额。[②]

又案:清代在京师紫禁城东华门外设捷报处,"掌接驰奏报之折而递于宫门,凡军机处寄信、批折皆加封而交发焉。"[③]捷报处隶属兵部,由兵部委派的郎中、员外郎、主事、笔帖式组成,人员无定额。凡皇帝批示后的奏折或谕旨由军机处交给捷报处,捷报处负责钉封,并加盖兵部印封,装入夹板,由兵部差官送往驿站驰递。所以,捷报处是清朝密谕、奏折等机要文报的收发机关。

嘉庆《清会典事例》卷568,嘉庆十年,又奏准:"各部院衙门钉封公文,均系各该衙门应行慎密之事,关系紧要,始行钉封,交兵部发驿驰递。应仍令各该衙门照旧钉封后,交兵部再加夹板包固,黏贴印花,签发火票驰递。至军机处交发事件,仍由军机处固封,交兵部捷报处加具钉封,再用夹板包固黏贴印花发递。其每岁需用夹板绳纸等件,行文户、工二部,豫期支领备用。"

嘉庆十五年奏准:"军机处交发各省加封书字,由军机处固封。交兵部捷报处加具钉封,用皮纸油纸包封,黏贴印花,再加黄布总封,复黏贴印花,棉纸包裹将夹板拴缚妥,发驿驰递。其报匣亦一律办理。兵部每年需用夹板绳纸黄布,豫期行文户、工二部支取备用,岁底奏销。"

---

① 光绪《清会典》卷51。
② 光绪《清会典事例》卷703。
③ 光绪《清会典》卷51。

直隶

一、直隶地理概述

清代直隶一省的建制曾几经变更。清顺治初，置总督一于宣大(驻山西大同，顺治十年即1653年裁)；巡抚三：顺治(驻遵化，辖顺天、永平两府，康熙初裁)、保定(驻真定，辖保定、真定、顺德、广平、大名、河间六府，顺治十六年即1659年裁)，宣化(驻宣府镇，辖延庆、保安二州，顺治八年即1651年裁)。顺治十六年(1659)，改为直隶巡抚，次年移驻真定。康熙八年(1669)复移治保定，为直隶省治。雍正二年(1724)复改总督。雍正乾隆以后，逐渐在今河北的承德、张家口地区、内蒙古等地设置州、县，划属直隶，直隶省辖境日扩，共有11府：顺天、保定、正定、大名、顺德、广平、天津、河间、承德、宣化、永平，还有6个直隶州：遵化、易、冀、赵、深、定。[①]

作为环卫京都的畿辅重地，直隶战略地位总是与国都的选择紧密联系在一起的，因为在古人看来，直隶的地理形势，涵盖了自古以来选北京为国都的所有原因。无论是最早的燕国，还是后来的辽、金、元、明各朝，以北京为国都的原因无不是因为看重北京险峻的地理位置：北靠燕山，以据长城，西临太行，东、南方向则为广袤无垠、物产丰富的华北大平原，并与富饶的齐鲁之地接壤。北险南平，北荒南富，正因为有了直隶南北各地的呼应，才使北京在历史发展的长河中一再被选为首都。清初的地理学家顾祖禹就认为元明两代之所以选择北京为国都，除了险峻的地理环境外，还有京师以北的大宁、东胜、辽阳、开平等地可以为京都的行援之地，恰如汉唐长安之有河西、朔方之地。明代之所以京师不稳，就是因为失去了北方的那些

① 《嘉庆重修一统志》卷5直隶，见《四部丛刊续编·史部》，上海书店1984年。

行援之地,“乃坐而自削,有日蹙百里之讥,无乃与都燕之初意相刺谬乎”?① 所以,直隶位置之重要,莫过于是因为京师是与直隶一省融为一体的。

然而,顾祖禹却认为应该像汉唐时期那样以关中为京师之地,他不赞成以燕赵之地作为国都所在地,因为燕赵之地虽亦有险可恃,但在全国来说,其地理位置太过偏僻。其具体论述如下:“……契丹倔强者八世,竟败亡于女真,女真恣睢者百年,终翦灭于蒙古,乌在其为险固者欤? 呜呼,以燕都僻处一隅,关塞之防日不暇给,卒旅奔命挽输悬远脱,外滋肩背之忧,内启门庭之寇,左支右吾,仓皇四顾,下尺一之符,征兵于四方,恐救未至而国先亡也。撤关门之戍以为内援之师,又恐军未离而险先失也。甚且藉虎以驱狼,不知虎之且纵其搏噬;以鸟喙攻毒,而不知鸟喙即足以杀身也。不亦悲哉?”②

但是,清代的形势与前代已经大不相同。通过实行“修其教不易其俗,齐其政不易其宜”的民族政策,清朝统治者经过几代人的努力,已经完全将长城以北的蒙古各部稳固地控制于麾下,修长城、重防卫的传统民族政策已经被弃之不用,这不仅使北京北部的险峻之地和行援之势更加稳固,而且获得了长城以北横亘东西万里之遥的蒙古各部的忠心屏藩。这就使北京首先不再是那种巩固边防的军事重镇,其政治性和经济性的特征更加突出,而直隶一省在全国范围内的行政地理位置也就为之一变。正如《畿辅通志》所说:“国家定鼎燕京,东发通蓟,趋山海关以达盛京;北起昌平宣化,出居庸由蔚州以达三晋,出张家口逾长城以通蒙古;南下良乡、涿州,分两大歧:其东南由河间以达齐鲁、吴越、闽、广,其西南由保定历正、顺、广、大四府,迳中州以缘川陕。又南历湖南、北以尽滇黔。”③

“京师形胜甲天下,民俗淳朴,土地深厚。沧海环其东,太行拥其西,喜峰、古北诸关卫其北,兖豫荆扬,襟带南服,都会雄固,无过于此。”④

直隶“东滨海(山海关以南与盛京接界,沧州以南与山东接界,皆滨渤海。元行海运,以直沽海道为咽喉要地,明初亦尝通运于此),南控三齐(燕齐之地,犬牙相错,东南诸省,职贡京师者,山东实车马梯航之会),西阻太行(太行中分冀州之界,圆环数千里,唐宋河北河东皆以太行为限蔽),北届沙漠(漠南旧大宁、开平一带,明代沦于边外,今并列为外藩。自漠以北,喀尔喀诸旗,亦皆内附,幅员广远,振

---

① 顾祖禹:《读史方舆纪要》卷10《直隶一》,上海书店1998年。

② 顾祖禹:《读史方舆纪要》卷10《直隶一》,上海书店1998年。

③ 唐执玉、李卫修,陈仪、田易纂:《畿辅通志》卷43《驿站》,雍正十三年刻本。

④ 《嘉庆重修一统志》卷1《京师》,见《四部丛刊续编·史部》,上海书店1984年。

古未有)，其名山则有恒山、太行、碣石，其大川则有桑干河、滹沱河、卫河、易水、漳水、白河、滦河，其重险则有井陉、山海、居庸、紫荆、倒马诸关，喜峰(在永平府迁安县，其北有松亭关，即辽金时入中京之道，明时以喜峰未朵颜三卫贡道，本朝为喜峰路)、古北、独石、张家诸口。"①

行政地理位置的重要性决定了直隶省在全国的驿传网络中具有核心位置。直隶就像北京的大门，全国无驿使不经直隶，直隶无驿路不为冲途。直隶驿传的特点之一是驿传路线非常明确，直隶有五条驿路干线，代表了京师伸向五个方向的驿传网络。之二是直隶驿站分布比较均匀，由于大多为平原地区，直隶的驿站站距一般保持在 50 里—70 里这个范围内，变化幅度不大。之三是直隶省是京师通往各个地区的必经之路，这种行政地理位置决定了直隶驿站的差务必然极其繁重。直隶驿站共有 77 处，数量不是全国最多，但驿站规模庞大，"夫以百计，马以数百计"。②且经费开销极大，其一省的驿传经费为三十七万五千六百两，占全国驿站经费的六分之一，事重费繁，为其他省份所不能及。这从另外一个方面反映了直隶省驿站的繁忙程度。

二、直隶驿道走向

1. 西南经直隶保定府至山西方向

由京师皇华驿至直隶保定府，共 330 里。70 里至良乡县固节驿，70 里至涿州涿鹿驿，70 里至定兴县宣化驿，70 里至安肃县白沟驿，50 里至保定府清苑县金台驿(由金台驿分道，60 里至高阳县，80 里至河间县)。

由清苑县金台驿分道西南，45 里至满城县泾阳驿，45 里至望都县翟城驿，60 里至定州永定驿，50 里至新乐县西乐驿，45 里至正定县伏城驿，45 里至正定县恒山驿，60 里至获鹿县镇宁驿，70 里至井陉县陉山驿，40 里至山西平定州甘桃驿。

再：由白沟驿分道，90 里至易州。又分道，40 里至容城县，90 里至霸州。

再：由涿鹿驿分道向西，50 里至涞水县驿，40 里至易州清苑驿，90 里至易州上陈驿，100 里至广昌县香山驿，60 里至大宁村驿，70 里至蔚州驿(可与山西广灵县在城驿相接)。

---

① 《嘉庆重修一统志》卷 5《直隶统部》，见《四部丛刊续编・史部》，上海书店 1984 年。

② 唐执玉、李卫修，陈仪、田易纂：《畿辅通志》卷 43《驿站》，雍正十三年刻本。

2. 东南至山东方向

由涿州涿鹿驿分道而南,70 里至新城县汾水驿,70 里至雄县归义驿,70 里至任邱县鄚城驿,70 里至河间县瀛海驿(由瀛海驿分道,160 里至青县,90 里至静海县,70 里至天津县),60 里至献县乐城驿,40 里至交河县富庄驿,40 里至阜城县阜城驿,50 里至景州东光驿(入山东境,60 里至德州安德驿)。

3. 东北至盛京方向

由京师皇华驿向东,40 里至通州潞河驿,70 里至三河县三河驿,70 里至蓟州渔阳驿,80 里至玉田县阳樊驿,80 里至丰润县义丰驿,100 里至迁安县七家岭驿,60 里至卢龙县滦河驿,70 里至抚宁县卢峰口驿,40 里至抚宁县榆关驿,60 里至临榆县迁安驿,至山海关,75 里接盛京的沙河驿。

再:由京师向东北另有驿站达喜峰口、古北口。

4. 西北至张家口、杀虎口、独石口,见下文"蒙古各处置驿"详述

喜峰口外台站:

喜峰口位于直隶东北部,自北京至喜峰口,共 410 里。由皇华驿 40 里至通州潞河驿,70 里至三河县三河驿,70 里至蓟州渔阳驿,60 里至遵化州石门驿(由石门驿分道 60 里至马兰口马兰镇),60 里至遵化州遵化驿,50 里至迁安县滦阳驿,60 里至喜峰口。

古北口外驿站:

自皇华驿 70 里至顺义县顺义驿,70 里至密云县密云驿,60 里至密云县石匣站,40 里至古北口。

杀虎口外台站:

杀虎口位于山西北端,自北京至此共十五处驿站,930 里。自皇华驿,70 里至昌平州榆河驿,60 里至延庆州居庸关驿,60 里至怀来县榆林驿,60 里至怀来县土木驿,60 里至宣化县鸡鸣驿,60 里至宣化府宣化驿,120 里至怀安县驿,60 里至天镇县站,60 里至阳高县站,60 里至聚乐堡驿,60 里至大同县站,60 里至左云县高山站,60 里至左云站,60 里至右玉县站,20 里至杀虎口站。

再:由宣化驿分道,60 里至宣化县深井堡驿,60 里至宣化县滹沱店驿,60 里至西宁县东城驿,60 里至西宁县西城驿。

独石口外驿站:

自皇华驿至独石口,共 520 里。70 里至昌平州榆河驿,60 里至延庆州居庸关驿,60 里至怀来县榆林驿,60 里至土木驿,60 里至龙门县长安驿,60 里至龙门县雕鹗堡驿,50 里至赤城县赤城驿(由赤城驿分道,60 里至龙门县龙门驿,40 里至赵州驿),40 里至赤城县云州驿,60 里至独石口。

张家口外驿站:

自皇华驿至张家口,共 430 里。250 里至怀来县土木驿,60 里至宣化县鸡鸣驿,60 里至宣化府宣化驿,60 里至张家口(由张家口分道,60 里至万全县夏堡站,30 里至宣化府榆林堡站)。

三、直隶置驿一百八十五处

(一)顺天府属二十六驿

1. 良乡县固节驿

《置驿一》①:"顺天府良乡县固节驿,马二百二十一匹,马夫一百九名半,扛轿等夫一百三十八名,驿书一名,驿皂三十名,兽医二名,车二十两。"

《嘉庆重修一统志》卷 9 顺天府四:"固节驿,在良乡县南门内"。

同治《畿辅通志》卷 122《略七十七 · 经政二十九 · 兵制四 · 驿站一》:"良乡县固节驿,在良乡南门内。后移县署东偏。"

光绪《顺天府志》志 64《经政志十一 · 驿传》:"其在良乡曰固节驿,在治南。《一统志》五:在县南门内。"

案:固节驿,亦称良乡驿,位于顺天府良乡县南门外,后移至南门内衙署之东。在今北京市房山区东南之良乡镇四街饮马井一带,有"京城西南第一驿传"之称(王灿炽:《北京固节驿考略》)。明代置,为冲途大驿。

2. 固安县县驿

《置驿一》:"固安县县驿,马十二匹,马夫六名,驿书一名,兽医一名。"

同治《畿辅通志》卷 122《兵制四 · 驿站一》:"固安县县驿,稍冲。邑为东路冲途。"

光绪《顺天府志》志 64《经政志十一 · 驿传》:"固安曰固安驿。"

案:固安县县驿,在今河北省廊坊市固安县城,位于京东要道。为次冲驿站。

---

① 嘉庆《钦定大清会典事例》卷 528《兵部 · 邮政 · 置驿一》,以下简称《置驿一》。

又案：清代县驿均在县城内，又后世多称县城为城关，新中国成立后改制，多称城关乡、城关公社、城关镇者，或改称他名者。后世如无县治搬迁者，均在县城内。据此，凡是县驿，均考证其在县城之内，若有县治搬迁及所称县驿不在县城内者，另详考出。

3. 永清县县驿

《置驿一》："永清县县驿，马八匹，马夫四名，兽医一名。"

同治《畿辅通志》卷122《兵制四·驿站一》："永清县县驿，僻递。旧有永清县驿，在县东北三十里，今裁。"

光绪《顺天府志》志64《经政志十一·驿传》："永清曰永清驿。"

案：永清县县驿，明代置，位于今河北省廊坊市永清县城内永清镇。属僻递小站。

4. 东安县县驿

《置驿一》："东安县县驿，马十匹，马夫五名，兽医一名。"

同治《畿辅通志》卷122《兵制四·驿站一》："东安县县驿，僻递。县西四十五里至永清县，东至武清四十里。"

光绪《顺天府志》志64《经政志十一·驿传》："东安曰东安驿。"

案：东安县驿位于今河北省廊坊市安次区。县西四十五里至永清县，东至武清四十里。属僻递小站。

5. 香河县驿

《置驿一》："香河县县驿，马八匹，马夫四名。"

同治《畿辅通志》卷122《兵制四·驿站一》："香河县县驿，僻递。与府西北相距计共一百二十里，南至杨村驿九十里。"

光绪《顺天府志》志64《经政志十一·驿传》："香河曰香河驿。"

案：香河县县驿，在今河北省廊坊市香河县县城。属僻递小站。

6. 通州和合驿

7. 通州潞河驿

《置驿一》："通州和合、潞河二驿，马一百三十七匹，马夫六十八名半，扛轿等夫八十七名，驿书二名，驿皂十六名，兽医二名，水驿夫三十五名。"

《嘉庆重修一统志》卷9顺天府四："潞河驿，在通州旧城东关外潞河西岸。明永乐中置。又驿西旧有递运所，今裁。和合驿，在通州东南三十五里。旧名合河驿，以白、榆、浑三河合流而名，明永乐中置，万历间移置张家湾，改今名。今有驿丞。”

同治《畿辅通志》卷122《兵制四·驿站一》:“通州潞河驿,在通州旧城东关外潞河西岸。明永乐中置。州东南三十五里曰和合驿,旧名合和驿,以白、榆、浑三河合流而名,亦明永乐中置,万历间移置张家湾,改名。有驿丞。又潞河驿西旧有递运所,今革。二驿俱极冲。本朝康熙三十四年裁潞河驿丞,以驿归并和合驿,两驿驿务俱和合驿驿丞管理。其夫马钱粮知州掌之。”

光绪《顺天府志》志64《经政志十一·驿传》:“通州曰和合驿,在州东南三十五里,旧名合河驿,以白、榆、浑河三河合流而名,明永乐中置,万历间徙张家湾,更今名。有丞。先是有潞河驿,在通州故城东关外潞河西,亦置自永乐中。有递运所。丞一。国朝因之。康熙三十四年,并之和合驿。”

光绪《通州志》卷2《建制衙署》:“驿丞兼巡检署,在州张家湾城内。”

民国《通县志要》卷2《仓驿邮铺》:“潞河水马驿,在旧城东外潞河西岸,康熙三十四年裁并和合驿。和合驿,向在州东南三十五里,旧名合河驿,以白、榆、浑三河合流而名,明永乐中置,万历四年移置张家湾,改今名。”

案:潞河驿,明永乐中置。又驿西旧有递运所,后裁。和合驿,在通州东南三十五里。旧名合河驿,以白、榆、浑三河合流而名,明代永乐中置,万历间移置张家湾,改今名。清代沿袭,有驿丞。康熙三十四年裁潞河驿丞,以驿归并和合驿,两驿驿务俱和合驿驿丞管理。其夫马钱粮知州掌之。在今北京市通州区东南之张家湾镇,为极冲大驿。

8. 三河县三河驿

《置驿一》:“三河县,三河驿,马八十七匹,马夫四十三名半,车马十六匹,车夫十六名,扛轿等夫四十四名,驿书二名,驿皂五名,兽医二名,车二十六辆。”

康熙《三河县志》卷上:“三河驿在县南关,有门,有堂,有室,有序。正德初,并公乐、夏店二驿……后倾坏。嘉靖二十九年,知县张仁重修。今废。”

《嘉庆重修一统志》卷9顺天府四:“三河驿,在三河县南门外。县旧有驿二,东曰公乐,西曰夏店,去县各二十里,明正德七年废二驿,改建三河驿于此。今裁。”

同治《畿辅通志》卷122《兵制四·驿站一》:“三河县三河驿,在县治南门外。县旧有驿二,东曰公乐,西曰夏店,去县各二十里。明正德七年废二驿,改建于南店。本朝康熙年间归并县署西,旧设驿丞一员,今裁。”

光绪《顺天府志》志64《经政志十一·驿传》:“三河曰三河驿。在县署西。旧有驿二，东曰公乐，西曰夏店，去县各二十里。明正德七年废，移并于南店，递运所在驿西。有丞一。即《一统志》所谓在县南门外者是。国朝康熙年徙今所。递运所废。”

案：三河驿，时位于三河县南门外，在县署西。在今河北省三河市泃阳镇。县旧有驿二，东曰公乐，西曰夏店，去县各二十里。明代置，正德七年废二驿，改建三河驿于此。清代康熙年间归并县署西，旧设驿丞一员，嘉庆时裁撤。为极冲大驿。

9. 武清县河西驿

《置驿一》：“武清县河西驿，马三十三匹，马夫五十名半，扛轿等夫二十八名，驿书一名，驿皂八名，兽医一名，水驿夫九十九名。”

《嘉庆重修一统志》卷9顺天府四：“河西驿，在武清县河西务，今以巡检摄县丞事。”

同治《畿辅通志》卷122《兵制四·驿站一》：“武清县河西驿，在武清县河西务，极冲。县东北三十里。自元以来皆为漕运要途，今为商民攒聚舟航辐辏之地，有驿丞，并置巡司于此。”

光绪《顺天府志》志64《经政志十一·驿传》：“武清曰河西驿，在县东北三十里。”

案：武清县河西驿，时在县东北三十里，位于今天津市武清区之河西务镇。元代以来一直为极冲大驿，明代沿袭，漕运要途，商民攒聚舟航辐辏之地，有驿丞并置巡司于此，后裁驿丞，以巡检司摄其事。

10. 杨村驿

《置驿一》：“杨村驿，马三十四匹，马夫十六名，扛轿等夫二十八名，驿书一名，驿皂八名，兽医一名，水驿夫九十九名。”

《嘉庆重修一统志》卷9顺天府四：“又杨村驿，在杨村务，有驿丞。”

同治《畿辅通志》卷122《兵制四·驿站一》：“杨村驿，在杨村务，与河西驿皆有驿丞。明置，极冲。”

光绪《顺天府志》志64《经政志十一·驿传》：“又曰杨村驿，在县东南五十里。”

案：杨村驿，明代置，有驿丞，为极冲大驿。位于今天津市武清区杨村街道。

11. 宝坻县县驿

《置驿一》：“宝坻县县驿，马八匹，马夫四名。”

乾隆《宝坻县志》卷5《附驿站》:“驿有极冲、稍冲、僻递之分,宝坻乃僻递也……现存马八匹、夫四名,共银一百八十四两五丝,遇闰按月加增。知县掌之。”

同治《畿辅通志》卷122《兵制四·驿站一》:“宝坻县县驿,僻递。”

光绪《顺天府志》志64《经政志十一·驿传》:“宝坻曰宝坻驿,僻递也。”

案:宝坻县县驿,位于今天津市宝坻区。属僻递小站。

12. 昌平州本城军站

《置驿一》:“昌平州本城军站,马三十匹,马夫十五名。”

同治《畿辅通志》卷122《兵制四·驿站一》:“昌平本城军站,康熙年置。”

光绪《顺天府志》志64《经政志十一·驿传》:“昌平曰本城军站。”

案:昌平州木城军站,位于今北京市昌平区城北街道,属稍冲驿站。

13. 榆河驿

《置驿一》:“马九十六匹,马夫五十五名半,驿书一名,驿皂四名,兽医一名,协昌平马十五匹,马夫七名半。”

康熙《昌平州志》卷3《建置》:“榆河驿,旧在榆河店,去州治三十五里,为军驿。”

《嘉庆重修一统志》卷9顺天府四:“榆河驿,在昌平州城内。旧在州南三十五里榆河店,明嘉靖三十六年移置于此。本朝顺治十六年裁,后复置。”

同治《畿辅通志》卷122《兵制四·驿站一》:“昌平州榆河驿,在昌平州城内。旧在州南三十五里榆河店,明嘉靖三十六年移置于此。本朝顺治十六年裁,复置。极冲。”

光绪《顺天府志》志64《经政志十一·驿传》:“又曰榆河驿,在州治东,旧在州南三十五里。”

案:昌平州榆河驿,时在昌平州城内,位于今北京市昌平区城北街道。明代置。旧在州南三十五里榆河店,在唐家岭北五里,明嘉靖三十六年移置于城内大街西巷。清代顺治十六年裁,后复置,属极冲大驿。

14. 回龙观军站

《置驿一》:“马三十匹,马夫十五名。”

光绪《顺天府志》志64《经政志十一·驿传》:“回龙观军站,在州□□里。”

案:回龙观军站属军站,位于今北京市昌平区南之回龙观街道。

15. 顺义县顺义驿

《置驿一》:“顺义县,顺义驿,马三十五匹,马夫二十六名,扛轿等夫八名,书一名,驿皂四名,兽医一名。"

《嘉庆重修一统志》卷9顺天府四:"顺义驿,在顺义县城内。"

同治《畿辅通志》卷122《兵制四·驿站一》:"顺义县顺义驿,在顺义县城内。本朝初废,后复。次冲。"

光绪《顺天府志》志64《经政志十一·驿传》:"顺义曰顺义驿。"

案:顺义驿,在今北京市顺义区城区。明代置,清初废而后复。属次冲驿站。

16. 密云县密云驿

《置驿一》:"密云县密云驿。马三十五匹,马夫二十一名,扛轿等夫十三名,驿皂三名,兽医一名。"

《嘉庆重修一统志》卷9顺天府四:"密云驿,在密云县南门外,明洪武十二年建,本朝因之。"

同治《畿辅通志》卷122《兵制四·驿站一》:"密云县密云驿,在县旧城南门外。明洪武十二年置,本朝初废,后复。"

光绪《顺天府志》志64《经政志十一·驿传》:"密云曰密云驿,在县治西南。"

案:密云县密云驿,时在县旧城南门外,今位于北京市密云区城区。明代洪武十二年置,清朝初废,后复。属次冲驿站。

17. 石匣驿

《置驿一》:"石匣驿,马三十五匹,马夫二十一名,扛轿等夫二十七名,驿书一名,驿皂三十名,兽医一名"

《嘉庆重修一统志》卷9顺天府四:"又石匣城中旧有石匣驿,亦洪武中建,本朝康熙二十九年置站。"

同治《畿辅通志》卷122《兵制四·驿站一》:"石匣站,在县东北六十里,旧为石匣驿,明洪武十一年置于县南里许,宣德四年徙于此。本朝初废,康熙二十九年置站。次冲。"

光绪《顺天府志》志64《经政志十一·驿传》:"石匣驿,在石匣城。明洪武十有一年置于石匣城东,宣德四年徙此。"

案:石匣驿,在密云县东北六十里,旧为石匣驿。明代洪武十一年置于县南里许,宣德四年徙于此。清朝初废,康熙二十九年置站,属次冲驿站。在今北京市密云县高岭镇石匣村。1958年建密云水库,将石匣古城淹没。石匣北迁建新村,仍沿用旧称,即今之石匣村。

18. 怀柔县县驿

《置驿一》："怀柔县县驿，马七匹，马夫三名半。"

同治《畿辅通志》卷122《兵制四·驿站一》："怀柔县县驿，僻递。县东四十里至密云县，南至顺义县界十里。"

光绪《顺天府志》志64《经政志十一·驿传》："怀柔曰怀柔驿，在县治。"

案：怀柔县县驿，位于今北京市怀柔区城区。属僻递小站。

19. 涿州涿鹿驿

《置驿一》："涿州涿鹿驿，马一百九十一匹，马夫八十八名，扛轿等夫一百十六名，驿书一名，驿皂二十八名，兽医三名。"

康熙《涿州志》卷3《公署》："涿鹿驿，在州治西南。"（康熙十六年刻本）

乾隆《涿州志》卷4《驿传》："涿鹿驿，旧在州治西南馆驿街。明嘉靖间置。我朝康熙年知州郭子治重修。初设驿丞一员，雍正五年裁驿亦废。今驿舍移于州治后。"

《嘉庆重修一统志》卷9顺天府四："涿鹿驿，在涿州治西南，明嘉靖中建。"

同治《畿辅通志》卷122《兵制四·驿站一》："涿州涿鹿驿，旧在州治西南，明嘉靖中置，极冲。拒马河桥在涿州北郭外，今移驿舍于州治。"

光绪《顺天府志》志64《经政志十一·驿传》："涿州曰涿鹿驿，在州署西。"

案：涿州涿鹿驿，明代嘉靖时期建，清代沿袭，位于今河北省保定市涿州市区。属极冲大驿。

20. 房山县吉阳驿

《置驿一》："房山县吉阳驿，马五十三匹，马夫三十四名半，扛轿等夫二十四名，驿书一名，兽医一名，车二十两。"

同治《畿辅通志》卷122《兵制四·驿站一》："房山县吉阳驿，雍正十三年十二月圣孝独隆事案内与长新店腰站同置。县东二十五里至良乡县治。"

光绪《顺天府志》志64《经政志十一·驿传》："又房山曰吉阳驿，在县□□□里。"

案：房山县吉阳驿，位于今北京市房山区石楼镇吉羊村，属稍冲驿站，为清代谒陵之路。

21. 霸州州驿

《置驿一》："霸州州驿，马十二匹，马夫六名，兽医一名。"

同治《畿辅通志》卷122《兵制四·驿站一》："霸州州驿，稍冲，境有大良驿，在州东八十里,明置。又州东二十五里旧有河泊所,今皆革。”

光绪《顺天府志》志 64《经政志十一·驿传》:“霸州曰霸州驿,即旧所谓益津驿者。是在州署东。”

案:霸州驿,明代置,位于今河北省廊坊市霸州市区内。属稍冲驿站。

22. 文安县县驿

《置驿一》:“文安县县驿,马十二匹,马夫六名。”

同治《畿辅通志》卷 122《兵制四·驿站一》:“文安县县驿,稍冲。县在霸州城南七十里,或曰六十里。”

光绪《顺天府志》志 64《经政志十一·驿传》:“文安曰文安驿。”

案:文安县驿,明代置,清因之,位于今河北省廊坊市文安县城区。属稍冲驿站。

23. 大城县县驿

《置驿一》:“大城县县驿,马十二匹,马夫六名,兽医一名。”

同治《畿辅通志》卷 122《兵制四·驿站一》:“大城县县驿,稍冲,县东九十里至静海县,西至任邱县界二十有五里。”

光绪《顺天府志》志 64《经政志十一·驿传》:“大城曰大城驿。”

案:大城县县驿,位于今河北省廊坊市大城县城区,属稍冲驿站。

24. 保定县县驿

《置驿一》:“保定县县驿,马二匹,马夫一名。”

同治《畿辅通志》卷 122《兵制四·驿站一》:“保定县县驿,僻递。县在顺天府南二百里,南至文安县界二十有三里。”

光绪《顺天府志》志 64《经政志十一·驿传》:“保定曰保定驿。”

案:保定县县驿,位于今河北省廊坊市文安县西北之新镇镇。属僻递小站。

25. 平谷县县驿

《置驿一》:“平谷县县驿,马八匹,马夫四名。”

同治《畿辅通志》卷 122《兵制四·驿站一》:“平谷县,僻递。县在蓟州西北九十里。”

光绪《顺天府志》志 64《经政志十一·驿传》:“平谷曰平谷驿。”

案:平谷县县驿,位于今北京市平谷区。属僻递小站。

26. 蓟州渔阳驿

《置驿一》:“蓟州渔阳驿,马五十八匹,马夫四十二名半,车马二十三匹,车夫二十三名，驴三头，扛轿等夫三十五名，驿书二名，驿皂十二名，兽医二名，车二十六两。”

康熙《蓟州志》卷2《公署》：“渔阳驿署，旧在南门外，即今之馆驿庄。故明天启二年，移于文化街之路南。崇祯年焚毁，惟存基址。今在东察院，即旧道署废基内大门。”

道光《蓟州志》卷3《建置志》：“渔阳驿署，旧在南门外，即今之管驿庄。明天启二年，移于文化街路南。崇祯年焚毁，犹存其址。后移于东察院，即旧道署废基内。大门一座，东土地祠一间。康熙三十八年驿丞郤棠修建……今俱无存。现移驿号于州署之西。”

《嘉庆重修一统志》卷9顺天府四：“渔阳驿，在蓟州城东南。旧在州南三里，明天启二年，移置于此。又州南旧有南关递运所。今裁。”

光绪《顺天府志》志64《经政志十一·驿传》：“蓟州曰渔阳驿。

案：渔阳驿，明代已置，时在蓟州城东南，今天津市蓟县州区。

（二）遵化直隶州属四驿

1. 遵化直隶州州驿

《置驿一》：“遵化直隶州州驿，马八十二匹，马夫四十一名，扛轿等夫十七名，驿皂五名，兽医一名，车十五两。”

康熙《遵化州志》卷3《公署》：“遵化驿，在戴京门外西南，有馆、有序、有门、有马神庙，明崇祯三年废。”

乾隆《直隶遵化州志》卷6《驿铺》：“遵化驿，在州西门外。明崇正二年废。我朝复移置州治东，知州掌之。东至三屯营五十里，南至丰润县一百一十里，西南至玉田县一百里，西至石门驿六十里。”

《嘉庆重修一统志》卷46遵化州二：“遵化驿，在州治西门外。明崇祯二年废。本朝复，移置州治东。”

同治《畿辅通志》卷124《兵制六·驿站三》：“遵化州遵化驿，在州戴京门外……本朝复置，移州治东。东至三屯营五十里，西至石门驿六十里。次冲。”

案：遵化直隶州州驿，属次冲驿站。明代置，位于今河北省遵化市遵必镇。

2. 石门驿

《置驿一》：“石门驿，马八十二匹，马夫四十一名，扛轿等夫十七名，驿皂一名，兽医一名，车十五两。”

康熙《遵化州志》卷3《公署》:“石门驿,在郡西六十里,明洪武年主簿赵节建。万历中知县张至发重修。有门楼,有重门,有重馆。”

乾隆《直隶遵化州志》卷6《驿铺》:“石门驿,在州西六十里,明洪武年置。自国朝乾隆二年奉裁驿丞,州同掌之。二十年奉文归州,西至蓟州六十里,北至陵寝二十里。”

《嘉庆重修一统志》卷46遵化州二:“又石门驿,在州东六十里,明洪武中置,本朝乾隆二年裁。”

同治《畿辅通志》卷124《兵制六·驿站三》:“石门驿,在遵化州西六十里。……国朝乾隆二年,丞裁。州同掌之。二十年,奉文归州。西至蓟州六十里。次冲。”

案:石门驿属次冲驿站,时在遵化州东六十里,明代洪武中置。今河北省遵化市西南之石门镇。《一统志》所说“本朝乾隆二年裁”,应属驿丞之裁。同治《畿辅通志》、光绪《清会典事例》均详细记载其夫马钱粮,故直至清末此驿站一直存在。

3. 玉田县阳樊驿

《置驿一》:“玉田县阳樊驿,马七十四匹,马夫三十七名,车马十八匹,车夫十八名,驴一头,扛轿等夫三十九名,驿书一名,驿皂三名,兽医一名,车十八两。”

《嘉庆重修一统志》卷46遵化州二:“按玉田县西关,旧有阳樊驿,明嘉靖中置。丰润县南门外,旧有义丰驿,明洪武中置,嘉靖二年,移置县东三十里,今并废。”

同治《畿辅通志》卷124《兵制六·驿站三》:“玉田县阳樊驿,旧在县西二十里。嘉靖二十年迁于县之西关。万历三十七年,知县杨如皋重修。本朝顺治十一年裁丞归县,今在县治大门内。极冲。西去蓟州渔阳驿八十里。”

案:玉田县阳樊驿,属极冲大驿。明代置,清顺治十一年裁丞归县,时在县治大门内,今河北省玉田县城。同治《畿辅通志》、光绪《清会典事例》均详细记载其夫马钱粮,故直至清末此驿站一直存在。

4. 丰润县义丰驿

《置驿一》:“丰润县义丰驿,马八十匹,马夫四十名,车马二十三匹,车夫二十七名,驴二头,扛轿等夫三十八名,驿书二名,兽医一名,车二十三两。”

《嘉庆重修一统志》卷46遵化州二:“按玉田县西关,旧有阳樊驿,明嘉靖中置。丰润县南门外,旧有义丰驿,明洪武中置,嘉靖二年,移置县东三十里,今并废。"

同治《畿辅通志》卷124《兵制六・驿站三》:"丰润县义丰驿,在今县治南门外。明洪武九年,置于县东三十里。嘉靖二年迁此,后废。本朝复置。西去阳樊驿八十里。顺治十一年裁丞归县,今在县治大门内东首。极冲。"

案:属极冲大驿。明代置,后废,清代复置,裁丞归县,时在县治大门内东首,今河北省丰润区丰润镇。《清会典事例》《畿辅通志》均记载,故嘉庆时应存在。

(三)保定府属十六驿

1. 清苑县金台驿

《置驿一》:"清苑县金台驿,马一百二十四,马夫五十五名,驴十三头,扛轿等夫一百九十七名,驿书一名,驿皂二十八名,兽医一名。"

(清)于成龙修,郭棻纂,康熙《畿辅通志》卷8第7页下:"金台驿,在府治东南。"

《嘉庆重修一统志》卷14保定府三:"金台驿,在清苑县东一里许。宋金台顿也。明置驿于此。本朝因之。又有递运所,在县西南五里,明永乐七年置,今裁。"

同治《畿辅通志》卷122《兵制四・驿站一》:"清苑县金台驿,在县治东一里许,宋金台顿也。明置驿于此,今因之,极冲。又有递运所在县西南五里,明永乐七年置,今裁。"

(清)李培祜修,张豫垲纂,光绪《保定府志》卷33《兵制》:"清苑县金台驿,在府城西关南,裁存驿马一百二十四,差驴十三头。"卷42《旧署舍》:"在府署东南,今名馆驿街。有旧马王庙。乾隆初移驿于府城西关。驿承厅在驿内。金台驿馆在府城西北。"

《保定市北市区地名志》:"金台驿街,位于西关街道办事处辖区内,南北走向……清代曾在此设驿站,盖街得名为金台驿街。"

案:金台驿,明代置驿于此,清代因之。属极冲大驿。时在清苑县东一里许,在今河北省保定市莲池区金台驿街。明永乐亦曾在金台设递运所,在县西南五里,清初裁。

2. 满城县陉阳驿

《置驿一》:"满城县陉阳驿,马九十四,马夫三十九名半,驴十三头,扛轿等夫五十二名,驿书一名,驿皂十二名,兽医一名。"

《嘉庆重修一统志》卷 14 保定府三:“陉阳驿,在满城县南三十五里,明代置。旧有驿丞,今裁。”

同治《畿辅通志》卷 122《兵制四·驿站一》:“满城县陉阳驿,在满城县南三十五里,一曰四十里,明嘉靖中置,极冲。陉阳堡在县南四十里,陉阳马驿即置于此。”

光绪《保定府志》卷 33《驿递》:“满城县陉阳驿,在县城南三十里陉阳店,裁存马九十四。”

案:满城县陉阳驿,明代置,清代袭之,时在满城区南约三十五里处,今河北省满城区南之陉阳驿村。属极冲大驿。明代也在此设陉阳堡。

3. 安肃县白沟驿

《置驿一》:“安肃县白沟驿,马一百一十四匹,马夫五十五名,驴十三头,扛轿等夫一百三十八名,驿书一名,驿皂三十二名,兽医一名。”

《嘉庆重修一统志》卷 14 保定府三:“白沟驿,在安肃县治东。明洪武六年,自县北十里移置于此,本朝因之。又旧有递运所在雹河北,今裁。”

同治《畿辅通志》卷 122《兵制四·驿站一》:“安肃县白沟驿,在县治东。元时在县北,明洪武六年自县北十里移置于此,今因之,极冲。又旧有递运所在雹河北,今裁。”

案:安肃县白沟驿,元时已置驿,明代继之,并有递运所。清代袭驿站之设,裁递运所。时在安肃县治东,今河北省保定市徐水区安肃镇。属极冲大驿。

4. 定兴县宣化驿

《置驿一》:“定兴县宣化驿,马一百一十匹,马夫五十五名,驴十三头,扛轿等夫一百五十四名,驿书一名,驿皂三十二名,兽医一名。”

《嘉庆重修一统志》卷 14 保定府三:“宣化驿,在定兴县治东南。明洪武三年置,本朝因之。又旧有递运所,在县东门外,今裁。”

同治《畿辅通志》卷 122《兵制四·驿站一》:“定兴县宣化驿,在定兴县治东南。明洪武三年置,极冲。又有递运所在东门外,今裁。”

案:定兴县宣化驿,明代置,在今河北省保定市定兴县定兴镇。属极冲大驿。明代亦有递运所之设,清裁。

5. 新城县汾水驿

《置驿一》:“新城县汾水驿,马七十五匹,马夫三十七名,驴十头,扛轿等夫七十七名,驿书二名,驿皂二十四名,兽医一名。”

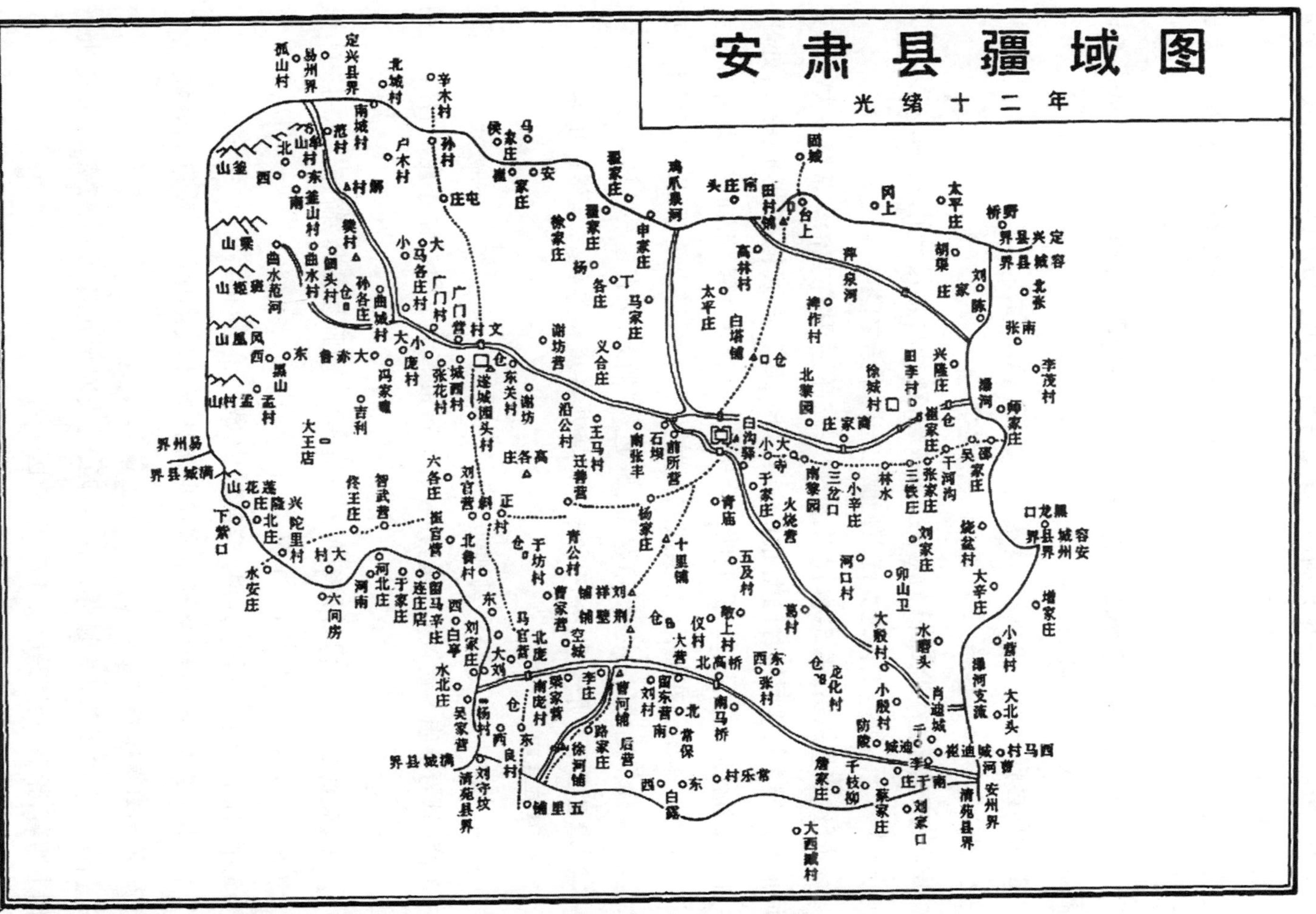

资料来源：徐水县地方志编纂委员会编《徐水县志》。图中白沟驿在县城东南方。

康熙《畿辅通志》卷 8《公署》:“汾水驿,在县治东。”

同治《畿辅通志》卷 122《兵制四·驿站一》:“新城县汾水驿,在县治东。明永乐年置。本朝裁,后复置,极冲。

光绪《保定府志》卷 33《驿递》:“汾水驿,在县署西,裁存驿马七十五匹,差驴十头。”

案:新城县汾水驿,明代置,清代袭之,位于今河北省保定市高碑店市东南之新城镇。属极冲大驿。

6. 唐县县驿

《置驿一》:“唐县县驿,马八匹,马夫四名。”

康熙《唐县新志》卷 6《建置志》:“军城驿,在县西北九十里,已革,复设,有驿无丞,他官署之。供应工料之类赀,真、保二府各半给之。”

雍正《续唐县志略》卷 5《驿递志略》:“军城驿,久移在县治。常留一夫一马于军城地方伺侯。其移回年月已无可考。雍正十二年直督臣李,议裁并易州等处。”

同治《畿辅通志》卷 122《兵制四·驿站一》:“唐县县驿,僻递。军城驿在县之西北九十里。军城驿在县西北,洪武二年置马驿于此,道出山西,以军城镇名。已革,复设,今裁。”光绪《保定府志》卷 33《驿递》:“唐县,裁存递马八匹。”

案:唐县县驿,明代置,今河北省保定市唐县城仁厚镇。属僻递小站。

7. 博野县县驿

《置驿一》:“博野县县驿,马四匹,马夫二名。”

乾隆《博野县志·建置》:“递马四匹,草料银四十三两二钱一厘,闰月银三两六钱。”

同治《畿辅通志》卷 122《兵制四·驿站一》:“博野县县驿,僻递。东南三十里抵定州清风店,东北至府一百二十里。”

光绪《保定府志》卷 33《驿递》:“博野县,裁存递马四匹。”

案:博野县县驿,位于今河北省保定市博野县城博野镇。属僻递小站。

8. 望都县翟城驿

《置驿一》:“望都县翟城驿,马一百匹,马夫四十九名,驴十三头,扛轿等夫一百四十四名,驿书一名,驿皂三十二名,兽医一名。”

乾隆《望都县新志》卷 1《建置沿革》:“翟城驿,旧在北察院西,今圮。员裁。”卷 3《驿所》:“驿丞、大使员,皆裁。务悉归县。”

《嘉庆重修一统志》卷 14 保定府三:“翟城驿,在望都县治北。明永乐中置。

本朝康熙三年裁,后复置。又旧有递运所,在县东关外,今裁。"

同治《畿辅通志》卷122《兵制四·驿站一》:"望都县翟城驿,在望都县治北。明永乐年置,本朝康熙三年裁,后复。极冲。"

光绪《保定府志》卷33《驿递》:"望都县翟城驿,在县署东。裁存马一百匹,差驴十三头。"

案:望都县翟城驿,明代置,在今河北省保定市望都县城望都镇。属极冲大驿。

9.容城县县驿

《置驿一》:"容城县县驿,马八匹,马夫四名。"

同治《畿辅通志》卷122《兵制四·驿站一》:"容城县县驿,僻递。北与西北界定与东南雄县,东北一十八里至新城县界。"

光绪《保定府志》卷33《驿递》:"容城县,裁存递马八匹。"

案:容城县县驿,在今河北省容城县容城镇,属僻递小站。

10.蠡县县驿

《置驿一》:"蠡县县驿,马六匹,马夫三名。"

同治《畿辅通志》卷122《兵制四·驿站一》:"蠡县县驿,僻递。县在府南九十里。"光绪《保定府志》卷33《驿递》:"蠡县,裁存递马十五匹。"

案:蠡县县驿,位于今河北省蠡县蠡吾镇。属僻递小站。

11.雄县归义驿

《置驿一》:"雄县归义驿,马七十七匹,马夫三十七名半,驴十头,扛轿等夫七十四名,驿书二名,驿皂二十四名,兽医一名。"

《嘉庆重修一统志》卷14保定府三:"归义驿,在雄县西故归义城,明洪武中置。本朝顺治十六年裁,后复置。又旧有递运所,在县南瓦桥关西北;河泊所,在县东三十里,俱明洪武间置,天顺间废。"

同治《畿辅通志》卷122《兵制四·驿站一》:"雄县归义驿,在县西。故归义县城,明洪武中置。本朝顺治十六年裁,后复置。又旧有递运所,在县南瓦桥关西北;河泊所,在县东二十里,俱明洪武中置。"

案:雄县归义驿,属极冲大驿。明代置,清代袭之。位于今河北省保定市雄县县城。

12.祁州州驿

《置驿一》:"祁州州驿,马四匹,马夫二名。"

乾隆《祁州志》卷 3《赋役》:“驿递工料银一千一百四十一两九钱八厘一毫二丝九忽。闰月银九十五两七钱六分一厘四毫七丝七忽八微三埃一渺五漠。走递马四匹,草料银四十六两四钱四分,闰月银三两八钱七分。”

同治《畿辅通志》卷 122《兵制四·驿站一》:“祁州州驿,僻递。州在府南一百二十里。”

光绪《保定府志》卷 33《驿递》:“祁州,裁存递马四匹。”

案:祁州驿,属僻递小站。在今河北省保定市安国市祁州镇。祁州,民国二年(1913)改称祁县。因与山西祁县重名,次年,更复古名称安国县。1991 年改设安国市。

13. 束鹿县县驿

《置驿一》:“束鹿县县驿,马六匹,马夫三名。”

乾隆《束鹿县志》3《铺舍》:“邑处偏壤,无邮传而有铺兵。”

同治《畿辅通志》卷 122《兵制四·驿站一》:“束鹿县县驿,僻递。县在府南二百四十里,西与晋州地界。”

同治《续修束鹿县志》卷 2《城池》:“按:束鹿自唐改名以来仍因鹿城旧址,在今北路雷河庄,所谓旧城镇是也。五代时,韩通城束鹿即筑此城,其后时圮忌修,皆因故址。至明天启二年滹沱异涨,旧城为河水冲没,巡抚张凤翔,相新圈头市地基谓可迁邑。至四年,知县张履端始创垣墉,以土为之,建今治焉。邑人谓之新城。迨我朝乾隆年间,修理不止一次。然皆因土筑,旧制因陋就简而已。至乾隆三十三年,知县蔡廷斗请帑大修,始易以砖。”

案:束鹿县县驿,属僻递小站。今河北省石家庄市辛集市东南之新城镇。辛集原为束鹿县著名商镇,新中国成立后改束鹿县为辛集市。明代天启二年前县治在旧城镇,后移至新城镇。清代以新城镇为束鹿县治,属保定府。

14. 安州州驿

《置驿一》:“安州州驿,马八匹,马夫四名。”

同治《畿辅通志》卷 122《兵制四·驿站一》:“安州州驿,僻递。道光年又并新安县驿。州在府东七十里。”

光绪《保定府志》卷 33《驿递》:“安州裁存递马八匹。”

案:安州州驿,属僻递小站。河北省保定市安新县西南之安州镇。明清置安州,隶保定府,民国初,改为安新县。安州镇为明清州治所在。

15. 高阳县县驿

《置驿一》："高阳县县驿，马八匹，马夫四名。"

雍正《高阳县志》卷2《递马》："本朝递马二十七匹，每匹工料银二十两，其工料银五百四十两。顺治二年裁七匹，存递马二十匹。康熙十四年，奉文裁马八匹。康熙二十年，奉文复马四匹，共十六匹。康熙四十八年，奉文永协昌延马十匹。至五十四年又奉文协济青龙桥马一匹，存槽马五匹。雍正八年蒙督宪唐，因协济冐延宣属各州县喂养工料，浮于额数，垫赔苦累，题请将各属协济递马改归受协各站自行喂养应差，再于僻递酌量裁汰以补不敷。奉旨依议。从此受协各站无误差之患，而拨协州县免赔累之苦。高阳奉裁协马十一匹，又裁在槽马一匹，解马价银九两，留槽递马四匹，岁支草料银三十五两二钱八分，又杂支银一两八分零马夫二名岁支工食银一十一两五钱二分。"

同治《畿辅通志》卷122《兵制四·驿站一》："高阳县县驿，僻递。西抵清苑县界夹河三十里，而近东南抵河间界。"

案：高阳县县驿，属僻递小站。在今河北省保定市高阳县高阳镇。

16. 新安县县驿

《置驿一》："新安县县驿，马六匹，马夫三名。"

乾隆《新安县志》卷2《赋役》："其驿递工料正项银五十六两九钱六分一厘七毫九丝。"

同治《畿辅通志》卷43《驿站》："新安县，僻递。现存马四匹，夫二名。共银五十五两八钱三分三厘五毫，遇闰按月加增。知县掌之。"

案：新安县县驿，属僻递小站。在今河北省保定市安新县安新镇。

又案：新安县今名安新县。明洪武十三年改名新安县，属安州，州治新安。清道光十二年废新安县入安州。民国三年废府州制，合并安州、新安为安新县。后县域屡改，民国35年安新、白洋二县合并，仍称安乡县，县治安州。1950年，县治由安州迁回新安。

（四）易州直隶州属五驿

1. 易州直隶州清苑驿

《置驿一》："清苑驿，马七十匹，马夫三十四名，骡二十三头，驴六头，扛轿等夫五十一名，驿书一名，兽医一名，车十两，车夫十名。"

康熙《畿辅通志》卷8《公署》："清苑驿，在州治东。上陈驿，在州治西北六

十里。”

乾隆《直隶易州志18卷》卷7《邮政》:“清苑驿,马二十六匹差,骡三头,中车一辆,车马二匹……岁额工料工食银一千五百三十两六分六厘七毫七丝一忽,闰月加一百二十七两五钱五厘五毫零。”

《嘉庆重修一统志》卷48易州二:“清苑驿,在州治东北,明洪武七年置。”

同治《畿辅通志》卷124《兵制六·驿站三》:“易州清苑驿,在州治东北。明洪武七年置。稍冲。”

案:易州清苑驿,明代洪武七年置。属稍冲驿站,时在州治东北,位于今河北省保定市易县城易州镇。

2. 易州上陈驿

《置驿一》:“上陈驿,马三十匹,马夫十四名半,驴四头,扛轿等夫三十名,驿书一名,兽医一名。”

康熙《畿辅通志》卷8《公署》:“清苑驿,在州治东。上陈驿,在州治西北六十里。”

乾隆《直隶易州志》卷12《职官》:“上陈驿驿丞,雍正十一年奉文兼巡检。”

《嘉庆重修一统志》卷48易州二:“上陈驿,在州西紫荆关城内,明洪武七年置于关东十五里,后移于此。本朝设驿丞兼巡司。”

同治《畿辅通志》卷124《兵制六·驿站三》:“上陈驿,在州西紫荆关城内。明洪武七年置于关东十五里,后移于此。稍冲。”

案:上陈驿,明代洪武七年置,清代袭之,属稍冲驿站。时在州西紫荆关城内,位于今河北省保定市易县西北之紫荆关镇。

3. 涞水县在城驿

《置驿一》:“涞水县在城驿,马二十五匹,马夫十二名半,扛轿等夫二十四名,驿书一名,兽医一名。”

乾隆《涞水县志》卷2《公署》:“在城驿,在县署东。涞当涿易之交,晋省章奏粮饷络绎,号次冲焉。工料马匹载在经制可考。雍正十三年因地接泰陵改递为驿,共马二十五匹夫十五名。岁支工料银一千四百一十四两七钱零,闰月加银一百零八两八钱九分零。此项地粮内留支银一百六十五两九钱五分零,余皆赴司请领。”

同治《畿辅通志》卷124《兵制六·驿站三》:“涞水县在城驿,在县署东。次冲。旧本为递,雍正十三年因地接泰陵改递为驿,添拨唐县军城驿额。”

案:涞水县在城驿,旧本为递,雍正十三年因地接泰陵改递为驿,属次冲驿站。位于今河北省保定市涞水县涞水镇。

4. 石亭驿

《置驿一》:"石亭驿,马三十五匹,马夫十七名,骡二十头,扛轿等夫三十三名,驿书一名,兽医一名。"

乾隆《涞水县志》卷2《公署》:"石亭驿,在县北三十里石亭村东。乾隆元年添设腰站,马三十五匹,车十辆,赢二十头,夫五十名。岁支工料银二千七百七两一钱零,闰月加银二百一十八两九分零。"

同治《畿辅通志》卷124《兵制六·驿站三》:"石亭驿,在涞水县北石亭村,距县三十里。乾隆元年内新设腰站于此。"

案:石亭驿,乾隆时期所设腰站,以便往来泰陵。次冲腰站,位于今河北省保定市涞水县北之石亭镇。

5. 广昌县县驿

《置驿一》:"广昌县县驿,马十匹,马夫五名。"

《嘉庆重修一统志》卷48易州二:"香山驿,在广昌县治东。又倒马驿,在县西南五十里。俱明置。"

同治《畿辅通志》卷124《兵制六·驿站三》:"广昌县县递,明置香山、倒马二驿,香山驿在广昌县治东,倒马驿在县西南五十里。雍正十三年改驿为递。"

案:广昌县县驿,僻递小站,在今河北省保定市涞源县涞源镇。明清时称广昌县,民国时改现名。

(五)承德府属七驿

1. 承德府热河驿

《置驿一》:"热河驿,马二十匹,马夫十三名,兽医一名。"

嘉庆《热河志略》卷2《驿站》:"热河站马二十匹。"

道光《承德府志》卷25《驿置》:"热河站马二十匹。"

同治《畿辅通志》卷122《兵制四·驿站一》:"承德府热河驿,初置曰站,康熙五十年与王家营站同置,东至红旗营七十里,西南至王家营七十里。"

案:热河驿,康熙时为至热河而置,属次冲驿站,在今河北省承德市双桥区都统府大街。

2. 滦平县县驿

《置驿一》:"滦平县县驿,马十二匹,马夫六名,兽医一名。"

嘉庆《热河志略》卷2《驿站》:"滦平站马十二匹。"

道光《承德府志》卷25《驿置》:"滦平县站马八匹。"

同治《畿辅通志》卷122《兵制四·驿站一》:"滦平县县驿,新设,东至府界四十里。"

案:滦平县县驿,为清朝新设,属僻递小站,在今河北省承德市西双滦区之滦河镇。明代亦曾置青松驿于附近,后废。

3. 平泉州州驿

《置驿一》:"平泉州州驿,马八匹,马夫五名,兽医半名。"

嘉庆《热河志略》卷2《驿站》:"平泉站,马八匹。"

道光《承德府志》卷25《驿置》:"平泉州站,马八匹。"

同治《畿辅通志》卷122《兵制四·驿站一》:"平泉州州驿,新设,西至府治二百四十里。"

案:平泉州州驿,属僻递小站。在今河北省承德市平泉县平泉镇。明代曾在附近设富峪驿,后废。

4. 丰宁县县驿

《置驿一》:"丰宁县县驿,马八匹,马夫六名,兽医一名。"

嘉庆《热河志略》卷2《驿站》:"丰宁站,马八匹。"

道光《承德府志》卷25《驿置》:"丰宁县站,马八匹。"

同治《畿辅通志》卷122《兵制四·驿站一》:"丰宁县县驿,新设,东至府界二百五十里。"

案:丰宁县县驿,属僻递小站。在今河北省承德市丰宁满族自治县东之凤山镇。明代在丰宁县北曾设黄厓驿,属开平卫,灰岭驿,属兴州右屯卫,后废。

5. 建昌县县驿

《置驿一》:"建昌县县驿,马八匹,马夫四名。"

嘉庆《热河志略》卷2《驿站》:"建昌站,马八匹。"

道光《承德府志》卷25《驿置》:"建昌县站,马八匹。"

同治《畿辅通志》卷122《兵制四·驿站一》:"建昌县县驿,新设,西北至府界三百八十里。"

案:建昌县县驿,僻递小站,在今辽宁省葫芦岛市凌源市。此地在清初属卓索图盟,乾隆三年(1738),设塔子沟厅,隶直隶省。乾隆四十三年(1778),撤厅置建昌县,隶承德府。光绪二十九年(1903),隶朝阳府。

6. 赤峰县县驿

《置驿一》:“赤峰县县驿,马八匹,马夫四名。”

嘉庆《热河志略》卷2《驿站》:“赤峰站,马八匹。”

道光《承德府志》卷25《驿置》:“赤峰县站,马八匹。”

同治《畿辅通志》卷122《兵制四·驿站一》:“赤峰县县驿,新设,西南至府界三百里。”

案:赤峰驿,僻递小站。在今内蒙古自治区赤峰市红山区哈达大街一带。赤峰县,建于清乾隆四十三年(1778),驻赤峰街,嘉庆十年(1805)迁驻公主陵大庙(今公主陵乡)。1952年5月赤峰县政府迁驻赤峰街。1983年10月10日,赤峰县撤销,改建赤峰市郊区人民政府,驻地未变。

7. 朝阳县县驿

《置驿一》:“朝阳县县驿,马八匹,马夫四名。”

嘉庆《热河志略》卷2《驿站》:“朝阳站马八匹。”

道光《承德府志》卷25《驿置》:“朝阳县站马八匹。”

同治《畿辅通志》卷122《兵制四·驿站一》:“朝阳县县驿,新设,西南至府界五百里。”

案:朝阳驿,僻递小站,在今辽宁省朝阳市双塔区朝阳大街。

(六)永平府属六驿

1. 卢龙县滦河驿

《置驿一》:“卢龙县滦河驿,马七十二匹,马夫三十六名,扛轿等夫三十八名,驿书一名,驿皂四名,兽医一名。”

《嘉庆重修一统志》卷19永平府二:“滦河驿,在卢龙县南二里。西去七家岭驿六十里。”

同治《畿辅通志》卷123《兵制五·驿站二》:“卢龙县滦河驿,在县南二里,一曰南关东街。极冲。西去七家岭驿六十里。府西二十里有安河堡驿,道所经也。又东关递运所,旧在府东二里,今并于滦河驿。”

案:卢龙县滦河驿,属极冲大驿,在今河北省秦皇岛市卢龙县城区。

2. 迁安县七家岭驿

《置驿一》:“迁安县七家岭驿,马七十二匹,马夫三十六名,扛轿等夫三十八名,驿书一名,驿皂四名,兽医一名。”

《嘉庆重修一统志》卷19永平府二:“七家岭驿,在迁安县南四十里沙河。旧在县西南七十里七家岭,后移于此,分属滦州。旧有驿丞。本朝乾隆三十年裁。”

同治《畿辅通志》卷123《兵制五·驿站二》:“迁安县七家岭驿,在县南四十里沙河。旧在县西南七十里七家岭,后移于此,分属滦州。去义丰驿一百里。有驿丞。”

案:迁安县七家岭驿,明代置,属极冲大驿,位于今河北省秦皇岛市迁安市西南之沙河驿镇沙河驿村。

3. 滦阳驿

《置驿一》:“滦阳驿,马六十二匹,马夫三十一名,扛轿等夫二十名,驿书一名,驿皂四名,兽医一名。”

《嘉庆重修一统志》卷19永平府二:“滦阳驿,在迁安县西北一百二十里三屯营。旧在县西北一百六十里鹿儿岭,后移于此。设有三屯巡司,兼驿丞事。”

同治《畿辅通志》卷123《兵制五·驿站二》:“滦阳驿,在迁安县北一百二十里三屯营。旧在县西北一百六十里鹿儿岭上,后移于此。次冲。旧有古城驿,县西北一百八十里喜峰口内,今裁。有驿丞。”

案:滦阳驿,明代置,属次冲驿站,有驿丞,位于今河北省唐山市迁西县西北之三屯营镇。明代为蓟州镇总兵驻地,清初裁撤。

4. 抚宁县芦峰驿

《置驿一》:“抚宁县芦峰驿,马七十二匹,马夫三十六名,扛轿等夫三十八名,驿书一名,驿皂四名,兽医一名。”

《嘉庆重修一统志》卷19永平府二:“芦峰口驿,在抚宁县治东南。旧在县西十五里,明洪武十四年置,后移于此。西去滦河驿七十里。”

同治《畿辅通志》卷123《兵制五·驿站二》:“抚宁县芦峰口驿,在县治东南,旧在县西十五里,明洪武十四年置,后移于此。极冲。西去滦河驿七十里。旧有西关递运所,在县治东南,后并于驿。芦峰口驿旧在府东六十里,接抚宁县之芦峰山。”

案:抚宁县芦峰驿,明代置,属极冲大驿。明代亦曾设递运所,清代裁并于驿站。位于今河北省秦皇岛市抚宁区东南。

5. 榆关驿

《置驿一》:“榆关驿,马七十二匹,马夫三十六名,扛轿等夫三十名,驿书一名,驿皂四名,兽医一名。”

《嘉庆重修一统志》卷 19 永平府二:“榆关驿,在抚宁县东四十里。明洪武十四年置。本朝初裁,后复置。分属乐亭县,西去芦峰口驿四十里,有驿丞。”

同治《畿辅通志》卷 123《兵制五・驿站二》:“榆关驿,在抚宁县东四十里。明洪武十四年置,本朝初裁,后复置,分属乐亭县。西去芦峰口驿四十里。极冲。有驿丞。”

案:榆关驿,明代置,属极冲大驿。有驿丞。位于今河北省秦皇岛市抚宁区东之榆关镇。山海关之地古称榆关、临榆关,明代改称山海关。

6. 临榆县迁安驿

《置驿一》:“临榆县迁安驿,马七十二匹,马夫三十六名,扛轿等夫三十八名,驿书一名,兽医一名。”

《嘉庆重修一统志》卷 19 永平府二:“迁安驿,在临榆县西门外。明洪武十四年置,崇祯中归昌黎县应役。西去榆关驿六十里,旧有驿丞,今裁。”

同治《畿辅通志》卷 123《兵制五・驿站二》:“临榆县迁安驿,在山海卫西门外。明洪武十四年置,崇祯中归昌黎县应役,西去榆关驿六十里。迁安马驿在山海关城西,永乐初自迁安县移于此,属永平府。又山海卫治东北有东关递运所。”

案:临榆县迁安驿,明代置,极冲大驿。时在山海卫西门外,位于今河北省秦皇岛市东北之山海关区。明代为山海关卫辖地,清代撤卫改为临榆县,新中国成立后并入秦皇岛市。

(七)河间府十一驿

1. 河间县瀛海驿

《置驿一》:“河间县瀛海驿,马八十九匹,马夫四十名半,扛轿等夫九十八名,驿书一名,驿皂四十八名。”

《嘉庆重修一统志》卷 22 河间府二:“瀛海驿,在河间县治西北,明天顺七年置。”

同治《畿辅通志》卷 123《兵制五・驿站二》:“河间府瀛海驿,在河间县治西北。明天顺七年置,极冲。初设驿丞,雍正五年裁,归知县掌。旧驿已废,移于县治东。”

案：河间县瀛海驿，明代置，属极冲大驿。位于今河北省沧州市河间市。明清为河间府治所在。

2. 献县乐城驿

《置驿一》："献县乐城驿，马六十七匹，马夫三十三名半，扛轿等夫六十八名，驿书一名，驿皂二十名。"

《嘉庆重修一统志》卷22河间府二："乐成驿，在献县治西南，明洪武三年置。"

同治《畿辅通志》卷123《兵制五·驿站二》："献县乐城驿，在献县治西南，明洪武三年置。极冲。一云旧在治西，今在县治东。"

案：献县乐城驿，明代置，属极冲大驿。位于今河北省沧州市献县城区。

3. 阜城县阜城驿

《置驿一》："阜城县阜城驿，马七十五匹，马夫三十六名，扛轿等夫六十八名，驿书一名，驿皂二十名。"

《嘉庆重修一统志》卷22河间府二："阜城驿，在阜城县城内。明永乐十三年置。"

同治《畿辅通志》卷123《兵制五·驿站二》："阜城县阜城驿，在阜城县城内。明永乐十三年置。驿旧置在东门外，成化二年诏广县城，遂环于内。极冲。"

案：阜城县阜城驿，明代置，极冲大驿。位于今河北省衡水市阜城县。

4. 任邱县鄚城驿

《置驿一》："任邱县鄚城驿，马七十七匹，马夫三十八名，扛轿等夫八十五名，驿书一名，驿皂二十四名。"

《嘉庆重修一统志》卷22河间府二："鄚城驿，在任邱县儒学左，明洪武九年置。又有新中驿，在县南新中镇，亦明初置，今裁。"

同治《畿辅通志》卷123《兵制五·驿站二》："任邱县鄚城驿，旧在育贤街北，儒学左。明洪武九年置。极冲。隆庆间知县郭汝重修。"

案：任邱县鄚城驿，明代置，极冲大驿。位于今河北省衡水市任丘县城。任丘，古称鄚县。

5. 肃宁县县驿

《置驿一》："肃宁县县驿，马八匹，马夫四名。"

同治《畿辅通志》卷123《兵制五·驿站二》："肃宁县县驿，次冲，马递。县在河间府城迤西四十里。"

案：肃宁县县驿，属次冲驿站。位于今河北省沧州市肃宁县城区。

6. 交河县富庄驿

《置驿一》:"交河县,富庄驿,马六十七匹,马夫三十三名半,扛轿等夫二十名,驿书一名,驿皂六名。"

《嘉庆重修一统志》卷 22 河间府二:"富庄驿,在交河县西二十五里。明建文四年置。旧有驿丞,今裁。"

同治《畿辅通志》卷 123《兵制五・驿站二》:"交河县富庄驿,在交河县西二十五里。明建文四年置。极冲。富庄驿即西达阜城、北走献县之通道也。"

案:交河县富庄驿,明代置,属极冲大驿。位于今河北省沧州市泊头市西之富镇。泊头之地明清设交河县,治于今之交河镇。后多次调整,终定名为泊头市。

7. 宁津县县驿

《置驿一》:"宁津县县驿,马三匹,马夫一名半。"

同治《畿辅通志》卷 123《兵制五・驿站二》:"宁津县县驿,僻递。县西与吴桥县界。"

案:宁津驿,僻递小站。在今山东省德州市宁津县城区。

8. 景州州驿

《置驿一》:"景州州驿,马七十四匹,马夫三十七名,扛轿等夫六十八名,驿书一名,驿皂二十四名。"

同治《畿辅通志》卷 123《兵制五・驿站二》:"景州东光驿,在州治西南。雍正三年丞裁,驿归州。极冲。"

案:景州州驿,极冲大驿。在今河北省衡水市景县城区。

9. 吴桥县连窝驿

《置驿一》:"吴桥县连窝驿,马十二匹,马夫六名,扛轿等夫十四名,驿皂十二名,水驿夫八十五名。"

《嘉庆重修一统志》卷 22 河间府二:"连窝水驿,在吴桥县连窝镇。旧有驿丞,今裁。"

同治《畿辅通志》卷 123《兵制五・驿站二》:"吴桥县连窝水驿,在县连窝镇。旧领于驿丞,乾隆十九年裁并归县。又有递运所,在驿北,今裁。驿在县之西北五十里。"

案:连窝驿,明代置,次冲,水驿。在今河北省沧州市东光县南之连镇镇。明代有递运所,清裁。

10. 故城县县驿

《置驿一》:"故城县县驿,马十匹,马夫五名。"

同治《畿辅通志》卷123《兵制五·驿站二》:"故城县县驿,名曰甘陵,在县前。次冲。马递。县北三十里至景州界,南与东南皆接山东境。"

案:故城驿,明代置,次冲驿站。在今河北省衡水市故城县东北之故城镇。

11. 东光县东光驿

《置驿一》:"东光县东光驿,马十二匹,马夫六名。"

《嘉庆重修一统志》卷22河间府二:"东光驿,在景州治西南。"

同治《畿辅通志》卷123《兵制五·驿站二》:"东光县县驿,次冲。马头镇在县西三里,下临卫河。又县西南三十里为连窝镇,与县北二十里之下口镇皆卫河所经,商旅辏集于此。"

案:东光县东光驿,明代置,次冲驿站。在今河北省东光县城区。商旅辏集之地。

(八)天津府属七驿

1. 天津县杨青驿

《置驿一》:"天津县杨青驿,马二十匹,马夫十二名,驿递等夫十四名,水驿夫九十五名。"《嘉庆重修一统志》卷25天津府二:"杨青水驿,在府城外。旧在武清县南一百五十里杨柳青,明嘉靖十九年移置于此。又有杨青马驿,亦在府城外。有驿丞掌之,兼巡司。"

同治《畿辅通志》卷123《兵制五·驿站二》:"天津县杨青驿,在府城外。又有杨青水驿,旧在武清县南一百五十里杨柳青,明嘉靖十九年移置于此。原属静海县,雍正八年正疆域,归天津县辖。"

光绪《顺天府志》志64《经政志十一·驿传》:"旧又有杨青驿,在县东一百五十里。并置递运所,明嘉靖十九年改置天津卫。"

光绪《重修天津府志》卷36《考二十七·经政十》:"天津县杨青驿,在府城外。又有杨青水驿,旧在武清县南一百五十里杨柳青。明嘉靖十九年移置于此。原属静海县,雍正八年正疆域,归天津县辖。极冲。"

案:天津县杨青驿,明代置,属极冲大驿。有水驿,位于今天津市西青区。明朝在天津设卫,清朝改为府。

2. 青县流河驿

《置驿一》:"青县流河驿,马十匹,马夫五名,驿递等夫十四名,水驿夫八十五名。"

《嘉庆重修一统志》卷25天津府二:"流河水驿,在青县东北流河镇。明永乐二年置。今有驿丞,兼巡司。南至乾平驿七十里。"

同治《畿辅通志》卷123《兵制五·驿站二》:"流河水驿,在青县东北流河镇。明永乐二年置。南至乾宁驿七十里。流河水驿在县东北三十里卫河西岸。极冲。"

案:流河水驿,明代永乐二年置,设有驿丞,兼巡司之职。极冲。水马驿,在今河北省沧州市青县东北16公里处之流河镇。

3. 乾宁驿

《置驿一》:"乾宁驿,驿递等夫十四名,水驿夫八十五名。"

《嘉庆重修一统志》卷25天津府二:"乾平水驿,在青县南,废兴济县西一里,南至沧州砖河驿七十里。"

同治《畿辅通志》卷123《兵制五·驿站二》:"青县乾宁水驿,在县南兴济废县西一里,南至沧州砖河驿七十里。在县东南三十里。明置。极冲。"

案:乾宁驿,明代置,极冲大驿,水驿。在今河北省沧州市沧县北之兴济镇。

4. 静海县奉新驿

《置驿一》:"静海县奉新驿,马十五匹,马夫七名半,驿递等夫十六名,水驿夫八十五名。"

《嘉庆重修一统志》卷25天津府二:"奉新水驿,在静海县南城外。明永乐十三年置,南至青县流河驿七十里。"

同治《畿辅通志》卷123《兵制五·驿站二》:"静海县奉新驿,在静海县南城外。明永乐十三年置。南至青县流河驿七十里。旧曰水驿。次冲。"

案:奉新驿,明代置,水驿,次冲驿站。在今天津市静海县。

5. 沧州砖河驿

《置驿一》:"沧州砖河驿,马十六匹,马夫八名,驿递等夫十四名,水驿夫八十五名。"

《嘉庆重修一统志》卷25天津府二:"砖河水驿,在沧州南十八里,卫河东岸。"

同治《畿辅通志》卷123《兵制五·驿站二》:"沧州砖河驿,在沧州南十八里卫河东岸。极冲。州南二十里有砖河水驿,为卫河津要处。"

案：砖河驿，明代置，水驿，位于卫河津要处，极冲驿站。在今河北省沧州市沧县西南张官屯乡之东砖河村。

6. 南皮县新桥驿

《置驿一》："南皮县新桥驿，马八匹，马夫四名，驿递等夫十四名，水驿夫八十五名。"

同治《畿辅通志》卷123《兵制五·驿站二》："南皮县新桥驿，在交河县东五十里。明洪武二十五年五月置，俗名泊头驿。极冲。泊头镇在交河县东卫河西岸，商贾辏集筑城于此，置新桥驿。新桥驿本属交河，乾隆十九年改归南皮县管。"

案：新桥驿，明代置，水驿。极冲大驿。在今河北省沧州市泊头市市区，时为商贾辐辏之地。

7. 庆云县县驿

《置驿一》："庆云县县驿，马二匹，马夫一名。"

同治《畿辅通志》卷123《兵制五·驿站二》："庆云县县驿，僻递。县西北二十里至盐山县界，西南、东南与东皆入山东界。"

案：庆云驿，僻递小站。在今河北省沧州市盐山县东南之庆云镇。明清为庆云县治所在，现存有庆云古城遗址，紧邻山东德州庆云县。

（九）正定府属十二驿

1. 正定县恒山驿

《置驿一》："正定县恒山驿，马一百九匹，马夫五十一名半，扛轿等夫一百十二名，驿书二名，兽医一名。"

《嘉庆重修一统志》卷28正定府二："恒山驿，在正定县治南。明置。"

同治《畿辅通志》卷123《兵制五·驿站二》："正定县恒山驿，在正定县治南。明置。极冲。旧有递运所在城内东南，后移北关外，今裁。"

案：正定县恒山驿，属极冲大驿。明代置。旧有递运所在城内东南，后移北关外，清朝裁撤。时在正定县治南，今河北省石家庄市正定县城区。

2. 伏城驿

《置驿一》："伏城驿，马六十八匹，马夫三十四名，扛轿等夫十四名，驿书二名，兽医一名。"

《嘉庆重修一统志》卷28正定府二："伏城驿，在正定县北四十里。旧有驿丞，今裁。"

同治《畿辅通志》卷123《兵制五·驿站二》:“伏城驿,在府城北四十里。极冲。旧属正定府,康熙十三年拨藁城县带管,后归正定府管。有驿丞,乾隆十九年裁。”

案:伏城驿,属极冲大驿。明代置,原来设有驿丞,乾隆十九年裁。在正定府城北四十里,位于今河北省石家庄市正定县新城铺镇。

3. 获鹿县镇宁驿

《置驿一》:“获鹿县镇宁驿,马九十匹,马夫四十三名,扛轿等夫八十九名,驿书一名,驿皂二十四名,兽医一名。”

《嘉庆重修一统志》卷28正定府二:“镇宁驿,在获鹿县治西。明置。”

同治《畿辅通志》卷123《兵制五·驿站二》:“获鹿县镇宁驿,在县治西。明置。极冲。又有鹿泉递运所在县治西,今废。县治西有镇宁马驿。”

案:获鹿县镇宁驿,明代置,属极冲大驿,即今河北省石家庄市鹿泉区获鹿镇,区治所在。时在县治西,并设递运所,清裁撤。

4. 井陉县陉山驿

《置驿一》:“井陉县陉山驿,马九十匹,马夫四十三名,扛轿等夫七十八名,驿书一名,驿皂十六名,兽医一名。”

《嘉庆重修一统志》卷28正定府二:“陉山驿,在井陉县治东。明置。本朝顺治十六年裁,后复置。”

同治《畿辅通志》卷123《兵制五·驿站二》:“井陉县陉山驿,在井陉县治东。明置。本朝顺治十六年裁,后复置。极冲。又有递运所,在东门外,久裁。”

案:井陉县陉山驿,属极冲大驿。明代置,清朝顺治十六年裁,后复置。时在井陉县治东,位于今河北省石家庄市井陉县西之天长镇。又设有递运所,在县治东门外,后裁撤。

5. 阜平县县驿

《置驿一》:“阜平县县驿,马八匹,马夫四名。”乾隆《阜平县志》卷2《邮置志》:“阜邑偏僻,无驿站。原额递马十二匹,夫六名。雍正八年裁马二匹,夫一名。又拨协怀来县马二匹,夫一名。现存马八匹,夫一名。”

同治《畿辅通志》卷123《兵制五·驿站二》:“阜平县县驿,僻递。县在府西一百二十里。”

案:阜平驿,僻递小站。在今河北省保定市阜平县城。

6. 栾城县关城驿

《置驿一》:"栾城县关城驿,马七十七匹,马夫三十八名半,驴十二头,驴夫二名,扛轿等夫九十六名,驿书二名,驿皂二十四名,兽医一名。"

《嘉庆重修一统志》卷28正定府二:"关城驿,在栾城县治东南。明置。"

同治《畿辅通志》卷123《兵制五·驿站二》:"栾城县关城驿,在县治东南。明置。极冲。又有递运所在城北。"

案:栾城县关城驿,属极冲大驿,明代置,并设递运所。在今河北省石家庄市栾城区栾城镇。

7. 元氏县县驿

《置驿一》:"元氏县县驿,马八匹,马夫四名。"

同治《畿辅通志》卷123《兵制五·驿站二》:"元氏县县驿,僻递。北至府九十里,南至临城县治八十有五里。"

案:元氏县驿,僻递小站。在今河北省石家庄市元氏县城区槐阳镇。

8. 赞皇县县驿

《置驿一》:"赞皇县县驿,马五匹,马夫二名。"

同治《畿辅通志》卷123《兵制五·驿站二》:"赞皇县县驿,僻递。府治西南一百二十里。"

案:赞皇驿,僻递小站。在今河北省石家庄市赞皇县城区。

9. 晋州州驿

《置驿一》:"晋州州驿,马七匹,马夫四名。"

同治《畿辅通志》卷123《兵制五·驿站二》:"晋州州驿,僻递。府治东南九十里。"

案:晋州驿,属僻递小站,在今河北省石家庄市晋州市区晋州镇。

10. 无极县县驿

《置驿一》:"蒿城县县驿,马八名(似应为匹),马夫二名。"

同治《畿辅通志》卷123《兵制五·驿站二》:"无极县县驿,僻递。府治正东七十里。"

案:无极驿,属僻递小站。在今河北省石家庄市无极县城区。

11. 藁城县县驿

《置驿一》:"无极县县驿,马八匹,马夫二名。"

同治《畿辅通志》卷123《兵制五·驿站二》:"藁城县县驿,僻递。府治东南六

十里。”

案:藁城县驿,僻递小站,在今河北省石家庄市藁城区廉州镇。

12. 新乐县西乐驿

《置驿一》:“新乐县西乐驿,马一百匹,马夫四十五名。驴十二头,驴夫二名,扛轿等夫一百二十二名,驿书一名,驿皂三十二名,兽医一名。”

《嘉庆重修一统志》卷28正定府二:“西乐驿,在新乐县治西南。”

同治《畿辅通志》卷123《兵制五·驿站二》:“新乐县西乐驿,在县治西南。极冲。又有递运所在县城外。”

案:新乐县西乐驿,明代置,极冲大驿,在今河北省石家庄市新乐市东北之承安镇。时有递运所设置于城外。

(十)冀州直隶州属五驿

1. 冀州直隶州州驿

《置驿一》:“冀州直隶州州驿,马八匹,马夫四名。”

同治《畿辅通志》卷124《兵制六·驿站三》:“冀州州驿,僻递。西北七十五里至保定府束鹿县治。”

案:冀州驿,僻递小站。今河北省衡水市冀州市区。

2. 南宫县县驿

《置驿一》:“南宫县县驿,马八匹,马夫四名。”

同治《畿辅通志》卷124《兵制六·驿站三》:“南宫县县驿,稍冲。州治西南六十里。”

案:南宫县驿,僻递小站。今河北省邢台市南宫市区。

3. 新河县县驿

《置驿一》:“新河县县驿,马八匹,马夫四名。”

同治《畿辅通志》卷124《兵制六·驿站三》:“新河县县驿,僻递。东至冀州六十里。”

案:新河驿,僻递小站。今河北省邢台市新河县城。

4. 武邑县县驿

《置驿一》:“武邑县县驿,马六匹,马夫二名。”

同治《畿辅通志》卷124《兵制六·驿站三》:“武邑县县驿,僻递。西南九十里至冀州治。”

案:武邑县驿,僻递小站。在今河北省衡水市武邑县城。

5. 衡水县县驿

《置驿一》:"衡水县县驿,马七匹,马夫三名。"

同治《畿辅通志》卷124《兵制六·驿站三》:"衡水县县驿,僻递。西南四十里至冀州治。"

案:衡水县驿,僻递小站。今河北省衡水城区。

(十一)赵州直隶州属六驿

1. 赵州直隶州鄗城驿

《置驿一》:"赵州直隶州鄗城驿,马七十六匹,马夫三十八名。驴十二头,驴夫二名,扛轿等夫九十五名,驿书二名,驿皂三十二名,兽医一名。"

《嘉庆重修一统志》卷51赵州一:"鄗城驿,在州治西,明置。"

同治《畿辅通志》卷124《兵制六·驿站三》:"赵州鄗城驿,在州治西。明置。极冲。故鄗县城在柏乡县北,又有旧递运所在州治东。鄗马驿在州治西。"

案:鄗城驿,明代置,极冲大驿。在今河北省石家庄市赵县城区。又有递运所,时在州治东。

2. 柏乡县槐水驿

《置驿一》:"柏乡县槐水驿,马七十六匹,马夫三十八名。驴十二头,驴夫二名,扛轿等夫九十五名,驿书二名,驿皂二十四名,兽医一名。"

《嘉庆重修一统志》卷51赵州一:"槐水驿,在柏乡县西北,明置。"

同治《畿辅通志》卷124《兵制六·驿站三》:"柏乡县槐水驿,在县治西北。明置。极冲。又有递运所在县南门外。"

案:柏乡县槐水驿,明代置,极冲大驿。时在县治西北,今河北省邢台市柏乡县城区。又有递运所在县治南门外。

3. 隆平县县驿

《置驿一》:"隆平县县驿,马三匹,马夫一名半。"

同治《畿辅通志》卷124《兵制六·驿站三》:"隆平县县驿,僻递。西北九十里至赵州治。"

案:隆平县驿,僻递小站。在今河北省邢台市隆尧县城区。

4. 高邑县县驿

《置驿一》:"高邑县县驿,马四匹,马夫二名。"

同治《畿辅通志》卷124《兵制六·驿站三》:"高邑县县驿,僻递。州南偏西,自县抵州五十里。"

案:高邑县驿,僻递小站。今河北省石家庄市高邑县城。

5. 临城县县驿

《置驿一》:"临城县县驿,马六匹,马夫三名。"

同治《畿辅通志》卷124《兵制六·驿站三》:"临城县县驿,僻递。州治西南九十里。"

案:临城县驿,僻递小站。今河北省邢台市临城县。

6. 宁晋县县驿

《置驿一》:"宁津县县驿,马八匹,马夫四名。"

同治《畿辅通志》卷124《兵制六·驿站三》:"宁晋县县驿,僻递。正定府南一百四十里,西至本州四十里。"

案:宁晋县驿,僻递小站。今河北省邢台市宁晋县城。嘉庆《清会典事例》卷528直隶赵州有"宁津县县驿","津"字当为"晋"字之误。

(十二)深州直隶州属四驿

1. 深州直隶州州驿

《置驿一》:"深州直隶州州驿,马七匹,马夫三名。"

同治《畿辅通志》卷124《兵制六·驿站三》:"深州州驿,僻递。西北至省城铺路二百四十七里。"

案:深州州驿,僻递小站,在今河北省衡水市深州市区。

2. 武强县县驿

《置驿一》:"武强县县驿,马四匹,马夫二名。"

同治《畿辅通志》卷124《兵制六·驿站三》:"武强县县驿,僻递。西抵州治五十有四里。"

案:武强驿,僻递小站,在今河北省衡水市武强县城区。

3. 饶阳县县驿

《置驿一》:"饶阳县县驿,马八匹,马夫四名。"

同治《畿辅通志》卷124《兵制六·驿站三》:"饶阳县县驿,僻递。州治东北六十里。"

案:饶阳县驿,僻递小站,在今河北省衡水市饶阳县。

4. 安平县县驿

《置驿一》:"安平县县驿,马六匹,马夫三名。"

同治《畿辅通志》卷124《兵制六·驿站三》:"安平县县驿,僻递。南抵本州六十里。"

案:安平驿,僻递小站,在今河北省衡水市安平县。

(十三)定州直隶州属三驿

1. 定州直隶州永定驿

《置驿一》:"定州直隶州永定驿,马一百匹,马夫四十五名,驴二十头,驴夫二名,扛轿等夫一百二十名,驿书二名,驿皂三十名,兽医一名。"

《嘉庆重修一统志》卷56定州二:"永定驿,在州治北,明置。"

同治《畿辅通志》卷124《兵制六·驿站三》:"定州永定驿,在州治北。明置。极冲。又有递运所在州南门外。"

案:定州永定驿,明代置,极冲大驿。在今河北省保定市定州市区。

2. 曲阳县县驿

《置驿一》:"曲阳县县驿,马八匹,马夫四名。"

同治《畿辅通志》卷124《兵制六·驿站三》:"曲阳县县驿,僻递。东六十里抵州治,正定府北一百五十里。"

案:曲阳县驿,僻递小站,在今河北省保定市曲阳县城。

3. 深泽县县驿

《置驿一》:"深泽县县驿,马四匹,马夫二名。"

同治《畿辅通志》卷124《兵制六·驿站三》:"深泽县县驿,僻递。西北至州九十里,保定府治西南一百八十里。"

案:深泽县驿,僻递小站,今河北省石家庄市深泽县城区。

(十四)顺德府属九驿

1. 邢台县龙冈驿

《置驿一》:"邢台县龙冈驿,马八十六匹,马夫四十三名,驴二十头,驴夫五名,扛轿等夫一百三十九名,驿书一名,驿皂三十二名,兽医一名。"

《嘉庆重修一统志》卷31顺德府二:"龙冈驿,在邢台县东关外。"

同治《畿辅通志》卷123《兵制五·驿站二》:"邢台县龙冈驿,在县东关外。旧在城内,万历元年移置于此。极冲。又有递运所在驿街西。”

案:龙冈驿,明代置,极冲大驿,在今河北省邢台市城区。

2. 沙河县县驿

《置驿一》:“沙河县县驿,马二匹,马夫一名。”

同治《畿辅通志》卷123《兵制五·驿站二》:“沙河县县驿,僻递。顺德府南三十有五里。”

案:沙河县驿,僻递小站。在今河北省邢台市沙河市。

3. 南和县县驿

《置驿一》:“南和县县驿,马八匹,马夫四名。”

同治《畿辅通志》卷123《兵制五·驿站二》:“南和县具驿,僻递。西至顺德府治四十里。”

案:南和县驿,僻递小站。在今河北省邢台市南和县。

4. 平乡县县驿

《置驿一》:“平乡县县驿,马四匹,马夫二名。”

同治《畿辅通志》卷123《兵制五·驿站二》:“平乡县县驿,僻递。顺德府东八十里。”

案:平乡县驿,僻递小站。在今河北省邢台市平乡县西南之平乡镇。

5. 广宗县县驿

《置驿一》:“广宗县县驿,马八匹,马夫三名。”

同治《畿辅通志》卷123《兵制五·驿站二》:“广宗县县驿,僻递。西至顺德府治一百二十里。”

案:广宗县驿,僻递小站。在今河北省邢台市广宗县城区。

6. 巨鹿县县驿

《置驿一》:“巨鹿县县驿,马八匹,马夫三名半。”

同治《畿辅通志》卷123《兵制五·驿站二》:“巨鹿县县驿,僻递。西南至府一百二十里。”

案:巨鹿县驿,僻递小站。在今河北省邢台市巨鹿县城区。

7. 唐山县县驿

《置驿一》:“唐山县县驿,马八匹,马夫四名。”

同治《畿辅通志》卷123《兵制五·驿站二》:“唐山县县驿,僻递。府治东北八十有五里。”

案：唐山县驿，僻递小站。在今河北省邢台市隆尧县西之尧山镇。隆尧县辖境在明清时为两县，即唐山县，治尧山镇，属顺德府。隆平县，属赵州。民国时，改唐山县名为尧山，后又将尧山、隆平二县合并为隆尧县。

8. 内邱县中邱驿

《置驿一》："内邱县中邱驿，马七十四匹，马夫三十七名，驴二十头，驴夫四名，扛轿等夫一百三十一名，驿书一名，驿皂三十二名，兽医一名。"

《嘉庆重修一统志》卷31顺德府二："中邱驿，在内邱县治东南。"

同治《畿辅通志》卷123《兵制五·驿站二》："内邱县中邱驿，在县治东南。极冲。又有递运所，在县北关外之东，今裁。"

案：内邱中邱驿，明代置，僻递小站。在今河北省邢台市内邱县城。

9. 任县县驿

《置驿一》："任县县驿，马八匹，马夫四名。"

同治《畿辅通志》卷123《兵制五·驿站二》："任县县驿，僻递。府城东北三十有五里。"

案：任县县驿，僻递小站。在今河北省邢台市任县城。

（十五）广平府属十驿

1. 永年县临洺驿

《置驿一》："内邱县中邱驿，马八十六匹，马夫四十三名，驴二十头，驴夫四名，扛轿等夫二百名，驿书一名，驿皂二十名，兽医一名。"

《嘉庆重修一统志》卷33广平府二："临洺驿，在永年县西四十五里。旧设驿丞，今裁，有递运所。"

同治《畿辅通志》卷123《兵制五·驿站二》："永年县临洺驿，在县西四十五里临洺镇。极冲。有驿丞。又有临洺驿、递运所，亦在临洺镇。县惟临洺驿、递运所在临洺关北大街东，乾隆十八年丞裁，驿务皆归县。"

案：永年县临洺驿，明代置，极冲大驿，在今河北省邯郸市永年区临洺关镇。明清时设广平府，治于永年县广府镇，新中国成立后，永年县治迁至临洺关镇。现存广府古城遗址。

2. 曲周县县驿

《置驿一》："曲周县县驿，马六匹，马夫三名。"

同治《畿辅通志》卷123《兵制五·驿站二》："曲周县县驿，僻递。府治东北四

十里。”

案:曲周县驿,僻递小站,在今河北省邯郸市曲周县。

3. 肥乡县县驿

《置驿一》:“鸡驿县县驿,马六匹,马夫三名。”

同治《畿辅通志》卷123《兵制五·驿站二》:“肥乡县县驿,僻递。广平府南三十有五里。”

案:肥乡县驿,僻递小站,在今河北省邯郸市肥乡区肥乡镇。

4. 鸡泽县县驿

《置驿一》:“鸡泽县县驿,马六匹,马夫三名。”

同治《畿辅通志》卷123《兵制五·驿站二》:“鸡泽县县驿,僻递。在府东北六十里。”

案:鸡泽县驿,僻递小站,在今河北省邯郸市鸡泽县。

5. 广平县县驿

《置驿一》:“广平县县驿,马六匹,马夫三名。”

同治《畿辅通志》卷123《兵制五·驿站二》:“广平县县驿,稍冲。县在冀赵之境,北距府城六十里。”

案:广平县驿,僻递小站,在今河北省邯郸市广平县。

6. 邯郸县丛台驿

《置驿一》:“邯郸县丛台驿,马七十五匹,马夫三十七名半,驴二十头,驴夫四名,扛轿等夫一百三十名,驿书一名,驿皂三十二名,兽医一名。”

《嘉庆重修一统志》卷33广平府二:“丛台驿,在邯郸治西南。”

同治《畿辅通志》卷123《兵制五·驿站二》:“邯郸县丛台驿,在县治西南。明洪武五年建。极冲。又有递运所,在县治西北。明永乐十一年置,今废。”

案:邯郸县丛台驿,明代置,极冲大驿,在今河北省邯郸市丛台区。

7. 成安县县驿

《置驿一》:“成安县县驿,马六匹,马夫三名。”

同治《畿辅通志》卷123《兵制五·驿站二》:“成安县县驿,稍冲。旧有乾侯驿,在县治东,今废。”

案:成安县驿,稍冲驿站,在今河北省邯郸市成安县城。

8. 威县县驿

《置驿一》:“威县县驿,马六匹,马夫三名。”

同治《畿辅通志》卷123《兵制五·驿站二》:"威县县驿,僻递,东与东南皆至山东界,东北七十里至清河县治。"

案:威县县驿,僻递小站,在今河北省邢台市威县城洺州镇。

9. 清河县县驿

《置驿一》:"清河县县驿,马八匹,马夫四名。"

同治《畿辅通志》卷123《兵制五·驿站二》:"清河县县驿,僻递,西南至广平府一百八十里。"

案:清河县驿,僻递小站,在今河北省邢台市清河县城西两公里处之老城墙附近,属葛仙庄镇。

10. 磁州滏阳驿

《置驿一》:"磁州滏阳驿,马九十匹,马夫四十五名,骡十六头,骡夫十五名,驴二十头,驴夫四名,扛轿等夫一百四十六名,兽医二名。"

《嘉庆重修一统志》卷33广平府二:滏阳驿,"在磁州南一里"。

同治《畿辅通志》卷123《兵制五·驿站二》:"磁州滏阳驿,在州治南一里。极冲。州志谓在州治东北一里,明洪武二年置。又有递运所在南关外,明永乐十一年置,今废。"

案:磁州滏阳驿,明代置,极冲大驿。在今河北省邯郸市磁县城区。

(十六)大名府属七驿

1. 大名县县驿

《置驿一》:"大名县县驿,马十匹,马夫五名。"

同治《畿辅通志》卷123《兵制五·驿站二》:"大名县县驿,僻递。旧在府治东南,今改为首邑。"

案:大名县驿,僻递小站,在今河北省大名县。乾隆二十三年,与元城县合并为一,府治所在。

2. 元城县县驿

《置驿一》:"元城县县驿,马十匹,马夫五名。"

同治《畿辅通志》卷123《兵制五·驿站二》:"元城县县驿,稍冲。旧有艾家口水驿,在县南街河之滨,今废。"

案:元城县驿,明代置,稍冲驿站。元城县,明洪武三十一年(1398)移治今大名县,为大名府治。清乾隆二十三年(1758)后与大名县同为大名府治。在今河北省邯郸市大名县城区。

3. 南乐县县驿

《置驿一》:“南乐县县驿,马四匹,马夫二名。”

同治《畿辅通志》卷123《兵制五·驿站二》:“南乐县县驿,僻递。府东南四十里。”

案:南乐县驿,僻递小站,在今河南省濮阳市南乐县。

4. 清丰县县驿

《置驿一》:“清丰县县驿,马六匹,马夫三名。”

同治《畿辅通志》卷123《兵制五·驿站二》:“清丰县县驿,僻递。府东南九十里。旧有金堤驿,在县南,今废。”

案:清丰县驿,僻递小站,在今河南省濮阳市清丰县城。

5. 东明县县驿

《置驿一》:“东明县县驿,马六匹,马夫三名。”

同治《畿辅通志》卷123《兵制五·驿站二》:“东明县县驿,僻递。府东南二百二十里。”

案:东明县驿,僻递小站,在今山东省菏泽市东明县城。

6. 开州州驿

《置驿一》:“开州州驿,马六匹,马夫三名。”

同治《畿辅通志》卷123《兵制五·驿站二》:“开州州驿,僻递。地在山东曹濮、河南滑浚之交,北至大名府城一百三十里。”

案:开州驿,僻递小站,在今河南省濮阳市城区。

7. 长垣县县驿

《置驿一》:“长垣县县驿,马七匹,马夫三名。”

同治《畿辅通志》卷123《兵制五·驿站二》:“长垣县县驿,稍冲。府治西南、二百五十里,南、西与北皆毗河南界。”

案:长垣县驿,僻递小站,在今河南省濮阳市长垣县城。

(十七)宣化府属三十六驿

1. 宣化县本城军站

《置驿一》:“宣化县,本城军站,马三十匹,马夫十五名。”

同治《畿辅通志》卷124《兵制六·驿站三》:“宣化府,谨按:宣属驿递,初系军站,康熙三十二年改为民驿。后增置协昌,雍正七年并置各军站。”

乾隆《宣化府志》卷17《驿站》:“宣化城军站,正站。”

案:宣化县本城军站,时为极冲军站,位于今河北省张家口市宣化区。

2. 宣化驿

《置驿一》:“宣化驿,马八十二匹,马夫四十一名半,扛轿等夫一百二十二名,协昌平马十五匹,马夫七名半。”

《嘉庆重修一统志》卷40宣化府三:“宣化驿,在府城南。旧名宣府驿。本朝康熙三十二年改名。”

同治《畿辅通志》卷124《兵制六·驿站三》:“宣化县二驿均置协昌递二,军站五。宣化驿在府城南关,旧曰宣府驿,本朝康熙三十二年改名。极冲。知县掌之。”

乾隆《宣化府志》卷17《驿站》:“宣化驿,极冲,在县南关,本宣府驿。”

案:宣化驿,明代置,极冲大驿。并协济昌平驿递、军站驿马。在今河北省张家口市宣化区。

3. 鸡鸣驿

《置驿一》:“鸡鸣驿,马八十二匹,马夫四十一名,扛轿等夫五十五名,兽医一名,协昌平马十五匹,马夫七名半。”

《嘉庆重修一统志》卷40宣化府三:“鸡鸣驿,在宣化县东南鸡鸣驿堡。”

《嘉庆重修一统志》卷40宣化府三:“鸡鸣驿堡,在宣化县东南六十里。明永乐十六年,设站于此。因鸡鸣山为名。”

同治《畿辅通志》卷124《兵制六·驿站三》:“鸡鸣驿,在宣化县南鸡鸣驿堡。明永乐十六年设站于此,因鸡鸣山名。有驿丞。”

乾隆《宣化府志》卷17《驿站》:“鸡鸣驿,极冲,在县东南六十里。”

案:鸡鸣驿,极冲大驿,明代置于鸡鸣堡之中,在今河北省张家口市怀来县西北之鸡鸣驿乡。现存有驿站遗址。

4. 又军站

《置驿一》:“又军站,马三十匹,马夫十五名。”

乾隆《宣化府志》卷17《驿站》:“鸡鸣驿军站,正站。”

5. 深井驿

《置驿一》:“深井驿,马四匹,马夫二名。”

《嘉庆重修一统志》卷40宣化府三:“深井堡,在宣化县南少西六十里。东至保安州四十里,西南至东城八十里。"

同治《畿辅通志》卷124《兵制六·驿站三》:"深井堡、滹沱店二递皆僻。深井旧设马驿,在县南少西六十里。康熙三十二年裁驿改递。滹沱店,雍正十三年由广昌县拨设递,皆系知县管理。"

乾隆《宣化府志》卷17《驿站》:"深井堡递,僻,旧设马驿,在县南少西六十里,康熙三十二年裁驿改递,系知县管理。"

案:深井驿,僻递小站,在今河北省张家口市宣化区西南之深井镇。

6. 滹沱店驿

《置驿一》:"滹沱店驿,马二匹,马夫一名。"

同治《畿辅通志》卷124《兵制六·驿站三》:"深井堡、滹沱店二递皆僻。深井旧设马驿,在县南少西六十里。康熙三十二年裁驿改递。滹沱店,雍正十三年由广昌县拨设递,皆系知县管理。"

乾隆《宣化府志》卷17《驿站》:"滹沱店递,僻。"

案:滹沱店驿,僻递小站,在今河北省张家口市宣化区西南之滹沱店村。

7. 沙岭堡军站

《置驿一》:"沙岭堡军站,马二十匹,马夫十名。"

同治《畿辅通志》卷124《兵制六·驿站三》:"沙岭堡军站,在宣化县西北二十里。雍正七年改增为腰站,知县管理。一应递送公文,派千把总管理。"

乾隆《宣化府志》卷17《驿站》:"沙岭军站,腰站。"

案:沙岭堡站,腰站,在今河北省张家口市宣化县西北之沙岭子镇。

8. 响水铺军站

《置驿一》:"响水铺军站,马三十匹,马夫十五名。"

同治《畿辅通志》卷124《兵制六·驿站三》:"雍正七年,改新增响水铺,在宣化城东三十里,与北路榆林堡皆为腰站。"

乾隆《宣化府志》卷17《军站》:"响水铺军站,腰站。"

案:响水铺站,冲途腰站,在今河北省张家口市下花园区辛庄子乡响水铺村。

9. 榆林堡军站

《置驿一》:"榆林堡军站,马三十匹,马夫十五名。"

同治《畿辅通志》卷124《兵制六·驿站三》:"榆林地在怀来县治东南三十里,均系宣化县属知县管理。"

案:榆林堡军站,冲途腰站,在今北京市延庆区西南之康庄镇西之榆林堡村。现存有驿站遗址,1900年,慈禧西逃时驻跸于此。

10. 怀安县本城军站

《置驿一》:"怀安县本城军站,马二十匹,马夫十名。"

同治《畿辅通志》卷124《兵制六·驿站三》:"怀安县二驿,均置协昌军站四。怀安驿,在县北门外。明永乐十八年,置于万全左卫东门外,名东门驿。成化二十年改置于此。本朝康熙三十二年改今名。极冲。旧系军站,康熙三十二年改为民驿,归县管理。"

乾隆《宣化府志》卷17《驿站》:"怀安城军站,正站。"

案:怀安县本城军站,极冲军站,在今河北省张家口市怀安县南之怀安城镇。怀安城镇明代为怀安卫所在,清代改怀安县,民国时怀安县治移至柴沟堡镇。

11. 怀安驿

《嘉庆重修一统志》卷40宣化府三:"怀安驿,在怀安县北门外。明永乐十八年,置于万全左卫东门外,名东门驿,成化二十年改置于此。本朝康熙三十二年改名。"

同治《畿辅通志》卷124《兵制六·驿站三》:"怀安县二驿,均置协昌军站四。怀安驿,在县北门外。明永乐十八年,置于万全左卫东门外,名东门驿。成化二十年改置于此。本朝康熙三十二年改今名。极冲。旧系军站,康熙三十二年改为民驿,归县管理。"

乾隆《宣化府志》卷17《驿站》:"怀安驿,极冲,在县北门外。"

案:怀安驿,明代称东门驿,极冲大驿。在今河北省张家口市怀安县南之怀安城镇。

12. 万全驿

《置驿一》:"万全驿,马七十七匹,马夫三十八名半,扛轿等夫四十一名,兽医一名,协昌平马十五匹,马夫七名半。"

《嘉庆重修一统志》卷40宣化府三:"万全驿,在怀安县旧万全左卫南门外,明正德八年置。"

同治《畿辅通志》卷124《兵制六·驿站三》:"万全驿,在怀安县属万全左卫南门外,本元宣平县地,明洪武二十六年改置左卫于此,正德八年置驿。极冲。"

乾隆《宣化府志》卷17《驿站》:"万全驿,极冲,在左卫南门外。"

案：万全驿，明代置，极冲大驿。在今河北省张家口市怀安县东之左卫镇。

13. 枳儿岭军站

《置驿一》："枳儿岭军站，马二十匹，马夫十名。"

同治《畿辅通志》卷124《兵制六·驿站三》："怀安本城、枳儿岭、太平庄、左卫城四军站旧拨协济，雍正十年改新增二城正站，庄、岭腰站。左卫城在县治东北六十里左卫东南。太平庄距县三十五里。枳儿岭在县西三十里。知县管理。"

乾隆《宣化府志》卷17《驿站》："枳儿岭军站，腰站。"

案：枳儿岭军站，为冲途腰站，在今河北省怀安县西南之王虎屯乡枳儿岭村。

14. 太平庄军站

《置驿一》："太平庄军站，马二十匹，马夫十名。"

同治《畿辅通志》卷124《兵制六·驿站三》："怀安本城、枳儿岭、太平庄、左卫城四军站旧拨协济，雍正十年改新增二城正站，庄、岭腰站。左卫城在县治东北六十里左卫东南。太平庄距县三十五里。枳儿岭在县西三十里。知县管理。"

乾隆《宣化府志》卷17《驿站》："太平庄军站，腰站。"

案：太平庄军站，为冲途腰站，在今河北省怀安县东南之太平庄乡。

15. 左卫城军站

《置驿一》："左卫城军站，马二十匹，马夫十名。"

同治《畿辅通志》卷124《兵制六·驿站三》："怀安本城、枳儿岭、太平庄、左卫城四军站旧拨协济，雍正十年改新增二城正站，庄、岭腰站。左卫城在县治东北六十里左卫东南。太平庄距县三十五里。枳儿岭在县西三十里。知县管理。"

乾隆《宣化府志》卷17《驿站》："左卫城军站，正站。"

案：左卫城军站，为冲途军站，在今河北省张家口市怀安县东之左卫镇。

16. 赤城县赤城驿

《置驿一》："赤城县赤城驿，马四十四匹，马夫二十二名半，扛轿等夫二十一名。"

《嘉庆重修一统志》卷40宣化府三："赤城驿，在赤城县治东北。明永乐中置。旧曰云门驿，今改名。"

同治《畿辅通志》卷124《兵制六·驿站三》："赤城驿，在赤城县治东北，明永乐中置。旧曰云门驿。宣德五年，改今名。康熙三十二年后，系知县管理。赤城堡在宣化东北二百里，其地有古赤城，元为云州之赤城站，明初置云门驿。"

乾隆《宣化府志》卷17《驿站》:“赤城驿,次冲,在县治东北。”

案:赤城驿,明代置,原名云门驿,后改今名。在今河北省张家口市赤城县城。时有赤城军堡。

17. 云州驿

《置驿一》:“云州驿,马四十二匹,马夫二十一名半,扛轿等夫二十二名。”

同治《畿辅通志》卷124《兵制六·驿站三》:“赤城县二驿,云州驿在县北三十里。云州堡即元故云州也,《元史》中统元年立望云驿,四年升为云州。明洪武初废州置云州驿。宣德五年于河西大路筑城置戍。”

乾隆《宣化府志》卷17《驿站》:“云州驿,次冲,在县北三十里。”

案:云州驿,元、明代均已安设,次冲,在今河北省张家口市赤城县北之云州乡。

18. 万全县夏堡军站

《置驿一》:“万全县夏堡军站,马四十匹,马夫二十名。”

同治《畿辅通志》卷124《兵制六·驿站三》:“万全县夏堡军站,即张家口下堡军站。雍正八年设腰站,知县管理。”

乾隆《宣化府志》卷17《驿站》:“张家口下堡军站,腰站。”

案:万全县夏堡军站,为清雍正时期所设腰站,在今河北省张家口市万全县城。

19. 龙门县长安驿

《置驿一》:“龙门县,长安驿,马四十二匹,马夫二十一名半,扛轿等夫二十五名。”

同治《畿辅通志》卷124《兵制六·驿站三》:“龙门县驿二、递二,长安驿在县东南九十里长安岭堡,明洪武初置丰裕驿,永乐九年改今名。次冲。有驿丞。”

乾隆《宣化府志》卷17《驿站》:“长安驿,次冲,在县东南九十里。”

案:龙门县长安驿,明代置,次冲驿站,在今河北省张家口市怀来县东北之长安岭村。

20. 雕鹗驿

《置驿一》:“雕鹗驿,马四十三匹,马夫二十一名半,扛轿等夫二十二名。”

《嘉庆重修一统志》卷40宣化府三:“雕鹗堡,在龙门县东四十五里。元为云州之雕窠站,明初置浩岭驿,有驿丞。永乐中改为雕鹗堡。”

同治《畿辅通志》卷124《兵制六·驿站三》:“雕鹗驿,在龙门县东四十五里雕鹗堡。元为云州之雕窠站。明洪武初置浩岭驿,永乐中改今名。次冲。有驿丞。"

乾隆《宣化府志》卷17《驿站》:"雕鹗驿,次冲,在县东四十五里。"

案:雕鹗驿,明代称浩岭驿,次冲驿站,在今河北省张家口市赤城县之雕鹗镇。

21. 龙门城驿

《置驿一》:"龙门城驿,马四匹,马夫二名。"

《嘉庆重修一统志》卷40宣化府三:"龙门关堡,在龙门县西二十五里。明宣德三年筑堡。"

同治《畿辅通志》卷124《兵制六·驿站三》:"龙门城、赵川堡二递皆僻。龙门递在县西二十五里,明本为驿,宣德六年建,今改为递。赵川旧亦为驿,在县西五十里。二递康熙三十二年置,知县管理。"

乾隆《宣化府志》卷17《驿站》:"龙门城递,僻,在县西二十五里。"

案:龙门城驿,明代置,僻递,在今河北省张家口市赤城县西南之龙关镇。

22. 赵川堡驿

《置驿一》:"赵川堡驿,马四匹,马夫二名。"

《嘉庆重修一统志》卷40宣化府三:"赵川堡,在龙门县西五十里。北至边界二十八里,西至葛峪堡三十里。"

同治《畿辅通志》卷124《兵制六·驿站三》:"龙门城、赵川堡二递皆僻。龙门递在县西二十五里,明本为驿,宣德六年建,今改为递。赵川旧亦为驿,在县西五十里。二递康熙三十二年置,知县管理."

乾隆《宣化府志》卷17《驿站》:"赵川堡递,僻,在县西五十里。"

案:赵川堡驿,明代置,僻递,在今河北省张家口市宣化区东北之赵川镇。

23. 怀来县本城军站

《置驿一》:"怀来县本城军站,马三十匹,马夫十五名。"

案:怀来军站,在今河北省张家口市怀来县沙城东南之旧怀来城(已没入官厅水库)。

24. 榆林驿

《置驿一》:"榆林驿,马九十匹,马夫四十五名,扛轿等夫五十五名,兽医一名,协昌平马十五匹,马夫七名半。"

《嘉庆重修一统志》卷40宣化府三:"榆林驿堡,在怀来县东南三十里。"

同治《畿辅通志》卷124《兵制六·驿站三》:"怀来县驿二,均置协昌军站四。

榆林驿在县东南三十里。”

乾隆《宣化府志》卷17《驿站》:“榆林驿,极冲,在县东南三十里。”

案:榆林驿,极冲大驿,在今北京市延庆区西南之康庄镇西之榆林堡村。

25. 又军站

《置驿一》:“又军站,马三十五匹,马夫十七名。”

同治《畿辅通志》卷124《兵制六·驿站三》:“榆林驿军站旧拨协济,雍正七年改为新增设正站。”

乾隆《宣化府志》卷17《驿站》:“榆林驿军站,正站。”

案:清雍正七年所设之军站,在榆林军堡。

26. 土木驿

《置驿一》:“土木驿,马八十二匹,马夫四十一名,扛轿等夫五十二名,兽医一名,协昌平马十五匹,马夫七名半。”

《嘉庆重修一统志》卷40宣化府三:“土木驿堡,在怀来县西二十五里,西至保安州四十里。”

同治《畿辅通志》卷124《兵制六·驿站三》:“土木驿,在怀来县西二十五里。明置。极冲。有驿丞。土木驿堡本名统漠镇,东北至延庆州八十里,西至保安州四十里,地界相错为往来孔道,当长安岭红站口之冲,为襟要之地。”

乾隆《宣化府志》卷17《驿站》:“土木驿,极冲,在县西二十五里。”

案:土木驿,明代置之土木军堡,襟要之地,极冲大驿,有驿丞。在今河北省张家口市怀来县东南十五里之土木镇。

27. 又军站

《置驿一》:“又军站,马三十匹,马夫十五名。”

乾隆《宣化府志》卷17《驿站》:“土木驿军站,正站。”

案:土木堡、土木驿之外又设军站,可见孔道要冲之地也。

28. 东八里军站

《置驿一》:“东八里军站,马三十匹,马夫十五名。”

同治《畿辅通志》卷124《兵制六·驿站三》:“怀来本城、土木驿、东八里三军站旧拨协济,雍正七年改,新增内以土木为正站,二为腰站。东八里在保安州东,明置。堡站皆知县掌之。”

案:东八里军站,明代置,清代改为腰站,在今河北省张家口市怀来县东之官厅水库。

29. 蔚州州驿

《置驿一》:“蔚州州驿,马四匹,马夫二名。”

同治《畿辅通志》卷124《兵制六·驿站三》:“蔚州递马共三,蔚故县递,僻,归并于州,地在宣化府治西南二百四十里。”

乾隆《宣化府志》卷17《驿站》:“蔚州递,僻,在州城。”

案:蔚州州驿,僻递小站,在今河北省张家口市蔚县县城。

30. 大宁村驿

《置驿一》:“大宁村驿,马十四匹,马夫五名。”

同治《畿辅通志》卷124《兵制六·驿站三》:“蔚州本城暨大宁村二递皆僻。蔚州旧设马驿,康熙三十二年裁驿改递,雍正十三年又于州属大宁村添设腰站一处。大宁村在城南七十里。”

案:大宁村驿,清雍正十三年所增设之腰站,在今河北省张家口市蔚县南宋家庄镇之大宁。

31. 西宁县东城驿

《置驿一》:“大宁村驿,马二匹,马夫一名。”

同治《畿辅通志》卷124《兵制六·驿站三》:“西宁县递马共三,东城西城二递皆僻,西在县城,东城递在县东六十里。皆明顺圣川城县治。东至宣化府城二百里。”

乾隆《宣化府志》卷17《驿站》:“东城递,僻,在县东六十里。”

案:西宁县东城驿,僻递小站,在今河北省张家口市阳原县东北30公里处之东城镇。

32. 西城驿

《置驿一》:“西城驿,马二匹,马夫一名。”

同治《畿辅通志》卷124《兵制六·驿站三》:“西宁县递马共三:东城西城二递皆僻,西在县城,东城递在县东六十里,皆明顺圣川城县治,东至宣化府城二百里。”

乾隆《宣化府志》卷17《驿站》:“西城递,僻,在县城。”

案:西城驿,僻递小站,在今河北省张家口市阳原县城所在之西城镇。

33. 延庆州本城军站

《置驿一》:“延庆州本城军站,马三十五匹,马夫十七名半。”

案:延庆军站,冲途军站,在今北京市延庆区内。

34. 居庸驿

《置驿一》:“居庸驿,马骡九十六匹,头马夫五十一名,扛轿等夫一百六名,兽医二名，协昌平马十五匹，马夫七名半。”

《嘉庆重修一统志》卷40宣化府三：“居庸驿，在居庸关内。”

同治《畿辅通志》卷124《兵制六·驿站三》：“延庆州一驿，兼置协昌军站三。居庸驿，驿以关名。旧属延庆卫，乾隆二十五年内裁，归宣化府属延庆州，驿务归州管理。又小马站，在州治东北，明置，今废。”

光绪《延庆州志》卷5《邮递》：“居庸驿，在州城南五十里。”

案：居庸驿，明代置于居庸关内，极冲大驿，在今北京市昌平区西北之居庸关村。明代亦曾设小马站，后裁。

35. 阴凉崖军站

《置驿一》：“阴凉崖军站，马三十匹，马夫十五名。”

同治《畿辅通志》卷124《兵制六·驿站三》：“南口城暨阴凉崖、青龙桥等三军站皆延庆州属。南口即幽州下口，去州二十五里。青龙桥跨涧河，在州东南三十有余里，知州管理。”

案：阴凉崖军站，在今北京市昌平区西北、八达岭南。

36. 青龙桥军站

《置驿一》：“青龙桥军站，马三十五匹，马夫十七名。”

同治《畿辅通志》卷124《兵制六·驿站三》：“南口城暨阴凉崖、青龙桥等三军站皆延庆州属。南口即幽州下口，去州二十五里。青龙桥跨涧河，在州东南三十有余里，知州管理。”

案：青龙桥军站，在今北京市延庆区以南八达岭镇之青龙桥火车站附近。

（十八）察哈尔都统所属一驿

张家口站

《置驿一》：“张家口站，马六十匹，马夫五十名，兽医一名。”

《嘉庆重修一统志》卷40宣化府三：“张家口，在万全县东二十里。其南五里为张家口堡。”

同治《畿辅通志》卷124《兵制六·驿站三》：“张家口张家口站在万全县东三十里，即张家口上堡。明置。康熙三十二年改设万全县县丞管理，三十年（案：原文如此，疑误）归并管站驿传部员管理。”

案：张家口站，明代置，极冲大驿，在今河北省张家口市城区。

（十九）古北口管站章京所属六驿

1. 古北口站

《置驿一》："古北口站，马三十五匹，马夫二十八名，扛轿等夫九名，驿皂三名，兽医一名。"

《嘉庆重修一统志》卷9顺天府四："又古北口有古北口站，康熙三十九年置。"

光绪《顺天府志》志64《经政志十一 · 驿传》："古北口站在古北口城北。"

同治《畿辅通志》卷124《兵制六 · 驿站三》："古北口古北口站，康熙二十九年复置。南至石匣四十里，北至鞍匠屯八十里。"

案：古北口站，极冲大驿，在今北京市密云区东北之古北口镇。

2. 鞍匠屯站

同治《畿辅通志》卷124《兵制六 · 驿站三》："鞍匠屯站，康熙二十九年置。在承德府治西南，古北口北八十里。有把总司之。又北八十里为红旗营站。"

案：鞍匠屯站，极冲驿站，在今河北省承德市滦平县西滦平镇之安匠屯社区。

3. 红旗营站

同治《畿辅通志》卷124《兵制六 · 驿站三》："红旗营站，康熙二十九年置。有把总司之。又北八十里为十八里台站。"

案：红旗营站，在今河北省承德市滦平县东北之红旗镇。

4. 十八里台站

《置驿一》："十八里台站，马三十匹，马夫八名，兽医一名。"

同治《畿辅通志》卷124《兵制六 · 驿站三》："十八里台站，康熙二十九年置。有把总司之。又北八十里为坡赖村站。"

案：十八里台站，在今河北省承德市隆化县东之韩麻营镇十八里汰村。

5. 坡赖村站

《置驿一》："坡赖村站，马三十匹，马夫八名，兽医一名。"

同治《畿辅通志》卷124《兵制六 · 驿站三》："坡赖村站，康熙二十九年置。有把总司之。又北即通蒙古界"

案：坡赖村站，在今河北省承德市隆化县北之张三营镇。

6. 王家营站

同治《畿辅通志》卷124《兵制六 · 驿站三》："王家营站，康熙五十年置。承德府治西南七十里,西南达古北口。有把总一员。”

案:王家营站,在今河北省承德市滦平县东之王营子村。

(二十)喜峰口管站章京所属二驿

1. 喜峰口站

《置驿一》:“喜峰口站,马六十匹,马夫三十名,驿书一名,兽医一名。”

同治《畿辅通志》卷124《兵制六·驿站三》:“喜峰口喜峰口站,即遵化州之喜峰口也。明永乐中移古城驿于大喜峰口内,本朝改名。”

案:喜峰口站,明代有古城驿,在今河北省唐山市迁西县北之喜峰口。

2. 宽城站

《置驿一》:“宽城站,马六十匹,马夫十七名,驿书一名,兽医一名。”

同治《畿辅通志》卷124《兵制六·驿站三》:“宽城站,在平泉州境东南地,即元之宽河驿也。”

案:宽城站,元代明代称宽河驿,有驿站旧址,在今河北省承德市宽城满族自治县。明代在西南亦曾有富民驿之设。

(二十一)独石口管站章京所属一驿

独石口站

《置驿一》:“独石口站,马四十九匹,马夫二十名,扛轿等夫三十三名,驿书一名,兽医一名。”

《嘉庆重修一统志》卷40宣化府三:“独石口,在赤城县东北一百里。府东北三百里。其南十里为独石城。”

同治《畿辅通志》卷124《兵制六·驿站三》:“独石口独石口站,在赤城县北九十里,明置开平驿。康熙三十二年改设赤城县县丞管理。三十三年归并蒙古驿站部员管理。”

案:独石口站,明代置,极冲驿站,今河北省张家口市赤城县北之独石口镇。

(二十二)多伦诺尔厅一驿

多伦诺尔站

《置驿一》:“多伦诺尔站,马十四匹,马夫八名,兽医一名。”

《嘉庆重修一统志》卷40宣化府三:“多伦诺尔,在张家口外。”

同治《畿辅通志》卷124《兵制六·驿站三》:"多伦诺尔厅多伦诺尔站,乾隆三年七月,以该厅地方路当孔道。"

案:多伦诺尔站,在今内蒙古自治区锡林郭勒盟多伦县。

山东

一、山东地理概述

“东据海，南距徐邳，西接宋卫，北连燕赵。其名山则有泰山、沂山、琅琊；其大川则有黄河、运河、畿水、汶水，拱带畿南，转输扼要，至于岳宗受秩，青宴呈休，声教渐被之余，不图以山河十二为雄矣。”①

山东一省北邻直隶，南接淮河流域，西临河南，是京师与东南各省联系的咽喉之地。又有大运河南北贯穿，为漕粮要渠。所以顾祖禹对山东在全国的战略地位的评价是：“山东者，驭之得其道，则吾唇齿之助，失其理，则肘腋之患也。”②

山东自古为齐鲁之地，汉魏时期分属青、兖、豫、徐等州，唐代曾置齐州和兖州都督府及诸节度使。宋初属东京，后分为东西两路，东路即为山东。元代隶中书省，属腹里之地。明代置山东承宣布政使司。清代因袭明代，下辖济南、兖州、东昌、青州、登州、莱州、武定、泰安、曹州、沂州等十府以及二州。

二、山东驿道走向

清代在山东省共置驿139处，其数量以及路线的发展大大超过明代。明代在山东驿站设置前后变化很大，根据杨正泰先生的考证，除了万历《明会典》记有38处驿站外，明代在山东所设而未载入万历会典的驿站又有24处。另外，还有24处

① 《嘉庆重修一统志》卷161《山东统部》，见《四部丛刊续编·史部》，上海书店1984年。

② 顾祖禹：《读史方舆纪要》卷10《直隶一》，上海书店1998年。

驿站在万历之前已经被裁革,这样,明代在山东设置的驿站前后共计 86 处,万历时期仅有 62 处。而据光绪《清会典事例》的记载,清代在山东的驿站达 139 处。从路线上来说,明清两代因为行政建制的不同也多有变化。明代两淮、江南地区同属南京管辖,清代分为安徽和江苏两省。这种行政建制的变化直接影响山东驿传路线的变化。明代山东向南只有一路驿站由济南经泰安府、兖州府,再经凤阳直至南京;清代除此路径外,由济南向东南经泰安、沂州二府出境,可达苏州,连接浙江。另外,山东省内还有向西北与直隶衔接和向东直插胶东半岛的两条驿路干线。

1. 西北接京师

自皇华驿至山东省城共 930 里。由直隶景州东光驿入境,60 里至德州安德驿,80 里至平原县桃园驿,70 里至禹城县刘普驿,70 里至齐河县晏城驿,40 里至历城县谭城驿(济南)。

2. 东至登州蓬莱

由谭城驿(济南)分道向东,70 里至龙山镇,40 里至章邱县,55 里至邹平县,25 里至长山县,70 里至益都县金岭镇驿,70 里至青社驿,70 里至昌乐县,50 里至潍县,80 里至昌邑县,80 里至平度州灰埠驿,70 里至掖县,120 里至黄县黄山馆驿,60 里至黄县,60 里至蓬莱县。

3. 南至江苏的东线,可达苏州

由齐河县晏城驿分道向南,60 里至长清县崮山驿,57 里至长清县长城驿,50 里至泰安县驿,45 里至泰安县崔家庄驿,45 里至新泰县杨柳店驿,60 里至新泰县驿,60 里至蒙阴县驿,70 里至沂水县垛庄驿,60 里至兰山县徐公店驿,70 里至兰山县驿,40 里至兰山县李家庄驿,70 里至郯城县驿,45 里至郯城县红花埠驿,60 里至江南宿迁县峒峿驿。

4. 南至江苏的西线,可至南京

由德州安德驿分道向南,70 里至恩县太平驿,70 里至高唐州鱼邱驿,70 里至茌平县茌山驿,70 里至东阿县铜城驿,50 里至东阿县旧县驿,60 里至东平州东原驿,60 里至汶上县新桥驿,50 里至滋阳县新嘉驿,40 里至滋阳县昌平驿,50 里至邹县邾城驿,50 里至邹县界河驿,40 里至滕县滕阳驿,64 里至滕县临城驿,70 里至江苏铜山县利国驿。

5. 山东水驿里程

由水路至江宁共 2861 里。40 里至通州潞河驿,85 里至通州和合驿,70 里至武清县河西驿,60 里至武清县杨村驿,60 里至天津县杨青驿,75 里至静海县奉新驿，90 里至青县流河驿，70 里至青县乾宁驿，70 里至沧州砖河驿，70 里至南皮县新桥驿，70 里至吴桥县连窝驿，70 里至德州良店驿，70 里至德州安德驿，70 里至德州梁家庄驿，90 里至武城县甲马营驿，70 里至临清州渡口驿，70 里至临清州清源驿，60 里至清平县清阳驿，60 里至聊城县崇武驿，90 里至阳谷县荆门驿，60 里至东平州安山驿，60 里至汶上县开河驿，90 里至济宁州南城驿，80 里至鱼台县河桥驿。

6. 除了以上各干线之外，山东省内也是驿站密布，连接了各府州县

三、山东置驿一百三十九处

（一）济南府属二十二驿

1. 历城县谭城驿

《置驿一》："历城县，谭城驿，马七十四半，马夫二十八名，驿书二名，差夫五十二名，兽医半名。"

雍正《山东通志》卷 26《公署志》："谭城驿，旧在城东门内，今并在县。"

乾隆《历城县志》卷 10《建置考一》："谭城驿，旧在城东门内，今并在县。"

《嘉庆重修一统志》卷 163 济南府二："谭城驿，在历城县西北五里。"

案：历城县谭城驿，在今山东省济南市历下区省政府附近。

2. 龙山镇驿

《置驿一》："龙山镇驿，马十九匹，马夫十名半，驴二头，骡书一名，差夫二名。"

雍正《山东通志》卷 26《公署志》："龙山驿署，旧在县东七十里龙山镇，今并在县。"

乾隆《历城县志》卷 10《建置考一》："龙山驿署旧在龙山镇，今并在县。"

《嘉庆重修一统志》卷 163 济南府二："龙山驿，在历城县东七十里。"

道光《济南府志》卷 19《兵防》："龙山镇驿，走递马一十九匹。"

案：龙山镇驿，在今山东省济南市章丘区龙山街道。据《中国历史地名大辞典》615 页，龙山镇，北宋时置，属历城县。元于钦《齐乘》卷 2"巨合水"条："巨里在历城东七十里。自宋为龙山镇。"清于此置巡司。

3. 章丘县县驿

《置驿一》："章邱县县驿，马十五匹，马夫八名半，差夫二十六名半，邹平县县驿，差夫十名。"

道光《章邱县志》卷2《建置》:“急递总铺,旧在县治西南,今改义仓。”

案:章邱县县驿,在今山东省章丘区绣惠街道。

4. 邹平县县驿

《置驿一》:“邹平县县驿,差夫十名。”

雍正《山东通志》卷17《驿递志》:“邹平县,无驿,白夫一十名。岁支工食银一百二十四两。”

道光《济南府志》卷9《公署》:“驿丞署在县西三十里。”

案:邹平县县驿,在今山东省滨州市邹平县青阳镇。

5. 淄川县县驿

《置驿一》:“淄川县县驿,马三匹,马夫二名七分半,驴一头,差夫六名半。”

乾隆《淄川县志》:“总铺,十字街西。”

雍正《山东通志》卷17《驿递志》:“淄川县,无驿,里马五匹,马夫三名七分半,白夫六名半。岁支夫马工料并棚厂等项共银二百二十五两七钱八分五厘零。”

道光《济南府志》卷9《公署》:“淄川县馆,总铺西,久废。”

案:淄川县县驿,在今山东省淄博市淄川区。

6. 长山县县驿

《置驿一》:“长山县县驿,马十五匹,马夫九名半,驴二头,驿书一名,差夫三十五名,兽医半名。”

雍正《山东通志》卷17《驿递志》:“长山县,无驿,里马二十匹,马夫一十二名,抄牌一名,药材医兽半名,白夫三十五名。岁支夫马工料并棚厂等项共银九百八十三两五钱四分。”

嘉庆《长山县志》卷2《公廨》:“白山马驿,在北门外,明洪武五年,知县何茂卿、驿丞杜彦建。成化十四年,驿丞丁鉴修。二十年,知县赵沄修。嘉靖二十五年,驿丞刘尚信修,四十四年,知县马三接修。今改置县署东。”

案:长山县县驿,明代置,在今山东省滨州市邹平县长山镇。

7. 新城县县驿

《置驿一》:“新城县县驿,马三匹,马夫二名半,差夫五名。”

雍正《山东通志》卷17《驿递志》:“新城县,无驿,里马三匹,马夫一名半,白夫五名。岁支夫马工料并棚厂等项共银一百四十一两八钱五分一厘。”

道光《济南府志》卷9《公署》:“府馆在县治西,并废。”

案:新城县县驿,在今山东省淄博市桓台县新城镇。

8. 齐河县晏城驿

《置驿一》:“齐河县晏城驿,马七十匹,马夫三十五名,驿书一名,差夫一百二名,兽医半名。”

雍正《山东通志》卷17《驿递志》:“齐河县,冲驿,并管晏城驿里马三十匹,驿马四十匹,马夫三十五名,抄牌一名,飞递公文马夫二名,药材医兽半名,白夫一百名。岁支夫马工料并棚厂供廪中伙等项共银三千一百八十九两九分。”卷26《公署志》:“晏城驿署,旧在城西北七十里,今并在县。”

《嘉庆重修一统志》卷163济南府二:“晏城驿,在齐河县东南隅。旧置县西北晏城镇,后移此。”

道光《济南府志》卷12《古迹二》:“《齐河县志》云:今邑旧址为镇邑人建祠于金华寺侧,晏城驿亦以此名。”

民国《齐河县志》卷10《市集志》:“晏城驿街,南门内东。”

案:齐河县晏城驿,在今山东省德州市齐河县祝阿镇。

9. 齐东县县驿

《置驿一》:“齐东县县驿,马三匹,马夫二名半,差夫三名半。”

雍正《山东通志》卷17《驿递志》:“齐东县,无驿,里马三匹,马夫二名半,白夫三名半。岁支夫马工料并棚厂等项共银一百三十一两四钱四分八厘零。”

康熙《齐东县志》卷2《铺舍》:“总铺在公馆东。”

道光《济南府志》卷9《公署》:“布政司在县治西北,按察司在儒学东,府馆在按察司东,皆废。”

案:齐东县县驿,在今山东省滨州市邹平县西北之台子镇。

10. 济阳县县驿

《置驿一》:“济阳县县驿,马十一匹,马夫六名半,驴二头,差夫二十名。”

雍正《山东通志》卷17《驿递志》:“济阳县,无驿,里马二十匹,马夫一十一名,白夫二十名,岁支夫马工料并棚厂等项共银六百六十二两八钱四分。”

案:济阳县县驿,在今山东省济南市济阳县城。

11. 禹城县刘普驿

《置驿一》:“禹城县刘普驿,马六十匹,马夫三十名半,驿书一名,差夫一百二名,兽医半名。”

雍正《山东通志》卷17《驿递志》:“禹城县,冲驿,并管刘普驿,里马三十匹,驿马四十匹。”

《嘉庆重修一统志》卷163济南府二："刘普驿，在禹城县北十五里。明初置于县西北。成化十年移此。"

嘉庆《禹城县志》卷4《建置志》："旧设县西十里刘普站，宏(弘)治八年移置县南门内，康熙年间裁驿丞，邮务归本县官兼理，改置署后，而仍名曰刘普驿。"

嘉庆《禹城县志》卷5《食货志》："刘普驿，走递马三十匹。"

案：禹城县县驿，明代置，在今山东省德州市禹城市西北十里望乡之刘普站村。

12. 德州州驿

《置驿一》："德州驿，马一百二十匹，马夫五十五名，驴七头，驿书三名，差夫三百二名，兽医一名。"

雍正《山东通志》卷17《驿递志》："德州，最冲水马驿，并管安德马驿，(原系安德水马驿，今马驿。本州带管。)里马七十二匹，驿马六十匹，马夫六十一名，抄牌三名。飞递公文马夫二名，药材医兽一名，白夫三名。岁支夫马工料并棚厂供廪中伙等项共银七千三百七十八两六钱八分四厘。"

案：德州州驿，即德州马驿，明代置，在今山东省德州市德城区前进街。

13. 安德驿

《置驿一》："安德驿，水驿夫一百六十一名，良店驿，水驿夫一百六二一名。"

雍正《山东通志》卷17《驿递志》："安德水驿，在州西门外驿丞管理，裁留水夫一百六十一名，(各水驿原额俱二百三十名，雍正十一年，奉文裁十分之三，余水驿准此。)岁支工食并供廪等项共原额银二千四百三十四两六钱三分零。(裁三存库，夫裁而银不裁，仍照原额者以备差，繁雇用故仍照原额，而存其三雇夫虽多不得踰原额之数，各水驿准此。)梁庄水驿在州南七十里，驿丞管理，裁留水夫一百六十一名，岁支工食并供廪等项共原额银二千四百三十五两三钱二分零。裁三存库。"卷26《公署志》："安德驿丞署，水驿在城西，马驿在本州。"

乾隆《德州志》卷5《建置》："安德马驿，在州城南门外，即马神庙。……安德水驿，在州城西门外，即关帝庙。乾隆七年归州，今坐落大西门外桥口。"

《嘉庆重修一统志》卷163济南府二："安德驿，在德州南门外。又旧有太平马驿，在州南七十里平原县界。有递运所，后革。又安德水驿，在德州西门外。"

案：安德驿，即运河畔德州水驿，明代置，居要冲之地，在今山东省德州市德城区运河街道运河景区一带。

14. 良店驿

《置驿一》:“安德驿,水驿夫一百六十一名,良店驿,水驿夫一百六二一名。”

雍正《山东通志》卷26《公署志》:“良店驿丞署,在城北七十里。”

乾隆《德州志》卷5《建置》:“良店水驿,在州城北水程七十里,乾隆七年归州,今坐落柘园镇。”

《嘉庆重修一统志》卷163济南府二:“良店水驿,在州北六十里。”

案:良店驿,运河水驿,在今河北省沧州市吴桥县桑园镇(吴桥县城所在地),“桑园镇”原称“柘园镇”。

15. 梁家庄驿

《置驿一》:“梁家庄驿,水驿夫一百六十　名。”

雍正《山东通志》卷26《公署志》:“梁庄驿丞署,在城南七十里。”

乾隆《德州志》卷5《建置》:“梁庄水驿,在州城南水程七十里,乾隆七年归州,今坐落故城县河南梁家庄。”

《嘉庆重修一统志》卷163济南府二:“又有梁家庄水驿,在州南七十里,接直隶故城县界。”

案:梁家庄驿,运河水驿,在今山东省德州市武城县北滕庄镇之西良庄村。与直隶故城县相接。

16. 德平县县驿

《置驿一》:“德平县县驿,马三匹,马夫二名半,差夫六名。”

雍正《山东通志》卷17《驿递志》:“无驿,里马四匹,马夫三名,白夫六名。岁支夫马工料并棚厂等项共银一百九十两五钱四分八厘。”

光绪《德平县志》卷2《建置》:“总铺在县前偏东。”

案:德平县县驿,在今山东省德州市临邑县北之德平镇。清代为德平县治,新中国成立后德平县撤销,并入临邑县。

17. 平原县桃园驿

《置驿一》:“平原县桃园驿,马六十匹,马夫三十名半,马书一名,差夫一百二名,兽医半名。”

雍正《山东通志》卷17《驿递志》:“平原县,冲驿,并管桃源驿,本名桃园驿以桃园村得名。”

乾隆《平原县志》卷2《建置志》:“桃园驿,旧在县西北十五里,明永乐十八年建,后以远迁附郭,寻又迁城内西南隅,名新驿。”

《嘉庆重修一统志》卷163济南府二:“桃园驿,在平原县西南。明永乐十八年置于桃园站,在县西北十五里。后移此。”

案:平原县桃园驿,明代置,冲途大驿,在今山东省德州市平原县桃园街道。

18. 临邑县县驿

《置驿一》:“临邑县县驿,马三匹,马夫三名,驴二头,差夫十五名。”

雍正《山东通志》卷17《驿递志》:“临邑县,无驿,里马一十二匹,马夫七名半,白夫一十五名。岁支夫马工料并棚厂等项共银四百九十二两八分八厘零。”

道光《临邑县志》卷2《地舆志下·邮铺》:“急递总铺在县治东。”

案:临邑县县驿,在今山东省德州市临邑县城。

19. 长清县县驿

《置驿一》:“长清县县驿,马十五匹,马夫七名半,差夫一百名。”

雍正《山东通志》卷17《驿递志》:“最冲,里马二十匹,马夫一十名,白夫一百名。岁支夫马工料并棚厂等项共银一千七百五十八两七钱四分。”

道光《济南府志》卷9《公署》:“按察司、府馆皆在南前街,俱废。”

案:长清县县驿,在今山东省济南市长清区。

20. 崮山驿

《置驿一》:“崮山驿,马五十匹,马夫二十六名,驴二头,驿书一名,差夫二名,兽医半名。”

雍正《山东通志》卷17《驿递志》:“又崮山兼管长城驿,在县东南三十里。”

《嘉庆重修一统志》卷163济南府二:“崮山驿,在长清县东南。明洪武初置于县东北关外。成化中移此。本朝康熙初改置长城、崮山二驿,一丞主之。今裁。”

道光《长清县志》卷5《食货志》:“崮山驿,县东南三十里。”

案:崮山驿,明代置。在今山东省济南市长清区崮云湖街道,北距省会济南19公里。

21. 长城驿

《置驿一》:“长城驿,马五十匹,马夫二十五名,驿书二名,差夫二名,兽医一名。”

雍正《山东通志》卷17《驿递志》:“又长城,原驿在县东南九十里。”

《嘉庆重修一统志》卷163济南府二:“长城驿,在长清县东南九十里。”

道光《长清县志》卷5《食货志》:“长城驿,县东南九十里。”

案:长城驿,明代置。在今山东省济南市长清区万德街道长城村。

22. 陵县县驿

《置驿一》："陵县县驿，马三匹，马夫三名，驴二头，差夫十五名。"

道光《济南府志》卷9《公廨》："布政分司在儒学东北，府馆在分司东，俱废。今别有公馆以待过往，行治在县治东。"

光绪《陵县志》卷14："陵县无驿，里马一十二匹，马夫七名半，白夫一十五名。"

案：陵县县驿，在今山东省德州市陵城区。

（二）泰安府属十一驿

1. 泰安县县驿

《置驿一》："泰安府泰安县县驿，马一百五匹，马夫五十二名半，差夫一百名。"

乾隆《泰安府志》卷8《田赋·驿递》："泰安县，里马五十五匹，草料银一千二十三两，马夫二十七名半，工食银三百四十一两，白夫一百名，工食银一千二百四十两，鞍屉棚厂等项共银六十二两□钱□□□，（并管）崔家庄驿，县东四十五里……（并管），夏张马驿，县西四十里。"

案：泰安县县驿，在今山东省泰安市区。

2. 夏张腰站

《置驿一》："夏张腰站，马八十匹，马夫九名，东平州，东原驿，马七十匹，马夫三十九名，驴六头，驿书四名，差夫一百六十二名，兽医一名。"

乾隆《泰安府志》卷8《田赋志·驿递》："乾隆十七年增设夏张腰站。……夏张驿，县西四十里。"

同治《泰安县志》卷4：夏张驿"在县西四十里，南自宁阳县驿至此九十里，由此北七十里为长清县长城驿。"

案：夏张腰站，在今山东省泰安市岱岳区夏张镇。夏张镇古称敖阳，因在敖山之阳得名，自宋代以来即为冲途大驿，明代沿袭。

3. 东平州东原驿

《置驿一》："东平州东原驿，马七十匹，马夫三十九名，驴六头，驿书四名，差夫一百六十二名，兽医一名。"

雍正《山东通志》卷26《公署志》："东原驿署，旧在城西，今并在县。"

乾隆《泰安府志》卷8《田赋志·驿递》："东原驿，州治西南。"

《嘉庆重修一统志》卷179泰安府一："东原驿，在东平州西南。旧置驿丞，本朝顺治十六年裁。”

光绪《东平州志》卷7《田赋考·驿站》：“东原驿，旧在州治西南，今号舍设于州署东偏南，自汶上县新桥驿至此六十里，自此北七十里为东阿县旧县驿。”

案：东平州东原驿，在今山东省泰安市东平县州城街道。

4. 安山驿

《置驿一》：“安山驿，水驿夫一百六十一名。”雍正《山东通志》卷26《公署志》：“安山驿丞署，在州西十二里。”

雍正《山东通志》卷26《公署志》：“安山驿丞暑，在州西二十里。”

《嘉庆重修一统志》卷179泰安府一：“安山水驿，在东平州西南十五安山镇。”

光绪《东平州志》卷7《田赋考·驿站》：“安山水驿，州西南十五里，旧属驿丞管理，乾隆八年裁并本州，南自汶上县开河水驿至此七十里，由此北七十里为阳穀县荆门水驿。”

案：安山驿，水驿，在今山东省泰安市东平县西南商老庄乡之大安山村。安山镇以在安山下得名。明清时为山东西南极为重要水旱码头和商业重镇，时在运河上建有安山闸，系运河中枢总汇之地。

5. 东阿县旧县驿

《置驿一》：“东阿县旧县驿，马七十匹，马夫三十九名，驴六头，驿书二名，差夫一百六十名。”

雍正《山东通志》卷26《公署志》：“铜城驿丞署，在城西北四十里兼管旧县驿。”

乾隆《泰安府志》卷8《田赋志·驿递》：“旧县驿，明洪武二年设于城南旧县，及迁治谷城，改建城内龙溪西岸，隆庆间知县田乐建别馆二所于旁，南自东平州东原驿至此，由此北四十里为本县铜城驿。”

《嘉庆重修一统志》卷179泰安府一：“旧县驿，在东阿县治西北。”

道光《东阿县志》卷5《建置志·邮政》：“旧县驿，旧在城南十里，今旧县是也。明成化二十二年知县夏时以接递不均，供应未便，奏移于县治西北隅。”

案：东阿县旧县驿，在今山东省济南市平阴县西南之东阿镇。

6. 铜城驿

《置驿一》：“铜城驿，马五十匹，马夫二十一名。”

雍正《山东通志》卷26《公署志》：“铜城驿丞署，在城西北四十里，兼管旧县驿。”

乾隆《泰安府志》卷8《田赋志·驿递》:“铜城驿,县北六十里。”

《嘉庆重修一统志》卷179泰安府一:“铜城驿,在东阿县北四十里。旧有驿丞,本朝乾隆十四年裁并旧县。”

道光《东阿县志》卷5《建置志·邮政》:“铜城驿,在县北四十里。”

案:铜城驿,宋至明代已经置驿,即今山东省聊城市东阿县之铜城镇。

7. 平阴县县驿

《置驿一》:“平阴县县驿,马四匹,马夫三名,驴一头,差夫八名。”

雍正《山东通志》卷17《驿递志》:“平阴县,无驿,里马八匹,马夫五名,白夫八名。岁支夫马工料并棚厂等项共银三百一十九两九分六厘。”

光绪《平阴县志》卷3《驿传》:“道里,东至肥城县城七十里,南至东平州城百十里,西南至东阿县城五十里,西至聊城县城九十里,西北至茌平县城九十里,东北至长清县城九十里。”

案:平阴县县驿,今山东省济南市平阴县城。

8. 新泰县县驿

《置驿一》:“新泰县县驿,马五十匹,马夫二十五名,差夫八十名。”

雍正《山东通志》卷17《驿递志》:“新泰县,冲驿,里马六十匹,马夫三十名,白夫八十名,岁支夫马工料并棚厂等项共银二千五百四十八两二钱二分。并管羊流店驿,在县北六十里。”

乾隆《新泰县志》卷6《驿站》:“城驿在县署后,东至蒙阴驿六十里,西至羊流驿六十里。”

案:新泰县县驿,今山东省泰安市新泰市区。

9. 莱芜县县驿

《置驿一》:“莱芜县县驿,马二匹,马夫二名半,驴二头,差夫十五名。”

雍正《山东通志》卷17《驿递志》:“莱芜县,无驿,里马一十二匹,马夫七名半,白夫一十五名。岁支夫马工料并棚厂等项共银四百三十三两九钱二分四厘零。”

案:莱芜县县驿,今山东省莱芜市莱城区。

10. 肥城县县驿

《置驿一》:“肥城县县驿,马五匹,马夫四名二分半,驴二头,差夫七十五名。”

雍正《山东通志》卷17《驿递志》:“肥城县,无驿,里马二十三匹,马夫一十三名二分半,白夫七十五名。岁支夫马工料并棚厂等项共银一千五百四十八两二钱五分一厘。”

光绪《肥城县志》卷3《建置》:“县前总铺。”

案:肥城县县驿,在今山东省泰安市肥城市老城街道。

11. 羊流店驿

《置驿一》:“羊流店驿,马五十匹,马夫二十五名,驿书二名,差夫二名,兽医一名。”

雍正《山东通志》卷17《驿递志》:“新泰县,冲驿,里马六十匹,马夫三十名,白夫八十名,岁支夫马工料并棚厂等项共银二千五百四十八两二钱二分。并管羊流店驿,在县北六十里。”

雍正《山东通志》卷26《公署志》:“羊流店驿署,旧在城北六十里,今并在县。”

乾隆《泰安府志》卷8《田赋志·驿递》:“羊流店驿,县北六十里,东自泰安县崔家庄驿至此,由此西一百二十里至蒙阴县驿。”

《嘉庆重修一统志》卷179《泰安府一》:羊流店“以(晋)羊祜故里为名,后裔犹有存者,俗讹为杨柳店。”

案:羊流店驿,在今山东省泰安市新泰市西北之羊流镇。时羊流店为南北孔道,冲途大驿。

(三)武定府属十驿

1. 惠民县县驿

《置驿一》:“惠民县县驿,马十匹,马夫六名七分半,驴二头,差夫十五名。”

雍正《山东通志》卷17《驿递志》:“惠民县,无驿,里马一十五匹,马夫九名二分半,白夫一十五名。岁支夫马工料并棚厂等项共银三百六十五两四钱二分五厘。”

乾隆《武定府志》卷12《驿递》:“惠民县,总铺在府治西。”

光绪《惠民县志》卷11《驿递志》:“总铺在府治前。”

案:惠民县县驿,在今山东省滨州市惠民县城。

2. 阳信县县驿

《置驿一》:“阳信县县驿,马三匹,马夫二名半,驴一头,差夫六名。”

雍正《山东通志》卷17《驿递志》:“阳信县,无驿,里马四匹,马夫三名,白夫六名。岁支夫马工料并棚厂等项共银一百九十两五钱四分八厘。”

咸丰《武定府志》卷11《驿递》:“阳信县,总铺在县治前。”

案:阳信县县驿,在今山东省滨州市阳信县城。

3. 海丰县县驿

《置驿一》:“海丰县县驿,马三匹,马夫二名半,差夫六名。”

雍正《山东通志》卷17《驿递志》:“海丰县,无驿,里马四匹,马夫三名,白夫六名。岁支夫马工料并棚厂等项共银一百六十四两五钱三厘零。”

咸丰《武定府志》卷6《公署》:海丰县“府馆,在南门外,久废”。

案:海丰县县驿,在今山东省滨州市无棣县棣丰街道。无棣,古县名,明代改为海丰县,清代沿袭。新中国成立后仍改为无棣县。海丰街道辖区内有清代县衙遗址。

4. 乐陵县县驿

《置驿一》:“乐陵县县驿,马三匹,马夫二名半,差夫六名。”

雍正《山东通志》卷17《驿递志》:“乐陵县,无驿,里马四匹,马夫三名,白夫六名。岁支夫马工料并棚厂等项共银一百七十九两四钱八分二厘零。”

咸丰《武定府志》卷6《公署》:“乐陵县府馆,今改建许忠节公祠。”卷11《驿递》:“乐陵县,总铺在东关街北。”

案:乐陵县县驿,今山东省德州市乐陵市区。

5. 滨州州驿

《置驿一》:“滨州州驿,马三匹,马夫二名半,驴一头,差夫八名。”

雍正《山东通志》卷17《驿递志》:“滨州县,无驿,里马五匹,马夫三名,白夫八名。岁支夫马工料并棚厂等项共银二百七十四两一钱一分一厘零。”

咸丰《武定府志》卷6《公署》:“滨州府馆,在城内西南隅,今废。”卷11《驿递》:“滨州总铺,在州治前。”

咸丰《滨州志》卷2《公署》:“府馆在城内西南隅,今废。”

案:滨州州驿,在今山东省滨州市滨城区滨北街道。

6. 利津县县驿

《置驿一》:“利津县县驿,马三匹,马夫二名半,差夫六名。”

雍正《山东通志》卷17《驿递志》:“利津县,无驿,里马四匹,马夫三名,白夫六名。岁支夫马工料并棚厂等项共银一百六十九两七钱一分一厘零。”

咸丰《武定府志》卷11《驿递》:“利津县,总铺在县前。”

案:利津县县驿,在今山东省东营市利津县城。

7. 沾化县县驿

《置驿一》:“县驿,马三匹,马夫二名半,差夫六名。”

雍正《山东通志》卷17《驿递志》:“沾化县,无驿,里马四匹,马夫三名,白夫六名。岁支夫马工料并棚厂等项共银一百七十九两二钱六分六厘零。”

咸丰《武定府志》卷6《公署》:“沾化县,府馆在县治东北,今废。”

案:沾化县县驿,在今山东省滨州市沾化区古城镇。

8. 蒲台县县驿

《置驿一》:“蒲台县县驿,马三匹,马夫二名半,差夫六名。”

雍正《山东通志》卷17《驿递志》:“蒲台县,无驿,里马四匹,马夫三名,白夫六名。岁支夫马工料并棚厂等项共银一百六十六两二钱三分六厘零。”

咸丰《武定府志》卷11《驿递》:“蒲台县总铺,在县治前。”

案:蒲台县县驿,在今山东省滨州市滨城区蒲城街道。

9. 青城县县驿

《置驿一》:“青城县县驿,马三匹,马夫二名半,差夫五名。”

雍正《山东通志》卷17《驿递志》:“青城县,无驿,里马三匹,马夫二名半,白夫五名。岁支夫马工料并棚厂等项共银一百二十六两四钱六分七厘零。”

咸丰《武定府志》卷6《公署》:“青城县府馆,在东门内,废。”卷11《驿递》:“青城县总铺,在桥子头。”

案:青城县县驿,在今山东省淄博市高青县西之青城镇。青城镇明代、清代为青城县治所在,属武定府。1948年,与高城县合并为高青县,后归入淄博市管辖。青城镇现存文昌阁,清乾隆时所建。

10. 商河县县驿

《置驿一》:“商河县县驿,马八匹,马夫五名,驴一头,差夫五名半。”

雍正《山东通志》卷17《驿递志》:“商河县,无驿,里马十匹,马夫六名,白夫五名半。岁支夫马工料并棚厂等项共银二百二十七两三钱七分。”

咸丰《武定府志》卷6《公署》:“商河县,府馆在县治东。”

咸丰《武定府志》卷11《驿递》:“商河县,总铺在县治南。”

案:商河县县驿,在今山东省济南市商河县城。

(四)兖州府属十七驿

1. 滋阳县昌平驿

《置驿一》:“滋阳县昌平驿,马七十三匹,马夫三十七名,驴六头,驿书二名,差夫一百六十名。”

康熙《山东通志》卷17《驿递志》:"昌平马驿,马五十三匹,马夫二十三名,马牌子一名,以上连闰共银三千零五十两零三分九厘八毫。"

《嘉庆重修一统志》卷166兖州府二:"昌平驿,在滋阳县北。初置于曲阜旧昌平城。后改置于此。"

光绪《昌平外志》卷2:"《广舆记》:昌平城在兖州东南,今滋阳县有昌平驿。"

案:滋阳县昌平驿,清代兖州府治于滋阳县,故有此驿名。新中国成立后,滋阳县被撤销,改为兖州县,又改兖州市,现为山东省省济宁市兖州区。

2. 新嘉驿

《置驿一》:"新嘉驿,马六十匹,马夫二十四名半。"

康熙《山东通志》卷17《驿递志》:"新嘉驿,在滋阳县西北四十五里马六丨匹马夫二十四名半馆库□名,馆夫□名,以上连闰共银三千五百一十三两零三分二 9 8
九毫□丝。"

雍正《山东通志》卷26《公署志》:"新嘉驿丞署,在县西北四十里。"

《嘉庆重修一统志》卷166兖州府二:"新嘉驿,在滋阳县西北四十五里。……有驿丞,今裁。"

光绪《重修安徽通志》卷109《武备志·驿传》:"汶上县新桥驿,五十里至滋阳县新嘉驿,四十里至滋阳县昌平驿。"

案:新嘉驿,元代、明代已置驿,清代袭之。在今山东省济宁市兖州区西北的新驿镇。以驿得名。

3. 曲阜县县驿

《置驿一》:"曲阜县县驿,马十五匹,马夫九名,驴二头,差夫二十名。"

康熙《山东通志》卷17《驿递志》:"马二十匹驴六头马夫十三名马牌子二名白夫四十名青夫二十五名以上连闰共银一千二百零九两八钱六分二厘四毫。"

雍正《山东通志》卷17《驿递志》:"曲阜县,无驿。"

乾隆《兖州府志》卷17《铺递》:"曲阜县,总铺在县署西。"

案:曲阜县县驿,在今山东省济宁市曲阜市鲁城街道。

4. 宁阳县县驿

《置驿一》:"宁阳县县驿,马十六匹,马夫九名,驴二头,差夫三十四名。"

康熙《山东通志》卷17《驿递志》:"宁阳县,马二十八匹,驴四头,马夫十六名,马牌子二名,白夫六十八名,青夫二十名,以上连闰共银二千三百六十七两八钱五分三厘三毫。"

康熙《山东通志》卷 22《公署》:"宁阳县,阴阳学医学俱县治东,旧有青州村驿,今裁。"

雍正《山东通志》卷 17《驿递志》:"宁阳县,无驿。"

乾隆《兖州府志》卷 17《铺递》:"旧志,由昌平马驿而北为宁阳县青川马驿,在刚城坝,去县城三十里……国朝以其非驿站大道,裁青川马驿,只存里甲马,详《宁阳县志》。"

案:宁阳县县驿,在今山东省泰安市宁阳县城。

5. 陈家庄腰站

《置驿一》:"陈家庄腰站,马十四匹,马夫七名。"

案:陈家庄腰站,谭图无标注。应为今山东省济宁市泗水县柘沟镇陈家庄村,临近宁阳县境。宁阳县至泗水县约 48 公里,按照当时驿站里程,中间安设腰站比较合理,陈家庄村位于两县交界处,腰站在此比较合理。

6. 邹县邾城驿

《置驿一》:"邹县,邾城驿,马七十匹,马夫三十六名,驴六头,驿书二名,差夫一百六十名。"

康熙《邹县志》卷 3《驿递志》:"邾城驿,在县城西门外,北接昌平驿五十里,南至界河驿五十里。"

雍正《山东通志》卷 17《驿递志》:"邹县,冲驿,并管邾城驿,里马三十匹,驿马五十七匹。"

《嘉庆重修一统志》卷 166 兖州府二:"邾城驿,在邹县西北。"

案:邹县邾城驿,冲途大驿,在今山东省济宁市邹城市城区。邹县之地在西周初年有封国"邾",后称"邹",故称邾城驿。

7. 界河驿

《置驿一》:"界河驿,马五十匹,马夫十三名半。"

《读史方舆纪要》卷 32 邹县:界河驿在"县东南五十里"。

康熙《邹县志》卷 3《驿递志》:"界河驿,在县南,北接县内邾城驿五十里,南至滕阳驿四十里。"

雍正《山东通志》卷 26《公署志》:"界河驿丞署,在县东南五十里。"

《嘉庆重修一统志》卷 166 兖州府二:"界河驿,在邹县东南五十里。"

案:界河驿,明代置,在今山东省枣庄市滕州市西北之界河镇。

8. 泗水县县驿

《置驿一》："泗水县县驿，马四匹，马夫三名，驴一头，差夫八名。"

康熙《山东通志》卷17《驿递志》："泗水县，马八匹，马夫六名，白夫十六名，青夫八名，马牌子一名，以上连闰共银七百二十两零四钱五分三厘三毫。"

雍正《山东通志》卷17《驿递志》："泗水县，无驿。"

乾隆《兖州府志》卷17《铺递》："泗水县，总铺在县署东城。"

光绪《泗水县志》卷2《建置志》："总铺在县门左。"

案：泗水县县驿，在今山东省济宁市泗水县。

9. 滕县滕阳驿

《置驿一》："滕县滕阳驿，马七十五匹，马夫四十一名半，驴六头，驿书四名，差夫二百二名，兽医一名。"

雍正《山东通志》卷26《公署志》："滕阳驿署，旧在县东门内，今并在县。"

《嘉庆重修一统志》卷166兖州府二："滕阳驿，在滕县城东门外。"

道光《滕县志》卷5《建置志》："滕阳驿，在东门以南。"

案：滕县滕阳驿，在今山东省枣庄市滕州市城区。

10. 临城驿

《置驿一》："临城驿，马六十匹，马夫三十名，驿书二名，差夫二名，兽医一名。"

雍正《山东通志》卷17《驿递志》："临城驿，在县南七十里，驿丞管理。"

《嘉庆重修一统志》卷166兖州府二："临城驿，在滕县东南七十里。南北陆路所经。有驿丞，今裁。"

道光《滕县志》卷5《建置志》："临城驿，在城南七十里。"

案：临城驿，明代置，冲途大驿。在今山东省枣庄市薛城区临城街道。因其地在上古时曾建薛国，筑有薛城，故名。明清时属腾县。民国时，以其地建临城县。新中国成立之初，也曾名之薛城县，后改为枣庄市薛城区。地处山东、江苏孔道。

11. 峄县县驿

《置驿一》："峄县县驿，马六匹，马夫四名半，驴二头，差夫十三名半。"

雍正《山东通志》卷17《驿递志》："峄县，次冲水驿，里马十匹，马夫六名半，白夫一十三名半。岁支夫马工料并棚厂等项共银四百四十五两三钱七分。"

光绪《绎县县志》卷8《桥梁》："城之西，今驿站。"

案：峄县县驿，在今山东省枣庄市峄城区坛山街道。

12. 万家驿

《置驿一》:"万家驿,水驿夫一百六十一名。"

雍正《山东通志》卷26《公署志》:"万家驿丞署,在城南四十里丁庙闸西。"

《嘉庆重修一统志》卷166兖州府二:"万家庄水驿,在峄县西南五十里。"

光绪《重修安徽通志》卷109《武备志·驿传》:"江苏沛县泗亭驿,一百一十里至山东峄县万家驿,九十里至江苏邳州赵村驿。"

案:万家驿,在今山东省枣庄市台儿庄区运河街道。明清在此段运河设万年闸,即在万家庄驿附近,后拆除。《清圣祖实录》卷136康熙二十七年八月乙卯谕:"应将高邮宝应等处所有减水闸坝、照旧仍留,其微山湖、荆山口、入里运河之水,由猫儿窝、马庄集、万家庄等三座减水坝宣泄、入骆马湖。"

13. 汶上县新桥驿

《置驿一》:"汶上县新桥驿,马七十四,马夫三十七名,驴六头,驿书二名,差夫一百六十名,兽医一名。"

《读史方舆纪要》卷33汶上县"开水河驿"条下:"县东南有新桥马驿,盖县为水路通衢也。"

雍正《山东通志》卷26《公署志》:"汶上县,冲驿,并管新桥驿里马三十四,驿马五十七匹。"

乾隆《泰安府志》卷8《田赋志·驿递》:"东原驿,州治西南,南自汶上县新桥驿至此六十里,自此北七十里为东阿县旧县驿。"

《嘉庆重修一统志》卷166兖州府二:"新桥驿,在汶上县西门内。"

案:汶上县新桥驿,明代置,冲途大驿。在今山东省济宁市汶上县城。

14. 开河驿

《置驿一》:"开河驿,水驿夫一百六十一名。"

《读史方舆纪要》卷33汶上县:开河水驿在"县西南三十里"。

雍正《山东通志》卷26《公署志》:"开河闸署,南旺闸署寺前闸署。"

《嘉庆重修一统志》卷166兖州府二:"开河水驿,在汶上县西南三十里。"

光绪《重修安徽通志》卷109《武备志·驿传》:"东平州安山驿,六十里至汶上县开河驿,九十里至济宁州南城驿。"

案:开河驿,今山东省济宁市梁山县东南韩垓镇之开河西村。时为运河水驿,水旱码头,地理位置极为重要。

15. 阳谷县县驿

《置驿一》:"阳谷县县驿,马三匹,马夫二名半,驴一头,差夫六名。"

雍正《山东通志》卷17《驿递志》:"无驿,里马四匹,马夫三名,白夫三名。岁支夫马工料并棚厂等项共银一百九十两五钱四分八厘。"

案:阳谷县县驿,在今山东省聊城市阳谷县城。

16. 荆门驿

《置驿一》:"荆门驿,水驿夫一百六十一名。"

雍正《山东通志》卷26《公署志》:"荆门驿丞署,在张秋镇。"

《嘉庆重修一统志》卷166兖州府二:"荆门水驿,在阳谷县东五十里。"

光绪《阳谷县志》卷3《公署》:"荆门水驿,在县东四十里张秋镇河西。"

案:荆门驿,水驿,在今山东省聊城市阳谷县东之张秋镇。明清时为大运河与金堤河、黄河的交汇处,地处寿张、东阿、阳谷三县交界处。

17. 寿张县县驿

《置驿一》:"寿张县县驿,马三匹,马夫二名半,驴一头,差夫六名。"

雍正《山东通志》卷17《驿递志》:"寿张县,无驿,里马四匹,马夫三名,白夫六名。岁支夫马工料并棚厂等项共银一百九十两五钱四分八厘。"

乾隆《兖州府志》卷17《铺递》:"寿张县,总铺在县署前。"

光绪《寿张县志》卷2《建置》:"总铺在县治西二十五步,有房垣。"

案:寿张县县驿,在今山东省聊城市阳谷县西北之寿张镇。

(五)济宁直隶州属六驿

1. 济宁直隶州州驿

《置驿一》:"济宁直隶州州驿,马三十二匹,马夫十八名半,驿书二名,差夫八十名。"

康熙《山东通志》卷17《驿递志》:"济宁州,马七匹,马夫四名,白夫二百二十名,青夫八十名,拨马牌子三名,抄马牌二名,以上连闰共银六千五百九十九两一钱九分六厘。"

雍正《山东通志》卷17《驿递志》:"济宁州,最冲,里马三十七匹,马夫二十一名,抄牌二名,白夫八十名。岁支夫马工料并棚厂等项共银二千二百八十两九钱六分九厘。又南城水马驿,在州南门外,驿丞管理。"

乾隆《兖州府志》卷17《铺递》:"济宁州,总铺在州署前。"

案:济宁直隶州州驿,在今山东省济宁市任城区。

2. 南城驿

《置驿一》:“南城驿,马十八匹,马夫四名,驿夫一百六十一名。”

雍正《山东通志》卷17《驿递志》:“济宁州,最冲,里马三十七匹,马夫二十一名,抄牌二名,白夫八十名。岁支夫马工料并棚厂等项共银二千二百八十两九钱六分九厘。又南城水马驿,在州南门外,驿丞管理。”

雍正《山东通志》卷26《公署志》:“南城驿丞署,在州南门内。”

《嘉庆重修一统志》卷183济宁州:“南城水驿,在州南门外。”

道光《济宁直隶州志》卷4《建置志》:“南城驿,驿丞署,在南门内。”

案:南城驿,在今山东省济宁市城区稍南。

3. 金乡县县驿

《置驿一》:“金乡县县驿,马三匹,马夫二名半,驴一头,差夫五名。”

雍正《山东通志》卷17《驿递志》:“金乡县,无驿,里马三匹,马夫二名半,白夫五名。岁支夫马工料并棚厂等项共银一百五十二两二钱一分一厘。”

案:金乡县县驿,在今山东省济宁市金乡县城。

4. 嘉祥县县驿

《置驿一》:“嘉祥县县驿,马七匹,马夫四名半,驴一头,差夫五名半。”

乾隆《兖州府志》卷17《驿递》:“嘉祥县,县前铺,东十里递至济宁州铺舍。”

案:嘉祥县县驿,在今山东省济宁市嘉祥县城。

5. 鱼台县县驿

《置驿一》:“鱼台县县驿,马五匹,马夫四名,驴二头,差夫十五名。”

雍正《山东通志》卷17《驿递志》:“鱼台县,次冲水驿,里马一十二匹,马夫七名半,白夫一十五名。岁支夫马工料并棚厂等项共银五百一十五两八钱四分四厘。”

乾隆《兖州府志》卷17《铺递》:“鱼台县,总铺在县署前。”

案:鱼台县县驿,在今山东省济宁市鱼台县西南之鱼城镇。

6. 河桥驿

《置驿一》:“河桥驿,水驿夫一百六十一名。”

《嘉庆重修一统志》卷183济宁州:“河桥水驿,在鱼台县东北三十里南阳镇。明隆庆初,自谷亭镇移此。旧有驿丞,今裁。”

道光《济宁直隶州志》卷4《建置志》:“河桥驿,旧设水夫四十八名,今属鱼台。”

光绪《鱼台县志》卷3《人物志》:“又河桥驿站,苦累滋甚,声(案:即刘芳声)为力白于上官,乃得减。”

案:河桥驿,明代置,运河水驿。在今山东省济宁市微山县西北之南阳镇。时为运河四大名镇之一,跨运河而建,商业兴盛。

(六)沂州府属十一驿

1. 兰山县县驿

《置驿一》:“兰山县县驿,马五十五匹,马夫二十七名半,差夫一百名。”

雍正《山东通志》卷17《驿递志》:“兰山县,附郭,冲驿,里马六十匹,马夫三十名,白夫一百名。岁支夫马工料并棚厂等项共银二千七百九十六两二钱二分。”

案:兰山县县驿,在今山东省临沂市兰山区。

2. 徐公店驿

《置驿一》:徐公店驿,“马五十匹,马夫二十五名,驿书二名,差夫二名,兽医一名”。

雍正《山东通志》卷17《驿递志》:“又徐公店驿,在县北八十里,驿丞管理。”卷26《公署志》:“徐公店驿丞署,在城北八十里。”

《嘉庆重修一统志》卷177沂州府一:“徐公店驿,在兰山县北七十里。本朝康熙二年,始置于县北九十里青驼寺,十二年移此。”

案:徐公店驿,在今山东省临沂市沂南县西南青驼镇之徐公店村。此处清代属兰山县,以产徐公砚闻名。

3. 李家庄驿

《置驿一》:“李家庄驿,马五十匹,马夫二十五名,驿书二名,差夫二名,兽医一名。”

雍正《山东通志》卷26《公署志》:“李家庄驿丞署,在城南四十里。”

乾隆《郯城县志》卷4《建置志》:“驿路由县境红花埠起,南接江南宿迁县峒峿驿,四十五里至县城,再七十里至兰山县李家庄驿,为赴京大路。”

《嘉庆重修一统志》卷177沂州府一:“李家庄驿,在兰山县东南四十里。与徐公店、红花埠、垛庄并为南北孔道。”

案:李家庄驿,在今山东省临沂市郯城县北李庄镇,属冲途大驿。据《中国历史地名大辞典》第1238页,清属兰山县,康熙十二年(1673)置驿,有驿丞驻此。

4. 郯城县县驿

《置驿一》:"郯城县县驿,马五十匹,马夫二十五名,差夫一百名。"

雍正《山东通志》卷17《驿递志》:"郯城县,冲驿,并管郯城驿,里马四十匹,驿马二十匹,马夫三十名,白夫一百名。岁支夫马工料并棚厂等项共银二千七百九十六两二钱二分,并管红花埠驿。"

乾隆《郯城县志》卷4《建置志》:"郯城为极卫邑里甲,驿在城内县治东,里甲马二十匹,马夫三十名,白夫四十名,又增白夫六十名。"

案:郯城县县驿,属冲途大驿。在今山东省临沂市郯城县城。

5. 红花埠驿

《置驿一》:"红花埠驿,马六十匹,马夫二十五名,驿书二名,差夫二名,兽医一名。"

雍正《山东通志》卷26《公署志》:"红花埠驿署,旧在城南四十五里,今并在县。"

乾隆《郯城县志》卷4《建置志》:"红花埠驿,在县南四十五里。"

《嘉庆重修一统志》卷177沂州府一:"红花埠驿,在郯城县南四十里。"

案:红花埠驿,清代置,属冲途大驿,在今山东省临沂市郯城县南之红花镇红花埠。

6. 费县县驿

《置驿一》:"费县县驿,马三匹,马夫二名半,驴一头,差夫六名。"

雍正《山东通志》卷17《驿递志》:"费县,无驿,里马三匹,驴一头,马夫三名,白夫六名。岁支夫马工料并棚厂等项共银一百九十两五钱四分八厘。"

乾隆《沂州府志》卷21《兵防》:"费县,无驿,里马三匹,驴一头,马夫三名,白夫六名。"

光绪《费县志》卷8《铺递》:"费县,无驿,旧有里马三匹,驴一头,马夫三名,白夫六名,乾隆二十三年,裁马一匹,夫一名,本城一铺。"

案:费县县驿,在今山东省临沂市费县县城。

7. 莒州州驿

《置驿一》:"莒州州驿,马三匹,马夫二名半,驴一头,差夫五名半。"

雍正《山东通志》卷17《驿递志》:"莒州,无驿,里马六匹,马夫四名,白夫五名半。岁支夫马工料并棚厂等项共银二百三十六两二钱二分二厘。"

乾隆《沂州府志》卷 21《兵防》:“莒州,无驿,里马六匹,马夫四名,白夫五名半,二十三年,裁马三匹,马夫二名”

案:莒州州驿,今山东省日照市莒县县城。

8. 沂水县县驿

《置驿一》:“沂水县县驿,马三匹,马夫二名半,差夫五名半。”

雍正《山东通志》卷 17《驿递志》:沂永县,“次冲,里马七匹,马夫四名半,白夫五名半。岁支夫马工料并棚厂等项共银二百六十两七钱六分九厘零”。

乾隆《沂州府志》卷 21《兵防》:沂水驿,“次冲,里马七匹,马夫四名半,白夫五名半”。

案:沂水县县驿,在今山东省临沂市沂水县县城。

9. 垛庄驿

《置驿一》:“垛庄驿,马五十匹,马夫二十五名,驿书二名,差夫二名,兽医一名。”

雍正《山东通志》卷 17《驿递志》:“又垛庄驿,在县西南一百四十里,驿丞管理。”

道光《武陟县志》卷 7《选举表》:“王尔玉,沂水县垛庄驿丞。”

案:垛庄驿,属冲途大驿,在今山东省临沂市蒙阴县东南三十公里垛庄镇。清康熙二年(1663)置驿丞,乾隆十四年(1749)改置巡司。

10. 蒙阴县县驿

《置驿一》:“蒙阴县县驿,马五十匹,马夫二十五名,差夫八十名。”

雍正《山东通志》卷 17《驿递志》:“蒙阴县,次冲,并管蒙阴驿,里马二十匹,驿里四十匹,马夫三十名,白夫八十名,岁支夫马工料并棚厂等项共银二千五百四十八两二钱二分。”

乾隆《沂州府志》卷 21《兵防》:“蒙阴县,次冲,走递马六十匹,马夫三十名,白夫四十名。”

案:蒙阴县县驿,在今山东省临沂市蒙阴县县城。

11. 日照县县驿

《置驿一》:“日照县县驿,马三匹,马夫二名半,差夫六名。”

雍正《山东通志》卷 17《驿递志》:“日照县,无驿,里马四匹,马夫三名,白夫六名。岁支夫马工料并棚厂等项共银一百七十七两四钱四分零。”

乾隆《沂州府志》卷 21《兵防》:“日照县,无驿,里马四匹,马夫三名,白夫六名。”

案：日照县县驿，在今山东省日照市。

（七）曹州府属十一驿

1. 菏泽县县驿

《置驿一》：“菏泽县县驿，马十匹，马夫六名半，驴二头，差夫十三名半。”

雍正《山东通志》卷17《驿递志》：“附郭，里马一十匹，马夫六名半，白夫一十三名半，岁支夫马工料并棚厂等项共银四百四十五两三钱七分。”

乾隆《曹州府志》卷12《邮驿》：“走递马一十五匹，走递驴二头，马夫九名，白夫一十三名半。”

案：菏泽县县驿，在今山东省菏泽市牡丹区。

2. 曹县县驿

《置驿一》：“曹县县驿，马六匹，马夫四名，驴一头，差夫六名。”

雍正《山东通志》卷17《驿递志》：“曹县，无驿，里马四匹，马夫三名，白夫六名。岁支夫马工料并棚厂等项共银一百九十两五钱四分八厘。”

乾隆《曹州府志》卷12《邮驿》：“走递马八匹，走递驴一头，马夫五名，白夫六名。”

案：曹县县驿，在今山东省菏泽市曹县县城。

3. 濮州州驿

《置驿一》：“濮州州驿，马三匹，马夫二名半，驴一头，差夫四名半。”

雍正《山东通志》卷17《驿递志》：“濮州，无驿，里马三匹，马夫二名半，白夫四名半。岁支夫马工料并棚厂等项共银一百四十六两一分一厘。”

乾隆《曹州府志》卷12《邮驿》：“走递马三匹，走递驴一头，马夫二名半，白夫四名半。”

案：濮州州驿，在今河南省濮阳市范县西南之濮城镇。

4. 范县县驿

《置驿一》：“范县县驿，马三匹三分，马夫二名二分半，驴一头，差夫三名八分。”

雍正《山东通志》卷17《驿递志》：“范县，无驿，里马四匹三分，马夫二名七分半，白夫三名八分。岁支夫马工料并棚厂等项共银一百六十六两五钱二厘零。”

乾隆《曹州府志》卷12《邮驿》：“走递马四匹三分，走递驴一头，马夫二名七分半,白夫三名八分。”

案:范县县驿,在今山东省聊城市莘县南之古城镇。

5. 观城县县驿

《置驿一》:“观城县县驿,马三匹,马夫二名半,驴一头差夫四名半。”

雍正《山东通志》卷17《驿递志》:“观城县,无驿,里马三匹,马夫二名半,白夫四名半。岁支夫马工料并棚厂等项共银一百二十九两三钱八分零。”

乾隆《曹州府志》卷12《邮驿》:“走递马三匹,走递驴一头,马夫二名半,白夫四名半。”

道光《观城县志》卷2《舆地志》:“观城无驿,惟里甲马三四而已。”

案:观城县县驿,在今山东省聊城市莘县西南之观城镇。清代在此设观城县,地处鲁、豫交界处,新中国成立后划入莘县。

6. 朝城县县驿

《置驿一》:“朝城县县驿,马三匹,马夫二名半,驴一头,差夫四名半。”

雍正《山东通志》卷17《驿递志》:“朝城县,无驿,里马三匹,马夫二名半,白夫四名半。岁支夫马工料并棚厂等项共银一百四十六两一分一厘。”

乾隆《曹州府志》卷12《邮驿》:“走递马三匹,走递驴一头,马夫二名半,白夫四名半。”

案:朝城县县驿,在今山东省聊城市莘县西南之朝城镇。清代在此设朝城县,地处鲁、豫交界处,新中国成立后划入莘县。

7. 郓城县县驿

《置驿一》:“郓城县县驿,马三匹,马夫二名半,驴一头,差夫六名。”

雍正《山东通志》卷17《驿递志》:“郓城县,无驿,里马四匹,马夫三名,白夫六名。岁支夫马工料并棚厂等项共银一百九十两五钱四分八厘。”

乾隆《曹州府志》卷12《邮驿》:“走递马七匹,走递驴一头,马夫四名半,白夫六名。

案:郓城县县驿,在今山东省菏泽市郓城县县城。

8. 单县县驿

《置驿一》:“单县县驿,马四匹,马夫三名,驴一头,差夫八名。”

雍正《山东通志》卷17《驿递志》:“无驿,里马八匹,马夫五名,白夫八名。岁支夫马工料并棚厂等项共银三百一十九两九分六厘。”

乾隆《曹州府志》卷12《邮驿》:“走递马八匹,走递驴一头,马夫五名,白夫八名。

案:单县县驿,在今山东省荷泽市单县县城。

9. 城武县县驿

《置驿一》:"城武县县驿,马三匹,马夫二名半,驴一头,差夫六名"

雍正《山东通志》卷 17《驿递志》:"无驿,里马四匹,马夫三名,白夫六名。岁支工料并棚厂等项共银一百九十两五钱四分八厘。"

乾隆《曹州府志》卷 12《邮驿》:"走递马四匹,走递驴一头,马夫三名,白夫六名。

案:城武县县驿,在今山东省荷泽市成武县县城。

10. 定陶县县驿

《置驿一》:"定陶县县驿,马八匹,马夫五名,驴一头,差夫七名。"

雍正《山东通志》卷 17《驿递志》:"定陶县,无驿,里马七匹,马夫四名半,白夫七名。岁支夫马工料并棚厂等项共银二百八十两七钱五分九厘。"

乾隆《曹州府志》卷 12《邮驿》:"走递马九匹,走递驴一头,马夫五名,白夫七名。"

案:定陶县县驿,在今山东省荷泽市定陶县。

11. 巨野县县驿

《置驿一》:"巨野县县驿,马八匹,马夫五名,驴一头,差夫六名。"

雍正《山东通志》卷 17《驿递志》:"巨野县,无驿,里马四匹,马夫三名,白夫六名。岁支夫马工料并棚厂等项共银一百九十两五钱四分八厘。"

乾隆《曹州府志》卷 12《邮驿》:"走递马八匹,走递驴一头,马夫五名,白夫六名。"

案:巨野县县驿,在今山东省荷泽市巨野县。

(八)东昌府属十二驿

1. 聊城县县驿

《置驿一》:"聊城县县驿,马十九匹,马夫三名,驴五头,差夫六十七名。"

乾隆《泰安府志》卷 8《田赋》:"增拨聊城县崇武等驿马五匹,增马夫二名半"

雍正《山东通志》卷 17《驿递志》:"聊城县,附郭,次冲,里马二十七匹,马夫七名,白夫六十七名,岁支夫马工料并棚厂等项共银一千四百五十两四钱九分九厘。"

案：聊城县县驿，在今山东省聊城市东昌府区古楼街道聊城古城内。

2. 崇武驿

《置驿一》："崇武驿，马六匹，马夫三名，驿书半名，差夫二名，兽医半名，水驿夫一百六十一名。"

《读史方舆纪要》卷34谓"为往来孔道，置水马驿于此"。

雍正《山东通志》卷26《公署志》："崇武驿丞署，在东门外河西。"

《嘉庆重修一统志》卷168东昌府一："崇武水马驿，在聊城县东门外运河西岸。"

嘉庆《东昌府志》卷6《建置二》："由本府崇武驿，六十里为清阳水驿。"

案：崇武驿，明代置，在运河沿岸，水、陆冲途大驿，在今山东省聊城市城东昌府区古楼街道东关街运河西岸。

3. 堂邑县县驿

《置驿一》："堂邑县县驿，马三匹，马夫一名半，驴一头。"

雍正《山东通志》卷17《驿递志》："堂邑县，无驿，里马四匹，白夫一十一名半。岁支夫马工料并棚厂等项共银二百二十一两五钱四分八厘。"

案：堂邑县县驿，在今山东省聊城市东昌府区堂邑镇。

4. 博平县县驿

《置驿一》："博平县县驿，马三匹，马夫二名半，驴一头，差夫八名。"

雍正《山东通志》卷17《驿递志》："博平县，无驿，里马八匹，马夫五名，白夫八名。岁支夫马工料并棚厂等项共银二百九十二两四钱三分四厘。"

案：博平县县驿，在今山东省聊城市茌平县西之博平镇。

5. 茌平县县驿

《置驿一》："茌平县县驿，马八十匹，马夫四十四名，驴六头，驿书四名，差夫一百六十二名，兽医一名。"

康熙《山东通志》卷22《公署》："茌平驿，在县治东。"

雍正《山东通志》卷17《驿递志》："茌平县，冲驿，并管茌山驿，里马三十匹，驿马六十匹，马夫四十九名，抄牌四名，飞递公文马夫二名，药材医兽一名，白夫一百六十名。岁支夫马工料并棚厂中伙等项共银四千五百四十七两三钱三分。"

案：茌平县县驿，在今山东省聊城市茌平县县城。

6. 清平县县驿

《置驿一》："清平县县驿，马三匹，马夫二名半，驴一头，差夫五名。"

雍正《山东通志》卷17《驿递志》:"清平县,水驿,里马八匹,马夫五名,白夫五名。岁支夫马工料并棚厂等项共银二百五十八两四钱五分三厘零。"

案:清平县县驿,在今山东省聊城市高唐县西南之清平镇。明清设有清平县,新中国成立后撤销,划入高唐县,其原址为清平镇。

7. 清阳驿

《置驿一》:"清阳驿,水驿夫一百六十一名。"

康熙《山东通志》卷22《公署》:"清平县清阳驿,在县西三十里。"

雍正《山东通志》卷26《公署志》:"清阳驿丞署,在城东北四十七里。"

《嘉庆重修一统志》卷168东昌府一:"清阳水驿,在清平县西南三十里,通运河东岸。"

嘉庆《东昌府志》卷6《建置二》:"清阳驿,在魏家湾。"

案:清阳驿,明代置,运河水驿,在今山东省聊城市临清市东南之魏湾镇。

8. 莘县县驿

《置驿一》:"莘县县驿,马三匹,马夫二名半,驴一头,差夫五名。"

雍正《山东通志》卷17《驿递志》:"萃县,无驿,里马三匹,马夫二名半,白夫五名。岁支夫马工料并棚厂等项共银一百五十三两二钱一分一厘。"

案:莘县县驿,在今山东省聊城市莘县县城。

9. 冠县县驿

《置驿一》:"冠县县驿,马三匹,马夫二名半,驴一头,差夫十九名半。"

雍正《山东通志》卷17《驿递志》:"冠县,无驿,里马四匹,马夫三名,白夫一十九名半。岁支夫马工料并棚厂等项共银三百五十七两九钱四分八厘零。"

案:冠县县驿,在今山东省聊城市冠县县城。

10. 馆陶县县驿

《置驿一》:"馆陶县县驿,马三匹,马夫一名半,驴一头,差夫十二名半。"

雍正《山东通志》卷17《驿递志》:"馆陶县,无驿,里马四匹,马夫二名,白夫一十二名半。岁支夫马工料并棚厂等项共银二百五十八两七钱四分八厘。"

案:馆陶县县驿,在今山东省聊城市冠县北之北馆陶镇。清代设有馆陶县,新中国成立后并入冠县。

11. 高唐州鱼邱驿

《置驿一》:"高唐州鱼邱驿,马七十匹,马夫三十九名,驴六头,驿书四名,差夫一百六十二名,兽医一名。"

雍正《山东通志》卷17《驿递志》:“次冲,并管鱼邱驿,里马三十匹,驿马六十匹,马夫四十九名,抄牌四名,飞递公文马夫二名,药材医兽一名,白夫一百六十名。岁支夫马工料并棚厂中伙等项共银四千五百四十七两三钱三分。”

雍正《山东通志》卷26《公署志》:“鱼邱驿署,旧在城东,今并在州。”

《嘉庆重修一统志》卷168东昌府一:“鱼邱马驿,在高唐州治东。”

嘉庆《东昌府志》卷6《建置二》:“鱼邱驿,在州署东。”

案:高唐州鱼邱驿,明代置,属冲途大驿,在今山东省聊城市高唐县县城。高唐县历史上曾用鱼邱、齐城等名字。

12. 恩县太平驿

《置驿一》:“恩县太平驿,马七十匹,马夫三十九名,驴六头,驿书四名,差大百六十二名,兽医一名。”

雍正《山东通志》卷17《驿递志》:“恩县,次冲,并管太平驿,里马三十匹,驿马六十匹,马夫四十九名,抄牌四名,飞递公文马夫二名,药材医兽一名,白夫一百六十名。岁支夫马工料并棚厂中伙等项共银四千五百八 十八两七钱三分。”

《嘉庆重修一统志》卷168东昌府一:“太平马驿,在恩县南门内。”

宣统《重修恩县志》卷3《营建志》:“三官堂二,一在县北三里,一在旧太平驿。”

案:恩县太平驿,次冲大驿。在今山东省德州市平原县西之恩城镇。明清设恩县,新中国成立后撤销,以恩县旧城为平远县恩城乡,后改为镇。

(九)临清直隶州属七驿

1. 临清直隶州州驿

《置驿一》:“临清直隶州州驿,马八匹,马夫八名,驴五头,驿书二名,差夫四十名。”

雍正《山东通志》卷17《驿递志》:“临清州,冲驿,里马一十三匹,马夫一十名半,抄牌二名,白夫四十名。岁支夫马工料并棚厂供廪等项共银一千一百四十二两五钱八分一厘零。”

案:临清直隶州州驿,在今山东省聊城市临清县。

2. 清源驿

《置驿一》:“清源驿,马十二匹,马夫六名,驿书一名,差夫二名,兽医半名。”

《读史方舆纪要》卷34,清源水马驿“在州城西南隅”。

康熙《临清州志》卷2《赋役》:“清源驿,走递马二十三匹。”

雍正《山东通志》卷26《公署志》:“清源驿署,在州城水西门外,兼管渡口驿。”

《嘉庆重修一统志》卷184临清直隶州:“清源水马驿,在州城西南隅。”

案:清源驿,在今山东省聊城市临清市。

3. 渡口驿

《置驿一》:“渡口驿,水驿夫一百六十一名。”

《读史方舆纪要》卷34临清州:渡口驿“其地为清河、夏津两县之交,漕舟所经,因置驿于此”。

康熙《临清州志》卷2《赋役》:“渡口驿,原额编走递水夫三百五十名。”

雍正《山东通志》卷26《公署志》:“清源驿署,在州城水西门外,兼管渡口驿。”

《嘉庆重修一统志》卷184临清州:“渡河水驿,在州北五十里。”

案:渡口驿,运河水驿,明代置,明清属山东省德州市临清市夏津县,现为渡口驿乡,属河北省清河市。

4. 武城县县驿

《置驿一》:“武城县县驿,马八匹,马夫五名半,驴二头,差夫十二名半。”

雍正《山东通志》卷17《驿递志》:“武城县,次冲,里马一十一匹,马夫七名,白夫一十二名半。岁支夫马工料并棚厂等项共银四百五十八两九钱七厘。”

案:武城县县驿,在今山东省德州市武城县老城镇。

5. 甲马营驿

《置驿一》:“甲马营驿,水驿夫一百六十一名。”

雍正《山东通志》卷26《公署志》:“甲马营驿丞署,在城东北二十五里。”

乾隆《武城县志》卷8《职官》:“惟甲马营驿丞缺相沿最久。”

《嘉庆重修一统志》卷184临清州:“甲马营水驿,在武城县东北二十五里运河东岸。”

案:甲马营驿,运河水驿,明代置。在今山东省德州市武城县西部、运河东岸之甲马营乡。

6. 夏津县县驿

《置驿一》:“夏津县县驿,马三匹,马夫二名七分半,驴一头,差夫七名。”

雍正《山东通志》卷17《驿递志》:“夏津县,无驿,里马七匹,马夫四名七分半,白夫七名。岁支夫马工料并棚厂等项共银二百八十三两八钱五分九厘。”

案:夏津县县驿,在今山东省德州市夏津县。

7. 邱县县驿

《置驿一》:“邱县县驿,马三匹,马夫二名半,驴一头,差夫八名。”

雍正《山东通志》卷17《驿递志》:“邱县,无驿,里马八匹,马夫五名,白夫八名。岁支夫马工料并棚厂等项共银二百八十三两三分零。”

案:邱县县驿,在今河北省邯郸市邱县南之邱城镇。

(十)青州府属十三驿

1. 益都县县驿

《置驿一》:“益都县县驿,马八匹,马夫五名半,差夫三十五名。”

雍正《山东通志》卷17《驿递志》:“益都县,附郭,里马二十八匹,马夫一十五名半,白夫三十五名。岁支夫马工料并棚厂等项共银一千一百七十八两八钱三分六厘。并管青社驿。”

咸丰《青州府志》卷27《营建考三》:“益都县益都驿,旧志云在县治内,《山东通志》同《县志》无此驿站。”

案:益都县县驿,在今山东省潍坊市青州市青州古城景区。

2. 青社驿

《置驿一》:“青社驿,马二十匹,马夫十一名,驴二头,驿书一名,差夫二名,兽医半名。”

雍正《山东通志》卷17《驿递志》:“益都县,附郭,里马二十八匹,马夫一十五名半,白夫三十五名。岁支夫马工料并棚厂等项共银一千一百七十八两八钱三分六厘。并管青社驿。”

《嘉庆重修一统志》卷171青州府二:“青社驿,在益都县北。”

咸丰《青州府志》卷27《营建考三》:“青社驿,旧志云在府城北门外。”

案:青社驿,在今山东省潍坊市青州市青州古城区稍北。青州别称益都,现有驿站遗址。

3. 金岭驿

《置驿一》:“金岭驿,马二十匹,马夫十一名,驴二头,驿书一名,差夫二名,兽医半名。”

雍正《山东通志》卷17《驿递志》:“又并管金岭驿,在县西七十里。”

咸丰《青州府志》卷27《营建考三》:“金岭驿,旧志云,在府城西北七十里。”

案:金岭驿,在今山东省淄博市临淄区西之金岭回族镇。

4. 临淄县县驿

《置驿一》:“临淄县县驿,马五匹,马夫四名半,驴二头,差夫十二名半。”

雍正《山东通志》卷17《驿递志》:“临淄县,无驿,里马七匹,马夫五名半,白夫一十二名半。岁支夫马工料并棚厂等项共银三百五十四两九钱九分四厘零。”

咸丰《青州府志》卷27《营建考三》:“临淄县,无驿里,旧志云,马七匹,驴三头,马夫五名……总铺在县治南。”

案:临淄县县驿,在今山东省淄博市东之临淄区。

5. 博兴县县驿

《置驿一》:“博兴县县驿,马三匹,马夫二名半,差夫八名。”

雍正《山东通志》卷17《驿递志》:“博兴县,无驿,里马八匹,马夫五名,白夫八名。岁支夫马工料并棚厂等项共银三百二两三钱九分九厘零。”

咸丰《青州府志》卷27《营建考三》:“博兴县,无驿里,旧志云,额设马八匹,夫五名……总铺在县治东。”

案:博兴县县驿,在今山东省滨州市博兴县城。

6. 高苑县县驿

《置驿一》:“高苑县县驿,马二匹,马夫二名,差夫八名。”

雍正《山东通志》卷17《驿递志》:“高苑县,无驿,里马八匹,马夫五名,白夫八名。岁支夫马工料并棚厂等项共银二百六十五两八钱八分九厘零。”

咸丰《青州府志》卷27《营建考三》:“高苑县,无驿里,旧志云,额设马八匹,马夫五名……总铺在县治西。”

案:高苑县县驿,在今山东省淄博市高青县东南之高城镇。

7. 乐安县县驿

《置驿一》:“乐安县县驿,马三匹,马夫二名半,驴一头,差夫六名。”

雍正《山东通志》卷17《驿递志》:“乐安县,无驿,里马四匹,马夫三名,白夫六名。岁支夫马工料并棚厂等项共银一百九十两五钱四分八厘。”

咸丰《青州府志》卷27《营建考三》:“乐安县,无驿里,旧志云,额设马四匹,驴二头,马夫三名。总铺在县治东。”

民国《乐安县志》卷7《兵志》:“总铺在县治西北。”

案:乐安县县驿,在今山东省东营市广饶县县城。广饶县原名“乐安”,民国初年因与江西乐安县重名,改名广饶。

8. 寿光县县驿

《置驿一》:“寿光县县驿,马三匹,马夫二名半,差夫五名半。”

雍正《山东通志》卷17《驿递志》:“寿光县,无驿,里马六匹,马夫四名,白夫五名半。岁支夫马工料并棚厂等项共银二百三十六两二钱二分二厘。”

咸丰《青州府志》卷27《营建考三》:“寿光县,无驿里,旧志云额设马六匹,马夫四名……总铺在县治南。”

案:寿光县县驿,在今山东省潍坊市寿光县县城。

9. 昌乐县县驿

《置驿一》:“昌乐县县驿,马十四匹,马夫八名半,差夫二十名。”

雍正《山东通志》卷17《驿递志》:“昌乐县,无驿,里马十六匹,马夫九名半,白夫二十名。岁支夫马工料并棚厂等项共银六百八十一两五钱九分二厘。”

咸丰《青州府志》卷27《营建考三》:“昌乐县,无驿里,县志云,现设走递马十四匹,马夫八名半,白夫二十名。旧志载,昌乐丹河驿额设马三十五匹,骡六头,青夫三十名,白夫三十五名,顺治十一年各有裁剪。总铺在县治东。”

案:昌乐县县驿,在今山东省潍坊市昌乐县县城。

10. 临朐县县驿

《置驿一》:“临朐县县驿,马二匹,马夫二名,差夫六名半。”

雍正《山东通志》卷17《驿递志》:“临朐县,无驿,里马六匹,马夫四名,白夫六名半。岁支夫马工料并棚厂等项共银二百四十八两六钱二分。”

咸丰《青州府志》卷27《营建考三》:“临朐县无驿里,旧志云,额设马六匹,马夫四名……总铺在县北门外。”

光绪《临朐县志》卷5《建置》:“临朐无驿里,额设马六匹。骈城总铺在北门外。”

案:临朐县县驿,在今山东省潍坊市临朐县。

11. 安邱县县驿

《置驿一》:“安邱县县驿,马三匹,马夫二名半,驴一头,差夫六名。”

雍正《山东通志》卷17《驿递志》:“安邱县,无驿,里马四匹,马夫三名,白夫六名。岁支夫马工料并棚厂等项共银一百九十两五钱四分八厘。”

咸丰《青州府志》卷27《营建考三》:“安邱县,无驿里,旧志云,额设马四匹,驴二头,马夫三名……总铺在东门外。”

案:安邱县县驿,在今山东省潍坊市安丘市兴安街道。

12. 诸城县县驿

《置驿一》:“诸诚县县驿,马二匹,马夫二名,驴一头,差夫六名。”

雍正《山东通志》卷17《驿递志》:“诸城县,无驿,里马四匹,马夫三名,白夫六名。岁支夫马工料并棚厂等项共银一百九十两五钱四分八厘。”

咸丰《青州府志》卷27《营建考三》:“诸城县,无驿里,旧志云,额设马四匹,驴二头,马夫二名,总铺在县治东。”

案:诸城县县驿,在今山东省潍坊市诸城市。

13. 博山县县驿

《置驿一》:“博山县县驿,马二匹,马夫一名,差夫六名。”

雍正《山东通志》卷17《驿递志》:“博山县,无驿,里马四匹,马夫二名,白夫六名。岁支夫马工料并棚厂等项共银一百七十八两一钱四分八厘。”

咸丰《青州府志》卷27《营建考三》:“博山县,无驿里,《县志》云马四匹,由昌乐县拨,马夫二名,白夫六名。递铺有二,《县志》云一在县前,一在赵庄,《山东通志》云博山递铺十有一座,应俟再考。”

案:博山县县驿,在今山东省淄博市西南之博山区。

(十一)登州府属十一驿

1. 蓬莱县蓬莱驿

《置驿一》:“蓬莱县蓬莱驿,马十五匹,马夫十名半,驴二头,驿书一名,差夫二名二分半。”

雍正《山东通志》卷17《驿递志》:“蓬莱县,附郭,并管蓬莱驿,里马二十匹。”

《嘉庆重修一统志》卷173登州府:“蓬莱驿,在蓬莱县治西。”

光绪《增修登州府志》卷14《驿传》:“蓬莱驿,旧驿在西关,明景泰二年知县徐恕建,今裁。”

案:蓬莱县蓬莱驿,在今山东省烟台市蓬莱市。

2. 黄县龙山驿

《置驿一》:“黄县龙山驿,马五匹,马夫五名,驴二头,差夫十二名七分半,兽医半名。”

雍正《山东通志》卷17《驿递志》:“龙山驿署,旧在县东七十里龙山镇,今并在县。”

《嘉庆重修一统志》卷173登州府:“龙山驿,在黄县西关。”

同治《黄县志》卷 2《营建志》："龙山驿，旧在县西关，洪武九年县丞杨顺祖建，正统十年县丞马隆增建鼓楼，嘉靖十三年知县程显重修，今裁，为里甲，其马号移在县署西。"

光绪《增修登州府志》卷 14《驿传》："龙山驿，旧驿在西关，明洪武九年建，嘉靖十三年知县程显重修，今裁。"

案：黄县龙山驿，在今山东省烟台市龙口市。1986 年，黄县改为龙口市，属烟台市。

3. 黄山馆驿

《置驿一》："黄山馆驿，马九匹，马夫六名，驴二头，驿书一名，差夫一名，兽医半名。"

雍正《山东通志》卷 17《驿递志》："黄山馆驿，旧在县西五十五里。"

《嘉庆重修一统志》卷 173 登州府："黄山馆驿巡司，在黄县西六十里。旧有驿丞，本朝雍正四年裁。乾隆三十一年，移招远县，东良海口巡司驻此。"

同治《黄县志》卷 2《营建志》："黄山驿，在县西六十里乾山都。"

光绪《增修登州府志》卷 14《驿传》："黄山驿，在县西南六十里。"

案：黄山馆驿，明代置。在今山东省烟台市龙口市西南约 50 公里处之黄山馆镇。濒临渤海，连接登、莱，位居龙口、招远交界处，地理位置重要，清置黄山馆驿巡司。

4. 福山县县驿

《置驿一》："福山县县驿，马三匹，马夫一名半，差夫四名"

雍正《山东通志》卷 17《驿递志》："福山县，无驿，里马四匹，马夫二名，白夫四名。岁支夫马工料并棚厂等项共银一百五十三两三钱四分八厘。"

案：福山县县驿，在今山东省烟台市福山区。

5. 栖霞县县驿

《置驿一》："栖霞县县驿，马三匹，马夫一名半，差夫一名半。"

雍正《山东通志》卷 17《驿递志》："栖霞县，无驿，里马三匹，马夫一名半，白夫一名半。岁支夫马工料并棚厂等项共银九十六两四钱一分一厘。"

案：栖霞县县驿，在今山东省烟台市栖霞市。

6. 招远县县驿

《置驿一》："招远县县驿，马三匹，马夫一名半，差夫三名。"

雍正《山东通志》卷 17《驿递志》："招远县，无驿，里马三匹，马夫一名半，白夫三名。岁支夫马工料并棚厂等项共银一百一十五两一分一厘。”

案:招远县县驿,在今山东省烟台市招远市。

7. 莱阳县县驿

《置驿一》:“莱阳县县驿,马三匹,马夫二名半,差夫三名半。”

雍正《山东通志》卷17《驿递志》:“莱阳县,无驿,里马三匹,马夫二名半,白夫三名半。岁支夫马工料并棚厂等项共银一百二十二两九钱一分六厘。”

案:莱阳县县驿,在今山东省烟台市莱阳市。

8. 宁海州州驿

《置驿一》:“宁海州州驿,马三匹,马夫一名半,差夫三名。”

雍正《山东通志》卷17《驿递志》:“宁海州,无驿,里马三匹,马夫一名半,白夫三名。岁支夫马工料并棚厂等项共银一百一十五两一分一厘。”

案:宁海州州驿,在今山东省烟台市牟平区。

9. 文登县县驿

《置驿一》:“文登县县驿,马三匹,马夫一名半,差夫三名。”

雍正《山东通志》卷17《驿递志》:“文登县,无驿,里马三匹,马夫一名半,白夫三名。岁支夫马工料并棚厂等项共银一百一十五两一分一厘。”

案:文登县县驿,在今山东省威海市文登市。

10. 荣成县县驿

《置驿一》:“荣成县县驿,马三匹,马夫一名半,差夫三名。”

雍正《山东通志》卷17《驿递志》:“荣成县,无驿,里马三匹,马夫一名半,白夫三名。岁支夫马工料并棚厂等项共银一百一十五两一分一厘。”

案:荣成县县驿,在今山东省威海市荣成市北30公里处之成山镇。荣成县位于胶东半岛最东端,明代曾设荣成卫,清代改县。新中国成立后改名成山镇。

11. 海阳县县驿

《置驿一》:“海阳县县驿,马三匹,马夫一名半,差夫三名。”

案:海阳县县驿,在今山东省烟台市海阳县东南之凤城街道。明代置大嵩山于凤城,清代改为海阳县。

(十二)莱州府属八驿

1. 掖县县驿

《置驿一》:“掖县县驿,马二十匹,马夫十二名二分半,驴二头,差夫三十二名。”

雍正《山东通志》卷17《驿递志》：“掖县，附郭，里马二十五匹，马夫一十四名七分半，白夫三十二名。岁支夫马工料并棚厂等项共银一千七十三两一钱二分五厘。”

案：掖县县驿，在今山东省烟台市莱州市。

2. 平度州州驿

《置驿一》：“平度州州驿，马五匹，马夫二名七分半，差夫十五名。”

雍正《山东通志》卷17《驿递志》：“平度州，僻驿，里马九匹，马夫四名七分半，白夫一十五名。岁支夫马工料并棚厂等项共银四百二十二两五钱三分三厘。并管灰埠驿。”

案：平度州州驿，在今山东省青岛市平度市。

3. 灰埠驿

《置驿一》：“灰埠驿，马九匹，马夫六名二分半，驴二头，驿书一名，差夫二名，兽医半名。”

雍正《山东通志》卷17《驿递志》：“灰埠驿，旧在州西北七十里。”

《嘉庆重修一统志》卷175莱州府：“灰埠驿，在平度州西北七十里，掖县、昌邑二县界。旧置驿丞，本朝康熙十六年裁。嘉庆六年，移州同驻此。”

道光《重修平度州志》卷9《志二·建置》：“州同署，旧在州治堂东，移驻灰埠驿，久废。”

案：灰埠驿，在今山东省青岛市平度市西北七十里之灰埠镇。灰埠是明清两代进入“登莱通衢”交通要地，清代移平度州同署于灰埠驿，并分掌平度州北境事务。

4. 昌邑县县驿

《置驿一》：“昌邑县县驿，马十匹，马夫六名七分半，驴二头，差夫二十名。”

雍正《山东通志》卷17《驿递志》：“昌邑县，无驿，里马一十五匹，马夫九名二分半，白夫二十名。岁支夫马工料并棚厂等项共银六百五十八两七钱五分五厘。”

案：昌邑县县驿，在今山东省潍坊市昌邑市。

5. 潍县县驿

《置驿一》：“潍县县驿，马十匹，马夫六名七分半，驴二头，差夫二十名。”

案：潍县县驿，在今山东省潍坊市潍城区城关街道。

6. 胶州州驿

《置驿一》:“胶州州驿,马三匹,马夫二名半,驴二头,差夫八名。”

雍正《山东通志》卷17《驿递志》:“胶州,无驿,里马八匹,马夫五名,白夫八名。岁支夫马工料并棚厂等项共银二百九十四两二钱九分六厘零。”

案:胶州州驿,在今山东省青岛市胶州市。

7. 高密县县驿

《置驿一》:“高密县县驿,马三匹,马夫二名七分半,驴一头,差夫六名半。”

雍正《山东通志》卷17《驿递志》:“高密县,无驿,里马五匹,马夫三名七分半,白夫六名半。岁支夫马工料并棚厂等项共银一百八十两七钱四分。”

案:高密县县驿,在今山东省潍坊市高密市。

8. 即墨县县驿

《置驿一》:“即墨县县驿,马三匹,马夫二名七分半,驴一头,差夫六名半。”

雍正《山东通志》卷17《驿递志》:“即墨县,无驿,里马五匹,马夫三名七分半,白夫六名半。岁支夫马工料并棚厂等项共银一百七十一两二钱八分三厘零。”

案:即墨县县驿,在今山东省青岛市即墨市。

山西

一、山西地理概述

山西一省中部是河谷盆地,东西两侧皆为山地或高原,组成山西地貌的基本框架,西部是黄土高原的一部分,东部是恒山、五台山、中条山等山川高地,全省以山区面积为主。在省内,河流与山峦相间,遍布南北,河流主要有黄河、海河两大水系,共有大小河流1000多条,形成了一个个小的盆地和河谷。①

由直隶向西穿越太行山脉可至山西。山西省为直隶右(西)侧屏藩之地。在地理环境上,山西省是一个南北狭长的比较封闭的区域。东侧是绵延南北的太行山脉作天然屏障,西、南以滔滔黄河为堑,自南向北如宽带般流过,北端出长城塞外为阴山和大漠,南端则为峰峦叠嶂的首阳、王屋诸山,其间又有孟津、潼关等通往关中的咽喉要道。所以,顾祖禹在《山西方舆纪要序》中言道:"山西之形势,最为完固,关中而外,吾必首及夫山西。"②

《嘉庆重修一统志》也有载:"东据太行,南通怀孟,西薄于河,北边沙漠,其名山则有雷首山、底柱山、恒山、句注山、五台山;其大川则有汾水、沁水,其重险则有蒲津关、天井关;山河盘互,戍守环列,固中原之要膂,为神京之右辅。"③

山西为古代并州之地,元置河东山西道宣慰使司,属中书省,辖晋宁路、冀宁路、大同路。明洪武元年(1368)置山西行中书省,九年(1376)改为山西等处承宣布政使司,几经调整,至明末,辖太原、大同、平阳、潞安、汾州五府,辽、沁、泽三州。

① 《中国地理概览》编写组:《中国地理概览》,东方出版中心1996年,第451页。

② 顾祖禹:《读史方舆纪要》卷39《山西一》,上海书店1998年。

③ 《嘉庆重修一统志》卷135《山西统部》,见《四部丛刊续编·史部》,上海书店1984年。

又于山西等处按察司下分设冀宁、冀南、冀北、河东四道，监察诸府、州。清代山西省，领太原、平阳、蒲州、潞安、汾州、泽州、大同、宁武、朔平九府，平定、忻、代、保德、霍、解、绛、隰、沁、辽十州，和归化、绥远、托克托、清水河、萨拉齐、和林格尔六厅，以冀宁道、雁平道、河东道、归绥道监察之。①

无论是汉唐时期，还是后来的元明清时期，山西卫戍京师的战略交通地位从未有任何动摇。汉唐时，山西是由国都所在之汉中进入河北地区的重要通道。而在政治中心移至北京的元明清时期，特别是在清代的驿传网络中，山西的位置仍然是河北地区、京师与关中地区的重要通道。由京城经直隶，可由蔚州、井陉两处进入山西，而后从山西分南北两路，向南可沿古道至关中、四川，向北则可进入甘肃。而且，在山西北端的长城沿线，又是清代京师和西北新疆之间军报专线的必经之地。

二、山西驿道走向

清代山西省共置驿125处，分为七路。两路向西和西南进入陕西，三路越太行山至直隶，一路向东南过太行至河南，一路向西北至内蒙古边界。

1. 与直隶的联系

(1)井陉口驿路

自皇华驿至山西省城，共1150里。其正路由直隶井陉县陉山驿分道向西入境，40里至平定州甘桃驿，40里至乐平乡柏井驿，50里至平定州平潭驿，50里至盂县芹泉驿，50里至寿阳县寿阳驿，50里至寿阳县太安驿，70里至榆次县鸣谦驿，50里至阳曲县临汾驿(太原)。

(2)紫荆关驿路

由临汾驿分道向北，70里至阳曲县成晋驿，70里至忻州九原驿，80里至崞县原平驿，100里至代州雁门驿，50里至代州广武驿，60里至山阴县山阴驿，60里至应州安银子驿，60里至怀仁县西安驿，70里至大同府站，60里至大同县瓮城驿，60里至浑源州上盘铺驿，130里至广灵县在城驿，50里至直隶蔚州紫荆关。②

由上盘铺驿分道东北，150里至灵邱县太白驿，80里至广灵县马厂驿。又由太

---

① 《嘉庆重修一统志》卷135《山西统部》，见《四部丛刊续编·史部》，上海书店1984年。

② 此路经过五台山，是清代皇帝巡行五台山时常走之路，因为向南经过天险雁门关可至太原，因此又被称为“雁北路”。

白驿分道,70 里至繁峙县平刑驿。①

由临汾驿分道西北,80 里至阳曲县凌井驿,120 里至静乐县康家会驿,80 里至宁武县宁化站,100 里至宁武县宁武站,50 里至崞县闹泥驿。

案:往来于山西和直隶之间,必须穿越太行山。自秦汉至唐宋,从山西境内穿越太行山而出的交通道路多利用山脊的隘口,其中最著名的路径有八条,称为"太行八陉",代表从山西省穿越太行山进入河南、河北省的八个主要通道。宋代以前,以蔚州的紫荆关为最主要的通道,成为"飞狐道"。宋代以后,清代驿路在直隶和山西之间一般以井陉为主要通道。《元和郡县图志》卷十六《河北道怀州条记》:"太行陉,在县西北三十里,连山中断曰陉。郭缘生《述征记》曰太行山首始于河内,自河内北至幽州,凡百岭,连亘十二州之界。有八陉:第一曰轵关陉,今属河南府济源县,在县理西十一里;第二太行陉,第三白陉,此两陉今在河内;第四滏口陉,对邺西;第五井陉;第六飞狐陉,一名望都关;第七蒲阴陉,此三陉在中山;第八军都陉,在幽州。"②

2. 与陕西的联系

(1)南线至陕西潼关

由阳曲县驿分道向南,80 里至徐沟县同戈驿,60 里至祁县贾令驿,50 里至平遥县洪善驿,80 里至介休县义棠驿,80 里至灵石县瑞石驿,40 里至灵石县仁义驿,60 里至霍州霍山驿,80 里至洪洞县普润驿,60 里至临汾县建雄驿,60 里至临汾县史村驿,70 里至曲沃县侯马驿,80 里至闻喜县涑川驿,90 里至安邑县泧芝驿,70 里至临晋县樊桥驿,70 里至永济县河东驿,70 里至陕西潼关厅潼关驿。③

案:明清时期由京师经过山西到陕西多以经过潼关的道路为正路冲途。但隋唐时期,山陕之间多经河津渡口或茅津渡口。据《元和郡县图志》记载:古代汉唐时期,由陕入晋,可以沿渭河南岸东行,穿潼关、函谷关至陕州(今三门峡市陕县),从茅津渡黄河至山西平陆县,越中条山,进入山西。也可以沿渭河北侧由龙门口禹门渡过黄河,至山西河津县,再沿汾水谷地北上晋中。

---

① 由此路亦可入直隶,古代称之为"飞狐道",为太行八陉之一。

② 参见王文楚:《飞狐道的历史变迁》,载王文楚:《古代交通地理丛考》,中华书局 1996 年,第 255—261 页。

③ 参见王文楚:《唐代太原至长安驿路考》,载王文楚:《古代交通地理丛考》,中华书局 1996 年,第 165—199 页。

（2）北线至陕西榆林

又由洪善驿分道向西，80 里至汾阳县汾阳驿，90 里至永宁州吴城驿，80 里至永宁州玉亭驿，60 里至永宁州青龙驿，60 里至陕西吴堡县河西驿，60 里至绥德州义合驿，60 里至绥德州青阳驿，90 里至米脂县银川驿，90 里至榆林县鱼河驿，40 里至榆林县归德驿，40 里至榆林县榆林镇驿（陕蒙边界的长城）。

3. 与河南的联系

又由徐沟县同戈驿分道东南，70 里至祁县盘陀驿，60 里至寿阳县南关驿，50 里至武乡县权店驿，70 里至沁州沁阳驿，60 里至襄垣县虒亭驿，60 里至屯留县余吾驿，60 里至长子县漳泽驿，60 里至高平县长平驿，60 里至高平县乔村驿，60 里至凤台县太行驿，60 里至山西凤台县星轺驿，70 里至河南河内县驿。①

4. 山西北部的捷报处塘站路线

（1）入陕西之塘站主线

由直隶宣化经怀安县向西进入山西，怀安县本城站，30 里至山西省天镇县枳儿岭站。30 里至天城站，30 里至阳高县东三十里铺站，30 里至阳和站，30 里至王官人屯站，30 里至大同县聚乐堡站，30 里至大同县东三十里铺站，30 里至大同县本城站，30 里至绣女村站，30 里至怀仁县怀仁城站，40 里至薛家庄站，40 里至盐丰营站，30 里至山阴县岱岳站，30 里至朔州上西河站，30 里至马邑城站，40 里至朔州本城站，35 里至梨园头站，25 里至神池县大水口站，25 里至神池县本城站，40 里至义井村站，30 里至仁义村站，30 里至五寨县三岔堡站，30 里至韩家楼站，20 里至河曲县李家沟站，20 里至沙泉站，10 里至红崖站，30 里至保德州年延村站，30 里至东关站。

案：此线塘站由东北向西南斜传山西北部，迤逦而行，由保德州过黄河进入陕西，经过神木县等地，到达榆林府。与由平遥洪善驿向西经吴堡县河西驿进入陕西的驿路汇合于榆林。再由陕西沿边墙继续西南而行，进入甘肃，直至新疆。

（2）大同至朔州

由大同县本城站分道，60 里至左云县高山站，60 里至左云县军站，60 里至右玉县右玉站，向南五十里至威远军站，60 里至平鲁县平鲁站，60 里至井坪站，60 里至朔州塘站。

（3）大同经杀虎口入蒙古

由大同县本城站分道，60 里至左云县高山站，60 里至左云县军站，60 里至右

---

① 此路循白水河谷进入河南，即古代之"白陉"，为太行八陉之一。

玉县右玉站,20 里至杀虎口站,再经杀虎口章京所管之台站,可至绥远城。

(4)由朔州至静乐、太原塘站

由朔州塘站向南经神池站分道正南,50 里至宁武边站八十里至朔州。又分道 90 里至利民站,又分道 100 里至宁化站,80 里至静乐县。

案:此段塘站与驿站并行于朔州和静乐之间,并与太原至宁武的驿站相接,且

(5)朔州、宁武西北至偏关方向塘站

此路塘站经神池有两路可至偏关,一是由神池向西经过三岔口转向西北,80 里至偏关。二是由神池向北经过 60 里至神池县八角站,90 里至水泉站,40 里至老营站,再向西 90 里至偏关。

(6)由神池站分道,50 里至宁武边站,80 里至五寨边站,80 里至岢岚州永宁驿,80 里至五寨边站,80 里至岢岚州永宁驿。

三、山西置驿一百二十四处

(一)太原府属九驿

1. 阳曲县临汾驿

《置驿一》:“阳曲县临汾驿,马九十二匹,马夫四十六名,所夫一百八十名。”

乾隆《太原府志》卷 22《驿铺》:“阳曲县临汾驿,极冲,额马一百六匹,马夫五十三名。内拨协济神池县旧塘马一匹,拨协济盐丰营新塘马十二匹,抽添永济县马一匹,现存在槽马九十二匹,马夫四十六名。”

道光《阳曲县志》卷 3《建置图第二》:“临汾驿夫厂,在活牛市街。”卷 9《兵书第四》:“临汾驿,在县城牛市街内。马神庙一座,正殿三间,山门一座,戏台一座,住房三间,驿书房一间,兽医房一间,厨房三间,东马棚八间,正马棚三十五间,东住房三间,南住房、草料房共五间,今移入县署。旧设驿丞一员,今裁。额设马九十二匹。……临汾驿,东至鸣谦驿五十里,南至徐沟同戈驿八十里,西至本县凌井驿八十里。北至本县成晋驿七十里。”

案:阳曲县临汾驿,冲途大驿,在今山西省太原市县前街。

2. 成晋驿

《置驿一》:“成晋驿,马三十匹,马夫十五名,所夫三十名。”

乾隆《太原府志》卷22《驿铺》："成晋驿，次冲，额马三十三匹，马夫一十六名，内抽添王胡镇马八匹，又增来灵邱县马四匹，增来凌井驿马一匹，现存在槽马三十匹，马夫十五名马，每匹日支银九分八毫，马夫每名日支银三分。"

《嘉庆重修一统志》卷136太原府一："成晋驿，在阳曲县北七十里。旧有驿丞，今裁。"

道光《阳曲县志》卷9《兵书第四》："成晋驿，在县北七十里。内马神庙三间，戏台一座，差房一间，驿书房一间，住房四间，厨房一间，马棚六间，草房三间，刍料房二间。旧设驿丞一员，今裁。"

光绪《忻州志》卷14《驿传》："九原驿，当晋北孔道，差事繁多，南至阳曲县成晋驿八十里，北至崞县原平驿八十里。"

案：成晋驿，次冲驿站，在今山西省阳曲县黄寨镇北5公里处之城晋驿村。

3. 凌井驿

《置驿一》："凌井驿，马八匹，马夫四名。"

乾隆《太原府志》卷22《驿铺》："凌井驿，僻递，额马一十二匹，马夫六名，内拨协济薛家庄新塘马三匹，减掇成晋驿马一匹，现存在槽马八匹，马夫四名，马每匹日支银九分八毫，马夫每名日支银三分。"

《嘉庆重修一统志》卷136太原府一："陵井驿，在阳曲县西北八十里。《金史·地理志》阳曲县有陵井驿，后讹陵为凌。旧有驿丞，今裁。"

道光《阳曲县志》卷9《兵书第四》："凌井驿，在西北八十里。内马神庙三间，山门一座，差房一间，驿书房一间，半住房四间，马棚四间，草房一间，刍料房一间。旧设驿丞一员，今裁。"

案：凌井驿，在今山西省太原市阳曲县西北之西凌井乡。

4. 榆次县鸣谦驿

《置驿一》："榆次县鸣谦驿，马四十匹，马夫二十名，所夫九十名。"

《嘉庆重修一统志》卷136太原府一："鸣谦驿，在榆次县北二十里。西去府城五十里。明景泰七年筑城周三里许，门三，池绕其外。本朝设驿丞，后裁。"

同治《榆次县志》卷2《城池》："鸣谦驿城，在县北二十里。"卷2《公署》："鸣谦驿馆，在鸣谦驿堡内。洪武三年设，钱志载惟驿丞宅存。今址基无考。"

案：榆次县鸣谦驿，明代置，在今山西省晋中市榆次区北之乌金山镇鸣谦村。

5. 王胡驿

《置驿一》:"王胡驿,马七十七匹,马夫三十八名半。"

同治《榆次县志》卷6《田赋》:"王胡驿,乾隆四十三年设,由鸣谦驿及北路灵邱、山阴等厅县拨协马七十七匹。"

光绪《寿阳县志》卷2《建置志》:"太安驿,在县西南五十里太安镇,东接本县寿阳驿五十里,西接榆次县王胡驿七十里。驿馆在太安镇南。"

案:王胡驿,据《中国历史地名大辞典》第281页,王胡镇,清置,属榆次县。在今山西省晋中市榆次区北八里王湖村。

6. 祁县贾令驿

《置驿一》:"祁县贾令驿,马七十七匹,马夫三十八名半,所夫九十名。"

乾隆《太原府志》卷22《驿铺》:"祁县贾令驿,极冲,额马七十匹,马夫三十五名。内拨协济仁义村新塘马一匹,拨添赵城县马三匹,拨协济三岔站马二匹。又增来盘陀驿马三匹,增来汾阳县马七匹,增来平刑站马三匹,现存在槽马七十七匹,马夫三十八名半,马每匹日支银九分七厘三毫,马夫每名日支银三分五厘。"

乾隆《汾州府志》卷6《驿铺》:"由太原府祁县贾令驿西南五十里,至府属平遥县洪善驿。"

《嘉庆重修一统志》卷136太原府一:贾令镇"在祁县北十五里。以春秋时贾大夫贾辛名。旧置贾令驿,明嘉靖十二年移治城西,因筑堡于此"。

案:祁县贾令驿,冲途大驿,在今山西省晋中市祁县贾令镇,距祁县城北八公里,北邻太原市清徐县,西接文水县,素有川陕通衢之称。

7. 盘陀驿

《置驿一》:"盘陀驿,马十匹,马夫五名,所夫三十五名。"

乾隆《太原府志》卷22《驿铺》:"盘陀驿,次冲,额马二十匹,马夫十名。内拨协济保德州新塘马五匹,拨协济杀虎口外马二匹,减拨贾令驿马三匹,现存在槽马十匹,马夫五名,马每匹日支银九分八毫,马夫每名日支银三分。"

《嘉庆重修一统志》卷136太原府一:"盘陀驿,在祁县东南三十里于洪镇。……本朝初设驿丞,乾隆七年裁。"

光绪《补修徐沟县志》卷1《疆域》:"县城……至祁县六十里,至盘陀驿八十里,至太谷县三十里。"

案:盘陀驿,在今山西省晋中市祁县东南约四十里来远镇之盘陀村。

8. 徐沟县同戈驿

《置驿一》:“徐沟县同戈驿,马八十五匹,马夫四十二名半,所夫一百八十名。”

乾隆《太原府志》卷22《驿铺》:“同戈驿,极冲,额马八十九匹,马夫四十四名半。内拨协济三岔站马四匹,拨协济赵城县马五匹,又增来水泉站马四匹,增来漳泽驿马一匹,现存在槽马八十五匹,马夫四十二名半。马每匹日支银九分七厘三毫,马夫每名日支银三分五厘。”

《嘉庆重修一统志》卷136太原府一:“同戈驿,在徐沟县北关外西隅,即洞涡字之讹也。……本朝初设驿丞,雍正七年裁。”

道光《阳曲县志》卷9《兵书第四》:“临汾驿,东至鸣谦驿五十里,南至徐沟同戈驿八十里,西至本县凌井驿八十里。”

光绪《补修徐沟县志》卷1《公署》:“同戈驿,在城外北关西偏。”

案:徐沟县同戈驿,亦称同涡驿,为冲途大驿,在今山西省太原市清徐县东南三十里之王答乡同戈站村。清代属徐沟县,1952年,徐沟县与清源县合并为清徐县。

9. 岢岚州永宁驿

《置驿一》:“岢岚州永宁驿,马八匹,马夫四名。”

乾隆《太原府志》卷22《驿铺》:“永宁驿,僻递,额马一十五匹,马夫七名半,内抽协济蒙古等站马四匹,协济南路仁义镇马三匹,现存在槽马八匹,马夫四名,马每匹日支银九分八毫,马夫每名日支银三分。”

光绪《岢岚州志》卷3《衙署志》:“永宁驿,在州治西北。”

案:岢岚州永宁驿,在今山西省忻州市岢岚县岚漪镇。

(二)平定直隶州属六驿

1. 平定直隶州平潭驿

《置驿一》:“平定直隶州,平潭驿,马七十七匹,马夫三十八名半,所夫九十名。”

《嘉庆重修一统志》卷149平定州:“平潭驿,旧在州城西二十五里平潭镇,今移置下城西关。”

光绪《平定州志》卷3《建置志》:“平潭驿,旧在州西二十里平潭镇,故名,后移置下城西关,今马王庙西其遗址也。国朝移置上城榆关门外。东接乐平县柏井驿五十里,西接盂县芹泉驿五十里。”

案:平定直隶州平潭驿,在今山西省阳泉市平定县县城。

2. 甘桃驿

《置驿一》:“甘桃驿,马八十五匹,马夫四十二名半。”

《嘉庆重修一统志》卷 149 平定州:“甘桃驿,在州城东南甘淘口,接直隶正定府井陉界。”

光绪《平定州志》卷 3《建置志》:“甘桃驿,在州东九十里,雍正十年新设。东接直隶井陉县陉山驿四十里,西接乐平县栢井驿四十里。驿丞一员,乾隆二十九年奉文兼巡检事。署在驿西。道光九年裁缺。”

案:甘桃驿,在今山西省阳泉市平定县东北之柏井镇甘桃驿村,与河北井陉交界处。

3. 柏井驿

《置驿一》:“柏井驿,马七十七匹,马夫三十八名半,所夫九十名。”

《嘉庆重修一统志》卷 149 平定州:“柏井驿,在州乐平乡东北七十里。其东四十余里与故关相接。本柏井镇。有驿丞兼管巡司。”

光绪《平定州志》卷 3《建置志》:“柏井驿,在乡北七十里,地属州境东回都。东接本州甘桃驿四十里,西接本州平潭驿五十里。驿丞一员,乾隆二十九年奉文兼巡检事。署在栢井镇街。”

案:柏井驿,在今山西省平定县东之柏井镇。

4. 盂县芹泉驿

《置驿一》:“盂县,芹泉驿,马七十七匹,马夫三十八名半,所夫九十名。”

《嘉庆重修一统志》卷 149 平定州:“芹泉驿,在盂县南七十里。接寿阳县界。明洪武二年置。旧属寿阳县,今改属。有驿丞兼管巡司。”

光绪《寿阳县志》卷 2《建置志》:“按《州志》,芹泉驿本属寿阳,明洪武间驿改隶盂而地如故。雍正十一年,添设寿阳腰站而迁驿于州属之测石村,仍隶盂,而芹泉驿遂废焉。”

光绪《盂县志》卷 8《驿递》:“芹泉驿,在县南七十里。本寿阳属,元时即有拨盂管理之议,州同拜出奏于朝,得寝。明洪武时复申前议,于是驿隶于盂,而地如故,我朝因之。晋省驿站,原属驿丞管理者四十一驿,雍正九年奉文裁汰归州县者二十有一。芹泉极冲且离城窎远,故仍旧。十年西添寿阳腰站,而迁本驿于迤东州属之测石村。又先于九年东添甘桃驿,各相去五十里,而跕均。驿丞兼巡检。署在测石,雍正十一年移芹泉旧料建屋十余楹。马号十间,马棚四十间。有马王庙。道光十二年裁汰，芹泉驿丞公署废。其马号、马棚至同治四年渐被雨水浸坍，经知县张士霖筹款复建。”

案：盂县芹泉驿，明代置，冲途大驿。在今山西省晋中市寿阳县东之尹灵芝镇芹泉村，亦为镇政府所在地。

5. 寿阳县寿阳驿

《置驿一》：“寿阳县，寿阳驿，马七十七匹，马夫三十八名半。”

乾隆《平定州志》卷《驿铺》：“寿阳驿，在县署东。芹泉、太安二驿之腰站也，雍正十一年于奏请添设腰站等事案内添设。东接盂县芹泉驿五十里，西接本县太安驿五十里。……寿阳驿非正站，例无驿馆，偶有需信宿者，于东关僦民舍居之。”

光绪《寿阳县志》卷2《建置志》：“寿阳驿，在县署东。雍正十一年，于奏请添设腰站等事案内添设。东接盂县测石驿五十里，西接本县太安驿五十里。无驿馆，偶有需信宿者于东关，僦民舍居之。”

案：寿阳县寿阳驿，冲途大驿，在今山西省晋中市寿阳县城。

6. 太安驿

《置驿一》：“太安驿，马七十七匹，马夫三十八名半，所夫九十名。”

《嘉庆重修一统志》卷149平定州：“太安驿，在寿阳县西五十里太安镇，即后魏太安郡地。今有驿丞兼管巡司。”

光绪《寿阳县志》卷2《建置志》：“太安驿，在县西南五十里太安镇，东接本县寿阳驿五十里，西接榆次县王胡驿七十里，驿馆在太安镇南。……驿丞一员，乾隆二十九年，奉文兼巡检事，衙署在驿馆南。”

案：太安驿，冲途大驿，在今山西省晋中市寿阳县西25公里处之南燕竹镇太安驿村。

（三）忻州直隶州属二驿

1. 忻州直隶州九原驿

《置驿一》：“九原驿，马三十匹，马夫十五名，所夫三十名。”

《嘉庆重修一统志》卷150忻州：“九原驿，在州治南。明洪武中置马驿。”

光绪《忻州志》卷10《公廨》：“九原驿，旧在南门内二星坊街，后裁驿丞，号移仪门东。”

案：忻州直隶州九原驿，元代、明代置驿于此，在今山西省忻州市忻府区。

2. 静乐县康家会驿

《置驿一》:“静乐县,康家会驿,马八匹,马夫四名。”

康熙《重修静乐县志》卷3《建置·驿铺》:“马驿,明初有二,一设于县西闹泥村,一设于康家会。闹泥驿初在县西闹泥村,弘治十年改阳武峪口,北属崞县,仍名闹泥驿。康家会驿初在县东康家会,知县王毓阳以闹泥驿既徙,则康家会距凌并驿七十里,距永翼驿百七十里,距宁化百四十里,为不均,乃议改县治西古社学之所,诸路远迩较昔稍均,而日行小差反加劳矣。今治西俱为民舍,驿在旧主簿署北,所称日行小差反加劳者,至今未得苏息也。”

《嘉庆重修一统志》卷150忻州:“康家会驿,在静乐县西三十里。旧在县东。以道里不均乃移此。”

案:静乐县康家会驿,在今山西省忻州市静乐县东之康家会镇。

(四)代州直隶州属六驿

1. 雁门驿

《置驿一》:“雁门驿,马二十九匹,马夫十四名半,所夫三十名。”

乾隆《直隶代州志》卷1《公署》:“雁门驿,旧在西关兵备道,张惟诚移建州治南西关旧址,改为补助厂,今移州治后右方。”

《嘉庆重修一统志》卷151代州:“雁门驿,在州治南。”

光绪《代州志》卷4《建置志》:“雁门驿,在吏目署南。……雁门驿南至原平驿一百里,东至沙涧驿一百二十里。”

案:雁门驿,明代置。在今山西省忻州市代县西北约20公里处之雁门关口。

2. 广武军站

《置驿一》:“广武军站,马三十一匹,马夫十五名半,所夫三十三名。”

乾隆《直隶代州志》卷2《舆地志》:“广武站,原额马四十五匹,马夫二十二名半,乾隆十年,裁拨马十一匹,马夫五名半,乾隆二十一年,又裁拨马三匹,马夫一名半,现在额马三十一匹,马夫一十五名半。”

光绪《代州志》卷4《建置志·驿递》:“广武城,在雁门关北二十里,亦曰广武站,洪武七年建,万历三年重筑。周三里有奇。今有巡检司并设千总驻守。”

案:广武军站,明代置,今山西省朔州市山阴县张家庄乡之旧广武村,有广武城遗址。

3. 崞县原平驿

《置驿一》:"崞县,原平驿,马二十六匹,马夫三名,所夫三十名。"

乾隆《直隶代州志》卷2《舆地志》:"崞县原平驿,原额马四十五匹,马夫二十二名半,节次裁拨,现在额马二十六匹,马夫十三名。"

乾隆《崞县志》卷1《城池》:"原平驿,县南四十里。"

《嘉庆重修一统志》卷151代州:"原平驿,在崞县东南四十里。南达忻州。"

案:崞县原平驿,今山西省忻州市原平区。新中国成立后,以原平地处交通要道,有铁路经过,移崞县县治于原平。

4. 闹泥驿

《置驿一》:"闹垩驿,马九匹,马夫四名半。"

乾隆《直隶代州志》卷2《舆地志》:"闹垩驿,原额马二十匹,马夫十名,节次裁拨,现在额马九匹,马夫四名半。"

乾隆《崞县志》卷1《城池》:"闹泥驿,县西南七十五里。"

《嘉庆重修一统志》卷151代州:"闹垩驿,在崞县西七十里。本置于静乐县闹垩村,明宏(弘)治十一年,移于阳武谷。后移今所。"

光绪《代州志》卷4《建置志·驿递》:"闹泥驿,西至宁武所八十里。"

案:闹泥驿,明代置。此驿因初设于静乐县闹泥村而得名,后两次迁移位置,闹泥之名一直沿用。其位置谭图未标出,应该原崞县县治至西。在今山西省原平市西北方向,阳武峪之北的位置。

5. 繁峙县沙涧驿

《置驿一》:"繁峙县沙涧驿,马十二匹,马夫六名,所夫二十八名。"

乾隆《直隶代州志》卷2《舆地志》:"繁峙县砂涧驿,原额马三十二匹,马夫十六名,节次裁拨,现在额马十二匹,马夫六名。"

《嘉庆重修一统志》卷151代州:"沙涧驿,在繁峙县东北六十里。"

光绪《繁峙县志》卷2《建置志·驿站》:"沙涧驿城,在县东六十里。周二里有奇,高三丈,东西二门,角楼六。……沙涧驿,西接代州雁门驿一百二十里,东接平刑站七十里。额设马十二匹,马夫六名,三泉厂厂夫二十八名。"

光绪《代州志》卷4《建置志·驿递》:"雁门驿南至原平驿一百里,东至沙涧驿一百二十里。"

案:繁峙县沙涧驿,明代置,在今山西省忻州市繁峙县东北60里处之砂河镇,有繁大高速从镇北通过。

6. 平刑军站

《置驿一》:“平刑军站,马十二匹,马夫六名。”

《嘉庆重修一统志》卷151代州:“平刑驿,在繁峙县东平刑关。”

乾隆《直隶代州志》卷2《舆地志》:“平刑站,原额马三十五匹,马夫十七名半,节次裁拨,现在额马十二匹,马夫六名。”

光绪《繁峙县志》卷2《建置志·驿站》:“平刑站,东接灵邱县太白驿七十里。”

光绪《代州志》卷4《建置志·驿递》:“沙涧驿,东至平刑站七十里。平刑驿北至灵邱县太白站七十里,并在繁峙。”

案:平刑军站,在今山西省繁峙县东横涧乡之平型关古城。

(五)保德直隶州属七驿

1. 保德直隶州州塘

《置驿一》:“保德直隶州州塘,马四十匹,马夫二十名。”

乾隆《保德州志》卷1《因革·驿递》:“本州旧非驿路,额设里马十八匹传送文书,后并奉文裁减。康熙三十六年,圣驾西巡,由本州往宁夏,命于一带经过地方安设驿站。本州东关因设正站一,驿马三十匹。念墕村,今名延年村,设腰站一,驿马二十匹。凡有使命经临,应副不给。又所设驿马俱在别州县协济,不时替代,人马奔命,公私不便。四十八年,今知州王克昌条议请令各州县应行协济之处,将驿递钱粮拨付本州,代为雇募夫役,置买马匹等项,上不费公家□帑,下不至各州县替换烦扰,甚属便宜。已奉府宪俞允。”又同卷:“本州旧设老号马五十匹,夫二十五名。东关正站马三十匹,年延马二十匹。后因应副不给,奉派别州县,夫马协济,不时更替,公私不便。康熙四十八年,知州王克昌详请协济之永宁州、祁县等十六处驿递钱粮拨付本州,代为雇觅夫役,置买马匹,共改归本州马九十二匹,夫四十六名。后奉文陆续撤回马七十八匹,夫三十九名。实存额马六十四匹,夫三十二名。东关马号旧在大街北,租赁民地。乾隆三十八年,为河水漂没,署知州苏泰买街南民地改修。”

案:保德直隶州州塘,在今山西省忻州市保德县城。

2. 河曲县县塘

《置驿一》:“河曲县县塘,马四十匹,马夫二十名。”

同治《河曲县志》卷3《邮舍》:“总铺,旧县城东百步。”

案:河曲县县塘,在今山西省忻州市河曲县城。

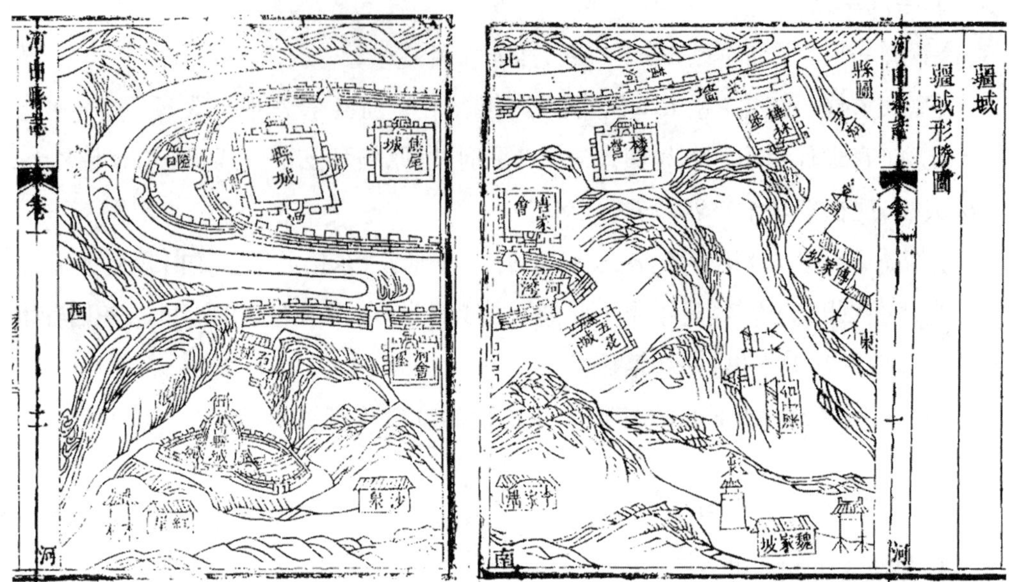

资料来源：道光《河曲县志》卷1《疆域形胜图》。李家沟、沙泉、红崖三地分别建于图中底端。

3. 李家沟边塘

《置驿一》："李家沟边塘，马十二匹，马夫六名。"

道光《河曲县志》卷1《疆里沿革》："李家沟驿，县东南一百二十里，西至沙泉二十里，东至五寨县韩家楼驿二十里，至三岔五十里，驿马二十匹，塘马十二匹，马夫十六名。"

同治《河曲县志》卷3《星野类》："李家沟驿，县东南一百二十里，西至沙泉驿二十里，东至五寨县韩家楼驿二十里，至三岔驿五十里。"

案：李家沟边塘，在今山西省忻州市河曲县东南之沙泉乡李家沟村。

4. 沙泉边塘

《置驿一》："沙泉边塘，马十二匹，马夫六名。"

道光《河曲县志》卷1《疆里沿革》："沙泉驿，县东南一百三十里，西至红崖腰站十里，至保德州年延驿四十里，东至李家沟二十里，驿马二十匹，塘马十二匹，马夫十六名。"

同治《河曲县志》卷3《星野类》："沙泉驿，县东南一百三十里，西至红崖腰站十里，至保德州年延驿四十里，东至李家沟驿二十里。"

案：沙泉边塘，在今山西省忻州市河曲县东南之沙泉乡。

5. 红崖头边塘

《置驿一》："红崖头边塘，马十匹，马夫五名。"

道光《河曲县志》卷1《疆里沿革》:“红崖腰站,县东南一百三十里,西至年延驿三十里,东至沙泉十里,塘马十匹,马夫五名。”

同治《河曲县志》卷3《星野类》:“红崖腰驿,县东南一百三十里,西至年延驿三十里,东至沙泉驿十里。”

案:红崖头边塘,即红崖站,亦称红崖腰驿。在今山西省忻州市河曲县东南之前红崖村。

6. 东关边塘

《置驿一》:“东关边塘,马十二匹,马夫六名。”

乾隆《保德州志》卷1《因革·驿递》:“正东大路有驿,自州城东关沙河口过河往北,水路三里许至陕西省谷县。”又同卷《因革·驿递》:“本州旧非驿路,额设里马十八匹传送文书,后并奉文裁减。康熙三十六年,圣驾西巡,由本州往宁夏,命于一带经过地方安设驿站。本州东关因设正站一,驿马三十匹。念墕村,今名延年村,设腰站一,驿马二十匹。”又同卷:“东关马号旧在大街北,租赁民地。乾隆三十八年,为河水漂没,署知州苏泰买街南民地改修。”

案:东关边塘,在今山西省忻州市保德县东关镇。

7. 年延村边塘

《置驿一》:“年延村边塘,马十二匹,马夫六名。”

乾隆《保德州志》卷1《因革·驿递》:“自沙河口起一直往东铁匠铺路十里,自铁匠铺至年延(旧名碾墕)村路二十里。拨设驿站马三十匹。”又同卷:“本州旧非驿路,额设里马十八匹传送文书,后并奉文裁减。康熙三十六年,圣驾西巡,由本州往宁夏,命于一带经过地方安设驿站。本州东关因设正站一,驿马三十匹。念墕村,今名延年村,设腰站一,驿马二十匹。”

同治《河曲县志》卷3《星野类》:“红崖腰驿,县东南一百三十里,西至年延驿三十里,东至沙泉驿十里。”

案:年延村边塘,在今山西省忻州市保德县东腰庄乡之年延村。

(六)平阳府属四驿

1. 临汾、襄陵二县建雄驿

《置驿一》:“临汾、襄陵二县,建雄驿,马七十七匹,马夫三十八名半,所夫九十名。”

雍正《平阳府志》卷8《公署》:“建雄驿,旧在北关,今移城内。”卷16《邮政》:

"建雄驿,极冲,设马骡五十五匹头,马夫二十七名半,岁支银一千六百六十三两二钱。"

乾隆《临汾县志》卷10《艺文志》:"临汾建雄驿,在北郊。"卷3《驿递》:"建雄驿,额设马八十六匹,内本县马五十七匹,马夫二十八名半,扛夫九十五名,共工料银二千八百五十九两四分九厘。"

《嘉庆重修一统志》卷138平阳府一:"建雄马驿,旧在临汾县北关,今移城南。"

案:临汾、襄陵二县建雄驿,明代置,冲途大驿。在今山西省临汾市。

2. 洪洞县普润驿

《置驿一》:"洪洞县,普润驿,马七十七匹,马夫三十八名半,所夫九十名。"

雍正《平阳府志》卷8《公署》:"普润驿,在县北关。"卷16《邮政》:"洪洞县普润驿,极冲,设马骡七十二匹头,马夫三十六名,岁支银一千七十五两六钱一分二厘零。"

《嘉庆重修一统志》卷138平阳府一:"普润驿,在洪洞县北关。旧在县北十里苗村里。明洪武中置。正统中为汾水所侵,改建北洞里官路东。嘉靖中,又迁北关导教厢街东。"

道光《赵城县志》卷8《驿铺》:"驿设县北五里霍子镇,南至洪洞县普润驿三十五里。"

民国《洪洞县志》卷8《建置志》:"普润驿,旧在县北十里苗村西,明正统十年,因汾川侵逼改建北洞里官路东,旋移北关之道教厢,再移县治前之马神庙,清仍之。民国二年,奉令裁驿归邮。"

案:洪洞县普润驿,明代置,冲途大驿。在今山西省临汾市洪洞县县城。

3. 曲沃县侯马驿

《置驿一》:"曲沃县,侯马驿,马七十七匹,马夫三十八名半,所夫九十名。"

雍正《平阳府志》卷8《公署》:"侯马驿,县西南三十里,俱万十年知县沈时叙建。"卷16《邮政》:"侯马驿,极冲,并太平绛州协济马骡共七十九匹头,马夫共三十九名半,岁支银共二千三百八十八两九钱六分。"

乾隆《新修曲沃县志》卷21《邮政》:"侯马驿,在县西南三十里,旧系绛州金台驿改迁侯马。自侯马西至绛州二十里,南至闻喜县涑川驿八十里,北至太平县史村驿七十里。"

《嘉庆重修一统志》卷138平阳府一:"侯马驿,在曲沃县西南三十里侯马镇。明洪武八年置,旧有驿丞,今裁。"

案:曲沃县侯马驿,明代置,冲途大驿。在今山西省临汾市侯马市。

4. 太平县史村驿

《置驿一》:"太平县,史村驿,马七十七匹,马夫三十八名半,所夫九十名。"

乾隆《新修曲沃县志》卷21《邮政》:"侯马驿,在县西南三十里,旧系绛州金台驿改迁侯马。自侯马西至绛州二十里,南至闻喜县涑川驿八十里,北至太平县史村驿七十里。"

《嘉庆重修一统志》卷138平阳府一:"史村驿,在太平县东三十里汾水东。本朝乾隆三十七年设驿丞驻此。"

光绪《太平县志》卷9《武备·驿递》:"本县设走递马十匹,嗣因改设史村驿供停止。史村驿,向系史村厂,惟设夫九十名。乾隆二十二年间,始建设行馆马匹,改厂为驿。东北至临汾县建雄驿六十里,西南至曲沃县侯马驿七十里。"

案:太平县史村驿,明代置,冲途大驿。在今山西省临汾市襄汾县县城。太平县治原在汾城镇,襄陵县治原在襄陵镇。1954年二县合并,县治在史村镇。

(七)霍州直隶州属四驿

1. 霍州直隶州霍山驿

《置驿一》:"霍州直隶州霍山驿,马七十七匹,马夫三十八名半,所夫九十名。"

《嘉庆重修一统志》卷153霍州:"霍山驿,在州东关。明洪武中置在治西,成化中移此,今废。"

道光《直隶霍州志》卷7《驿站》:"本州霍山驿,设在州署仪门内。马神祠一间,厢房二间,东西北三面房屋十一间,正南楼一座,厅房四间,东西设棚厂二十三间。"

案:霍州直隶州霍山驿,明代置,冲途大驿。在今山西省临汾市霍州市。

2. 赵城县赵城驿

《置驿一》:"赵城县赵城驿,马七十二匹,马夫三十六名。"

道光《直隶霍州志》卷7《驿站》:"乾隆三十三年,协拨出赵城驿马三匹夫一名五分。"又同卷:"赵城县窑子镇驿在城北五里。赵城旧无驿站,乾隆三十三年,巡抚部院鄂,奏以霍州霍山驿至洪洞普润驿相距八十余里,山坡陡逼,遇有差使马夫易乏。赵城为霍山、普润两驿适中之地,请于赵城地方添设一驿。"

光绪《平定州志》卷3《建置志》:"自灵石县之瑞石驿至赵城县之赵城驿,又系山路驿站,相距亦四五十里不等。"

案:赵城县赵城驿,明代置,冲途大驿。在今山西省临汾市洪洞县北之赵城镇。

3. 灵石县瑞石驿

《置驿一》:"灵石县瑞石驿,马七十七匹,马夫三十八名半,所夫九十名。"

嘉庆《介休县志》卷1《驿站》:"义堂驿旧在义堂镇……国朝雍正八年裁驿丞归县管辖,马号在县署东……西至灵石县瑞石驿八十里。"

道光《直隶霍州志》卷7《驿站》:"灵石县瑞石驿,在县城署东。建屋十二楹,马号十六间,马棚二十余间,马神庙在号正面。"

案:灵石县瑞石驿,明代置,冲途大驿。在今山西省晋中市灵石县翠峰镇。

4. 仁义驿

《置驿一》:"仁义驿,马七十七匹,马夫三十八名半,所夫九十名。"

雍正《平阳府志》卷8《公署》:"仁义驿,县南四十里皇仁义,仁义厂,今废。"

道光《直隶霍州志》卷7《驿站》:"仁义驿,在县南四十里。建屋八楹,马号十六间,马棚三十间,马神庙在号西。向系汾西、浮山、岳阳、隰州、乡宁等五州县借地安站。乾隆十年,改归驿丞经管,仍系汾西等五处协办。二十一年奉裁驿丞,改归灵石本县管理。二十八年,复设巡检驻仁义镇,兼管驿务。"

同治《浮山县志》卷15《驿传》:"实协济仁义驿马二十四匹,马夫一十二名,夫马每日支银九分七厘三毫。"

案:仁义驿,明代置,冲途大驿。在今山西省晋中市灵石县南之仁义村。

(八)蒲州府属二驿

1. 永济、荣河二县河东驿

《置驿一》:"蒲州府永济、荣河二县河东驿,马八十五匹,马夫四十二名半,所夫九十名。"

乾隆《蒲州府志》卷4《廨署》:"河东驿,旧在南门外永丰厢,后毁。"卷5《邮驿》:"荣河县协济马骡一十二匹头,马夫六名,岁支银三百六十二两八钱八分。平陆县协济马骡五匹头,马夫二名,岁支银一百五十一两二钱。芮城县协济马一匹,马夫半名,岁支银三十两二钱四分。"

《嘉庆重修一统志》卷140蒲州府一:"河东驿,在永济县东关。旧在城北一里白道坡上,后徙于县南永丰厢,今移此。东至樊桥驿七十里,南至潼关驿七十里,西至潼关驿九十里。旧有驿丞,本朝雍正七年裁。"

光绪《永济县志》卷5《兵卫·驿站》:"河东驿,旧在南门外永丰厢,今毁,移东关,为西来入山西首站。东至临晋樊桥驿七十里,西南至陕西潼关驿七十里。置邮传命曰络驿焉,实秦晋之要冲也。旧设丞主驿事,后丞汰而领于县。”

案:永济、荣河二县河东驿,明代置,冲途大驿。在今山西省运城市永济市西南之蒲州镇。南靠中条山,扼蒲津关口,地当秦、晋、豫要道,为由陕入晋之首驿。由晋进入陕过此驿后即可由风陵渡过黄河至潼关。向东则可进入河南。

2. 临晋、虞乡二县樊桥驿

《置驿一》:“临晋、虞乡二县,樊桥驿,马七十七匹,马夫三十八名半,所夫九十名。”

乾隆《蒲州府志》卷4《廨署》:“樊桥驿,旧在樊桥镇,今移城东关。”卷5《邮驿》:“临晋县樊桥驿,设马骡五十三匹头,马夫二十六名半,岁支银一千六百二两七钱。樊桥厂设夫六十名,岁支银七百五十两八钱七分。虞乡县分管樊桥驿马二十六匹,夫十三名,岁支银七百八十六两二钱。厂夫三十名,岁支银三百七十五两四钱三分。”

《嘉庆重修一统志》卷140蒲州府一:“樊桥驿,在临晋县东关。旧在东南十五里樊桥镇。旧有驿丞,本朝雍正五年裁。”

民国《临晋县志》卷1《疆域考》:“樊桥驿,在县城东樊桥镇。为通陕西大道,旧有驿站、行馆并马及马夫、厂夫额,今裁。”

案:临晋、虞乡二县樊桥驿,明代置驿于临晋县城东15里处之樊桥镇(今为七级镇樊桥屯村),清代移至临晋县城东关,一仍其名。冲途大驿,在今山西省运城市临猗县临晋镇。民国《临晋县志》、《中国历史地名大辞典》皆有误。

(九)解州直隶州属一驿

解州直隶州安邑县泓芝驿

《置驿一》:“解州直隶州安邑县,泓芝驿,马七十七匹,马夫三十八名半,差夫九十名。”

雍正《漪氏县志》卷2《邮传》:“漪氏县西邻樊桥驿三十五里,东邻泓芝驿二十里。”

《嘉庆重修一统志》卷154解州:“浤芝驿,在安邑县西北四十五里,西接猗氏县界。旧有驿丞,今裁。”

光绪《安邑县续志》卷1《驿铺》:“原设铺递一十二处,咸丰四年三月奉文裁汰,仅留十之二于泓芝驿,另设马夫八名专递公文。……泓芝驿额设驿马六十二匹,马夫三十一名,厂夫九十名。后在高平县拨增马二匹,夫一名。凤台县拨增马八匹，夫四名。襄垣县拨增马一匹，夫半名。阳高县拨增马二匹，夫一名。宁化厅拨增马二匹，夫一名。现共马七十七匹，夫三十八名半。近因涑水为患，移驻北相镇，仍沿泓芝旧名。”

案：解州直隶州安邑县泓芝驿，明代置，冲途大驿。在今山西省运城市盐湖区之泓芝驿镇。

（十）绛州直隶州属一驿

绛州直隶州闻喜、稷山二县涑川驿

《置驿一》：“降州直隶州闻喜、稷山二县涑川驿，马七十七匹，马夫三十八名半，所夫九十名。”

乾隆《闻喜县志》卷1《疆域》：“涑川驿，额马五十四匹，夫二十七名。绛县协济马十八匹，夫九名。稷山县协济马七匹，夫三名半。共马七十九匹，夫三十九名半。”

《嘉庆重修一统志》卷155绛州：“涑川驿，在闻喜县西关北，宋元旧驿，至今不改。东至曲沃县，西至夏县，俱通驿大路，余小路无驿。”

同治《稷山县志》卷2《田赋志》：“驿站抵解起运银二千一百二十三两八钱三分有奇，外协济涑川驿工料银二百五十二两，遇闰于起运内动支二十一两。按涑川驿旧例协济银两，顺治三年间喜县详请协马，寻议定永远协银，官民便之。”

案：绛州直隶州闻喜、稷山二县涑川驿，在今山西省运城市闻喜县桐城镇涑川驿。

（十一）潞安府属三驿

1. 长子县漳泽驿

《置驿一》：“长子县，漳泽驿，马十匹，马夫五名，所夫三十五名。”

乾隆《潞安府志》卷6《形势・驿递》：“漳泽驿，洪武三年设于郡之西漳泽村，八年移置长子南关，与长平驿接。”

《嘉庆重修一统志》卷142潞安府一：“漳泽驿，在长子县南关。明洪武三年，设于潞州西北二十里漳泽村，长平北出道也。八年移于今所。”

光绪《长子县志》卷4《驿递》：“漳泽驿，南至高平县长平驿六十里，北至屯留县余吾驿六十里，实存驿马十匹，马夫五名。”

案：长子县漳泽驿，明代置，在今山西省长治市长子县县城。

2. 屯留县余吾驿

《置驿一》:“屯留县余吾驿,马十匹,马夫五名,所夫三十五名。”

乾隆《潞安府志》卷6《形势·驿递》:“余吾驿,在屯留县西古余吾城,与漳泽驿接,今移置屯留县西关。”

《嘉庆重修一统志》卷142潞安府一:“余吾驿,在屯留县城内。旧在县西北十八里余吾故城。本朝顺治初移建今所。旧有驿丞,本朝雍正七年裁。”

光绪《屯留县志》卷2《驿传》:“余吾驿,旧在余吾镇,久废,并入县内。”

案:屯留县余吾驿,明代置,清初移至屯留县城,在今山西省长治市屯留县县城。

3. 襄垣县虒亭驿

《置驿一》:“襄垣县虒亭驿,马十匹,马夫五名,所夫三十五名。”

乾隆《潞安府志》卷6《形势·驿递》:“虒亭驿,在襄垣县西北六十里古铜鞮治,旧治在镇之西北里许。”

乾隆《重修襄垣县志》卷2《建置志·公署》:“虒亭驿丞宅在县西六十里,虒亭镇,洪武年县丞魏惟明创建,永乐年知县薛谦重修,成化年知县柳豸改建,乾隆二十八年裁。”

《嘉庆重修一统志》卷142潞安府一:“虒亭驿,在襄垣县西北六十里虒亭镇。与屯留县接界,北连沁州。”

案:襄垣县虒亭驿,在今山西省长治市襄垣县西之虒亭镇。春秋以来,称铜鞮城,以晋国铜鞮宫得名,明代初年置驿于此,清代袭之。

(十二)汾州府属六驿

1. 汾阳县汾阳驿

《置驿一》:“汾阳县汾阳驿,马十二匹,马夫六名,所夫二十名。”

乾隆《汾州府志》卷6《驿铺》:“其非通衢驿站,自洪善驿西八十里至汾阳县汾阳驿。汾阳驿驿丞,雍正四年裁,夫马归县管辖。今所有额马十二匹,马夫六名,走递扛夫二十名。自汾阳驿南至义棠驿六十里,又西九十里至永宁州吴城驿。”

《嘉庆重修一统志》卷144汾州府:“汾阳驿,在汾阳县城内。”

光绪《汾阳县志》卷2《宫署》:“汾阳驿旧在东郭东厢,明永乐十一年改,今废,移入城。”

案:汾阳县汾阳驿,明代置,在今山西省吕梁市汾阳市。

2. 平遥县洪善驿

《置驿一》:"平遥县,洪善驿,马七十七匹,马夫三十八名半,所夫九十名。"

乾隆《汾州府志》卷6《驿铺》:"洪善驿,在县东北二十五里洪善镇。雍正八年裁驿丞归县管辖。"

《嘉庆重修一统志》卷144汾州府:"洪善驿,在平遥县下东门外。"

光绪《平遥县志》卷2《建置志》:"洪善驿,旧在县东北二十五里洪善邨,自裁驿丞缺后,移县治西北。"

案:平遥县洪善驿,明代置于洪善镇,乾隆时移至平遥县东门外,一仍其名,为冲途大驿。在今山西省晋中市平遥县县城。

3. 介休县义棠驿

《置驿一》:"介休县义棠驿,马七十七匹,马夫三十八名半,所夫九十名。"

乾隆《汾州府志》卷6《驿铺》:"义棠驿,旧在县西南二十里义棠镇,明宏(弘)治二年移于城北。国朝雍正八年,裁驿丞归县管辖。"

《嘉庆重修一统志》卷144汾州府:"义棠驿,在介休县北关。明初置于县西二十里。宏(弘)治中移此。旧有驿丞,本朝雍正七年裁。"

嘉庆《介休县志》卷1《疆域·驿站》:"义棠驿,旧在义棠镇,明宏(弘)治十二年,知县忽中驿丞崔政议迁于北关,国朝雍正八年裁驿丞归县管辖,马号在县署东。……义棠驿路视他邑较长,东至平遥洪善驿,中四十里为张兰镇,必于此少息过夜,入旅店就宿。未免扰累,乾隆三十三年,知县王谋文在张兰赁店一间为驻足之所,今已于张兰比连之郝家堡内建立馆舍,冠盖往来得所栖止。"

案:介休县义棠驿,明代置于义棠镇,后移至介休县北关,一仍其名,为冲途大驿。在今山西省晋中市介休市。

4. 永宁州玉亭驿

《置驿一》:"永宁州玉亭驿,马六匹,马夫三名。"

乾隆《汾州府志》卷6《驿铺》:"玉亭驿,在州治东。雍正六年,裁驿丞归州管辖。今所有额马七匹,夫三名半。又西六十里至青龙驿。"

《嘉庆重修一统志》卷144汾州府:"玉亭驿,在永宁州治东。"

光绪《永宁州志》卷9《驿铺附》:"玉亭驿在州治东,驿舍旧毁。旧设驿丞一员,额马二十匹,马夫十名。雍正六年,裁驿丞归州管辖。"

案:永宁州玉亭驿,在今山西省吕梁市离石区。永宁州在明清属汾州府,宋金时名"离石",民国时改为离石县,新中国成立后,曾为离石市,先后属榆次专区、吕梁地区。2003 年,改为吕梁市离石区。

5. 吴城驿

《置驿一》:“吴城驿,马六匹,马夫三名。”

乾隆《汾州府志》卷 6《驿铺》:“吴城驿,在州东八十里吴城镇。雍正十年,裁驿丞归州管辖。”

《嘉庆重修一统志》卷 144 汾州府:“吴城驿,在永宁州东吴城镇。”

光绪《永宁州志》卷 9《驿铺附》:“吴城驿,在州治东八十里吴城镇。旧设驿丞一员,额马二十匹,马夫十一名。雍正十年,裁驿丞归州管辖。今所有额马六匹,夫三名。”

案:吴城驿,在今山西省吕梁市离石区东 35 公里处之吴城镇。吴城镇在明清时期西入陕西,东至太原可入直隶,南至晋南,位于联结秦、晋、冀的贸易通道,商业繁荣。

6. 青龙驿

《置驿一》:“青龙驿,马六匹,马夫三名。”

乾隆《汾州府志》卷 6《驿铺》:“青龙驿,在州西六十里青龙镇。雍正十年,裁驿丞归州管辖。今所有额马五匹,夫二名半。”

《嘉庆重修一统志》卷 144 汾州府:“青龙驿,在永宁州南六十里。”

光绪《永宁州志》卷 9《驿铺附》:“青龙驿,在州治西六十里青龙镇。旧设驿丞一员,额马二十匹,马夫十一名。雍正十年,裁驿丞归州管辖。今所有额马五匹,夫二名半。”

案:青龙驿,在今山西省吕梁市柳林县柳林镇东北之青龙村。

(十三)沁州直隶州属三驿

1. 沁州直隶州属沁阳驿

《置驿一》:“沁州直隶州沁阳驿,马十匹,马夫五名。”

乾隆《沁州志》卷 3《置邮》:“沁阳驿署,在州北郭外,明洪武年建,今圮毁无存。”

《嘉庆重修一统志》卷 158 沁州:“沁阳驿,在州北郭外,今裁。”

案:沁州直隶州属沁阳驿,在今山西省长治市沁县县城。

2. 武乡县权店驿

《置驿一》:“武乡县权店驿,马十匹,马夫五名,所夫三十五名。”

乾隆《沁州志》卷3《置邮》:“权店驿署,在驿南门内西街。”

《嘉庆重修一统志》卷158沁州:“权店驿,在武乡县西北七十里,有丞。山路巉嶭,南通沁阳驿,北接南关。今裁。”

案:武乡县权店驿,在今山西省长治市武乡县西北七十里处故城镇之权店村。

3. 南关驿

《置驿一》:“南关驿,马十匹,马夫五名。”

光绪《榆社县志》卷1《舆地志·驿铺》:“南关驿,在沁州武乡县,旧制于南北之冲,立为传舍,因武乡已有权店驿,故以南关驿属辽州,而榆社为之协济。”

案:南关驿,今山西省武乡县西北之南关村。时由于距武乡县较远,归辽州管辖。光绪《清会典事例》卷688,驿程载河南至山西驿道,“六十里至沁州沁阳驿。七十里至武乡县权店驿。五十里至寿阳县南关驿。六十里至祁县盘陀驿。七十里至徐沟县同戈驿”,以南关驿属寿阳县。寿阳县实与武乡县不搭界。又查《清高宗实录》卷514,乾隆二十一年六月庚子,载:“吏部等部议覆:升任山西巡抚恒文疏称,襄垣县虒亭驿、武乡县权店驿、辽州南关驿、各止驿马十余匹,各驿距该管州县遥远,印官不能兼顾。遇解犯送饷,均由驿丞照料。第附近山村,民情刁悍,驿员非其管辖,呼应不灵,应请各给巡检兼衔。虒亭驿附近村庄五十三处,权店驿附近村庄二十六处,各拨该驿丞管理。至南关驿离州属村庄窎远,中隔武乡县所管处所,难以分拨。且该驿驻札即系武乡地方,应将武乡所辖、与南关附近村庄三十处,拨该驿丞管理。该驿向隶辽州,今管武乡村庄,所有驿务,统归武乡县知县管理,各驿丞仍照旧管理一切。”又《清高宗实录》卷979,乾隆四十年三月庚午,有上谕曰:“至武乡南关驿。若果系通河南、山东、正站何以止有马八匹?其上下站所设之马,较此多寡若何?并着巴延三一并查明覆奏。”可知南关驿确实属武乡县,与寿阳无关。《会典事例》此处记载有误。

(十四)泽州府属四驿

1. 凤台县太行驿

《置驿一》:“凤台县太行驿,马十匹,马夫五名,所夫三十五名。”

雍正《泽州府志》卷18《公署》:“太行驿,在城东南。裁归县,今为千总署。”卷

9《驿堠》:“雍正六年,奉文改州为府,始归县辖。又雍正七年,太行驿驿丞裁汰,归并凤台县专管。”

《嘉庆重修一统志》卷145泽州府:“太行驿,在凤台县城东南。旧有驿丞,本朝雍正七年裁。”

案:凤台县太行驿,在今山西省晋城市。凤台时为泽州府治所,现为晋城市市区。

2. 星轺驿

《置驿一》:“星轺驿,马十匹,马夫五名,所夫十五名。”

雍正《泽州府志》卷18《公署》:“星轺驿,距城六十里。”

乾隆《凤台县志》卷3《关隘》:“星轺驿城南六十里,距关南十五里,即拦车镇,又名狼车。”

《嘉庆重修一统志》卷145泽州府:“星轺驿,在凤台县南六十里。《九域志》:晋城县有星轺镇,镇有驿。”

案:星轺驿,在今山西省晋城市泽州县南之拦车村,属泽州县晋庙铺镇之一部分。星轺驿位于极冲要道,为由豫入晋第一驿,太行山最南端,由河南焦作经太行八陉之一的“太行陉”,过天井关,进入山西,即至拦车镇星轺驿。自古兵家必争之地,清代凤台县也因此被列为冲、繁、难之县。

3. 高平县长平驿

《置驿一》:“高平县长平驿,马十匹,马夫五名,所夫三十五名。”

雍正《泽州府志》卷18《公署》:“长平驿,县北三十里。”

《嘉庆重修一统志》卷145泽州府:“长平驿,在高平县西北三十里。明洪武中置。旧有递运所,后裁。有驿丞,本朝乾隆七年裁。”

同治《高平县志》卷2《建置第二·驿传》:“长平驿丞署,在长平。乔村驿丞署在乔村。今俱裁废。”

案:高平县长平驿,在今山西省晋城市高平市城北10公里的寺庄镇长平村,附近现在仍保存有长平之战战场遗迹,为山西省重点文物保护单位。

4. 乔村驿

《置驿一》:“乔村驿,马十匹,马夫五名。”

雍正《泽州府志》卷18《公署》:“乔村驿,县南三十里。”

《嘉庆重修一统志》卷145泽州府:“乔村驿,在高平县南三十里。旧有驿丞。本朝乾隆七年裁。”

同治《高平县志》卷2《建置第二·驿传》:"长平驿丞署,在长平。乔村驿丞署,在乔村。今俱裁废。"

案:乔村驿,在今山西省晋城镇高平县南河西镇之乔村。

(十五)大同府属二十五驿

1. 大同县大同军站

《置驿一》:"大同府大同县大同军站,马四十二匹,马夫二十一名,所夫三十名。"

乾隆《大同府志》卷12《建置·驿站》:"大同军站,在城东关。……雍正七年,归大同县管理,其工料等银于驿站项下支领。"

道光《大同县志》卷5《营建·驿站》:"大同县大同军站,极冲。……大同军站,现设马四十二匹。"

案:大同县大同军站,在今山西省大同市。

2. 又边塘

《置驿一》:"又边塘,马十二匹,马夫六名。"

乾隆《大同府志》卷12《建置·驿站》:"大同城塘站,马十二匹,夫六名,内抽拨出大同站马七匹,夫三名半,抽拨出瓮城驿马五匹夫二名,其夫马工料银即于本驿站支领报销。"

道光《大同县志》卷5《营建·驿站》:"大同塘站现设马十二匹,内拨来大同军站马七匹,瓮城驿马五匹。"

案:又边塘,即大同边塘,在今山西省大同市。

3. 又东三十里铺边塘

《置驿一》:"又东三十里铺边塘,马十二匹,马夫六名。"

乾隆《大同府志》卷12《建置·驿站》:"大同东三十里铺塘站,马十二匹,夫六名,内协济来凤台县马六匹,夫三名,屯留县马六匹,夫三名,其夫马工料银仍于各处支领报销。"

道光《大同县志》卷5《营建·驿站》:"东三十里铺塘站,现设马十二匹,内拨来凤台县马六匹,屯留县马六匹。"

案:又东三十里铺边塘,在今山西省大同市大同县西北之周士庄镇三十里铺村,靠近大张高速。

4. 瓮城驿

《置驿一》:“瓮城驿,马八匹,马夫四名,所夫二十名。”

乾隆《大同府志》卷12《建置·驿站》:“瓮城驿,旧在城东南八十里瓮城口村,今移设于县署西。”

《嘉庆重修一统志》卷146大同府:“瓮城驿,在大同县东南六十里西浮村。明洪武初置。旧有驿丞,本朝雍正七年裁。”

道光《大同县志》卷5《管建·驿站》:“大同县瓮城驿,稍冲。……瓮城驿,现设马八匹……排夫二十名。”

案:瓮城驿,明代置,在今山西省大同市大同县西南之瓮城口村。现在仍有驿站遗迹,靠近马头山,山以寺庙闻名。

5. 聚乐军站

《置驿一》:“聚乐军站,马四十匹,马夫二十名,所夫二十名。”

乾隆《大同府志》卷12《建置·驿站》:“聚落军站,在城东北六十里聚落城内。原额站马七十匹,站军三十五名……雍正七年,归大同县管理。其工料等项银于驿站项下支领。……现今实设站马七十匹,每匹日支草料等项银九分九毫,马夫三十五名,每名日支工食银三分五厘,夫马共岁支工料等项银二千七百三十一两六钱八分。遇闰加支银一百六十二两七钱五分。原额长夫二十名……雍正七年归大同县管理,其工食银两于驿站项下支领。”

道光《大同县志》卷5《营建·驿站》:“聚乐军站,极冲,原额马七十匹。……聚乐军站现设马四十匹,每匹日支草料等项银九分九毫,夫二十名,每名日支工食银三分五厘,共岁支工料等项银一千五百六十两九钱六分,内除小建六日扣银二十六两一分六厘不支外,实支工料等项银一千五百三十四两九钱四分四厘。厂夫二十名。”

案:聚乐军站,在今山西省大同市大同县北之聚乐堡乡,位于大同市东约30公里,大张公路路北。明代置,有堡驻军。现在仍有堡遗址,内有居民。

6. 又边塘

《置驿一》:“又边塘,马十二匹,马夫六名。”

乾隆《大同府志》卷12《建置·驿站》:“聚落城塘站,马十二匹,夫六名,内抽拨出聚落站马十匹,夫五名协济,来永济县马二匹,夫一名,其夫马工料银仍于各处支领报销。”

道光《大同县志》卷5《营建·驿站》:“聚乐塘站,现设马十二匹,内本驿站拨来马十匹，永济县拨来马二匹。”

案：聚乐边塘，在今山西省大同市大同县北之聚东堡乡。

7. 绣女村边塘

《置驿一》：“绣女村边塘，马十二匹，马夫六名。”

乾隆《大同府志》卷3《疆域》：“绣女村，距城四十里。”卷12《建置・驿站》：“秀女村塘站，马十二匹，夫六名，内抽拨出瓮城驿马四匹，夫二名，协济来平鲁县马八匹，夫四名。”

道光《大同县志》卷5《营建・驿站》：“秀女村塘站，现设马十二匹，内拨来平鲁县马八匹，瓮城驿马四匹。”

案：绣女村边塘，在今山西省朔州市怀仁县东北毛家皂镇之秀女村。

8. 浑源州上盘铺驿

《置驿一》：“浑源州上盘铺驿，马十三匹，马夫六名半。”

成化《山西通志》卷4《驿递》：“上盘铺驿，属浑源州，在州南二十里，洪武八年建，永乐十二年修。”

乾隆《大同府志》卷12《建置・驿站》：“上盘驿，在州治东。”

《嘉庆重修一统志》卷146大同府：“上盘驿，在浑源州治东。明洪武初置。”

案：浑源州上盘铺驿，明代置，在今山西省大同市浑源县城内。

9. 应州安银子驿

《置驿一》：“应州安银子驿，马十六匹，马夫八名，所夫二十名。”

乾隆《大同府志》卷12《建置・驿站》：“安银子驿，在城内广盈仓东草厂，旧在州境西南三十里安银子村。”

乾隆《应州续志》卷2《驿铺》：“应州安银子驿，原额马六十二匹，马夫三十一名……本州实在驿马一十六匹。……马棚、□库、马夫住房二间，司厩驿书贮料等房四间。本州无递马，文报系官自捐备余马递送。”

《嘉庆重修一统志》卷146大同府：“安银子驿，在应州西南三十里。明洪武中初置。”

案：应州安银子驿，明代置，在今山西省朔州市应县西南之杏寨乡安营村。

10. 怀仁县怀仁城边塘

《置驿一》：“怀仁县怀仁城边塘，马十二匹，马夫六名。”

乾隆《大同府志》卷12《建置・驿站》：“怀仁城塘站，马十二匹，夫六名，内协济来阳曲县马三匹，夫一名半，繁峙县马九匹，夫四名半。”

案：怀仁县怀仁城边塘，在今山西省朔州市怀仁县县城。

11. 薛家庄边塘

《置驿一》："薛家庄边塘，马十二匹，马夫六名。"

乾隆《大同府志》卷12《建置·驿站》："薛家庄塘站，马十二匹夫六名。内协济来右玉县，马六匹，夫三名。协济来灵邱县，马六匹，夫三名。其夫马工料银仍于各处支领报销。"

光绪《怀仁县新志》卷3《公署》："薛家庄塘站，马十二匹，夫六名。内协济来右玉县，马六匹，夫三名。灵邱县，马六匹，夫三名。其夫马工料银仍于各处支领报销。设台官一员，镇标委派。"《城池》："（南境）薛家庄土堡，距城三十里。"

案：薛家庄边塘，在今山西省朔州市怀仁县西南之新家园乡。

12. 盐丰营边塘

《置驿一》："盐丰营边塘，马十二匹，马夫六名。"

乾隆《大同府志》卷12《建置·驿站》："盐丰营塘站，马十二匹，夫六名。内协济来阳曲县，马十二匹，夫六名。其夫马工料银仍于本处支领报销。"

光绪《怀仁县新志》卷3《公署》："盐丰塘站，马十二匹，夫六名。"卷3《堡寨》："（南境）盐丰营距城七十里。"

案：盐丰营边塘，在今山西省朔州市怀仁县西南之金沙滩镇盐丰营村。现有关帝庙、圣母庙，为清代遗迹。

13. 西安驿

《置驿一》："西安驿，马四十匹，马夫二十名，所夫二十名。"

乾隆《大同府志》卷12《建置·驿站》："西安驿，在城内西北隅。明时原建圪塔头堡，距县东三十里。嘉靖间，知县徐琰改设东关。寻复迁建于西安堡。万历二年，知县杨守介复改设于本城。今仍之。"

《嘉庆重修一统志》卷146大同府："西安驿，在怀仁县治东。旧在县南西安镇，明万历中移此。"

光绪《怀仁县新志》卷3《公署》："西安驿，在县治西北隅，明时原建圪塔头堡。"

案：西安驿，明代置，冲途大驿，在今山西省怀仁县县城。

14. 山阴县山阴驿

《置驿一》："山阴县山阴驿，马十匹，马夫五名，所夫二十名。"

乾隆《大同府志》卷12《建置·驿站》："山阴驿，在县治东。明景泰五年建，宏

(弘)治二年巡抚许进徙置城西南隅。万历二十二年,署知县何文冕改置县治东钟楼之后。今仍其旧。”

《嘉庆重修一统志》卷146大同府:“山阴驿,在山阴县治东。明景泰中置,在县南十八里。万历中改置于县治东钟楼后。”

案:山阴县山阴驿,明代置。在今山西省朔州市山阴县东南15公里处之古城镇。在桑干河南,明清为县治所在。

15. 岱岳军站

《置驿一》:“岱岳军站,马四十匹,马夫二十名。”

乾隆《大同府志》卷12《建置·驿站》:“岱岳站在县境岱岳镇。”

道光《大同县志》卷5《营建·驿站》:大同县瓮城驿,于康熙三十五年拨协“山阴县岱岳站马六匹。”

案:岱岳军站,明代置,冲途大驿,在今山西省朔州市山阴县岱岳镇。明清、民国时为山阴县岱岳镇,后县治迁此。

16. 又边塘

《置驿一》:“又边塘,马十二匹,马夫六名。”

乾隆《大同府志》卷12《建置·驿站》:“岱岳站塘站,马十二匹,夫六名,内抽拨出山阴驿马六匹,夫三名。协济来崞县马六匹,夫三名。其夫马工料银仍于各处支领报销。”

17. 灵邱县太白驿

《置驿一》:“灵邱县,太白驿,马十二匹,马夫六名。”

乾隆《大同府志》卷12《建置·驿站》:“太白驿,在县治西角门外。顺治五年,知县罗森建。十七年,知县宋起凤增修厩舍暨草豆等房。”

《嘉庆重修一统志》卷146大同府:“太白驿,在灵丘县治南。”

光绪《灵邱县补志》卷1《建置志·驿传》:“太白驿,在县署大门内西偏。”

案:灵邱县太白驿,在今山西省大同市灵丘县县城。

18. 广灵县县驿

《置驿一》:“广灵县县驿,马十二匹,马夫六名。”

乾隆《大同府志》卷12《建置·驿站》:“马厂驿,在县城内。额设驿马三十匹,马夫十五名。每马一匹连马夫日支工料银一钱。康熙十五年,奉文每马一匹连马夫日裁银二分五厘。雍正五年,裁马十匹,夫五名。乾隆二年,奉文每马一匹,加足草料银六分,每匹日应加银二分四厘四毫。现今实设马二十匹,每匹日支草料等项银八分四厘四毫。马夫十一名,每名日支工食银三分。夫马共岁支工料等项银七百一十五两六钱八分,遇闰加支银四十五两。原额接递排夫三十五名,岁支工食银钱四百九十四两。雍正三年,裁排夫十五名。雍正十年,裁排夫二十名。共裁去工食银四百九十四两,实留官支银二十两。”

乾隆《广灵县志》卷5《赋役》:“存留驿站实支银七百三十五两六钱八分。内拨协怀仁马五匹,夫二名半。绣女村马三匹,夫一名半。朔州马六匹,夫三名。本厂马六匹,夫三名,岁支工料银七百一十五两六钱八分,官银支二十两。”

案:广灵县县驿,在今山西省大同市广灵县县城。

19. 天镇县枳儿岭边塘

《置驿一》:“天镇县枳儿岭边塘,马十二匹,马夫六名。”

乾隆《大同府志》卷5《形胜》:“枳儿岭,县东三十里。接直隶宣化府怀安县驿路两县交界处,中立石限,土分二色。”

乾隆《大同府志》卷12《建置·驿站》:“枳儿岭塘站,马十二匹,夫六名。内协济来应州马一匹,夫五名半。协济来霍州马一匹,夫半名。其夫马工料银仍于各处支领报销。”

案:天镇县枳儿岭边塘,明代置,时归山西省天镇县管辖,现在属河北省张家口市怀安县王虎屯乡,距天镇县仅约20公里。地势险要,为由直隶进入山西之要道。康熙三十三年(1694),康熙帝亲征噶尔丹,光绪二十六年(1900),慈禧太后与光绪皇帝西逃,皆路经枳儿岭进入山西。

20. 天城军站

《置驿一》:“天城军站,马四十匹,马夫二十名。”

乾隆《大同府志》卷12《建置·驿站》:“天城军站在县治迤西。”

乾隆《天镇县志》卷4《驿站》:“天城站,系极冲,东至怀安县六十里,西至阳高县六十里,南至杨家庄五十五里,北至马市口六十三里,西北至阳高镇门堡四十里,额设驿马七十匹,旧系天城营管,每匹每日原额支干银七分五厘。雍正四年,每匹每日裁银八厘五毫,每匹每日实支银六分六厘五毫,在大同镇兵饷银内支给。雍正七年,奉文归天镇县喂养,其草料等项银数在驿站项下支领。乾隆三年奉上谕,每马一匹加足草料银六分,每匹每日加银二分四厘四毫,每匹连棚厂鞍屉等项共日支银九分九毫,共岁支银二千二百九十两六钱八分,按大小建扣算,每季在冀宁道库领给。”

案:天城军站,在今山西省大同市天镇县县城。明代置天成卫、镇虏卫于此，清初撤卫改县，合称天镇县。塘站仍用“天成”之名。

21. 又边塘

《置驿一》：“又边塘，马十二匹，马夫六名。”

乾隆《大同府志》卷12《建置·驿站》：“天镇城塘站，马十二匹，夫六名，内抽拨出天城站马十二匹，夫六名。其夫马工料银仍于本站支领报销。”

22. 阳高县阳和军站

《置驿一》：“阳高县，阳和军站，马四十匹，马夫二十名，所夫二十名。”

雍正《阳高县志》卷3《驿站》：“阳高旧为民驿，马三匹，骡三十一头，驴十六头，共五十匹。后改为站，俱用马七十匹，在城守管理，以军应之。雍正七年，奉上将马归县衙，不用站军，以马夫应役喂养。”

乾隆《大同府志》卷12《建置·驿站》：“阳和军站，在城内大街十字道西。”

案：阳高县阳和军站，明代置，属冲途大驿，在今山西省大同市阳高县县城。明初在此置阳和卫，清代置县，治于此。

23. 又边塘

《置驿一》：“又边塘，马十二匹，马夫六名。”

乾隆《大同府志》卷12《建置·驿站》：“阳高城塘站，马十二匹，夫六名。内抽拨出阳高军站马十二匹，夫六名。其夫马工料银仍于本站支领报销。”

24. 又东三十里铺边塘

《置驿一》：“又东三十里铺边塘，马十二匹，马夫六名。”

乾隆《大同府志》卷12《建置·驿站》：“阳和东三十里铺塘站，马十二匹，夫六名，内协济来浑源州马五匹，夫二名半，协济来临晋县马二匹，夫一名。安邑县马五匹，夫二名半，其夫马工料银仍于各处支领报销。”

案：又东三十里铺边塘，在今山西省大同市天镇县西之三十里铺乡。

25. 王官人屯边塘

《置驿一》：“王官人屯边塘，夫五名，归化城站，马十匹，马夫五名。”

乾隆《大同府志》卷12《建置·驿站》：“王官人屯塘站，马十二匹，夫六名，内协济来襄垣县马五匹，夫二名半。辽州马六匹，夫三名。协济来介休县马一匹，夫半名。其夫马工料银仍于各处支领报销。”

光绪《忻州志》卷14《驿传》：“……拨协北路王官人屯塘马七匹，马夫三名半。”

案：王官人屯边塘，在今山西省大同市阳高县西南之王官屯镇。

（十六）宁武府属十八驿

1. 宁武县宁武军站

《置驿一》："马十匹，马夫五名，所夫十六名。"

乾隆《宁武府志》卷5《驿置》："宁武县，额设马五十匹，内宁武边站三十匹，宁化边站二十匹，除拨河曲县沙泉驿协济马十六匹外，本县实在站马三十四匹。宁武站，马夫十五名。"

道光《太平县志》卷9《武备》：协济太平县史村驿中，"宁武站，马一匹，夫五分。"

案：宁武县宁武军站，在今山西省忻州市宁武县县城。明代置，明初设宁化所，清代改为宁武府，治于凤凰镇。

2. 宁化军站

《置驿一》："马八匹，马夫四名。"

乾隆《宁武府志》卷5《驿置》："宁武县，额设马五十匹，内宁武边站三十匹，宁化边站二十匹，除拨河曲县沙泉驿协济马十六匹外，本县实在站马三十四匹。……宁化站，马夫九名半。"

案：宁化军站，在今山西省忻州市宁武县南之宁化古城。位于今宁武县宁化乡宁化村南。明代置宁化千户所，清代改隶宁武府，在县南50里处。《宁武府志》记载："隋汾阳宫，在县西南六十里，世传隋炀帝避暑处。"

3. 偏关县偏头军站

《置驿一》："马八匹，马夫四名，所夫八名。"

《读史方舆纪要》卷40河曲县：偏头关"县北百十里，古武州地。东连鸦角山，西逼黄河，其地东仰西伏，因名偏头。宋置偏头寨，金因之，元升为关。明初属镇西卫守备，洪武二十二年始建土城。……万历二年复改筑关城，周五里余"。

乾隆《宁武府志》卷5《驿置》："偏关县额设驿马七十匹，内本城边站马三十匹。"

案：偏关县偏头军站，明代置。在今山西省忻州市偏关县县城。

4. 水泉军站

《置驿一》："马八匹，马夫四名。"

《读史方舆纪要》卷40河曲县：水泉营堡"（明）宣德九年置，万历三年增修，周二里有奇。二十四年又创筑附堡一座，二十八年增修。一面连旧城，三面周一里零。其北为红门隘口”。

《嘉庆重修一统志》卷147宁武府：水泉营堡“在偏关县东北六十里，北至边墙二里。明宣德九年筑，广三里一百七十步。其营在堡城东。本朝初设游击防守，乾隆二十八年改设守备”。

乾隆《宁武府志》卷5《驿置》：“水泉边站，马二十匹。”

道光《偏关志》卷上《兵马志·驿置》：“老营、水泉站，马十二匹。”

案：水泉军站，在今山西省忻州市偏关县东北40公里处之水泉乡。

5. 老营军站

《置驿一》：“马八匹，马夫四名，所夫八名。”

乾隆《宁武府志》卷5《驿置》：“老营边站马二十匹。”

道光《偏关志》卷上《兵马志·驿置》：“老营、水泉站，马十二匹。”

案：老营军站，在今山西省忻州市偏关县东之老营镇。

6. 神池县神池塘

《置驿一》：“马十二匹，马夫六名。”

乾隆《宁武府志》卷5《驿置》：“神池县原设驿马六十九匹，内神池边站马二十九匹……今按神池县所管六驿，实存共额设马一百四匹。”

道光《太平县志》卷9《武备》：“协济太平县史村驿中，神池县神池站，马一匹，夫五分。”

案：神池县神池塘，在今山西省忻州市神池县县城。明初设神池堡，清雍正时改县。

7. 又军站

《置驿一》：“马二十八匹，马夫十四名。”

光绪《神池县志》卷5《驿置》：“神池边站马二十八匹，塘站马十二匹。”

8. 又边塘

《置驿一》：“马十二匹，马夫六名。”

光绪《神池县志》卷5《驿置》：“神池边站马二十八匹，塘站马十二匹。”

9. 利民军站

《置驿一》：“马八匹，马夫四名。”

《读史方舆纪要》卷40崞县：利民堡“（明）弘治二年筑，嘉靖二十七年、万历四年增修，周三里有奇。东去朔州六十里，北至老营堡九十里，备兵使者驻焉”。

乾隆《宁武府志》卷5《驿置》：“利民边站，马二十匹。”

嘉庆《介休县志》卷1《疆域·驿站》:义棠驿"又从利民站、八角站、余吾驿、虒亭驿先后拨入马十一匹。"

光绪《神池县志》卷5:"利民边站,马八匹。"

案:利民军站,在今山西省朔州市朔城区东之利民镇。

10. 八角军站

《置驿一》:"马八匹,马夫四名。"

乾隆《宁武府志》卷5《驿置》:"八角边站,马二十匹。"

《嘉庆重修一统志》卷147宁武府:"八角堡,在神池县西北六十里。明宏(弘)治中筑,周四里有奇。城楼八座,故名。……神池堡与老营堡均系要地,而八角堡介于其间,势成鼎足,诚据险扼塞之地。"

嘉庆《介休县志》卷1《疆域·驿站》:"又从利民站、八角站、余吾驿、虒亭驿先后拨入马十一匹。"

光绪《神池县志》卷5《驿置》:"八角边站,马八匹。"

案:八角军站,在今山西省忻州市神池县西北之八角镇。明代置八角堡,现存遗址。

11. 大水口边塘

《置驿一》:"马十二匹,马夫六名。"

乾隆《宁武府志》卷1《形势》:"宁武据雁门、偏头两关之中。其始未显也。至明中世而始为要地,遂称重镇。盖自正统己巳后,虏数侵轶,于是置关屯守。明时统堡十二,东为大河,为阳方,为朔宁,北为神池,为大水口,为利民。"卷5《驿置》:康熙三十五年,"由大同前卫三岔堡至保德州为腰站者二十有五,若宁武县之大水口、神池县之义井屯、五寨之仁义村、韩家楼皆腰站处也。"

《嘉庆重修一统志》卷147宁武府:"大水口堡,在宁武县北三十五里。"

光绪《神池县志》卷5《驿置》:"大水口,定额设塘站马十二匹。"

案:大水口边塘,在今山西省忻州市宁武县北之大水口村。

12. 义井村边塘

《置驿一》:"马十二匹,马夫六名。"

《嘉庆重修一统志》卷147宁武府:义井堡"在神池县西四十里"。

乾隆《宁武府志》卷5《驿置》:康熙三十五年,"由大同前卫三岔堡至保德州为腰站者二十有五,若宁武县之大水口、神池县之义井屯、五寨之仁义村、韩家楼皆腰站处也"。

光绪《神池县志》卷5《驿置》:"义井塘站,马十二匹。"

案:义井村边塘,在今山西省忻州市神池县西之义井镇。

13. 仁义村边塘

《置驿一》:"马十二匹,马夫六名。"

乾隆《宁武府志》卷5《驿置》:康熙三十五年,"由大同前卫三岔堡至保德州为腰站者二十有五,若宁武县之大水口、神池县之义井屯、五寨之仁义村、韩家楼皆腰站处也"。

光绪《神池县志》卷5《驿置》:"仁义塘站,马十二匹。"

案:仁义村边塘,在今山西省忻州市神池县西之仁义村。

14. 五寨县五寨军站

《置驿一》:"马八匹,马夫四名。"

《读史方舆纪要》卷40岢岚州:五寨堡"东去宁武关神池堡八十里,堡城嘉靖十六年筑,万历八年增修,周五里有奇。镇西卫五所屯牧于此,故名五寨"。

乾隆《宁武府志》卷1《地纪》:"五寨县在府西少北一百里,驿路南六十里,东西广五十五里,南北袤一百里。"卷5《驿置》:"五寨县,额设五寨、三岔边站僻递马四十四匹。乾隆十年十月,于站马就近责成案内,三岔站归并武乡县马六匹,静乐县马四匹,闻喜县马十匹。韩家楼塘归并高平县马十一匹,岢岚州马三匹。共接管归并马三十四匹。三岔站马夫二十名,归并马夫十七名。"

嘉庆《五寨县志》卷下《武备·驿置》:"五寨、三岔明时无驿,惟有走递骡头,五寨堡二十三头,三岔堡三十二头。国朝裁减站骡。康熙三十五年征噶尔丹,□退站僻□,五寨三岔站递各一。康熙五十四年,□嘉峪关用兵,廷议自京师缘边至庄浪设站六。自庄浪至嘉峪关设站四。每站四百里置笔帖式一人,司站事驰送军机急务。又以正站过远,于每三十里设腰站,三岔堡、韩家楼腰站由此设焉。时县未设,五寨、三岔驿务皆属卫所营弁。雍正三年设立五寨县治。雍正七年如康熙时例,起大同、枳儿岭至保德州设二十八腰站,三岔堡、北关腰站拨协永□州马十二匹,武乡县马十三匹,临汾县马十四匹。韩家楼腰站拨协临汾县马六匹,五寨站马十二匹,高平县马二十二匹。又于北关设军台千总、把总各一人,主送往来咨报军事。其时驿务乃归地方官管理焉。□乾隆二年撤回各州县拨协马之半,每腰站各留马二十匹。乾隆十年十月于站马就近责成案内,北关塘归并武乡县马六匹,静乐县马四匹,闻喜县马十匹。韩家楼塘归并高平县马十一匹,岢岚州马三匹,五寨站马六匹是为塘站马。三岔驿走递马三十匹,五寨驿走递马十三匹,是为边站僻地马。四站共马入廿二匹，夫四十一名。驿塘夫马工料□于□□道库支领报销，仍由雁平道查核。”

光绪《岢岚州志》卷1《疆舆志》：“五寨城，在州北八十里。”

案：五寨县五寨军站，在今山西省忻州市五寨县。明初设镇西卫，隶山西都司，后建五寨城堡。清改为五寨县，属宁武府。现存有五寨古城。

15. 三岔塘

《置驿一》：“马二十匹，马夫十名。”

乾隆《宁武府志》卷1《地纪》：“三岔堡，在县北六十里。”卷3《城池》：“三岔堡，五寨县北六十里……今五寨屯驿马于此。”卷5《驿置》：“五寨县，额设五寨、三岔、边站僻递马四十匹。乾隆十年十月，于站马就近责成案内，二岔站归并武乡县马六匹，静乐县马四匹，闻喜县马十匹。韩家楼塘归并高平县马十一匹，岢岚州马三匹。共接管归并马三十四匹。三岔站马夫二十名，归并马夫十七名。”

《嘉庆重修一统志》卷147宁武府：“三岔堡，在五寨县北六十里。明嘉靖中筑。东连神池，西达岢岚，北达偏关，当三路之冲，故名。”

光绪《岢岚州志》卷1《疆舆志》：“三岔堡，在州西北一百六十里。”

案：三岔塘，在今山西省忻州市五寨县西北之三岔镇。明代置堡于此，地当孔道。

16. 又军站

《置驿一》：“马二十匹，马夫十名。”

17. 又边塘

《置驿一》：“马十二匹，马夫六名。”

《晋政辑要》卷7《驿站夫马》：“三岔边站，额设马四十匹，马夫二十名，并作为旧塘。”

18. 韩家楼边塘

《置驿一》：“马十二匹，马夫六名。”

乾隆《宁武府志》卷1《地纪》：“西北至本县韩家楼八十里，由韩家楼至保德州河曲县界七十里。”卷5《驿置》：“五寨县，额设五寨、三岔、边站僻递马四十匹。乾隆十年十月，于站马就近责成案内，三岔站归并武乡县马六匹，静乐县马四匹，闻喜县马十匹。韩家楼塘归并高平县马十一匹，岢岚州马三匹。共接管归并马三十四匹。”

道光《偏关志》卷上《地理志·楼台》：“韩家楼，在城南一百里，去三岔保二十里。"

案:韩家楼边塘,在今山西省忻州市五寨县韩家楼乡。

(十七)朔平府属十四驿

1. 朔州州塘

《置驿一》:"马四十匹,马夫二十名。"

康熙《朔州志》卷3《公署》:"城东驿,在旧州治西,官缺今废。"

雍正《朔平府志》卷4《建置·驿站》:"城东驿,旧设驿马三十一匹,于顺治十五年奉裁。后于康熙四十九年十二月,于详请量减北路塘马移可缓以济急用等事案内复设。"又同卷:"明洪武初,州原有城东驿,旧在城东门外。十年知州郏约改建于州旧治西,额设驿马三十一匹。国朝顺治十五年,奉裁本州驿站。康熙三十五年,钦差户部马查勘道路。三十六年,圣驾西巡,道经州境。四十九年十二月,奉文于详请量减北路塘马移可缓以济急用等事案内,拨临汾、汾西、灵石、曲沃、崞县、汾阳六县站马,于州城设腰站共马三十匹,马夫一十五名。拨徐沟、洪洞、广灵、岢岚四州县站马,添设州境青圪塔为腰站,共马二十匹,马夫一十名。其两站夫马工料银两,本州按季在粮驿道衙门支领,仍于各该州县驿站项下报销,不载本州赋役册内。"

《晋政辑要》卷7《驿站夫马》:"朔州无驿,设排夫四十名。"

案:朔州州塘,在今山西省朔州市朔城区。明代置朔州,领马邑一县,属山西布政司大同府。清代置朔平府,治右玉,辖朔州诸县。民国时改朔州为朔县。1989年朔州建市,朔县改为朔城区。现存有朔州古城区。

2. 又边塘

《置驿一》:"马十二匹,马夫六名。"

雍正《朔州志》卷4《建置·驿站》:"雍正七年闰七月内,奉文于沿边口外均应照例添设腰站马匹等事案内,添设御塘三处,每处站马四十匹,马夫二十名。内州东上西河腰站马四十匹,马夫二十名。……州南关厢腰站马四十名,马夫二十名。……州南黎元头腰站马四十匹,马夫二十名。以上三站共马一百二十匹,夫六十名。雍正八年十月内,奉文于奏闻事案内,暂属本州经理,除宁武等六州县各差家人在站经管喂养外,止崞县淖坭站马十匹、夫五名暂归本州经管喂养。其马夫工料银两,本州按季在冀宁道衙门支领,仍于该县驿站项下报销,不载本州赋役册内。"

3. 广武驿

《置驿一》:“马三十八匹,马夫十九名,所夫二十名。”

雍正《朔州志》卷4《建置志·驿站》:“广武驿,驿马三十四匹,马夫一十七名。康熙三十六年,因口外安设塘报,本县马匹不敷,奉文调拨大同县马六匹、夫三名,归入本驿支应。每年于大同县驿站项下,拨给本县银一百六十两二钱。后于康熙四十三年七月,奉文此项夫马旧系协济山阴者仍拨协山阴县讫。额设官支银二十六两三分二厘,奉部领勘合火牌者支销。排夫二十名,每名岁支银六两六钱二分三厘零。共额支工食银一百三十二两四钱六分一里零。”卷3《方舆志·疆域》:“马邑县……县境,东至本县罗家庄,交大同府山阴县界四十里。西至本县十里铺,交朔州界一十五里。南至本县广武驿五十里,交代州界。北至本县洪涛山一十五里,交朔州界”

民国《马邑县志》卷2《官师志·公署》:“广武驿,在西门外大门上,为楼房三间,二门一间,正厅五间,退堂三间,左右厢房各二间,马神庙一间,徒舍三间。今俱废,并地其无考。”

案:广武驿,在今山西朔州市山阴县张家庄乡广武村,冲途大驿。古代为长城沿线军事要塞,辽代建有广武堡,现存遗址。明代在旧广武堡东附近建新堡驻军,以卫边墙。

4. 马邑乡塘

《置驿一》:“马六匹,马夫三名。”

乾隆《乐平县志》卷3《建置志·驿铺》:乐平县栢井驿“康熙五十二年,拨协马邑县站马十匹,马夫五名”。

《晋政辑要》卷7《驿站夫马》:“军台新塘二十八处……马邑县马邑城,安马十二匹,马夫六名。”

案:马邑乡塘,在今山西省朔州市朔城区神头镇马邑村。秦汉曾置马邑县,明代袭之,治于马邑村。清初马邑县辖于朔平府。嘉庆时撤县,并入朔州。

5. 又驿

《置驿一》:“排夫二十名。”

6. 又边塘

《置驿一》:“马十二匹,马夫六名。”

7. 上西河边塘

《置驿一》:“马十二匹,马夫六名。”

雍正《朔州志》卷4《建置·驿站》:“州东上西河腰站,马四十匹,马夫二十名。”

乾隆《大同府志》卷12《建置》:“上河西铺,城南十里。”

《晋政辑要》卷7《驿站夫马》:“军台新塘二十八处……朔州上西河,安马十二匹,马夫六名。”

案:上西河边塘,在今山西省朔州市朔城区神头镇之陈西河底村。

8. 梨园头边塘

《置驿一》:“马十二匹,马夫六名。”

雍正《朔州志》卷4《建置·驿站》:“州南梨元头腰站马四十匹,马夫二十名。”

《晋政辑要》卷7《驿站夫马》:“军台新塘二十八处……梨园头,安马十二匹,马夫六名。”

乾隆《宁武府志》卷5《武备》:“抽山西通省之马一千一百匹,分置其间,复于枳儿岭、阳和东三十里铺、王官人屯、□□城、薛家庄、上西河、梨园头、三岔堡、延年村□军台八,每台千总把总各一人,主送往来咨报军事,其腰站夫马有无疲瘦缺少。”

案:梨园头边塘,在今山西省朔州市朔城区南之窑子头乡梨元头村。

9. 左云县左云军站

《置驿一》:“马四十匹,马夫二十名,所夫二十名。”

雍正《朔平府志》卷4《建置·驿站》:“左云站,驿马六十匹,马夫三十名,厂夫二十名。”

《晋政辑要》卷7《驿站夫马》:“左云县左云军站,额设马四十匹,马夫二十名,厂夫二十名。”

光绪《左云县志·邮政志》:“左云站,额设驿马四十匹。……额设马夫二十名。”

光绪《寿阳县志》卷2《建置志》:太安驿“(乾隆)二十八年……自左云县左云站拨增协济本驿马十二匹,马夫六名”。

案:左云县左云军站,在今山西省大同市左云县。

10. 高山军站

《置驿一》:“马四十匹,马夫二十名,所夫二十名。”

雍正《朔平府志》卷4《建置·驿站》:“高山站,驿马六十匹,马夫三十名,厂夫二十名。”

乾隆《大同府志》卷18《宦绩》:"接左卫高山站以达镇城,浚大壕二,各十八里。"

《晋政辑要》卷7《驿站夫马》:"高山军站,额设马四十匹,马夫二十名,厂夫二十名。"

光绪《左云县志·邮政志》:"高山站,额设驿马四十匹。……额设马夫二十名。"

案:高山军站,在今山西省大同市左云县东北之旧高山村(高山镇西侧)。地处左云、大同之间,明初曾置高山卫于此,后与阳和卫合并,清代撤卫置县,仍治阳和(今山西阳高县),高山卫渐衰。现存有高山堡遗址。

11. 右玉县右玉军站

《置驿一》:"马五十匹,马夫二十五名,所夫二十名。"

雍正《朔平府志》卷4《建置·驿站》:"右玉县,驿马六十匹,马夫三十名,厂夫二十名。"

《晋政辑要》卷7《驿站夫马》:"右玉县右玉军站,额设马五十匹,马夫二十五名,厂夫二十名。"

民国《归绥县志·经政志·交通》:"左云县左云军站,六十里至右玉县右玉军站,八十里至宁远厅站。"

案:右玉县右玉军站,在今山西省朔州市右玉县北之右卫镇。明代置,冲途大驿。明初曾设大同右卫、玉林卫于此,故称"右玉"。清代改县,治所在今山西右玉县北四十四里右玉城镇。现存有右卫镇遗址。

12. 威远军站

《置驿一》:"马十六匹,马夫八名。"

雍正《朔平府志》卷4《建置·驿站》:"威远站,驿马三十六匹,马夫一十八名。"

《嘉庆重修一统志》卷148朔平府:威远堡巡司"在右玉县南五十里。明正统三年置卫筑城,周四里五步,高三丈五尺"。

《晋政辑要》卷7《驿站夫马》:"威远军站,额设马十六匹,马夫八名。"

光绪《寿阳县志》卷2《建置志》:"自右玉县威远站拨增协济本驿马四匹。"

案:威远军站,在今山西省朔州市右玉县西南10公里处之威远镇。

13. 平鲁县平鲁军站

《置驿一》:"马十六匹,马夫八名。"

雍正《朔平府志》卷4《建置·驿站》:“平鲁站,驿马三十五匹,马夫一十七名。”

《晋政辑要》卷7《驿站夫马》:“平鲁县平鲁军站,额设马十六匹,马夫七名半。”

案:平鲁县平鲁军站,在今山西省朔州市北之平鲁区平鲁城镇。明代置平鲁卫,治老军营,即今朔州市平鲁区西北五十五里平鲁城镇。清雍正三年(1725)改平鲁县。民国时迁平鲁县治于井坪镇,1988年,建朔州市,改为平鲁区。县治旧址仍称平鲁镇。

14. 井坪军站

《置驿一》:“马十六匹,马夫八名。”

《读史方舆纪要》卷44朔州:井坪守御千户所“州西北百余里,成化二十二年筑,隆庆六年增修,周四里有奇。万历四年移朔州参将驻此。”

雍正《朔平府志》卷4《建置·驿站》:“井坪站,驿马二十一匹,马夫一十名。”

《晋政辑要》卷7《驿站夫马》:“井坪军站,额设马十六匹,马夫七名半。”

《嘉庆重修一统志》卷148朔平府:“井坪城,在平鲁县南六十里。明成化二十一年,建井坪守御所,……万历四年,移朔州参将驻此。本朝仍曰井坪城,旧设巡司,今裁。”

案:井坪军站,在今山西省朔州市北之平鲁区驻地井坪镇。

(十八)杀虎口管站章京所属凡四驿

1. 八十家站

《置驿一》:“马十匹,马夫五名。”

乾隆《大同府志》卷12《建置·驿站》:山阴驿“雍正十年,奉文抽拨杀虎口外八十家等站马三匹草料银两照旧支解”。

光绪《蒙古志》卷3《道路》:“杀虎口外驿站十一,四站曰北路,七站曰西路,北路自杀虎口而北,曰八十家站,曰二十家站,皆在图尔根河南。”

民国《归绥县志》卷之《经政志·交通》:“绥乘人因地势设置,以通其道,是曰台站,以守其险是曰卡伦。台站旧分蒙、汉。汉站由归化城起北七十里至昆都伦站。……蒙站东路由八十家站起,而二十家站,而归化城站,而萨拉齐站以通乌拉特三旗。”

案:八十家站,在今山西省朔州市右玉县杀虎口乡。

2. 二十家站

《置驿一》:“马十匹,马夫五名。”

雍正《朔平府志》卷4《建置·驿站》:"杀虎口蒙古驿站,内外共二十二站,系内部员督理,其官员夫马悉照所开原稿登记。口内一站,督理驿传部郎一员,笔帖式一员,驿马四十匹,马夫二十名;口外十一站,八十家站,二十家站,萨里沁站,归化城站。"

光绪《蒙古志》卷3《道路》:"杀虎口外驿站十一,四站曰北路,七站曰西路,北路自杀虎口而北,曰八十家站,曰二十家站,皆在图尔根河南。"

案:二十家站,在今内蒙古自治区呼和浩特市和林格尔县县城。

3. 萨里沁站

《置驿一》:"马十匹,马夫五名。"

雍正《朔平府志》卷4《建置·驿站》:"杀虎口蒙古驿站,内外共二十二站,系内部员督理,其官员夫马悉照所开原稿登记。口内一站,督理驿传部郎一员,笔帖式一员,驿马四十匹,马夫二十名;口外十一站,八十家站,二十家站,萨里沁站,归化城站。"

光绪《蒙古志》卷3《道路》:"杀虎口外驿站十一,四站曰北路,七站曰西路,北路自杀虎口而北,曰八十家站,曰二十家站,皆在图尔根河南。曰萨里沁,在山西托克托城厅北。"

案:萨里沁站,亦作萨尔沁站,谭图作沙尔沁,在今呼和浩特同和林格尔之间,北距呼和浩特市旧城六十里,南至和林格尔五十里。又有土默特左旗萨尔沁镇,名字相似而位置不同,属包头市河东区。

4. 归化城站

《置驿一》:"归化城站,马十匹,马夫五名。"

光绪《蒙古志》卷3《道路》:"杀虎口外驿站十一,四站曰北路,七站曰西路,北路自杀虎口而北,曰八十家站,曰二十家站,皆在图尔根河南。曰萨里沁,在山西托克托城厅北。曰归化城,在图尔根河北,归化城厅东。"

光绪《绥远全志》卷2《道里》:"本城(绥远城)达京师程限,自绥远城起,五里(达)归化城站,一百四十里(达)宁远厅站。"

民国《归绥县志》卷之《经政志·交通》:"绥乘人因地势设置,以通其道,是曰台站,以守其险是曰卡伦。台站旧分蒙、汉。汉站由归化城起北七十里至昆都伦站。……蒙站东路由八十家站起,而二十家站,而归化城站,而萨拉齐站以通乌拉特三旗。"

案:归化城站,在今内蒙古自治区呼和浩特市城西(旧城)。

（十九）归化厅属一驿

归化厅厅站

《置驿一》："归化厅厅站，马十四，马夫五名。"

光绪《绥远全志》卷2《道里》："宁远厅站一百四十里（达）归化厅站，卷查乾隆五年设。由归化厅站分道二百三十里萨拉齐厅站，卷查乾隆五年设。"

民国《归绥县志·经政志·交通》："右玉县右玉军站，八十里至宁远厅站，一百四十里至归化厅站，五里至绥远城。"

民国《归绥县志·经政志·交通》："初设归化厅属山西朔平府，后改属归绥道。"

案：归化厅厅站，在今内蒙古自治区呼和浩特市城西（旧城）。

（二十）和林格尔厅属一驿

和林格尔厅厅站

《置驿一》："和林格尔厅厅站，马十四，马夫五名。"

光绪《绥远全志》卷2《道里》："由右玉军站分道，一百二十里（达）和林格尔厅站，卷查乾隆五年设。由和林格尔厅站分道，一百八十里（达）清水河厅站，卷查乾隆五年设。又分道一百九十里（达）托克托城厅站，卷查乾隆五年设。又由右玉军站二十里（达）八十家蒙古站，一百里（达）二十家蒙古站，五十里（达）陆尔沁蒙古站，六十里（达）归化城蒙古站，八十里（达）宁远厅站，一百四十里（达）归化厅站。"

民国《归绥县志·经政志·交通》："杀虎口站一百里至和林格尔站，五十里至萨尔沁站，六十里至归化城站，五里至绥远城。……绥乘人因地势设置，以通其道，是曰台站，以守其险是曰卡伦。……其卡伦归绥北路曰鞥滚，距城二十里。曰哈喇沁，距城三十里。东北路曰鄂奇特，距城四十里。西北路曰阿埒库，距城八十里。东路曰乌里雅苏台，距城四十里。东南路曰和林格尔，距城八十里。案此和林格尔系卡伦名，非县名。"

案：和林格尔厅厅站，在今内蒙古自治区呼和浩特市和林格尔县县城。

（二十一）托克托厅属一驿

托克托厅厅站

《置驿一》："托克托厅厅站，马四匹，马夫二名。"

乾隆《乐平县志》卷3《建置志》："左云县协济马骡一百匹头，托克托城协济马一百匹。”

民国《归绥县志·舆地志·疆域》:归绥城“西南距托克托县治一百六十里”。

案:托克托厅厅站,在今内蒙古自治区呼和浩特市托克托县。

(二十二)萨拉齐厅属一驿

萨拉齐厅厅站

《置驿一》:“萨拉齐厅,厅站,马二匹,马夫一名。”

光绪《绥远全志》卷2《道里》:“由归化厅站分道二百三十里(达)萨拉齐厅站,卷查乾隆五年设。”

民国《归绥县志·经政志·交通》:“绥乘人因地势设置,以通其道,是口台站,以守其险是曰卡伦。台站旧分蒙、汉。汉站由归化城起北七十里至昆都伦站。……蒙站东路由八十家站起,而二十家站,而归化城站,而萨拉齐站,以通乌拉特三旗。西路由杜尔格站起。”

案:萨拉齐厅厅站,在今内蒙古自治区包头市土默特右旗政府驻地萨拉齐镇。

(二十三)清水河厅厅站属一驿

清水河厅厅站

《置驿一》:“清水河厅厅站,马二匹,马夫一名,凡一驿。”

光绪《绥远全志》卷2《道里》:“由右玉军站分道,一百二十里(达)和林格尔厅站,卷查乾隆五年设。由和林格尔厅站分道,一百八十里(达)清水河厅站,卷查乾隆五年设。”

光绪《新修清水河厅志》卷2《疆域》:“清水河厅,在归化城西南二百六十里。”卷4《市镇村庄》:“清水河厅,无城池,惟东西大街一道,名曰永安。”卷12《驿传》:“皇华使命之往来,官府文移之递送,无一不关紧要,此古人之所以设驿而置邮也。清河一郡属在荒区,四面皆山,车马难行,不临大道,亦鲜杂差,并无专驿之可纪。兹将现存递马暨马夫数目着于篇,而以铺递附焉。……原设递马二匹,马夫一名,日支夫马一料银两,向系由藩库请领。”

民国《归绥县志·凡例》:“清水河厅,隶归绥道。”

案:清水河厅厅站,在今内蒙古自治区呼和浩特市清水河县县城。

河南

一、河南地理概述

元代河南分属两省，黄河以北地区属中书省，辖地有大名、彰德、卫辉、怀庆等路和濮州；黄河以南属河南江北行中书省，辖河南府路、汴梁路、南阳府、汝宁府、归德府。明朝设河南布政使司，正式为一省，领有开封等府和汝州直隶州及京师之大名府，山东之东昌府的一小部分县。共计府属州 31 个，县 96。清朝河南领有开封、归德、河南、南阳、汝宁、陈州、彰德、卫辉、怀庆等 9 府，郑、许、汝、陕、光 5 直隶州和淅川直隶所；府属州 5，县 96。

河南一省位于黄河中下游，自古为中原之地。"东连齐楚，西阻函潼，南据淮，北逾卫漳。其名山则有嵩高、太行、三崤、底柱，大川则有大河、淮水、汴水、洛水、颖水、汝水；其重险则有虎牢、黾阨。"①在地理环境上，豫西地区基本上是山地丘陵区，由崤山、熊耳山、外方山、伏牛山等秦岭余脉组成，山高林密。豫西北部地区具有黄土地貌特征，南部是南阳盆地，为汉水多条支流侵蚀与冲积形成，连接黄河与长江流域，历史上称为"南襄隘道"，是南北交通要冲。豫东地区是广阔的华北平原之黄淮平原部分。豫东南则自西北向东南横亘着桐柏山、大别山等。②

二、河南驿道走向

清代河南共置驿 120 处，分别与北部的直隶、西北部的山西、西部的陕西、南部

---

① 《嘉庆重修一统志》卷 185《河南统部》，见《四部丛刊续编 · 史部》，上海书店 1984 年。

② 万良《河南省地理简志》，台北强华文化事业有限公司 1997 年，第 10 页。

的湖北和东部的安徽相接。

1. 北与直隶相接

自皇华驿至河南省城,共1495里。由直隶磁州滏阳驿入境,70里至安阳县邺城驿,70里至汤阴县宜沟驿,60里至淇县淇门驿,50里至汲县卫源驿,70里至延津县廪延驿,90里至祥符县大梁驿(开封)。

2. 向东入安徽境

由大梁驿分道向东,45里至陈留县驿,60里至杞县雍邱驿,70里至睢州葵邱驿,50里至宁陵县宁城驿,60里至商邱县商邱驿(归德府),60里至虞城县石榴堌驿,60里至夏邑县会亭驿,70里至永城县太邱驿。(入安徽境)

3. 向西与山西方向的驿路相接

由大梁驿分道向西,70里至中牟县圃田驿,70里至郑州管城驿,40里至荥泽县广武驿,80里至武陟县驿,30里至武陟县宁郭驿,70里至河内县驿,70里至山西凤台县星轺驿。(可入山西境,直达太原)

4. 向南分两路入湖北境

(1)由安阳县邺城驿分道向南,70里至汤阴县宜沟驿,60里至淇县淇门驿,50里至汲县卫源驿,50里至新乡县新中驿,60里至获嘉县亢村驿,70里至荥泽县广武驿,40里至郑州管城驿(由管城驿分道,70里至荥阳县索亭驿),50里至新郑县郭店驿,45里至新郑县永新驿,90里至许州在城驿,60里至临颖县在城驿,60里至郾城县在城驿,60里至西平县在城驿,60里至遂平县在城驿,90里至确山县在城驿,90里至信阳州明港驿,90里至信阳州在城驿,80里至湖北应山县观音店驿。①

(2)由新郑县永新驿分道西南,55里至长葛县石固驿,75里至襄城县新城驿,60里至叶县滍水驿,60里至叶县保安驿,60里至裕州赭阳驿,60里至南阳县博望驿,60里至南阳县宛城驿,60里至南阳县林水驿,60里至新野县湍阳驿,60里接湖北襄阳县吕堰驿。②

---

① 由河南至湖北,即由中原地区进入长江流域,其路径有二,此路为其中之一,路经开封府、许州、汝宁府等,需要从豫东南的河南、湖北交界处大别山和桐柏山之间诸多山脉与河谷中穿过,在这些河谷中,形成了一些著名的关隘,武胜关是一条重要通道。另外又有黄岘关和平靖关,总称"义阳三关",三条通道自东向西一字排开,元、明、清时期多走"义阳三关"之道。清代由信阳进入湖北的驿传道路本来不经武胜关,而经恨这关(即平靖关),雍正时期,广西道监察御史漆少文上奏改道武胜关,见仇润喜、刘广生主编:《中国邮驿史料》,北京航空航天大学出版社1999年,第238页。

② 此路为由河南至湖北的第二条路径,因为经过豫南的南阳盆地,诸多河流由河南西部山区奔流南下,于湖北境内汇合于汉水,因此,地势平坦,路途易行。

5. 向西经潼关至陕西境，进入关中，为古道

由亢村驿分道向西，60 里至修武县武安驿，50 里至武陟县宁郭驿，70 里至河内县覃怀驿，60 里至孟县河阳驿，50 里至偃师县首阳驿，70 里至洛阳县周南驿，70 里至新安县函关驿，50 里至渑池县义昌驿，40 里至渑池县蠡城驿，70 里至陕州硖石驿，70 里至陕州甘棠驿。（然后进入陕西潼关境内）60 里至灵宝县桃林驿，60 里至阌乡县鼎湖驿，60 里至陕西潼关厅（又由首阳驿分道，60 里至巩县洛口驿，180 里至卢氏县驿。又由武安驿分道，50 里至获嘉县崇宁驿）。①

三、河南置驿一百二十处

（一）开封府属十八驿

1. 祥符县大梁驿

《置驿二》②："祥符县大梁驿，马一百三十二匹，马夫六十六名，扛递等夫一百五十三名，兽医一名。"

雍正《河南通志》卷 27《邮传》："祥符县大梁驿，县管，系省会之地，极冲。东至陈留县五十里，西至中牟县圃田驿七十里，南至尉氏县九十里，北至卫辉府延津县廪延驿九十里。现设驿塘马一百四十八匹，现设驿塘等夫三百二十一名。"

乾隆《续河南通志》卷 42《武备志 · 邮传一》："开封府属各驿，原额夫马钱粮及地之冲僻，道里四至，至省程途前志已详。现在驿务均归各州县经管。祥符县，现设驿塘马一百三十四匹，现设驿塘扛递等夫三百一十四名。岁支工料等银八千二百五两八钱三分二厘，遇闰照例加增。"

《嘉庆重修一统志》卷 187 开封府二："大梁驿，在祥符县治东南。"

案：祥符县大梁驿，在今河南省开封市祥符区。祥符，自北宋时在开封府辖地内设祥符县，直至明清。民国初，改祥符县为开封县。近年更名为开封市祥符区。大梁，取战国魏都邑之名也。

2. 陈留县县驿

《置驿二》："陈留县县驿，马三十匹，马夫十五名，扛递等夫二十七名，兽医

---

① 此路是由京师经直隶、河南至陕西西安的冲途。由开封经洛阳直至西安，首先沿黄河北岸西行，至怀庆府转而向南，在孟县河阳驿之南的孟津渡河，再循黄河南岸向西，由著名的函谷关穿越崤山后直指潼关。此路为古道，自古以来出入关中者莫不由此。

② 嘉庆《钦定大清会典事例》卷 529《兵部 · 邮政 · 置驿二》，简称《置驿二》，以下同。

一名。”

雍正《河南通志》卷27《邮传》:“雍邱驿至陈留县驿六十里,陈留驿至省城祥符县大梁驿五十里。”又同卷:“陈留县马驿,县管,次冲。至省五十里。东至杞县雍邱驿六十里,西至祥符县大梁驿五十里,南至通许县四十五里北,至直隶大名府长垣县一百二十里。现设驿塘马三十七匹,现设驿塘等夫六十二名。”

乾隆《续河南通志》卷42《武备志·邮传一》:“陈留县,现设驿塘马三十二匹,现设驿塘扛递等夫六十名。岁支工料等银一千六百五十二两一钱三分九厘,遇闰照例加增。”

案:陈留县县驿,在今河南省开封市祥符区东南之陈留镇。陈留原为县名,属开封府,民国初,并入开封县。现属祥符区。明清时为商品贸易发达之地,现有遗址保存。

3. 杞县雍邱驿

《置驿二》:“杞县雍邱驿,马三十匹,马夫十五名,扛递等夫二十七名,兽医一名。”

康熙《河南通志》卷15《公署》:“雍邱马驿,在县治东北,今县治内。”

雍正《河南通志》卷27《邮传》:“杞县雍邱驿,县管,次冲,至省一百一十里。东至归德府睢州葵邱驿七十里,西至陈留县六十里,南至太康县一百二十里,北至兰阳县七十里。现设驿塘马三十七匹,现设驿塘等夫六十二名。”

乾隆《杞县志》卷12《驿递》:“雍邱驿,马九匹,驴六头,共银一千二百二十四两。”卷5《建置志·公署》:“雍邱驿,在县治东北。洪武二年,驿丞刘宗道创。”

《嘉庆重修一统志》卷187开封府二:“雍邱驿,在杞县治东北。”

案:杞县雍邱驿,在今河南省开封市杞县金城街道。古称雍丘,故名。

4. 通许县县驿

《置驿二》:“通许县县驿,马五匹,马夫二名,扛递等夫十名,兽医一名。”

雍正《河南通志》卷27《邮传》:“通许县马驿,县管,稍冲,至省八十里。东至杞县雍邱驿六十里,西至尉氏县四十三里,南至扶沟县九十里,北至陈留县四十五里。现设驿塘马十三匹,现设驿塘等夫二十三名。”

乾隆《续河南通志》卷42《武备志·邮传一》:“通许县,现设驿塘马七匹,现设驿塘扛递等夫二十名,岁支工料等银四百一两五钱六分,遇闰照例加增。”

案:通许县县驿,在今河南省开封市通许县县城。

5. 尉氏县县驿

《置驿二》:“尉氏县县驿,马十八匹,马夫九名,扛递等夫二十七名,兽医一名。”

康熙《河南通志》卷15《公署》:“尉氏马驿,在县治东。”

雍正《河南通志》卷27《邮传》:“尉氏县马驿,县管,次冲。至省九十里。东至通许县四十三里,西至洧川县四十里,南至鄢陵县六十六里,北至祥符县大梁驿九十里。现设驿塘马二十七匹,现设驿塘等夫五十八名。”

乾隆《续河南通志》卷42《武备志·邮传一》:“尉氏县,现设驿塘马二十匹,现设驿塘扛递等夫五十五名,岁支工料等银一千二百七十七两一钱八分,遇闰照例加增。”

《嘉庆重修一统志》卷187开封府二:“尉氏驿,在县治东。”

道光《尉氏县志》卷4《建置志》:“马驿,按尉氏原无驿递,成化十三年,崇府就封汝宁,始设门厅,草厂俱备。明末毁,知县高桂重建。”

案:尉氏县县驿,在今河南省开封市尉氏县城关镇。

6. 洧川县县驿

《置驿二》:“洧川县县驿,马十八匹,马夫九名,扛递等夫二十七名,兽医一名。”

康熙《河南通志》卷15《公署》:“洧川马驿,在县治东。”

雍正《河南通志》卷27《邮传》:“洧川县马驿,县管,次冲。至省一百三十里。东至尉氏县四十里,西至禹州新郑县永新驿五十里,南至许州七十里,北至中牟县圃田驿一百里。现设驿塘马二十七匹,现设驿塘等夫五十八名。”

乾隆《续河南通志》卷42《武备志·邮传一》:“洧川县,现设驿塘马二十匹,现设驿塘扛递等夫五十五名,岁支工料等银一千二百八十四两八钱八分,遇闰照例加增。”

《嘉庆重修一统志》卷187开封府二:“洧川驿,在县治西。”

案:洧川县县驿,在今河南省开封市尉氏县西南之洧川镇。

7. 鄢陵县县驿

《置驿二》:“鄢陵县县驿,马二匹,马夫一名。”

雍正《河南通志》卷27《邮传》:“鄢陵县,偏僻,至省一百三十里,东至扶沟县四十里,西至许州七十里,南至陈州西华县一百三十里,北至尉氏县六十六里。现设递马四匹,现设马夫二名。”

乾隆《续河南通志》卷42《武备志·邮传一》:"鄢陵县,现设驿马二匹,现设驿夫一名。岁支工料等银五十四两八钱三分四厘,遇闰照例加增。"

民国《鄢陵县志》卷6《建置志·公署》:"鄢陵去府治百余里,不当孔道,曩无驿站,差徭较他邑本轻。"卷6《建置志·公署》:"在城驿,在县东,元置。洪武初革。"

案:鄢陵县县驿,在今河南省许昌市鄢陵县。

8. 中牟县圃田驿

《置驿二》:"中牟县圃田驿,马三十匹,马夫十五名,扛递等夫二十一名,兽医一名。"

康熙《河南通志》卷15《公署》:"圃田马驿,在县治东。"

雍正《河南通志》卷27《邮传》:"中牟县圃田驿,县管,次冲。至省七十里。东至祥符县大梁驿七十里,西至郑州管城驿七十里,南至洧川县一百里,北至阳武县八十里。现设驿塘马三十七匹,现设驿塘等夫五十四名。"

乾隆《续河南通志》卷42《武备志·邮传一》:"中牟县,现设驿塘马三十二匹,现设驿塘扛递等夫五十一名,岁支工料等银一千五百一两二钱一分,遇闰照则加增。"

《嘉庆重修一统志》卷187开封府二:"圃田驿,在中牟县治东。"

同治《中牟县志》卷2《建置·驿铺》:"圃田驿,在县治东。明知县张永泰建此。后历修失考。同治七年,荥波攒浸,坍塌无遗。署知县吴若烺一律建修。"

案:中牟县圃田驿,在今河南省郑州市中牟县城关镇。

9. 兰阳县县驿

《置驿二》:"兰阳县县驿,马十五匹,马夫七名,扛递等夫十名。"

雍正《河南通志》卷27《邮传》:"仪封驿至兰阳县驿二十五里,兰阳县驿至省城祥符县大梁驿九十里。"又同卷:"兰阳县马驿,县管,稍冲。至省九十里。东至仪封县二十五里,西至封邱县九十里,南至杞县雍邱驿九十里,北至直隶大名府长垣县九十里。现设驿马十五匹,现设驿塘等夫十八名。"

乾隆《续河南通志》卷42《武备志·邮传一》:"兰阳县,现设驿马十五匹,现设驿塘递等夫十八名。岁支工料等银五百八十一两一钱,遇闰照例加增。"

案:兰阳县县驿,在今河南省开封市兰考县县城。明清兰阳县,于清代道光时与仪封厅合并为兰仪县,清末改名兰封县。1954年,与考城县合并为兰考县。

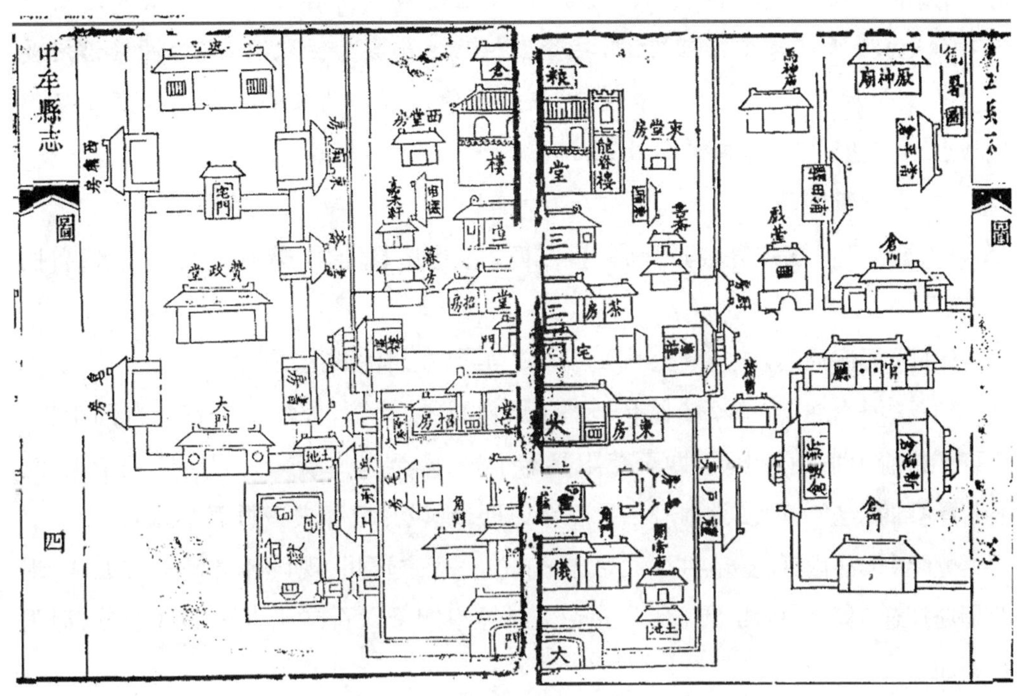

资料来源：乾隆《中牟县志·图考》。图中记为浦田驿，在马神庙东南。

10. 仪封厅厅驿

《置驿二》："仪封厅厅驿，马十六匹，马夫七名，扛递等夫十四名，兽医一名。"

雍正《河南通志》卷27《邮传》："仪封县马驿，县管，稍冲，至省一百一十五里，东至归德府考城县六十里，西至兰阳县二十五里，南至杞县雍邱驿七十里，北至直隶大名府东明县一百二十里。现设驿马一十六匹，现设驿塘等夫二十三名。"

乾隆《续河南通志》卷42《武备志·邮传一》："仪封县，现设驿马十六匹，现设驿塘递等夫二十三名，岁支工料等银六百八十五两，遇闰照例加增。"

乾隆《仪封县志》卷5《驿站》："本县驿站，原额走递马四十六匹，草料银一千四百三十五两二钱。原额走递夫六十九名，工食银八百二十六两四钱。以上草料工食银共原额银二千二百九十七两六钱。除荒实征银二千四十八两三钱八分一厘一毫，加闰原额银一百九十一两四钱六分六厘六毫。除荒实征银一百九十两二钱六分三厘四毫二丝，连闰实征共银二千二百三十八两六钱四分四厘五毫二丝。康熙十四年奉文通融计算裁四留六，至二十年钦奉恩诏，准复二分，共应支应裁实在银数俱系粮驿道按年另造确册奏销。……现在驿递马二十匹，……现在驿塘等夫二十四名。"

案：仪封厅厅驿，在今河南省开封市兰考县东之仪封乡。仪封原为县，清代设厅,后裁。清代黄河曾决口于此。清代道光四年十二月己巳,“裁开封府属仪封厅通判,所辖村庄,并归兰阳县管理。改兰阳县为兰仪县,定为冲繁沿河要缺。改仪封厅教谕为仪封乡学教谕,仪封厅管河经历为仪封司管河经历。从巡抚程祖洛请也。”(《清宣宗实录》卷76)

11. 郑州管城驿

《置驿二》:“郑州管城驿,马一百二匹,马夫五十名,扛递等夫五十八名,兽医一名。”

康熙《河南通志》卷15《公署》:“管城马驿,在州治西南。”

雍正《河南通志》卷27《邮传》:“郑州管城驿,州管,极冲。至省一百四十里。东至开封府中牟县七十里,西至荥阳县七十里,南至禹州新郑县郭店驿五十里,北至荥泽县四十里。现设驿塘马一百三十二匹,现设驿塘等夫一百五十八名。”

乾隆《续河南通志》卷42《武备志·邮传一》:“郑州,现设驿塘马一百五匹,现设驿塘扛递等夫一百四十五名。岁支工料等银四千六百二十九两四钱七分,遇闰照例加增。”

《嘉庆重修一统志》卷187开封府二:“管城驿,在郑州治东北。”

民国《郑县志》卷3《建置志》:“管城驿,在旧州治西马王庙左。后移建州治东,今废。民国四年,改为贫民工厂。”

案:郑州管城驿,在今河南省郑州市管城回族区。

12. 荥泽县广武驿

《置驿二》:“荥泽县广武驿,马一百二匹,马夫四十七名,扛递等夫五十六名,兽医一名。”

康熙《河南通志》卷15《公署》:“广武马驿,在县治西。”

雍正《河南通志》卷27《邮传》:“荥泽县广武驿,县管,极冲。至省一百八十里。东至怀庆府原武县四十二里,西至河阴县二十五里,南至郑州四十里,北至获嘉县亢村驿五十里。现设驿塘马一百二十九匹,现设驿塘等夫一百五十名。”

乾隆《荥泽县志》卷3《建置·驿递》:“广武驿,在县治东。南至管城驿四十里,北至亢村驿五十里。驿马一百二十六匹,塘马三匹。”

《嘉庆重修一统志》卷187开封府二:“广武驿,在荥泽县治西。本原武县之安城驿也。明正统末,移置于此,故名。”

案:荥泽县广武驿,在今河南省郑州市惠济区古荥镇。荥阳古镇,自古来为军事重镇。清代属荥阳县,民国时改为广武县,民国时并入成皋县。新中国成

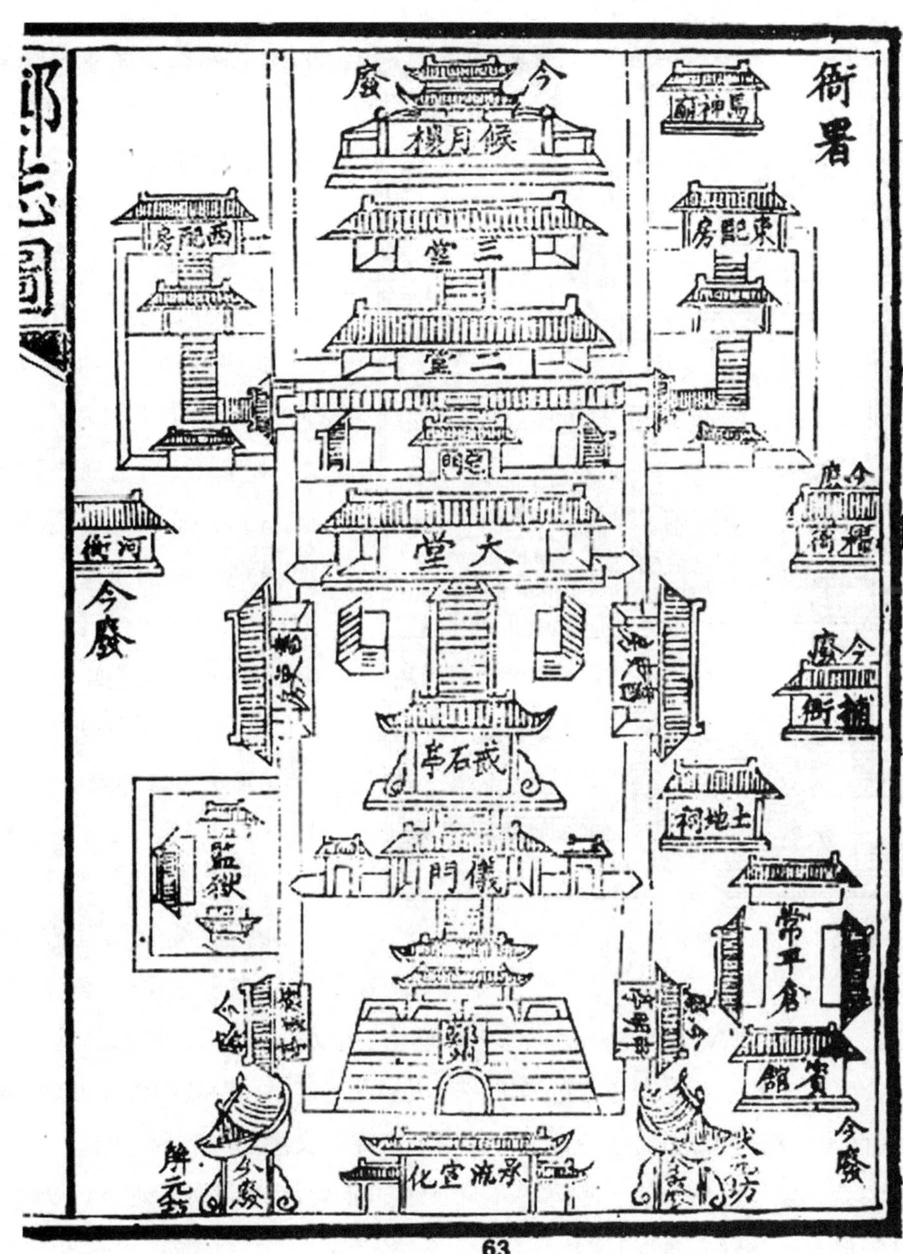

资料来源：民国《郑县志·图》。管城驿当在图东北马神庙处。

立后，入荥阳市。

13. 荥阳县索亭驿

《置驿二》：“荥阳县索亭驿，马三十二匹，马夫十六名，扛递等夫二十一名，兽医一名。”

康熙《河南通志》卷15《公署》：“索亭马驿，在县治西。”

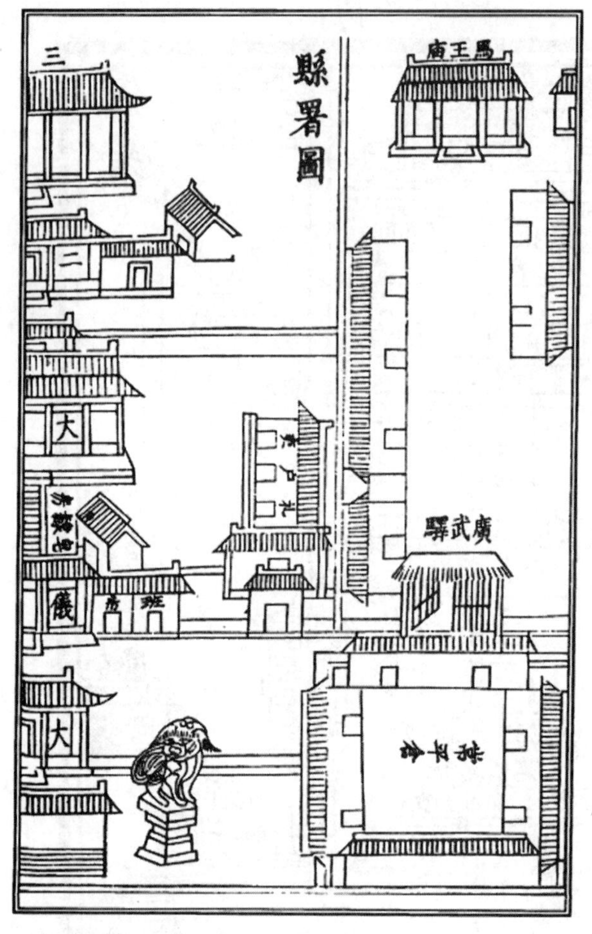

资料来源：经书威主编《乾隆荥泽县志点校注本上·图》。广武驿在图中常平仓北。

雍正《河南通志》卷27《邮传》："汜水县治至荥阳县索亭驿四十里。"又同卷："荥阳县索亭驿，县管，次冲。至省二百一十里。东至郑州七十里，西至汜水县四十里，南至禹州密县七十里，北至河阴县三十里。现设驿塘马三十八匹，现设驿塘等夫五十四名。"

乾隆《续河南通志》卷42《武备志·邮传一》："荥阳县，现设驿塘马三十四匹，现设驿塘扛递等夫五十二名，岁支工料等银一千五百四十九两九分九厘，遇闰照例加增。"

《嘉庆重修一统志》卷187开封府二："索亭驿，在荥阳县治西。"

民国《续荥阳县志》卷3《建置志·邮政》："索亭驿，在县治西。清沿明制，设驿丞，旋裁。旧设驿塘马三十八匹，后减四匹。驿塘等夫五十四名，后减二名。岁支夫马工料等银一千九百五十八两，后减四百零九两，遇闰加银一百四十八两零五分。民国元年，裁撤。来往公文悉归邮政局递送。"

案：荥阳县索亭驿，在今河南省郑州市荥阳市索河街道办事处。

14. 汜水县县驿

《置驿二》："汜水县县驿，马二匹，马夫一名，扛递等夫二十名。"

雍正《河南通志》卷27《邮传》："洛口驿至郑州汜水县县治四十里。"又同卷："汜水县，偏僻。至省二百五十里。东至荥阳县四十里，西至河南府巩县四十里，南至河南府巩县界三十五里，北至怀庆府温县四十五里。现设递马四匹，现设马递夫三十四名。"

乾隆《续河南通志》卷42《武备志·邮传一》："汜水县，现设驿马二匹，现设驿塘扛递等夫三十三名。岁支工料等银五百七十两六钱,遇闰照例加增。”

乾隆《汜水县志》卷11《赋役志·驿递》:“汜水东邻荥,西邻巩。荥巩相去七十里,原系一□□水以数里山县界处,其中自站银改协获嘉等处后,止供应夫役扛抬银□,凡官员差使兵马牛车经过,全不接替。顺治六年,巩县妄攀蒙抚院吴批开,刑孟□刑霍会审,遵奉勘合与汜水无干,刊石县界,永为定例。”(乾隆三十四年刻本)

案:汜水县县驿,在今河南省郑州市荥阳市西北之汜水镇。

15. 禹州州驿

《置驿二》:“禹州州驿,马二匹,马夫一名,递夫一名。”

康熙《河南通志》卷15《公署》:“清颍马驿,在州治东。”

雍正《河南通志》卷27《邮传》:“禹州清颍驿,州管,极冲。至省二百八十里。东至许州八十里,西至河南府登封县一百二十里,南至许州襄城县九十里,北至新郑县九十里。现设驿塘马八十二匹,现设驿塘等夫一百九名。”

乾隆《续河南通志》卷42《武备志·邮传一》:“禹州,现设驿塘马六十三匹,现设驿塘扛递等夫一百名,岁支工料等银二千九百三十两八分,遇闰照例加增。”

民国《禹县志》卷1《疆域志》:“邮递铺舍,昔为要政。自设邮政、电线、铁道,遂属陈迹。然古今禅化之故,不可略也。清颍驿在东北隅,清顺治十五年,额设马骡驴共四十一匹。康熙二十九年,额设马六十九匹。雍正五年,增设马十匹。旧设驿丞,顺治十四年裁并州。……正驿自乾隆三十五年以滇黔赴京官道由禹州则驿路纡回,经巡抚何奏准改并许州。四十年巡抚徐,又以襄城北由许州至新郑一百八十里,而长葛县之石固镇至新郑县仅五十五里,自襄城县至石固镇止七十五里较近五十里,复奏准以许州之驿移于石固,将原设禹州清颍驿之马六十一匹,拨三十一匹先并许州,后归石固。本州留塘马二匹,余变价解驿库。嘉庆十三年,长葛县生员李重卜、李学纲等赴京呈请将石固驿改设禹州之黄台或郭连。而禹州举人连云鹏亦赴京谋抵御。巡抚马慧裕奉旨查明具奏,未便更改。”

案:禹州州驿,在今河南省许昌市禹州市。

16. 密县县驿

《置驿二》:“密县县驿,马三匹,马夫二名,递夫一名。”

雍正《河南通志》卷27《邮传》:“密县,偏僻,至省二百三十里,东至新郑县七十五里,西至河南府登封县七十里,南至禹州九十里,北至郑州荥阳县七十里。现设递马三匹,现设马递夫三名。”

乾隆《续河南通志》卷42《武备志·邮传一》:“密县,现设驿马三匹,现设驿递等夫三名，岁支工料等银一百一十三两五钱一分，遇闰照例加增。”

案：密县县驿，在今河南省郑州市新密市。

17. 新郑县永新驿

《置驿二》：“新郑县，永新驿，马九十二匹，马夫四十四名，扛递等夫五十名，兽医一名。”

康熙《新郑县志》卷1《建置志》：“永新驿，在县署西，今额设驿马一百二十二匹，马夫六十三名，旧有驿丞，今裁，归并知县兼管。”

雍正《河南通志》卷27《邮传》：“新郑县永新驿，县管，极冲。至省一百六十里。东至开封府洧川县五十里，西至密县七十五里，南至许州九十里，北至本县郭店驿四十里。现设驿塘马一百三十四匹，现设驿塘等夫一百五十八名。”

乾隆《续河南通志》卷42《武备志·邮传一》：“新郑县，现设驿塘马一百五匹，现设驿塘扛递等夫一百四十四名。岁支工料等银四千五百五十一两九钱一分四厘，遇闰照例加增。”

乾隆《新郑县志》卷6《建置志·公署》：“署西为永新驿，旧有驿丞，今裁缺，驿事知县兼理之。额设驿马一百二十二匹，马夫六十三名。驿大门一间，南向内建马神庙三间，东有屋三楹曰内号房。庙前东西养马号房各九间，知县张光岳所建。后增置东西各四间，东住铡草马夫，西贮油柴并煮料夫居之。庙后又有养马号房，东西共八间。驿西北隅三官庙之左□为递运□□□，后以大使裁缺，今废为荒园。驿西为养济院，知县陈大忠、冯嗣京、朱廷献皆重修之。与驿门相值者为普济堂，在道南。雍正十二年总督王公士俊所建也，有屋二十间。”

《嘉庆重修一统志》卷187开封府二：“永新驿，在新郑县治西。”

案：新郑县永新驿，在今河南省郑州市新郑市城关镇。

18. 郭店驿

《置驿二》：“郭店驿，马八十五匹，马夫四十一名，扛递等夫九名，兽医一名。”

康熙《新郑县志》卷1《建置志》：“郭店驿，在县北四十里。”

雍正《河南通志》卷27《邮传》：“郭店驿，系新郑县辖腰站，驿丞管，极冲。至省一百四十里。东至开封府中牟县七十里，西至密县八十里，南至新郑县四十里，北至郑州五十里。现设驿塘马一百一十七匹，现设驿塘等夫六十八名。”

乾隆《续河南通志》卷42《武备志·邮传一》：“郭店驿，系新郑县腰站，驿丞未裁，夫马县管。”

乾隆《新郑县志》卷6《建置志·公署》：“其郭店一驿在县北四十里，明隆庆间

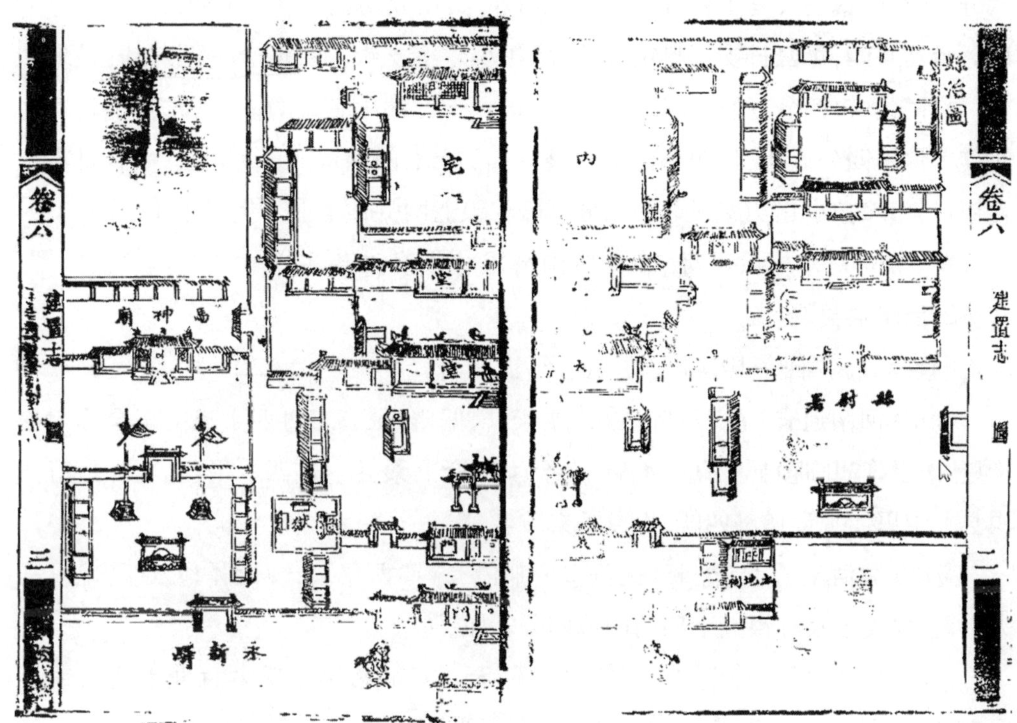

资料来源:乾隆《新郑县志》卷6《建置志·公署图》。永新驿在图西侧。

所置。今额设驿马一百十七匹,马夫六十二名。有驿丞。乾隆二十五年,钱粮马匹归县管理,以驿丞兼巡检事焉。驿馆三间,养马号房共三十二间。”

《嘉庆重修一统志》卷187开封府二:“郭店驿,在新郑县北四十里。”

案:郭店驿,在今河南省郑州市新郑市北之郭店镇。

(二)陈州府属七驿

1.陈州府淮宁县县驿

《置驿二》:“陈州府淮宁县县驿,马八匹,马夫四名,扛递等夫八名,兽医一名。”

雍正《河南通志》卷27《邮传》:“陈州马驿,州管,稍冲,至省二百八十里。东至归德府鹿邑县一百二十里,西至西华县七十里,南至项城县一百二十里,北至开封府太康县七十里。现设驿塘马一十五匹,现设驿塘等夫二十四名。”

乾隆《续河南通志》卷43《武备志·邮传二》:“淮宁县,现设驿马八匹,现设驿塘扛递等夫二十一名,岁支工料等银四百九十两三钱七厘,遇闰照例加增。”

道光《淮宁县志》卷5《籍赋志·驿站》:“驿站项下原额银九百二十四两二钱

六分，除新旧裁去夫马工料等银分别解司外，实在额支银三百六十四两三钱四分七厘。驿马八匹，每匹日支草料银五分，除扣小建实支银一百四十一两六钱，马夫四名，每日工食银四分五厘，除扣小建实支银六十三两七钱二分。扛轿夫八名，每名实支工食银四分五厘，除扣小建实支银一百二十七两四钱四分。兽医一名，日支工食银二分，除扣小建实支银七两八分。鞍□银七两五钱七厘。倒马银十七两。"

案：陈州府淮宁县县驿，在今河南省周口市淮阳县县城。

2. 西华县县驿

《置驿二》："西华县县驿，马二匹，马夫一名。"

雍正《河南通志》卷27《邮传》："西华县，偏僻，至省二百四十里。东至陈州七十里，西至许州临颍县一百一十里，南至汝宁府上蔡县一百四十里，北至开封府扶沟县七十里。现设递马四匹，现设马夫二名。"

乾隆《续河南通志》卷43《武备志·邮传二》："西华县，现设驿马二匹，现设马夫一名，岁支工料等银五十四两四钱四分七厘。"

民国《西华县续志》卷14《掌故》："驿无。实征站银二千六百九十两八钱五厘，内编卫源、崇宁、郭店、新中、覃怀各驿马驴银共二千一百三十五两。宜沟、新乡、亢村、叶县、保安、博望各所牛只银共五百二十七两。铺陈银二十八两。编剩银八钱五厘。外徭编永新驿馆夫银一百九十一两五钱七分六厘。"

案：西华县县驿，在今河南省周口市西华县城。

3. 商水县县驿

《置驿二》："商水县县驿，马四匹，马夫二名，扛递等夫七名。"

雍正《河南通志》卷27《邮传》："商水县马驿，县管，稍冲，至省三百一十里。东至项城县九十二里，西至许州郾城县一百二十里，南至汝宁府上蔡县九十五里，北至陈州七十里。现设驿马一十一匹，现设驿马等夫一十七名。"

乾隆《续河南通志》卷43《武备志·邮传二》："商水县，现设驿马四匹，现设驿扛等夫十四名，岁支工料等银三百三十三两二钱，遇闰照例加增。"

乾隆《商水县志》卷2《建置志·驿程》："商旧未置驿，现设递马十一匹，马夫五名，走递夫十五名。"

民国《商水县志》卷7《建置志》："驿程。东北至京一千八百里，西北至开封二百八十里。东北至陈州府七十里，东南至项城县一百里，西南至上蔡县九十里，西北至西华县五十里。商水旧未置驿，现设递马十一匹，马夫五名，递夫十五名。按公文驿递，自民国二年改归邮政，驿马、递夫即裁。"

案：商水县县驿，在今河南省周口市商水县城。

4. 项城县县驿

《置驿二》："项城县县驿，马二匹，马夫一名。"

雍正《河南通志》卷27《邮传》："项城县，偏僻，至省四百一十里，东至沈丘县六十里，西至汝宁府上蔡县一百二十里，南至汝宁新蔡县九十里，北至陈州一百二十里。现设递马四匹，现设马夫二名。"

乾隆《续河南通志》卷43《武备志·邮传二》："项城县，现设驿马二匹，现设马夫一名。岁支工料等银五十二两二钱，遇闰照例加增。"

乾隆《项城县志》卷3《田赋志·河夫款项》："本县驿站，走递马一十五匹，每匹银二十九两，共原额银四百三十五两，遇闰加额银三十六两二钱五分。奉文裁存马四匹，岁支银七十二两，遇闰加额银六两。"

案：项城县县驿，在今河南省周口市项城市南之秣陵镇。

5. 沈邱县县驿

《置驿二》："沈邱县县驿，马二匹，马夫一名。"

雍正《河南通志》卷27《邮传》："沈丘县，偏僻，至省四百一十里，东至江南亳州太和县九十里，西至项城县六十里，南至汝宁府新蔡县一百里，北至归德府鹿邑县一百四十里。现设递马四匹，现设马夫二名。"

乾隆《续河南通志》卷43《武备志·邮传二》："沈邱县，现设驿马二匹，现设马夫一名，岁支工料等银五十五两八钱，遇闰照例加增。"

案：沈邱县县驿，在今河南省周口市沈丘县南之老城镇。

6. 太康县县驿

《置驿二》："太康县县驿，马六匹，马夫三名，扛递等夫十一名，兽医一名。"

雍正《河南通志》卷27《邮传》："太康县马驿，县管，稍冲，至省二百二十里，东至归德府柘城县八十五里，西至扶沟县九十里，南至陈州七十里，北至杞县雍邱驿一百二十里。现设驿塘马十二匹，现设驿塘等夫二十四名。"

乾隆《续河南通志》卷43《武备志·邮传二》："太康县，现设驿马六匹，现设驿塘扛递等夫二十一名，岁支工料等银四百七十八两六分七厘，遇闰照例加增。"

民国《太康县志》卷3《政务志》："县政府东偏，旧有阳夏驿，养塘马二匹，马夫二名，驿马十匹，马夫七名。清道光间，有驿马六匹，马夫五名，主传递文件，由号兵两房经理其事。自邮政兴，阳夏驿遂裁。递铺塘马二匹，草料银三十六两，马夫二名，工食银二十二两，驿马十四匹，草料银一百八十两，马夫七名，工食银一百十二两零。乾隆二十四年,奉文裁减驿马四匹,减草料银七十二两,裁去马夫二名,减工食银三十二两零。现有驿马六匹,草料银一百八十两零。马夫五名,工食银八十两零。”

案:太康县县驿,在今河南省周口市太康县县城。

7. 扶沟县县驿

《置驿二》:“扶沟县县驿,马二匹,马夫一名,递夫二名。”

雍正《河南通志》卷27《邮传》:“扶沟县,偏僻,至省一百八十里,东至太康县九十里,西至鄢陵县四十里,南至陈州西华县七十里,北至通许县九十里。现设递马四匹,现设马递夫四名。”

乾隆《续河南通志》卷43《武备志·邮传二》:“扶沟县,现设驿马二匹,现设驿递等夫三名,岁支工料等银九十两,遇闰照例加增。”

道光《扶沟县志》卷5《赋役·驿站》:“驿站项下原额银三百五十一两七钱五分八厘,遇闰加银三十二两一钱五分六厘。除裁拨夫马工料等银分别解司外,实在额支银八十八两八钱二分五厘,遇闰加支银六两八钱六分。内分递马二匹,每匹日支草料银五分,除扣小建实支银三十五两五钱,遇闰加银二两九钱。马夫一名,日支工食银四分五厘,除扣小建实支银十五两九钱七分五厘,遇闰加银一两三钱五分。走递夫二名,每名日文工食银四分五厘,除扣小建实支银三十一两九钱五分,遇闰加银一两六钱一分。鞍屉银五两四钱。”

案:扶沟县县驿,在今河南省周口市扶沟县县城。

(三)许州直隶州属五驿

1. 许州直隶州州驿

《置驿二》:“许州直隶州州驿,马六十匹,马夫二十九名,扛递等夫四十二名,兽医一名。”

雍正《河南通志》卷27《邮传》:“临颍县驿至许州驿六十里。”又同卷:“许州马驿,州管,极冲。至省二百一十五里。东至开封府鄢陵县七十里,西至禹州八十里,南至临颍县六十里,北至禹州新郑县九十里。现设驿塘马七十七匹,现设驿塘等夫一百五名。”

乾隆《许州志》卷2《官治·公署》:“白马驿,在州治东。”卷3《驿站》:“本州白马驿,驿丞裁缺。驿马七十五匹,马夫三十五名,探马夫二名,长养扛轿夫三十八名,留四扛轿夫二十五名,马牌子一名,兽医一名,塘马二匹,塘马夫二名。”

《嘉庆重修一统志》卷218许州一:“许州驿,在州治西南。”

案：许州直隶州州驿，在今河南省许昌市魏都区。据下图所示，许州本州马驿即白马驿。

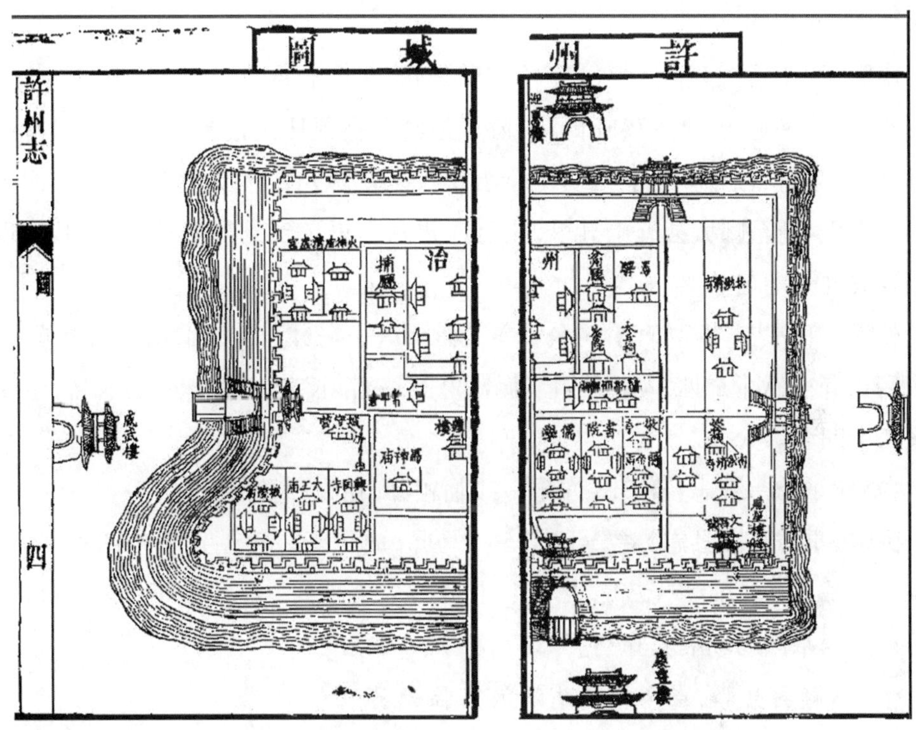

资料来源：乾隆《许州志》卷1《图考》。

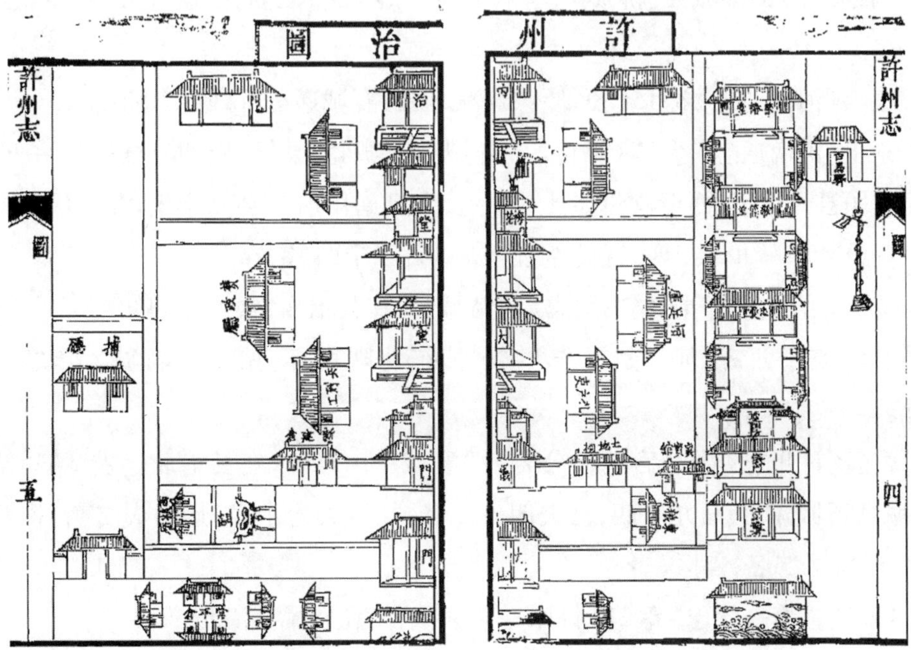

资料来源：乾隆《许州志》卷1《图考》。州城图中马驿在州治东北，即州治图中东北白马驿。

2. 临颍县县驿

《置驿二》:“临颍县县驿,马四十八匹,马夫二十三名,扛递等夫四十名,兽医一名。”

康熙《河南通志》卷15《公署》:“临颍马驿,在县治西。”

雍正《河南通志》卷27《邮传》:“郾城县驿至临颍县驿五十五里。”又同卷:“临颍县马驿,县管,极冲。至省二百七十五里。东至陈州西华县一百一十里,西至襄城县八十里,南至郾城县五十五里,北至许州六十里。现设驿塘马六十四匹,现设驿塘等夫九十七名。”

乾隆《许州志》卷2《官治·公署》:“临颍……马驿,在县治北。”卷3《驿站》:“临颍县,驿马六十二匹,马夫三十四名,兽医一名,长养扛轿夫三十六名,留四扛轿夫二十四名。”

《嘉庆重修一统志》卷218许州一:“临颍驿,在临颍县治西。”

民国《重修临颍县志》卷2《公署》:“马驿,成化十二年创建于南门外,十三年迁城内宝城。马驿前朝久裁归并本县,其驿舍变价已久。顺治二年,知县万世祚于县治东西空基创马场喂养驿马。”

案:临颍县县驿,在今河南省漯河市临颍县。

3. 襄城县新城驿

《置驿二》:“襄城县,新城驿,马六十匹,马夫二十八名,扛递等夫四十六名,兽医一名。”

康熙《河南通志》卷15《公署》:“新城马驿,襄城递运所,俱在县治北。”

雍正《河南通志》卷27《邮传》:“襄城县新城驿,县管,极冲。至省三百五里,东至临颍县八十里,西至汝州郏县六十里,南至南阳府叶县六十里,北至禹州九十里。现设驿塘马九十三匹,现设驿塘等夫一百二十四名。”

乾隆《襄城县志》卷1《方舆志》:“新城驿,在县治东,顺治年间知县王承统建,相传旧城偏于西,滨河。楚子与郑敌,扩东北隅城郭,始大号新城。驿之得名以此。”

乾隆《许州志》卷2《官治·公署》:“襄城……马驿,在县治北。”卷3《驿站》:“襄城县新城驿,驿马九十四,马夫四十二名,扛轿夫七十名,递马夫二名,探马夫四名,马牌子二名,兽医一名。”

《嘉庆重修一统志》卷218许州一:“襄城驿,在襄城县治北。”

案:襄城县新城驿,在今河南省许昌市襄城县城关镇。

4. 郾城县县驿

《置驿二》:“郾城县县驿,马四十八匹,马夫二十三名,扛递等夫四十名,兽医一名。”

康熙《河南通志》卷15《公署》:“郾城马驿,在县治西北。”

雍正《河南通志》卷27《邮传》:“西平县驿至许州郾城县驿六十里。”又同卷:“郾城县马驿,县管,极冲。至省三百三十五里。东至陈州商水县一百二十里,西至南阳府舞阳县九十里,南至汝宁府西平县六十里,北至临颍县五十五里。现设驿塘马六十四匹,现设驿塘等夫九十七名。”

乾隆《许州志》卷2《官治·公署》:“郾城……马驿,在县治北。”卷3《驿站》:“郾城县,驿马六十二匹,马夫三十名,探马夫四名,递送公文马夫一名,塘马二匹,塘马夫二名,扛轿夫六十名,馆夫四名,兽医一名,马牌子一名。”

《嘉庆重修一统志》卷218许州一:“郾城驿,在郾城县治西北。”

案:郾城县县驿,在今河南省漯河市郾城区龙塔街道。

5. 长葛县石固驿

《置驿二》:“长葛县石固驿,马五十八匹,马夫二十七名,扛递等夫四十二名。”

雍正《河南通志》卷27《邮传》:“长葛县,偏僻,至省二百六十里。东至开封府洧川县三十里,西至禹州九十里,南至许州五十里,北至禹州新郑县四十五里。现设递马四匹,现设马递夫四名。”

乾隆《许州志》卷3《驿站》:“长葛县,塘马四匹,马夫二名。”

民国《长葛县志》卷5《食货志第五》:“长葛官产如社稷坛、地城外护濠地、石固驿站地,民国四年均经政府派员標卖。”卷1《驿传》:“长葛驿传前代无考,旧志赋籍内载驿站原额银六百四十五两一钱五分九厘,马匹夫役数目未详。乾隆初年,奉文裁驿止留驿马四匹。一切差使俱由新郑直至许州,惟由新至许路长,南北部院暨洧、禹上下,马递公文仍旧接替驰送,以四匹良马奔驰于东西南北之冲,不敷支应,殊为劳瘁。未详何时驿马增至五十八匹,马夫二十七名,扛轿夫三十六名,送公文马夫一名,探马夫二名,马牌子一名,走递夫二名,留四夫二十一名。石固设有驿丞,专司其事。”

民国《禹县志》卷1《疆域志》:“嘉庆十三年,长葛县生员李重卜李学纲等赴京,呈请将石固驿改设禹州之黄台或郭连,而禹州举人连云鹏亦赴京,谋抵御。巡抚马慧裕奉旨查明具奏,未便更改。”

案:长葛县石固驿,在今河南省许昌市长葛市西南二十三里之石固镇。

（四）归德府属十驿

1. 商邱县商邱驿

《置驿二》："商邱县商邱驿，马三十匹，马夫十五名，扛递等夫三十四名，兽医一名。"

康熙《河南通志》卷15《公署》："商丘马驿，在府治西南。"

康熙《商邱县志》卷1《公廨》："商邱驿，旧在城西，向系府属。今以驿务并商邱县管理，而驿舍亦废。"

雍正《河南通志》卷27《邮传》："商邱县商邱驿，县管，次冲。至省三百里。东至虞城县石榴堌驿六十里，西至宁陵县六十里，南至鹿邑县一百一十里，北至山东曹州曹县一百一十里。现设驿塘马三十七匹，现设驿塘等夫七十四名。"

乾隆《归德府志》卷13《驿铺》："商邱驿，旧在城西，向系府属，今以驿务并商邱县管理，而驿舍亦废。商邱县驿，昔系极冲，议设马八十匹，扛夫八十名，中长夫三十名。国朝顺治十五年，巡抚贾公题请分路之后，留马四十匹，留扛夫七十名。"

《嘉庆重修一统志》卷194归德府二："商邱驿，在商邱县城西门外。"

案：商邱县商邱驿，在今河南省商丘市睢阳区区。

2. 石榴堌驿

《置驿二》："石榴堌驿，马三十匹，马夫十五名，扛递等夫二十八名，兽医一名。"

雍正《河南通志》卷27《邮传》："石榴堌驿，系虞城县辖腰站，县管，次冲，至省三百六十里。东至夏邑县会亭驿六十里，西至商邱县六十里，南至江南亳州七十里，北至虞城县七十里。现设驿塘马三十七匹，现设驿塘等夫六十五名。"

乾隆《虞城县志》卷2《驿站》："石榴堌铺在驿西，石榴堌系商邱地。"

乾隆《归德府志》卷13《驿铺》："虞城石榴堌驿，在石榴堌集。"

乾隆《续河南通志》卷42《武备志·邮传一》："石榴堌驿，系虞城县腰站，夫马县管。"

《嘉庆重修一统志》卷194归德府二："石榴堌驿，在虞城县南六十里。"

案：据《中国历史地名大辞典》第605页：石榴堌驿，即今河南省商丘市虞城县南三十六里站集乡。《清一统志·归德府》：石榴堌驿"在虞城县南六十里"。清置驿于此。民国时属商丘县，设县佐驻此。

3. 宁陵县宁城驿

《置驿二》："宁陵县宁城驿，马三十匹，马夫十五名，扛递等夫二十七名，兽医一名。"

康熙《宁陵县志》卷3《建置》："宁城驿，在东大街之北。前阔六丈，北阔六丈一尺，长十五丈三尺。南至官街，北至王成文路智东西二至孟培佑鲁祯地一亩五分四厘三毫。嘉靖二十九年，知县石址修。旧有厅房三间，库房一间，后房三间，狱房三间，门楼一间，吏书三间。久废。"

雍正《河南通志》卷27《邮传》："宁陵县宁城驿，县管，次冲，至省二百四十里。东至商邱县六十里，西至睢州五十里，南至柘城县七十里，北至考城县七十里。现设驿塘马三十七匹，现设驿塘等夫六十三名。"

乾隆《归德府志》卷13《驿铺》："宁城驿，在宁陵县治北。"

《嘉庆重修一统志》卷194归德府二："宁城驿，在宁陵县治北。"

案：宁陵县宁城驿，在今河南省商丘市宁陵县城关镇。

4. 永城县太邱驿

《置驿二》："永城县太邱驿，马三十二匹，马夫十六名，扛递等夫二十八名，兽医一名。"

雍正《河南通志》卷27《邮传》："永城县太邱驿，县管，次冲，至省四百八十里。东至江南凤阳府宿州一百三十里，西至夏邑县会亭驿六十里，南至江南亳州一百一十里，北至江南徐州砀山县一百二十里。现设驿塘马四十匹，现设驿塘等夫六十七名。"

乾隆《归德府志》卷13《驿铺》："永城太邱驿，在县治东。旧志上马一匹，中马一匹，下马四匹，驴六头。国朝顺治十五年，巡抚贾公题请驿递马四十匹。太平马驿，原在县治东。后改西关今驿。久分东西二路，止留马夫一半。裁废驿丞归并县官，改于县治内。"

光绪《永城县志》卷2《邮舍》："太平马驿，原在县治东，后改西关今驿。久分东西二路，止留马、夫一半。裁废驿丞归并县官，改于县治内。"

《嘉庆重修一统志》卷194归德府二："太邱驿，在永城县治东。"

案：永城县太邱驿，在今河南省商丘市永城市。太邱为古县名，早在春秋、汉代即有。乾隆《归德府志》、《嘉庆重修一统志》所载太邱驿在县治东，皆系明朝事，惟照抄旧志耳。至清朝是何情实不得而知。入清以后，康熙、光绪《永城县志》皆不载太邱驿，而载太平马驿，是其与太邱驿关系为何待考。

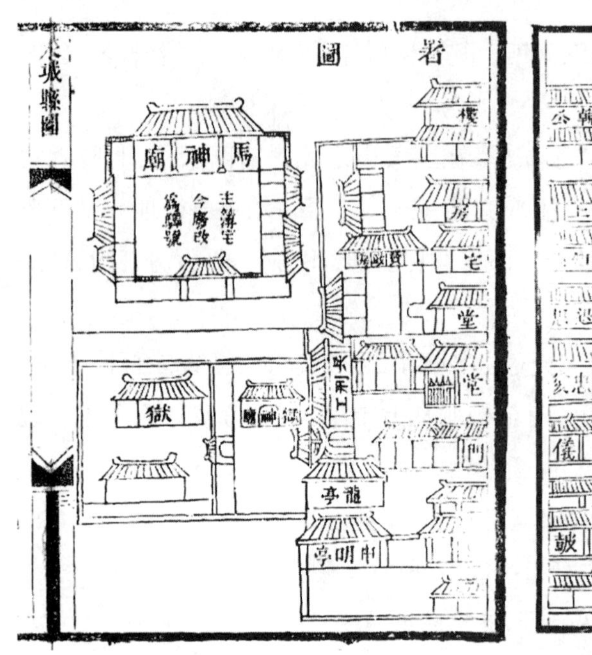

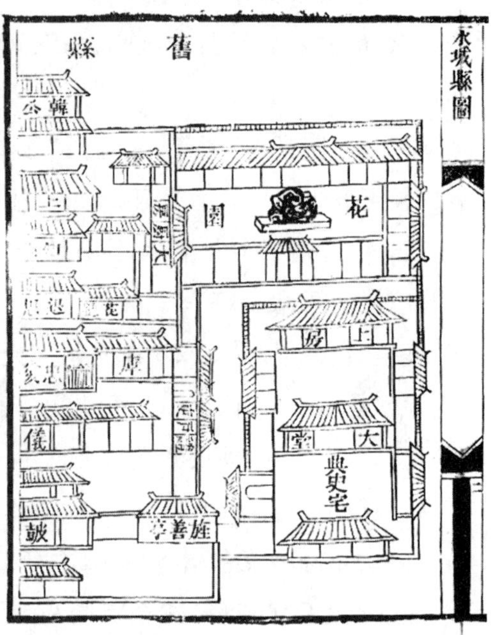

资料来源:光绪《永城县志·图》。康熙年间,即改主簿宅为马号,见康熙《永城县志》卷1《舆图》。

5. 鹿邑县县驿

《置驿二》:“鹿邑县县驿,马三匹,马夫二名,扛递等夫五名。”

雍正《河南通志》卷27《邮传》:“鹿邑县,偏僻,至省三百二十里,东至江南亳州六十里,南至柘城县六十里,西南至陈州一百二十里,北至商丘现一百一十里。”

乾隆《归德府志》卷13《驿铺》:“鹿邑无驿,而有铺舍。”

案:鹿邑县县驿,今河南省周口市鹿邑县县城。

6. 虞城县县驿

《置驿二》:“虞城县县驿,马十匹,马夫四名,扛递等夫八名,兽医一名。”

雍正《河南通志》卷27《邮传》:“虞城县马驿,县管,稍冲,至省三百六十里,东至江南徐州砀山县八十里,西至考城县一百四十里,南至商丘县六十里,北至山东兖州府单县七十里。现设驿马一十三匹,现设驿马等夫十三名。”

乾隆《虞城县志》卷2《驿站》:“虞城驿站,本县走递马并石榴堌驿铺司吹手、买马里夫原额共银二千一百五两六钱,又协济石榴堌驿站原额银三千四百一十两五钱七分六厘,此项前明旧例,商民走差领虞城工食。至顺治三年地丁等项除荒征熟止征银十分之七。此项银数遂缩于额,驿递因而称苦,且未免驿棍肆凶勒逼,阖邑受害。顺治年间巡抚贾题定东西分路行差,从此百姓省无穷赔累,至今仍之。”

案:虞城县县驿,在今河南省商丘市虞城县东北之利民镇。

7. 夏邑县县驿

《置驿二》:"夏邑县县驿,马三匹,马夫二名,扛递等夫四名。"

雍正《河南通志》卷27《邮传》:"夏邑县,偏僻,至省四百一十里,东永城县九十里,西至商丘县一百一十里,南至本县会亭驿三十里,北至虞城县七十里。现设驿塘马三十七匹,现设驿塘等夫六十五名。"

案:夏邑县县驿,在今河南省商丘市夏邑县县城。

8. 会亭驿

《置驿二》:"会亭驿,马三十匹,马夫十四名,扛递等夫二十九名,兽医一名。"

雍正《河南通志》卷27《邮传》:"会亭驿,系夏邑县辖腰站,驿丞管,次冲,至省四百二十里。东至永城县六十里,西至虞城县石榴堌驿六十里,南至江南亳州七十里,北至夏邑县三十里。现设驿塘马三十七匹,现设驿塘等夫六十四名。"

乾隆《续河南通志》卷42《武备志·邮传一》:"会亭驿,系夏邑县腰站。乾隆十九年裁驿丞,夫马县管。"

《嘉庆重修一统志》卷194归德府二:"会亭驿,在夏邑县南三十五里。旧有驿丞,今裁。"

民国《夏邑县志》卷2《建置志·驿站》:"会亭驿,县南三十里会亭集西街路北。基址前东西二十五步零三尺,后东西二十步零二尺。东南北长五十步零一尺,西南北长五十九步。洪武三年驿丞武大本建,顺治辛卯驿丞王懋芳重修。陆路东接永城太邱驿,西接虞城石榴堌驿。"

案:会亭驿,在今河南省商丘市夏邑县南之会亭镇。

9. 睢州葵邱驿

《置驿二》:"睢州葵邱驿,马三十匹,马夫十五名,扛递等夫三十六名,兽医一名。"

康熙《河南通志》卷15《公署》:"葵丘驿,在城南。"

雍正《河南通志》卷27《邮传》:"睢州葵邱驿,州管,次冲,至省一百八十里。东至宁陵县五十里,西至开封府杞县七十里,南至柘城县九十里,北至开封府仪封县九十里。现设驿塘马三十七匹,现设驿塘等夫七十七名。"

乾隆《归德府志》卷13《驿铺》:"睢州葵邱驿,在新城西门内"

《嘉庆重修一统志》卷194归德府二:"葵邱驿,在睢州新城内。"

光绪《续修睢州志》卷2《建置·公署》:"葵邱驿,在南关西大街之北。知州吴江取为公馆，而移建于关之西。”

民国《考成县志》卷8《学校志》：“或曰睢州近有葵邱驿，不必以一邱之迹，而两邑分歧。”

案：睢州葵邱驿，在今河南省商丘市睢县县城。

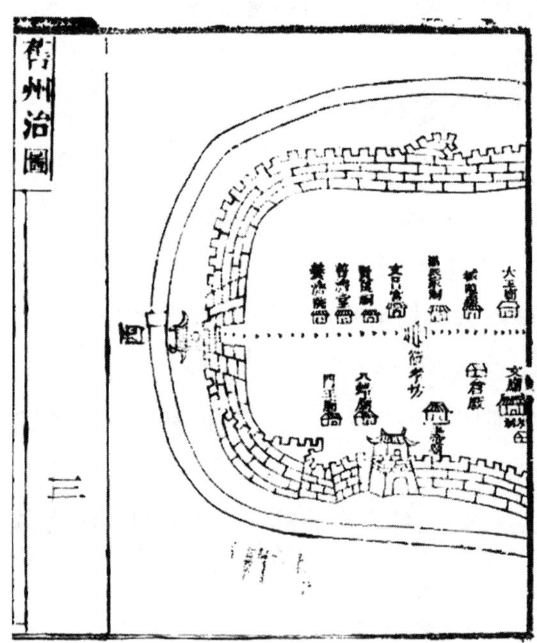

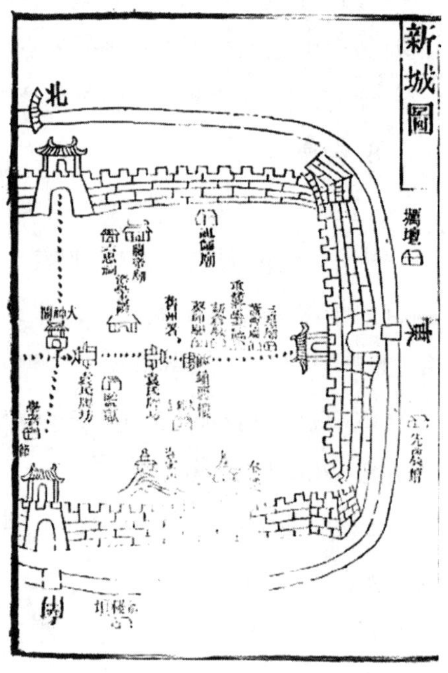

资料来源：光绪《续修睢州志》卷首《图考》，葵邱驿在旧州署右侧。

10. 柘城县县驿

《置驿二》：“柘城县县驿，马二匹，马夫一名，扛递夫五名。”

雍正《河南通志》卷27《邮传》：“柘城县，偏僻，至省二百七十里，东至商丘县九十里，西至陈州一百二十里，南至鹿邑县六十里，北至宁陵县七十里。现设递马四匹，现设马递夫七名。”

乾隆《归德府志》卷13《驿铺》：“柘城自驿递奉裁，止留马八匹，马夫四名，扛夫五名。”

案：柘城县县驿，在今河南省商丘市柘城县县城。

（五）彰德府属七驿

1. 安阳县邺城驿

《置驿二》：“安阳县邺城驿，马一百四十四匹，马夫六十七名，扛递等夫一百五十五名，兽医二名。”

康熙《河南通志》卷15《公署》：“邺城马驿，在府治西南。”

雍正《河南通志》卷27《邮传》：“安阳县邺城驿至汤阴县治四十五里。”又同卷：“安阳县邺城驿，县管，极冲，至省三百四十里。东北至临漳县七十里，西至林县一百一十里，南至汤阴县宜沟驿七十里，北至直隶广平府磁州七十里。现设驿塘马一百八十四匹，现设驿塘等夫三百四十一名。”

嘉庆《安阳县志》卷6《地理志·建置》：“邺城驿，旧在南察院西，裁废，今设马号在县治东南。”

《嘉庆重修一统志》卷197彰德府二：“邺城驿，在安阳县西南。”

案：安阳县邺城驿，在今河南省安阳市。

2. 汤阴县宜沟驿

《置驿二》：“汤阴县宜沟驿，马一百四十四匹，马夫七十名，扛递等夫一百二十九名，兽医二名。”

《读史方舆纪要》卷49彰德府汤阴县“伏道店”条：“县南二十五里有宜沟驿，县东五十里为榻河递运所，皆往来必经之道。”

雍正《河南通志》卷27《邮传》：“汤阴县宜沟驿，驿丞管，极冲，至省二百七十里。东至卫辉府浚县五十里，西至林县一百二十里，南至卫辉府淇县六十里，北至安阳县七十里。现设驿塘马一百八十四匹，现设驿塘等夫三百二名。”

乾隆《续河南通志》卷42《武备志·邮传一》：“汤阴县宜沟驿，驿丞未裁，夫马县管。”

《嘉庆重修一统志》卷197彰德府二：“宜沟驿，在汤阴县南二十五里。有驿丞。又置宜沟递运所。”

案：汤阴县宜沟驿，在今河南省安阳市汤阴县南之宜沟镇。

3. 临漳县县驿

《置驿二》：“临漳县县驿，马四匹，马夫三名，扛递等夫六名。”

雍正《河南通志》卷27《邮传》：“临漳县马驿，县管，稍冲，至省四百一十里。东至直隶大名府魏县六十里，西至直隶广平府磁州四十里，西南至安阳县七十里，北至直隶广平府成安县二十五里。现设驿马一十二匹，现设驿马等夫十七名。”

《嘉庆重修一统志》卷197彰德府二：“临漳驿，在县治。”

案：临漳县县驿，在今河北省邯郸市临漳县临漳镇。临漳因在漳河南岸得名，清代在彰德府北端，临近直隶。

4. 林县县驿

《置驿二》:“林县县驿,马二匹,马夫一名,递夫二名。”

雍正《河南通志》卷27《邮传》:“林县,偏僻,至省四百五十里。东至安阳县一百一十里,西至山西潞安府平顺县一百三十里,南至卫辉县一百六十里,北至涉县一百六十里。现设递马四匹,现设马递夫四名。”

乾隆《续河南通志》卷42《武备志·邮传一》:“林县,现设驿马二匹,现设驿递等夫三名,岁支工料塘拨等银二百六十两九钱三分八厘,遇闰照例加增。”

案:林县县驿,在今河南省安阳市林州市。

5. 武安县县驿

《置驿二》:“武安县县驿,马六匹,马夫三名,递夫十名。”

雍正《河南通志》卷27《邮传》:“武安县马驿,县管,稍冲,至省五百里,东至治理广平府邯郸县六十里,西至涉县一百三十里,南至治理广平府磁州九十里,北至直隶顺德府邢台县一百一十里。现设驿马一十二匹,现设驿塘等夫一十七名。”

乾隆《续河南通志》卷42《武备志·邮传一》:“武安县,现设驿塘马八匹,现设驿塘递等夫十六名,岁支工料塘拨等银四百一两二钱四分,遇闰照例加增。”

《嘉庆重修一统志》卷197彰德府二:“武安驿,在县治。”

案:武安县县驿,在今河北省邯郸市武安市武安镇。

6. 涉县县驿

《置驿二》:“涉县县驿,马六匹,马夫三名,递夫十名。”

雍正《河南通志》卷27《邮传》:“涉县马驿,县管,稍冲,至省六百三十里,东至武安县一百三十里,西至山西潞安府黎城县六十里,南至林县一百六十里,北至山西辽州一百六十里。现设驿塘马一十四匹,现设驿塘等夫一十八名。”

乾隆《续河南通志》卷42《武备志·邮传一》:“涉县,现设驿塘马八匹,现设驿塘递等夫一十五名,岁支工料等银三百二十三两九钱,遇闰照例加增。”

《嘉庆重修一统志》卷197彰德府二:“涉县驿,在县治。”

案:涉县县驿,在今河北省邯郸市涉县涉城镇。

7. 内黄县县驿

《置驿二》:“内黄县县驿,马二匹。”

雍正《河南通志》卷27《邮传》:“内黄县,偏僻,至省四百三十五里,东至治理大名府清丰县四十里,西至安阳县一百一十里,南至卫辉府滑县一百一十里,北至直隶大名府魏县九十里。现设递马十匹。”

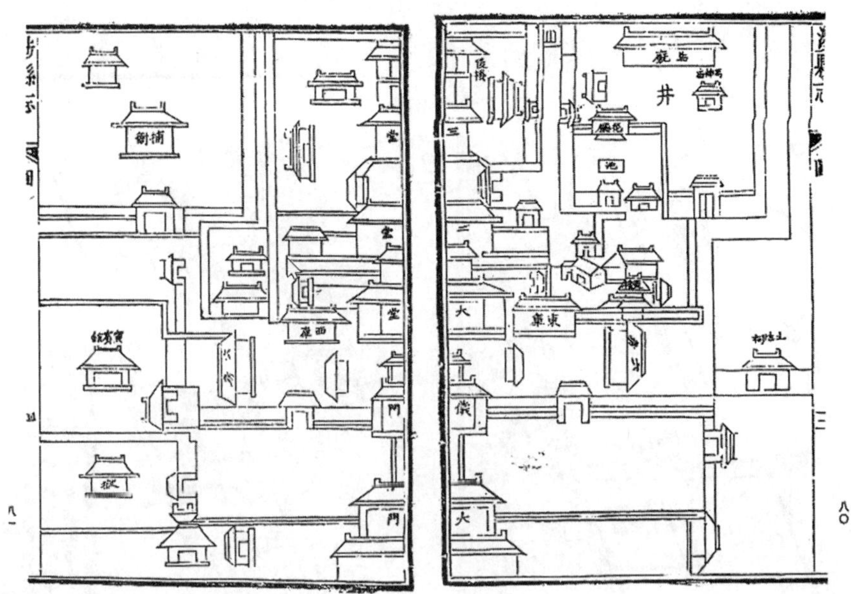

资料来源：康熙《涉县志》卷前《图》。县驿当在图东北马神庙马厩处。

乾隆《续河南通志》卷42《武备志·邮传一》："内黄县，现设走递马十匹，岁支草料银一百七十二两九钱二分八厘，遇闰照例加增。"

案：内黄县县驿，在今河南省安阳市内黄县县城。

（六）卫辉府属十一驿

1. 汲县卫源驿

《置驿二》："汲县，卫源驿，马一百四十四匹，马夫七十名，扛递等夫一百三十四名，兽医二名。"

康熙《河南通志》卷15《公署》："卫源水马驿，河平递运所，俱在府城西。"

雍正《河南通志》卷27《邮传》："汲县卫源驿，县管，极冲，至省一百六十里。东至浚县一百二十里，西至新乡县五十里，南至延津县七十里，北至淇县五十里。现设驿塘马一百八十四匹，现设驿塘等夫三百一十一名。"

乾隆《汲县志》卷首《图说》："大堂后为二堂，再进则内署矣。东廊外为尉署，西廊外为马厩，而卫源驿即设其中。"卷3《建置上·驿传》："现卫源驿，因驿所久废，䜣马厩于县衙西宁境寺侧。马分四号，各有号房。城西德胜关有喂马官店，支应过往上司勘合火牌传递马匹。"

《嘉庆重修一统志》卷200卫辉府二："卫源驿，在汲县西关卫河南。"

案:汲县卫源驿,水马驿,在今河南省新乡市卫辉市。

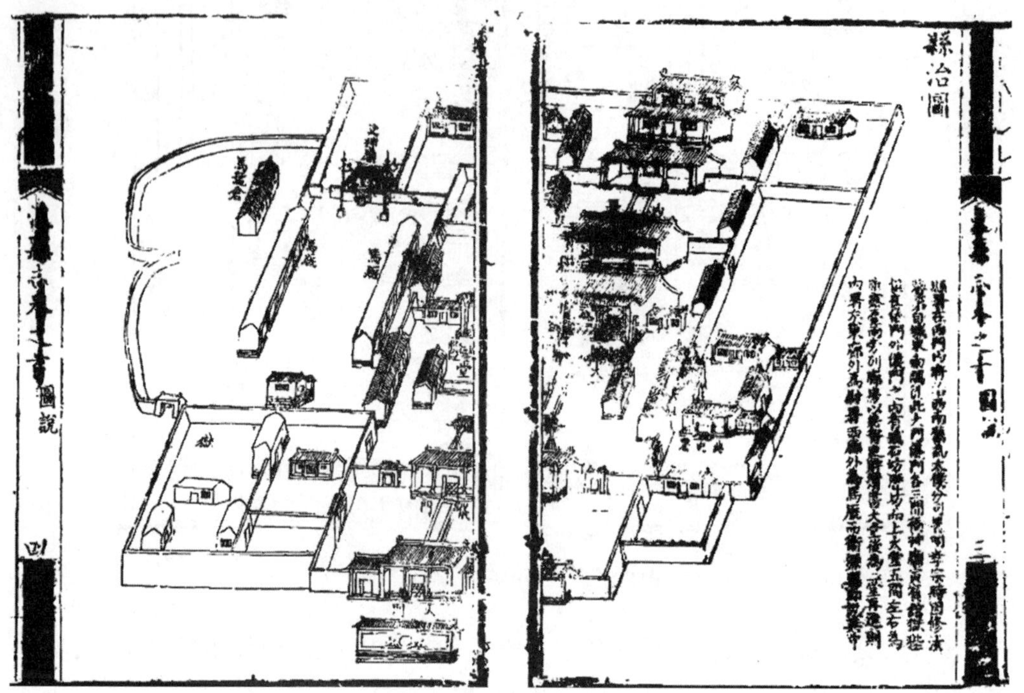

资料来源:乾隆《汲县志》卷首《图说》。卫源驿即在县治西侧马厩处。

2. 新乡县新中驿

《置驿二》:"新乡县,新中驿,马一百十四匹,马夫五十四名,扛递等夫五十六名,兽医一名。"

康熙《河南通志》卷15《公署》:"新乡马驿,新乡递运所,俱在城东。"

雍正《河南通志》卷27《邮传》:"新乡县新中驿,县管,极冲,至省一百七十里。东至汲县五十里,西至获嘉县四十里,南至开封府阳武县六十里,北至辉县四十里。现设驿塘马一百四十七匹,现设驿塘等夫一百六十一名。"

乾隆《新乡县志》卷13《公署志》:"新中驿,旧在八柳渡,明永乐十三年驿丞乐文灿改建东关,弘治十七年驿丞万荣修,岁久倾圮。嘉靖十六年知县梁承福重建,万历二十二年知县卢大谟修建前后大厅房各五间。国朝顺治一年裁驿丞,归并县管,知县李春藻移置旧马厩地,康熙三十年知县阎毅移置城西北隅,即今马厩。"

《嘉庆重修一统志》卷200卫辉府二:"新中驿,在新乡县治东。"

案:新乡县新中驿,在今河南省新乡市红旗区。

3. 辉县县驿

《置驿二》:"辉县县驿,马二匹,马夫一名。"

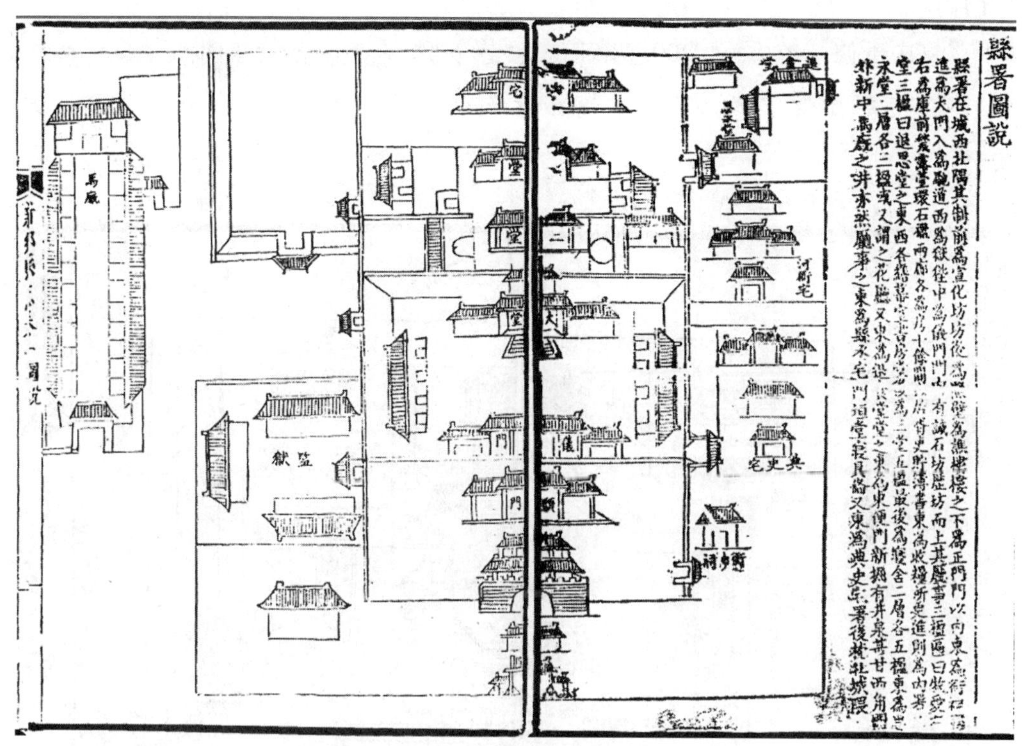

资料来源：乾隆《新乡县志》卷1《图说》，新中驿即在图中西侧马厩处。

雍正《河南通志》卷27《邮传》："辉县，偏僻，至省二百一十里，东至汲县五十里，西至获嘉县五十里，南至新乡县四十里，北至彰德府林县一百六十里。现设递马四匹，现设马夫二名。"

乾隆《卫辉府志》卷11《建置二·驿站》："辉县，无驿。额设递马二匹，马夫一名。"

案：辉县县驿，在今河南省新乡市辉县市。

4. 获嘉县崇宁驿

《置驿二》："获嘉县崇宁驿，马四十一匹，马夫十九名，扛递等夫二十八名，兽医一名。"

康熙《河南通志》卷15《公署》："崇宁马驿，在县治东南。"

雍正《河南通志》卷27《邮传》："获嘉县崇宁驿，县管，次冲，至省二百三十里。东至新乡县四十里，西至怀庆府修武县五十里，南至本县亢村驿三十里，北至辉县五十里。现设驿塘马五十二匹，现设驿塘等夫七十名。"

乾隆《获嘉县志》卷3《公署》："崇宁驿，旧在县治东南，明永乐十三年知县朱斌始建，成化二十二年驿丞曹瑞重修，国朝顺治年间缺裁，久废，驿今移置县治西偏仪门内。”

《嘉庆重修一统志》卷200卫辉府二:“崇安驿,在获嘉县治东南。”

案:获嘉县崇宁驿,在今河南省新乡市获嘉县城关镇。《一统志》作崇安驿。

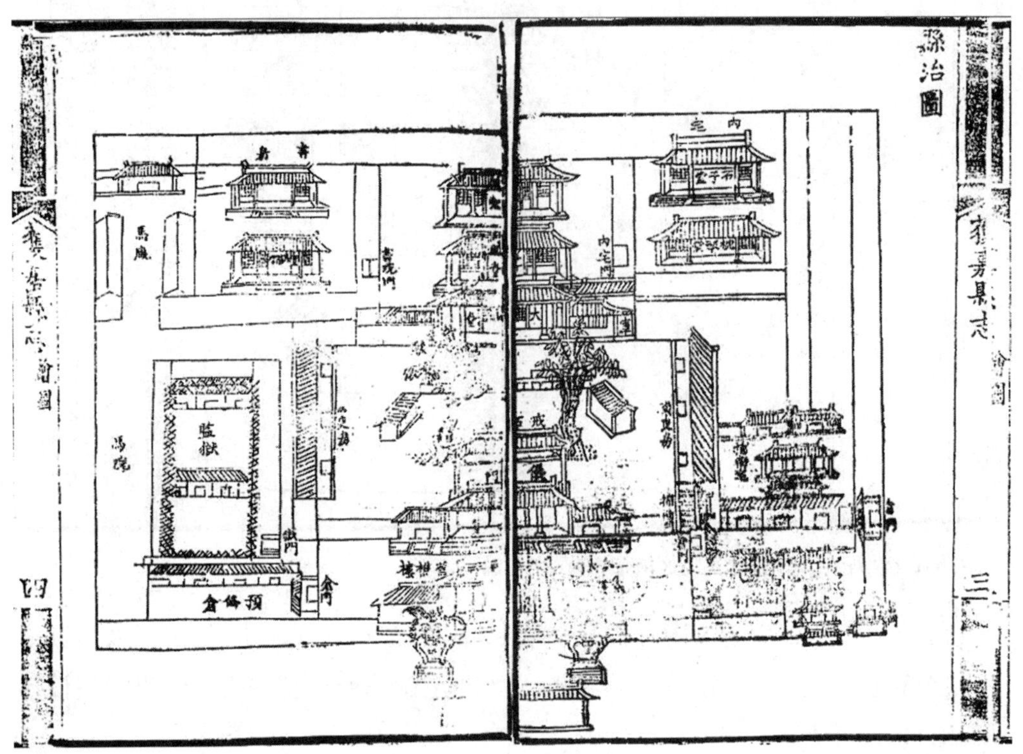

资料来源:乾隆《获嘉县志·绘图》,崇宁驿即在图西侧马院。

5. 亢村驿

《置驿二》:“亢村驿,马九十八匹,马夫四十六名,扛递等夫五十七名,兽医一名。”

康熙《河南通志》卷15《公署》:“亢村马驿,亢村递运所,俱在县南十里。”

雍正《河南通志》卷27《邮传》:“亢村驿,系获嘉县辖腰站,驿丞管,极冲,至省二百三十里。东至开封府阳武县五十里,西至怀庆府武陟县六十里,南至郑州荥泽县五十里,北至新乡县六十里。现设驿塘马一百二十五匹,现设驿塘等夫一百五十一名。”

乾隆《续河南通志》卷42《武备志·邮传一》:“亢村驿,系获嘉县腰站,驿丞未裁,夫马县管。”

《嘉庆重修一统志》卷 200 卫辉府二:“亢村驿,在获嘉县南三十五里。有驿丞。”

民国《获嘉县志》卷 3《交通·驿传》:“亢村驿,旧在县治南三十五里。明成化元年置,额马十七匹,骡二十八头,南马十三匹。清站定首冲,额设驿马一百一十匹,增十二匹,共驿马一百二十二匹,驿马夫五十二名,增六名,共五十八名。”

案:亢村驿,在今河南省新乡市获嘉县南 17 公里处之亢村镇。

6. 淇县淇门驿

《置驿二》:“淇县淇门驿,马一百四十四匹,马夫七十名,扛递等夫一百二十八名,兽医一名。”

康熙《河南通志》卷 15《公署》:“淇门马驿,在县治西南。”

雍正《河南通志》卷 27《邮传》:“淇县淇门驿,县管,极冲,至省二百一十里。东至浚县十五里,西至彰德府林县界三十里,南至汲县五十里,北至彰德府汤阴县宜沟驿六十里。现设驿塘马一百八十四匹,现设驿塘等夫三百一名。”

乾隆《卫辉府志》卷 11《建置二·驿站》:“淇县淇门驿,在县署西。”

《嘉庆重修一统志》卷 200 卫辉府二:“淇门驿,在淇县西南。”

案:淇县淇门驿,在今河南省鹤壁市淇县朝歌街道。

7. 延津县廪延驿

《置驿二》:“延津县廪延驿,马六十三匹,马夫二十九名,扛递等夫四十八名,兽医一名。”

康熙《河南通志》卷 15《公署》:“廪延马驿,在县治东南。”

雍正《河南通志》卷 27《邮传》:“延津县廪延驿,县管,极冲,至省九十里。东至开封府封邱县四十里,西至新乡县七十里,南至开封府祥符县九十里,北至汲县七十里。现设驿塘马七十五匹,现设驿塘等夫一百一十三名。”

乾隆《卫辉府志》卷 11《建置二·驿站》:“延津县廪延驿,在县署东。”

《嘉庆重修一统志》卷 200 卫辉府二:“廪延驿,在延津县治东南。”

案:延津县廪延驿,在今河南省新乡市延津县城。此地春秋时曾置廪延邑,故名。

8. 滑县县驿

《置驿二》:“滑县县驿,马二匹。”

雍正《河南通志》卷 27《邮传》:“滑县,偏僻。至省二百六十里,东至直隶大名府东明县九十里,西至浚县道口四里,南至开封府封丘县九十五里,北至直隶大名

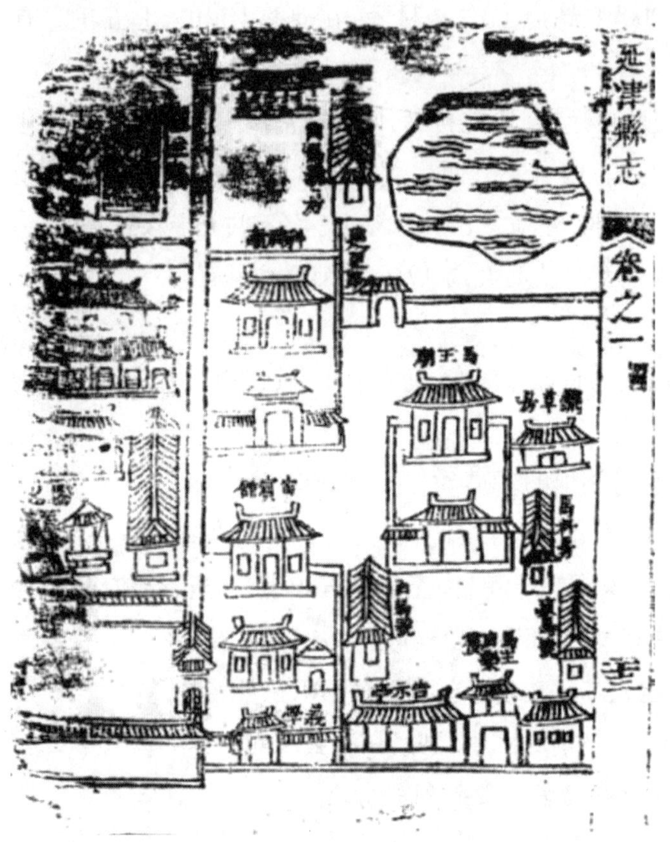

资料来源:康熙《延津县志》卷1《舆图》。廪延驿即在图东南马王庙南。

府开州七十里。现设递马十匹。”

乾隆《续河南通志》卷19《舆地志·古迹》:“滑州旧驿,在滑县城西,唐初建,今废。”

乾隆《卫辉府志》卷11《建置二·驿站》:“滑县,无驿。递马二匹。”

民国《重修滑县志》卷10《交通·驿传》:“唐时白马旧驿,向在城北白马坡,迎阳铺即其旧址。至大历甲寅岁,节度李勉建滑州新驿,在今之县署。前明旧驿在县署西,设马十匹,马夫五名,兽医一名。清裁马二匹。乾隆二十九年奏销册,滑县设走递马八匹。清季驿传历经改章。民国元年一律裁撤。”

案:滑县县驿,在今河南省安阳市滑县东之道口镇。

9. 浚县县驿

《置驿二》:“浚县县驿,马三匹。”

雍正《河南通志》卷27《邮传》:“浚县,偏僻,至省二百六十里,东至滑县一十里,西至淇县七十里,南至延津县八十里,北至彰德府汤阴县四十里。现设递马十匹。”

乾隆《卫辉府志》卷11《建置二·驿站》:“浚县,无驿。递马二匹。”

嘉庆《浚县志》卷11:“浚县,无驿,递马二匹,铺司共七处,总铺在城,其外一在大仁店,一在苏村,一在牛村,一在中寺,一在新镇,一在淇门。”

案:浚县县驿,在今河南省鹤壁市浚县县城。

10. 考城县县驿

《置驿二》:“考城县县驿,马十六匹,马夫八名,扛递等夫十一名,兽医一名。”

雍正《河南通志》卷27《邮传》:“(东北)山东曹县二十五里入归德府考城县境,考城县驿至开封府仪封驿六十里。”又同卷:“考城县马驿,县管,稍冲,至省一百七十五里。东至虞城县一百四十里,西至开封府仪封县六十里,南至宁陵县七十里,北至直隶大名府东明县一百一十里。现设驿塘马一十八匹,现设驿塘等夫二十七名。”

乾隆《归德府志》卷13《驿铺》:“葵邱驿,始属考城,后因河水泛溢,道路梗塞供应苦为民累,顺治八年,考城知县刘愈奇力请驿递徙置睢州,至今邑民德之。”

乾隆《卫辉府志》卷11《建置二・驿站》:“考城县驿,额设驿马十六匹,马夫八名,塘马二匹,马夫二名,扛轿夫八名。”

《嘉庆重修一统志》卷200卫辉府二:“考城驿,在考城县治。”

案:考城县县驿,在今河南省开封市兰考县东北之固阳镇。清代乾隆时曾设考城县,始治于固阳镇,1954年合并兰封县、考城县为兰考县,固阳镇划入兰考县。

11. 封邱县县驿

《置驿二》:“封邱县县驿,马六匹,马夫三名,扛递等夫七名。”

顺治《封邱县志》卷3《民土》:“《驿传道程》照详蒙批:仰侯转详行缴案。照先据该府详呈到道,据此该本道覆详看得,封邱原未设有驿站,缘会省水患,取道封邱,今水患既平,路归故道,马在延津、封邱喂养殊有未便,然初当改路遽难议裁,应将封邱协济夫马交付延津,并将应领十五年拨补银一千六百两,内准延津领一千两以为收马募夫之用,封邱免其协济可也。”

雍正《河南通志》卷27《邮传》:“封邱县,偏僻,至省五十里,东至兰阳县九十里,西至卫辉府延津县廪延驿四十里,南至祥符县大梁驿五十里,北至卫辉府滑县一百二十里。现设递马六匹,现设马递夫一十二名。”

乾隆《续河南通志》卷42《武备志・邮传一》:“封邱县,现设驿马六匹,现设驿塘递等夫十二名,岁支工料等银二百八十四两九钱一分,遇闰照例加增。”

乾隆《卫辉府志》卷11《建置二・驿站》:“封邱县,无驿。递马六匹,马夫三名。”

案:封邱县县驿,在今河南省新乡市封丘县县城。

(七)怀庆府属九驿

1. 河内县县驿

《置驿二》:“河内县覃怀驿,马五十九匹,马夫二十九名,扛递等夫三十九名,兽医一名。”

康熙《河南通志》卷15《公署》:“覃怀马驿,在城东,今移县内。”

雍正《河南通志》卷27《邮传》:“河内县覃怀驿,县管,极冲,至省三百五十里。东至武陟县一百里,西至济源县七十里,南至孟县六十里,北至本县万善驿二十五里。现设驿塘马七十三匹,现设驿塘等夫一百名。”

《嘉庆重修一统志》卷203怀庆府二:“覃怀驿,在河内县治。”

案:河内县县驿,在今河南省焦作市沁阳市。覃怀,古地名,明清时置河内县,为怀庆府治所在,现为河南沁阳市覃怀街道。

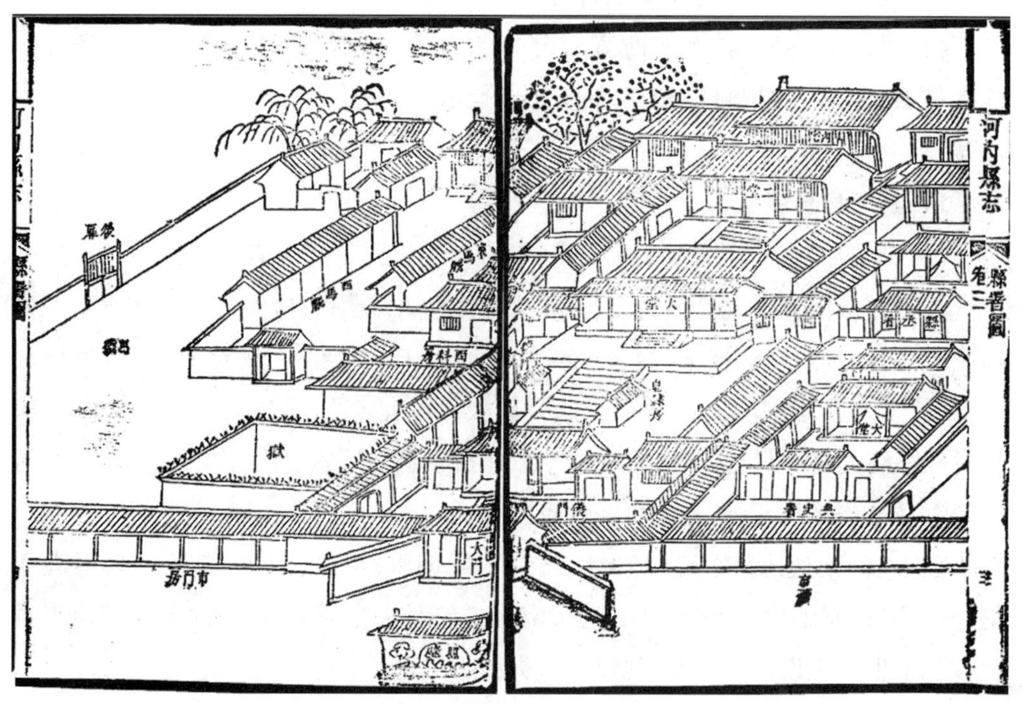

资料来源:道光《河内县志》卷3《衙署图》。县驿即在图西马厩。

2. 济源县县驿

《置驿二》:“济源县县驿,马二匹,马夫二名,递夫三名。”

雍正《河南通志》卷27《邮传》:“济源县,偏僻,至省四百二十里,东至河内县七十里,西至山西解州垣曲县一百八十里,东南至孟县七十里,北至山西泽州府广阳县一百二十里。现设递马四匹,现设马递夫五名。”

乾隆《续河南通志》卷42《武备志·邮传一》:“济源县,现设驿马二匹,现设驿递等夫四名,岁支工料塘拨等银二百四十两三分七厘,遇闰照例加增。”

案:济源县县驿,在今河南省济源市轵城镇。

3. 修武县武安驿

《置驿二》:“修武县,武安驿,马四十二匹,马夫二十一名,扛递等夫二十八名,兽医一名。”

康熙《河南通志》卷15《公署》:“武安马驿,在县治西。”

雍正《河南通志》卷27《邮传》:“修武县武安驿,县管,次冲,至省二百七十里。东至卫辉府获嘉县五十里,西至武陟县宁郭驿五十里,南至郑州荥泽县九十里,北至太行山三十里。现设驿塘马五十二匹,现设驿塘等夫七十二名。”

乾隆《续河南通志》卷42《武备志·邮传一》:“修武县,现设驿塘马四十四匹,现设驿塘扛递等夫六十八名,岁支工料等银二千一百七十九两四钱二分,遇闰照例加增。”

《嘉庆重修一统志》卷203怀庆府二:“武安驿,在修武县治西。”

道光《修武县志》卷4《令典志·邮传》:“武安驿,次冲。旧额设驿塘马五十二匹,乾隆二十三年减马八匹,现设驿马四十二匹,塘马二匹。旧设驿马夫二十五名,乾隆二十三年减夫四名,现设驿马夫二十一名。”卷6《祠祀志》:“马神庙,在署东武安驿内。”

案:修武县武安驿,在今河南省焦作市修武县城关镇。

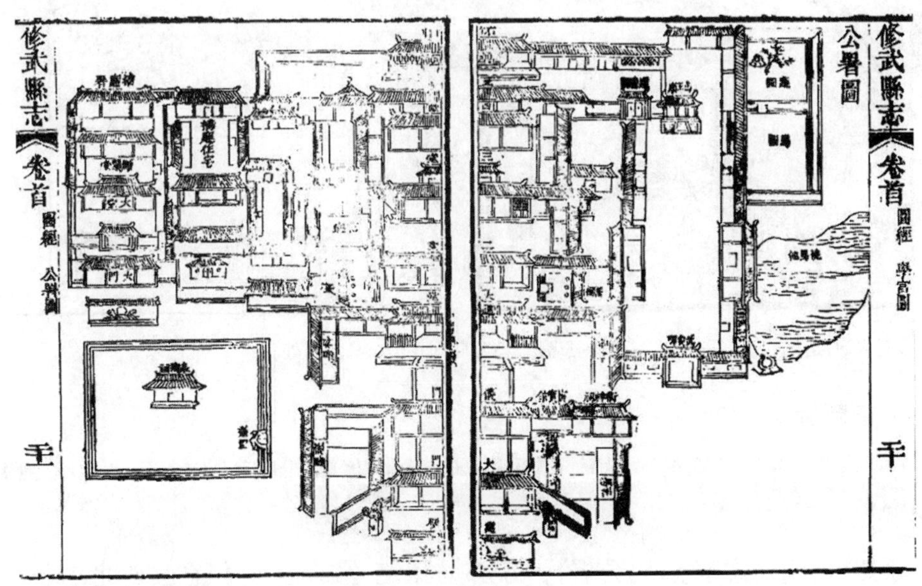

资料来源:道光《修武县志》卷首《图经》,武安驿即在图东马王庙南。

4. 武陟县县驿

《置驿二》:“武陟县县驿,马二十四匹,马夫十二名,扛递等夫二十三名,兽医一名。”

雍正《河南通志》卷 27《邮传》:“宁郭驿至武陟县驿四十里。”又同卷:“武陟县马驿,县管,次冲,至省二百五十里。东至获嘉县亢村驿六十里,西至河内县一百里,东南至郑州荥泽县七十里,西北至本县宁郭驿四十里。现设驿马三十匹,现设驿马夫五十一名。”

乾隆《续河南通志》卷 42《武备志·邮传一》:“武陟县,现设驿马二十四匹,现设驿扛递等夫四十八名,岁支工料等银一千三百十一两四钱,遇闰照例加增。”

《嘉庆重修一统志》卷 203 怀庆府二:“武陟驿,在武陟县内。”

案:武陟县县驿,在今河南省焦作市武陟县县城。

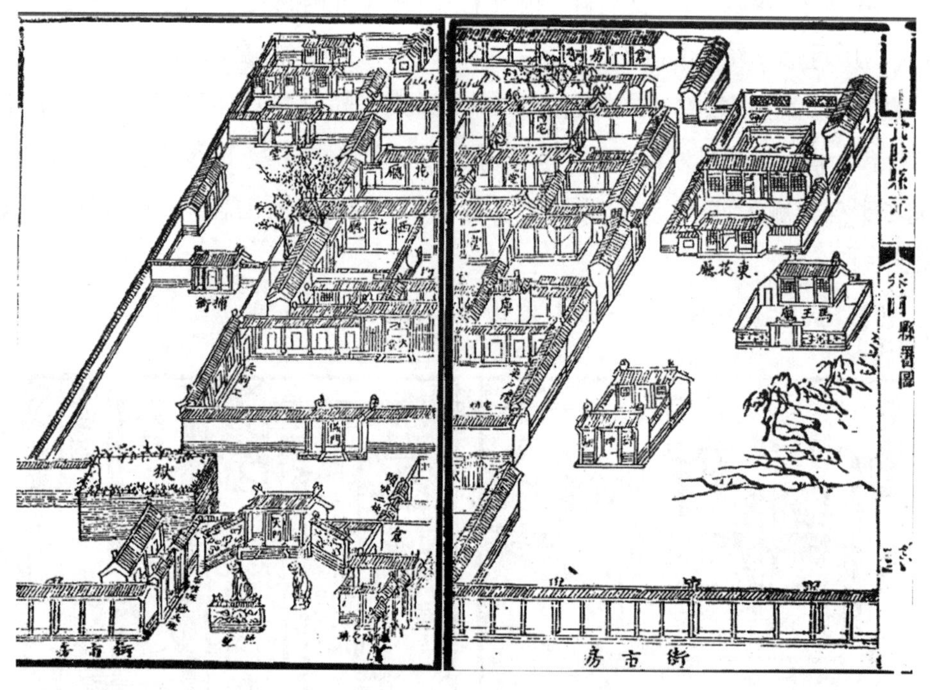

资料来源:道光《武陟县志》卷 4《武陟县署图》。县驿即在图东马王庙处。

5. 宁郭驿

《置驿二》:“宁郭驿,马三十四匹,马夫十七名,扛递等夫三十九名,兽医一名。”

康熙《河南通志》卷 15《公署》:“宁郭马驿,宁郭递运所,俱在县西北二十里。”

雍正《河南通志》卷 27《邮传》:“宁郭驿,系武陟县辖腰站,驿丞管,次冲,至省二百九十里。东至修武县五十里,西至河内县七十里,东南至武陟县四十里,北至太行山九十里。现设驿塘马四十二匹,现设驿塘等夫七十八名。”

乾隆《续河南通志》卷42《武备志·邮传一》:“宁郭驿,系武陟县腰站,乾隆十九年裁驿丞,夫马县管。”

《嘉庆重修一统志》卷203怀庆府二:“安郭驿,在武陟县西北四十里。旧名宋村。”

道光《武陟县志》卷15《建置志·驿递》:“宁郭驿,在县西北三十里,即宁郭镇城内。”

案:宁郭驿,在今河南省焦作市山阳区宁郭镇,《一统志》作安郭驿。

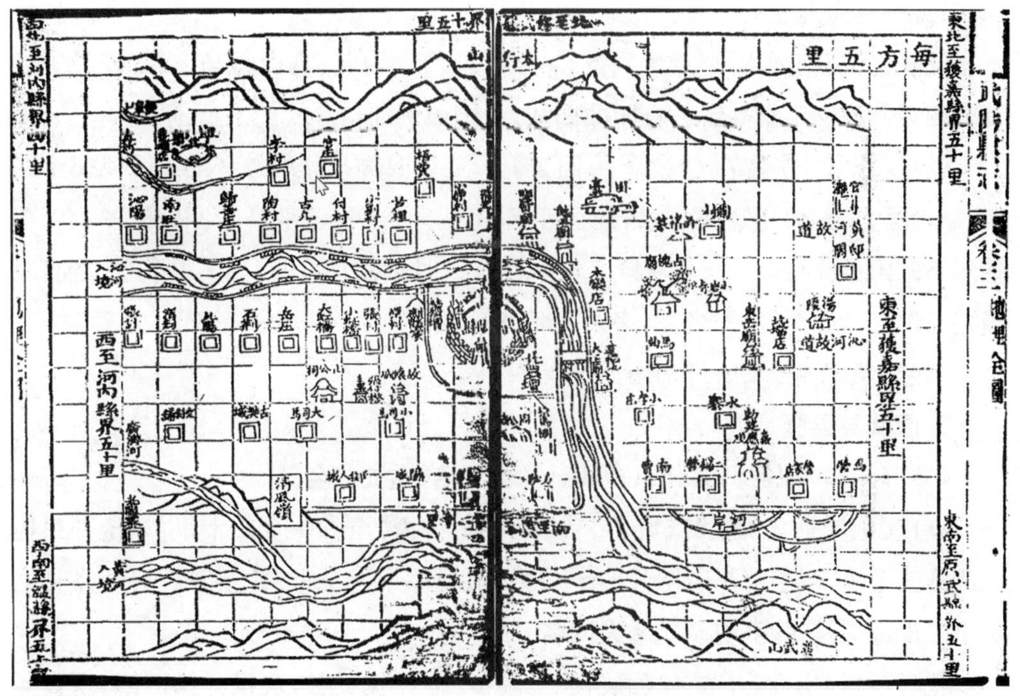

资料来源:道光《武陟县志》卷3《武陟县地舆全图》。宁郭驿即在图西北宁郭城处。

6.孟县河阳驿

《置驿二》:“孟县,河阳驿,马四十六匹,马夫二十三名,扛递等夫二十八名,兽医一名。”

康熙《河南通志》卷15《公署》:“河阳马驿,孟县递运所,俱在县南十里。”

雍正《河南通志》卷27《邮传》:“孟县河阳驿,县管,次冲,至省四百二十五里。东至温县五十里,西北至济源县七十里,南至河南府洛阳县九十里,北至河内县六十里。现设驿塘马五十六匹,现设驿塘等夫七十四名。”

乾隆《孟县志》3《建置·驿递》:“河阳驿,县管,次冲。驿在县署大堂东偏,堂屋三间,号房三间,马棚十六间。乾隆五十三年,邑令仇汝瑚移建。”

《嘉庆重修一统志》卷203怀庆府二:“河阳驿,在孟县治。”

民国《孟县志》卷2《地理志下》:“河阳驿,在县南十五里河阳古渡西。”

案:孟县河阳驿,在今河南省焦作市孟州市会昌街道。

7. 温县县驿

《置驿二》:“温县县驿,马二匹,马夫一名,递夫三名。”

雍正《河南通志》卷27《邮传》:“温县,偏僻,至省三百三十五里,东至武陟县七十里,西至孟县五十里,南至河南府巩县四十里,北至河内县五十里。现设递马四匹,现设马递夫五名。”

乾隆《续河南通志》卷42《武备志·邮传一》:“温县,现设驿马二匹,现设驿递等夫四名。岁支工料等银一百四两四钱,遇闰照例加增。”

乾隆《温县志》卷7《建置志·铺舍》:“温县旧额设里马十八匹,后裁去十二匹,额设马夫三名,走递夫三名,铺兵四名。雍正四年又裁剪马二匹,马夫一名,拨补郑州荥阳县驿行差。又于乾隆二十三年十二月裁减马二匹,马夫一名,拨赴直隶当差。现存马二匹,夫一名,走递夫三名,铺兵四名。”

案:温县县驿,在今河南省焦作市温县县城。

8. 原武县县驿

《置驿二》:“原武县县驿,马四匹,马夫二名,递夫二名。”

雍正《河南通志》卷27《邮传》:“原武县,偏僻,至省一百二十里,东至开封府阳武县三十里,西至郑州荥阳县四十二里,南至郑州七十里,北至卫辉府新乡县七十里。现设递马四匹,现设马递夫四名。”

乾隆《续河南通志》卷42《武备志·邮传一》:“原武县,现设驿马四匹,现设驿递等夫四名,岁支工料等银一百五十九两。遇闰照例加增。”

案:原武县县驿,在今河南省新乡市原阳县西南之原武镇。新中国成立后,原武县、阳武县合并为原阳县,以原武县县治为原武镇。

9. 阳武县县驿

《置驿二》:“阳武县县驿,马六匹,马夫三名,递夫五名。”

雍正《河南通志》卷27《邮传》:“阳武县偏僻,至省九十里,东至封邱县九十里,西至怀庆府原武县三十里,南至中牟县圃田驿八十里,北至卫辉府新乡县新中驿六十里。现设递马八匹,现设马递夫九名。”

民国《阳武县志》卷2《交通志·驿站》:“阳武旧有白沟驿一座,在县署西,备有驿塘马六匹,驿塘扛递等夫共九名,驿站银四百三十五两。民国元年,奉文裁驿归邮,而驿站废。”

案:阳武县县驿,在今河南省新乡市原阳县原兴街道。

(八)河南府属十一驿

1. 洛阳县周南驿

《置驿二》:“洛阳县周南驿,马六十七匹,马夫三十三名,扛递等夫五十二名,兽医一名。”

康熙《河南通志》卷15《公署》:“周南马驿,在城南,今移县治南。”

雍正《河南通志》卷27《邮传》:“周南驿至偃师县首阳驿七十里。”又同卷:“洛阳县周南驿,县管,极冲,至省四百二十里。东至偃师县七十里,西至新安县七十里,东南至汝州一百六十里,北至孟津县五十里。现设驿塘马七十八匹,现设驿塘等夫一百二十六名。”

乾隆《重修洛阳县志》卷2《地理·驿铺》:“周南驿,旧在县治东南,后改置南门内,驿丞一员。”(民国十三年石印本)

《嘉庆重修一统志》卷206河南府二:“周南驿,在洛阳县治西。”

案:洛阳县周南驿,今河南省洛阳市老城区。

2. 偃师县首阳驿

《置驿二》:“偃师县,首阳驿,马三十匹,马夫十五名,扛递等夫二十一名。”

康熙《河南通志》卷15《公署》:“首阳马驿,在县治西。”

雍正《河南通志》卷27《邮传》:“首阳驿至巩县洛口驿六十里。”又同卷:“偃师县首阳驿,县管,次冲,至省三百五十里。东至巩县六十里,西至洛阳县七十里。南至登封县九十里,北至怀庆府孟县五十里。现设驿塘马三十八匹,现设驿塘等夫五十三名。”

乾隆《偃师县志》卷2《地理志下》:“首阳驿,今移城内典史署前。邑当东西雨路通馗西北一路越邙山渡黄河直递孟县。每隆冬河水腹坚,柳园荥泽两渡阻冻,使节锋车及东南数省急递俱由邑与孟县□来。乾隆二十七年,粮储驿盐道温必联条议,调荥泽马协济巩县、偃师,咨部准行添设腰站焉。”

《嘉庆重修一统志》卷206河南府二:“首阳驿,在偃师县西。”

案:偃师县首阳驿,在今河南省洛阳市偃师市东南五里(老城)。

3. 巩县洛口驿

《置驿二》:“巩县,洛口驿,马三十匹,马夫十五名,扛递等夫二十一名。”

康熙《河南通志》卷15《公署》:"洛口马驿,在县治东。"

雍正《河南通志》卷27《邮传》:"巩县洛口驿,县管,次冲,至省二百九十里。东至郑州汜水县四十里,西至偃师县六十里,南至登封县一百二十里,北至怀庆府温县四十里。现设驿塘马三十八匹,现设驿塘等夫五十三名。"

《嘉庆重修一统志》卷206河南府二:"洛口驿,在巩县东。"

民国《巩县志》卷6《民政志》:"洛口驿,在旧城内,驿马三十二匹,扛递等夫五十名,裁废。"

案:巩县洛口驿,在今河南省郑州市巩义市站街镇之老城小学附近。

4. 孟津县县驿

《置驿二》:"孟津县县驿,马二匹,马夫一名,递夫三名。"

雍正《河南通志》卷27《邮传》:"孟津县,偏僻,至省三百九十里,东至偃师县四十里,西至新安县一百四十里,南至洛阳县五十里,北至黄河十里。现设递马四匹,现设马递夫五名。"

乾隆《续河南通志》卷42《武备志·邮传一》:"孟津县,现设驿马二匹,现设驿塘递等夫四名,岁支工料等银一百四两二钱六分四厘,遇闰照例加增。"

乾隆《河南府志》卷6《建置制二·驿站》:"孟津县,无驿。……现设驿马二匹。现设驿塘扛递等夫四名。岁支工料等银一百四两二□六分四厘,遇闰照例加增。"

嘉庆《孟津县志》卷3《邮驿》:"额设塘马四匹,今改为二匹。"

案:孟津县县驿,在今河南省洛阳市孟津县东35公里处之会盟镇。

5. 宜阳县县驿

《置驿二》:"宜阳县县驿,马一匹,马夫一名。"

雍正《河南通志》卷27《邮传》:"宜阳县,偏僻,至省四百九十里,东至洛阳县七十里,西至永宁县一百一十里,南至嵩县一百一十五里,北至新安县五十里。现设递马一匹,现设马夫一名。"

乾隆《续河南通志》卷42《武备志·邮传一》:"现设驿马一匹,现设驿夫一名,岁支工料等银三十五两一钱八分,遇闰照例加增。"

案:宜阳县县驿,在今河南省洛阳市宜阳县县城。

6. 登封县县驿

《置驿二》:"登封县县驿,马二匹,马夫一名。"

雍正《河南通志》卷27《邮传》:"登封县,偏僻,至省四百四十里,东至禹州密县七十里,西至洛阳县一百三十里,南至汝州九十里,北至嵩山五里。现设递马二匹,现设马夫一名。"

乾隆《续河南通志》卷42《武备志·邮传一》:"登封县,现设驿马二匹,现设马夫一名,岁支工料等银六十三两三钱七分六厘,遇闰照例加增。"

乾隆《河南府志》卷6《建置制二·驿站》:"登封县,无驿。现设驿马二匹,设马夫一名,岁支工料等银六十三两三钱七分六厘,遇闰照例加增。"

案:登封县县驿,在今河南省郑州登封市。

7. 永宁县县驿

《置驿二》:"永宁县县驿,马二匹,马夫一名。"

雍正《河南通志》卷27《邮传》:"永宁县,偏僻,至省六百里,东至宜阳县一百一十里,西至卢氏县一百六十里,南至嵩县一百四十里,北至陕州一百六十里。现设递马二匹,现设马夫一名。"

乾隆《河南府志》卷6《建置制二·驿站》:"唐鹿桥驿,见古迹。现设驿马二匹。现设马夫一名。岁支工料等银六十两一钱一分。遇闰照例加增。"

乾隆《永宁县志》卷8《营建志·驿铺》:"永宁县驿,设驿马二匹,马夫一名,岁支工料等银六十两一钱一分,遇闰加增。"

案:永宁县县驿,在今河南省洛阳市洛宁县县城。

8. 新安县函关驿

《置驿二》:"新安县,函关驿,马五十六匹,马夫二十三名,扛递等夫四十三名。"

康熙《河南通志》卷15《公署》:"函关马驿,在县治西。"

乾隆《续河南通志》卷42《武备志·邮传一》:"新安县,现设驿塘马四十九匹,现设驿塘扛递等夫九十四名,岁支工料等银二千五百四十六两八钱三分二厘,遇闰照例加增。"

《嘉庆重修一统志》卷206河南府二:"涵关驿,在新安县南。"

雍正《河南通志》卷27《邮传》:"函关驿至洛阳县周南驿七十里。"又同卷:"新安县函关驿,县管,次冲,至省四百九十里。东至洛阳县七十里,西至渑池县义昌驿五十里,南至宜阳县五十里,北至黄河六十里。现设驿塘马五十二匹,现设驿塘等夫九十六名。"

民国《新安县志》卷15《杂记》:"函关驿,额设马五十二匹。"卷2《舆地》:"函谷关驿,在县治西。"

案:新安县函关驿,在今河南省新安县城关镇。《一统志》作涵关驿。新安县城西紧邻汉代函谷关遗址。

9. 渑池县蠡城驿

《置驿二》:"渑池县蠡城驿,马五十三匹,马夫二十三名,扛递等夫三十九名。"

康熙《河南通志》卷15《公署》:"蠡城马驿,在县治西。"

雍正《河南通志》卷27《邮传》:"蠡城驿至义昌驿四十里。"又同卷:"渑池县蠡城驿,县管,次冲,至省五百八十里。东至本县义昌驿四十里,西至陕州硖石驿七十里,南至永宁县一百二十里,北至黄河一百二十里。现设驿塘马五十二匹,现设驿塘等夫九十名。"

《嘉庆重修一统志》卷206河南府二:"蠡城驿,在渑池县城西。"

嘉庆《渑池县志》卷2《建置·驿所》:"蠡城驿,在县署东。建有马王庙三楹,差房三楹。前后过厅各三楹,舞楼三楹,大门一楹,书役房、厨房、草房、马棚共十余楹。额设驿马四十八匹,塘马二匹。浚县拨增棱马五匹,驿马夫二十三名,塘马夫二名,递送公文夫一名,探马夫一名,马牌子一名。"

案:渑池县蠡城驿,在今河南省三门峡市渑池县城关镇。

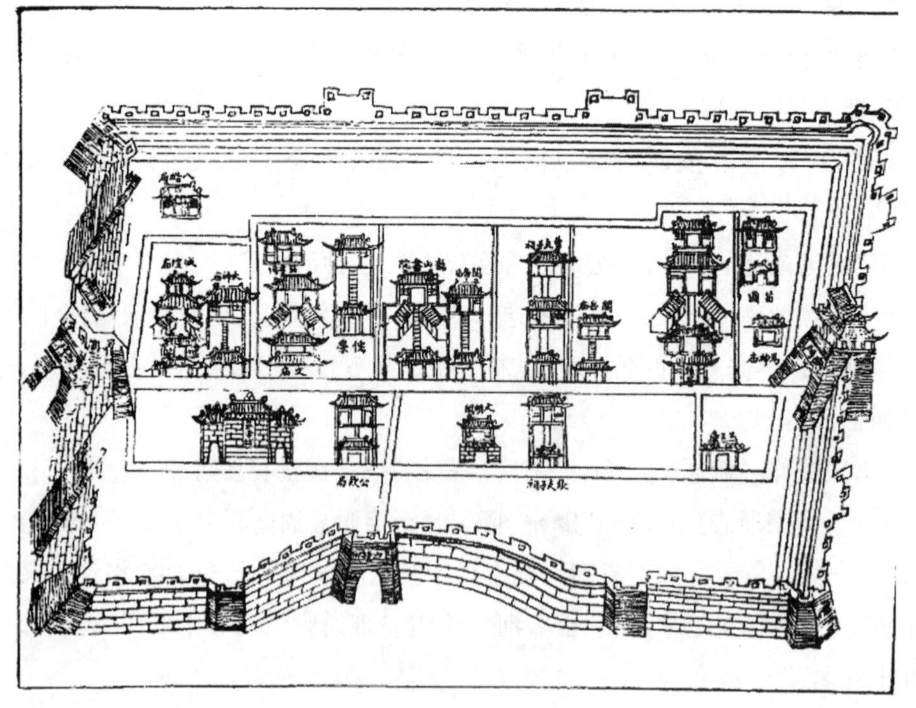

资料来源:民国《渑池县志》卷1《舆图》。蠡城驿即在图东马神庙处。

10. 义昌驿

《置驿二》:"义昌驿,马五十三匹,马夫二十三名,扛递等夫四十名。"

康熙《河南通志》卷15《公署》:"义昌马驿,义昌递运所,俱在县东四十里。"

雍正《河南通志》卷27《邮传》:"义昌驿至新安县函关驿五十里。"又同卷:"义昌驿,系渑池县辖腰站,驿丞管,次冲,至省五百四十里。东至新安县五十里,西至本县蠡城驿四十里,南至宜阳县七十里,北至黄河一百里。现设驿塘马五十二匹,现设驿塘等夫九十一名。"

乾隆《续河南通志》卷42《武备志·邮传一》:"义昌驿,系渑池县腰站,乾隆十九年裁驿丞,夫马县管。"

《嘉庆重修一统志》卷206河南府二:"义昌驿,在渑池县东四十里。"

嘉庆《渑池县志》卷2《建置·驿所》:"义昌驿,在治东四十里义昌镇。建有马王庙三楹,差房三楹,亲棚、舞楼各三楹,大门一楹,草房、厨房共十余楹。额设驿马四十七匹,塘马二匹。滑县拨增马六匹,驿马夫二十三名,塘马夫二名,递送公文夫一名,探马夫一名,马牌子一名,驿夫一名。"

案:义昌驿,在今河南省三门峡市义马市。义马之地,明清时属渑池县,新中国成立后先成立义马镇,1982年建义马市。谭图未标,时尚未成立义马市。

11. 嵩县县驿

《置驿二》:"嵩县县驿,马一匹,马夫一名。"

雍正《河南通志》卷27《邮传》:"嵩县,偏僻,至省五百八十里,东至洛阳县一百六十里,西至卢氏县二百里,南至汝州伊阳县九十里,北至永宁县一百四十里。现设递马一匹,现设马夫一名。"

乾隆《续河南通志》卷42《武备志·邮传一》:"嵩县,现设驿马一匹,现设马夫一名,岁支工料等银三十八两二钱八分三厘,遇闰照例加增。"

乾隆《河南府志》卷6《建置制二·驿站》:"嵩县,无驿。现设驿马一匹,现设马夫一名,岁支工料银三十八两二钱分八三厘,遇闰照例加增。"

案:嵩县县驿,在今河南省洛阳市嵩县县城。

(九)陕州直隶州属五驿

1. 陕州直隶州甘棠驿

《置驿二》:"陕州直隶州甘棠驿,马四十九匹,马夫二十四名,扛递等夫四十七名。"

康熙《河南通志》卷15《公署》:“甘棠马驿,在州治南。”

雍正《河南通志》卷27《邮传》:“甘棠驿至硖石驿七十里。”又同卷:“陕州甘棠驿,州管,次冲,至省七百二十里。东至本州硖石驿七十里,西至灵宝县六十里,南至河南府永宁县一百六十里,北至山西解州平陆县五里。现设驿塘马五十五匹,现设驿塘等夫一百四名。”

《嘉庆重修一统志》卷221陕州二:“甘棠驿,在州治南。”

民国《陕县志》卷12《交通·驿站》:“甘棠驿,城内。”

案:陕州直隶州甘棠驿,在今河南省三门峡市陕州区。

2. 硖石驿

《置驿二》:“硖石驿,马四十九匹,马夫二十二名,扛递等夫四十名。”

康熙《河南通志》卷15《公署》:“硖石马驿,硖石递运所,硖石巡检司俱在州东七十里。”

雍正《河南通志》卷27《邮传》:“硖石驿至河南府渑池县鑫城驿七十里。”又同卷:“硖石驿,系陕州辖腰站,驿丞管,次冲,至省六百五十里。东至河南府渑池县七十里,西至本州甘棠驿七十里,南至河南府宜阳县一百六十里,北至黄河四十里。现设驿塘马五十五匹,现设驿塘等夫九十名。”

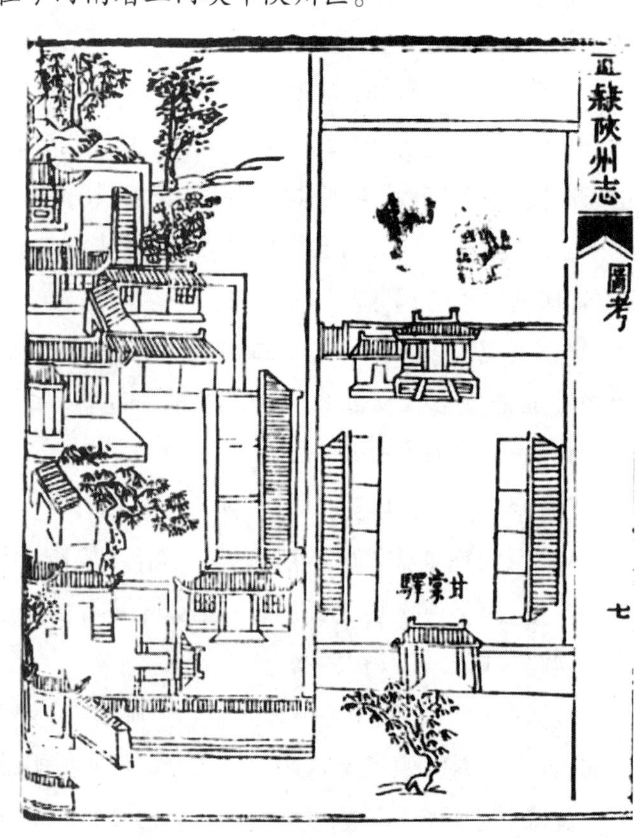

资料来源:乾隆《重修直隶陕州志·图》。

乾隆《续河南通志》卷43《武备志·邮传二》:“硖石驿,系陕州腰站,驿丞未裁,驿务州管。”

《嘉庆重修一统志》卷221陕州二:“硖石驿,在州城东七十里。有驿丞。”

民国《陕县志》卷12《交通·驿站》:“硖石驿,东七十里。”

案:硖石驿,在今河南省三门峡市陕州区东南约26公里处之硖石乡。

3. 灵宝县桃林驿

《置驿二》:"灵宝县桃林驿,马四十九匹,马夫二十二名,扛递等夫四十二名。"

康熙《河南通志》卷15《公署》:"桃林马驿,在县治西。"

雍正《河南通志》卷27《邮传》:"桃林驿至陕州甘棠驿六十里。"又同卷:"灵宝县桃林驿,县管,次冲,至省七百八十里。东至陕州六十里,西至阌乡县六十里,南至河南府卢氏县一百八十里,北至黄河十里不通官道,现设驿塘马五十五匹,现设驿塘等夫九十四名。"

《嘉庆重修一统志》卷221陕州二:"桃林驿,在灵宝县治西。"

光绪《重修灵宝县志》卷2《建置志》:"桃林驿,在县治东。原建差厅三间,左右麸料房各一,上房三间,东马号七间,西马号六间,驿夫房五间。现圮。"

案:灵宝县桃林驿,在今河南省三门峡市灵宝市区东北之大王镇老城村。

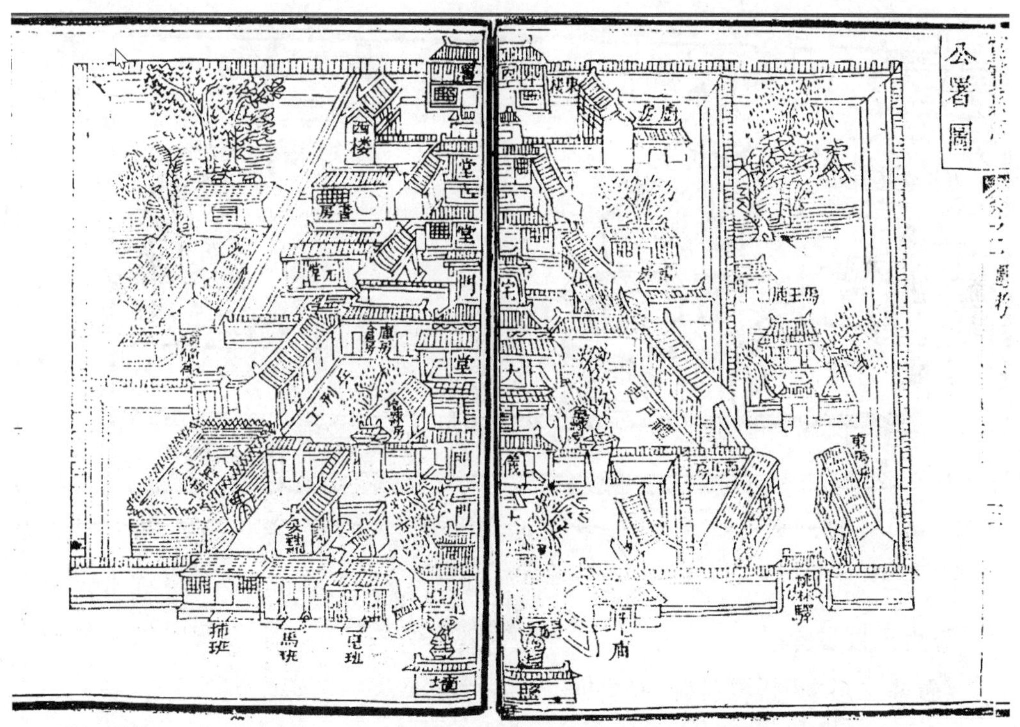

资料来源:光绪《重修灵宝县志》卷1《总图》;乾隆《重修灵宝县志》卷1《公署图》所绘与光绪志同。桃林驿即在图东。

4. 阌乡县鼎湖驿

《置驿二》:"阌乡县鼎湖驿,马五十九匹,马夫二十七名,扛递等夫三十九名。"

康熙《河南通志》卷15《公署》:"鼎湖马驿,在县治东。"

雍正《河南通志》卷27《邮传》:"阌乡县鼎湖驿至灵宝县桃林驿六十里。"又同卷:“阌乡县鼎湖驿,县管,次冲,至省八百四十里。东至灵宝县六十里,西至潼关六十里,南至山二十里不通驿道,北至黄河不通驿道。现设驿塘马六十七匹,现设驿塘等夫九十五名。”

《嘉庆重修一统志》卷221陕州二:“鼎湖驿,在閿乡县治东。”

民国《新修阌乡县志》卷5《交通》:“阌乡旧设鼎湖驿,在县治东,即今党部地址。”卷3《建置》:“马号即鼎湖驿,在大堂东。庙三楹,祀马王。两厢马棚二十八间,麸料房两间,磨房两间,乐楼一座,大门一座。清末自改驿归邮,房舍屡易。庙正屋东楹为党部,西楹为自治事务所。又西为电话局。”

案:阌乡县鼎湖驿,在今河南省三门峡市灵宝市西之故县镇。《一统志》误作“閿乡”。閿乡县,清代隶属陕州,新中国成立后与灵宝县合并。其县治在閿底镇,现为灵宝市豫灵镇。向西临近山西风陵渡,过黄河即为潼关。

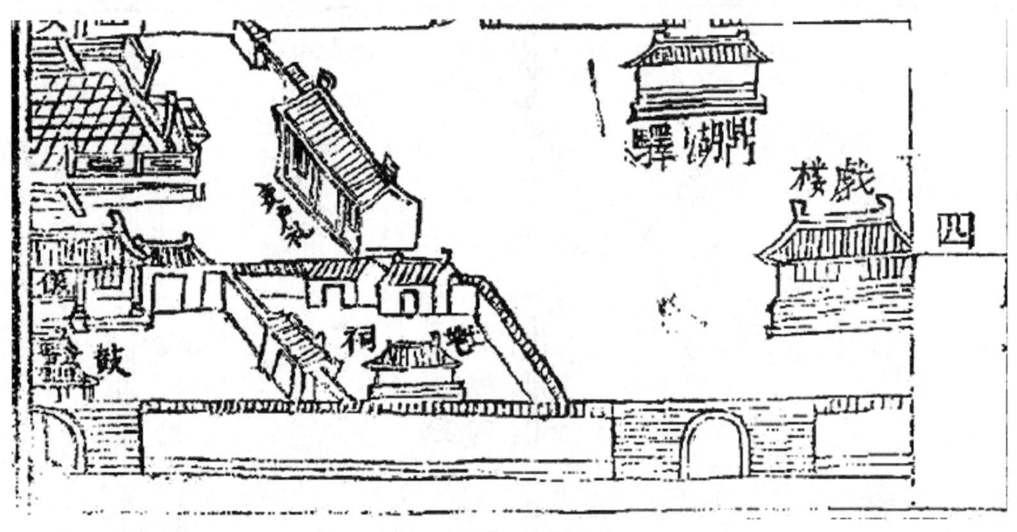

资料来源:乾隆《阌乡县志》卷首《图考》。鼎湖驿即在图东县大堂东侧。

5. 卢氏县县驿

《置驿二》:“卢氏县县驿,马一匹,马夫一名,递夫一名。”

雍正《河南通志》卷27《邮传》:“卢氏县,偏僻,至省七百六十里,东至永宁县一百六十里,西至陕西商州雒南县一百二十里,南至南阳府内乡县一百三十里,北至陕州灵宝县一百八十里。现设递马一匹,现设马夫二名。”

乾隆《续河南通志》卷43《武备志·邮传二》:“卢氏县,现设驿马一匹,现设马递夫二名,岁支工料等银五十二两五分六厘,遇闰照例加增。”

光绪《重修卢氏县志》卷2《驿铺》:“卢处偏隅,不通孔道,旧无驿站,颇设驿马一匹，马夫一名，为递送公文之用。马日支草料银五分，夫口支工食银四分五厘。”

案：卢氏县县驿，在今河南省三门峡市卢氏县县城。

（十）南阳府属十六驿

1. 南阳县宛城驿

《置驿二》：“南阳县宛城驿，马五十五匹，马夫二十六名，扛递等夫四十四名，兽医一名。”

康熙《河南通志》卷15《公署》：“宛城马驿，宛城递运所，俱在城东。”

雍正《河南通志》卷27《邮传》：“南阳县宛城驿，县管，极冲，至省六百里。东至唐县九十里，西至镇平县六十里，南至本县林水驿六十里，北至本县博望驿六十里。现设驿塘马七十四匹，现设驿塘等夫一百六名。”

《嘉庆重修一统志》卷212南阳府三：“宛城驿，在南阳县治东。”

光绪《南阳县志》卷8《兵防》：“南阳县有宛城驿，在东阙官驿街，北至博望六十里，南至林水六十里。……国初裁宛城驿丞，并其职于知县，移驿及所于县治西。”

案：南阳县宛城驿，在今河南省南阳市宛城区民主街。南阳古称宛城，位于白河（古称淯水）北岸，南通湖广、云贵，西连巴蜀，东达江浙，古城有千年历史，现存南阳府衙署等遗址保存较好。

2. 博望驿

《置驿二》：“博望驿，马五十五匹，马夫二十六名，扛递等夫四十五名，兽医一名。”

康熙《河南通志》卷15《公署》：“博望马驿，博望递运所，俱在县北六十里。”

雍正《河南通志》卷27《邮传》：“博望驿，系南阳县辖腰站，驿丞管，极冲，至省五百四十里。东北至裕州六十里，西至镇平县九十里，南至本县宛城驿六十里，北至裁并南召县六十里。现设驿塘马七十五匹，现设驿塘等夫一百七名。”

乾隆《续河南通志》卷43《武备志·邮传二》：“博望驿，系南阳县腰站，驿丞未裁，夫马县管。”

《嘉庆重修一统志》卷212南阳府三：“博望驿，在南阳县北六十里。有驿丞。”

光绪《南阳县志》卷3《建置》：“博望驿丞署，在县东北六十里博望镇，驿舍在署东。”卷8《兵防》：“博望驿，在县东北博望镇，北至裕州六十里。”

案：博望驿，在今河南省南阳市方城县西南约三十公里处之博望镇。地处

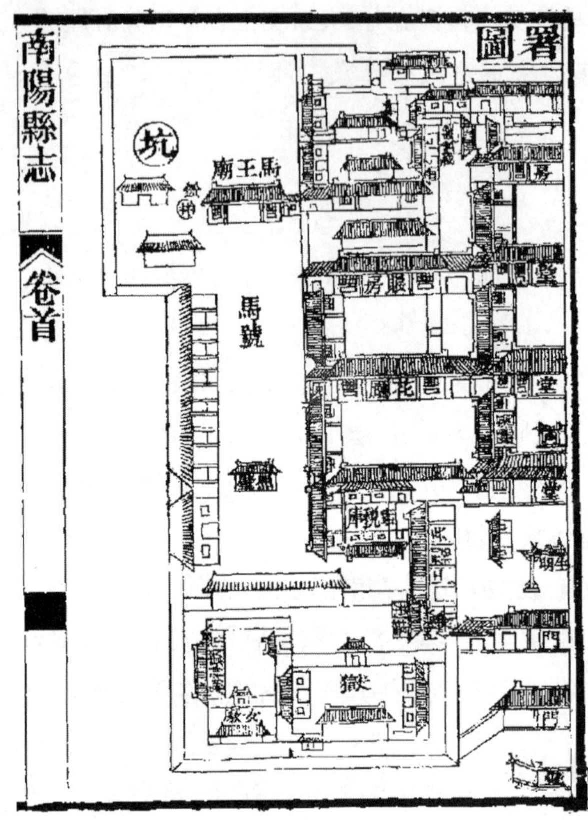

资料来源：光绪《南阳县志》卷首《图》。

"襄汉隘道"，明代置驿站、驿丞、递运所，清代仍有驿丞之设。

3. 林水驿

《置驿二》："林水驿，马五十五匹，马夫二十六名，扛递等夫四十五名，兽医一名。"

康熙《河南通志》卷15《公署》："林水马驿、林水递运所，俱在县南六十里。"

雍正《河南通志》卷27《邮传》："林水驿，系南阳县辖腰站，驿丞管，极冲，至省六百六十里。东至唐县七十里，西至镇平县八十里，南至新野县六十里，北至本县宛城驿六十里。现设驿塘马七十五匹，现设驿塘等夫一百七名。"

《嘉庆重修一统志》卷212南阳府三："林水驿，在南阳县南六十里。有驿丞。"

光绪《南阳县志》卷3《建置》："林水驿丞署，在县南六十里瓦店，驿舍在署西。皆因明旧制。"卷8《兵防》："林水驿，在县南瓦店，南至新野六十里。"

案：林水驿，在今河南省南阳市南约30公里处之瓦店镇。

4. 南召县县驿

《置驿二》："南召县县驿，马二匹，马夫一名，递夫一名。"

乾隆《续河南通志》卷42《武备志·邮传一》："雍正十三年，总督王士俊题复南召县，设驿马四匹，夫二名，走递夫一名。"

乾隆《新野县志》卷6《赋役》："南召县协济马站，旧额银一百九两征银五两五钱六分一毫。"

乾隆《南召县志》卷3《赋税》："驿马四匹，每匹日支草料银五分岁支草料银七十二两，遇闰加增银六两。驿马夫二名，每名日支工食银四分五厘岁支银三十二两四钱，遇闰加增银二两七钱。走递夫一名，日支工食银四分五厘岁支银十六两二钱,遇闰加增银一两三钱五分。鞍屉等银一十六两九钱三分。以上夫马工料等项岁共支银一百三十七两五钱三分,遇闰加增银一十两零五分。”

案:南召县县驿,在今河南省南阳市南召县东约30公里处之云阳镇。清代为南召县治所在。

5. 唐县县驿

《置驿二》:“唐县县驿,马二匹,马夫一名。”

雍正《河南通志》卷27《邮传》:“唐县,偏僻,至省一百里。东至泌阳县一百里,西至南阳县九十里,南至湖广襄阳府枣阳县界九十里,北至裕州一百五十里,现设递马二匹,现设马夫一名。”

乾隆《新野县志》卷6《赋役》:“唐县,协济马站,旧额银二十五两一钱二分,今征银四两九钱七分三厘七毫。”

乾隆《续河南通志》卷43《武备志·邮传二》:“唐县,现设驿马二匹,设马夫一名。岁支工料等银七十一两五分,遇闰照例加增。”

案:唐县县驿,在今河南省南阳市唐河县县城。

6. 泌阳县县驿

《置驿二》:“泌阳县县驿,马二匹,马夫一名,递夫一名。”

雍正《河南通志》卷27《邮传》:“泌阳县,偏僻,至省八百里,东至汝宁府确山县一百里,西至唐县一百里,南至桐柏县一百五十里,北至舞阳县二百八十里。现设递马二匹,现设马夫二名。”

乾隆《续河南通志》卷43《武备志·邮传二》:“泌阳县,现设驿马二匹,现设驿递等夫二名。岁支工料等银七十九两三钱五分,遇闰照例加增。”

案:泌阳县县驿,在今河南省驻马店市泌阳县县城。

7. 镇平县县驿

《置驿二》:“镇平县县驿,马二匹,马夫一名,递夫一名。”

雍正《河南通志》卷27《邮传》:“镇平县,偏僻,至省六百七十五里,东至南阳县六十里,西至内乡县一百里,南至邓州九十里,北至旧南召县一百三十里。现设递马四匹,现设马夫三名。”

乾隆《续河南通志》卷43《武备志·邮传二》:“镇平县,现设驿马二匹,现设驿递等夫二名。岁支工料等银七十六两八钱六分五厘,遇闰照例加增。”

案:镇平县县驿,在今河南省南阳市镇平县县城,南阳市向西约30公里处。

8. 桐柏县县驿

《置驿二》:“桐柏县县驿,马二匹。”

雍正《河南通志》卷27《邮传》:“桐柏县,偏僻,至省八百六十里,东至信阳州二百二十里,西至唐县界一百一十里,南至湖广德安府随州界四十里,北至泌阳县二百一十里。现设递马二匹。”

乾隆《续河南通志》卷43《武备志·邮传二》:“桐柏县,现设驿马二匹,岁支草料等银四十一两六钱八分遇闰照例加增。”

乾隆《桐柏县志》卷3《建置志·铺舍邮传》:“桐非南北通衢,故未置驿。公文往来,取铺夫为多。……邮传。现设递马二匹。”卷5《食货志·协济驿站》、《食货志·本县驿站》:“协济驿站原额银五百六十四两九钱一分六毫八丝八忽八微。除荒实征银六十九两七钱九分四厘七毫,闰月原额银四十七两七分五厘九毫,除荒实征银八两五钱二分七厘七毫,连闰实征共银七十八两三钱二分二厘四毫。于康熙七年改充兵饷。……本县驿站原额银四百一十四两,除荒实征银五十一两一钱四分九厘七毫,闰月原额银三十四两五钱,除荒实征银六两二钱四分九厘六毫。连闰实征共银五十七两三钱九分九厘三毫,内除岁减里夫银六两三钱于顺治十三年裁充兵饷。实在驿站银五十一两九分九厘三毫,于康熙十四年奉文通融计算裁四留六,至康熙二十年钦奉恩诏案内,准复二分,共应支应裁实在银数俱系粮驿道按年另造确册,随年造报。”

案:桐柏县县驿,在今河南省南阳市桐柏县县城。南阳市东南,临近湖北界。

9. 邓州州驿

《置驿二》:“邓州州驿,马三匹,马夫一名,递夫三名。”

雍正《河南通志》卷27《邮传》:“邓州,偏僻,至省七百二十里,东至南阳县一百二十里,西北至内乡县一百二十里,南至湖广襄阳府襄阳县界九十里,北至镇平县九十里。”

乾隆《续河南通志》卷43《武备志·邮传二》:“邓州,现设驿马三匹,现设驿递等夫四名。岁文工料等银一百二十二两三钱一分,遇闰照例加增。”

乾隆《邓州志》卷10《邮传》:“本州虽界郧、襄,不系冲途,不设驿站。旧有里马五十二匹,顺治年间止里马十二匹,今亦裁改。现设塘递马六匹,每匹日支草料银五分,每年共支银一百零八两。遇闰加银九两。走递夫三名,马夫三名,每名日支工食银四分五厘。每年共支银九十七两二钱,遇闰加银八两一钱。”

案:邓州州驿,在今河南省南阳市邓州市老城区。

10. 内乡县县驿

《置驿二》:“内乡县县驿,马二匹,马夫一名。”

康熙《内乡县志》卷6《职官志·知县》:“李煜,归安人。康熙甲寅,以卫辉府经历署内乡县事,下车问民疾苦,革弊兴利。时大兵南下,由陕西抵湖广取道内乡,煜申请巡抚谓内乡距商南五百里,山路险阻,驿站久裁,供应无出,得允勒石遵守,一方永受其惠。迁宜良知县。”

雍正《河南通志》卷27《邮传》:“内乡县,偏僻,至省七百六十里,东至镇平县一百里,西至淅川县界六十里,东南至邓州一百二十里,北至河南府卢氏县一百三十里。现设递马二匹,现设马夫一名。”

乾隆《续河南通志》卷43《武备志·邮传二》:“内乡县,现设驿马二匹,现设马夫一名。岁支工料等银五十七两三钱,遇闰照例加增。”

案:内乡县县驿,在今河南省南阳市内乡县县城。

11. 新野县湍阳驿

《置驿二》:“新野县湍阳驿,马六十七匹,马夫三十二名,扛递等夫四十七名,兽医一名。”

康熙《河南通志》卷15《公署》:“湍阳马驿,在县治东。”

雍正《河南通志》卷27《邮传》:“新野县湍阳驿,县管,极冲,至省七百二十里。东至唐县九十里,西至邓州一百二十里,南至湖广襄阳县吕堰驿六十里,北至南阳县林水驿六十里。现设驿塘马八十七匹,现设驿塘等夫一百一十七名。”

乾隆《新野县志》卷6《赋役志·驿递》:“湍阳驿,旧在县东南玉皇庙故址,正统三年定西侯征川奏请设官,四年知县孙宗富创署,今不存。”卷2《建置志·置邮》:“湍阳驿,明季在城东南隅玉皇庙故址,今改置于县治之西,即旧典史廨也。”

乾隆《续河南通志》卷43《武备志·邮传二》:“新野县,现设驿塘马六十九匹,现设驿塘扛递等夫一百八名。岁支工料等银三千二百三十两三钱四分三厘,遇闰照例加增。”

《嘉庆重修一统志》卷212南阳府三:“湍阳驿,在新野县治西。旧在城东南,今改置。”

案:新野县湍阳驿,在今河南省南阳市新野县汉城街道。

12. 淅川县县驿

《置驿二》:“淅川县县驿,马一匹。”

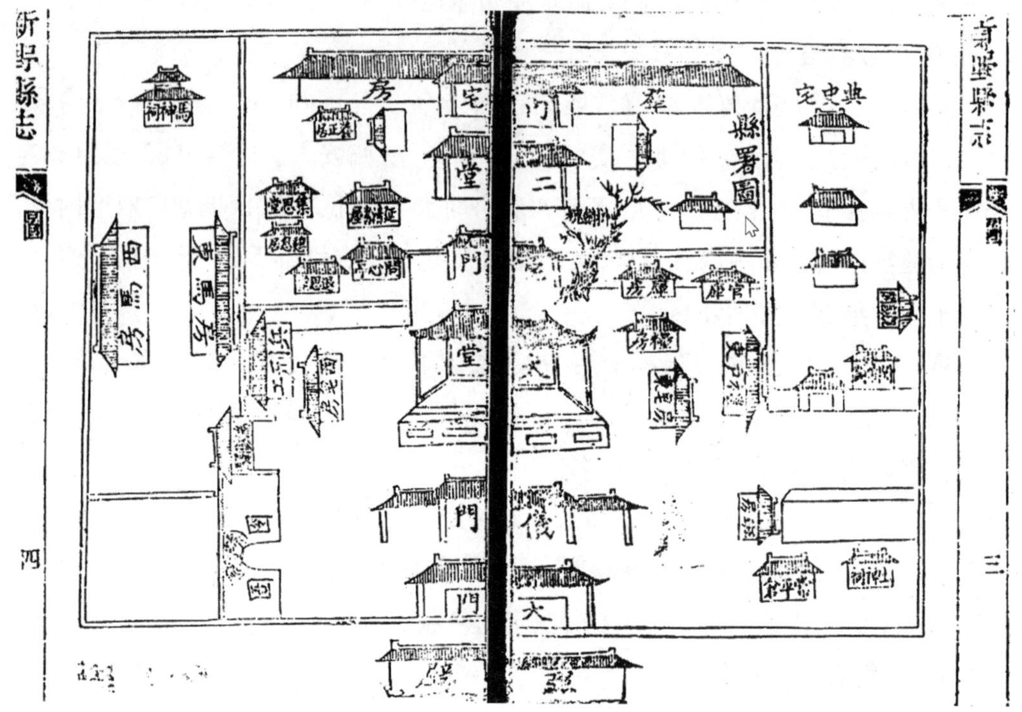

资料来源:乾隆《新野县志·图》。

雍正《河南通志》卷27《邮传》:“淅川县,偏僻,至省九百里,东至邓州一百六十里,西至湖广郧阳府郧县界三十五里,南至湖广襄阳府均州界六十里,北至河南府卢氏县二百八十里。现设递马一匹。”

乾隆《续河南通志》卷43《武备志·邮传二》:“淅川县,现设驿马一匹,岁支雇夫草料等银三十五两一钱,遇闰照例加增。”

案:淅川县县驿,在今河南省南阳市淅川县西南约50公里处之老城镇。清代为淅川县治所在,新中国成立后县治迁至现址。县西有荆紫关,临丹江,地处豫、鄂、陕交界处,为重要关隘,现存有古城遗址。

13. 裕州赭阳驿

《置驿二》:“裕州赭阳县,马五十五匹,马夫二十六名,扛递等夫四十四名,兽医一名。”

康熙《河南通志》卷15《公署》:“赭阳马驿,在州治西南。”

雍正《河南通志》卷27《邮传》:“裕州赭阳驿,州管,极冲,至省四百八十里。东至舞阳县一百四十里,西南至南阳县博望驿六十里,南至唐县一百五十里,北至汝州鲁山县界九十里。现设驿塘马七十四匹,现设驿塘等夫一百六名。”

乾隆《裕州志》卷2《建置志》:"赭阳驿,昔在旧治之西,久废,今在州署之后。"

乾隆《续河南通志》卷43《武备志·邮传二》:"裕州,现设驿塘马五十七匹,现设驿塘扛递等夫九十七名。岁支工料等银二千八百三十四两五钱九分一厘,遇闰照例加增。"

《嘉庆重修一统志》卷212南阳府三:"赭阳驿,在裕州治。"

案:裕州赭阳驿,在今河南省南阳市方城县凤瑞街道。

14. 舞阳县县驿

《置驿二》:"舞阳县县驿,马二匹,马夫一名,递夫一名。"

雍正《河南通志》卷27《邮传》:"舞阳县,偏僻,至省四百里,东至汝宁府西平县一百六十里,西至叶县七十里,南至泌阳县二百八十里,北至许州襄城县一百里。现设递马四匹,现设马递夫三名。"

乾隆《续河南通志》卷43《武备志·邮传二》:"舞阳县,现设驿马二匹,现设驿递等夫二名,岁支工料等银七十两三钱七分,遇闰照例加增。"

案:舞阳县县驿,在今河南省漯河市舞阳县县城。

15. 叶县滍水驿

《置驿二》:"叶县滍水驿,马五十五匹,马夫二十六名,扛递等夫四十四名,兽医一名。"

康熙《河南通志》卷15《公署》:"滍水马驿,在县治北。"

《嘉庆重修一统志》卷212南阳府三:"滍水驿,在叶县治西北。"

雍正《河南通志》卷27《邮传》:"叶县滍水驿,县管,极冲,至省三百六十里。东至舞阳县七十里,西至汝州鲁山县界二十五里,南至本县保安驿六十里,北至许州襄城县六十里。现设驿塘马七十四匹,现设驿塘等夫一百六名。"

乾隆《续河南通志》卷43《武备志·邮传二》:"叶县,现设驿塘马五十七匹,现设驿塘扛递等夫九十七名,岁支工料等银二千八百二十三两八钱五分四厘,遇闰照例加增。"

同治《叶县志》卷2《建置志》:"滍水驿,旧在县治西北,今移建署东。"卷4《赋役志·驿站》:"滍水驿,极冲。"

案:叶县滍水驿,在今河南省平顶山市叶县昆阳街道。滍水,古水名,清代沿用,叶县北部自西向东流过,现名沙河。

16. 保安驿

《置驿二》:"保安驿,马五十五匹,马夫二十六名,扛递等夫四十五名,兽医一名。"

康熙《河南通志》卷15《公署》:"保安马驿、保安递运所,俱在县南六十里。"

雍正《河南通志》卷27《邮传》:"保安驿,系叶县辖腰站,驿丞管,极冲,至省四百二十里。东至舞阳县五十里,西至旧南召县一百二十里,南至裕州六十里,北至叶县六十里。现设驿塘马七十四匹,现设驿塘等夫一百七名。"

乾隆《续河南通志》卷43《武备志・邮传二》:"保安驿,系叶县腰站,驿丞未裁,驿务县管。现设驿塘马五十七匹,现设驿塘扛递等夫九十八名,岁支工料等银二千八百三十九两九钱九分一厘,遇闰照例加增。"

《嘉庆重修一统志》卷212南阳府三:"保安驿,在叶县南六十里。"

同治《叶县志》卷2《建置志》:"保安驿,旧属舞阳,今属叶,在县南六十里。"卷4《赋役志・驿站》:"保安驿,腰站,极冲。"

案:保安驿,在今河南省平顶山市叶县西南约30公里处之保安镇。地处"荆襄隘道",自古为兵家要地,明清亦以驿站闻名。

(十一)汝宁府属十驿

1. 汝阳县县驿

《置驿二》:"汝阳县县驿,马八匹,马夫四名,扛递等夫二十一名,兽医一名。"

康熙《汝阳县志》卷3《建置志・廨署》:"汝阳驿,县后军仓街南,知县刘天泽修。"又同卷《建置志・驿站》:"汝阳驿,北门里东街,成化十二年建。"

雍正《河南通志》卷27《邮传》:"汝阳县马驿,县管,稍冲,至省五百里,东至新蔡县一百四十里,西至确山县九十里,南至正阳县一百二十里,北至上蔡县七十里。"

《嘉庆重修一统志》卷216汝宁府二:"汝阳驿,在汝阳县治西。"

嘉庆《汝宁府志》卷7《公署・驿站》:"汝阳县,现设驿塘马十匹,现设驿塘扛递等夫四十名。"

案:汝阳县县驿,在今河南省驻马店市汝南县。明代在汝宁之西设驿站,名驻马店,晚清因京汉铁路,驻马店交通便利,由驿站逐渐发展为大城市,现为河南省驻马店市驿城区。

2. 上蔡县县驿

《置驿二》:"上蔡县县驿,马六匹,马夫三名,扛递等夫十名,兽医一名。"

雍正《河南通志》卷27《邮传》:"上蔡县马驿,县管,稍冲,至省四百二十里,东至陈州项城县一百二十里，西至西平县九十里，南至汝阳县七十里，北至陈州西华县一百四十里。”

乾隆《续河南通志》卷43《武备志·邮传二》：“上蔡县，现设驿塘马八匹，现设驿塘扛递等夫二十一名，岁支工料等银四百七十六两一钱七分一厘。遇闰照例加增。”

《嘉庆重修一统志》卷216汝宁府二：“上蔡驿，在上蔡县治西，亦名白马驿。”

嘉庆《汝宁府志》卷7《公署·驿站》：“上蔡县，现设驿塘马八匹，现设驿塘扛递等夫二十一名。”

案：上蔡县县驿，在今河南省驻马店市上蔡县重阳街道。

3. 确山县县驿

《置驿二》：“确山县县驿，马五十六匹，马夫二十七名，扛递等夫四十名，兽医一名。”

雍正《河南通志》卷27《邮传》：“明港驿至确山县驿九十里。”又同卷：“确山县马驿，县管，极冲，至省五百四十里。东至汝阳县九十里，西至南阳府泌阳县一百五十里，南至信阳州明港驿九十里，北至遂平县九十里。现设驿塘马七十二匹，现设驿塘等夫一百一名。”

乾隆《续河南通志》卷43《武备志·邮传二》：“确山县，现设驿塘马五十八匹，现设驿塘扛递等夫九十四名，岁支工料等银二千八百一十八两八钱四分。遇闰照例加增。”

乾隆《确山县志》卷1《建置·马厩》：“确山驿，向未设驿丞，知县□□。马王庙。马厩旧基，毁后设于县治后。大厅三间，煮料、铡草、马夫□公署花庭改设。东厩五间，西厩五间。新设大厩五间，顺治十年知县吴大壮买民房□。后厩三间，养□□知县吴大壮置。西厩五间，顺治六年知县□□杰置。”

《嘉庆重修一统志》卷216汝宁府二：“确山驿，在确山县治西。”

嘉庆《汝宁府志》卷7《公署·驿站》：“确山县，现设驿塘马五十八匹，现设驿塘扛递等夫九十名。”

案：确山县县驿，在今河南省驻马店市确山县盘龙街道。

4. 正阳县县驿

《置驿二》：“正阳县县驿，马二匹，马夫一名，递夫三名，兽医一名。”

雍正《河南通志》卷27《邮传》：“正阳县，偏僻，至省六百七十里，东南至罗山县一百二十里，西至确山县九十里，南至信阳州界六十里，北至汝阳县一百二

十里。”

乾隆《续河南通志》卷43《武备志·邮传二》:“正阳县,现设驿马二匹,现设驿递等夫五名,岁支工料等银一百四十六两八钱,遇闰照例加增。”

嘉庆《汝宁府志》卷7《公署·驿站》:“正阳县,现设驿马二匹,现设驿递等夫五名。”

民国《重修正阳县志》卷2《交通志》:“正阳地非通衢,人重乡土,旧有交通不过驿站、舟车、津梁三数事,清季维新,废驿递创邮政……官府公文往来,正阳旧有驿站一所,站设夫马铺兵,用繁而事杂,且专供公差,私人之函件音问无从转致。清光绪二十六年,奉新章设邮政代办所。……驿站设县署东,驿马四匹,驿马夫二名,探马夫一名,马牌一名,走递夫一名。”卷1《建置志·官署》:“大礼堂即前清忠爱堂,……堂东厢后南段为看守所,房十余间。北段为财政局,房二十二间。旧为驿站马王祠、马号房、递铺兵夫房,民国六年知事林肇煌改建为待质习艺所。”

案:正阳县县驿,在今河南省驻马店市正阳县真阳镇。

5. 新蔡县县驿

《置驿二》:“新蔡县县驿,马二匹,马夫一名。”

雍正《河南通志》卷27《邮传》:“新蔡县,偏僻,至省六百六十里,东至光州固始县二百一十里,西至汝阳县一百四十里,南至光州光山县一百四十里,北至陈州项城县九十里。”

乾隆《续河南通志》卷43《武备志·邮传二》:“新蔡县,现设驿马二匹,现设马夫一名,岁支工料等银五十四两七钱。遇闰照例加增。”

嘉庆《汝宁府志》卷7《公署·驿站》:“新蔡县,现设驿马二匹,现设马夫一名。”

案:新蔡县县驿,在今河南省驻马店市新蔡县县城。

6. 西平县县驿

《置驿二》:“西平县县驿,马五十匹,马夫二十四名,扛递等夫四十名,兽医一名。”

康熙《河南通志》卷15《公署》:“西平马驿,在县治南。”

雍正《河南通志》卷27《邮传》:“遂平县驿至西平县驿六十里。”又同卷:“西平县马驿,县管,极冲,至省四百五十里。东至上蔡县九十里,西至南阳府舞阳县一百六十里,南至遂平县六十里。北至许州郾城县六十里。现设驿塘马六十四匹,现设驿塘等夫九十七名。”

乾隆《续河南通志》卷43《武备志·邮传二》:“西平县,现设驿塘马五十二匹,现设驿塘扛递等夫九十一名。岁支工料等银二千五百八十二两六钱三分八厘。遇闰照例加增。”

《嘉庆重修一统志》卷216汝宁府二:“西平驿,在西平县治南。”

嘉庆《汝宁府志》卷7《公署·驿站》:“西平县,现设驿塘马五十二匹,现设驿塘扛递等夫九十一名。”

案:西平县县驿,在今河南省驻马店市西平县柏城街道。

7. 遂平县县驿

《置驿二》:“遂平县县驿,马五十六匹,马夫二十七名,扛递等夫四十名,兽医一名。”

雍正《河南通志》卷27《邮传》:“确山县驿至遂平县驿九十里。”又同卷:“遂平县马驿,县管,极冲,至省五百一十里。东至上蔡县一百里,西至南阳府泌阳县一百六十里,南至确山县九十里,北至西平县六十里。现设驿塘马七十二匹,现设驿塘等夫一百一名。”

乾隆《续河南通志》卷43《武备志·邮传二》:“遂平县,现设驿塘马五十八匹,现设驿塘扛递等夫九十四名。岁支工料等银二千八百一十五两二钱四分。遇闰照例加增。”

《嘉庆重修一统志》卷216汝宁府二:“遂平驿,在遂平县治。”

嘉庆《汝宁府志》卷7《公署·驿站》:“遂平县,现设驿塘马五十八匹,现设驿塘扛递等夫九十四名。”

案:遂平县县驿,在今河南省驻马店市遂平县濯阳街道。

8. 信阳州州驿

《置驿二》:“信阳州州驿,马七十四匹,马夫三十六名,扛递等夫五十三名,兽医一名。”

雍正《河南通志》卷27《邮传》:“(南)湖广应山县九十里入汝宁府信阳州境,信阳州驿至明港驿九十里。”又同卷:“信阳州马驿,州管,极冲,至省七百八十里。东至罗山县一百二十里,西至南阳府泌阳县二百四十里,南至湖广德安府应山县一百五十里,北至本州明港驿九十里。现设驿塘马九十四匹,现设驿塘等夫一百三十三名。”

乾隆《续河南通志》卷43《武备志·邮传二》:“信阳州,现设驿塘马七十六匹,现设驿塘扛递等夫一百二十四名。岁支工料等银三千六百七十六两六钱九分六厘。遇闰照例加增。”

乾隆《信阳州志》卷 2《建置志 · 州署》：“马厩，在土地祠、萧曹祠东。”卷 2《建置志 · 邮政》：“州城额设驿马九十二匹，遇差照依，兵部勘合发给。马王殿三楹，马厩二十七间。”

《嘉庆重修一统志》卷 216 汝宁府二：“在州治，旧有白云驿在州东北，宋置明废。”

嘉庆《汝宁府志》卷 7《公署 · 驿站》：“信阳州，现设驿塘马七十六匹，现设驿塘扛递等夫一百二十四名。”

案：信阳州州驿，在今河南省信阳市狮河区。

9. 明港驿

《置驿二》：“明港驿，马五十六匹，马夫二十七名，扛递等夫四十名，兽医一名。”

雍正《河南通志》卷 27《邮传》：“明港驿，系信阳州辖腰站，驿丞管，极冲，至省六百九十里。南至信阳州九十里，北至确山县九十里，东西两路不通官道。现设驿塘马七十二匹，现设驿塘等夫一百一名。”

乾隆《续河南通志》卷 43《武备志 · 邮传二》：“明港驿，系信阳州腰站，驿丞未裁，夫马州管。”

乾隆《信阳州志》卷 1《舆地志》：“北九十里明港驿入确山县境，再九十里抵其治。”卷 2《建置志 · 州署》：“驿丞署，在明港驿，乾隆元年建。”卷 2《建置志 · 邮政》：“明港驿，额设驿马七十匹，遇差照依，兵部勘合发给，马王殿三楹。”

《嘉庆重修一统志》卷 216 汝宁府二：“明港驿，在信阳州北九十里。”

嘉庆《汝宁府志》卷 7《公署 · 驿站》：“明港驿，系信阳州腰站，驿丞未裁，夫马州管。现设驿塘马五十八匹，现设驿塘扛递等夫九十四名。”

案：明港驿，在今河南省信阳市平桥区北约 40 公里处之明港镇。位于明港河北岸，故名。

10. 罗山县县驿

《置驿二》：“罗山县县驿，马二匹，马夫一名，递夫二名。”

雍正《河南通志》卷 27《邮传》：“罗山县，偏僻，至省七百六十里，东至广州光山县七十里，西至信阳州一百二十里，南至湖广黄州府黄陂县二百四十里，西北至正阳县一百二十里。”

乾隆《续河南通志》卷 43《武备志 · 邮传二》：“罗山县，现设驿马二匹，现设驿递夫三名。岁支工料等银九十两一钱五分。遇闰照例加增。”

嘉庆《汝宁府志》卷7《公署·驿站》:“罗山县,现设驿马二匹,现设驿夫三名。”

案:罗山县县驿,在今河南省信阳市罗山县县城。

(十二)光州直隶州属六驿

1. 光州直隶州州驿

《置驿二》:“光州直隶州州驿,马二匹,马夫一名,扛递等夫四名。”

雍正《河南通志》卷27《邮传》:“光州,偏僻,至省七百七十里,东至固始县界七十里,西至息县九十里,南至商城县界七十里,北至息县界五十里。”

乾隆《续河南通志》卷43《武备志·邮传二》:“光州,现设驿马二匹,现设驿递等夫五名,岁支工料等银一百二十三两。遇闰照例加增。”

乾隆《光州志》卷33《邮传志》:“州原设递马四匹,马夫三名。……乾隆二十三年十二月内奉文裁归直隶磁州马二匹,马夫一名。现存马二匹……马夫二名。”

案:光州直隶州州驿,在今河南省信阳市潢川县县城。民国初年,光州治所改名潢川。

2. 光山县县驿

《置驿二》:“光山县县驿,马二匹,马夫一名,递夫一名。”

雍正《河南通志》卷27《邮传》:“光山县,偏僻,至省八百二十里,东至商城县一百里,西至汝宁府罗山县七十里,南至本县长潭驿六十里,北至息县九十里。”

乾隆《续河南通志》卷43《武备志·邮传二》:“光山县,现设驿马二匹,现设马递夫二名,岁支工料等银七十二两五钱五分。遇闰照例加增。”

乾隆《光州志》卷33《邮传志》:“光山旧有长潭驿,原额夫马亦如息县数。国朝康熙三年以光山虎湾一带山川盘互路径崎岖,移孔道于汝宁之西遂、确、信等州县,光山遂裁存马四匹,夫二名。长潭驿裁存马四匹,夫三名。乾隆二十三年十二月内,又奉文裁光山驿马二匹,现存马二匹……夫二名。裁长潭驿马二匹,夫一名。现存马二匹,夫二名。”

乾隆《光山县志》卷15《驿铺》:“光山县驿,在县署左。见存驿递马二匹,马夫二名。”

案:光山县县驿,在今河南省信阳市紫水街道。

3. 长潭驿

《置驿二》:“长潭驿,马二匹,马夫一名,递夫一名。”

雍正《河南通志》卷27《邮传》:“长潭驿,系光山县辖,县管,偏僻,至省八百九十里。东至商城县一百里,西至汝宁府罗山县界一百里,南至湖广黄州府黄安县一百二十里,北至光山县六十里。现设驿马四匹,现设驿马夫三名。"

乾隆《续河南通志》卷43《武备志·邮传二》:"长潭驿,系光山县辖,夫马县管。"

《嘉庆重修一统志》卷223光州二:"长潭驿,在光山县南六十里。旧在牛山镇,明万历中移置。"

乾隆《光州志》卷33《邮传志》:"光山旧有长潭驿,原额夫马亦如息县数。国朝康熙三年以光山虎湾一带山川盘互路径崎岖,移孔道于汝宁之西遂、确、信等州县,光山遂裁存马四匹,夫二名。长潭驿裁存马四匹,夫三名。乾隆二十三年十二月内,又奉文裁光山驿马二匹,现存马二匹……夫二名。裁长潭驿马二匹,夫一名。现存马二匹,夫二名。"

乾隆《光山县志》卷15《驿铺》:"长潭驿,在县南九十五里。康熙三年裁归县驿。见存驿递马二匹,马夫二名。"

案:长潭驿,在今河南省信阳市新县新集镇长潭村。明代置。明清属光山县,新县之设始自1948年。

4. 固始县县驿

《置驿二》:"固始县县驿,马二匹,马夫一名。"

雍正《河南通志》卷27《邮传》:"固始县,偏僻,至省九百一十里,东至江南颍州霍邱县界六十里,西至光州界七十里,南至商城县界六十里,北至江南颍州界七十里。"

乾隆《续河南通志》卷43《武备志·邮传二》:"固始县,现设驿马二匹,现设马夫一名。岁支工料等银六十两四钱。遇闰照例加增。"

乾隆《光州志》卷33《邮传志》:"固始南达湖湘,东联吴会,宋元时曾立站,今县东门外尚有驿站街。……前明犹额设驿马四十匹。国朝顺治六年奉裁至二十四匹,后改为僻壤,额设递马六匹,马夫二名。雍正四年七月内,又奉文裁马二匹,夫一名。乾隆二十三年十二月内,又奉文裁马二匹,现存马二匹……夫一名。"

乾隆《重修固始县志》卷11《驿递》:"马号,旧在县治仪门内偏西,后移大有仓后。"

案:固始县县驿,在今河南省信阳市固始县县城。

5. 息县县驿

《置驿二》:"息县县驿,马二匹,马夫一名,递夫一名。"

雍正《河南通志》卷27《邮传》:"息县,偏僻,至省六百三十里,东至广州九十里,西至汝宁府正阳县一百二十里，南至光山县九十里，北至汝宁府新蔡县一百一十里。”

乾隆《续河南通志》卷43《武备志·邮传二》：“息县，现设驿马二匹，现设驿递夫二名，岁支工料等银七十一两九钱，遇闰照例加增。”

乾隆《光州志》卷33《邮传志》：“息县，康熙三年裁杨庄驿，存马六匹，夫四名。雍正四年七月内奉文裁马二匹，夫一名。乾隆二十三年十二月内又奉文裁马二匹，夫一名。现存马二匹，夫二名。”

案：息县县驿，在今河南省息县。

6. 商城县县驿

《置驿二》：“商城县县驿，马二匹，马夫一名。”

雍正《河南通志》卷27《邮传》：“商城县，偏僻，至省八百八十里，东至江南颍州霍邱县界八十里，西至光山县长潭驿一百里，南至湖广黄州府罗田县界一百二十里，北至固始县界六十里。”

乾隆《续河南通志》卷43《武备志·邮传二》：“商城县，现设驿马二匹，现设马夫一名，岁支工料等银五十五两七分。遇闰照例加增。”

乾隆《光州志》卷33《邮传志》：“商城，原设马四匹，夫二名。乾隆二十三年十二月内，奉文裁马二匹，夫一名。现存马二匹，夫一名。”

案：商城县县驿，在今河南省信阳市商城县县城。

（十三）汝州直隶州属五驿

1. 汝州直隶州州驿

《置驿二》：“汝州直隶州州驿，马六匹，马夫三名，扛递等夫十四名，兽医一名。”

雍正《河南通志》卷27《邮传》：“汝州马驿，县管，稍冲，至省四百五十里，东至郏县九十里，西北至河南府洛阳县一百六十里，南至鲁山县一百二十里，北至河南府登封县九十里。”

乾隆《续河南通志》卷43《武备志·邮传二》：“汝州，现设驿塘马八匹，现设驿塘扛递等夫二十七名，岁支工料等银五百五十三两七钱三分三厘。遇闰照例加增。”

《嘉庆重修一统志》卷225汝州直隶州二：“汝州驿，在州治。”

案：汝州直隶州州驿，在今河南省汝州市。

2. 鲁山县县驿

《置驿二》:"鲁山县县驿,马二匹,马夫一名。"

雍正《河南通志》卷27《邮传》:"鲁山县,偏僻,至省四百三十里,东至宝丰县五十里,西至河南府嵩县界一百八实力,南至南阳县二百四十里,北至汝州一百二十里。"

乾隆《续河南通志》卷43《武备志·邮传二》:"鲁山县,现设驿马二匹,现设马夫一名,岁支工料等银五十二两二钱。遇闰照例加增。"

案:鲁山县县驿,在今河南省平顶山市鲁山县县城。

3. 郏县县驿

《置驿二》:"郏县县驿,马四匹,马夫二名,扛递等夫十三名,兽医一名。"

雍正《河南通志》卷27《邮传》:"郏县马驿,县管,稍冲,至省三百六十里,东至许州襄城县六十里,西至梧州就是了,南至宝丰县三十里,北至禹州八十里。"

乾隆《续河南通志》卷43《武备志·邮传二》:"郏县,现设驿马六匹,现设驿塘扛递等夫二十六名,岁支工料等银四百九十三两六钱六分。遇闰照例加增。"

《嘉庆重修一统志》卷225汝州直隶州二:"郏县驿,在县治。"

案:郏县县驿,在今河南省平顶山市郏县龙山街道。

4. 宝丰县县驿

《置驿二》:"宝丰县县驿,马二匹,马夫一名。"

雍正《河南通志》卷27《邮传》:"宝丰县,偏僻,至省三百九十里,东至许州襄城县九十里,西至鲁山县五十里,南至南阳府叶县八十里,北至郏县三十里。"

乾隆《续河南通志》卷43《武备志·邮传二》:"宝丰县,现设驿马二匹,现设马夫一名,岁支工料等银五十二两二钱。遇闰照例加增。"

案:宝丰县县驿,在今河南省平顶山市宝丰县县城。

5. 伊阳县县驿

《置驿二》:"伊阳县县驿,马二匹,马夫一名。"

雍正《河南通志》卷27《邮传》:"伊阳县,偏僻,至省五百四十里,东至汝州九十里,西北至河南府嵩县九十里,南至鲁山县界九十里,北至河南府洛阳县界六十里。"

乾隆《续河南通志》卷43《武备志·邮传二》:"伊阳县,现设驿马二匹,现设马夫一名,岁支工料等银五十二两二钱。遇闰照例加增。"

案:伊阳县县驿,在今河南省洛阳市汝阳县县城。

江苏

一、江苏地理概述

江苏省在元代是江浙行省的一部分，明代是南直隶省的一部分，清初跨长江设江南省，康熙六年(1667)分江南省为二，江苏省辖江宁、苏州、松江、常州、镇江、淮安、扬州七府和徐州一州；安徽省辖安庆、徽州、宁国、池州、太平、庐州、凤阳七府以及滁州、和州、广德三州。清代的江苏省包括了古代的江南地区，“山水清峙，土壤优渥，东南之胜，实为名邦。”①顾祖禹也说：“以东南之形胜而能与相权衡者，江南而已。”②

江苏是全国地势最低平的一个省区，绝大部分地区是海拔50米以下的平原、湖泊，少量的低山丘陵集中在徐淮平原的北部和省西南境的宁镇地区。山地主要有宁镇丘陵、茅山山脉、宜溧山地、云台山，多是相对高度不超过500米，起伏舒缓的山岗或平顶山丘。

二、江苏驿道走向

清代江苏一省共置驿40处，在其干线中，江宁、苏州分别可由旱路与山东、直隶连接，另外又有运河水路将京师、江宁、苏州联为一体。由江宁向西可进入安徽。由苏州向南进入浙江。

---

① 《嘉庆重修一统志》卷72《江苏统部》，见《四部丛刊续编·史部》，上海书店1984年。

② 顾祖禹：《读史方舆纪要》卷19《江南一》，上海书店1998年。

1. 山东至江宁

（1）陆线出山东至江苏徐州后，又出江苏经过安徽凤阳等地至江宁

自皇华驿至江南江宁省城，由山东中路共2319里。由山东滕县临城驿入境，70里至铜山县利国驿，80里至铜山县东岸驿（由东岸驿分道，150里至邳州驿，180里至铜山县房村驿），50里至铜山县桃山驿，40里至安徽宿州夹沟驿，①70里至宿州睢阳驿（由睢阳驿分道，70里至宿州百善驿，60里至河南永城县大邱驿），50里至宿州大店驿，70里至灵璧县固镇驿，60里至凤阳县王庄驿，60里至凤阳县濠梁驿，60里至凤阳县红心驿，45里至定远县池河驿，35里至滁州大柳驿，60里至滁州滁阳驿，70里至江苏江浦县东葛驿，35里至江浦县江淮驿，50里至上元县金陵驿（江宁）。

（2）运河水线至江宁

由皇华驿经水路至江宁共2861里，40里至通州潞河驿，85里至通州和合驿，70里至武清县河西驿，60里至武清县杨村驿，60里至天津县杨青驿，75里至静海县奉新驿，90里至青县流河驿，70里至青县乾宁驿，70里至沧州砖河驿，70里至南皮县新桥驿，70里至吴桥县连窝驿，70里至德州良店驿，70里至德州安德驿，70里至德州梁家庄驿，90里至武城县甲马营驿，70里至临清州渡口驿，70里至临清州清源驿，60里至清平县清阳驿，60里至聊城县崇武驿，90里至阳谷县荆门驿，60里至东平州安山驿，60里至汶上县开河驿，90里至济宁州南城驿，80里至鱼台县河桥驿，120里至沛县泗亭驿，110里至峄县万家驿，90里至邳州赵村驿，120里至宿迁县钟吾驿，621里至仪征驿（与旱路同），100里至江宁府上元县龙江驿。

2. 江宁向西进入安徽

由金陵驿，60里至江宁县江宁驿，80里至安徽当涂县，60里至芜湖县，100里至南陵县，70里至公馆驿，70里至青阳县，80里至贵池县，（经安庆）180里至建德县。

3. 山东至苏州

（1）陆线由山东兰山县徐公店驿入江苏境

70里至兰山县驿，40里至兰山县李家庄驿，70里至郯城县驿，45里至郯城县红花埠驿，60里至江南宿迁县峒峿驿，60里至宿迁县钟吾驿，60里至桃源县古城驿，60里至桃源县桃源驿，80里至清河县清口驿，40里至山阳县淮阴驿，80里至宝

---

① 从宿州夹沟驿到滁州滁阳驿属于安徽省境。

应县安平驿,60 里至高邮州界首驿,60 里至高邮州盂城驿,66 里至甘泉县邵伯驿,45 里至江都县广陵驿,50 里至丹徒县京口驿(由京口驿分道,100 里至句容县云亭驿,70 里至句容县龙潭驿),100 里至丹阳县云阳驿,100 里至武进县毗陵驿,100 里至无锡县锡山驿,100 里至江苏元和县姑苏驿。①

(2)至苏州水线,与陆线一致

由皇华驿经水路至苏州共 3141 里。2691 里至江都县广陵驿,450 里至苏州元和县姑苏驿。②

4. 江苏至浙江线

由姑苏驿分道向南,45 里至吴江县平望驿,后进入浙江境内,120 里到达嘉兴县西水驿。

三、江苏置驿四十处

(一)江宁府属十驿

1. 上元县江东驿

《置驿二》:"上元县江东驿,马五十八匹,马夫四十九名,宣楼船四十三只,水手四百三十名。"

乾隆《江南通志》卷 22《舆地志·公署一》:"江东驿丞署,在江东门内。"

《嘉庆重修一统志》卷 74 江宁府二:"江东驿,在江宁县江东门内。"

嘉庆《重刊江宁府志》卷 18《驿递》:"江东驿,在县西北十五里。东至金陵驿十里,西北渡江江浦县江淮驿四十里。……乾隆十九年,裁汰驿丞归县经管。"

道光《上元县志》卷 7《官守志下·驿递》:"江东驿,在县西北十五里。"

案:上元县江东驿,水马驿。在今江苏省南京市建邺区稍东。

2. 金陵驿

《置驿二》:"金陵驿,马六十二匹,马夫五十三名。"

乾隆《江宁新志》卷 6《建置志》:"金陵驿,在城内县西南隅古一名蛇盘驿,盖佘婆音之讹,在上元县长乐乡,非今之金陵驿也。"

---

① 此路亦可至江宁,从广陵驿分道,70 里至仪征县仪征驿,70 里至六合县棠邑驿,120 里至上元县金陵驿(江宁)。

② 其间的驿站与陆路同。

嘉庆《重刊江宁府志》卷 8《古迹》:"金陵驿,旧云在上元长乐乡。"

嘉庆《重刊江宁府志》卷 18《驿递》:"金陵驿,在县治东。东至句容县云亭驿一百里、龙潭驿七十里,南至江宁县江宁驿六十里,西北渡江至江浦县江淮驿五十里。乾隆十九年,裁驿丞归县。"

案:金陵驿,在今江苏省南京市秦淮区白下路稍西南。

3. 龙江驿

《置驿二》:"龙江驿,水驿夫六十名。"

《读史方舆纪要》卷 20 江宁县"龙江关"条下:龙江驿"在金川门外十五里大江边。舟楫辐凑于此,为南北津要"

嘉庆《重刊江宁府志》卷 14《赋役》:"龙江驿,水夫工食银四百三十二两。"卷 18《驿递》:"上元、江宁二县,合管龙江水驿,在县北十五里。"

同治《上江两县志》卷 9《兵》:"上元、江宁二县兼辖者,曰龙江水驿,在县北十五里。"

案:龙江驿,明代置,水驿。在今南京市西北约 40 公里处。

4. 又递运所

《置驿二》:"又递运所,差夫一百五十名。"

道光《上元县志》卷 7《官守志下 · 驿递》:"递运所,东至句容县云亭驿一百里、龙潭驿七十里,西北渡江至江浦县江淮驿五十里,南至太平府当涂县一百三十里,北渡江至六合县棠邑驿一百里,东南至溧水县一百里。原设旱夫一百五十名,系关大使专理,乾隆二十一年,并归上元、江宁二县各半分管,夫在县前伺应。今仍设旱夫一百五十名,岁支工食银二千一百六十两。"

5. 江宁县江宁驿

《置驿二》:"江宁县,江宁驿,马二十匹,马夫十三名。"

乾隆《江南通志》卷 22《舆地志 · 公署一》:"江宁驿丞署,在城南六十里江宁镇。"

乾隆《江宁新志》卷 6《建置志》:"江宁驿,在县西南六十里,古江宁县治,后县徙置驿。元名为站,今复为驿。路达采石至太平府。"

《嘉庆重修一统志》卷 74 江宁府二:"江宁驿,在江宁县南六十里。"

嘉庆《重刊江宁府志》卷 18《驿递》:"江宁驿,在县西南六十里。……乾隆十九年,裁驿丞归县。"

案:江宁县江宁驿,在今江苏省南京市江宁区西南之江宁街道。

6. 句容县云亭驿

《置驿二》:"句容县云亭驿,马四十五匹,马夫二十八名,差夫四十名。"

乾隆《句容县志》卷2《公署》:"云亭驿,在县治西。……按云亭驿站,今归知县管理。马号即在县治西,驿丞印记历交典史收贮。"

嘉庆《重刊江宁府志》卷18《驿递》:"句容县云亭驿,在县治前,东至丹阳县云阳驿一百里,西至上元县金陵驿一百里。"

光绪《续纂句容县志》卷2《建置》:"云亭驿在县治右。"

案:句容县云亭驿,在今江苏省镇江市句容市华阳街道。

7. 龙潭驿

《置驿二》:"龙潭驿,马二十五匹,马夫十五名,差大一百二丨名。"

乾隆《江南通志》卷22《舆地志·公署一》:"龙潭驿丞署,在盘龙山北。"

《嘉庆重修一统志》卷74江宁府二:"龙潭驿,在句容县盘龙山北。"

嘉庆《重刊江宁府志》卷18《驿递》:"龙潭驿,在县北六十里。……乾隆十九年,裁驿丞归县。"

案:龙潭驿,在今江苏省南京市栖霞区西北之龙潭街道。

8. 江浦县江淮驿

《置驿二》:"江浦县江淮驿,马四十五匹,马夫二十九名,差夫五十二名。"

乾隆《江南通志》卷97《武备志·驿传一》:"江淮驿,原设马五十五匹马夫五十五名。……雍正八年,裁驿丞归并江浦县管理。"

《嘉庆重修一统志》卷74江宁府二:"又江淮驿,在县城内。"

嘉庆《重刊江宁府志》卷18《驿递》:"江淮驿,在浦子口城,东南渡江至上元县江东驿四十里。"

案:江浦县江淮驿,在今江苏省南京市西之浦口区江浦街道。

9. 东葛驿

《置驿二》:"东葛驿,马四十五匹,马夫二十八名"

乾隆《江南通志》卷22《舆地志·公署一》:"东葛驿丞署,在东葛城。"

《嘉庆重修一统志》卷74江宁府二:"东葛驿,在江浦县西北三十里。"

嘉庆《重刊江宁府志》卷18《驿递》:"东葛驿,在县北三十五里。……乾隆十九年,裁驿丞归县。"

案:东葛驿,在今江苏省南京市浦口区西北之东葛村。

10. 六合县棠邑驿

《置驿二》:"六合县棠邑驿,马十四,马夫七名,差夫六十名。"

《嘉庆重修一统志》卷74江宁府二:"棠邑驿,在六合县东,本朝雍正八年裁。"

嘉庆《重刊江宁府志》卷18《驿递》:"棠邑驿,在县治前。……雍正八年,裁驿丞归县。"

光绪《六合县志》卷3《公署》:"棠邑驿,明洪武间知县陆梅建,在县治东。有马厂,亦洪武中建,为管马点阅之所。国朝雍正八年,裁驿归县,棠邑驿废为普济堂,马政亦废。"

案:六合县棠邑驿,在今江苏省南京市六合区。清代六合县古称棠邑。

(二)苏州府属三驿

1. 元和县姑苏驿

《置驿二》:"元和县姑苏驿,马六十四,马夫四十九名,水驿夫一百三十八名。"

乾隆《江南通志》卷22《舆地志·公署一》:"姑苏驿丞署,在府治胥门内。"

《嘉庆重修一统志》卷78苏州府二:"姑苏驿,在吴县胥门外。……有驿丞。"

同治《苏州府志》卷23《公署三·驿道》:"姑苏水马驿,在吴县胥门外,旧有姑苏馆,在胥门里河西城下。……万历间圮。三十九年,兵备副使李右谏重建,前曰蟾帷馆,后曰皇华堂。国朝顺治二年毁。七年,兵巡道胡以泓重建。康熙九年,坏于风。十三年,巡抚都御史马祜葺治之。咸丰十年毁。同治四年,署布政使郭柏荫重建,今丞缺裁革。"

案:元和县姑苏驿,水马驿,明代置,在今江苏省苏州市姑苏区。

2. 昆山县昆山驿

《置驿二》:"昆山驿,马二匹,马夫一名。"

案:昆山县昆山驿,在今江苏省苏州市昆山市。

3. 吴江县平望驿

《置驿二》:"吴江县平望驿,马三十五匹,马夫二十二名,水驿夫一百十五名。"

乾隆《江南通志》卷22《舆地志·公署一》:"平望驿丞署,在垂虹亭。"

乾隆《吴江县志》卷9《营建四》:"平望驿,旧在本镇去县南四十五里,唐属吴兴郡,开元末始隶苏州吴县。"

《嘉庆重修一统志》卷78苏州府二:"平望驿,在吴江县东门外。"

同治《苏州府志》卷23《公署三·驿道》:"平望水马驿,旧无水站,在本镇,去县南四十五里。……元分置水马二驿……明洪武元年，裁二站，即其址设水驿。……天启元年，知县晏清修拨隶吴江县。国朝顺治六年，知县李德淳移至东门外长桥垂虹亭，兼水马如旧，今圮废。……平望驿丞乾隆十二年裁。”

光绪《吴江县续志》卷4《营建三》：“平望驿，旧设水马二站，自国初移置城东门长桥垂虹亭，至今不改。”

案：吴江县平望驿，明代置，在今江苏省苏州市吴江区平望镇。

（三）松江府属二驿

1. 华亭县县驿

《置驿二》：“华亭县县驿，马二匹，马夫一名。”

乾隆《华亭县志》卷1《疆域》：“华亭非孔道，故驿传阙如。若颜师古所谓传送文书，所至处则不能无也。县系附郭，承值本府，设急递铺司兵三名。”卷6《田赋》：“额设驿马二匹，每年草料银四十三两二钱，遇闰增银三两六分。马价银每年一十两，遇闰增银八钱三分三厘。马夫一名，每年工食银一十两八钱，遇闰增银九钱。”

案：华亭县县驿，在今上海市松江区。

2. 青浦县县驿

《置驿二》：“青浦县县驿，马二匹，马夫一名。”

民国《青浦县续志》卷10《兵防·邮铺》：“置邮之中又有驿有站，青浦称青溪驿，额设驿马两匹，岁支草料银四十三两二钱，闰年加三两六钱。马夫一名，岁支工食银一十两八钱，闰年加九钱。每年买补倒马一匹，例价银一十三两九钱七分。光绪二十年，知县钱志澄详报驿站四至：自青溪驿东至七宝上海县界五十四里，南至锺贾山娄县界二十里，西至珠街阁崑山县界十二里，北至白鹤江嘉定县界十八里，东南至广富林娄县界二十四里，相距下站娄县之泗泾镇四十里，西南至金泽吴江县界三十六里，相距上站吴江县之章练塘镇四十五里，东北至黄渡嘉定县界三十六里，相距上站嘉定县城八十里，西北至菉葭浜崑山县界三十六里，相距上站崑山县城七十里。”

案：青浦县县驿，在今上海市青浦区。

（四）常州府属二驿

1. 武进县毘陵驿

《置驿二》：“武进县毘陵驿，马四十六匹，马夫二十九名，水驿夫一百二十三名。”

康熙《常州府志》卷12《公署》:“昆陵驿,在朝京门外百步。旧在天禧桥东,后改名荆溪馆。元置水马站设提领一员,明洪武元年改为武进站,置朝京门外一里,六年内改站为驿,改提领为驿丞。天顺五年,知府王慥改建于朝京门内,正德间知府王教徙今地。国朝因之。顺治年间,裁驿丞以典史、巡检更领驿务。”

乾隆《江南通志》卷22《舆地志·公署一》:“昆陵驿丞署,在县朝京门外。”

光绪《武进阳湖县志》卷6《兵防》:“昆陵驿,在武进西直厢西直街,建时未详,旧在驿桥东。元曰水马站,设提领。明洪武元年改曰武进站,移城外,六年改曰昆陵驿,并改提领为驿丞。天顺五年移城内,正德间移建今地。国朝顺治七年,裁驿丞,以典史、巡检更领。后领于县。同治三年,暂设河南厢早科坊,驿马四十六匹,马夫二十九名。”

案:武进县昆陵驿,明代置,在今江苏省常州市武进区。

2. 无锡县锡山驿

《置驿二》:“无锡县锡山驿,马四十六匹,马夫二十九名,水驿夫一百十五名。”

康熙《常州府志》卷12《公署》:“锡□□,在南门外。宋以前有太平南门北门三驿,元置洛社新安水、马站各一所。明洪武初站废,置锡山驿,今废,改置西门外吊桥下堍北。”

乾隆《江南通志》卷97《武备志·驿传一》:“锡山驿,原设马五十六匹,马夫五十六名,水夫二百二十名,快船二十只,水手六十名。”

光绪《无锡金匮县志》卷6《廨署》:“锡山驿,在皇华亭右。宋有太平南门北门三驿,元有洛社新安水、马站各一,明始置锡山驿于南门外,国朝移今地,并建庙祀马神,庙旧在洞虚宫后。”

案:无锡县锡山驿,明代置,在今江苏省无锡市城区。

(五)镇江府属三驿

1. 丹徒县京口驿

《置驿二》:“丹徒县京口驿,马六十匹,马夫三十八名,水驿夫一百三十八名,差夫二十五名。”

乾隆《江南通志》卷23《舆地志·公署二》:“京口驿丞署,在府城。”

乾隆《镇江府志》卷16《公署》:“京口驿,原设于京口闸内临河,万历七年知府钟庚阳改建西城临河,社稷坛左。”

《嘉庆重修一统志》卷 91 镇江府二:“京口驿,在丹徒县西临河。本朝乾隆二十六年,移主簿驻此。”

光绪《丹徒县志》卷 20《武备志·驿传》:“京口驿,在大西门外北首。旧制滨河,朝西大石马头一座。左右小马头二座。左右吹亭二座。东西辕门石狮二箇。第一进头门,左首轿班房一间,右首夫头房一间,八字墙。第二进仪门,东西角门。第三进,皇华亭三间,卷棚三间,左首文书房二间,差头房一间,旁有差厅三间,跟随房三间,什物房三间,厨房二间,役房一间。朝南马王殿三间。戏台三间,东西耳台二间。东西马棚十八间,草料房二间,兽医房一间,过道二间,驿卒房二间,萧王堂一间,徒犯房三间,外瓜洲腰站马房三间。另设扬州槽房三间。以上房屋尽燬于寇,今仅建马棚十间,其余办公之所俱暂赁民房。其皇华亭系于善后案内,另在新城外建立。正屋三间,卷棚三间,群房二间,吹亭二座。同治十年,邑令鹿请于苏抚批准,择要建复待行。”

案:丹徒县京口驿,水马驿,明代置,在今江苏省镇江市丹徒区。京口自古为长江沿岸重镇,清代有八旗驻防。

2. 炭渚驿

《置驿二》:“炭渚驿,马二十五匹,马夫十五名。”

乾隆《江南通志》卷 23《舆地志·公署二》:“炭渚驿丞署,在城西五十里。”

乾隆《镇江府志》卷 16《公署》:“炭渚驿,在城西五十里。”

《嘉庆重修一统志》卷 91 镇江府二:“炭渚驿,在丹徒县西五十里。”

光绪《丹徒县志》卷 20《武备志·驿传》:“炭渚驿,在城西五十里。亦被全燬,今仅建马棚三间,其办公之所亦系暂赁民房。”

案:炭渚驿,明代置,在今江苏省镇江市丹徒区西之炭渚桥附近。

3. 丹阳县云阳驿

《置驿二》:“丹阳县云阳驿,马六十匹,马夫三十名,水驿夫一百十八名,差夫三十一名。”

乾隆《江南通志》卷 23《舆地志·公署二》:“云阳驿丞署,在南门外。”

乾隆《镇江府志》卷 16《公署》:“云阳驿,初在城内,临河。后以官舫不时至驿,水关夜不得扃,城中因以失事,改迁南门外。今仍旧。”

《嘉庆重修一统志》卷 91 镇江府二:“云阳驿,在丹阳县南门外。”

光绪《重修丹阳县志》卷 4《城郭》:“云阳驿,旧在东门内临河,后移西门外,又移大南门外,今毁。”又卷首《凡例》:“云阳驿为七省要冲,邮传往来最称繁剧。旧

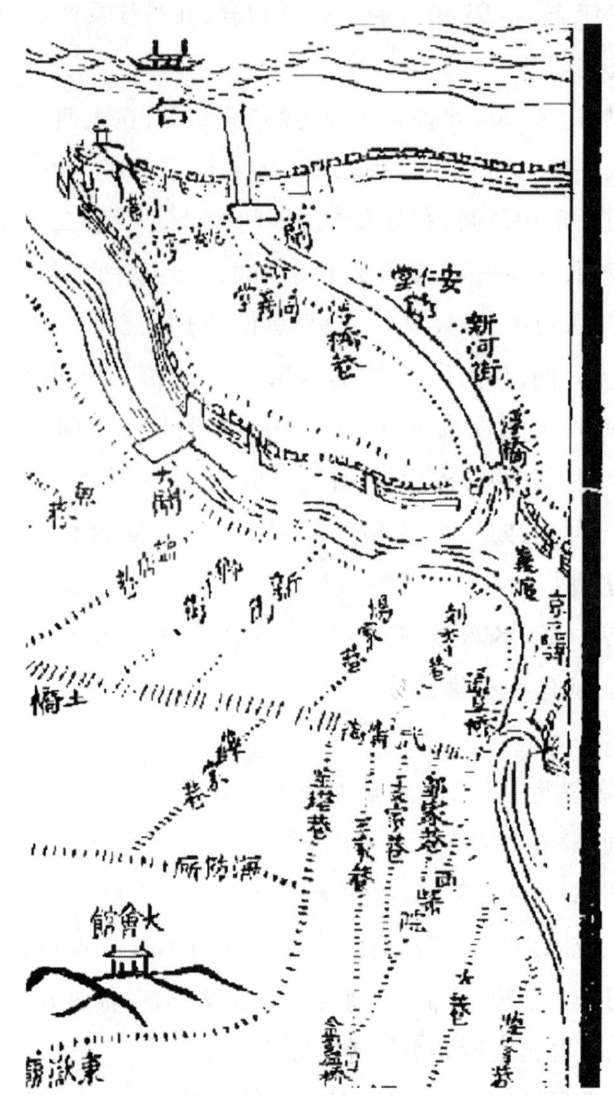

资料来源:光绪《丹徒县志》卷首《图》。京口驿在城西,即图中东侧。

驿在南薰门外河干,兵燹后权移南门内直街。”

案:丹阳县云阳驿,明代置,在今江苏省镇江市丹阳市。

(六)淮安府属四驿

1. 山阳县淮阴驿

《置驿二》:“山阳县淮阴驿,马八十五匹,马夫六十九名,水驿夫一百三十九名,差夫四十一名。”

《嘉庆重修一统志》卷94淮安府二:“淮阴驿,在府城望云门外运河西岸。”

同治《重修山阳县志》卷2《建置·驿递》:“淮阴驿,运河东岸。”

光绪《淮安府志》卷3《城池》:“淮阴驿,运河东岸。”

乾隆《淮安府志》卷27《驿传》:“淮阴驿,一等极冲。向有驿丞管理,雍正九年归县。”

宣统《续纂山阳县志》卷2《驿递》:“淮阴驿,设运河东岸南角楼北城墙脚下。旧有牌楼一座,照壁一道,朝南大门三间。朝东大棚十六间,内砖砌板槽十三张。朝西大棚十间,内砖砌板槽七张,煮料豆锅二眼。朝南马神殿三间,朝南上房三间,草亭一间,朝南厨房二间。朝东住房七间,朝南住房三间。”

案:山阳县淮阴驿,水马驿,在今江苏省淮安市淮安区。

2. 清河县清口驿

《置驿二》:“清河县清口驿,马八十九匹,马夫七十三名,水驿夫一百四十五名,差夫四十六名。”

乾隆《江南通志》卷23《舆地志·公署二》:“清口驿丞署,在县治二里。”

乾隆《淮安府志》卷27《驿传》:“清口驿,一等极冲。原设驿丞一员,雍正九年归县管理。”

《嘉庆重修一统志》卷94淮安府二:“清口水驿,在清河县西。旧在县东五里。明洪武四年建。”

光绪《淮安府志》卷4《城池》:“清口驿,在治东五里。”

案:清河县清口驿,水马驿,在今江苏省淮安市清江浦区。

3. 桃源县桃园驿

《置驿二》:“桃源县桃园驿,马六十五匹,马夫五十五名,水驿夫一百三十九名,差夫三十六名。”

乾隆《淮安府志》卷27《驿传》:“桃源驿,一等极冲。”

《嘉庆重修一统志》卷94淮安府二:“桃源驿,在桃源县北四十里。路道所必经也。”

光绪《淮安府志》卷4《城池》:“桃园驿,运河北众兴集,距城五里,下至清河县清口驿正站八十里,上至本县古城驿正站六十里。”

案:桃源县桃园(源)驿,水马驿,在今江苏省宿迁市泗阳县北之桃源果园一带。康熙《清会典》卷100江南淮安府桃源县有“桃源驿”,雍正《清会典》卷141、乾隆《清会典则例》卷120江苏淮安府同,嘉庆《清会典事例》卷529作“桃园驿”。汉代称泗阳县,元代改为桃源县,民国时复泗阳之名。

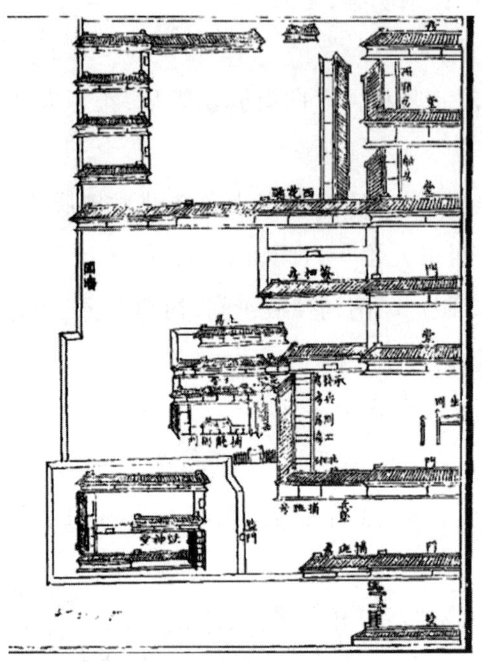
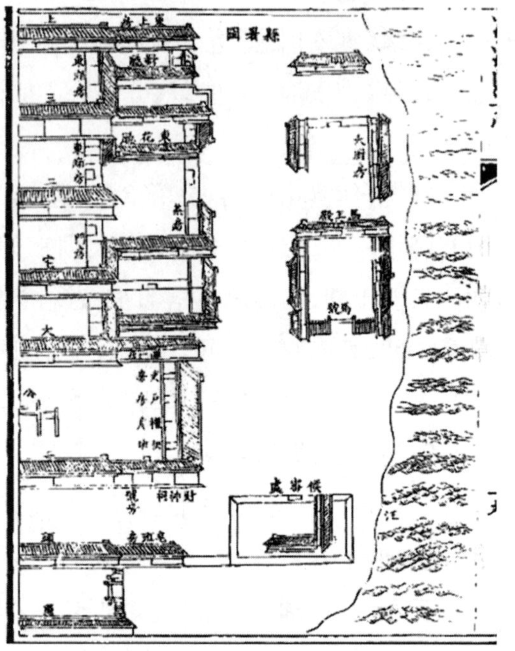

资料来源:咸丰《清河县志》卷一《图说》。清口驿即在图东马号处。

4. 古城驿

《置驿二》:"古城驿,马五十匹,马夫四十三名。"

乾隆《江南通志》卷23《舆地志・公署二》:"古城驿丞署在本驿。"

乾隆《淮安府志》卷27《驿传》:"古城腰站,一等极冲。雍正九年题准添设驿丞一员。古城系桃、宿适中之地,桃、宿相距途长站远,地冲差繁,于康熙十三年间奉安站。"

《嘉庆重修一统志》卷94淮安府二:"古城,在桃源县西北六十里。明置古城巡司,本朝康熙二十年,移於宿迁县之归仁堤。"

光绪《淮安府志》卷4《城池》:"古城驿,运河北桃宿交界,距城六十里,下至本县桃园驿六十里,上至宿迁县钟吾驿六十里。"

案:古城驿,在今江苏省宿迁市宿城区东南之洋河镇,属洋河新区。

(七)扬州府属六驿

1. 江都县广陵驿

《置驿二》:"江都县广陵驿,马六十五匹,马夫四十名,水驿夫七十九名,差夫五十名。"

乾隆《江南通志》卷23《舆地志·公署二》:“广陵驿丞署,在南门外。”

乾隆《江都县志》卷7《秩官》:“广陵驿,在南门外,今废。”

《嘉庆重修一统志》卷97扬州府二:“广陵驿,在江都县南门外。”

嘉庆《扬州府志》卷18《公署志》:“广陵驿,在南门外,今裁。”

嘉庆《江都县续志》卷:“广陵驿丞,乾隆二十一年,裁夫马钱粮归县经理。……广陵驿,在南门外。前志云废者非。”

民国《续修江都县志》卷9《兵防考九·驿递》:“广陵驿,向设本县安江门外。洪杨之乱,房屋焚燬,驿路阻塞,移设仙女庙镇。同治三年,东南既定,驿路肃清,仍在旧址重建。是年六月六日,通报移回接递。”

光绪《江都县续志》卷12《建置考第二》:“广陵驿,在通江门外,同治三年知具长康建。有神殿、棚厂、官厅、文书房。”

案:江都县广陵驿,明代置,在今江苏省扬州市广陵区。

2. 甘泉县邵伯驿

《置驿二》:“甘泉县邵伯驿,马四十五匹,马夫二十八名。”

乾隆《江南通志》卷23《舆地志·公署二》:“邵伯驿丞署,在县北四十五里,本镇官河东岸。”

《嘉庆重修一统志》卷97扬州府二:“邵伯驿,在甘泉县北邵伯镇。”

嘉庆《扬州府志》卷18《公署志》:“邵伯驿,在县北四十五里,本镇官河东岸。”

光绪《增修甘泉县志》卷4《军政志》:“邵伯驿,前在县治东北四十里。”

案:甘泉县邵伯驿,明代置,在今江苏省扬州市江都区北之邵伯镇。

3. 仪征县并水驿

《置驿二》:“仪征县并水驿,马十匹,马夫八名,水驿夫二十四名,差夫六十名。”

道光《重修仪征县志》卷2《建置志》:“水驿,旧为迎銮驿,在县南一里,即建安故驿,仪征卫址也。明洪武元年春,驿丞张中肇建。后病其非通衢,十三年秋,驿丞张让始请移城外。永乐十三年秋,驿丞胡清鉴重修,后罢省,迎銮遂以其地为山川坛,今改置仪真水驿,在县东南二里。”

案:仪征县并水驿,明代置,在今江苏省扬州市仪征市城区。

4. 高邮州盂城驿

《置驿二》:“盂城驿,马五十五匹,马夫三十五名,水驿夫七十七名,差夫三十八名。”

嘉庆《扬州府志》卷18《公署志》:“盂城驿,在南门外,今裁。”

嘉庆《高邮州志》卷1《舆地志》:“盂城驿,在南门外。洪武八年开设。永乐元年,知州王俊重修,正厅五间,后厅五间,库房三间,廊房十四间,神祠一间,马房二十间,前鼓楼三间,照壁牌楼一座,嘉靖三十六年毁于倭火。隆庆二年,知州李来亨重建驿门三间,屏墙一座,驿北为驿丞宅一所,共房十二间,夫厂一所六间,今并久废。驿马厂遂改设州署西偏矣。”又同卷:“马厂,在州正堂西偏北行二十步,即鹿苑故址。正中马神堂三间,东西马棚各十二间,知州曾懋蔚、李之檀、张德盛前后改建。本系牧养署内骑坐马匹之地,后因盂城驿房屋倾圮,此厂遂改作驿舍矣。”

案:高邮州盂城驿,明代置,在今江苏省扬州市高邮市。

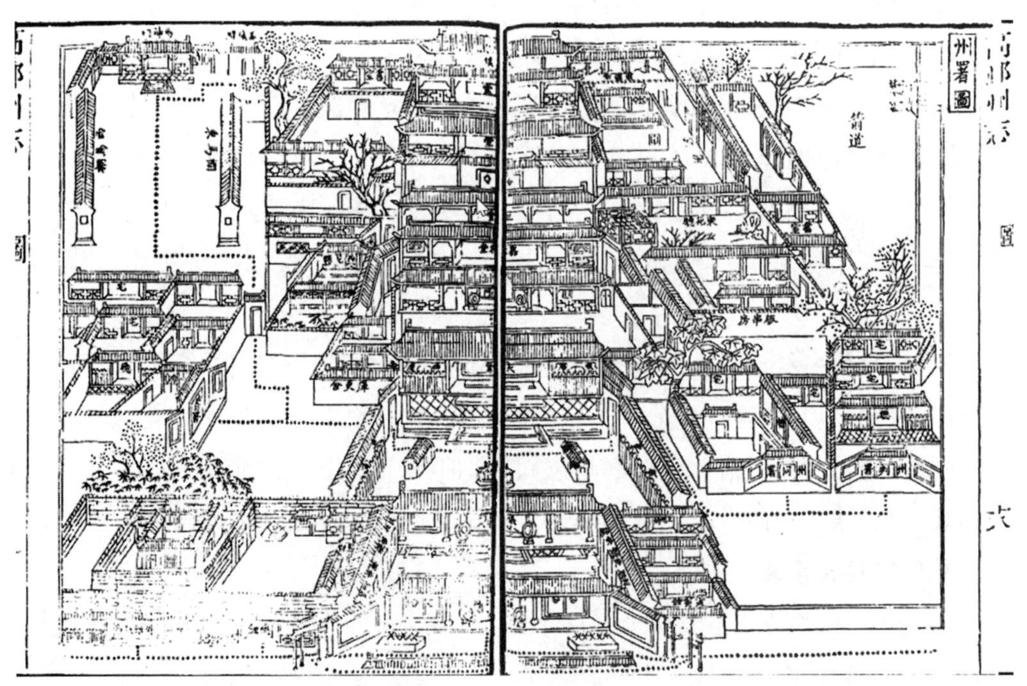

资料来源:嘉庆《高邮州志》卷1《舆图》。盂城驿即在图西马神庙处。

5. 界首驿

《置驿二》:“界首驿,马四十五匹,马夫二十八名,差夫三十六名。”

《嘉庆重修一统志》卷97扬州府二:“界首驿,在高邮州北六十里。接宝应县界。”

嘉庆《扬州府志》卷18《公署志》:“界首驿,在城北六十里。”

嘉庆《高邮州志》卷1《舆地志》:“界首驿,在城北六十里。明武六年,知州李某开设。正厅五间,后厅五间,穿堂三间,库房三间,鼓楼二间,廊房十四间,马房二十间。今改为马神庙五间,上棚马房十间,下棚马房八间,门房三间,卷蓬一间。”

案:界首驿,在今江苏省扬州市高邮市北之界首镇。

6. 宝应县安平驿

《置驿二》:“宝应县安平驿,马五十六匹,马夫三十六名,水驿夫七十七名,差夫三十八名。”

《嘉庆重修一统志》卷97扬州府二:“安平驿,在宝应县北门外。”

嘉庆《扬州府志》卷18《公署志》:“安平驿,在北门外。”

道光《重修宝应县志》卷3《公署》:“安平驿,旧在县治北门外街西。洪武元年,驿丞程子溥建。永乐十三年,主簿牛顺奉檄重建,正厅五间,后厅五间,过堂三间,东厢房七间,库房三间,鼓楼三间,马房三间,水亭一间。知县闻人诠重修,今废。驿移县署西北隅。正厅三间,马房一间,牌坊一座。”

案:宝应县安平驿,在今江苏省扬州市宝应县县城。

(八)徐州府属十驿

1. 铜山县铜山夫厂

《置驿二》:“铜山县铜山夫厂,水驿夫十六名,差夫五十四名,东岸驿,马一百匹,马夫六十一名。”

《嘉庆重修一统志》卷101徐州府二:“又有徐州夫厂,在城内。”

道光《铜山县志》卷2《驿递》:“铜山县夫厂,旧系徐州管理,雍正十一年州升府,归附郭铜山县管理。”

民国《铜山县志》卷5《官司志》:“桃山驿驿丞,康熙十六年裁。彭城驿驿丞,雍正十三年裁。东岸、房村、利国驿驿丞皆乾隆间裁。丞裁而驿事归县兼理。”

案:铜山县铜山夫厂,水驿,在今江苏省徐州市铜山区。《清会典事例》卷30,清雍正十一年,“升江南徐州为府,以州地置铜山县为府治,设知县、典史、粮河县丞、各一人。以原属丰、沛、萧、砀、四县,并邳州所属睢宁、宿迁二县隶之”。

2. 东岸驿

《置驿二》:“东岸驿,马一百匹,马夫六十一名。”

乾隆《江南通志》卷23《舆地志·公署二》:“东岸驿丞署,在本驿之后。利国驿丞署在本驿东。”

《嘉庆重修一统志》卷101徐州府二:“又黄河东岸驿,在府城外黄河东岸,旧有驿丞,本朝乾隆十一年裁。"

道光《铜山县志》卷2《驿递》:"东岸驿,旧在县北,黄河北岸,明永乐十三年置,乾隆年间移府城东关。"卷7《官署》:"东岸驿丞署,在黄河东岸,今裁。"

民国《铜山县志》卷5《官司志》:"桃山驿驿丞,康熙十六年裁。彭城驿驿丞,雍正十三年裁。东岸、房村、利国驿驿丞皆乾隆间裁。丞裁而驿事归县兼理。"

案:东岸驿,明代置,在今江苏省徐州市铜山区。

3. 利国驿

《置驿二》:"利国驿,马八十五匹,马夫五十二名。"

乾隆《江南通志》卷23《舆地志·公署二》:"利国驿丞署,在本驿东。"

《嘉庆重修一统志》卷101徐州府二:"利国监,在府城东北盘马山下,接沛县界,即利国驿。宋置监,金时为镇,今有巡司。"

道光《铜山县志》卷2《驿递》:"利国驿,在县北八十里,明永乐十三年置。"卷7《官署》:"利国驿丞署,在利国监,今裁。桃山驿丞署,在桃山,今裁。"

民国《铜山县志》卷5《官司志》:"桃山驿驿丞,康熙十六年裁。彭城驿驿丞,雍正十三年裁。东岸、房村、利国驿驿丞皆乾隆间裁。丞裁而驿事归县兼理。"

案:利国驿,明代置,在今江苏省徐州市铜山区北之利国镇,距徐州市约37公里。西濒微山湖,北邻山东边界。

4. 桃山驿

《置驿二》:"桃山驿,马七十七匹,马夫四十八名。"

乾隆《江南通志》卷97《武备志·驿传一》:"桃山驿,原设马九十五匹,马夫九十五名,雍正十年裁减马夫三十七名。"

《嘉庆重修一统志》卷101徐州府二:"桃山驿,在府南五十里。"

道光《铜山县志》卷2《驿递》:"桃山驿,在县南五十里,明永乐十三年置。"卷7《官署》:"桃山驿丞署,在桃山,今裁。"

民国《铜山县志》卷5《官司志》:"桃山驿驿丞,康熙十六年裁。彭城驿驿丞,雍正十三年裁。东岸、房村、利国驿驿丞皆乾隆间裁。丞裁而驿事归县兼理。"

案:桃山驿,明代置,在今安徽省宿州市北之桃山。

5. 房村驿

《置驿二》:"房村驿,船三只,水手十八名。"

乾隆《江南通志》卷23《舆地志·公署二》:"桃山驿丞署在本驿之前,房村驿丞署在县治。"

《嘉庆重修一统志》卷101徐州府二："房村驿，在铜山县东南五十里。"

道光《铜山县志》卷2《驿递》："房村驿，在城南七十里，明永乐十三年置。"

民国《铜山县志》卷5《官司志》："桃山驿驿丞，康熙十六年裁。彭城驿驿丞，雍正十三年裁。东岸、房村、利国驿驿丞皆乾隆间裁。丞裁而驿事归县兼理。"

案：房村驿，明代置，在今江苏省徐州市铜山区东南之房村镇。清代为黄河水驿，因驿站之设日渐发达。

6. 沛县泗亭夫厂

《置驿二》："沛县泗亭夫厂，水驿夫六十八名，差夫十名。"

乾隆《沛县志》卷2《建置・驿置》："泗亭驿，明极冲，国朝次冲，隆庆以前驿在南关辛家巷之东……隆庆二年，迁于夏镇崇胜寺傍。船只马驴未知，仍旧与否，今并无之。"又同卷："泗亭驿丞署，一在县治前屏墙之西，一在夏镇崇胜寺之左。"

乾隆《徐州府志》卷6《公署》："泗亭驿丞署，旧在县治东南。明嘉靖末，迁夏镇。今在崇胜寺左。"卷7《驿递》："泗亭驿，在县东北夏镇。明永乐十三年置，初在县治东南，嘉靖四十五年，新河成，迁此。"

《嘉庆重修一统志》卷101徐州府二："泗亭驿，在沛县城内。"

案：沛县泗亭夫厂，水驿，明代置。在今江苏省徐州市沛县县城。

7. 夏镇夫厂

《置驿二》："夏镇夫厂，水驿夫一百三十名，差夫二十六名。"

乾隆《沛县志》卷2《建置・驿置》："（夏镇）夫厂，在夏镇平政街东首。先是在县东郭内旧泗北岸。隆庆二年，迁今地。"

《嘉庆重修一统志》卷101徐州府二："又有夏镇夫厂，在县东北四十里漕河干。"

案：夏镇夫厂，明代置，现为山东省济宁市微山县夏镇。

8. 邳州赵村驿

《置驿二》："邳州赵村驿，马五十五匹，马夫三十三名，水驿夫一百五十名，船五只，水手十名。"

《嘉庆重修一统志》卷101徐州府二："赵村驿，在邳州南新迦口下。明万历四十四年置。南通直河口，北接韩庄闸。"又同卷"夹沟驿，在府北九十里。"

咸丰《邳州志》卷3《建置》："赵村驿丞署，在旧城堤上，今裁。夹沟驿丞署，在河口，今裁。"

同治《徐州府志》卷17《兵防考》："赵村驿，在州东南猫儿窝运河口，明万历四十四年置,今又名夹沟驿。"

案:邳州赵村驿,在今江苏省徐州市邳州市西北之泇口村。泇口为明清时期运河沿岸重要码头,曾建有七十二座船神庙。

9. 宿迁县钟吾驿

《置驿二》:"宿迁县钟吾驿,马七十匹,马夫五十九名,水驿夫一百三十九名。"

乾隆《江南通志》卷23《舆地志·公署二》:"钟吾驿丞署,在新南水次仓西。"

《嘉庆重修一统志》卷101徐州府二:"钟吾驿,在宿迁县南。明洪武中置,旧在西南,万历四年,改建于新城南水次仓西。"

同治《徐州府志》卷17《兵防考》:"钟吾驿,在县城南。明洪武初置,旧在县西南,万历四年迁县署东。"

同治《宿迁县志》卷14《兵防志》:"钟吾驿,在县城南。"

案:宿迁县钟吾驿,在今江苏省宿迁市宿城区金港花园。钟吾乃宿迁地域古名。

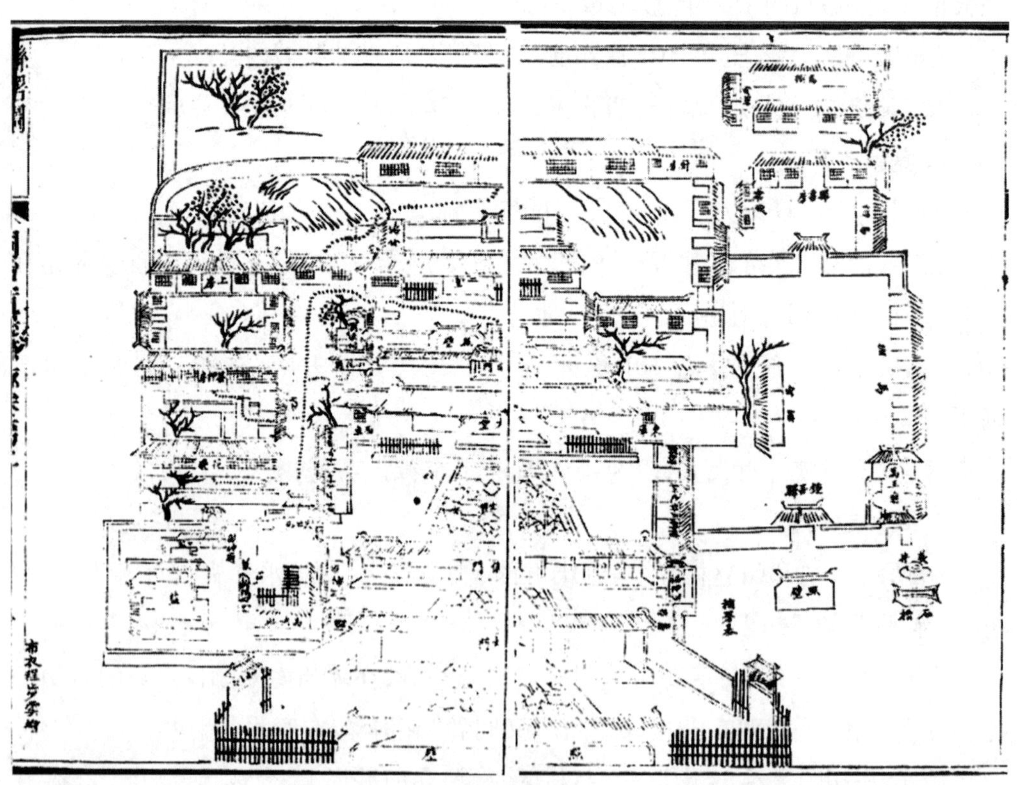

资料来源:同治《宿迁县志》卷2《县署图》。钟吾驿即在图东。

10. 峒峿驿

《置驿二》:“峒峿驿,马五十匹,马夫四十三名。”

同治《徐州府志》卷6《职官表》:“沛县泗亭驿、邳州赵村驿、宿迁钟吾驿、峒峿驿皆有驿丞。未入流,皆乾隆间裁。”

同治《宿迁县志》卷13《营建志》:“司吾镇,在治北六十里……今设峒峿驿于镇南一里,地名桥北镇。”卷14《兵防志》:“峒峿站,在县北六十里桥北镇。”

案:峒峿驿,今江苏省宿迁市宿城区洋北镇稍南。据《中国历史地名大辞典》1552页,峒峿镇,汉为司吾县,俗讹为峒峿。在今江苏新沂市南五十里峒峿村。为北通山东孔道。……清置巡司于此。

安徽

一、安徽地理概述

明朝以前，安徽并不是一个独立的行政辖区。多数王朝都是以长江为界，江南、江北分属两个不同的行政区划。明朝打破了以往以长江为行政区划自然分界线的传统，将元代的江浙行省和河南行省各一部分合并为南直隶。清代改南直隶为江南布政使司，康熙时，拆江南省为二，即江苏和安徽。自此安徽正式成为一个跨江而治的行省，下设安庆、徽州、宁国、池州、太平、庐州、凤阳、颍州八府和滁州、和州、广德、六安、泗州五个直隶州。安徽一省的设置体现了清朝统治者在地方行政区划上的良苦用心，它跨江并淮，打破了传统的江南和淮南地区因自然天成而形成的政治地缘形势。同时，安徽省又地跨中原、淮河流域和江南地区，为由中原地区进入江淮、江南提供了方便，可以由采石矶或裕溪口渡江，不出徽省而至江南。"上控全楚，下蔽金陵，扼中州之咽喉，依两浙为唇齿，洪流沃野，甲于东南。故六代以来，皆为重镇。……作藩南服，据吴上游，诚江界之要冲，淮南之雄镇也。"[①]其地理位置之重要不言而喻。

从自然地理上看，自北向南，安徽省北部地势较低，有淮北平原、江淮低山丘陵，其间河网密布，湖泊纵横；皖东南隔黄山、怀玉山等山脉与浙江、江西相接，皖西南又有大别山东西横亘于湖北和安徽之间。而在长江则从大别山和黄山等山脉之间斜穿而过形成一系列低地、平原和湖泊，与江西的鄱阳湖平原相接。[②]

① 《嘉庆重修一统志》卷108《安徽统部》，见《四部丛刊续编·史部》，上海书店1984年。

② 安徽省人民政府办公厅：《安徽省情》，安徽人民出版社1981年，第26—34页。

二、安徽驿道走向

清代安徽置驿83处,省内主要干线是自直隶、山东而来的驿路,穿越苏北,进入安徽,然后自北而南贯穿整个皖省之凤阳、庐州、安庆各府,到达长江沿岸的安庆。其次这条干线从桐城斜出一支,西南而行直至江西。沿皖南的平原迤逦而行进入江西境内。另外一条干线是自运河经过江苏的的水路,逆长江而上,达于安庆。

1. 南北干线

江苏自皇华驿至安徽省城,共2624里。由江苏铜山县东岸驿入境至凤阳县红心驿,45里至定远县定远驿,45里至定远县张桥驿,60里至合肥县护城驿,45里至合肥县店埠驿,①40里至合肥县金斗驿,45里至合肥县派河驿,60里至舒城县三沟驿,60里至舒城县梅心驿,60里至桐城县吕亭驿,80里至怀宁县练潭驿,60里至怀宁县同安驿(安庆)。

2. 入江西驿路

由桐城县吕亭驿分道向南,60里至桐城县陶冲驿,60里至潜山县青口驿,60里至太湖县小池驿,60里至宿松县枫香驿(然后经湖北黄梅县停前驿、孔垅驿,到达江西德化县浔阳驿)。

3. 水路

由皇华驿经水路至安庆共3421里。2861里至江南上元县龙江驿,120里至当涂县采石驿,80里至芜湖县橹港驿,90里至繁昌县荻港驿,60里至铜陵县铜陵驿,90里至贵池县贵池驿,120里至怀宁县同安驿(安庆)。

三、安徽置驿八十一处

(一)安庆府属八驿

1. 怀宁县县驿

《置驿二》:"怀宁县县驿,马四十五匹,马夫三十六名,差夫十六名,船十只,水手二十九名,水驿夫二十四名。"

---

① 由店埠驿亦可分道而东,80里至巢县高井驿,60里至巢县镇巢驿,到达长江沿岸。

道光《怀宁县志》卷3《疆域·驿递》:"怀宁驿,附县署东偏,县摄驿务。额马四十五匹,马夫旧四十五名,今裁为三十六名,差夫二十名。"

光绪《重修安徽通志》卷110《武备志·驿传二》:"怀宁县县驿,至练潭驿六十里,潜山县青口驿一百二十里,贵池县县驿一百二十里,建德县县驿九十里,东流县县驿九十里。"

案:怀宁县县驿,水、陆驿站。在今安徽省安庆市城区。

2. 同安驿

《置驿二》:"同安驿,船二只,水手十名。"

康熙《安庆府志》卷13《秩官志·公署》:"同安驿,在正观门外西南,今废。"

《嘉庆重修一统志》卷110安庆府二:"旧有同安水驿,本朝顺治十六年裁。"

道光《怀宁县志》卷3《疆域·驿递》:"同安驿,在西门外。额设红桨船十二支,水手三十九名,绛夫二十四名。旧有驿丞,顺治十一年裁归安庆府经历司兼理。"

光绪《重修安徽通志》卷39《舆地志》:"旧有同安水驿,顺治十六年裁。今置巡检。"卷110《武备志·驿传二》:"同安水驿,原设红桨船十二只,水柁手三十九名,水夫头六十名。后裁减水夫头三十名。雍正十年,扣留水夫头六名。今现设红桨船十二只,水柁手三十九名,每名日支工食银二分,岁共支银二百八十两八钱。水夫头二十四名,每名日支工食银二分,岁共支银一百七十二两八钱。以上二款均在地丁钱粮内坐支报销,遇闰加支小建扣解,廪给口粮。雇夫岁无定额,亦在地丁银内支销。定例驿传三年小修,五年大修,十年拆造,通省各水驿同。"

案:同安驿,明代置,在今安徽省安庆市大观区德宽路一带。

3. 练潭驿

《置驿二》:"练潭驿,马三十九匹,马夫二十三名,差夫十六名。"

(清乾隆)姚清泉:《龙眠杂忆》:"驿当省会入都之冲,昼夜羽骑不绝。"

道光《怀宁县志》卷3《疆域·驿递》:"练潭驿,在桐城境。康熙十四年巡抚靳题请置驿,设驿丞一员,调拨桐城县并滁阳驿驿马共四十五匹,马夫四十五名,差夫二十名。驿务归县管理。以后逐年增减不一。现额马三十九匹,马夫二十三名,差夫十二名。"

道光《续修桐城县志》卷2《田赋志》:"新设练潭驿,康熙十一年起,原系桐城县盖厂练潭腰站,至康熙十五年内,奉安抚部院靳于敬陈减差等事案内,题定改属怀宁县练潭驿。"卷1《舆地志》:"练潭,有驿,北通县城,南通安庆府,西通青草塥,东通枞阳，四达之衢。”

光绪《重修安徽通志》卷 39《舆地志》：“练潭镇，县南六十里，接怀宁县界，以近练潭而名。康熙十五年添设练潭驿。旧有同安水驿，顺治十六年裁。”卷 110《武备志 · 驿传二》：“练潭驿，在桐城县境，至县驿六十里，桐城县吕亭驿八十里。”

案：练潭驿，明代置驿站，练潭由此成为水陆冲要，发展为重要市镇。清初裁驿站，清康熙时复置，在今安徽省桐城市安庆市双港镇之练潭村。现仍有练潭老街。

4. 桐城县吕亭驿

《置驿二》：“桐城县吕亭驿，马六十匹，马夫二十八名，差夫二十四名。”

康熙《安庆府志》卷 13《秩官志 · 公署》：“吕亭驿，在吕亭，县北十五里。初为北峡驿，明洪武壬戌，兵部差行人王温踏勘道里因改置。”

康熙《桐城县志》卷 1《公署》：“吕亭驿，在吕亭，县北十五里。”

《嘉庆重修一统志》卷 110 安庆府二：“吕亭驿，在桐城县北十五里。明洪武初置北硖驿，十五年改置于此。”

道光《续修桐城县志》卷 1《舆地志》：“吕亭，有驿。城北十五里，与大关、三十里铺皆七省通衢。”

同治《桐城县志》卷 5《武备志 · 驿传》：“吕亭驿额马六十匹，陶冲驿额马五十二匹。每年驿马应倒毙十分之四。棚槽岁修费定有额支。吕亭马夫三十八名，差夫二十四名。陶冲马夫三十四名，差夫二十四名。均于同治四年奉文足额。”

案：桐城县吕亭驿，明代置，清代扩建，冲途大驿。在今安徽省安庆市桐城市北之吕亭镇。

5. 陶冲驿

《置驿二》：“陶冲驿，马五十二匹，马夫三十三名，差夫二十四名。”

康熙《安庆府志》卷 13《秩官志 · 公署》：“陶冲驿，在三安坂，县西南四十里。初在沙口陂，后改置。”

康熙《桐城县志》卷 1《公署》：“陶冲驿，在三安坂，县西南四十里。初在沙口陂，后改置。”

《嘉庆重修一统志》卷 110 安庆府二：“陶冲驿，在桐城县西南四十里。地名三安坂，道出潜山县。明洪武初，置于沙口陵，十五年，移置于此。”

道光《续修桐城县志》卷 1《舆地志》：“陶冲，有驿，城西四十里，与挂车河皆七省通衢。”

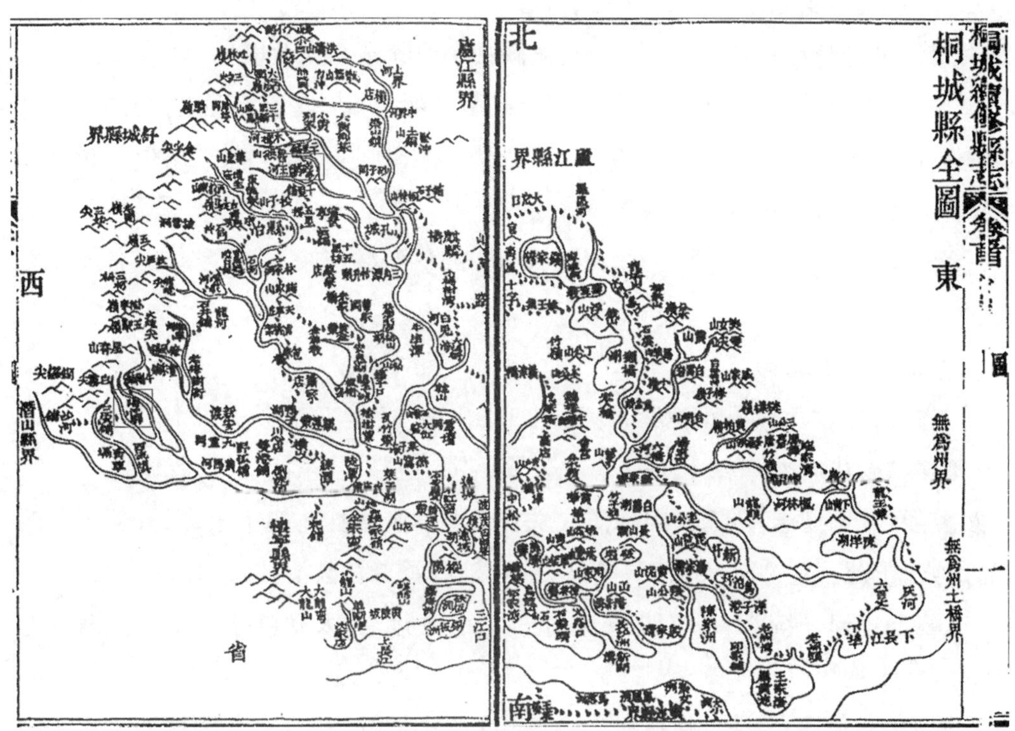

资料来源：道光《续修桐城县志》卷首《图》。吕亭驿在图西北二十里铺南，陶冲驿在图西三安铺东。

同治《桐城县志》卷5《武备志·驿传》："吕亭驿额马六十匹，陶冲驿额马五十二匹。每年驿马应倒毙十分之四。棚槽岁修费定有额支。吕亭马夫三十八名，差夫二十四名。陶冲马夫三十四名，差夫二十四名。均于同治四年奉文足额。"

光绪《重修安徽通志》卷110《武备志·驿传》："陶冲驿，至吕亭驿六十里，潜山县青口驿五十三里。"

案：陶冲驿，明代置，冲途大驿，在今安徽省桐城市西南之陶冲镇。

6. 潜山县青口驿

《置驿二》："潜山县青口驿，马五十二匹，马夫三十三名，差夫二十四名。"

康熙《安庆府志》卷13《秋官志·公署》："青口驿，在县东北五里。明末寇焚，顺治十年知县郑道玄重建。"

乾隆《江南通志》卷24《舆地志·公署》："青口驿丞署，在县东北五里。"

乾隆《潜山县志》卷5《武备志·驿铺》："青口驿，在县东北十五里，有馆，有亭，有门，有楼。洪武壬戌知县朱名得刱，万历戊子知县王士昌重修，明末寇毁。……乾隆十九年，裁革驿丞归知县带管。"

《嘉庆重修一统志》卷110安庆府二："青口驿，在潜山县东北五里。"

光绪《重修安徽通志》卷110《武备志·驿传》:“潜山县青口驿,至怀宁县县驿一百二十里,桐城县陶冲驿五十三里,太湖县小池驿站六十七里。”

民国《潜山县志》卷8《驿铺》:“潜山县青口驿,原在县东十五里,今滨河之武圣庵。嘉庆十三年大水堤溃,门楼、驿馆漂没无存,改迁二十里铺之山冈梁,遂呼旧地爲老马驿,今驿则仍其旧名。”

案:潜山县青口驿,明代置,冲途大驿,在今安徽省安庆市潜山县痘姆乡之青口村。

7. 太湖县小池驿

《置驿二》:“太湖县小池驿,马五十二匹,马夫三十三名,差夫二十四名。”

康熙《安庆府志》卷13《秩官志·公署》:“小池驿,县东四十里,寇焚。”

乾隆《江南通志》卷27《舆地志·关津》:“小池镇县北四十里,旧置巡司裁改置小池驿于此。”卷24《舆地志·公署》:“小池驿丞署在县治。”

《嘉庆重修一统志》卷110安庆府二:“小池驿,在太湖县北四十里。旧设巡司,后裁,改置驿。”

同治《太湖县志》卷14《武备志·驿传》:“小池驿,在县东北距城四十里。明嘉靖九年,知县翁溥重修。东北至潜山县青口驿六十七里,西至宿松县枫香驿六十里。马号一进三重,有神堂,有差号,住房左右为饲马棚厂,共屋三十七间。嘉庆十八年,被水冲塌,知县邱文熙重修。”卷4《舆地志·公署》:“小池驿公馆,县东四十里,有堂,有室,有序,有谯楼,有门,嘉靖初知县翁溥重修。崇祯间毁,遗址不可考。乾隆二十年,知县吴易峰购民居鼎新之,岁久倾圮。道光八年,知县孙济重修。咸丰六年寇毁。”

光绪《重修安徽通志》卷110《武备志·驿传》:“太湖县小池驿,至潜山县青口驿六十七里,宿松县枫香驿六十里。”

案:太湖县小池驿,明代置,冲途大驿,在今安徽省安庆市太湖县东北之小池镇。

8. 宿松县枫香驿

《置驿二》:“宿松县,枫香驿,马五十匹,马夫三十二名,差夫二十四名。”

《读史方舆纪要》卷26宿松县:枫香店“在县北四十里。亦曰枫香坂,向有枫香驿。明崇祯十年,流寇犯境,官军御贼于此,败绩。”

康熙《宿松县志》卷13《驿传》:“枫香驿,治北五十里。”

乾隆《江南通志》卷24《舆地志·公署》:“枫香驿丞署,在县北四十里。”

《嘉庆重修一统志》卷110安庆府二:“枫香驿,在宿松县北五十里。”

光绪《重修安徽通志》卷110《武备志·驿传》:“宿松县枫香驿,顺治年间设驿丞,后裁,至太湖县小池驿六十里,湖北黄梅县亭前驿六十里。”

民国《宿松县志》卷3《地理志·公署》:“驿丞署在县北枫香驿,旧有正厅、后厅、警楼、仪门各二间,丞宅六间,桂香、枫香二亭、寅宾、寅钱二坊,俱明初建,末年毁。清初重建……乾隆二十二年,驿丞缺裁,其宅存作司驿馆舍。有上房二间,驿书棚、差房二间,马棚东西各一,俱茅茨土垣,又马神祠三楹,清末驿废屋存。”又同卷:“枫香驿公馆清嘉庆十九年,知县陈国相购民房为之。正厅三楹、厅后东西有序,二堂、三堂各三间,东有从房、庖湢之室。前为大门,临街有东西辕门。咸丰三年毁于寇。”

案:宿松县枫香驿,明代置,冲途大驿,在今安徽省安庆市宿松县东北50里处凉亭镇枫香驿村,宿松、太湖两县交界处。

(二)徽州府属六驿

1. 歙县县驿

《置驿二》:“歙县县驿,差夫八名。”

道光《歙县志》卷2《赋役》:“本县支给驿站银数,本县驿站夫马岁需工料并带闰共银二百三十九两二钱四分。查前订全书内载夫马工料并带闰共银二百八十三两一钱四分,内于酌定驲朋等事案内,裁减草料鞍辔槽铡等银四十三两九钱归入起运外。又乾隆二十四年于议奏事案内奉文,裁减夫马工料马价鞍辔等银一百七十四两二钱起解驲传道拨用外,仍留支银六十五两四分。续奉文改支给银五十六两六钱四分,仍裁减银一百八十二两六钱解布政司。”

光绪《重修安徽通志》卷110《武备志·驿传》:“歙县县驿,原设马七匹,马夫四名,差夫十名,后裁减马二匹,马夫一名,差夫二名。乾隆二十三年,马五匹,马夫二名全裁。今现设差夫八名,每名除月给马田租稻一石外,日支工食银二分岁共支银五十七两六钱。”

案:歙县县驿,在今安徽省黄山市歙县县城。

2. 休宁县县驿

《置驿二》:“休宁县县驿,差夫八名。”

道光《徽州府志》卷6《武备志·兵防·驿传》:“休宁县原设马七匹,马夫四名,差夫十名。后于题明请将等事案内,裁减马二匹,马夫一名,差夫二名。雍正六年裁减马二匹,马夫一名。今现设马三匹,草料银八十六两四钱。马夫二名,除另给捐置马田租稻外工食银一十四两四钱。差夫八名,除另给捐置马田租稻外工食银五十七两六钱。买马银二十二两五钱,带闰银五两二钱八分。鞍辔等银九两。岁共支银一百九十五两一钱八分。"

光绪《重修安徽通志》卷110《武备志·驿传》:"休宁县县驿,原设马七匹,马夫四名,差夫十名,后裁减马二匹,马夫一名,差夫二名。雍正六年裁减马二匹,马夫一名。乾隆二十三年,马三匹,马夫二名全裁。今现设差夫八名,每名除月给马田租稻一石外,日支工食银二分,岁共支银五十七两六钱。"

案:休宁县县驿,在今安徽省黄山市休宁县县城。

3. 婺源县县驿

《置驿二》:"婺源县县驿,差夫八名。"

道光《徽州府志》卷6《武备志·兵防·驿传》:"婺源县原设马七匹,马夫四名,差夫十名。后于题明请将等事案内,裁减马二匹,马夫一名,差夫二名。雍正六年,裁减马二匹,马夫一名。今现设马三匹,草料银八十六两四钱。马夫二名,除另给捐置马田租稻外工食银五十七两六钱。买马银二十二两五钱,带闰银五两二钱八分,鞍辔等银九两。岁共支银一百九十五两一钱八分。雍正十二年,核减草料等银岁共二十六两三钱四分。"

康熙《婺源县志》卷7《食货志·徭役》:"走递夫马,康熙七年编定工料带闰七两四钱四分及应付勘合廪粮十五两,共银八百五十四两二钱。康熙十五年裁银五百七十一两六分,解藩司仍存留岁需银二百八十三两一钱四分。驿马五匹,每年草料银一百四十四两。马价银三十七两五钱槽铡银十五两。马夫三名,每年工食银二十一两六钱。差夫八名,每年工食银五十七两六钱。……驿站,新编奉裁核减外仍应支给夫马岁需工料并马价带润共银一百六十八两八钱四分。"

光绪《重修安徽通志》卷110《武备志·驿传》:"婺源县县驿,原设马七匹,马夫四名,差夫十名,后裁减马二匹,马夫一名,差夫二名。雍正六年,裁减马二匹,马夫一名。乾隆二十三年,马三匹,马夫二名全裁。今现设差夫八名,每名除月给马田租稻一石外,日支工食银二分,岁共支银五十七两六钱。"

案:婺源县县驿,在今江西省上饶市婺源县县城。

4. 祁门县县驿

《置驿二》:"祁门县县驿,差夫八名。"

道光《徽州府志》卷6《武备志·兵防·驿传》:"祁门县原设马七匹,马夫四名,差夫十名。后于题明请将等事案内,裁减马二匹,马夫一名,差夫二名。雍正六年，裁减马二匹，马夫一名。今现设马三匹，草料银八十六两四钱。马夫二名，除另给捐置马田租稻外工食银一十四两四钱。差夫八名，除另给捐置马田租稻外工食银五十七两六钱。买马银二十二两五钱，带闰银五两二钱八分，鞍辔等银九两。岁共支银一百九十五两一钱八分。雍正十二年，核减草料等银岁共二十六两三钱四分。”

光绪《重修安徽通志》卷110《武备志·驿传》：“祁门县县驿，原设马七匹，马夫四名，差夫十名。后裁减马二匹，马夫一名，差夫二名。雍正六年，裁减马二匹，马夫一名。乾隆二十三年，马三匹，马夫二名全裁。今现设差夫八名。每名除月给马田租稻一石外，日支工食银二分，岁共支银五十七两六钱。《祁门新志》：今无驿马，设铺兵三十四名，每名每季工食银一两八钱，每年带征闰月银八两一钱六分，此即铺递。”

案：祁门县县驿，在今安徽省黄山市祁门县县城。

5. 黟县县驿

《置驿二》：“黟县县驿，差夫八名。”

道光《徽州府志》卷6《武备志·兵防·驿传》：“黟县原设马七匹，马夫四名，差夫十名。后于题明请将等事案内，裁减马二匹，马夫一名，差夫二名。雍正六年，裁减马二匹，马夫一名。今现设马三匹，草料银八十六两四钱。马夫二名，除另给捐置马田租稻外工食银一十四两四钱。差夫八名，除另给捐置马田租稻外工食银五十七两六钱。买马银二十二两五钱，带闰银五两二钱八分，鞍辔等银九两。岁共支银一百九十五两一钱八分。雍正十二年，核减草料等银岁共二十六两三钱四分。”

光绪《重修安徽通志》卷110《武备志·驿传》：“黟县县驿，原设马七匹，马夫四名，差夫十名，后裁减马二匹，马夫一名差夫二名。雍正六年，裁减马二匹，马夫一名。乾隆二十三年，马三匹，马夫二名全裁。今现设差夫八名，每名除月给马田租稻一石外，日支工食银二分，岁共支银五十七两六钱。”

案：黟县县驿，在今安徽省黄山市黟县县城。

6. 绩溪县县驿

《置驿二》：“绩溪县县驿，差夫八名。”

道光《徽州府志》卷6《武备志·兵防·驿传》：“绩溪县原设马七匹，马夫四名，差夫十名。后于题明请将等事案内，裁减马二匹，马夫一名，差夫二名。雍正六年，裁减马二匹，马夫一名。今现设马三匹，草料银八十六两四钱。马夫二名，除另给捐置马田租稻外工食银一十四两四钱。差夫八名,除另给捐置马田租稻外工食银五十七两六钱。买马银二十二两五钱,带闰银五两二钱八分,鞍辔等银九两。岁共支银一百九十五两一钱八分。雍正十二年,核减草料等银岁共二十六两三钱四分。"

光绪《重修安徽通志》卷110《武备志・驿传》:"绩溪县县驿,原设马七匹,马夫四名,差夫十名。顺治七年,裁减马二匹,马夫一名,差夫二名。雍正六年,裁减马二匹,马夫一名,乾隆二十三年,马三匹,马夫二名全裁。今现设差夫八名,每名除月给马田租稻一石外,日支工食银二分,岁共支银五十七两六钱。"

案:绩溪县县驿,在今安徽省宣城市绩溪县县城。

(三)宁国府属七驿

1. 宣城县宣城驿

《置驿二》:"宣城县,宣城驿,马二匹,马夫二名。"

嘉庆《宁国府志》卷20《武备志・驿传》:"宣城旧额差马八十五匹,差夫二百八十名。……乾隆二十三年因甘省办理军务,塘站马匹不敷,奉文将僻简地方马匹暂为节减,宣城夫马全裁。至五十四年,复奉文添设马四匹、夫四名,以供驰递。五十五年,部议于东流县拨马四匹,南陵县拨驿夫四名。安设县城、青弋江两驿。县城、青弋江两驿,马共四匹,每驿各二匹,每匹日支草料银六分,岁支银八十六两四钱,遇闰加给银七两二钱,小建扣除。青弋江驿现设寒亭地方。两驿马夫四名,每驿各二名,每名日给工食银二分,岁支银二十八两八钱,遇闰加给银二两四钱。小建扣除。每名日支工食稻三升三合三勺三抄一撮,岁支稻四十八石,遇闰加给稻四石。小建扣除。马差夫工食稻即于马田项下支放,余县同。两驿每年买补马二匹,每匹动支银一十一两一钱。两驿每年修置棚厂、槽铡、鞍屉等银五两六钱八分,不加闰不扣建。额征驿站项下正闰银六十五两四钱,下敷银两于丁地项下支销。"

光绪《重修安徽通志》卷110《武备志・驿传二》:"宣城县宣城驿,至青弋江驿五十里,原设马三匹,马夫二名,后裁减马一匹,马夫一名。乾隆二十三年,马二匹,马夫一名全裁。五十四年,设马二匹,马夫二名,今现设马二匹,每匹日支草料银六分,岁共支银四十三两二钱。马夫二名,每名除月给马田租稻一石外,日支工食银二分,岁共支银一十四两四钱,买补马价岁支银一十二两一钱七。"

案:宣城县宣城驿,在今安徽省宣城市。

2. 清弋江驿

《置驿二》:"清戈江驿,马二匹,马夫二名。"

乾隆《江南通志》卷 27《舆地志·关津》:"青弋江渡,县西六十里与南陵县分界。"

《嘉庆重修一统志》卷 116 宁国府二:"青弋江渡,在南陵县东三十里。"

嘉庆《宁国府志》卷 20《武备志·驿传》:"宣城旧额差马八十五匹,差夫二百八十名。……乾隆二十三年因甘省办理军务,塘站马匹不敷,奉文将僻简地方马匹暂为节减,宣城夫马全裁。至五十四年,复奉文添设马四匹、夫四名,以供驰递。五十五年,部议于东流县拨马四匹,南陵县拨驿夫四名。安设县城、青弋江两驿。县城、青弋江两驿,马共四匹,每驿各二匹,每匹日支草料银六分,岁支银八十六两四钱,遇闰加给银七两二钱,小建扣除。青弋江驿现设寒亭地方。两驿马夫四名,每驿各二名,每名日给工食银二分,岁支银二十八两八钱,遇闰加给银二两四钱。小建扣除。每名日支工食稻三升三合三勺三抄一撮,岁支稻四十八石,遇闰加给稻四石。小建扣除。马差夫工食稻即于马田顶下支放,余县同。两驿每年买补马二匹,每匹动支银一十一两一钱。两驿每年修置棚厂、槽铡、鞍屉等银五两六钱八分,不加闰不扣建。额征驿站项下正闰银六十五两四钱,下敷银两于丁地项下支销。"

光绪《宣城县志》卷 4《山川附关津桥梁》:"青弋江渡,城西六十里宣城南陵分界。"

光绪《重修安徽通志》卷 40《舆地志·关津》:"青弋江渡,县西六十里与南陵县分界。又下十里清弋关,为芜湖工关分口。"卷 110《武备志·驿传二》:"青弋江驿,乾隆五十四年添置。至宣城驿五十里,南陵县县驿四十里。"

案:清弋江驿,在今安徽省芜湖市南陵县弋江镇。南陵县原属宣城,1983 年,划归芜湖,弋江镇位于芜湖、宣城之界。《嘉庆重修一统志》记载误。

3. 南陵县县驿

《置驿二》:"南陵县县驿,马十四匹,马夫九名,差夫十二名。"

嘉庆《宁国府志》卷 20《武备志·驿传》:"南陵旧额差马八十九匹,夫三百五十六名。因距青阳遥远,中途建立公馆,添马二十三匹,添夫六十名,作为腰站。……乾隆二十三年,因甘省军务案内,奉裁马二十匹,夫十名。五十五年,又奉移拨寿州马一十二匹,移拨六安州、宣城县夫各四名,现存马二十八匹,马夫一十八名,差夫二十四名,安设县城、公馆两驿。南陵公馆驿,于雍正九年添设驿丞一员,乾隆二十一年奉裁。县城、公馆两驿马共二十八匹,每驿各十四匹,每匹日支草料

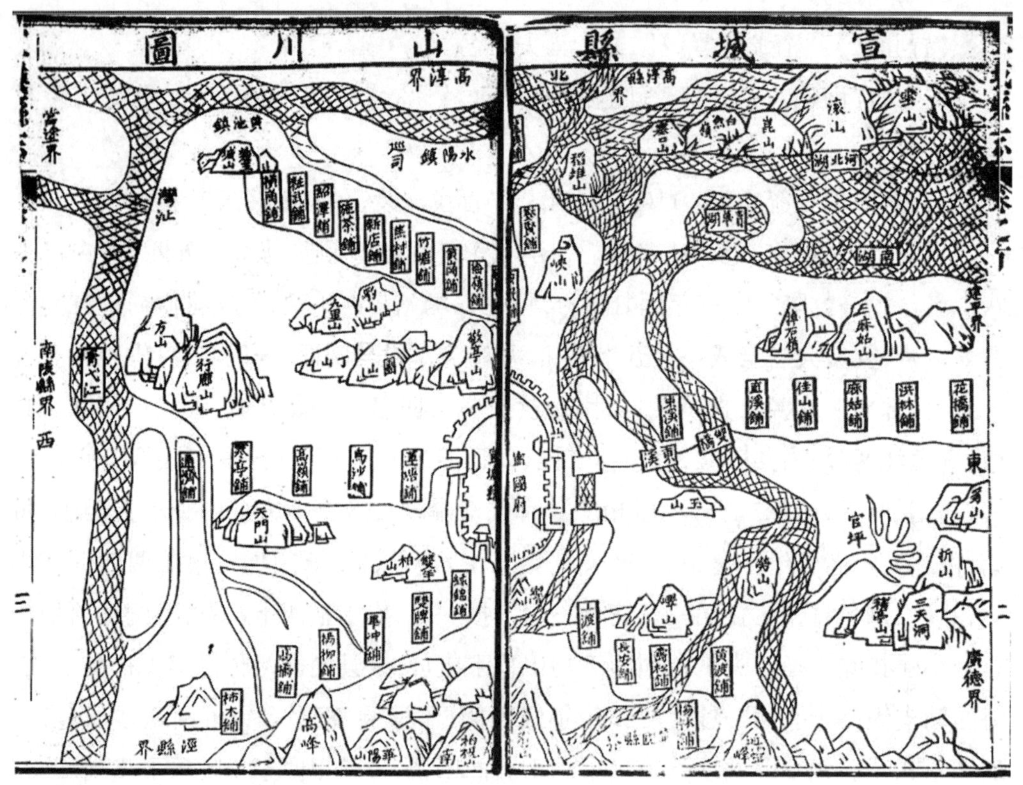

资料来源：光绪《宣城县志》卷首《城治山川图册》。清弋江驿即在图西清弋江处，与南陵县交界。

银六分，岁支银六百四两八钱，遇闰加给银五十两四钱，小建扣除。两驿马夫一十八名，每驿各九名，每名日支工食银二分，岁支银一百二十九两六钱，遇闰加给银一十两八钱，小建扣除。每名日支工食稻三升三合三勺三抄一撮，岁支稻二百一十六石，遇闰加给稻一十八石，小建扣除。两驿每年买补马十匹，每匹支银一十三两九钱七分。两驿每年修置棚厂、槽铡、鞍屉等银三十九两七钱六分，不加闰不扣建。两驿差夫二十四名，每驿各一十二名，每名日支工食银二分，岁支银一百七十二两八钱，遇闰加给银一十四两四钱，小建扣除。每名日支工食稻三升三合三勺三抄一撮，岁支稻二百八十八石，遇闰加给稻二十四石，小建扣除。额征驿站项下正闰银二千八百五十八两四分，除支放外余多银两解文司库。”

嘉庆《南陵县志》卷3《武备志 · 驿传》：“南陵驿，城内并公馆两处，共马二十八匹，马夫十八名，差夫二十四名。”卷4《营建志 · 仓廨》：“公馆驿，县南七十里，距青阳界五里。顺治十年，知县杨必达修。康熙四十三年，知县康五瑞重修，即旧驿丞署。乾隆年间裁减驿丞，今驿马仍分驻。”

光绪《重修安徽通志》卷110《武备志 · 驿传二》：“南陵县县驿，至公馆驿七十里。原设马四十匹，马夫三十二名，差夫三十名，后裁减马十匹，马夫八名，差夫十五名。雍正十年，裁减马夫六名，扣留差夫三名。乾隆二十三年，裁减马十匹，马夫五名，五十四年，拨减马六匹，马夫四名，今现设马十四匹，每匹日支草料银六分。岁共支银三百二两四钱，马夫九名，每名除月给马田租稻一石外，日支工食银二分。岁共支银六十四两八钱。差夫十二名，每名除月给马田租稻一石外，日支工食银二分，岁共支银八十六两四钱。买补马价岁支银六十九两八钱五分，槽铡等项岁共支银一十九两八钱八分”

案：南陵县县驿，在今安徽省芜湖市南陵县县城。

4. 公馆驿

《置驿二》：“公馆驿，马十四匹，马夫九名，差夫十二名。”

乾隆《江南通志》卷24《舆地志·公署》：“公馆驿丞署在县治。”

嘉庆《南陵县志》卷4《营建志》：“公馆驿，县南七十里，距青阳界五里。顺治十年知县杨必达修，康熙四十三年知县康五瑞重修，即旧驿丞署。乾隆年间裁减驿丞，今驿马仍分驻。”

光绪《重修安徽通志》卷110《武备志·驿传二》：“南陵县县驿，至公馆驿七十里。”

案：公馆驿，在今安徽省芜湖市南陵县西南之烟墩镇公馆驿村。据《江南通志》记载，公馆驿似是南陵腰站。

5. 泾县县驿

《置驿二》：“泾县县驿，差夫八名。”

嘉庆《宁国府志》卷20《武备志·驿传》：“泾县原设马骡六十四，匹夫二百三十名，取给于现年里役，系马户包充。……至乾隆二十三年，因甘省军务案内，奉文将僻简地方夫马全裁。现在无驿。差夫八名，每名日支工食银二分，岁支银五十七两六钱，遇闰加给银四两八钱，小建扣除。每名日支工食稻三升三合三勺三抄一撮，岁支稻九十六石，遇闰加给稻八石，小建扣除。额征驿站项下正闰银一百六十八两八钱四分，除给差夫工食外，余银解司。”

案：泾县县驿，在今安徽省宣城市泾县县城。

6. 旌德县县驿

《置驿二》：“旌德县县驿，差夫八名。”

嘉庆《宁国府志》卷20《武备志·驿传》：“旌德原设差马四十匹，差夫一百九十名，向来里役帮贴。……乾隆二十三年，因甘省军务案内，奉文将僻简地方马匹全裁。现在无驿。差夫八名,每名日支工食银二分,岁支银五十七两六钱,遇闰加给银四两八钱,小建扣除。每名日支工食稻三升三合三勺三抄一撮,岁支稻九十六石,遇闰加给稻八石,小建扣除。额征驿站项下正闰银六十二两八钱八分,除给差夫工食外,余银解司。”

嘉庆《旌德县志》卷2《邮铺》:“乾隆二十四年奉文全裁马三匹,马夫二名,差夫八名。马悉变价,草料夫食银两解司。嗣后寻常事件均发铺递,紧要公文差役赍投出差员役州县代僱夫驴,价仍差员自给。今本县马递文书改用走递,设立循环两簿,额佥兵房书胥一名,登掌收发给掣回照。额选三路马快役八名,承接驰送。东递宁国,西递太平,北递泾县,南递徽州府绩溪,各掣回照。”

光绪《重修安徽通志》卷110《武备志·驿传二》:“旌德县县驿,原设马七匹,马夫四名,差夫十名。顺治七年,裁减马二匹,马夫一名,差夫二名。雍正六年,裁减马二匹,马夫一名。乾隆二十三年,马三匹,马夫二名全裁。今现设差夫八名,每名除月给马田租稻一石外,日支工食银二分,岁共支银五十七两六钱。”

案:旌德县县驿,在今安徽省宣城市旌德县县城。

7. 太平县县驿

《置驿二》:“太平县县驿,差夫八名。”

嘉庆《宁国府志》卷20《武备志·驿传》:“太平原设差马二十五匹,差夫五十名。……乾隆二十三年,因甘省军务案内,将夫马全裁。现在无驿。差夫八名,每名日支工食银二分,岁支银五十七两六钱,遇闰加给银四两八钱,小建扣除。每名日支工食稻三升三合三勺三抄一撮,岁支稻九十六石,遇闰加给稻八石,小建扣除。额征驿站项下正闰银六十二两八钱八分,除给差夫工食外,余银解司。”

光绪《重修安徽通志》卷110《武备志·驿传二》:“太平县县驿,原设马七匹,马夫四名,差夫十名,后裁减马二匹,马夫一名,差夫二名。雍正六年,裁减马二匹,马夫一名。乾隆二十三年,马三匹,马夫二名全裁。今现设差夫八名,每名除月给马田租稻一石外,日支工食银二分,岁共支银五十七两六钱。”

案:太平县县驿,在今安徽省黄山市北之黄山区仙源镇。

(四)池州府属八驿

1. 贵池县县驿

《置驿二》:“贵池县县驿,马十五匹,马夫十名,差夫十二名,船五只,水手十四名,水驿夫十六名。”

乾隆《池州府志》卷 21《邮传》："贵池县原额差马三十五匹，马夫二十一名。乾隆二十四年，奉文暂减马十五匹，夫七名，赴西路办理军需，实存马二十匹，马夫十四，名差夫十二名。"

光绪《重修安徽通志》卷 110《武备志・驿传二》："贵池县县驿，至怀宁县县驿一百二十里，青阳县县驿八十里，建德县县驿一百八十里，东流县县驿一百八十里。"

光绪《贵池县志》卷 12《武备志・驿传》："马驿，原设马四十八匹，马夫三十九名，差夫三十名，节减至马二十匹，马夫十四名。乾隆五十四年议奏案内，又裁减马五匹，马夫四名。现额驿马一十五匹，马夫十名。……差夫十二名，伺候陆驿差使。"

案：贵池县县驿，在今安徽省池州市贵池区。

2. 贵池驿

《置驿二》："贵池驿，船五只，水手二十五名。"

乾隆《池州府志》卷 21《邮传》："水站。贵池县，额设马座站船十只，水手三十九名，水夫十六名。铜陵县，额设马座站船四只，水手二十名，水夫十六名。东流县，额设马座站船五只，水手十九名，水夫十六名。"

光绪《重修安徽通志》卷 109《武备志・驿传一》："铜陵县铜陵驿，九十里至贵池县贵池驿。"

光绪《贵池县志》卷 12《武备志・驿传》："水驿，原设差红船九只，马船一只，水手三十九名，水夫头四十五名。后于题请案内，裁减水夫头二十五名。雍正十年，扣留水夫头四名。现额差马船十只，水手三十九名，水夫六十名。"

案：贵池驿，在今安徽省池州市贵池区。此为贵池水驿，明代置，位于由铜陵至安庆长江沿线水路之上。

3. 青阳县县驿

《置驿二》："青阳县县驿，马十四匹，马夫十名，差夫十二名。"

乾隆《池州府志》卷 21《邮传》："青阳县，原额差马三十五匹，亦于西路军需文内暂减马十五匹，夫七名，现在马匹、马夫、差夫与贵池同。"

《嘉庆重修一统志》卷 118 池州府一："青阳驿，在青阳县境。唐武元衡、宋梅尧臣、孔平仲，俱有青阳驿诗。今废。"

光绪《重修安徽通志》卷 110《武备志・驿传二》："青阳县县驿，至贵池县县驿八十里，南陵县公馆驿七十里。"

案：青阳县县驿，水、陆驿站，水路在江宁与安庆之间，在今安徽省池州市青阳县县城。

4. 石埭县县驿

《置驿二》："石埭县县驿，差夫八名。"

乾隆《池州府志》卷21《邮传》："石埭县，原额递马三匹，于西路军需案全裁，存差夫八名。"

光绪《重修安徽通志》卷110《武备志·驿传二》："石埭县县驿，原设马七匹，马夫四名，差夫十名，后裁减马二匹，马夫一名，差夫二名。雍正六年，裁减马二匹，马夫一名，乾隆二十三年，马三匹，马夫二名全裁。今现设差夫八名，每名除月给马田租稻一石外，日支工食银二分，岁共支银五十七两六钱。"

案：石埭县县驿，在今安徽省黄山市黄山区西北之广阳乡。

5. 建德县县驿

《置驿二》："建德县县驿，马五匹，马夫四名，差夫十名。"

康熙《建德县志》卷2《铺舍》："建非孔道，无驿也。自先朝洪武始，嘉隆间偶值饶有上供，一时权宜枉道过建，遂误以爲站。海中丞疏寝其事，而残黎稍苏。我朝定鼎八年，仍焉。不知辛卯与东分站者何故，蒙前操抚李公鉴其为得已之役也，立田刍秣。"

乾隆《池州府志》卷21《邮传》："建德县，原额差马十五匹，马夫十名，于西路军需案减马五匹，夫三名，现在马十匹，夫七名，差夫十名。"

光绪《重修安徽通志》卷110《武备志·驿传二》："建德县县驿，至怀宁县县驿九十里，贵池县县驿一百八十里，江西彭泽县一百二十里，原设马二十匹，马夫十六名，差夫十八名，后裁减马五匹，马夫四名，差夫八名。雍正十年，裁减马夫二名。乾隆二十三年，裁减马五匹，马夫三名。五十四年，拨减马五匹，马夫三名。今现设马五匹，每匹日支草料银六分，岁共支银一百八两。马夫四名，每名除月给马田租稻一石外，日支工食银二分，岁共支银二十八两八钱。差夫十名，每名除月给马田租稻一石外，日支工食银二分，岁共支银七十二两。买补马价，岁支银二十七两九钱四分，槽铡等项岁共支银七两一钱。"

案：建德县县驿，今安徽省池州市东至县北之梅城村。

6. 东流县县驿

《置驿二》："东流县县驿，马六匹，马夫四名，差夫十名。"

乾隆《池州府志》卷21《邮传》："东流县，原额差马二十匹，马夫十名，于西路军需案暂减马十匹，夫五名，现在马数、马夫、差夫数与建德同。”

嘉庆《东流县志》卷12《兵防志》：“额设差夫十名，每名日给工食银二分，月给工食谷一石。……额设差马六匹，每匹日给草料银六分，每年报倒二匹，每匹开支买补马价银十三两九钱七分。每年开支槽铡、锅缸、鞍辔、灯油等银八两五钱二分。额设马夫四名，每名日给工食银二分，月给工食谷一石。……乾隆五十四年，减差马四匹，马夫二名，合今数。”

光绪《重修安徽通志》卷110《武备志·驿传二》：“东流县县驿，至怀宁县县驿九十里，贵池县县驿一百八十里，江西彭泽县一百二十里。”

案：东流县县驿，在今安徽省池州市东至县西北之东流镇。“东流县县驿”“东流驿”应该是同一个。

又案：该县有黄花驿，《嘉庆重修一统志》卷：“黄花驿，在东流县治之北，本名黄花馆，后置驿，今裁。”且嘉庆《东流县志》卷首《县署图》（见下图）中亦载有黄花驿在县署东北侧。其驿是否即为县驿地，待考。

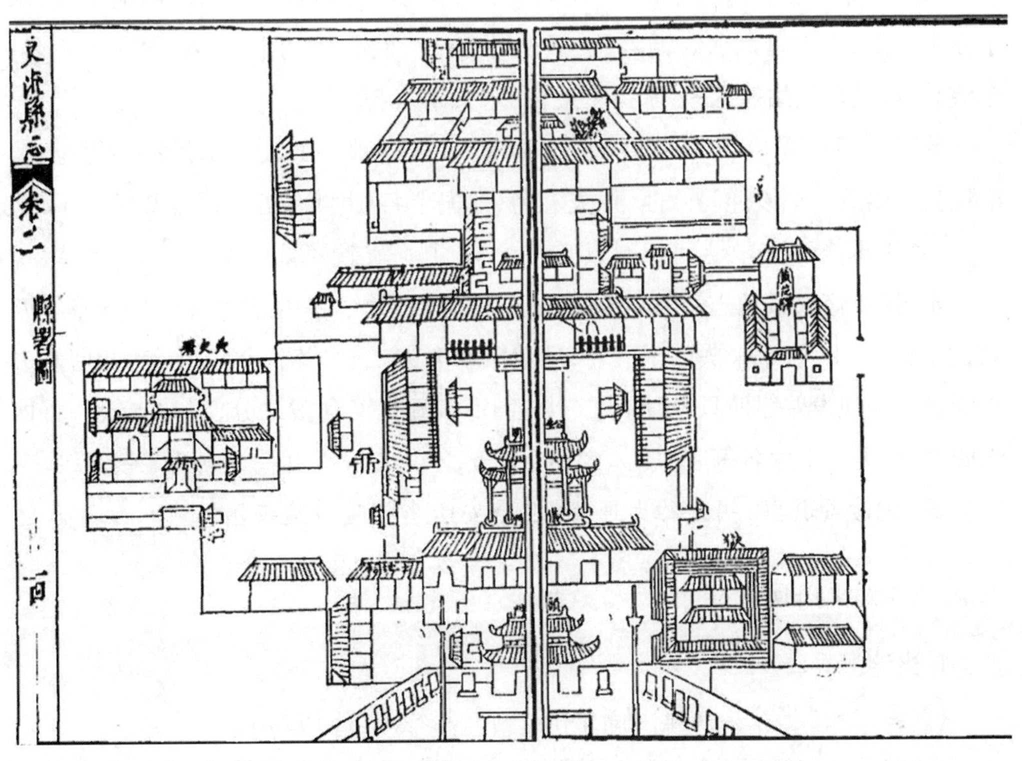

资料来源：嘉庆《东流县城》卷首《县署图》。黄花驿即在县治东。

7. 东流驿

《置驿二》:“东流驿,船五只,水手十九名,水驿夫十六名。”

乾隆《池州府志》卷 21《邮传》:“水站。贵池县,额设马座站船十只,水手三十九名,水夫十六名。铜陵县,额设马座站船四只,水手二十名,水夫十六名。东流县,额设马座站船五只,水手十九名,水夫十六名。”

嘉庆《东流县志》卷 12《兵防志》:“额设红船五只,水手十九名,每名日给工食银二分。额设水夫十六名,每名日给工食银二分。右水驿船夫。”

光绪《重修安徽通志》卷 110《武备志·驿传》:“东流县县驿,至怀宁县县驿九十里,贵池县县驿一百八十里,江西彭泽县一百二十里。”

案:东流驿,在今安徽省池州市东至县西北之东流镇。

8. 铜陵县县驿

《置驿二》:“铜陵县县驿,船四只,水手二十名,水驿夫十六名。”

乾隆《池州府志》卷 21《邮传》:“铜陵县,原额递马三匹,草夫二名,差夫八名,于西路军需案全裁,存差夫八名。”又同卷:“水站。贵池县,额设马座站船十只,水手三十九名,水夫十六名。铜陵县,额设马座站船四只,水手二十名,水夫十六名。东流县,额设马座站船五只,水手十九名,水夫十六名。”

乾隆《铜陵县志》卷 2《官署》:“大通驿,在大通镇。洪武三年驿丞王得全建,继迁县治西关。原设递马六匹,草夫五名,差夫十名,康熙十五年俱全裁。”

《嘉庆重修一统志》卷 118 池州府一:“大通驿,在铜陵县西关。”

光绪《重修安徽通志》卷 110《武备志·驿传二》:“铜陵县水驿,原设差船四只,水舵手二十名,水夫头四十五名,后裁减水夫头二十五名。雍正十年,扣留水夫头四名。今现设差船四只,水舵手二十名,每名日支工食银二分,岁共支银一百四十四两,水夫头十六名每名,日支工食银二分,岁共支银一百一十五两二钱。”

案:铜陵县县驿,明代称大通驿,在今安徽省铜陵市义安区。

(五)太平府属五驿

1. 当涂县县驿

《置驿二》:“当涂县县驿,马十四匹,马夫九名,差夫十二名。”

光绪《重修安徽通志》卷 110《武备志·驿传》:“当涂县县驿,至芜湖县县驿六十里,江苏江宁县八十里。”

案:当涂县县驿,在今安徽省马鞍山市当涂县县城。

2. 采石驿

《置驿二》:"采石驿,船三只,水手十五名,水驿夫十六名。"

康熙《太平府志》卷18《公署》:"采石驿,在采石镇滨江,即唐横江馆,明为皇华驿。"

乾隆《当涂县志》卷11《公署》:"采石驿,在采石镇滨江,即唐横江馆,明为皇华驿,洪武二年建。"

案:采石驿,明代置。在今安徽省马鞍山市西之雨山区采石街道。

3. 芜湖县县驿

《置驿二》:"芜湖县县驿,马十四匹,马夫九名,差夫十二名。"

光绪《重修安徽通志》卷110《武备志·驿传》:"芜湖县县驿,至当涂县县驿六十里,南陵县县驿一百里。"

案:芜湖县县驿,在今安徽省芜湖市城区。

4. 橹港驿

《置驿二》:"橹港驿,船五只,水手二十五名,水驿夫十六名。"

康熙《太平府志》卷18《公署》:"橹港驿,在县西南十五里。

《嘉庆重修一统志》卷121太平府二:"鲁港驿,在芜湖县南二十里,旧有驿丞,今裁。"

嘉庆《芜湖县志》卷2《建置志·公署》:"驿丞廨,元至正壬寅宣使萧谷英设在鲁港。甲辰迁县市升平桥。明洪武初,仍移鲁港。成化间,用陈策议,改建县东。国朝乾隆八年奉裁,廨充别用。"又同卷:"千总署,在县东。乾隆八年,裁驿丞以后,廨十间为千总驻札所。"

案:橹港驿,在今安徽省芜湖市弋江区南之弋江桥街道。

5. 繁昌县荻港驿

《置驿二》:"繁昌县,荻港驿,船三只,水手十五名,水驿夫十六名。"

康熙《太平府志》卷12《田赋下》:"荻港驿站,船水夫等项共银一千五十三两。"

康熙《繁昌县志》卷7《公署》:"荻港驿,在县西北五十里。"

道光《繁昌县志》卷9《武备志·水驿》:"荻港水驿,驿丞印信系荻港司巡检兼管。额设红船三只,江水夫十五名,纤夫十六名,应付勘合差使。江水手、纤夫每名日给工食银二分,额征驿站银四百四十五两五钱,除支给工食外,余银解司清款。其簰木过境,照来文添雇民夫备用,应付勘合,廪粮照例册报开销。"

案:繁昌县荻港驿,在今安徽省芜湖市繁昌县西之荻港镇。据《中国历史地名大辞典》2070 页,荻港镇,北宋至明代已置,属繁昌县。即今安徽繁昌县西三十五里荻港镇。《舆地纪胜》卷 18 太平州:荻港"在繁昌县西南二十里,与赭圻相属,西对无为军,盖江流险要之地"。明、清置巡司戍守,兼设荻港驿及河泊所于此。

(六)庐州府属十驿

1. 合肥县金斗驿

《置驿二》:"合肥县,金斗驿,马五十五匹,马夫三十四名,差夫二十四名。"

嘉庆《合肥县志》卷 7《田赋志下》:"金斗驿,旧属府,护城、派河二驿属县,无店埠驿,国朝初因地系金斗、护城二驿中立腰站,康熙十三年始题定设驿。乾隆十九年,又将金斗改归县辖,故县兼四驿云。金斗驿,在县治右。旧在威武门外大安桥淮浦渡之北涯。本水驿,洪武初知府潘杰建,成化间以合肥坡冈驿马省入,遂兼水陆。知府叶盛迁之接官亭,即白衣菴址。弘治间,知府马金重修,有杨廉记载集文。崇祯壬午,被贼焚燬,移建。"

《嘉庆重修一统志》卷 123 庐州府二:"护城驿,在合肥县东北十里。又有金斗、店埠、派河诸驿。"

光绪《重修安徽通志》卷 110《武备志·驿传二》:"金斗驿,旧属府,乾隆十九年改归县,辖至店埠驿四十里,派河驿四十五里,吴山庙驿六十里。"

光绪《续修庐州府志》卷 9《城署志》:"金斗驿,旧在府治东关外。崇祯间毁于兵,后移府署后。国朝承明制,知府管。乾隆十九年,改归合肥县经理。咸丰三年毁于寇,光绪七年合肥县曾道唯筹款重建。"

案:合肥县金斗驿,在今安徽省合肥市庐阳区。

2. 护城驿

《置驿二》:"护城驿,马五十五匹,马夫三十五名,差夫二十四名。"

乾隆《江南通志》卷 24《舆地志·公署》:"护城驿丞署,在城东北八十里。"

《嘉庆重修一统志》卷 123 庐州府二:"护城驿,在合肥县东北十里。又有金斗、店埠、派河诸驿。"

嘉庆《合肥县志》卷 7《田赋志下》:"护城驿,在县城东北九十里。旧设驿丞,乾隆二十一年,裁归县辖。"

光绪《续修庐州府志》卷 3《疆里志》:"护城驿,县东南七十里。"

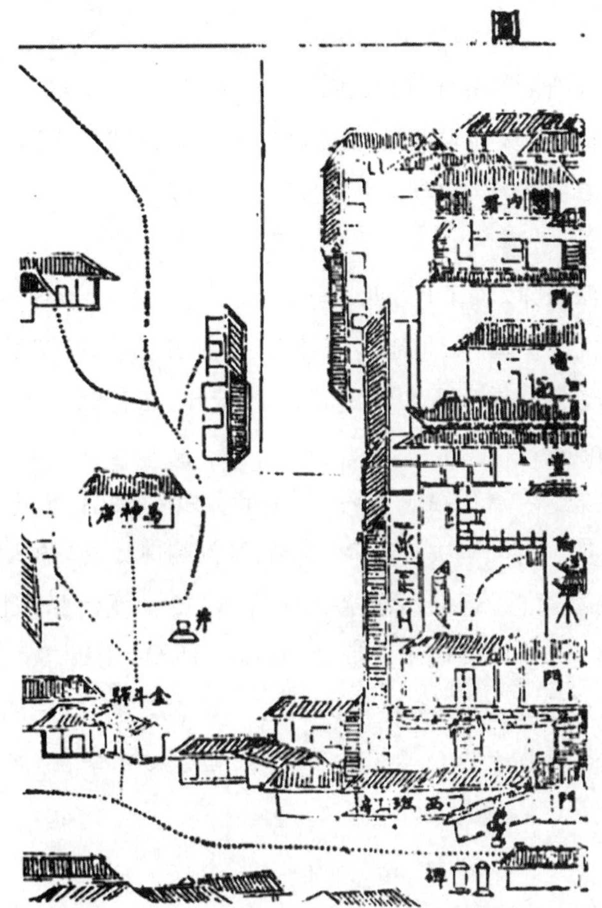

资料来源：雍正《合肥县志》卷1《图考》。合肥县署在庐州府署西侧，金斗驿即在县署东侧。

光绪《重修安徽通志》卷110《武备志·驿传二》："护城驿，旧设驿丞，乾隆二十一年裁归县辖，至店埠驿四十五里，定远县张桥驿六十里。"

案：护城驿，在今安徽省合肥市肥东县梁园镇护城村。

3. 店埠驿

《置驿二》："店埠驿，马五十五匹，马夫三十四名，差夫二十四名。"

嘉庆《合肥县志》卷7《田赋志下》："店埠驿，在城东四十里。康熙十三年增设，有驿丞。乾隆二十一年，裁归县辖。马匹、马夫、差夫各支销、额编银数俱与金斗驿同。派河驿，在城南四十五里，旧有驿丞，乾隆二十一年裁归县辖。马匹、马夫、差夫各支销，及额编银数俱与护城驿同。吴山庙驿，在城西北六十五里。乾隆五十五年，知县李法详请咨题增设。"

《嘉庆重修一统志》卷 123 庐州府二:“护城驿,在合肥县东北十里。又有金斗、店埠、派河诸驿。”

光绪《重修安徽通志》卷 110《武备志·驿传二》:“店埠驿,康熙十三年添置,有驿丞。乾隆二十一年裁,归县辖。至金斗驿四十里,护城铎四十五里。”

案:店埠驿,在今安徽省合肥市肥东县店埠镇。

4. 派河驿

《置驿二》:“派河驿,马五十五匹,马夫三十五名,差夫二十四名。”

乾隆《江南通志》卷 24《舆地志·公署》:“派河驿丞署,在城南四十里。”

《嘉庆重修一统志》卷 123 庐州府二:“护城驿,在合肥县东北十里。又有金斗、店埠、派河诸驿。”

嘉庆《合肥县志》卷 7《田赋志下》:“派河驿,在城南四十五里,旧有驿丞,乾隆二十一年裁归县辖。马匹、马夫、差夫各支销,及额编银数俱与护城驿同。”

光绪《重修安徽通志》卷 110《武备志·驿传二》:“派河驿,旧设驿丞,乾隆二十一年裁,归县辖。至金斗驿四十五里,舒城县三沟驿六十里。”

案:据《中国历史地名大辞典》1981 页,派河驿,即今安徽省合肥市肥西县驻地上派镇。《读史方舆纪要》卷 26 合肥县:派河驿在“府西四十里。路出舒城”。

5. 吴山庙驿

《置驿二》:“吴山庙驿,马三匹,马夫二名。”

《嘉庆重修一统志》卷 123 庐州府二:“本朝乾隆五十五年,增吴山庙驿。”

嘉庆《合肥县志》卷 7《田赋志下》:“吴山庙驿,在城西北六十五里。乾隆五十五年,知县李法详请咨题增设。”

光绪《重修安徽通志》卷 110《武备志·驿传二》:“吴山庙驿,乾隆五十四年置,至金斗驿六十里,寿州瓦埠驿六十里。”

案:吴山庙驿,在今安徽省长丰县南之吴山镇。

6. 舒城县三沟驿

《置驿二》:“舒城县三沟驿,马五十四匹,马夫三十四名。”

《嘉庆重修一统志》卷 123 庐州府二:“三沟驿,在舒城县东十五里。道出合肥。”(应转至《江南通志》条后)

乾隆《江南通志》卷 24《舆地志·公署》:“三沟驿丞署,在县东十五里。”

光绪《续修庐州府志》卷 9《城署志》:“三沟驿,在县东十五里。”

光绪《舒城县志》卷23《武备志·驿传》:“三沟驿,县东北二十里,旧作十五里。”

光绪《重修安徽通志》卷110《武备志·驿传》:“舒城县三沟驿,旧设驿丞,乾隆二十一年裁归县辖,至梅心驿六十里,合肥县派河驿六十里。”

案:舒城县三沟驿,在今安徽省六安市舒城县东北之桃溪镇,辖区南端有三沟村。谭图标有桃溪镇。

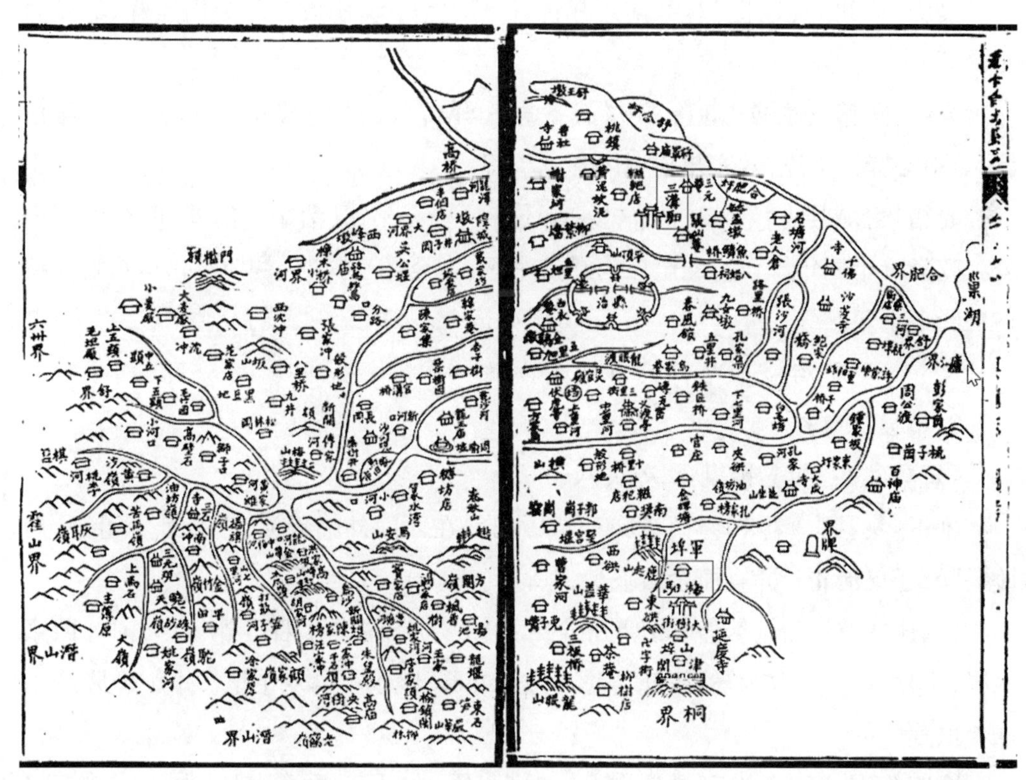

资料来源:光绪《舒城县志》卷1《舆地志·图考》。舒城县三沟驿在图东北舒城县治东北,梅心驿在县治东南。

7. 梅心驿

《置驿二》:“梅心驿,马五十四匹,马夫三十四名,差夫二十四名。”

《嘉庆重修一统志》卷123庐州府二:“又有梅心驿,在县南,道出桐城。”

乾隆《江南通志》卷24《舆地志·公署》:“梅心驿丞署,在县南二十里。”

光绪《续修庐州府志》卷9《城署志》:“梅心驿,在县南二十里。”

光绪《舒城县志》卷23《武备志·驿传》:“梅心驿,县东南四十里旧作三十里。”

光绪《重修安徽通志》卷110《武备志·驿传》:“梅心驿,旧设驿丞,乾隆二十一裁归县辖，至三沟驿六十里，登云驿三十里，桐城县吕亭驿站六十里。”

案：梅心驿，明代置。在今安徽省六安市舒城县东南舒茶镇北之梅心驿村，村以驿得名。

8. 登云驿

《置驿二》：“登云驿，马二匹，马夫二名。”

《嘉庆重修一统志》卷123庐州府二：“本朝乾隆五十五年，添设登云驿。”

嘉庆《庐州府志》卷22《兵防志驿传》：“五十五年，添设合肥吴山庙驿、舒城登云驿。”

光绪《重修安徽通志》卷110《武备志・驿传二》：“登云驿，乾隆五十四年添置，至梅心驿三十里，六安州椿树冈驿七十里。”

光绪《舒城县志》卷23《武备志・驿传》：“登云站，县治小东门外，旧在大东门外。乾隆五十四年添设。北至三沟驿二十里，南至梅心驿四十里，西北至六安州椿树冈驿七十里。”

案：登云驿，今安徽省六安市舒城县城。

9. 巢县镇巢驿

《置驿二》：“巢县镇巢驿，差夫八名。”

雍正《巢县志》卷10：“镇巢驿，旧系水驿，在西门外临天河，今基址不可考，后改马驿，迁巢治北。驿官衙舍被寇焚，基址尚存。”

《嘉庆重修一统志》卷123庐州府二：“镇巢驿，在巢县西门外，临天河。旧系水驿，明嘉靖二年，改为马驿，迁县北。又高井驿，距镇巢驿六十里。本朝乾隆二十四年俱裁。”

嘉庆《庐州府志》卷7《城署志下》：“镇巢驿，在县后，原系水驿，改马，今废。”

案：巢县镇巢驿，水马驿，明代置。在今安徽省巢湖市区。

10. 高井驿

《置驿二》：“高井驿，差夫八名。”

雍正《巢县志》卷10《胶庠志・署司》：“高井驿，旧在高井铺，去县四十里，后迁柘皋镇，去旧驿远二十里，驿官衙舍久废。”

《嘉庆重修一统志》卷123庐州府二：“镇巢驿，在巢县西门外，临天河。旧系水驿，明嘉靖二年，改为马驿，迁县北。又高井驿，距镇巢驿六十里。本朝乾隆二十四年俱裁。”

嘉庆《庐州府志》卷7《城署志下》：“高井驿，原在高井铺，迁柘皋镇。康熙八年，驿丞张可登修。”

案：据《中国历史地名大辞典》2160 页，高井驿，在今安徽省合肥市巢湖市西北。《读史方舆纪要》卷 26 巢县：高井驿在“县西北六十里。道出合肥。《志》云：县治西有镇巢水马驿，此为高井马驿，陆道所经也”。

（七）凤阳府属十七驿

1. 凤阳县王庄驿

《置驿二》：“凤阳县，王庄驿，马六十匹，马夫三十八名，差夫二十四名。”

乾隆《江南通志》卷 24《舆地志·公署》：“王庄驿丞署，在县城北六十里。”

乾隆《凤阳县志》卷 7《经制志三·驿传》：“王庄驿，在县西北六十里，原有驿丞，乾隆十九年奉裁。”

《嘉庆重修一统志》卷 126 凤阳府二：“王庄驿，在凤阳县北六十里，旧有驿丞，今裁。”

光绪《重修安徽通志》卷 110《武备志·驿传》：“王庄驿，至濠梁驿六十里，灵璧县固镇驿六十里，泗州旧虹县驿一百二十里。”

案：凤阳县王庄驿，在今安徽省蚌埠市固镇县东南之王庄镇。

资料来源：乾隆《凤阳县志》卷首《图说》。该图为上南下北，左东右西。

2. 濠梁驿

《置驿二》:“濠梁驿,马六十五匹,马夫四十一名,差夫二十四名。”

乾隆《江南通志》卷98《武备志·驿传二》:“濠梁驿,原设马一百三匹马夫一百三名差夫七十名。”

乾隆《凤阳县志》卷7《经制志三·驿传》:“濠梁驿,原在临淮,塗山门外吊桥之西,北滨淮,南临濠。后以水患移置西土坝。乾隆十九年,裁驿丞。二十年归并凤阳县。”

光绪《凤阳府志》卷14《兵制考·驿传》:“凤阳县濠梁驿,一名临淮驿。旧属府,雍正八年,改属临淮县。原设驿丞,乾隆十九年,以临淮县并入凤阳县裁驿丞,改归县辖。至王庄驿六十里,红心驿六十里,盱眙县县驿一百六十里,五河县县驿八十里。”

光绪《重修安徽通志》卷110《武备志·驿传二》:“凤阳县濠梁驿,……至王庄驿六十里,红心驿六十里,盱眙县县驿一百六十里,五河县县驿八十里。”

案:濠梁驿,在今安徽省滁州市凤阳县东北之临淮关镇。

3. 红心驿

《置驿二》:“红心驿,马六十五匹,马夫四十一名,差夫二十四名。”

乾隆《凤阳县志》卷7《经制志三·驿传》:“红心驿,在县东南六十里。原书临淮,乾隆二十年归并凤阳县。原有驿丞,乾隆十九年裁汰。”

《嘉庆重修一统志》卷126凤阳府二:“红心驿,在凤阳县。明洪武三年设有驿丞,本朝乾隆二十年裁。”

光绪《凤阳府志》卷14《兵制考·驿传》:“红心驿,旧属临淮县,有驿丞。乾隆十九年以临淮县并入凤阳县,裁驿丞,改归县辖。至濠梁驿六十里。”

光绪《重修安徽通志》卷110《武备志·驿传》:“红心驿,旧属临淮县,有驿丞,乾隆十九年以临淮县并入凤阳县,裁驿丞,改归县辖。至濠梁驿六十里,定远县池河驿四十五里,定远驿四十五里,盱眙县县驿一百八十里。”

案:红心驿,在今安徽省滁州市凤阳县东南之红心镇。

4. 定远县定远驿

《置驿二》:“定远县,定远驿,马五十五匹,马夫三十四名,差夫二十四名。”

《嘉庆重修一统志》卷126凤阳府二:“定远驿,在定远县东门外。旧有驿丞,本朝乾隆八年裁。”

道光《定远县志》卷3《舆地志·驿传》:“定远驿,东门外,额设马五十五匹,马夫三十名。”

光绪《重修安徽通志》卷110《武备志·驿传二》:“定远县定远驿,至池河驿六十里,张桥驿四十五里,永康镇驿六十里,凤阳县红心驿四十五里。”

光绪《凤阳府志》卷14《兵制考·驿传》:“定远县定远驿,至池河驿六十里,张桥驿四十五里,永康镇驿六十里,凤阳县红心驿四十五里。”

案:定远县县驿,在今安徽省滁州市定远县城。

5. 池河驿

《置驿二》:“池河驿,马四十一匹,马夫二十四名,差夫二十名。”

乾隆《江南通志》卷24《舆地志·公署》:“池河驿丞署,在县东六十里。”

道光《定远县志》卷3《舆地志·驿传》:“池河驿,县东六十里,额设马四十匹,马夫二十五名。”

光绪《重修安徽通志》卷110《武备志·驿传二》:“池河驿,至定远驿六十里,凤阳县红心驿四十五里,滁州大柳驿三十五里。”

案:池河驿,在今安徽省滁州市定远县东之池河镇。

6. 张桥驿

《置驿二》:“张桥驿,马五十五匹,马夫三十五名,差夫二十四名。”

乾隆《江南通志》卷24《舆地志·公署》:“张桥驿丞署,在县南四十里。”

《嘉庆重修一统志》卷126凤阳府二:“张桥驿,在定远县南四十里,路达合肥。旧有驿丞,今裁。”

道光《定远县志》卷3《舆地志·驿传》:“张桥驿,县南四十五里,额设马五十五匹,马夫三十二名。”

光绪《重修安徽通志》卷110《武备志·驿传二》:“张桥驿,至定远驿四十五里,合肥县护城驿六十里。”

案:张桥驿,在今安徽省滁州市定远县南之张桥镇。

7. 永康镇驿

《置驿二》:“永康镇驿,马三匹,马夫二名。”

《嘉庆重修一统志》卷126凤阳府二:“永康镇,在县西六十里。”

道光《定远县志》卷3《舆地志·驿传》:“永康驿,县西六十里,额设马三匹,马夫二名。”

光绪《重修安徽通志》卷110《武备志·驿传二》:“永康镇驿,乾隆五十四年添置,至定远驿六十里,寿州姚皋店驿七十五里。”

光绪《凤阳府志》卷14《兵制考·驿传》:“永康镇驿,乾隆五十四年添置,至定远驿六十里,寿州姚皋店驿七十五里。”

案:永康镇驿,在今安徽省定远县西之永康镇。

8. 宿州睢阳驿

《置驿二》:“宿州睢阳驿,马五十八匹,马夫三十七名,差夫二十四名。”

乾隆《江南通志》卷24《舆地志·公署》:“睢阳驿丞署,在东门外。”

《嘉庆重修一统志》卷126凤阳府二:“睢阳驿,旧在宿州城内。明洪武十年,迁于州城东,有驿丞,本朝乾隆八年裁。陆深《停骖录》:宿州有睢阳驿,以睢水在其南也。”

光绪《重修安徽通志》卷110《武备志·驿传二》:“宿州睢阳驿,旧设驿丞,乾隆初裁,归州辖,至大店驿五十里,百善驿七十里,夹沟驿七十里。”

光绪《宿州志》卷9《武备志·驿传》:“睢阳驿,在州东门外,至夹沟驿六十里,至大店驿五十里,至百善驿七十里。”

案:宿州睢阳驿,在今安徽省宿州市城区。

9. 大店驿

《置驿二》:“大店驿,马五十八匹,马夫三十七名,差夫二十四名。”

乾隆《江南通志》卷24《舆地志·公署》:“大店驿丞署,在州东六十里。”

《嘉庆重修一统志》卷126凤阳府二:“大店驿,在宿州东六十里。旧有驿丞,今裁。”

光绪《重修安徽通志》卷110《武备志·驿传二》:“大店驿,旧设驿丞,乾隆初裁,归州辖,至睢阳驿五十里,灵璧县固镇驿七十里。”

光绪《宿州志》卷9《武备志·驿传》:“大店驿,在州东,至睢阳驿五十里至灵璧县固镇驿七十里。”

案:大店驿,在今安徽省宿州市埇桥区东之大店镇。

10. 百善驿

《置驿二》:“百善驿,马九匹,马夫五名,差夫八名。”

光绪《凤阳县志》卷14《兵制考》:“百善驿,至睢阳驿七十里河南永城县六十里。”

光绪《重修安徽通志》卷110《武备志·驿传二》:“百善驿,至睢阳驿七十里,河南永城县六十里。”

光绪《宿州志》卷9《武备志·驿传》:“百善驿,在州西,至睢阳驿七十里,至河南永城县太邱驿六十里。”

案：百善驿，在今安徽省淮北市濉溪县西南之百善镇。

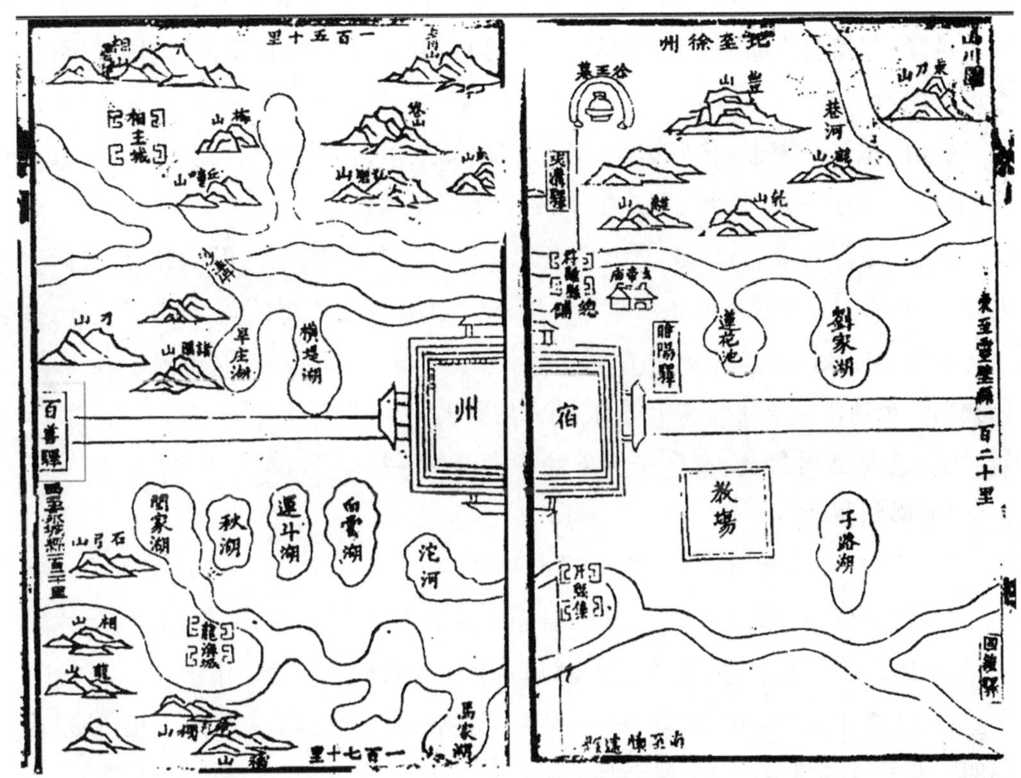

资料来源：康熙《宿州志》卷前《图》。图中睢阳驿在州城东，百善驿在州西，夹沟驿在州治北。

11. 夹沟驿

《置驿二》：“夹沟驿，马五十八匹，马夫三十七名，差夫二十四名。”

乾隆《江南通志》卷 24《舆地志·公署》：“夹沟驿丞署，在州东北六十里。”

《嘉庆重修一统志》卷 126 凤阳府二：“夹沟驿，在宿州北六十里。明洪武初设，有驿丞，本朝乾隆二十年裁。”

光绪《重修安徽通志》卷 110《武备志·驿传二》：“夹沟驿，旧设驿丞，乾隆初裁，归州辖，至睢阳驿七十里，江苏铜山县桃山驿四十里。”

光绪《宿州志》卷 9《武备志·驿传》：“夹沟驿，在州北，至睢阳驿六十里，至铜山县桃山驿四十里。”

光绪《凤阳府志》卷 14《兵制考·驿传》：“夹沟驿，旧设驿丞，乾隆初裁，归州辖。至睢阳驿七十里，江苏铜山县桃山驿四十里。”

案：夹沟驿，明代置，在今安徽省宿州市埇桥区之夹沟镇。

12. 灵璧县固镇驿

《置驿二》:“灵璧县,固镇驿,马六十五匹,马夫四十一名,差夫二十四名。”

乾隆《江南通志》卷 24《舆地志·公署》:“固镇驿丞署,在县治南七十里。”

乾隆《灵璧县志略》卷 2《驿站》:“明时县城、固镇两处并设夫马,国初因之。今归并固镇一驿。”

《嘉庆重修一统志》卷 126 凤阳府二:“固镇巡司,在灵璧县西南七十里。其南为固镇驿,旧有驿丞,本朝乾隆二十年裁,以巡检兼管。”

光绪《重修安徽通志》卷 110《武备志·驿传二》:“固镇驿,旧设驿丞,乾隆十九年裁,归县辖。至凤阳县王庄驿六十里,宿州大店驿七十里。”

光绪《凤阳府志》卷 14《兵制考·驿传》:“固镇驿,旧设驿丞,乾隆十九年裁,归县辖。至凤阳县王庄驿六十里,宿州大店驿七十里。”

案:灵璧县固镇驿,在今安徽省蚌埠市固镇县城。

13. 寿州州驿

《置驿二》:“寿州州驿,马四匹,马夫三名。”

光绪《重修安徽通志》卷 110《武备志·驿传》:“寿州州驿,至正阳关驿六十里,桃皋店驿四十五里,瓦埠驿六十里,凤台县丁家集驿六十里。”

光绪《寿州志》卷 10《武备志·驿传》:“寿州州驿,至正阳关驿六十里,姚皋店驿四十五里,瓦埠驿六十里,凤台县丁家集驿六十里。”

案:寿州州驿,在今安徽省淮南市寿县县城。

14. 正阳关驿

《置驿二》:“正阳关驿,马三匹,马夫二名。”

《嘉庆重修一统志》卷 126 凤阳府二:“正阳镇巡司,在寿州西六十里,一名东正阳,与颍上西正阳夹淮相封。明设巡司,本朝因之。”

光绪《重修安徽通志》卷 110《武备志·驿传二》:“正阳关驿,乾隆五十四年添置。至州驿六十里,颍上县县驿六十里。”

光绪《寿州志》卷 10《武备志·驿传》:“正阳关驿,乾隆五十四年添置,至州驿六十里,颍上县县驿六十里。”

案:正阳关驿,在今安徽省淮南市寿县西南之正阳关镇。

15. 姚皋店驿

《置驿二》:“姚皋店驿,马三匹,马夫二名。”

光绪《重修安徽通志》卷 110《武备志·驿传二》:“姚皋店驿,乾隆五十四年添置。至州驿四十五里,定远县永康镇驿七十五里。”

光绪《凤阳府志》卷14《兵制考·驿传》:“姚皋店驿,乾隆五十四年添置。至州驿四十五里,定远县永康镇驿七十五里。”

光绪《寿州志》卷10《武备志·驿传》:“姚皋店驿,乾隆五十四年添置,至州驿四十五里,定远县永康镇驿七十五里。”

案:姚皋店驿,在今安徽省淮南市南之田家庵区三和乡姚皋村。

16. 瓦埠驿

《置驿二》:“瓦埠驿,马三匹,马夫二名。”

光绪《重修安徽通志》卷110《武备志·驿传二》:“瓦埠驿,乾隆五十四年添置。至州驿六十里,合肥县吴山庙驿六十里。”

光绪《凤阳府志》卷14《兵制考·驿传》:“瓦埠驿,乾隆五十四年添置。至州驿六十里,合肥县吴山庙驿六十里。”

光绪《寿州志》卷10《武备志·驿传》:“瓦埠驿,乾隆五十四年添置。至州驿六十里,合肥县吴山庙驿六十里。”

案:瓦埠驿,在今安徽省淮南市寿县之瓦埠镇。

17. 凤台县丁家集驿

《置驿二》:“凤台县,丁家集驿,马三匹,马夫二名。”

光绪《重修安徽通志》卷110《武备志·驿传二》:“凤台县丁家集驿,乾隆五十四年添置。至寿州州驿六十里,蒙城县陈仙桥驿六十里。”

光绪《凤阳府志》卷14《兵制考·驿传》:“凤台县丁家集驿,乾隆五十四年添置。至寿州州驿六十里,蒙城县陈仙桥驿六十里。”

案:凤台县丁家集驿,在今安徽省淮南市凤台县北之丁集镇丁集村。

(八)颍州府属八驿

1. 阜阳县县驿

《置驿二》:“阜阳县县驿,马二匹,马夫二名。”

道光《阜阳县志》卷7《武备志·马政》:“县驿,自宋南渡时为南北要冲,设柳河、颍川、刘龙三驿,兼置驿丞马匹相埒。明初因之,宏(弘)治间裁去。驿递有草场、牧地,坐落陈村场、蔡村场、龙华场、釜阳场、中村场、乌窑涧场、功立桥场、王市场八处,共二十八顷四十亩三分,听附近居民佃种纳租。国朝顺治八年添设递马二匹,递送紧急文移。州升府后,归县管牧。岁支走递夫马工料银六十九两一钱二分。”

光绪《重修安徽通志》卷110《武备志·驿传》:"阜阳县县驿,旧属颍州,雍正十三年以颍州升府添设阜阳县,归县管理,至六十里铺驿六十里。"

案:阜阳县县驿,在今安徽省阜阳市区。

2. 六十里铺驿

《置驿二》:"六十里铺驿,马三匹,马夫二名。"

道光《阜阳县志》卷《舆地志·道里》:"东南至六十里铺,交颍上县界。自县城至颍上县治一百二十里。"

光绪《重修安徽通志》卷110《武备志·驿传二》:"六十里铺驿,乾隆五十四年添置。至县驿六十里,颍上县县驿六十里。"

案:六十里铺驿,在今安徽省颍上县西北之六十铺镇。

3. 颍上县县驿

《置驿二》:"颍上县县驿,马三匹,马夫二名。"

光绪《重修安徽通志》卷110《武备志·驿传》:"颍上县县驿,至阜阳县六十里铺驿六十里,寿州正阳关驿六十里。"

案:颍上县县驿,在今安徽省阜阳市颍上县县城。

4. 亳州州驿

《置驿二》:"亳州州驿,马二匹,马夫二名。"

光绪《重修安徽通志》卷110《武备志·驿传》:"亳州州驿,至龙王庙驿七十里。"

光绪《亳州志》卷8《武备志·驿传》:"亳州州驿,原设马三匹,马夫二名,后裁减马一匹,马夫一名。乾隆二十三年全裁。五十四年,复设马二匹,马夫二名。现设马二匹……马夫二名。"

案:亳州州驿,今安徽省亳州市区。

5. 龙王庙驿

《置驿二》:"龙王庙驿,马三匹,马夫二名。"

光绪《重修安徽通志》卷110《武备志·驿传二》:"龙王庙驿,乾隆五十四年添置。至州驿七十里,蒙城县中新集驿七十里。"

光绪《亳州志》卷8《武备志·驿传》:"双沟集驿,旧驻龙王庙。原设马三匹,后裁减一匹。同治三年,移置本驿。"

案:龙王庙驿,在今安徽省阜阳市颍上县东之龙王庙村。

6. 蒙城县县驿

《置驿二》:“蒙城县县驿,马三匹,马夫二名。”

同治《蒙城县志》卷5《武备志·驿传》:“置邮传命古今所必需也。急则用马,缓则以步。蒙地僻处虽非冲要,向设驿马、铺递分送公文。今则有驿马、铺兵,而无房舍。兵燹岁久倾圮失修,无经费故耳。县前、陈仙桥、中新共三驿,额马七匹,马夫六名。县前总驿,至陈仙桥五十里,至中新驿五十里。额马三匹,马夫二名。”

光绪《重修安徽通志》卷110《武备志·驿传》:“蒙城县县驿,至陈仙桥驿五十里,中新集驿七十里。”

案:蒙城县县驿,在今安徽省亳州市蒙城县城。

7. 陈仙桥驿

《置驿二》:“陈仙桥驿,马三匹,马夫二名。”

同治《蒙城县志》卷5《武备志·驿传》:“陈仙桥驿,乾隆五十四年添设,至凤台县丁家集驿一百一十里。额马二匹,马夫二名。”

光绪《重修安徽通志》卷110《武备志·驿传二》:“陈仙桥驿,乾隆五十四年添置至县驿五十里凤台县丁家集驿六十里。”

光绪《凤阳府志》卷14《兵制考·驿传》:“凤台县丁家集驿,乾隆五十四年添置。至寿州州驿六十里,蒙城县陈仙桥驿六十里。”

案:陈仙桥驿,在今安徽省亳州市蒙城县南之陈桥村。

8. 中新集驿

《置驿二》:“中新集驿,马三匹,马夫二名。”

同治《蒙城县志》卷5《武备志·驿传》:“中新驿,额马二匹,马夫二名。查中新驿兵燹后不知坐落何所,当查由县赴郡来往紧要文报最为紧多,即将额马二匹,夫二名改设于赴郡之董家集以资接递。”

光绪《重修安徽通志》卷110《武备志·驿传二》:“龙王庙驿,乾隆五十四年添置。至州驿七十里,蒙城县中新集驿七十里。”

案:中新集驿,在今安徽省亳州市蒙城县西南之小辛集乡。

(九)六安直隶州属二驿

1. 六安直隶州州驿

《置驿二》:“六安直隶州州驿,马二匹,马夫二名。”

同治《六安州志》卷16《武备志四·驿传》:“六安州……现在本城驿站,额设马夫二名，马二匹。”

光绪《重修安徽通志》卷110《武备志・驿传》：“六安州州驿，至椿树岗驿五十里。”

案：六安直隶州州驿，在今安徽省六安市区。

2. 椿树岗驿

《置驿二》：“椿树岗驿，马二匹，马夫二名。”

同治《六安州志》卷16《武备志四・驿传》：“椿树岗驿站，额设马夫三名，马四匹。”

光绪《重修安徽通志》卷110《武备志・驿传二》：“椿树冈驿，乾隆五十四年添置。至州驿五十里，舒城县登云驿七十里。”

光绪《舒城县志》卷23《武备志二・驿传》：“登云站，县治小东门外，旧在大东门外。乾隆五十四年设。北至三沟驿二十里，南至梅心驿四十里，西北至六安州椿树冈驿七十里。”

案：椿树岗驿，在今安徽省六安市东南之椿树镇。

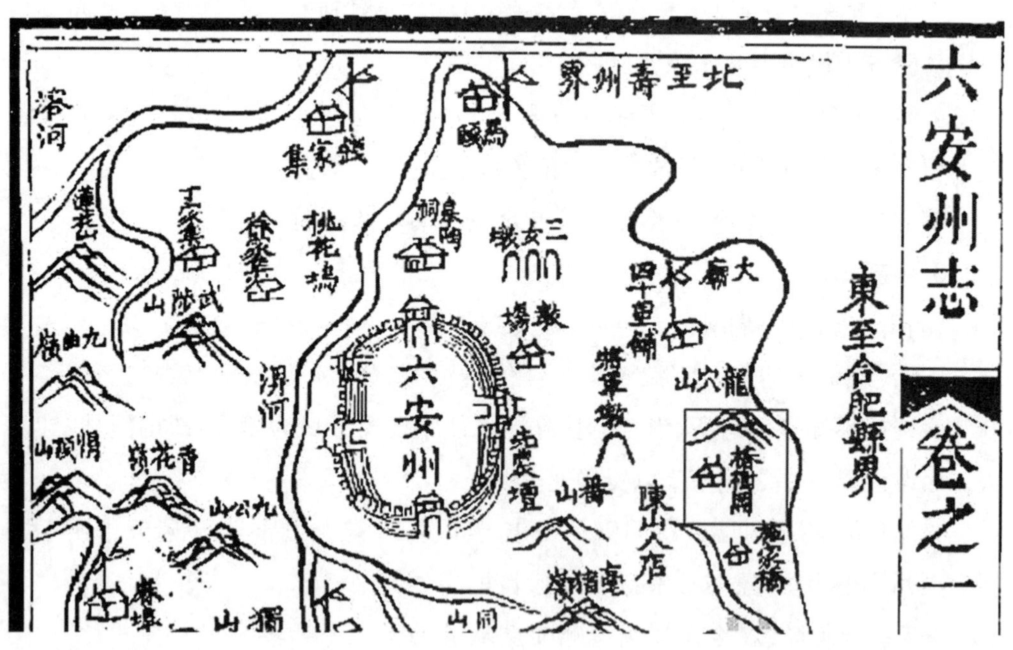

资料来源：同治《六安州志》卷2《图考》。

（十）泗州直隶州属五驿

1. 泗州直隶州州驿

《置驿二》：“泗州直隶州州驿，马五匹，马夫三名，差夫八名。”

乾隆《泗州志》卷 2《马递》:“泗无驿,止棚马五匹,候递紧要公文。乾隆二十二年,正阳关立,淮河水志令下游州县添设腰站,飞报河院衙门。时泗侨寓盱山接递蒋翟坝,计程六十里。四十二年,移驻虹城。知州刘作垣以水报紧要,请仍拨马二匹于盱山安站焉。旧虹额马二匹,为宁夏水报计也。向例于宿州之睢阳、大庄、夹沟三驿内轮拨马三匹在虹协济。乾隆四十二年,虹并入泗,议撤马。刘作垣以泗、虹虽共设马七匹,已拨二匹安站盱山。州辖三县,公文络绎,而黄河水报一交桃汛,亦复频仍,且自虹城递宿迁之归仁集计程七十里,往迢需时,存马五匹实不敷伺应,请令宿州照旧协济,从之。”

《嘉庆重修一统志》卷 134 泗州直隶州:“泗水驿,在旧州城南门外,……今裁。”

光绪《重修安徽通志》卷 110《武备志・驿传》:“泗州州驿,至旧虹县驿一百四十里,盱眙县县驿一百八十里,五河县县驿七十里。”

案:泗州直隶州州驿,在今安徽省宿州市泗县城。

2. 旧虹县驿

《置驿二》:“旧虹县驿,马二匹,马夫一名。”

光绪《重修安徽通志》卷 110《武备志・驿传二》:“旧虹县驿,按虹县旧属凤阳府,乾隆四十二年裁并泗州,改归州辖。至州驿一百四十里。”

案:旧虹县驿,在今安徽省泗县城。

3. 盱眙县县驿

《置驿二》:“盱眙县县驿,马三匹,马夫二名,差夫八名。”

光绪《重修安徽通志》卷 110《武备志・驿传》:“盱眙县县驿,至泗州州驿一百八十里,凤阳县濠梁驿一百六十里,红心驿一百八十里,江苏清江浦一百八十里。”

案:盱眙县县驿,在今江苏省盱眙县城。

4. 天长县县驿

《置驿二》:“天长县县驿,差夫八名。”

光绪《重修安徽通志》卷 110《武备志・驿传》:“天长县县驿。原设马七匹,马夫四名,差夫十名,后裁减马二匹,马夫一名,差夫二名。雍正六年,裁减马二匹,马夫一名。乾隆二十三年,马三匹,马夫二名全裁。今现设差夫八名,每名日支工食银三分,岁共支银八十六两四钱。”

案:天长县县驿,在今安徽省滁州市天长市在县南谯楼东。

5. 五河县县驿

《置驿二》:“五河县县驿,马二匹,马夫二名。”

光绪《重修安徽通志》卷110《武备志·驿传》:“五河县县驿,至泗州州驿七十里,凤阳县濠梁驿八十里。”

光绪《重修五河县志》卷7《武备志·邮递》:“五河非通都大邑也,然北达泗,南达淮,文檄往来,动关民事。明初有安淮驿,置驿丞。洪治四年,浍河水溢,驿舍倾圮。嘉靖三十九年,员缺亦裁。……国朝顺治初,原额递马六匹,康熙十三年调拨马三匹,协济宿州睢阳驿。又于康熙十五年,裁马一匹,变价银十五两解司,县内止存马二匹,夫一名。康熙二十二年,于一件钦奉恩诏事案内复设马一匹,夫一名。草料工食银四十八两九钱二分,在丁地银内支给。于康熙二十四年,奉旨复裁其工料银两仍归地丁起解。乾隆五十四年,奉按察使司玉檄行,以泗州设有马匹,但通江、安两省,驿路中隔。五河县向无驿站,遇有紧要事件,淮水涨发,往来文檄不能迅速办理等因,经知县曾定球议请拨设马二匹,夫二名。抚部院陈彙奏,得旨俞允,接准部议,于当涂县酌拨马匹来五。五十五年三月内安站。”

案:五河县县驿,在今安徽省蚌埠市五河县城。

(十一)滁州直隶州属三驿

1. 滁州直隶州滁阳驿

《置驿二》:“滁州直隶州,滁阳驿,马四十三匹,马夫二十七名,差夫二十名。”

《嘉庆重修一统志》卷130滁州直隶州:“滁阳驿,在州南门外。旧有驿丞,本朝雍正八年裁。又皇华驿,……明初废。”

光绪《重修安徽通志》卷110《武备志·驿传二》:“滁阳驿,旧设驿丞,雍正八年裁,归州辖。至大柳驿六十里,江苏东葛驿七十里,六合县一百二十里。”

光绪《滁州志》卷5《兵卫制二·邮政》:“明滁阳驿,在南门外迎恩桥西,大柳树驿,在城西六十里,国朝改滁阳驿于州治,左粤匪之乱毁,现在西门大街。”

案:滁州直隶州滁阳驿,明代置,在今安徽省滁州市城区。

2. 大柳驿

《置驿二》:“大柳驿,马四十三匹,马夫二十五名,差夫二十名。”

光绪《重修安徽通志》卷110《武备志·驿传二》:“大柳驿,至滁阳驿六十里,定远县池河驿三十五里。”

光绪《滁州志》卷5《兵卫制二·邮政》:“大柳树驿,在城西六十里……大柳驿,原设驿丞后裁。”

案:大柳驿,明代置,今安徽省滁州市南谯区大柳镇。

3. 全椒县县驿

《置驿二》:“全椒县县驿,差夫八名。”

民国《全椒县志》卷8《武备志》:“康熙间,苏商借名官养县令范开文为之申详除去三商协济。嗣因椒非孔道,驿马全裁,归铺司兵递送。道光二十三年,英吉利滋扰长江,江南省城戒严,文报络绎,铺兵不能支应,县令钮福筹禀请添设驿马半棚,以资传递。后英款议,数月即奉裁撤。……急递总铺,县治谯楼西。”

案:全椒县县驿,在今安徽省滁州市全椒县城。

(十二)和州直隶州属二驿

1. 和州直隶州州驿

《置驿二》:“和州直隶州州驿,差夫八名。”

康熙《含山县志》卷9《田赋·驿传》:“和州当利驿,中马一匹,下马一匹,实征马价草料工食银八十九两三钱三分零。”

光绪《重修安徽通志》卷110《武备志·驿传》:“和州州驿,原设马七匹,马夫四名,差夫十名,后裁减马二匹,马夫一名,差夫二名。乾隆二十三年,马五匹,马夫三名全裁。今现设差夫八名,每名日支工食银三分,岁共支银八十六两四钱。”

光绪《直隶和州志》:“原设马七匹,马夫四名,差夫十名。后裁减马二匹,马夫一名,差夫二名。乾隆二十三年,马五匹,马夫三名全裁。含山县同。今现设差夫八名,每名日支工食银三分,岁共支银八十六两四钱。含山县同。”

案:和州直隶州州驿,明代置,在今安徽省马鞍山市和县城。

2. 含山县县驿

《置驿二》:“含山县县驿,差夫八名。”

康熙《含山县志》卷12《公署·驿铺》:“总铺,在县治西。”

光绪《重修安徽通志》卷110《武备志·驿传》:“含山县,原设马七匹,马夫四名,差夫十名,后裁减马二匹,马夫一名,差夫二名。雍正六年,裁减马二匹,马夫一名。乾隆二十三年,马三匹,马夫二名全裁。今现设差夫八名,每名日支工食银三分。岁共支银八十六两四钱。”

光绪《直隶和州志》:“原设马七匹,马夫四名,差夫十名。后裁减马二匹,马夫一名,差夫二名。乾隆二十三年,马五匹,马夫三名全裁。含山县同。今现设差夫八名,每名日支工食银三分,岁共支银八十六两四钱。含山县同。”

案:含山县县驿,在今安徽省马鞍山市含山县城。

江西

一、江西地理概述

江西省内山多河密,且山与河多相间分布,这样就形成了各个以流域区分、各自相对独立的地理单元。而各大河流又以鄱阳湖为联系中枢,通过水道把不同流域的地貌单元联系在一起,构成了江西全省不规则的环状组合的地貌格局。总地势是东、南、西三面山峦起伏,地势较高。中部为河谷丘陵,北部为鄱阳湖平原,比较平坦。山地、丘陵约占总面积的70%。省境东北、东南方向是东北——西南走向的黄山、怀玉山和武夷山等山脉,这些山脉间的平地和河谷,很自然地形成了分别由江西进入安徽、浙江和福建的通道。南部为南岭山地,大庾岭是赣、粤两省之间的屏障,岭上的一些隘口如梅关,一直是古代跨越南岭的交通要道。西部有九岭山、幕阜山、罗霄山等山脉,亦成东北——西南走向,平行排列,中间的峡谷平地成为江西与湖南的诸多通道。①

元代曾设江西行中书省,明代改为江西布政使司,清代基本承袭明代设置,江西一省辖十三府和一个直隶州,即南昌、饶州、广信、南康、九江、建昌、抚州、临江、瑞州、袁州、吉安、赣州、南安各府和宁都直隶州。清代江西东通浙闽,南隔南岭与广东相望,西连荆楚,北临长江。②

二、江西驿道走向

全省置驿47处,主要驿路北接自直隶、山东、安徽而来的驿路干线,向西南可

① 参见雍万里编著:《中国自然地理》,上海教育出版社1985年,第241页。

② 《嘉庆重修一统志》卷307《江西统部》,见《四部丛刊续编·史部》,上海书店1984年。

达湖南，东南分两路进入福建和浙江，向南则贯穿整个江西省，到达广东境内。又有水路从南昌经鄱阳湖至长江，与水路干线汇合。

1. 南北干线

自皇华驿至江西省城，共3184里。由安徽宿松县枫香驿，经湖北黄梅县停前驿、孔垅驿，到达江西德化县浔阳驿（由浔阳驿分道，60里至湖口县，90里至彭泽县，120里至江南建德县），60里至德化县通远驿，60里至德安县通安驿，60里至建昌县驿，120里至南昌县南浦驿。

由南昌县南浦驿分道向南，120里至高安县驿，90里至清江县清江驿，60里至新淦县金川驿，70里至峡江县玉峡驿，100里至吉水县白水驿，40里至庐陵县驿，90里至泰和县白下驿，110里至万安县五云驿，130里至赣县攸镇驿，120里至赣县乌镇驿，80里至南康县南野驿，60里至大庾县小溪驿，60里至大庾县横浦驿，120里接广东南雄州临江驿。①

2. 西南至湖南

由德安县通安驿分道西南，80里至安义县安义驿，40里至奉新县奉新驿，80里至高安县高安驿，90里至清江县驿，120里至新喻县驿，80里至分宜县驿，70里至宜春县驿，140里至萍乡县驿，100里至湖南醴陵县。

3. 东南进入福建有两路

（1）由南昌县南浦驿分道东南，120里至进贤县，90里至临川县，150里至南城县，120里至新城县，80里至福建光泽县。②

（2）由进贤县分道东南，120里至东乡县，80里至安仁县，60里至贵溪县，60里至弋阳县，120里至铅山县，160里至福建崇安县。③

4. 至浙江驿路

又由弋阳县分道，120里至上饶县，100里至玉山县，80里至浙江常山县。

5. 水路

由皇华驿经水路至南昌共4081里，3421里至怀宁县同安驿（安庆），90里至东流县驿，120里至彭泽县龙城驿，90里至湖口县彭蠡驿，90里至南康府星子县驿，270里至南昌县南浦驿。

---

① 由江西进入广东需从南岭中大庾岭的豁口中穿过，著名的关口梅关是必经之路。

② 由江西进入福建需要翻越武夷山，此路驿站从铁牛关穿过。

③ 此路驿站从武夷山的分水关穿过进入福建。

三、江西置驿四十七处

（一）南昌府属五驿

1. 南昌县县驿

《置驿二》:“南昌县县驿,马四十六匹,马夫十三名,递夫八十名,站船二十六只,水手一百三十五名。”

乾隆《南昌县志》卷4《衙署》:“南浦驿署,在广润门外垄子巷东横街,今裁,改按察司知事署于此。”

道光《南昌县志》卷3《驿递》:“本邑旧设南浦驿,在广润门外,驿丞一员,后奉裁。……其驿务归县兼管。”

《嘉庆重修一统志》卷309南昌府二:“南浦驿,在南昌县西南广润门外,有驿丞。旧有递运所大使,今裁。又武阳驿,在县东南四十里,道出抚州。久废。”

同治《南昌府志》卷19《武备》:“南昌县南浦驿,在广润门外,旧设驿丞一员,乾隆十九年奉部裁汰,其驿务归县兼管。”

案:南昌县县驿,在今江西省南昌市城区东南部。

2. 新建县县驿

《置驿二》:“新建县县驿,马五十九匹,马夫十八名,递夫一百一十名。”

《嘉庆重修一统志》卷309南昌府二:“新兴驿,在新建县西北六十里,旧置新兴铺,本朝康熙十三年改置为驿。今裁。”

道光《新建县志》卷25《邮传》:“新建驿在县署左。”

同治《南昌府志》卷19《武备》:“新建县在城及新兴俱设夫马。查新兴驿距县治西北六十里,久废,康熙十六年奉部复设。”

案:新建县县驿,在今江西省南昌市区西北。

3. 丰城县县驿

《置驿二》》:“丰城县县驿,马四匹,马夫一名,递夫三十二名。”

《嘉庆重修一统志》卷309南昌府二:“剑江驿,在丰城县北门西半里,水程上抵萧滩,下抵市汊。旧置驿丞,今裁。又旧有马驿二,久废。”

同治《南昌府志》卷19《驿铺》:“丰城县剑江驿,在县治西北半里,旧设驿丞一员,雍正四年奉部裁汰,其驿务归县兼管。额设递夫三十二名,原额驿马二匹,乾隆四十一年拨添二匹，现存马四匹，马夫一名。"

同治《丰城县志》卷3《建置·公廨》："剑江驿，距北门西半里许，滨江。（今废）"

光绪《江西通志》卷92《经政略九·邮政》："丰城县剑江驿，在县西北，额设递夫三十二名，马四匹，马夫一名。设铺七，铺司铺兵一十九名。"

案：丰城县县驿，在今江西省宜春市丰城市区。

4. 进贤县县驿

《置驿二》："进贤县县驿，马四匹，马夫二名，递夫二十八名。"

同治《南昌府志》卷19《武备》："进贤县驿，额设递夫二十八名，额设驿马四匹，马夫二名。铺司额设兵五十五名，总铺在县治前，铺司兵四名。"

同治《进贤县志》卷3《官署》："原设马驿，亦废，基即今城隍庙。"

光绪《江西通志》卷92《经政略九·邮政》："进贤县县驿，额设递夫二十八名，马四匹，马夫二名。设铺十九，铺司铺兵五十五名。"

案：进贤县县驿，在今江西省宜春市进贤县城。

5. 奉新县县驿

《置驿二》："奉新县县驿，马二十四匹，马夫七名，递夫八十名。"

道光《奉新县志》卷1《舆地·疆域》："总铺在县前，由县而东通省城。"

同治《南昌府志》卷19《武备》："奉新县驿，额设递夫八十名，原额驿马二十五匹，乾隆四十一年，奉部抽拨与分宜县马一匹，现存马二十四匹，马夫七名。铺司额设兵四十九名。总铺在县前，铺司兵五名。"

同治《奉新县志》卷1《舆地志·疆域》："奉新驿在县署之西。"

光绪《江西通志》卷92《经政略九·邮政》："奉新县县驿，额设递夫八十名，马二十四匹，马夫七名。设铺二十，铺司铺兵四十九名。"

案：奉新县县驿，在今江西省宜春市奉新县城。

（二）饶州府属四驿

1. 鄱阳县县驿

《置驿二》："鄱阳县县驿，马三匹，马夫一名，递夫十二名。"

康熙《鄱阳县志》卷3《公署》："芝山驿，在南保坊。明洪武八年知府王哲，即旧廨增修。元曰鄱江驿，後名鄱阳驿。洪武九年改名芝山驿，今裁革。"

同治《饶州府志》卷六《食货·驿盐》："鄱阳县芝山驿，在南保坊，……旋裁。"

案：鄱阳县县驿，在今江西省上饶市鄱阳县城区鄱阳镇。

2. 余干县县驿

《置驿二》："余干县县驿，马二匹，马夫一名，递夫十二名。"

同治《余干县志》卷5《驿盐》："官驿在龙津，旧设驿丞，雍正四年裁。"

同治《饶州府志》卷六《食货·驿盐》："余干县官驿在龙津，旧设驿丞，旋裁。"

光绪《江西通志》卷92《经政略九·邮政》："余干县县驿，额设递夫十二，名马二匹，马夫一名。设铺二十一，铺司铺兵五十二名。"

案：余干县县驿，在今江西省上饶市余干县城区。

3. 浮梁县县驿

《置驿二》："浮梁县县驿，递夫十二名。"

光绪《江西通志》卷92《经政略九·邮政》："浮梁县县驿，额设递夫十二名。设铺十二，铺司铺兵三十名。"

案：浮梁县县驿，在今江西省景德镇市浮梁县城区浮梁镇旧城村。

4. 安仁县县驿

《置驿二》："安仁县县驿，马四匹，马夫一名，递夫二十八名。"

同治《饶州府志》卷六《食货·驿盐》："安仁县紫云驿在县治西，宣化坊前。临锦水，后枕玉台。汉于紫云古铺置驿。唐如之。宋分水、马站。明初革去马站，专设水站，为安仁站，后裁。国朝移设县署头门内左侧。"

光绪《江西通志》卷92《经政略九·邮政》："安仁县县驿，额设递夫二十八名，马四匹，马夫一名。设铺六，铺司铺兵十八名。"

案：安仁县县驿，在今江西省余江县东北之锦江镇。余江县宋明清时称安仁县，民国时改今名，现存少量城墙、衙署遗迹。

（三）广信府属五驿

1. 上饶县县驿

《置驿二》："上饶县县驿，马四匹，马夫二名，递夫二十八名。"

康熙《广信府志》卷10《公署》："葛阳驿，在南隅下郭，去县一里许。古真庆宫基也，旧名饶阳驿。"

乾隆《广信府志》卷8《郡防》："上饶葛阳驿，旧名饶阳。宋淳熙间在城隅阛阓坊。元至正间徙府左，改今名。明洪武间徙南城下郭。今奉裁归县。"

乾隆《上饶县志》卷3《建置·驿铺》："葛阳驿，在南隅下郭，去县一里许，古真庆宫基也，旧名饶阳驿。”

同治《广信府志》卷3《食货·驿盐》：“万阳驿，旧名饶阳……今奉裁，归县。额设站夫二十八名，驿马四匹。”

同治《上饶县志》卷13《驿盐》：“葛阳驿，在南隅下郭，去县一里许。古真庆宫基也，旧名饶阳驿。”

光绪《江西通志》卷92《经政略九·邮政》：“广信府上饶县县驿，额设递夫二十八名，马四匹，马夫二名。设铺十六，铺司铺兵四十四名。”

案：上饶县县驿，在今江西省上饶市上饶县县城。宋元为信州府，明清改为广信府。据康熙《广信府志》与同治《上饶县志》可知，葛阳驿在南隅下郭，去县一里许。乾隆《上饶县志》所缺字为“一”。

2. 玉山县县驿

《置驿二》：“玉山县县驿，马六匹，马夫二名，递夫二十八名。”

同治《广信府志》卷3《食货·驿盐》：“玉山县怀玉驿，在县治西。”

光绪《江西通志》卷92《经政略九·邮政》：“玉山县县驿，额设递夫二十八名，马六匹，马夫二名。设铺六，铺司铺兵十六名。”

案：玉山县县驿，在今江西省上饶市玉山县城。

3. 弋阳县县驿

《置驿二》：“戈阳县县驿，马四匹，马夫一名，递夫二十八名。”

光绪《江西通志》卷92《经政略九·邮政》：“弋阳县县驿，额设递夫二十八名，马四匹，马夫一名。设铺五，铺司铺兵二十名。”

案：弋阳县县驿，在今江西省上饶市弋阳县城。

4. 贵溪县县驿

《置驿二》：“贵溪县县驿，马四匹，马夫一名，递夫二十八名。”

同治《贵溪县志》卷3《驿盐》：“芗溪驿，在大南门之大街北。”

同治《广信府志》卷3《食货·驿盐》：“贵溪县芗溪驿，在大南门。明万历间毁于兵。康熙七年驿丞王莹捐建。今裁，归县。”

光绪《江西通志》卷92《经政略九·邮政》：“贵溪县县驿，额设递夫二十八名，马四匹，马夫一名。设铺十二，铺司铺兵三十二名。”

案：贵溪县县驿，在今江西省鹰潭市贵溪市区。

5. 铅山县县驿

《置驿二》：“铅山县县驿，马二匹，马夫一名，递夫十二名。”

同治《广信府志》卷3《食货・驿盐》:"铅山县鹅湖驿,在北门大义桥。今裁,归县。"

光绪《江西通志》卷92《经政略九・邮政》:"铅山县县驿,额设递夫十二名,马二匹,马夫一名。设铺十六,铺司铺兵三十七名。"

案:铅山县县驿,在今江西省上饶市铅山县永平镇。

(四)南康府属三驿

1. 星子县县驿

《置驿二》:"星子县县驿,递夫三十名。"

同治《星子县志》卷1《疆域》:"驿站,西南抵九江府德安县界,铺凡五;西北抵九江府德化县界,铺凡四。"

光绪《江西通志》卷92《经政略九・邮政》:"南康府星子县县驿,额设递夫三十名。设铺十三,铺司铺兵三十五名。"

案:星子县县驿,在今江西省九江市庐山市城区。明清时星子县属南康府,且为府治所在,近年改名庐山县。市治在南康镇。

2. 建昌县县驿

《置驿二》:"建昌县县驿,马五十匹,马夫十四名,递夫一百五十名。"

嘉庆《建昌县志》卷3《建置・驿站》:"丰安驿,县南二十里,隋开皇时建,今废,址存。"

光绪《江西通志》卷92《经政略九・邮政》:"建昌县县驿,额设递夫一百五十名,旧额一百二十名。乾隆二十九年,增站夫三十名,马五十匹,马夫十四名。设铺十六,铺司铺兵五十三名。"

案:建昌县县驿,在今江西省九江市永修县西北之艾城镇。永修县地古称艾县,明清时称建昌县,治于艾城镇。民国初,因与四川建昌道同名,改为永修县。1949年前后,永修县治由艾城镇迁至涂埠镇。

3. 安义县县驿

《置驿二》:"安义县县驿,马二十四匹,马夫七名,递夫八十名。"

光绪《江西通志》卷92《经政略九・邮政》:"安义县县驿,额设递夫八十名,马二十四匹,马夫七名。设铺四,铺司铺兵十七名。"

案:安义县县驿,在今江西省南昌市安义县城。

（五）九江府属五驿

1. 德化县县驿

《置驿二》："德化县县驿，马五十匹，马夫十五名，递夫一百五十名。"

《嘉庆重修一统志》卷 319 九江府二："浔阳驿，在德化县东北江滨。宋元以来皆置城西门外。明万历四十一年，改置于此。本朝雍正四年裁。"

同治《九江府志》卷 18《食货·驿盐》："浔阳驿，额马五十匹，属县。差夫一百二十名，向设驿丞一员耑管，官隶府辖。雍正八年裁汰，归县。"

光绪《江西通志》卷 92《经政略九·邮政》："九江府德化县浔阳驿，额设递夫一百五十名，旧额一百二十名。乾隆二十九年，各增站夫三十名，马五十匹，马夫十五名"

案：德化县县驿，在今江西省九江市城区。德化县于民国初改名九江县，后划入九江市。

2. 通远驿

《置驿二》："通远驿，马五十匹，马夫十五名，驿递夫一百五十名。"

《嘉庆重修一统志》卷 319 九江府二："通远驿，在德化县南六十里。"

同治《九江府志》卷 12《公廨》："通远驿署，在甘泉乡，去城六十里。"

光绪《江西通志》卷 69《建置略二》："通远驿丞署，在甘泉乡。"卷 92《经政略九·邮政》："通远驿，距县六十里，额设递夫一百五十名，马五十匹，马夫十五名，驿夫二名。设铺二十一，铺司铺兵六十三名。"

案：通远驿，在今江西省九江市濂溪区赛阳镇通远街。

3. 德安县县驿

《置驿二》："德安县县驿，马五十匹，马夫十五名，递夫一百五十名。"

同治《九江府志》卷十八《食货·驿盐》："德安驿，额设马五十匹，马夫十六名，差夫一百五十名，统归县辖。"

光绪《江西通志》卷 92《经政略九·邮政》："德安县县驿，额设递夫一百五十名，旧额一百二十名。乾隆二十九年，增站夫三十名。马五十匹，马夫十五名。设铺七，铺司铺兵二十八名。"

案：德安县县驿，在今江西省九江市德安县城。

4. 湖口县县驿

《置驿二》："湖口县县驿，马四匹，马夫二名，递夫三十八名。"

《嘉庆重修一统志》卷319九江府二:“彭蠡驿,在湖口县南一里。明初置,本朝雍正四年裁。”

同治《江西全省舆图》卷13《九江府彭泽县舆地图说》:“按,石涧铺,即志中之石涧桥,湖口驿站在此。”

光绪《江西通志》卷92《经政略九·邮政》:“湖口县县驿,额设递夫三十八名,马四匹,马夫二名。设铺九,铺司铺兵二十五名。”

案:湖口县县驿,在今江西省九江市湖口县城区。

5. 彭泽县县驿

《置驿二》:“彭泽县县驿,马四匹,马夫二名,递夫三十八名。”

《嘉庆重修一统志》卷319九江府二:“龙城驿,在彭泽县治北半里。旧名彭泽水驿,明洪武元年更名,后迁县治左。本朝雍正四年裁。”

乾隆《彭泽县志》卷4《建置》:“龙城驿……现存差夫三十八名。……按县治驿道,西抵湖口县计程九十里。”

光绪《江西通志》卷92《经政略九·邮政》:“彭泽县县驿,额设递夫三十八名,马四匹,马夫二名。设铺八,铺司铺兵三十三名。”

案:彭泽县县驿,在今江西省九江市彭泽县城,县治在龙城镇。

(六)建昌府属四驿

1. 南城县县驿

《置驿二》:“南城县县驿,马四匹,马夫一名,递夫三十二名。”

乾隆《建昌府志》卷16《邮传》:“建昌驿站见于旧志及各县志者,唐时南丰县有嘉禾驿。南城始于宋,曰盱江驿。”

乾隆《建昌府志》卷16《邮传》:“南城县,驿马旧额一十六匹。……今存马八匹,马夫三名,走递人夫现设三十二名。”

《嘉庆重修一统志》卷321建昌府二:“盱江驿,在南城县东南。唐置盱江馆,宋端平元年改为驿。明洪武初兼置递运所,今皆废。”

光绪《江西通志》卷92《经政略九·邮政》:“建昌府南城县县驿,额设递夫三十二名,马四匹,马夫一名。设铺二十,铺司铺兵六十一名。”

案:南城县县驿,在今江西省抚州市南城县城区。明清时期,南城县为建昌府治所在。新中国成立前后,府治移到临川,改称抚州。

2. 新城县县驿

《置驿二》:“新城县县驿,马四匹,马夫一名,递夫二十名。”

乾隆《建昌府志》卷16《邮传》:“新城县……今存马五匹,马夫二名……走递夫……今存二十名。”

光绪《江西通志》卷92《经政略九·邮政》:“新城县县驿,额设递夫二十名,马四匹,马夫一名。设铺十三,铺司铺兵三十四名。”

案:新城县县驿,在今江西省抚州市黎川县城。

3. 南丰县县驿

《置驿二》:“南丰县县驿,递夫十二名。”

乾隆《建昌府志》卷16《邮传》:“建昌驿站见于旧志及各县志者,唐时南丰县有嘉禾驿。南城始于宋,曰盱江驿。”

乾隆《建昌府志》卷16《邮传》:“南丰县……添设驿马四匹,马夫二名,……乾隆十九年于前案内设夫十二名。”

光绪《江西通志》卷92《经政略九·邮政》:“南丰县县驿,额设递夫十二名。设铺十四,铺司铺兵二十九名。

案:南丰县县驿,在今江西省抚州市南丰县城。

4. 广昌县县驿

《置驿二》:“广昌县县驿,递夫十二名。”

乾隆《建昌府志》卷16《邮传》:“广昌县,……马四匹,马夫二名……走递夫……十二名。”

光绪《江西通志》卷92《经政略九·邮政》:“广昌县县驿,额设递夫十二名。设铺十,铺司铺兵二十一名。”

案:广昌县县驿。在今江西省抚州市广昌县城。

(七)抚州府属二驿

1. 临川县县驿

《置驿二》:“临川县县驿,马四匹,马夫一名,递夫二十六名。”

道光、同治两朝县志,均记载临川县有临汝驿、青莲驿、东塘冈驿、文殊驿等等驿站。

光绪《江西通志》卷92《经政略九·邮政》:“抚州府临川县县驿,额设递夫二十六名,马四匹,马夫一名。设铺二十七,铺司铺兵七十六名。”

案:临川县县驿,在今江西省抚州市临川区。

2. 东乡县县驿

《置驿二》:"东乡县县驿,马四匹,马夫一名,递夫二十八名。"

光绪《江西通志》卷92《经政略九·邮政》:"东乡县县驿,额设递夫二十八名,马四匹,马夫一名。设铺十六,铺司铺兵四十三名。"

案:东乡县县驿,在今江西省抚州市东乡区。

(八)临江府属四驿

1. 清江县县驿

《置驿二》:"清江县县驿,马二十五匹,马夫七名,递夫八十名。"

《嘉庆重修一统志》卷324临江府:"萧滩驿,旧在府城东南万胜门外。明万历中,迁于城东北广济门外。今裁。"

同治《新淦县志》卷3《食货志》:"今之金川驿,驿递,上通峡江县玉峡驿,计七十里,下达清江县潇滩驿,计六十里。"

光绪《江西通志》卷92《经政略九·邮政》:"清江县县驿,额设递夫八十名,马二十五匹,马夫七名。设铺十二,铺司铺兵四十四名。"

案:清江县县驿,在今江西省宜春市樟树市西南之临江镇。

2. 新淦县县驿

《置驿二》:"新淦县县驿,马二十四匹,马夫七名,递夫八十名。"

《嘉庆重修一统志》卷324临江府:"金川驿,旧在新淦县西北界埠。宋嘉泰中建。明嘉靖中,改建于治北半里金水亭。今裁。"

同治《新淦县志》卷3《食货志》:"今之金川驿,驿递,上通峡江县玉峡驿,计七十里,下达清江县潇滩驿,计六十里。金川驿原额站夫一百名,雍正十年奉文裁减二十名,存留站夫八十名。"

光绪《江西通志》卷92《经政略九·邮政》:"新淦县县驿,额设递夫八十名,马二十四匹,马夫七名。设铺九,铺司铺兵三十三名。"

案:新淦县县驿,在今江西省吉安市新干县城。

3. 新喻县县驿

《置驿二》:"新喻县县驿,马四匹,马夫一名,递夫十二名。"

《嘉庆重修一统志》卷324临江府:"罗溪驿,旧在新喻县东十五里罗坊市。明初置。嘉靖中,移建县东门外。后复迁璜缑岭下。今废。"

道光《新喻县志》卷4《驿递》:"罗溪驿,旧在县东五十里"

光绪《江西通志》卷92《经政略九·邮政》:"新喻县县驿,额设递夫十二名,马四匹,马夫一名。设铺六,铺司铺兵二十五名。"

案:新喻县县驿,在今江西省新余市城区。

4. 峡江县县驿

《置驿二》:"峡江县县驿,马二十四匹,马夫七名,递夫八十名。"

《嘉庆重修一统志》卷324临江府:"玉峡驿,在峡江县治南峡江之滨。明初,与峡江巡司同置。北去新淦县金川驿八十里。今裁。"

同治《新淦县志》卷3《食货志》:"今之金川驿,驿递,上通峡江县玉峡驿,计七十里,下达清江县潇滩驿,计六十里。"

光绪《江西通志》卷92《经政略九·邮政》:"峡江县县驿,额设递夫八十名,马二十四匹,马夫七名。设铺六,铺司铺兵二十五名。"

案:峡江县县驿,在今江西省吉安市峡江县城。

(九)瑞州府属一驿

高安县县驿

《置驿二》:"高安县县驿,马二十五匹,马夫七名,递夫八十名。"

乾隆《高安县志》卷7《兵防》:"高安原无驿传,止有马递差马。"

同治《瑞州府志》卷6《驿递》:"高安原额驿马三十匹,站兵一百名,后奉裁减。现额驿马二十五匹,马夫七名,站兵八十名。"

光绪《江西通志》卷92《经政略九·邮政》:"瑞州府高安县县驿,额设递夫八十名,马二十五匹,马夫七名。设铺十八,铺司铺兵六十二名。"

案:高安县县驿,在今江西省新余市高安市城区。

(十)袁州府属三驿

1. 宜春县县驿

《置驿二》:"宜春县县驿,马四匹,马夫一名,递夫十二名。"

《嘉庆重修一统志》卷325袁州府:"秀江驿,在宜春县东。明洪武初置。今裁。"

咸丰《袁州府志》卷3《驿递》:"秀江驿,旧在宜春县东门外,今毁。"

光绪《江西通志》卷92《邮政》:"袁州府宜春县县驿,额设递夫十二名,马四匹,马夫一名。设铺十六,铺司铺兵三十八名。"

案:宜春县县驿,在今江西省宜春市袁州区。

2. 分宜县县驿

《置驿二》:“分宜县县驿,马四匹,马夫一名,递夫十二名。”

同治《分宜县志》卷3《田赋》:“以上驿站项下共银七百六十五两六钱,内归解司起运银三百九十六两六钱,遇闰裁银二十四两三钱;存留本县支给银三百六十九两,扣除小建归入起运,遇闰加银三十两七钱五分。”

光绪《江西通志》卷92《经政略九·邮政》:“分宜县县驿,额设递夫十二名,马四匹,马夫一名。设铺七,铺司铺兵二十一名。”

案:分宜县县驿,在今江西省新余市分宜县南之江口水库库区内。

3. 萍乡县县驿

《置驿二》:“萍乡县县驿,马四匹,马夫一名,递夫十二名。”

同治《萍乡县志》卷2《驿递》:“萍乡,差马四匹,马夫一名。铺兵四十三名,站夫一十二名。”

光绪《江西通志》卷92《经政略九·邮政》:“萍乡县县驿,额设递夫十二名,马四匹,马夫一名。设铺十六,铺司铺兵四十三名。”

案:萍乡县县驿,在今江西省萍乡市安源区凤凰街道。明清萍乡县治凤凰池镇。

(十一)吉安府属四驿

1. 庐陵县县驿

《置驿二》:“庐陵县县驿,马二十五匹,马夫七名,递夫八十名。”

《嘉庆重修一统志》卷328吉安府二:“螺川驿,在庐陵县南三里赣江滨。螺川递军所亦置于此。今皆裁。”

光绪《江西通志》卷92《经政略九·邮政》:“吉安府庐陵县县驿,额设递夫八十名,马二十五匹,马夫七名,设铺十五铺司,铺兵四十六名。

光绪《吉安府志》卷16《赋役志》:“庐陵县原额设驿马三十匹,乾隆二十四年裁除五匹,见存二十五匹。……原额马夫九名,乾隆二十四年裁除二名,见存七名。……原额站夫一百名,雍正十年裁二十名,见存八十名。”

案:庐陵县县驿,在今江西省吉安市城区。

2. 泰和县县驿

《置驿二》:“泰和县县驿,马二十五匹,马夫九名,递夫八十名。”

《嘉庆重修一统志》卷328吉安府二:“白下驿,在泰和县东门外,唐置。后皆因之。今裁。白沙驿在吉水县北门外,旧置于白沙镇,明移北,今裁。五云驿在万安县城西南。"

光绪《江西通志》卷92《经政略九·邮政》:"泰和县县驿,额设递夫八十名,马二十五匹,马夫九名,设铺五铺司,铺兵二十一名。"又同卷:"泰和县,原额驿马工料银八百六十四两,乾隆千五年增□设腰站差马十五匹。……马夫九名……见存差夫八十名。"

光绪《吉安府志》卷16《赋役志》:"白下驿,在泰和县东门外。"

案:泰和县县驿,在今江西省吉安市泰和县城。

3. 吉水县县驿

《置驿二》:"吉水县县驿,马三十匹,马夫九名,递夫八十名。"

《嘉庆重修一统志》卷328吉安府二:"白沙驿,在吉水县北门外。旧置于白沙镇,明移此,今裁。"

光绪《吉安府志》卷16《赋役志》:"白沙驿,旧在吉水县北三十里中鹄乡,后移北门外,添设腰站。"

光绪《江西通志》卷92《经政略九·邮政》:"吉水县县驿,额设递夫八十名,马二十五匹,马夫九名。设铺十七,铺司铺兵五十八名。"

光绪《广州府志》卷74《经政略五·邮铺》:"一百六十里至吉水县白沙驿。"

案:吉水县县驿,在今江西省吉安市吉水县城。

4. 万安县县驿

《置驿二》:"万安县县驿,马四十匹,马夫十二名,递夫八十名。"

《嘉庆重修一统志》卷328吉安府二:"五云驿,在万安县城西南滨江,宋元时置赣阳驿,明初改置五云驿。今裁。"

光绪《吉安府志》卷16《赋役志》:"五云驿,在万安城西,旧名赣阳驿,明成化间修,左有五云阁,今在县署左,同治九年修。"又同卷:"万安县原额站夫八十五名……原额设驿马二十八匹,见额差马四十匹……马夫一十二名。"

案:万安县县驿,在今江西省吉安市万安县城。

(十二)赣州府属三驿

1. 赣县县驿

《置驿二》:"赣州府赣县县驿,马三十五匹,马夫九名,递夫八十名。"

乾隆《赣州府志》卷18《驿递》:"赣县……实存马二十五匹,马夫六名。"

光绪《江西通志》卷92《经政略九·邮政》:“赣州府赣县县驿,额设递夫八十名,马三十五匹,马夫九名。”

案:赣县县驿,在今江西省赣州市章贡区。

2. 攸镇驿

《置驿二》:“攸镇驿,马二十五匹,马夫六名,递夫八十名。”

乾隆《赣州府志》卷18《驿递》:“攸镇驿……实存马二十五匹,马夫六名。”

《嘉庆重修一统志》卷331赣州府二:“攸镇驿,在赣县北一百二十里。元时曰攸镇站。明洪武初,改为驿。本朝乾隆二十一年,裁驿务,归桂源巡司兼管。”

同治《赣县志》卷12《公廨》:“攸镇驿,在云泉乡。”

光绪《江西通志》卷92《经政略九·邮政》:“攸镇驿,距县九十里。”

案:攸镇驿,在今江西省赣州市赣县区沙地镇攸镇村。

3. 信丰县东河浮桥

《置驿二》:“信丰县东河浮桥,桥夫四名。”

乾隆《赣州府志》卷18《驿递》:“东河浮桥,夫四名。县前总铺,设铺司一名,四路设十四铺,共铺兵二十九名。”

同治《赣州府志》卷30《驿传》:“信丰县驿站,人夫四名,差马二匹,马夫一名。雍正五年裁。东河浮桥,夫四名。”

光绪《江西通志》卷92《经政略九·邮政》:“信丰县东河浮桥驿,桥夫四名。”

案:信丰县东河浮桥,在今江西省赣州市信丰县。

(十三)宁都直隶州属一驿

宁都直隶州州驿

《置驿二》:“宁都直隶州州驿,递夫十二名。”

道光《宁都直隶州志》卷16《驿盐》:“州治及瑞金、石城均非冲途,故向来不设驿官。其驿传与盐课银两,既随地丁杂税分解。……宁都州……国朝驿站项下,原书编载裁递夫工食银四十三两二钱,差马工料银一百七十二两八钱,马夫工食银,三十二两四钱,共银二百四十八两四钱,遇闰裁银二十两七钱。现存走递人夫一十二名,工食银一百二十九两六钱,遇闰加银一十两八钱。铺司兵三十九名,工食银二百一十两六钱,遇闰加银一十七两五钱五分。以上驿站项下,共银五百八十八两六钱。”

同治《赣州府志》卷44《官师志》:“潘翊,浙江钱塘人,举人,嘉靖三十七年知宁都事。县无驿,递过差夫马,责之民间,翊首立官船官马。”

案:宁都直隶州州驿,在今江西省赣州市宁都县城。

(十四)南安府属三驿

1. 大庾县县驿

《置驿二》:“大庚县县驿,马二十匹,马夫六名,递夫八十名。”

《嘉庆重修一统志》卷332南安府:“横浦驿,在大庚县南横浦桥之南。旧有水马二驿,明洪武三年并为一驿。本朝乾隆二十一年裁。”

同治《大庾县志》卷4《公署》:“大庾驿,即横浦水马驿。旧在水南城横浦桥头西南。后夫马并归县,改设于老城内县治东。”

光绪《江西通志》卷92《经政略九·邮政》:“南安府大庾县县驿,额设递夫八十名,马二十匹,马夫六名。小溪水马驿,额设递夫八十名,马二十匹,马夫六名,驿夫二名。设铺十二,铺司铺兵四十四名。”

光绪《南安府志补正》卷3《田赋》:“驿站存设银四千二百零四两,内支给大庾小溪二驿,额编夫马工料银共三千三百四十两八钱。”

案:大庾县县驿,在今江西省赣州市大余县城。明清袭元代建制,设南康府,治大庾县城。大余县位处南岭之大庾岭要道之上,过梅关可至广东南雄。

2. 小溪驿

《置驿二》:“小溪驿,马二十匹,马夫六名,驿夫二名,递夫八十名。”

《嘉庆重修一统志》卷332南安府:“小溪驿,在大庾县东北七十五里。旧在县东北六十里滨江。明正德十二年,迁于峰山新城。今因之。”

同治《南安府志》卷4《公署》:“小溪驿,洪武四年立。旧在小溪城外,溪水冲啮渐圮,改建山坡。”

光绪《江西通志》卷69《建置略二》:“小溪驿丞署,在城南山坡半里许,明洪武四年设。”

案:小溪驿,在今江西省赣州市大余县新城镇。明嘉靖时筑小溪城,曾在此设巡检司。后小溪驿迁入峰山城,乾隆时,峰山城改名“新城”,1994年建新城镇。

3. 南康县县驿

《置驿二》:“南康县县驿,马二十匹,马夫六名,递夫八十名。”

《嘉庆重修一统志》卷332南安府:“南野驿,在南康县城东南。旧为王村驿,亦曰芙蓉驿。明初改置南野水马驿。今裁。”

同治《南康县志》卷 2《公署》:“南野水马驿,旧在儒学右。……顺治丙戌,因兵火,驿移城内。……今裁革,驿归县管。”

光绪《江西通志》卷 92《经政略九 · 邮政》:“南康县县驿,额设递夫八十名,马二十匹,马夫六名。设铺十二,铺司铺兵四十三名。”

案:南康县县驿,在今江西省赣州市南康区蓉江街道。

福建

一、福建地理概述

福建为海峤之奥区,南疆之重镇,东南据海,西抵江广,北据岭峤。全省山高林密,崎岖难行。西北高而东南低,西北有武夷山等山脉自东北—西南横亘,绵延不绝。台湾等岛屿则隔海相望。①

福建之地在唐宋时期先后置福建经略使、福建路,元代置福建道,属浙江行省,明代改置福建布政使司,清代因之,辖十府二州,即福州、兴化、泉州、漳州、延平、建宁、邵武、汀州、福宁、台湾各府,以及永春、龙岩二直隶州。

二、福建驿道走向

清代在福建设驿站68处。驿路分两路穿省而过直至广东,一条干线在福建西部,从浙江入境自东北向西南斜贯全省,直至广东;中间有驿站东南斜出至福州;另外一条在福建东部沿海,是由福州出发,循海岸东南而行,境兴化、泉州、漳州各府,直至广东境内;中间亦有驿站西北斜出。此外,还有驿路通向江西。然而,福建省由于山脉绵延,山路崎岖,马匹难以奔驰,所以福建的驿站一直不设驿马,所有公文传递均由驿夫走递。所以清代的公文无论如何紧急,即使是每日限行五六百里的军机处廷寄,一入福建省也只能按照步递的速度执行。“乾隆十三年奏准,福建省并无驿马,来往公文,皆系驿夫走递,水路则风信不时,渡涉维艰;陆路则崇山峻岭,

① 中国人民对外友好协会编:《中国分省概况手册》,北京出版社1984年,第215页。

登陟不易,所有军机处交出发寄紧要公文,一入福建之界,无论限行三百里六百里,总照律载递送公文之例,每昼夜概行三百里。”①

1. 由浙江入境的西部驿路干线

自皇华驿至福建省城,共 4848 里。由浙江省江山县广济驿入境,160 里至浦城县小关驿,90 里至浦城县柘浦驿,70 里至浦城县人和驿,70 里至建阳县营头驿,70 里至建阳县建溪驿,80 里至瓯宁县叶坊驿,40 里至瓯宁县城西驿,40 里至建安县太平驿,40 里至南平县大横驿,50 里至南平县剑浦驿,60 里至南平县王台驿,80 里至顺昌县双峰驿,(转向西南)100 里至将乐县三华驿,60 里至将乐县白莲驿,60 里至归化县明溪驿,60 里至清流县玉华驿,40 里至清流县九龙驿,70 里至宁化县石牛驿,70 里至长汀县馆前驿,70 里至长汀县临汀驿,60 里至长汀县三州驿,60 里至上杭县蓝屋驿,80 里至上杭县平西驿,120 里至永定县驿,100 里至广东潮州府饶平县驿。

2. 至福州驿路

由剑浦驿分道向东,60 里至南平县茶洋驿,40 里至南平县嵢峡驿,40 里至古田县黄田驿,50 里至古田县水口驿,100 里至侯官县白沙驿,60 里至侯官县芋原驿,25 里至闽县三山驿(福州)。

3. 至江西的两条驿路

(1)由建溪驿分道西北,50 里至崇安县兴安驿,40 里至崇安县裴村驿,30 里至崇安县长平驿,50 里至崇安县大安驿,40 里至江西铅山县车盘驿。

(2)又由双峰驿分道向西,80 里至顺昌县富屯驿,80 里至邵武县拿口驿,80 里至邵武县樵川驿,80 里至光泽县杭川驿,70 里至光泽县杉关驿,80 里至江西新城县驿。

4. 东部沿海驿路干线

由闽县三山驿分道西南,70 里至闽县大田驿,55 里至福清县宏路驿,45 里至福清县蒜岭驿,50 里至莆田县莆阳驿,60 里至仙游县枫亭驿,50 里至惠安县锦田驿,50 里至泉州府晋江县晋安驿,60 里至南安县康店驿,70 里至同安县大轮驿,60 里至同安县深青驿,50 里至龙溪县江东驿,40 里至龙溪县丹霞驿,40 里至龙溪县甘棠驿,50 里至漳浦县临漳驿,70 里至漳浦县云霄驿,80 里至诏安县南诏驿,140 里至广东海阳县。

---

① 光绪《清会典事例》卷 700。

又由龙溪县丹霞驿分道向西北,40 里至南靖县平南驿,90 里至龙岩州适中驿,120 里至汀州府永定县驿。

三、福建置驿六十七处

(一)福州府属九驿

1. 闽县三山驿

《置驿二》:“福州府闽县,三山驿,赡夫一百二十名,递夫十四名,兜夫五十名。”

乾隆《福建通志》卷 19《公署》:“三山驿,在城西。原有东西二驿,西驿,明成化间改为福宁道,今废。东驿,国朝康熙间亦裁。”

乾隆《福州府志》卷 20《公署三》:“三山驿,在府治西南。”

《嘉庆重修一统志》卷 425 福州府一:“三山驿,在侯官县西南中卫铺,西抵芋原,南抵大田。明洪武间,置驿丞。本朝康熙三十八年裁。”

案:闽县三山驿,在今福建省福州市闽侯县城。

2. 大田驿

《置驿二》:“大田驿,赡夫六十名,递夫六名,兜夫十五名。”

乾隆《福建通志》卷 19《公署》:“大田驿,在府城南西集里。”

乾隆《福州府志》卷 20《公署三》:“乌龙江边腰站,今归大田驿。”

《嘉庆重修一统志》卷 425 福州府一:“大田驿,在闽县南七十里。”

案:大田译,在今福建省福州市长乐区玉田镇。

3. 乌龙江腰站

《置驿二》:“乌龙江腰站,兜夫十五名。”

乾隆《福建通志》卷 16《兵制》:“乌龙江边腰站,今归大田驿。”

乾隆《福州府志》卷 20《公署三》:“乌龙江边腰站,今归大田驿。”

案:乌龙江腰站,在今福建省福州市闽侯县东南之祥谦镇一带。

4. 侯官县白沙驿

《置驿二》:“侯官县白沙驿,赡夫一百名,递夫八名。”

乾隆《福建通志》卷 19《公署》:“白沙驿,在城西北。”

乾隆《福州府志》卷 20《公署三》:“白沙驿,上至水口驿一百二十里。”

《嘉庆重修一统志》卷425福州府一:“白沙驿,在侯官县西北八十里,北至水口驿一百二十里。”

案:候官县白沙驿,在今福建省福州市闽侯县西北之白沙镇。

5. 古田县黄田驿

《置驿二》:“古田县黄田驿,赡夫一百名,递夫八名,兜夫十五名。”

乾隆《福建通志》卷19《公署》:“黄田驿,在县西二都。”

乾隆《福州府志》卷20《公署三》:“古田县黄田驿,在二都。上至嵢峡司四十里。”

乾隆《古田县志》卷2《官署》:“黄田驿丞署,在县西二都。”

《嘉庆重修一统志》卷425福州府一:“黄田驿,在古田县西南八十里。南至水口驿五十里。北至延平府嵢峡司四十里。”

案:古田县黄田驿,在今福建省宁德市古田县西南之黄田镇。

6. 水口驿

《置驿二》:“水口驿,赡夫一百名,递夫八名,兜夫十五名。”

乾隆《福建通志》卷19《公署》:“水口驿,在县南一都。”

乾隆《福州府志》卷20《公署三》:“水口驿,在一都,上至黄田驿五十里。”

乾隆《古田县志》卷3《驿》:“水口驿,在县治南一都,水路下通白沙百二十里,而遥陆路上接黄田五十里。”又同卷:“乾隆八年,裁水口驿丞,即以县丞移驻水口,兼理驿务。”

案:水口驿,在今福建省宁德市古田县南之水口镇。

7. 芋原驿

《置驿二》:“芋原驿,赡夫一百名,递夫十二名,船一只,水手六十名。”

乾隆《福建通志》卷19《公署》:“芋原驿,在城西,今裁。”

乾隆《福州府志》卷20《公署三》:“芋原驿,上至白沙驿六十里。”

乾隆《鄠县新志》卷6《选举第七》:“杨凤鸣,福建侯官县芋原驿驿丞。”

《嘉庆重修一统志》卷425福州府一:“芋原驿,在侯官县西北三十里。”

案:芋原驿,在今福建省福州市仓山区西北之淮安。

8. 福清县宏路驿

《置驿二》:“福清县宏路驿,赡夫六十名,递夫六名,兜夫十五名。”

乾隆《福建通志》卷19《公署》:“宏路驿,在县西善福里。”

乾隆《福州府志》卷20《公署三》:“宏路驿,在县西善福里。宋时建于太平铺之左。元至元十六年徙建,名宏路驿。路东分一里抵县,至蒜岭驿六十里。”

乾隆《福清县志》卷3《建置志》:“宏路驿,在县西善福里。宋时建于太平铺之左。元至元十六年徙建,名宏路站。洪武十二年改为宏路驿。”

《嘉庆重修一统志》卷425福州府一:“宏路驿,在福清县西三十里,北去闽县大田驿六十里。”

案:福清县宏路驿,明代置,在今福建省福州市福清市之宏路街道。

9. 蒜岭驿

《置驿二》:“蒜岭驿,赡夫六十名,递夫六名,兜夫十五名。”

乾隆《福建通志》卷19《公署》:“蒜岭驿,在县南光贤里。”

乾隆《福州府志》卷20《公署三》:“蒜岭驿,在县南光贤里。宋时建于渔街市,元至元十六年徙建名蒜岭站。明洪武十二年改蒜岭驿。南至莆田县界三里,下至莆阳驿六十里。”

乾隆《福清县志》卷3《建置志》:“蒜岭驿,在县南光贤里。宋时建于渔溪市,元至元十六年徙建,名蒜岭站。洪武十二年改为蒜岭驿。”

《嘉庆重修一统志》卷425福州府一:“蒜岭驿,在福清县西南六十里。”

案:蒜岭驿,明代置,在今福建省福州市福清市西南新厝镇之蒜岭村。

(二)泉州府属七驿

1. 晋江县晋安驿

《置驿二》:“泉州府晋江县,晋安驿,赡夫六十名,递夫六名,兜夫十五名。”

《读史方舆纪要》卷99晋安县:晋安驿在“府治西肃清门内,元曰清源站,明朝洪武九年改置驿,并设递运所于其东,以驿兼领”。

乾隆《福建通志》卷19《公署》:“晋安驿,在府治西肃清门。宋贡院地。今废。”

乾隆《泉州府志》卷4《封域附驿递铺舍》:“晋安驿,在府治西。”

《嘉庆重修一统志》卷428泉州府:“晋安驿,在晋江县西肃清门。元置清源店,明洪武九年改为驿。”

道光《晋江县志》卷20《驿传志》:“晋安驿,在县治西。”

案:晋江县晋安驿,明代置,在今福建省泉州市鲤城区。

2. 五陵腰站

《置驿二》:“五陵腰站,兜夫十五名。”

乾隆《福建通志》卷 16《兵制》:"五陵腰站,今归晋安驿。"

道光《晋江县志》卷 20《驿传志》:"五陵腰站,今归晋安驿。"

案:五陵腰站,在今福建省泉州市鲤城区。

3. 南安县康店驿

《置驿二》:"南安县康店驿,赡夫六十名,递夫六名,兜夫十五名。"

乾隆《福建通志》卷 19《公署》:"康店驿,在县西南三十八都。"

乾隆《泉州府志》卷 4《封域附驿递铺舍》:"南安县康店驿,在县西南三十六都。"

案:南安县康店驿,在今福建省南泉州市南安市水头镇。

4. 惠安县锦田驿

《置驿二》:"惠安县锦田驿,赡夫六十名,递夫六名,兜夫十五名。"

乾隆《福建通志》卷 19《公署》:"锦田驿,在县治西,今裁。"

乾隆《泉州府志》卷 4《封域附驿递铺舍》:"锦田驿,在县治西。"

《嘉庆重修一统志》卷 428 泉州府:"锦田驿,在惠安县西南一里。宋曰皇华,元曰龙山。明洪武八年改今名。"

嘉庆《惠安县志》卷 8《衙署》:"锦田驿,在县治西。"

案:惠安县锦田驿,在今福建省泉州市惠安县螺城镇。

5. 盘龙腰站

《置驿二》:"盘龙腰站,兜夫十五名。"

乾隆《福建通志》卷 16《兵制》:"盘龙腰站,今归锦田驿。"

乾隆《泉州府志》卷 4《封域附驿递铺舍》:"盘龙腰站,今归锦田驿。"

嘉庆《惠安县志》卷 8《衙署》:"盘龙腰站,今归锦田驿。"

案:盘龙腰站,在今福建省泉州市惠安县西南螺阳镇盘龙村。

6. 同安县大轮驿

《置驿二》:"同安县大轮驿,赡夫六十名,递夫六名,兜夫十五名。"

乾隆《福建通志》卷 19《公署》:"大轮驿,在县治西十五都,今废。"

乾隆《泉州府志》卷 4《封域附驿递铺舍》:"大轮驿,在县十五都。"

《嘉庆重修一统志》卷 428 泉州府:"大轮驿,在同安县治西。宋曰大同,元曰同安,明洪武九年改今名。"

案:同安县大轮驿,在今福建省厦门市同安区。

7. 深青驿

《置驿二》:“深青驿,赡夫六十名,递夫六名,兜夫十五名。”

乾隆《福建通志》卷19《公署》:“深青驿,在县治南六十里,今废。”

乾隆《泉州府志》卷4《封域附驿递铺舍》:“深青驿,在县南六十里十五都。”

《嘉庆重修一统志》卷428泉州府:“深青驿,在同安县西南六十里。宋置鱼浮驿,元改今名。”

案:深青驿,在今福建省厦门市西北之集美区灌口镇深青村。

(三)建宁府属十七驿

1. 建安县太平驿

《置驿二》:“建宁府建安县太平驿,赡夫一百名,递夫八名,兜夫十五名。”

康熙《建安县志》卷3《公署》:“太平驿,在登仙里,离县四十里。”

乾隆《福建通志》卷19《公署》:“公馆二,一在东游街,一在太平驿之右。”

《嘉庆重修一统志》卷431建宁府:“太平驿,在建安县西南四十里太平街。”

案:建安县太平驿,在今福建省南平市建瓯市南之南雅镇太平村。

2. 瓯宁县叶坊驿

《置驿二》:“瓯宁县叶坊驿,赡夫一百名,递夫八名,兜夫十五名。”

康熙《瓯宁县志》卷2《山川》:“叶坊驿丞廨,在丰乐里叶坊,距县四十里。明洪武二年建,今废。”

乾隆《福建通志》卷19《公署》:“叶坊驿,在丰乐里,今废。”

案:瓯宁县叶坊驿,在今福建省南平市建瓯市北之徐墩镇叶坊村。

3. 中横腰站

《置驿二》:“中横腰站,兜夫十五名。”

乾隆《福建通志》卷16《兵制》:“中横腰站,今归叶坊驿。”

案:中横腰站,在今福建省南平市建瓯市西北徐敦镇之中横。

4. 城西驿

《置驿二》:“城西驿,赡夫一百名,递夫八名,兜夫十五名。”

康熙《瓯宁县志》卷4《公署》:“城西驿丞廨,在城西敬客坊,郎元城西路。明洪武二年建,万历三十七年水知县易应昌重建,今废。”

乾隆《福建通志》卷19《公署》:“城西驿,在城西敬客坊,今裁。”

《嘉庆重修一统志》卷431建宁府:“城西驿,在瓯宁县西南通济门外。”

案:城西驿,在今福建省南平市建瓯市通济路通济门附近。

5. 建阳县平洲腰站

《置驿二》:"建阳县平洲腰站,兜夫十五名。"

乾隆《福建通志》卷16《兵制》:"平州腰站,今归营头司。"

民国《建阳县志》卷3《驿站附》:"平洲腰站,属营头驿。"

案:建阳县平洲腰站,在今福建省建阳区东之水吉镇附近。

6. 营头驿

《置驿二》:"营头驿,赡夫一百一十名,递夫八名,兜夫十五名。"

道光《建阳县志》卷3《城市志》:"营头驿,在瓯宁营头,乾隆二十二年奉文改归建阳带理。"

光绪《浦城县志》卷10《经费铺递驿站附》:"人和驿,上至柘浦驿七十里,下至瓯宁县营头驿七十里。"

案:营头驿,在今福建省南平市建阳区东之水吉镇营头村。

7. 七古店腰站

《置驿二》:"七古店腰站,兜夫十五名。"

乾隆《福建通志》卷16《兵制》:"七姑店腰站,今归建溪驿。"

案:七古店腰站,在今福建省南平市建阳区童游街道七姑村。

8. 建溪驿

《置驿二》:"建溪驿,赡夫一百名,递夫八名,兜夫十五名。"

乾隆《福建通志》卷16《兵制》:"建溪驿,上至营头司七十里,下至叶坊驿七十里。旧设驿丞,康熙三十八年裁,归建阳县兼管。"

乾隆《福建通志》卷19《公署》:"建溪水驿,在县治南三桂里,明洪武间移建。今裁。"

《嘉庆重修一统志》卷431建宁府:"建溪驿,在建阳县南。"

案:建溪驿,在今福建省南平市建阳区。

9. 崇安县兴田驿

《置驿二》:"崇安县兴田驿,赡夫十名,递夫四名。"

乾隆《福建通志》卷19《公署》:"兴田水驿,在丰阳里黄亭街,今裁。"

《嘉庆重修一统志》卷431建宁府:"兴田驿,在崇安县东南黄亭镇。南去建阳县十里。明初置于兴田,后移于此。"

光绪《慈溪县志》卷22《仕籍》:"郑廷芳,福建崇安县兴田驿驿丞。"

案:崇安县兴田驿,也作兴安驿,在今福建省南平市武夷山市南之兴田镇,明清时期称黄亭镇。

10. 裴村驿

《置驿二》:"裴村驿,赡夫十名,递夫四名。"

乾隆《福建通志》卷16《兵制》:"裴村公馆,上至长平驿三十里,下至兴田驿四十里。"

《嘉庆重修一统志》卷431建宁府:"裴村驿,在崇安县东三十里。"

民国《崇安县新志》卷15《保安》:"裴村驿,有公馆,设赡夫十名,递夫四名。"

案:裴村驿,在今福建省南平市武夷山市武夷街道公馆村。

11. 长平驿

《置驿二》:"长平驿,赡夫十名,递夫四名。"

乾隆《福建通志》卷16《兵制》:"长平驿,上至大安驿五十里,下至裴村公馆三十里。"

乾隆《福建通志》卷19《公署》:"长平驿,在县南门外,雍正九年裁。"

《嘉庆重修一统志》卷431建宁府:"长平驿,在崇安县南门外。元置崇安驿。明初改今名。"

案:长平驿,在今福建省南平市武夷山市崇安街道。

12. 大安驿

《置驿二》:"大安驿,赡夫十名,递夫四名。"

乾隆《福建通志》卷19《公署》:"大安马驿,在石雄里大安街,今裁。"

《嘉庆重修一统志》卷431建宁府:"大安驿,在崇安县西北五十里。明洪武初改置。"

案:大安驿,在今福建省武夷山市西北之洋庄乡之大安村。

13. 浦城县小关驿

《置驿二》:"浦城县小关驿,赡夫一百三十五名,递夫十二名,兜夫十五名。"

乾隆《福建通志》卷19《公署》:"小关驿,在北乡庙湾。"

《嘉庆重修一统志》卷431建宁府:"小关驿,在浦城县北乡安乐里庙湾。"

光绪《浦城县志》卷15《公廨》:"小关驿,在县北乡安乐里庙湾,驿舍三间。"

案:浦城县小关驿,在今福建省南平市浦城县北盘亭乡之庙湾村。

14. 渔梁腰站

《置驿二》:"渔梁腰站,兜夫十五名。"

乾隆《福建通志》卷16《兵制》:“渔梁腰站,今归柘浦驿。”

案:渔梁腰站,在今福建省浦城县北仙阳镇渔梁村。为由经仙霞关入闽后第一驿,现存有渔梁驿遗址。

15. 柘浦驿

《置驿二》:“柘浦驿,赡夫一百三十五名,递夫十二名,兜夫十五名。”

乾隆《福建通志》卷16《兵制》:“柘浦驿,上至小关驿一百二十里,下至人和公馆七十里。原设驿丞,康熙三十八年裁,归浦城县兼管。”

乾隆《福建通志》卷19《公署》:“柘浦驿,今裁。”

《嘉庆重修一统志》卷431建宁府:“柘浦驿,在浦城县西门外。”

光绪《浦城县志》卷15《公廨》:“柘浦驿,原在县东隅里直街,今改设在迎远门外,驿舍五间。”

案:柘浦驿,在今福建省南平市浦城县城。

16. 临江腰站

《置驿二》:“临江腰站,兜夫十五名。”

康熙《建宁府志》卷47《杂志二·古迹》:“临江山驿,在清湖里,宋建,明改为临江铺。”

乾隆《福建通志》卷16《兵制》:“临江腰站,今归人和公馆。”

案:临江腰站,在今福建省南平市浦城县西南之临江镇。

17. 人和驿

《置驿二》:“人和驿,赡夫一百名,递夫六名,兜夫十五名。”

乾隆《福建通志》卷16《兵制》:“人和公馆,上至柘浦驿七十里,下至营头司七十里。”

《嘉庆重修一统志》卷431建宁府:“人和驿,在浦城县南乡人和里石陂街。”

光绪《浦城县志》卷15《公廨》:“人和驿,在县南乡人和里石陂街,驿舍五间。”

案:人和驿,在今福建省南平市浦城县西南之石陂镇。

(四)延平府属九驿

1. 南平县大横驿

《置驿二》:“延平府南平县,大横驿,赡夫一百名,递夫八名,兜夫十五名。”

康熙《南平县志》卷6:“大横驿,在县东汾常里。”

乾隆《福建通志》卷19《公署》:“大横驿,在府城东演仙里。”

乾隆《延平府志》卷6《公署》:“大横驿,在汾常里。”卷6《驿传》:“大横驿,上至太平驿四十里,下至剑浦驿四十里。”

《嘉庆重修一统志》卷430延平府:“大横驿,在府城东北四十里,水驿也。”

案:南平县大横驿,在今福建省南平市延平区东北之大横镇。

2. 剑浦驿

《置驿二》:“剑浦驿,赡夫一百三十名,递夫十名,兜夫十五名。”

康熙《南平县志》卷6《公署》:“剑浦驿,在延福门内。旧在建宁门溪东,明嘉靖十三年同知张真移建于此,康熙三十八年奉裁,务归县令。”

乾隆《福建通志》卷19《公署》:“剑浦驿,在府治东延福门北。旧在建宁门外,今裁。”

乾隆《延平府志》卷6《公署》:“剑浦驿,在府治东延福门内。”卷6《驿传》:“剑浦驿,上至大横驿四十里,下至茶阳驿七十里。”

《嘉庆重修一统志》卷430延平府:“剑浦驿,在府城东。”

案:剑浦驿,明代置,在今福建省南平市建阳区。据《中国历史地名大辞典》1940页载,剑浦驿在五代南唐保大六年(948)改龙津县置,为剑州治。治所即今福建南平市。元大德初改名南平县。宋时置银场及茶焙于此。

3. 茶洋驿

《置驿二》:“茶洋驿,赡夫一百名,递夫八名,兜夫十五名。”

康熙《南平县志》卷6《公署》:“茶洋驿,在县东南金秋里。”

乾隆《福建通志》卷19《公署》:“茶洋驿,在府城东金砂里。宋为金砂驿,元至元间改今名。”

乾隆《延平府志》卷6《公署》:“茶洋驿,在县东南金砂里。”卷6《驿传》:“茶洋驿,上至剑浦驿七十里,下至嵢峡司四十里。”

《嘉庆重修一统志》卷430延平府:“茶洋驿,在府城东南六十里,宋淳佑中置,曰金沙驿,元至元间改名。”

案:茶洋驿,明代置,在今福建省南平市延平市东南太平镇葫芦山村之茶洋。明清出产著名的茶洋窑瓷。

4. 嵢峡驿

《置驿二》:“嵢峡驿,赡夫一百名,递夫六名,兜夫十五名。”

康熙《南平县志》卷6《公署》:“嵢峡递运所,在城东长安北里,嘉靖间裁。”

乾隆《延平府志》卷6《驿传》:“嵢峡巡司,上至茶洋驿四十里,下至黄田驿四

十里。”

民国《南平县志》卷4《城市志第五》：“嵢峡驿，在县东南长安北里，原嵢峡司代理，乾隆二十一年归县。上至茶洋四十里，下至古田县黄田四十里。”

案：嵢峡驿，明代置，在今福建省南平市东南之延平区樟湖镇。

5. 王台驿

《置驿二》：“王台驿，赡夫十名，递夫三名。”

《读史方舆纪要》卷97延平府南平县“剑浦驿”条下：“又王台驿，在府西六十里。宋淳佑中置王台站，以越王台名也。元因之。明初改为驿，正统中毁于寇。景泰中复置。成化十九年重修，亦曰王台馆。正德中群贼邓茂七等据王台馆，遂陷沙县，即此。”

乾隆《福建通志》卷19《公署》：“王台驿，在天竺里，今裁。”

乾隆《延平府志》卷6《公署》：“王台驿，上至剑浦驿七十里，下至双峰驿六十里。旧设驿丞，雍正九年裁，归南平县兼管。”

《嘉庆重修一统志》卷430延平府：“王台驿，在府城西六十里。”

案：王台驿，明代置，在今福建省南平市延平区西之王台镇。

6. 顺昌县双峰驿

《置驿二》：“顺昌县双峰驿，赡夫十名，递夫三名。”

乾隆《福建通志》卷19《公署》：“双峰驿，在县治西，今裁。”

乾隆《延平府志》卷6《公署》：“双峰驿，在县治西。”卷6《驿传》：“双峰驿，上至王台驿六十里，下至富屯驿五十里。”

《嘉庆重修一统志》卷430延平府：“双峰驿，在顺昌县南。西北至富屯驿八十里。”

嘉庆《顺昌县志》卷2《建置志》：“双峰驿，旧在县治西。明洪武初，知县周政建。正德间毁，知县马性鲁重建。今在延福门。”

案：顺昌县双峰驿，在今福建省南平市顺昌县城。

7. 富屯驿

《置驿二》：“富屯驿，赡夫十名，递夫三名。”

乾隆《福建通志》卷19《公署》：“富屯驿，在县治西，今裁。”

乾隆《延平府志》卷6《公署》：“富屯驿，在县治西。”卷6《驿传》：“富屯驿，上至双峰驿五十里，下至拿口驿六十里。旧设驿丞，康熙三十八年裁，归顺昌县管。”

《嘉庆重修一统志》卷430延平府：“富屯驿，在顺昌县西北六十里。”

嘉庆《顺昌县志》卷2《邮传》:"富屯驿,在富屯乡。旧设驿丞,康熙四十八年裁,归顺昌县管。"

案:富屯驿,在今福建省南平市顺昌县西北大干镇之富文村。

8. 将乐县三华驿

《置驿二》:"将乐县三华驿,赡夫八名,递夫三名。"

乾隆《福建通志》卷19《公署》:"三华驿,在县治右,今裁。"

乾隆《延平府志》卷6《公署》:"三华驿,在县治之右。"卷6《驿传》:"三华驿,上至双峰驿一百里,下至白莲驿六十里。"

乾隆《将乐县志》卷3《公署》:"三华驿,原建县治右西门角。"

《嘉庆重修一统志》卷430延平府:"三华驿,在将乐县南。西至白莲驿六十里。"

案:将乐县三华驿,在今福建省三明市将乐县城。

9. 白莲驿

《置驿二》:"白莲驿,赡夫八名,递夫三名。"

乾隆《福建通志》卷19《公署》:"白莲驿,在县东南池湖都,今裁。"

乾隆《延平府志》卷6《公署》:"白莲驿丞署,在池湖都。"卷6《驿传》:"白莲驿,上至三华驿六十里,下至明溪驿六十里。旧设驿丞,雍正九年裁,归将乐县兼管。"

乾隆《将乐县志》卷3《公署》:"白莲驿,原建南乡池湖都市尾。"

《嘉庆重修一统志》卷430延平府:"白莲驿,在将乐县西南六十里市尾,马驿也。"

案:白莲驿,在今福建省三明市将乐县西南之白莲镇。

(五)汀州府属九驿

1. 长汀县馆前驿

《置驿二》:"汀州府长汀县,馆前驿,赡夫八名,递夫三名。"

乾隆《福建通志》卷19《公署》:"馆前驿,在县东七十里,一名归仁铺。"

乾隆《汀州府志》卷15《公署》:"馆前驿,在县东七十里归仁铺。"

乾隆《长汀县志》卷14《公署》:"馆前驿驿丞署,县东七十里,元时设。"

《嘉庆重修一统志》卷435汀州府二:"馆前驿,在长汀县东七十里。"

案:长汀县馆前驿,明代置,在今福建省龙岩市长汀县东北之馆前镇。

2. 临汀驿

《置驿二》:"临汀驿,赡夫八名,递夫三名。"

乾隆《福建通志》卷19《公署》:"临汀驿,在县治左。后裁,改威远营。今为城守右营守备厅。"

乾隆《汀州府志》卷15《公署》:"临汀驿,在县治左。后裁,改威远营。今为城守右营守备厅。"

乾隆《长汀县志》卷14《公署》:"临汀驿驿丞署,县治东崇善坊。"

光绪《长汀县志》卷16《驿传》:"临汀驿,上至馆前驿七十里,下至三洲驿六十里。"

案:临汀驿,在今福建省龙岩市长汀县城。

3. 三洲驿

《置驿二》:"三洲驿,赡夫八名,递夫三名。"

乾隆《福建通志》卷19《公署》:"三洲驿,在县南六十里,今废。"

乾隆《汀州府志》卷15《公署》:"三洲驿,在县七十里,今废。"

乾隆《长汀县志》卷14《公署》:"三洲驿驿丞署,县南七十里。"

《嘉庆重修一统志》卷435汀州府二:"三洲驿,在县南六十里。明宏(弘)治初置。"

光绪《长汀县志》卷16《驿传》:"三洲驿,上至临汀驿六十里,下至蓝屋驿六十里。"

案:三洲驿,在今福建省龙岩市长汀县南之三洲镇三洲村。

4. 宁化县石牛驿

《置驿二》:"宁化县石牛驿,赡夫八名,递夫三名。"

康熙《宁化县志》卷1《公署志》:"石牛驿,置于宋端平,址于邑南会同里。"

乾隆《福建通志》卷19《公署》:"石牛驿,今改为巡检,管新庄、会同二里。"

乾隆《汀州府志》卷15《公署》:"石牛驿,今改为巡检,管新庄、会同二里。"

《嘉庆重修一统志》卷435汀州府二:"石牛巡司,在宁化县西南八里石牛驿,以旁有石牛故名。宋端平间置驿,设驿丞。本朝雍正十二年裁,置巡司兼理驿务。"

案:宁化县石牛驿,在今福建省三明市宁化县南之曹坊镇石牛村。

5. 上杭县平西驿

《置驿二》:"上杭县平西驿,赡夫八名,递夫三名。"

《读史方舆纪要》卷 98 上杭县:平西驿,在“县东三十余里。成化六年置”。

乾隆《福建通志》卷 19《公署》:“平西驿,在县东胜运里,小拔汤边。”

乾隆《汀州府志》卷 15《公署》:“平西驿,在胜运里,后裁。”

乾隆《上杭县志》卷 2《建置志 · 公署》:“平西驿,旧在县东胜运里小拔汤,前明成化六年,设漳南道,辟路通龙岩,佥事周谟檄通判吴桓营建于此。”

《嘉庆重修一统志》卷 435 汀州府二:“平西驿,在上杭县东三十里。”

案:上杭县平西驿,明代置,在今福建省龙岩市上杭县城稔田镇丰朗村。

6. 蓝屋驿

《置驿二》:“蓝屋驿,赡夫八名,递夫三名。”

乾隆《福建通志》卷 19《公署》:“蓝屋驿,在县北平安里,今俱裁。”

乾隆《汀州府志》卷 15《公署》:“蓝屋驿,在平安里,今裁。”

乾隆《上杭县志》卷 2《建置志 · 公署》:“蓝屋驿,在县北平安里。”

《嘉庆重修一统志》卷 435 汀州府二:“蓝屋驿,在上杭县西北五十里。明成化十年,徙清流县玉华驿于此,宏(弘)治三年改名。”

案:蓝屋驿,在今福建省龙岩市上杭县北约 30 公里处之官庄畲族乡。明代置,清代称平安里,因设驿站而渐称官庄。

7. 清流县玉华驿

《置驿二》:“清流县玉华驿,赡夫八名,递夫三名。”

乾隆《福建通志》卷 19《公署》:“玉华驿,在县北四十里。”

乾隆《汀州府志》卷 15《公署》:“玉华驿,在县北四十里。”

《嘉庆重修一统志》卷 435 汀州府二:“玉华驿,在清流县东北四十里。以前有玉华洞,故名。明洪武初置,成化十年,迁于上杭,二十三年复置。”

案:清流县玉华驿,在今福建省三明市清流县东北之嵩溪镇。

8. 九龙驿

《置驿二》:“九龙驿,赡夫八名,递夫三名。”

乾隆《福建通志》卷 19《公署》:“九龙驿,久废,址建儒学。”

乾隆《汀州府志》卷 15《公署》:“九龙驿,久废,址建儒学。”

《嘉庆重修一统志》卷 435 汀州府二:“九龙驿,在清流县治西,旧名皇华,明洪武初改名,以县有九龙滩而名。”

案:九龙驿,在今福建省三明市清流县城。

9. 归化县明溪驿

《置驿二》:"归化县明溪驿,赡夫八名,递夫三名。"

乾隆《福建通志》卷19《公署》:"明溪驿,在县西门,今裁。"

乾隆《汀州府志》卷15《公署》:"明溪驿,在县西门,今裁。"

《嘉庆重修一统志》卷435汀州府二:"明溪镇,在归化县西……今有明溪驿,在县治西。"

案:归化县明溪驿,在今福建省三明市明溪县城。

(六)兴化府属三驿

1. 莆田县莆阳驿

《置驿二》:"莆阳驿,赡夫六十名,递夫六名,兜夫十五名。"

乾隆《福建通志》卷19《公署》:"莆阳驿,在医学公馆前,今裁。"

乾隆《莆田县志》卷3《建置志》:"莆阳驿,本府属,按:宋时城中有东驿、西驿,洪武初建于府治北,即宋监押厅使院旧址。其南为递运所,后所省并领于驿。成化四年,知府岳正即递运所地增建驿楼。嘉靖二十年改为巡海道,而于南郊山川坛后建驿。壬戌毁于寇,后改建为兵营,而使客往来仍住巡海道中。西偏有驿丞廨舍,驿门楼几圮。万历二年,太守吕一静重修。二十六年,太守李伯芳改北门外宣风公馆为莆阳驿,无何,以夫马不便,复还原驿。"

《嘉庆重修一统志》卷427兴化府:"莆阳驿,在莆田县北,明置。"

道光《莆田县志稿・驿传》:"国朝仍之,北至福州府福清县蒜岭驿六十里,南至本府仙游县枫亭驿六十里。"

案:莆田县莆阳驿,明代置,在今福建省莆田市城厢区。

2. 江口腰站

《置驿二》:"江口腰站,赡夫十五名。"

乾隆《福建通志》卷16《兵制》:"江口腰站,今归莆阳驿。"

案:江口腰站,在今福建省莆田市涵江区东北之江口镇。

3. 仙游县枫亭驿

《置驿二》:"仙游县枫亭驿,赡夫六十名,递夫六名,兜夫十五名。"

乾隆《福建通志》卷19《公署》:"枫亭驿,在县南连江里。"

乾隆《仙游县志》卷11《建置志三・驿铺》:"枫亭驿,在连江里。"

《嘉庆重修一统志》卷432邵武府一:"拿口巡司,在邵武县东八十里。宋时置寨,元改巡司,兼置税课务。明初改税课局。寻皆废。有拿口驿,明洪武三年置驿丞。本朝乾隆八年裁,改驻县丞。三十二年仍设巡司。"

道光《莆田县志稿》《驿传》:"国朝仍之,北至福州府福清县薪岭驿六十里,南至本府仙游县枫亭驿六十里。"

案:仙游县枫亭驿,在今福建省莆田市仙游县东南之枫亭镇。

(七)邵武府属四驿

1. 邵武县拿口驿

《置驿二》:"邵武府邵武县拿口驿,赡夫十名,递夫三名。"

乾隆《福建通志》卷19《公署》:"拿口水马驿,在县东二十二都,即拿口站。明洪武三年建,今废。"

乾隆《邵武府志》卷12《驿递》:"拿口水马驿,在县东。明洪武三年建,国朝乾隆年间裁并归县。"

光绪《重纂邵武府志》卷13《兵制・驿递》:"拿口水马驿,在县东,明洪武三年建。"

案:邵武县拿口驿,明代置,在今福建省南平市邵武市东南35公里处之拿口镇。

2. 樵川驿

《置驿二》:"樵川驿,赡夫十名,递夫三名。"

乾隆《福建通志》卷19《公署》:"樵川水马驿,在县东隅铁冶街。明洪武初建,万历间毁于火,今裁。"

《嘉庆重修一统志》卷432邵武府一:"樵川驿,在邵武县城内东隅。"

光绪《重纂邵武府志》卷13《兵制・驿递》:"樵川水马驿,在城东隅,旧净居寺地。宋建于军治东。"

案:樵川驿,在今福建省南平市邵武市区。

3. 光泽县杭川驿

《置驿二》:"光泽县杭川驿,赡夫十名,递夫三名。"

乾隆《福建通志》卷19《公署》:"杭川驿,在县西城门外,今裁。雍正五年建节孝祠。"

乾隆《邵武府志》卷12《驿递》:"杭川驿,在西门外,顺治十七年裁。"

《嘉庆重修一统志》卷432邵武府一:"杭川驿,在光泽县西门外。宋置。"

道光《重纂光泽县志》卷12《建置略》:"杭川驿,旧在城内,万历十二年改建学宫而移驿于西门外。旧学址,顺治间圮,十七年裁驿丞,今存空基。"

案:光泽县杭川驿,明代置,在今福建省南平市光泽县城。

4. 杉关驿

《置驿二》:"杉关驿,赡夫十名,递夫三名。"

乾隆《福建通志》卷19《公署》:"杉关驿,在县西大寺寨巡检司西,今裁。"

乾隆《邵武府志》卷12《驿递》:"杉关驿,在县西,顺治十六年裁。"

《嘉庆重修一统志》卷432邵武府一:"杉关驿,在光泽县大寺寨巡司西。元置。"

道光《重纂光泽县志》卷12《建置略》:"杉关驿,在杉关。元元统元年建,至正二十年毁。明洪武间,驿丞何祖坚重建,迄明末凡三修。顺治十六年裁驿丞。今存空基。"

案:杉关驿,在今福建省南平市光泽县西南止马镇之杉关村。西邻江西建昌府,杉关为闽赣交通关隘。

(八)漳州府属九驿

1. 龙溪县江东驿

《置驿二》:"龙溪县江东驿,赡夫六十名,递夫六名,兜夫十五名。"

《读史方舆纪要》卷99漳州府:江东桥"在府东,即虎渡桥也,江东驿置于此"。

乾隆《福建通志》卷19《公署》:"江东马驿,在县东二十八都。"

乾隆《龙溪县志》卷3《规制 · 驿铺》:"江东驿,在县东湾头保。宋为通源驿,元至正间改今名。明洪武嘉靖间屡有修建。"

《嘉庆重修一统志》卷429漳州府:"江东驿,在龙溪县东四十里。北至长泰县三十里。宋置通源驿。元改今名。"

光绪《漳州府志》卷5《规制上 · 公署》:"江东马驿,在县东二十八都。"

案:龙溪县江东驿,明代置,在今福建省漳州市龙文区东之江东桥附近。

2. 丹霞驿

《置驿二》:"丹霞驿,赡夫六十名,递夫六名,兜夫十五名。"

乾隆《福建通志》卷19《公署》:"丹霞驿,在察院东。今驿丞裁,甘棠驿移驻于此。"

乾隆《龙溪县志》卷3《规制 · 驿铺》:"丹霞驿,在天后宫前。宋淳佑间,建于朝天门外。”

《嘉庆重修一统志》卷429漳州府:“丹霞驿,在龙溪县治西。”

光绪《漳州府志》卷5《规制上·公署》:“丹霞驿,在察院之东,古驿在府治西。”

案:丹霞驿,在今福建省漳州市芗城区。清代龙溪县城为彰化府治所在,地处龙江西溪附近,别名芗江。

3. 甘棠驿

《置驿二》:“甘棠驿,赡夫五十名,兜夫十五名。”

乾隆《福建通志》卷19《公署》:“甘棠驿,在县南六七都,今移驻丹霞驿。”

乾隆《龙溪县志》卷3《规制·驿铺》:“甘棠驿,在县南四十里。”

《嘉庆重修一统志》卷429漳州府:“甘棠驿,在龙溪县南四十里。接漳浦县界。元置。”

光绪《漳州府志》卷5《规制上·公署》:“甘棠驿,在县南六七都,地属漳浦交界。”

案:甘棠驿,在今福建省漳州市漳浦县北之官浔镇西之马口。

《中国历史地名大辞典》第550页:“元置,属南靖县。即今福建南靖县北甘棠。清以后废。”谭图亦将甘棠标于龙溪县之西北。

然据以上地方志材料,甘棠驿应在龙溪县即漳州市之南,和漳浦县之北,会典事例驿程“又由丹霞驿分道四十里至龙溪县甘棠驿,五十里至漳浦县临漳驿,七十里至漳浦县云霄驿,八十里至诏安县南诏驿,一百四十里至广东海阳县”。可知甘棠驿在龙溪县之南。

4. 漳浦县临漳驿

《置驿二》:“漳浦县临漳驿,赡夫五十名,递夫四名,兜夫十五名。”

乾隆《福建通志》卷19《公署》:“临漳马驿,在县治西北仙云坊,今裁。”

《嘉庆重修一统志》卷429漳州府:“临漳驿,在漳浦县南。东北至甘棠驿五十里。”

光绪《漳州府志》卷5《规制上·公署》:“临漳马驿,在县治西北仙云坊。”

光绪《漳浦县志》卷5《建置志·驿传》:“临漳马驿,驿署在县治仙云坊。”

案:漳浦县临漳驿,今福建省漳州市漳浦县城。

5. 盘陀塘驿

《置驿二》:“盘陀塘驿,兜夫十五名。”

乾隆《福建通志》卷 19《公署》:“盘陀巡检司,在八都,康熙三十五年移驻云霄。”

案:盘陀塘驿,在今福建省漳州市漳浦县西南之盘陀镇。清代驻巡检司。

6. 云霄厅云霄驿

《置驿二》:“云霄厅云霄驿,赡夫五十名,递夫四名,兜夫十五名。”

乾隆《福建通志》卷 19《公署》:“云霄驿,在县南六都。”

《嘉庆重修一统志》卷 429 漳州府:“云霄驿,在云霄厅南。东至临漳驿七十里。”

光绪《漳浦县志》卷 5《建置志 · 驿传》:“云霄驿,署在六都云霄城内。”

嘉庆《云霄厅志》卷 5《驿传驿站》:“云霄,唐时有古楼驿。宋改为临水驿。元为云霄驿。明因之。国朝乾隆二十一年,裁驿丞,驿归漳浦县管理。嘉庆三年,云霄设厅,驿归厅带管。”

案:云霄厅云霄驿,在今福建省漳州市云霄县城。明代置驿,清代驻漳浦县丞。民国初,设云霄县。

7. 诏安县南诏驿

《置驿二》:“诏安县南诏驿,赡夫五十名,递夫四名,兜夫十五名。”

康熙《诏安县志》卷 4《建置志》:“南诏驿,在县城东门内。宋初为临水驿,在北关外站前地。明洪武初建,改名为南诏驿。嘉靖一十九年,知府卢璧修,今毁。移县治东公衙门后。”

乾隆《福建通志》卷 19《公署》:“南诏驿,在县城内。宋初为临水驿,明洪武初改今名,今裁。”

《嘉庆重修一统志》卷 429 漳州府:“南诏驿,在诏安县南。东南至云霄驿八十里。”

光绪《漳州府志》卷 5《规制上 · 公署》:“南诏驿,在县城内。宋初为临水驿,在北关外。明洪武初改名南诏,今裁,署废。”

案:诏安县南诏驿,在今福建省诏安县城南诏镇。地处福建省最南端,过分水关即至广东省海阳县境。

8. 大碑塘驿

《置驿二》:“大碑塘驿,兜夫十五名。”

乾隆《福建通志》卷 16《兵制》:“大碑腰站,今归南诏驿,留设兜夫十五名。”

《清史稿》卷 70《地理十七 · 福建》:“诏安……驿二:南诏、大碑塘。”

案:大碑塘驿,在今福建省漳州市诏安县东部。

9. 南靖县平南驿

《置驿二》:“南靖县平南驿,赡夫八名,递夫二名。”

乾隆《福建通志》卷19《公署》:“平南驿,在永丰金山社,明成化间建。今裁。”

乾隆《南靖县志》卷1《公署》:“平南驿,原在金山。水潮久圮。今裁,归县办。”

《嘉庆重修一统志》卷429漳州府:“平南驿,在南靖县西北九十里。”

光绪《漳州府志》卷5《规制上·公署》:“平南驿,在永丰里金山社。今驿裁,廨废。”

案:南靖县平南驿,明代置,在今福建省漳州市南靖县金山镇。南靖县在清代治于靖城镇,新中国成立后,县治南迁至今地之山城镇。时驿站在县城西北九十里处,当属现今之金山镇。

浙江

一、浙江地理概述

浙江省"东濒海,南极闽,西接重山,北限五湖。"①全省整个地势自西南向东北倾斜,呈梯级下降。地势西南高,多为山区;主要山脉呈西南—东北走向,自北而南分成三支。北支自浙赣交界的怀玉山,向东构成浙江的天目山脉、里岗山脉;中支从浙闽交界的仙霞岭,向东北延展成天台山、四明山和会稽山脉,天台山脉自西往东北没入海中,构成舟山群岛;南支由浙闽交界的洞宫山脉,向东北伸展为南雁荡山脉,过瓯江称北雁荡山脉、括苍山脉。中部以丘陵为主,大小盆地错落分布于丘陵山地之间,东北部为冲积平原,地势平坦,土层深厚,河网密布。各山脉一直延伸到东海,露出水面的山峰构成半岛和岛屿。②

浙江省历史久远,"倚高阻深,置亭列障,东南之重镇,吴越之名区。"③春秋时分属吴、越。战国时属楚。秦分属会稽、闽中等郡。汉属扬州刺史部。三国时入东吴版图,仍属扬州。唐初先后属江南道、江南东道,唐中叶江南东道下分置浙江东道、浙江西道两节度使,浙江作为政区名称始于此。五代时为吴越国地。北宋属两浙路。南宋分置两浙西路和两浙东路。元属江浙等处行中书省。明代置浙江行中书省,辖境与现在基本一致。清初改为浙江省,辖十一府和一厅,即杭州、嘉兴、湖州、宁波、绍兴、台州、金华、衢州、严州、温州、处州各府以及玉环厅。

---

① 《嘉庆重修一统志》卷281《浙江统部》,见《四部丛刊续编·史部》,上海书店1984年。

② 参见《浙江地理简志》,浙江人民出版社1985年,第51、144页。

③ 《嘉庆重修一统志》卷281《浙江统部》,见《四部丛刊续编·史部》,上海书店1984年。

二、浙江驿道走向

浙江置驿 59 处。分为几条干线,南北干线自江苏入境,由北向南贯穿全省入福建省;又有几路驿站分别达到宁波、台州、温州。

1. 北接自江苏而来的干线

自皇华驿至浙江省城,共 3133 里。由江苏吴江县平望驿入境,120 里至嘉兴县西水驿,100 里至石门县驿,110 里至钱塘县吴山驿(由吴山驿分道,140 里至乌程县苕溪驿),15 里至钱塘县武林驿(杭州)。

2. 至宁波驿路

由武林驿分道向东,25 里至萧山县西兴驿,100 里至山阴县蓬莱驿,80 里至会稽县东关驿,25 里至上虞县曹娥驿,100 里至余姚县姚江驿,75 里至慈溪县车厩驿,30 里至鄞县四明驿(宁波)。

3. 至台州驿路

由曹娥驿分道向南,110 里至嵊县驿,40 里至新昌县驿,120 里至天台县桑州驿,90 里至临海县白峤驿(台州府),60 里至黄岩县驿。

4. 至温州驿路

由武林驿分道西南,10 里至钱塘县浙江驿,90 里至富阳县会江驿,100 里至桐庐县桐江驿,95 里至建德县富春驿,100 里至兰溪县瀫水驿,60 里至兰溪县双溪驿,120 里至永康县华溪驿,80 里至缙云县丹峰驿,90 里至丽水县括苍驿,150 里至青田县驿,120 里至永嘉县象浦驿,80 里至乐清县西皋驿(温州府)。

5. 至福建驿路

由瀫水驿分道东南,80 里至龙游县亭步驿,70 里至西安县上航驿,85 里至江山县广济驿,160 里接福建浦城县小关驿。①

6. 水路

由皇华驿经水路至杭州共 3531 里,3141 里至元和县姑苏驿,390 里至杭州武林驿。②

7. 省内还有别的一些驿站通往其他各处

至江西境:由西安县上航驿分道,90 里至常山县,80 里至江西玉山县。

---

① 此路驿站进入福建需翻越武夷山,有险峰为仙霞岭,岭上有仙霞关,为必经之路。

② 水路循运河而行,其间的驿站与旱路同。

三、浙江置驿五十九处

（一）杭州府属七驿

1. 钱塘县县驿

《置驿二》："钱塘县县驿，马十五匹，马夫七名，水驿夫一百六十七名。"

案：钱塘县县驿，在今浙江省杭州市西湖区钱塘门以东庆春路、中河北路、中河南路一带。仁和县治所在实为府城东北境，而钱塘县治在府城西南境。

2. 浙江驿

《置驿二》："浙江驿，马十五匹，马夫七名，扛轿等夫一百一十名，驿皋二名，船六只，水手三百六十名，水驿夫一百六十名。"

康熙《钱塘县志》卷5《公署》："浙江驿，在县南十里，濒江，龙山闸左。"

雍正《浙江通志》卷88《驿传》："浙江驿，……县南十里，濒江，龙山闸左。"

乾隆《杭州府志》卷12《公署》："浙江驿署，县南十里，濒江，龙山闸左，明建。"

《嘉庆重修一统志》卷284杭州府二："浙江驿，在钱塘县南十里龙山闸左。"

案：浙江驿，今浙江省杭州市西湖区南部的凤山门外。

3. 仁和县县驿

《置驿二》："仁和县县驿，马十五匹，马夫七名，水驿夫三百十一名。"

案：仁和县县驿，在今浙江省杭州市西湖区钱塘门以东庆春路、中河北路、中河南路一带。

4. 武林驿

《置驿二》："武林驿，走递夫三百十八名，轿夫四十名。"

《读史方舆纪要》卷90浙江仁和县："武林驿，在府北武林门外。吴山驿及递运所，亦置于此，今并于武林驿。"

雍正《浙江通志》卷88《驿传》："武林驿，……府治东四里。吴元年在武林门外，洪武七年徙今处。"

乾隆《杭州府志》卷12《公署》："武林驿署，府治东四里芝松坊。初在武林门外，后徙此。"

《嘉庆重修一统志》卷284杭州府二："武林驿，在府治东南四里。明洪武七年置，有驿丞。今裁。"

案:武林驿,明代置,在今浙江省杭州市上城区梅花碑一带。

5. 吴山驿

《置驿二》:“吴山驿,马十五匹,马夫七名,走递夫一百三十一名,轿夫六十名,驿皋二名,船十只,水手三十四名,水驿夫三百十九名。”

康熙《仁和县志》卷4《公署》:“吴山驿,在武林门侧。”

雍正《浙江通志》卷88《驿传》:“吴山驿,……在城北。洪武七年建,曰杭州驿。九年,改吴山驿。”

乾隆《杭州府志》卷12《公署》:“吴山驿署,城北武林门外,明初为杭州驿。”

《嘉庆重修一统志》卷284杭州府二:“吴山驿,在府城北武林门外。”

案:吴山驿,明代置,在今浙江省杭州市下城区武林门。

6. 富阳县县驿

《置驿二》:“富阳县县驿,水驿夫二百三十五名。”

光绪《富阳县志》卷11《场驿》:“富阳为水陆通衢,置邮传。”

案:富阳县县驿,在今浙江省富阳市区。

7. 会江驿

《置驿二》:“会江驿,走递夫二十名,水驿夫九十一名。”

《读史方舆纪要》卷90浙江富阳县:“会江驿,在观山东。宋初置。嘉定中,徙于通济桥。洪武三年,复移于此。”

雍正《浙江通志》卷88《驿传》:“会江驿,……在观山东。”

乾隆《杭州府志》卷12《公署》:“会江驿署,宋嘉定中,令徙建于通济桥。明洪武三年徙今处。按:古驿在县西,后梁贞明间立高风驿,在永宁寺后。”

《嘉庆重修一统志》卷284杭州府二:“会江驿,在富阳县观山东。”

光绪《富阳县志》卷11《场驿》:“会江驿,……在观山东。”

案:会江驿,在今浙江省杭州市富阳区政府所在地稍东南的鹳山之山麓。

（二）嘉兴府属五驿

1. 嘉兴县县驿

《置驿二》:“嘉兴县县驿,马十四,马夫五名,水驿夫二百九名。”

案:嘉兴县县驿,在今浙江省嘉兴市南湖区县南街所在地。

2. 秀水县县驿

《置驿二》:“秀水县县驿,马十四,马夫五名,水驿夫二百二十名。”

案：秀水县县驿，在今浙江省嘉兴市南湖区府前街、府南街交界处。

3. 西水驿

《置驿二》："西水驿，差夫一百四十四名，驿皋二名，船十一只，水手四十八名。"

康熙《秀水县志》卷2《驿递》："西水驿，属府，在通越门外，县西南三里。"

嘉庆《嘉兴县志》卷15《驿递》："西水驿，在通越门外。"

《嘉庆重修一统志》卷287嘉兴府一："西水驿，在府城西门外。"

光绪《嘉兴府志》卷6《公署》："西水驿丞署，在府西三里，通越门外。官驿，有马驿，水驿。……今废。"

光绪《嘉兴县志》卷13《驿站》："西水驿，在府城西门外，设有驿丞。"

案：西水驿，水驿，明代置，在今浙江省嘉兴市南湖区。

4. 石门县县驿

《置驿二》："石门县县驿，马二十匹，马夫十名，水驿夫五百九十四名。"

雍正《浙江通志》卷88《驿传》："石门驿，……唐有石门驿，故市名石门。裁并。"

嘉庆《桐乡县志》卷2《衙署》："古有石门驿，后废，置皂林。"

案：石门县县驿，在今浙江省嘉兴市桐乡市西之石门镇。清代石门县治所在，民国初改隶桐乡县。

5. 桐乡县皂林驿

《置驿二》："桐乡县皂林驿，差夫六十四名。"

《嘉庆重修一统志》卷287嘉兴府一："皂林驿，在石门县南门外，旧属桐乡县，明嘉靖中徙此。本朝乾隆二十一年裁。"

光绪《嘉兴府志》卷28《邮传》："皂林驿，在石门县南门外。旧属桐乡县，明嘉靖中徙此。旧有驿丞。"

光绪《桐乡县志》卷1《疆域志上》："旧设皂林驿，后改设石门县南门外，而仍其名。"

案：桐乡县皂林驿，明代置，在今浙江省嘉兴市桐乡市西南的崇福镇西南。

（三）湖州府属三驿

1. 乌程县县驿

《置驿二》："乌程县县驿，水驿夫四十名。"

光绪《乌程县志》卷2《公署》:乌程县"馆驿(一作古公馆),在府治南一百步,馆驿巷口临霅溪,即碧澜堂故址。"

案:乌程县县驿,在今浙江省湖州市吴兴区。民国初年,乌程、归安二县合并为"吴兴县",即湖州市吴兴区。

2. 苕溪驿

《置驿二》:"苕溪驿,船二只,水驿夫四十名。"

《读史方舆纪要》卷91浙江乌程县:"苕溪驿,在府城南,明初置。嘉靖三十一年,迁于城内。又有苕溪递运所,以驿兼领。"

雍正《浙江通志》卷88《驿传》:"苕溪驿,……在定安门外,嘉靖三十一年迁于门内。康熙十八年奉裁,归并乌程县。"

乾隆《乌程县志》卷1《廨宇》:"苕溪驿,旧在定安门外,明嘉靖三十一年移门内。本朝康熙十八年裁,并乌程县。"

《嘉庆重修一统志》卷289湖州府一:"苕溪驿,在乌程县南。明初置,嘉靖三十一年徙府城内。又有苕溪递运所,今皆裁。"

案:苕溪驿,在今浙江省湖州市城吴兴区月河街道。

3. 归安县县驿

《置驿二》:"归安县县驿,水驿夫四十名,凡湖州府属三驿。"

雍正《浙江通志》卷88《驿传》:"归安县,铺舍,……冲要三铺,府前铺司兵四名,侯射、塘头司兵各五名。次冲一铺,张家板桥司兵一名。"

案:归安县县驿,在今浙江省湖州市吴兴区。归安县在民国初与乌程县合并为吴兴县,即湖州市吴兴区。

(四)宁波府属五驿

1. 鄞县县驿

《置驿二》:"鄞县县驿,水驿夫一百名。"

案:鄞县县驿,在今浙江省宁波市海曙区鼓楼大街附近。

2. 慈溪县县驿

《置驿二》:"慈溪县县驿,水驿夫一百二十五名。"

案:慈溪县县驿,在今浙江省宁波市江北区西北之慈城镇。清代慈溪县以慈城镇为县治,新中国成立后慈溪县扩大为慈溪市,治所移至浒山镇,慈城镇则属宁波市江北区。

3. 车厩驿

《置驿二》:"车厩驿,水驿夫十名。"

雍正《浙江通志》卷 88《驿传》:"车厩驿,……在县西南四十里,地名石台乡,唐孙惟晸祠之北。元至元间设。康熙三十九年奉裁,归并慈溪县。"

《嘉庆重修一统志》卷 292 宁波府二:"车厩驿,在慈溪县西南四十里。元置,以近车厩山名。本朝康熙三十九年裁。"

案:车厩驿,在今浙江省宁波市余姚市东南之河姆渡镇车厩村。

4. 奉化县县驿

《置驿二》:"奉化县县驿,水驿夫四十六名。

雍正《浙江通志》卷 88《驿传》:"西店驿,《奉化县志》县南六十里,接台州宁海县境。"

案:奉化县县驿,在今浙江省宁波市奉化区稍西部官山附近。

5. 镇海县四明驿

《置驿二》:"镇海县四明驿,驿皋二名,水驿夫二十五名。"

康熙《鄞县志》卷 3《经制考·公署》:"四明驿,在府治西南,月湖中贺监祠之东。"

雍正《宁波府志》卷 11《公署》:"四明驿署,旧在月湖东贺监庙侧,久圮。雍正八年奉文,移驻江干,稽查奸匪,仍管驿务。"

雍正《浙江通志》卷 88《驿传》:"四明驿,……在府治西南,月湖中贺监祠之东。故在府治内。"

乾隆《鄞县志》卷 2《津渡·邮站》:"四明驿……今驿在甬东,归府管辖。"

《嘉庆重修一统志》卷 292 宁波府二:"四明驿,在鄞县西南。水驿也。"

案:镇海县四明驿,明代置,在今浙江省宁波市海曙区月湖附近。

(五)绍兴府属十二驿

1. 山阴县县驿

《置驿二》:"山阴县县驿,水驿夫一百四十名。"

雍正《浙江通志》卷 88《驿传》:山阴县"柯桥驿,……在县西二十五里,久废;钱清驿,……在县西北五十里,久废;苦竹驿,……去县二十九里迎恩乡,有苦竹城。在唐时为驿,今废。"

案:山阴县县驿,水驿,在今浙江省绍兴市城区柯桥区。山阴县在清代是绍兴府治所在，民国初，改为绍兴县，现为柯桥区。

2. 蓬莱驿

《置驿二》：“蓬莱驿，船二只，水驿夫一百十名。”

《读史方舆纪要》卷 92 浙江山阴县：“蓬莱驿，在府西迎恩门外。”

乾隆《绍兴府志》卷 7《建置志一》：“蓬莱驿，……在迎恩门外。唐曰西亭，宋曰仁风，倾废已久。康熙二十九年，知府李铎重建。”

《嘉庆重修一统志》卷 294 绍兴府一：“蓬莱驿，在山阴县西门外。”

案：蓬莱驿，水驿，明代置，在今浙江省绍兴市越城区绍兴古城西门外。

3. 会稽县县驿

《置驿二》：“会稽县县驿，水驿夫八十名。”

乾隆《绍兴府志》卷 7《建置志一》：“会稽县冲要十一铺，五云铺司兵五名。织女铺、皋部铺、茅洋铺、陶家堰铺、瓜山铺、黄家堰铺、东关铺、小江铺、白米堰铺、曹娥铺，每铺司兵四名。偏僻二铺，桑盆铺司兵三名，周家铺司兵三名。”

案：会稽县县驿，在今浙江省绍兴市越城区人民西路与府山直街相交处一带（府山公园稍东南）。

4. 东关驿

《置驿二》：“东关驿，走递夫九名，驿皋二名，水驿夫一百五十九名。”

《读史方舆纪要》卷 92 浙江会稽县：“东关驿，在府东九十里，曹娥江西岸。旧名东城驿，明初改今名。”

康熙《会稽县志》卷 2《城池志》：“东关驿，在县东九十里，即古东城驿。”

雍正《浙江通志》卷 89《驿传》：“东关驿，……在县东九十里。曹娥江经其东。”

乾隆《绍兴府志》卷 7《建置志一》：“东关驿，《旧志》：在县东九十里，曹娥江经其东。案：原设驿丞一员，雍正十三年，改并曹娥巡检兼管。”

《嘉庆重修一统志》卷 294 绍兴府一：“东关驿，在会稽县东九十里，曹娥江西岸。旧名东城，明改今名。”

案：东关驿，明代置，在今浙江省绍兴市上虞区东关街道以东、萧曹运河与曹娥江汇流处之西。

5. 萧山县县驿

《置驿二》：“萧山县县驿，水驿夫一百四十二名。”

乾隆《绍兴府志》卷 7《建置志一》：“萧山县冲要五铺、凤堰铺、沙岸铺、十里铺、白鹤铺、新林铺，每铺司兵五名。”

案:萧山县县驿,在今浙江省杭州市萧山区湘湖稍东北处(西山公园一带)。

6. 西兴驿

《置驿二》:“西兴驿,兜夫二十五名,驿皋二名,船六只,水驿夫九十六名。”

《读史方舆纪要》卷92浙江萧山县:“西兴驿,在西兴镇运河南岸,唐曰庄亭,宋曰日边驿,后改今名。”

雍正《浙江通志》卷89《驿传》:“西兴驿,……在西兴镇运河南岸,唐之庄亭也,宋曰边驿。”

《嘉庆重修一统志》卷294绍兴府一:“西兴水驿,在萧山县西兴场运河南岸。”

案:西兴驿,水驿,明代置,在今浙江省杭州市滨江区政府东部的西兴(西兴大桥之南)。

7. 余姚县县驿

《置驿二》:“馀姚县县驿,兜夫二十名,水驿夫一百名。”

案:余姚县县驿,水驿。在今浙江省宁波市余姚市城区余姚江南侧的江南新城附近。

8. 姚江驿

《置驿二》:“姚江驿,船二只,水驿夫五十名。”

《读史方舆纪要》卷92浙江余姚县:“姚江驿,县治东一里江北岸。”

雍正《浙江通志》卷89《驿传》:“姚江驿,……在东门外大江北岸。康熙元年裁,归并余姚县。”

乾隆《绍兴府志》卷7《建置志一》:“姚江驿,……在东门外大江北岸。康熙元年裁,归并余姚县。”

《嘉庆重修一统志》卷294绍兴府一:“姚江驿,在余姚县治东。本朝康熙九年归并入县。”

光绪《余姚县志》卷4《公廨》:“姚江驿,在治东一里许。嘉靖中,重建大门三间。……今废。”

《清史稿·地理志》浙江余姚县:“姚江驿,康熙九年并入县。”

案:姚江驿,明代置,在今浙江省宁波市余姚市城区江南新城东部。

9. 上虞县县驿

《置驿二》:“上虞县县驿兜夫二十名,水驿夫一百三十四名。”

乾隆《绍兴府志》卷7《建置志一》:“金罍驿,……在县东等慈寺西,宋庆元中令施广求改旌麾为之,久废。池湖驿,……在县西南五十里,久废。百官驿,……在县百官市南。明建,随革。今为梁湖巡检司。"

案:上虞县县驿,在今浙江省绍兴市上虞区东南之丰惠镇。

10. 曹娥驿

《置驿二》:"曹娥驿,船二只,水手二十名。"

雍正《浙江通志》卷89《驿传》:"曹娥驿,……旧去县西三十里梁湖镇,名曹娥站。"

乾隆《绍兴府志》卷7《建置志一》:"曹娥驿,……旧去县西三十里梁湖镇,名曹娥站。"

《嘉庆重修一统志》卷294绍兴府一:"曹娥驿,在上虞县西梁湖镇。本朝康熙九年,归并入县。"

案:曹娥驿,在今浙江省绍兴市上虞区东南之梁湖镇。

11. 嵊县县驿

《置驿二》:"嵊县县驿,水驿夫四十一名。"

乾隆《绍兴府志》卷7《建置志一》:"嵊县访戴驿,……在县东南五十五步,久废。"

案:嵊县县驿,在今浙江省绍兴市嵊州市政府所在地稍东南。

12. 新昌县县驿

《置驿二》:"新昌县县驿,水驿夫五十二名。"

乾隆《绍兴府志》卷7《建置志一》:"新昌县南明驿,……在县西一百步,久废。天姥驿,……在县东南五十里,久废。"

案:新昌县县驿,在今浙江省绍兴市新昌县城区南明街道鼓山西路、鼓山路与南明路交叉处(县政府所在地,新昌江南岸)。

(六)台州府属四驿

1. 临海县县驿

《置驿二》:"临海县县驿,兜夫九名,水驿夫十八名。"

雍正《浙江通志》卷89《驿传》:"泰安驿,……在县西北四十七里,庆元中叶守籈重建,今废。桐岩驿,……在县东五十里,今裁。横溪驿,……在县东北五十里,今废。"

案:临海县县驿,明代置,在今浙江省台州市临海市区南部的古城街道。

2. 宁海县县驿

《置驿二》:"宁海县县驿,水驿夫十名。"

《嘉庆重修一统志》卷297台州府一:“朱家岙驿,在宁海县西南百二十里桐岩岭。明初,置于县西九十里朱家岙。洪武二十年,徙此。……本朝康熙三十九年,俱裁,并于县。”

案:宁海县县驿,明代置,称朱家墺驿,在今浙江省宁波市宁海县跃龙街道。

3. 白峤驿

《置驿二》:“白峤驿,水驿夫二十五名。”

《读史方舆纪要》卷92浙江宁海县:“白峤驿,在县治西。宋置于治东,名迎恩驿。元至正二十三年,改今名,徙置治西。明因之。万历二十年,移于桑洲。三十九年,废驿为白峤公馆。”

雍正《浙江通志》卷89《驿传》:“白峤驿,……县西一百六十步,旧在治东百步,名迎恩,元至正二十三年徙,易今名。”

《嘉庆重修一统志》卷297台州府一:“白峤驿,在县治西。宋为迎恩驿。元至正中,改建。明万历中,移建桑洲,寻复旧。后废。以上诸驿,本朝康熙三十九年,俱裁,并于县。”

案:白峤驿,明代置,在今浙江省宁波市宁海县西南约18公里处之桑洲镇桑洲村。桑洲镇以驿站之设而日渐发达。

4. 天台县县驿

《置驿二》:“天台县县驿,驴十头,驴夫十名,水驿夫四十五名。”

雍正《浙江通志》卷89《驿传》:“赤城驿,……在县西南二百步,久废;飞泉驿,……在县西二十五里,今废;灵溪驿,……在县东二十里,旧路由此入京,今亭头是也。后改自东门,遂废。”

《嘉庆重修一统志》卷297台州府一:“赤城驿,在临海县东南巾子山侧。宋置丹邱驿。明改赤城。本朝康熙三十九年,裁并于县。”又同卷:“桑洲驿,在天台县西北六十里,地名王渡驿。旧在宁海县界,明万历二十一年,改建于此。……本朝康熙三十九年,俱裁,并于县。”

案:天台县县驿,明代置,在今浙江省台州市天台县赤城街道驻地。

(七)金华府属六驿

1. 金华县县驿

《置驿二》:“金华府县县驿,兜夫二十名,水驿夫七十名。”

雍正《浙江通志》卷89《驿传》:“金华县孝顺驿,……在县东五十五里,旧东豫备仓即其故址。今裁。”

案:金华县县驿,在今浙江省金华市区金华江稍北岸的城北街道附近。

2. 双溪驿

《置驿二》:“双溪驿,扛夫十名。”

康熙《金华府志》卷9《役法》:“本府双溪驿,每年该银七百五十七两六钱四厘二毫六丝。”

雍正《浙江通志》卷89《驿传》:“双溪水驿,……在府城西。溪下界元通波驿故址。雍正二年,奉裁,归并本府经历兼摄。”

《嘉庆重修一统志》卷299金华府一:“双溪驿,在金华县西南。明置双溪马驿,在城西南通远门外。又置双圆水驿于此。本朝并为双溪水马驿。雍正二年裁归府经历兼摄。”

案:双溪驿,水马驿,明代置,在今浙江省金华市婺城区城西街道西南部的金华江北岸。

3. 兰溪县县驿

《置驿二》:“兰溪县县驿,兜夫二十八名,水驿夫一百六十五名。”

案:兰溪县县驿,在今浙江省金华市兰溪市城区。

4. 瀔水驿

《置驿二》:“瀔水驿,走递夫七名,船一只,水手四名。”

康熙《金华府志》卷10《公署》:“瀔水驿,在县南门外。宋为兰皋驿,在县西。元为兰江水站,在河东岸。今皆没于水。”

雍正《浙江通志》卷89《驿传》:“瀔水驿,……在县南门外。宋为兰皋驿,在县西。元为兰江水站,在河东岸,今皆没于水。明洪武,名兰溪驿,后知县贾存义迁今所,十四年更今名。……康熙十二年,奉裁,归并兰溪县。”

《嘉庆重修一统志》卷299金华府一:“瀔水驿,在兰溪县南门外。”

嘉庆《兰溪县志》卷3《建置志·邮传》:“瀔水驿,在南门外,去县一里零五十步。”

案:瀔水驿,在今浙江省金华市兰溪市云山街道大云山风景区以之西北、云山路附近(当时县城南门外)。

关于此驿的名称有三种写法:《读史方舆纪要》卷93、雍正《浙江通志》卷89《驿传》、嘉庆《兰溪县志》、续修《大清一统志》卷231、《嘉庆重修一统志》卷299浙江金华府之关隘条(云康熙二十二年裁)、王士祯《居易录》卷34均作

“縠水驿”。《钦定大清会典则例》卷120兵部、《清史稿·地理志》、康熙《金华府志》悉作瀔水驿，《皇朝地理志》卷92、《清国史·地理志》则作縠水驿。

衢江以水纹似罗縠而别名瀔水，驿名宜以“瀔”为上选，作“縠”者次之，作“瀔”者系古称。《清史稿·地理志》云：“古无‘瀔’字，当即汉志谷水”，可备一说。另，台北故宫故殿18659《皇朝地理志》浙江金华府兰溪县：衢江“谓之兰溪，县因名，以水纹类罗縠，亦曰瀔水也”。

5. 永康县县驿

《置驿二》：“永康县县驿，兜夫四十名，水驿夫五十名。”

康熙《永康县志》卷8《驿递》“明驿递。金华惟本府及兰溪、永康有驿递。”

案：永康县县驿，明代置，在今浙江省金华市永康城区华溪注入永康江岸。

6. 华溪驿

《置驿二》：“华溪驿，扛夫十名，水驿夫二十名。”

康熙《金华府志》卷10《公署》：“华溪驿，在县治西。”

雍正《浙江通志》卷89《驿传》：“华溪驿，……在县治西。……康熙元年，奉裁，归并永康县典史兼摄。”

《嘉庆重修一统志》卷299金华府一：“华溪驿，在永康县治西。明初建，本朝康熙元年裁。”

光绪《永康县志》卷2《建置志》：“华溪驿，在县西。”

案：华溪驿，明代置，在今浙江省金华市永康城区之西的西门溪注入永康江附近。

（八）衢州府属六驿

1. 西安县县驿

《置驿二》：“西安县县驿，兜夫七十九名，水驿夫二百三十四名。”

康熙《衢州府志》卷2《急递铺》：“西安府治东为府总铺，即班春亭故址。东门外十里为东迹铺，又十里为牌门铺，又十里为安仁铺，即龙游界；西门外十里为压潮铺，又十里为石塘铺，又十里为新店铺，即常山界；南门外二十五里为常乐铺，又十五里为百灵铺，即江山界。”

案：西安县县驿，在今浙江省衢州市衢江区。清代西安县为衢州府治所在，现为衢州市衢江区。

2. 上航驿

《置驿二》:"上航驿,船五只,水手十五名,水驿夫六十名。"

康熙《衢州府志》卷5《廨宇》:"上航驿,在光远门外一里。旧名和风,为水驿。明弘治八年,省信安马驿并入,为水马驿。"

雍正《浙江通志》卷89《驿传》:"上航驿,水夫六十名。"

《嘉庆重修一统志》卷301衢州府:"上航驿,在西安县西三里。旧为信安水驿。"

光绪《浙江全省舆图并水陆道里记》之《衢州府龙游县图》标示"上航村"于西安、龙游两县之界上。

案:上航驿,在今浙江省衢州市柯城区府山街道。

3. 龙游县县驿

《置驿二》:"龙游县县驿,兜夫三十六名,水驿夫一百九十七名。"

康熙《衢州府志》卷2《急递铺》:"龙游县治西十步为县前铺,东门外十里为永安铺。"

案:龙游县县驿,在今浙江省衢州市龙游县龙洲街道。

4. 亭步驿

《置驿二》:"亭步驿,船一只,水驿夫四十名。"

康熙《衢州府志》卷2《疆理》:"亭步驿十五里至青龙殿,十里至潭石汪,十里至盈川,十里至安仁渡,十五里至樟碓港,十五里至鸡鸣渡,十五里至府西门。"

雍正《浙江通志》卷79《积贮》:"永积仓,在亭步驿前。"

《嘉庆重修一统志》卷301衢州府:"亭步驿,在龙游县北五里,縠溪南岸。旧为縠渡驿。"

光绪《浙江全省舆图并水陆道里记》之《衢州府龙游县图》有"驿前市"。

案:亭步驿,在今浙江省衢州市龙游县龙洲街道北驿前村稍。

5. 常山县县驿

《置驿二》:"常山县县驿,水驿夫三十五名。"

案:常山县县驿,明代置,称广济水马驿,在今浙江省衢州市常山县县城。

6. 江山县县驿

《置驿二》:"江山县县驿,水驿夫三百五十四名。"

案:江山县县驿,在今浙江省衢州市江山市。

（九）严州府属四驿

1. 建德县县驿

《置驿二》："建德县县驿，兜夫十六名，水驿夫一百七十九名。"

雍正《浙江通志》卷89《驿传》："建德县新定驿，……在州南门外，裁并。"

案：建德县县驿，在今浙江省杭州市建德市东北之梅城镇（富春江北岸），明清时为建德县治所在。

2. 富春驿

《置驿二》："富春驿，船二只，水手八名，水驿夫十一名。"

雍正《浙江通志》卷89《驿传》："富春驿，……在东门外五里。"

《嘉庆重修一统志》卷302严州府一："富春驿，在建德县东五里，临江。明洪武初，置严陵驿，九年改今名。有驿丞，今裁。"

道光《建德县志》卷18《武备志・驿站》："富春驿，……在城东南五里。"

光绪《严州府志》卷5《营建・驿站》："富春驿，在府东门外五里。"

案：富春驿，明代置，在今浙江省杭州市建德市东北之梅城镇东南侧。

3. 桐庐县县驿

《置驿二》："桐庐县县驿，水驿夫一百四十三名。"

案：桐庐县县驿，在今浙江省杭州市桐庐县城富春江北岸的桐君街道。

4. 桐江驿

《置驿二》："桐江驿，船三只，水手十二名，水驿夫六名。"

《读史方舆纪要》卷90浙江桐庐县："桐江驿，在县城东潢港口。旧临江，名浙河驿。后移而北，改今名。又下航渡，在县东南二里，往来津要也。"

雍正《浙江通志》卷89《驿传》："桐江驿，……在县治东五百五十步。"

乾隆《桐庐县志》卷3《营建》："桐江驿，……在县东之横港口。"

《嘉庆重修一统志》卷302严州府一："桐江驿，在桐庐县东五百五十步黄港口。旧临江，名浙河驿，后徙置于此，改今名。有驿丞，今裁。"

光绪《严州府志》卷5《营建・驿站》："桐江驿，在桐庐县东横江口。旧临浙江，名浙河驿，后移改今名。现设驿丞一员。"

案：桐江驿，明代置，在今浙江省杭州市桐庐县县城，富春江畔。

(十)温州府属三驿

1. 永嘉县象浦驿

《置驿二》:“永嘉县,象浦驿,水驿夫十四名。”

雍正《浙江通志》卷89《驿传》:“象浦驿,……在拱辰门外。康熙三十九年,奉裁,归并永嘉县。”

乾隆《温州府志》卷6《公署》:“象浦驿,在拱辰门外,今裁。”

光绪《永嘉县志》卷3《建置志一》:“象浦驿,在拱辰门外。”

案:永嘉县象浦驿,明代置,在今浙江省温州市鹿城区。

2. 乐清县县驿

《置驿二》:“乐清县县驿,水驿夫十二名。”

雍正《浙江通志》卷89《驿传》:“乐清县窑岙驿,……在十七都,雍正十三年奉裁。”

案:乐清县县驿,明代置,称馆头驿,在今浙江省温州市乐清市。

3. 西皋驿

《置驿二》:“西皋驿,水驿夫十四名。”

雍正《浙江通志》卷89《驿传》:“西皋驿,在迎恩桥。康熙元年,奉裁,归并乐清县,典史兼摄。”

乾隆《温州府志》卷6《公署》:“西皋驿,在西隅。”

光绪《乐清县志》卷3《规制》:“西皋驿,在邑西隅,迎恩桥西。”

案:西皋驿,明代置,在今浙江省温州市乐清市西。

(十一)处州府属四驿

1. 丽水县县驿

《置驿二》:“丽水县县驿,水驿夫六十一名。”

案:丽水县县驿,在今浙江省丽水市莲都区中山街。

2. 缙云县丹峰驿

《置驿二》:“青田县丹峰驿,水驿夫十四名。”

雍正《浙江通志》卷89《驿传》:“缙云县丹峰驿,……在水南。旧名云塘,在三里街。元毁,迁今址。隆庆三年,参议徐云程重建。”

乾隆《缙云县志》卷1《建置志》:“丹峰驿,旧名云塘驿,在邑北三里街。总制孙炎迁县南。隔溪二百步,改名丹峰。"

《嘉庆重修一统志》卷305处州府:"丹峰驿,在缙云县南。元曰云塘驿,在县北三里。明初迁此。本朝康熙元年裁。"

案:青田县丹峰驿,在今浙江省丽水市缙云县西南之五云镇附近。

此处会典有误。据以上方志所载,应为"缙云县丹峰驿"。光绪《清会典事例》卷688亦载:"由瀔水驿分道,六十里至兰溪县双溪驿,一百二十里至永康县华溪驿,八十里至缙云县丹峰驿,九十里至丽水县括苍驿,一百五十里至青田县驿,一百二十里至永嘉县象浦驿,八十里至乐清县西皋驿。"

3. 青田县县驿

《置驿二》:"缙云县县驿,水驿夫四十二名。"

案:缙云县县驿,明代置,在今浙江省丽水市缙云县城区寺后街以西,胜利街以北,剧院路以南的区域。

此处会典有误。据以上方志所载,应为"青田县县驿"。又据光绪《清会典事例》卷688亦载:"由瀔水驿分道,六十里至兰溪县双溪驿,一百二十里至永康县华溪驿,八十里至缙云县丹峰驿,九十里至丽水县括苍驿,一百五十里至青田县驿,一百二十里至永嘉县象浦驿,八十里至乐清县西皋驿。"

4. 丽水县括苍驿

《置驿二》:"庆元县括苍驿,水驿夫二十一名。"

雍正《浙江通志》卷89《驿传》:"括苍驿,……在府治西。嘉靖三十六年,知府高超重建。现设驿丞一员。"

《嘉庆重修一统志》卷305处州府:"括苍驿,在府城南。明置,旧有驿丞,今裁。"

光绪《处州府志》卷12《武备志》:"栝苍驿,在府治西,嘉靖三十六年知府高超重建。原设驿丞一员,后裁。"

案:庆元县括苍驿,明代置,今浙江省丽水市区莲都区。

此处会典有误。丽水在隋唐时称括苍县,因临近括苍山得名。据以上方志材料所载,括苍驿在丽水市区。庆元县在丽水市西南约190公里处。故应为"丽水县括苍驿"。据光绪《清会典事例》卷688亦载:"由瀔水驿分道,六十里至兰溪县双溪驿,一百二十里至永康县华溪驿,八十里至缙云县丹峰驿,九十里至丽水县括苍驿,一百五十里至青田县驿,一百二十里至永嘉县象浦驿,八十里至乐清县西皋驿。"也应该为"丽水县括苍驿"。

湖北

一、湖北地理概述

“东连溢浦，南距湖湘，西据三峡，北带汉川。其名山则有荆山、内方、大别，其大川则有江水、汉水、沮水、漳水，其重险则有夏口、荆门、西陵。地居津要，形属上游，为东南之泽国，实菽粟之巨区。”①

长江中游南北的江汉与洞庭平原，在历史上被视为一体，号曰：两湖、湖广，形成比较成熟的经济和政治单元。顾祖禹：“湖广之形胜，在武昌乎？在襄阳乎？抑在荆州乎？曰：以天下言之，则重在襄阳；以东南言之，则重在武昌；以湖广言之，则重在荆州。何言乎重在荆州也？夫荆州者，全楚之中也，北有襄阳之蔽，西有夷陵之防，东有武昌之援。楚人都郢而强，及鄢、郢亡而国无以立矣。……何言乎重在武昌也？夫武昌者，东南得之而存，失之而亡者也。……何言乎重在襄阳也？夫襄阳者，天下之腰膂也。中原有之可以并东南，东南得之亦可以图西北者也。”②

湖北省地跨长江，地势西高东低，西、北、东三面被山地和丘陵环绕，中南部为低湿平原，略成盆地之势。西部为鄂西山地，其中又以长江为界，分为由秦岭东段、武当山、大巴山东段等山脉组成的鄂西北山地，由巫山、武陵山、大娄山等山脉组成的鄂西南山原。鄂省东部是以长江、汉水冲积而成的江汉平原为主体。地势平坦，土壤肥沃，河网交织，湖泊密布，堤垸纵横，历史时期以来就是重要的农业经济富庶之地。江汉平原的东部，鄂豫皖三省之间由大洪山和大别山组成鄂东北丘陵地区，

① 《嘉庆重修一统志》卷334《湖北统部》，见《四部丛刊续编·史部》，上海书店1984年。

② 顾祖禹：《读史方舆纪要》卷75《湖广方舆纪要序》，上海书店1998年。

与鄂湘赣三省交界处亦有丘陵。①

二、湖北驿道走向

清代湖北省共置驿70处,官方驿路分两路穿越湖北省,西部一路为河南南阳入境,经襄阳府、荆州府,至湖南省常德府的澧州;东部一路由河南信阳入境,向南直至省城江夏,再循长江平行西南而行,贯穿武昌府至湖南省岳州府。除此之外,向西可进入四川,向东沿长江顺流而下,由水路至江西等省。

1. 东部驿路

(1)北接河南

自皇华驿至湖北省城,共2690里。由河南信阳州在城驿入境,80里至应山县观音店驿,50里至应山县广水驿,70里至孝感县小河溪驿,90里至孝感县杨店驿,60里至黄陂县双庙驿,40里至汉阳县滠口驿,40里至汉阳县驿,10里至江夏县将台驿(武昌)。

(2)南通湖南

由江夏县将台驿分道而南,60里至江夏县东湖驿,60里至江夏县山陂驿,60里至咸宁县咸宁驿,60里至蒲圻县官塘驿,60里至蒲圻县凤山驿,60里至蒲圻县港口驿,60里接湖南临湘县长安驿。

2. 西部驿路

由河南新野县湍阳驿入境向南,60里至湖北襄阳县吕堰驿,60里至襄阳县汉江驿,100里至宜城县鄢城驿90里至荆门州丽阳驿,60里至荆门州石桥驿,60里至荆门州荆山驿,90里至荆门州建阳驿,90里至江陵县荆南驿,70里至公安县孱陵驿,60里至公安县孙黄驿,80里接湖南澧州顺林驿。

3. 西入四川驿路

由江陵县荆南驿分道分道向西,50里至松滋县涴市驿,60里至松滋县驿,90里至宜都县驿,90里至东湖县驿,90里至东湖县白沙驿,90里至归州建平驿,90里至归州驿,90里至巴东县驿,90里至巴东县火峰口驿,90里至四川巫山县水桥驿。

4. 东入江西的水路

由皇华驿经水路至武昌,共4321里,3721里至江西湖口县彭蠡驿,60里至德

---

① 中国人民对外友好协会编:《中国分省概况手册》,北京出版社1984年,第299—300页。

化县浔阳驿,180 里至蕲州蕲阳驿,180 里至黄冈县齐安驿,50 里至黄冈县李坪驿(由李坪驿分道,130 里至罗田县驿,130 里至蕲水县巴水驿,50 里至蕲水县浠川驿,80 里至蕲州西河驿,60 里至广济县广济驿,60 里至广济县双城驿),70 里至黄冈县阳逻驿,60 里至江夏县将台驿。

三、湖北置驿七十处

(一)武昌府属十二驿

1. 江夏县将台驿

《置驿二》:"江夏县将台驿,马八十匹,马夫四十名,兽医二名,排夫一百五十名。又省次站船五十二只,水手五百六十八名。"

《嘉庆重修一统志》卷 336 武昌府二:"将台驿,在江夏县东。本朝康熙四十四年,裁归县。"

同治《江夏县志》卷 2《疆土》:"将台马驿,明洪武五年,于平湖门外设夏口水驿。国朝十六年,改归将台驿,今移文昌门外。"

光绪《武昌县志》卷 4《赋役》:"将台驿,支应银四十两。"

民国《义县志》中卷《建置志下》:"(明正德)十年,湖广布政使周季凤重建岳忠武王庙,即武昌府旧将台驿址。"

案:江夏县将台驿,在今湖北省武汉市南之江夏区。明清时设江夏县,属武昌府。

2. 东湖驿

《置驿二》:"东湖驿,马五十匹,马夫二十五名,兽医一名。"

《嘉庆重修一统志》卷 336 武昌府二:"东湖驿,在江夏县东六十里。本朝乾隆二十七年裁归县。"

同治《江夏县志》卷 3《赋役》:"东湖驿,原设马八十匹,雍正六年裁十匹,乾隆二十四年裁二十匹。实马五十匹。工料等银一千一百三十七两二钱。"

光绪《武昌县志》卷 4《赋役》:"东湖驿,马三匹。"

案:东湖驿,在今湖北省武汉市武昌区东湖附近。

3. 山坡驿

《置驿二》:"山坡驿,马五十匹,马夫二十五名,兽医一名。"

乾隆《江夏县志》卷2《建置》:“山坡马驿,在县南一百二十里,今改巡检名山坡司。”

同治《江夏县志》卷3《赋役》:“山坡驿,原设马八十匹。雍正六年,裁十匹。乾隆二十四年,裁二十匹。实马五十匹。工料等银一千一百三十七两二钱,扣建加闰,支应银一百三十六两。雍正六年裁银十两,乾隆二十四年裁银三十六两,存银九十两,不扣建不加闰。”

《嘉庆重修一统志》卷336武昌府二:“山坡巡司,在江夏县东南一百二十里。旧系马驿。本朝乾隆二十七年,改设巡司。”

光绪《武昌县志》卷8《兵事》:“(咸丰六年)秋七月,(石)达开先分万众走金牛镇时,各乡团练局分布乡勇于要阨□树旗帜以为疑兵,贼乃秋毫无犯,衔枚而走,进掠江夏山坡驿。”

案:山坡驿,在今湖北省武汉市江夏区南之山坡乡。山坡乡,原名山陂。

4. 土桥驿

《置驿二》:“土桥驿,马二十五匹,马夫八名,兽医一名。”

同治《江夏县志》卷3《赋役》:“土桥站,乾隆三十年改设。马二十五匹,草料马夫工食医药,银五百四十两七钱一分五厘,扣建加闰。支应银五十四两一钱六分六厘,不扣建不加闰。”

同治《江夏县志》卷2《疆土》:“北水路六十里,至界埠河,交黄冈县界,沐鹅洲交武昌县界。东六十里,土桥驿。东南六十里,东湖马驿。”

案:土桥驿,在今湖北省武汉市洪山区东之土桥村。

5. 武昌县华容驿

《置驿二》:“武昌县华容驿,马二十五匹,马夫八名,兽医一名,排夫十名。”

光绪《武昌县志》卷8《邮传》:“华容镇,旧置铺。乾隆二十九年六月,巡抚常钧疏言:‘武昌省城至江南、江西等省驿路,由江夏经黄冈县至蕲水县之巴水驿,地势洼下,往来差使用船装载多致稽迟,请改由江夏之长山铺,经武昌县之华容、葛店,黄冈县之三江口渡江,至巴水驿,归入正路。’下部议行。原设驿马三十匹,马夫十名,兽医一名。乾隆四十年,裁马五匹,夫二名,……存留驿马二十五匹,马夫八名,兽医一名。又排夫三十名,因蒲圻县港口驿添设扛夫六十名,拙调本县排夫十名,又裁十名,实存排夫十名。驿设官厅,在华容街中间。乾隆末,移设广福寺侧。咸丰初,贼毁,址尚存。光绪二年,知县张炅、刘笃庆共捐置民房六间,以为公所。”

光绪《黄州府志》卷7《关津》:“社树唐家渡,系齐安驿至华容驿要津。光绪六年,知县戴昌言捐造新船一只,渡夫二名,每月给工食钱三串文。”

案:武昌县华容驿,在今湖北省鄂州市西北之华容区华容镇。

6. 嘉鱼县县驿

《置驿二》:“嘉鱼县县驿,排夫十四名。”

乾隆《重修嘉鱼县志》卷1《封域志第一》:“嘉鱼口即鱼山驿,江口也。”同卷《营建志第二》:“鱼山水驿署,在县北五里。洪武元年,驿丞邓宗丈建。今裁。石头口水驿署,在县北六十里。洪武元年,驿丞邓思贤建。今裁。簰洲水驿署,在县北八十里。洪武元年,驿丞瞿福受建。今裁。”

案:嘉鱼县县驿,在今湖北省咸宁市嘉鱼县县城。

7. 蒲圻县凤山驿

《置驿二》:“蒲圻县凤山驿,马五十匹,马夫二十五名,兽医一名,排夫一百一十名。”

康熙《石埭县志》卷6《选举志》:“孙自晖,任湖广凤山驿驿丞,康熙七年任。”

乾隆《重修蒲圻县志》卷1《署宇》:“凤山驿,在县北使星坊。明洪武十五年,知县李居仁肇创。万历初,知县胡其高迁于五岳观后,以便过站,不得入城。三十八年,署县同知叶文于驿旁置屋三间。雍正六年,奉裁归并,县站址存。”卷10《宦绩志》:“蒲圻虽有驿职,而马则牧于民。”

《嘉庆重修一统志》卷336武昌府二:“凤山驿,在蒲圻县北一里。本朝雍正六年裁,归县。”

案:蒲圻县凤山驿,明代置,在今湖北省咸宁市赤壁市蒲圻街道。

8. 官塘驿

《置驿二》:“官塘驿,马五十匹,马夫二十五名,兽医一名。”

乾隆《重修蒲圻县志》卷1《署宇》:“官塘驿,在县东北六十里。明洪武十五年,知县李居仁肇创。嘉靖四年,知县方一桂重修。”

《嘉庆重修一统志》卷336武昌府二:“官塘驿,在蒲圻县东北六十里。本朝乾隆二十年裁,归县。”

案:官塘驿,在今湖北省咸宁市赤壁市东北之官塘驿镇。因自明代置驿得名。

9. 港口驿

《置驿二》:“港口驿,马五十匹,马夫二十五名,兽医一名,排夫六十名。”

乾隆《重修蒲圻县志》卷1《署宇》:“港口驿,在县西六十里。明洪武十五年,知县李居仁肇创。”

同治《临湘县志》卷8《兵防志》:“长安驿,在县东五十里。明洪武十四年置。由驿南六十里至云溪驿,由驿北六十里至湖北蒲圻县港口驿。”

光绪《武昌县志》卷8《邮传》:“蒲圻县港口驿,添设扛夫六十名。”

案:港口驿,在今湖北省咸宁市赤壁市西南之港口村。

10. 咸宁县咸宁驿

《置驿二》:“咸宁县咸宁驿,马五十四,马夫二十五名,兽医一名,排夫一百一十名。”

《嘉庆重修一统志》卷336武昌府二:“咸宁驿,在咸宁县西。本朝雍正六年裁,归县。”

光绪《咸宁县志》卷2《建置·邮传》:“咸宁驿,驿厅三间。”

案:咸宁县咸宁驿,在今湖北省咸宁市。

11. 兴国州州驿

《置驿二》:“兴国州州驿,排夫六名。”

乾隆《江夏县志》卷12:“由是将台、凤山、咸宁、富池、石头、夏口诸驿各以闻,又兴国州马价、通城县仓般地价各以闻。”

《清史稿》卷67《地理十四·湖北》:“兴国州……有驿。”

案:兴国州州驿,在今湖北省黄石市阳新县县城。

12. 大冶县县驿

《置驿二》:“大冶县县驿,排夫六名。”

乾隆《武昌县志》卷1《疆域》:“武昌县……南至大冶县大驿路界十五里。”

《清史稿》卷67《地理十四·湖北》:“大冶……有驿。”

案:大冶县县驿,在今湖北省大冶市。

(二)汉阳府属十一驿

1. 汉阳县县驿

《置驿二》:“汉阳县县驿,马四十四,马夫二十名,兽医一名,排夫一百一十名。”

康熙《汉阳府志》卷2《建置》:“汉阳县马驿蔡店驿,在县治西六十里,正德初,知府蔡钦以蒲潭水驿奏改马驿。”

乾隆《汉阳县志》卷14《兵防·驿递附》:"汉阳县,原额驿马一百七匹,雍正六年裁马七匹,实存在城厂马六十匹,蔡店塘马二十匹,滠口塘马二十匹,共马一百匹。"

光绪《汉阳县识》卷2《营建略》:"在城驿,在朝宗门内……今额排夫一百一十名,马夫二十名,马四十匹。"

案:汉阳县县驿,明代置,在今湖北省武汉市汉阳区朝宗门附近。

2. 蔡店驿

《置驿二》:"蔡店驿,马四十匹,马夫二十名,排夫十名。"

乾隆《汉阳府志》卷13《公署》:"蔡店驿丞署,缺裁署废。"

嘉庆《汉阳县志》卷9《赋役》:"蔡店驿,支应银二百八十两。"

《嘉庆重修一统志》卷338汉阳府一:"蔡店巡司,在汉阳县西六十里。明初置巡司,兼设马驿。今因之。驿裁。"

光绪《汉阳县识》卷2《营建略》:"蔡店驿,在蔡店镇。东达在城驿,西达汉川县城驿。"

案:蔡店驿,在今湖北省武汉市蔡甸区。

3. 汉川县县驿

《置驿二》:"汉川县县驿,马五十匹,马夫二十五名,兽医一名,排夫一百五名。"

乾隆《汉阳府志》卷19《地舆·驿递》:"汉川县,原额驿马八十匹,雍正六年裁马二十匹,实存马六十匹。原额马夫四十名,雍正六年裁减十名,实存马夫三十名。原额排夫一百名,雍正六年裁减二十名,实存排夫八十名。"

同治《汉川县志》卷13《铺夫》:"(咸丰八年)湖北省有驿之汉阳、汉川等三十二州县,原设铺司改为马递。"

光绪《汉阳县识》卷2《营建略》:"蔡店驿,在蔡店镇。东达在城驿,西达汉川县城驿。"

《清史稿》卷67《地理十四·湖北》:"汉川……有刘家福、小里潭二巡司。县及田儿河驿。"

案:汉川县县驿,在今湖北省孝感市汉川市。

4. 田儿河驿

《置驿二》:"田儿河驿,马三十五匹,马夫十六名半。"

嘉庆《湖北通志检存稿》一:"田儿河小里潭,隶汉川。"

光绪《武昌县志》卷8《邮传》:“华容镇……乾隆四十年,裁马五匹,夫二名,改拨汉川县属之田儿河安设。”

《清史稿》卷67《地理十四·湖北》:“汉川……有刘家福、小里潭二巡司。县及田儿河驿。”

案:田儿河驿,在今湖北省孝感市汉川市西南之田儿河镇。

5. 孝感县县驿

《置驿二》:“孝感县县驿,马二十匹,马夫十名,兽医一名,排夫八十名。”

康熙《孝感县志》卷5《营建·驿铺》:“本县驿,在县治东。正厅五间,号房东西各十一间。”

乾隆《汉阳府志》卷19《地舆·驿递》:“孝感县,原额驿马九十五匹,雍正六年,裁减二十匹,实存马七十五匹,杨店驿,额马三十五匹,原额马夫田十七名半,雍正六年裁减十名,实存马夫三十七名半,杨店驿,马夫一十七名半,原额排夫一百二十名,雍正六年裁减十名,实存排夫一百一十名,铺递二十处,徭编铺司兵一十八名,永充四十九名,共六十七名,县前总铺铺司兵共七名。”

光绪《孝感县志》卷2《驿铺》:“县城澴川驛,额设马九十五匹,杨店驿额设马三十五匹。乾隆三十年二月,奉文于县境小河溪地方添设腰站,拨马三十匹,维时应山县亦奉文拨马三十匹于小河溪添设腰站。至三十五年,应、孝两邑会详将应山腰站马匹裁并,孝邑作为正站,设立额马六十匹,而孝感驿务愈繁矣,现在县城额马二十匹,杨店额马六十匹,小河额马六十匹。”

案:孝感县县驿,在今湖北省孝感市。

6. 小河溪驿

《置驿二》:“小河溪驿,马六十匹,马夫三十名,排夫三十名。”

道光《安陆县志》卷3《驿程》:“省驿向由信阳州平靖关入应山县,至德安府城,達汉口计程四百六十里。自乾隆三十年,改由应山之武胜关四十五里至广水驿,七十里至孝感小河溪驿,九十里至杨店驿。由双庙、灄口至汉口计程三百五十五里,较旧驿径一百五里。”

同治《应山县志》卷6《道里》:“东驿路……由广水南十里至仁和店,又十里至京桥,又十里至郭店,又八里至邓店,又十里至十八里塆,又十八里至小河溪。十八里塆与小河溪,俱孝感境。”

光绪《孝感县志》卷2《驿铺》:“乾隆三十年二月,奉文于县境小河溪地方添设腰站,拨马三十匹。维时应山县亦奉文拨马三十匹于小河溪添设腰站。……小河额马六十匹。"

光绪《孝感县志》卷1《封域志》:"小河溪,在治北百二十里。"光绪《衡山县志》卷27《选举》:"宾凌汉,原任湖北孝感县小河溪巡检捐升知县加五品衔复保加运同衔。"

案:小河溪驿,在今湖北省孝感市孝昌县东北之小河镇。

7. 杨店驿

《置驿二》:"杨店驿,马六十匹,马夫三十名,兽医半名,排夫三十名。"

康熙《孝感县志》卷5《营建》:"杨店驿,在斗山铺。"

康熙《黄陂县志》卷4《赋役志上·驿站》:"又拨给杨店驿马工料银一十二两四钱八分。"

《嘉庆重修一统志》卷338汉阳府一:"杨店,在孝感县东五十里。西去黄陂县七十里。当往来孔道,最为繁盛。本朝顺治十二年,置驿。今裁。"

光绪《孝感县志》卷2《驿铺》:"县城澴川驛,额设马九十五匹,杨店驿额设马三十五匹。……杨店额马六十匹。"

案:杨店驿,在今湖北省孝感市孝南区东北之杨店镇。自唐代以来以驿站闻名,别名桃花驿。

8. 黄陂县县驿

《置驿二》:"黄陂县县驿,马二十匹,马夫十名,排夫八十名。"

乾隆《汉阳府志》卷19《地舆·驿递》:"黄陂县,原额驿马一百二十匹,雍正六年裁马十匹,实存马一百一十匹。原额马夫六十名,雍正六年,裁减五名,实存马夫五十五名。原额排夫一百二十名,雍正六年,裁减十名,实存排夫一百一十名。铺递一十三处,徭编铺司兵二十三名,永充七十名,共九十三名。"

同治《黄陂县志》卷4《赋役》:"县驿夫马工料支应等项,额支银三千五百四十两八钱四分。内除水灾案内豁免银五两三钱九分一厘九毫二丝六忽一微二尘六纤八渺二漠八茫,实支银三千五百三十五两四钱四分八厘七丝三忽八微七尘三纤一渺七漠二茫。前项豁免银两,奉文在于买马项下总扣除,无庸摊扣工料项下。"

《清史稿》卷69《地理十四·湖北》:"黄陂……县及双庙、滠口三驿。"

案:黄陂县县驿,在今湖北省武汉市黄陂区。

9. 双庙驿

《置驿二》:"双庙驿,马五十匹,马夫二十五名,兽医一名,排夫二十五名。"

同治《黄陂县志》卷10《人物》:"吴士琛,字献臣,监生。咸丰辛酉,贼至,士琛以母老不忍去,被执。至双庙驿,贼劝之降,不屈,与之食,不受。”

同治《黄陂县志》卷16《杂记》:“康熙间,双庙驿店壁上有女子自书云……”

道光《云梦县志略》卷1《舆地》:“自江夏县起,渡江十里至汉阳县,四十里至滠口站,四十里至双庙站,六十里至杨店驿,九十里至小河溪,七十里至广水站,五十里至观音殿,八十里至河南信阳州出境。”

案:双庙驿,在今湖北省武汉市黄陂区横店街道一带。

10. 滠口驿

《置驿二》:“滠口驿,马四十匹,马夫二十名,兽医一名,排夫二十五名。”

弘治《黄州府志》卷2《镇》:“滠口镇,在县南四十里。”

康熙《黄陂县志》卷2《建置》:“滠口镇,在县西南四十里。”

道光《云梦县志略》卷1《舆地》:“自江夏县起,渡江十里至汉阳县,四十里至滠口站,四十里至双庙站,六十里至杨店驿,九十里至小河溪,七十里至广水站,五十里至观音殿,八十里至河南信阳州出境。”

光绪《汉阳县识》卷2《营建略》:“在城驿,在朝宗门内。东达江夏县将台驿,北达黄陂县滠口驿,西达蔡店驿。”

案:滠口驿,在今湖北省武汉市黄陂区南之滠口街道滠口村。

11. 沔阳州州驿

《置驿二》:“沔阳州州驿,排夫十五名。”

康熙《安陆府志》卷4《驿传》:“沔阳州汉津驿,在州东北渡口。”

光绪《潜江县志续》卷9《赋役志》:“代编沔阳州,原编丰乐驿,支应银五十三两。”

《清史稿》卷69《地理十四·湖北》:“沔阳州……有驿。”

案:沔阳州州驿,在今湖北省仙桃市西南之沔城回族镇。此即沔城古城,原为沔阳州治,现有遗址。

(三)安陆府属七驿

1. 钟祥县石城驿

《置驿二》:“钟祥县石城驿,马二十五匹,马夫十二名半,兽医一名,排夫五十名。”

康熙《安陆府志》卷4《驿传》:“后安陆州改为承天府,设驿三,曰石城,曰丰乐,曰旧口。设所一,曰富水递运所,在南津河岸,后旧口驿并递运所俱废。石城驿,旧在南门外马头上。康熙五年,知县程起鹏改建于石城门外。”

康熙《潜江县志》卷9《赋役志》:“石城驿站船水夫四名。”又同卷:“石城驿,马一十四匹。”

《嘉庆重修一统志》卷342安陆府:“石城驿,在钟祥县城内。本在城南,本朝康熙五年改建于此。雍正六年裁归县。”

同治《钟祥县志》卷2《驿传》:“石城驿,旧在南门外马头。后改建西门外通衢。嗣移附县署东。今移置府学宫后仓铺街常平仓侧。”

案:钟祥县石城驿,在今湖北省荆门市钟祥市。清代为安陆府治。

2. 丰乐驿

《置驿二》:“丰乐驿,马二十匹,马夫十名,兽医一名。”

康熙《安陆府志》卷4《驿传》:“丰乐驿,在县北九十里。”

康熙《潜江县志》卷9《赋役志》:“丰乐驿,马六匹。”

《嘉庆重修一统志》卷342安陆府:“丰乐驿,在钟祥县北六十里。达襄阳府宜城县界。”

同治《钟祥县志》卷2《驿传》:“丰乐驿,县北九十里。乾隆二十年,归县兼管。原额马二十八匹。二十四年,裁存马二十匹。今仍旧。”

案:丰乐驿,明代置,在今湖北省荆门市钟祥市北之丰乐镇。

3. 郢东驿

《置驿二》:“郢东驿,马二十匹,马夫十名,兽医一天。”

康熙《京山县志》卷二:“郢东驿,居京山钟祥之中。”

康熙《潜江县志》卷9《赋役志》:“郢东驿,马六匹。”

《嘉庆重修一统志》卷342安陆府:“郢东驿,在钟祥县东七十里。接京山县界。”

案:郢东驿,在今湖北省钟祥市东之东桥镇。宋代置驿名郢东,民国时改名东桥。

4. 丽阳驿

《置驿二》:“丽阳驿,马七十五匹,马夫三十七名半,兽医二名,排夫一百名。”

康熙《安陆府志》卷4《驿传》:“荆门州……石桥驿,在北六十里。丽阳驿,又北一百二十里。”

《嘉庆重修一统志》卷334《湖北统部》:“安陆营都司,驻安陆府……经制外委二员,一驻丽阳驿,一驻多宝湾。”

同治《宜城县志》卷2《建置志》:“鄢城水马驿,西南至钟祥县丽阳驿九十里,通云南贵州驿路。”

同治《松滋县志》卷2《建置志》:“钟祥丽阳驿外,实存排夫五名,增夫三十名。”

同治《钟祥县志》卷2《驿传》:“(乾隆)三十二年,丽阳驿改属钟祥。其地当滇黔孔道,文报络绎,较之石城、丰乐、郢东三驿,尤为冲繁云。”又同卷“丽阳驿,县西北一百二十里。旧属荆门州,乾隆三十二年,改属钟祥。额马七十五匹,排夫一百名。”

案:丽阳驿,在今湖北省钟祥市西北胡集镇之丽阳村。

5. 京山县县驿

《置驿二》:“京山县县驿,马二十匹,马夫十名,兽医一名,排夫三十五名。”

康熙《安陆府志》卷4《驿传》:“京山县,旧有东廊驿,万历八年裁革。”

康熙《京山县志》卷2《驿站》:“县厂,马户陋规奉文永革。”

(清)沈星标修,秦有锽纂,光绪《京山县志》卷2《铺舍》:“县驿路,以铺递列者有三道:东抵应城,西抵钟祥,南抵景陵。”卷3《赋役》:“原设排夫八十名……现设排夫共三十五名……原设脚马六十匹……现设马二十匹……现设马夫十名……现设兽医一名。”

《清史稿》卷67《地理十四·湖北》:“京山……有驿。”

案:京山县县驿,在今湖北省荆门市京山县县城。

6. 潜江县县驿

《置驿二》:“潜江县县驿,马三十五匹,马夫十七名半,兽医一名,排夫七十五名。”

康熙《安陆府志》卷4《驿传》:“潜江县,旧有白洑驿,万历九年裁革。”

光绪《潜江县志续》卷4《建制志》:“白洑驿,今迁大西街,后抵火星街。暂借育婴堂为驿中办事处,中设祠以祀马神。”

《清史稿》卷67《地理十四·湖北》:“潜江……有驿。”

案:潜江县县驿,在今湖北省潜江市。

7. 天门县县驿

《置驿二》:“天门县县驿,马三十五匹,马夫十七名半,兽医一名,排夫七十五名。”

乾隆《天门县志》卷2《建置》:“乾滩驿,旧设驿丞一员,康熙五十年裁。驿马旧四十一匹，今裁一匹。”

嘉庆《湖北通志检存稿》卷1《食货考》：“天门有岳家口黑牛渡，沔阳有仙桃镇，汉阳有蔡店，皆濒汉。由汉水溯山溪而上，有乾镇驿，隶天门，田儿河小里潭，隶汉川。”

《清史稿》卷67《地理十四・湖北》：“潜江……有驿。”

案：天门县县驿，在今湖北省天门市岳口街道。

(四)荆门直隶州属四驿

1. 荆门直隶州荆山驿

《置驿二》：“荆门直隶州，荆山驿，马七十四匹，马夫三十七名，兽医二名，排夫一百名。”

康熙《安陆府志》卷4《驿传》：“荆门州荆山驿，在州北。”

乾隆《延长县志》卷8《选举志》：“康景春，任湖广荆山驿丞。”

乾隆《荆门州志》卷8《四驿图说》：“荆山驿，在州北关外皇华馆旧址，即今之马王庙也。前明兵燹之后，驿丞衙署迁于北门西巷内，马厩即移于路东。至雍正八年，丞裁，驿即归州兼管。然驿距署远，一切兵牌勘合，照料未免周章。乾隆丙寅，州牧舒成龙修复古署后，即择署西官地……随平地基，前建头门三间，额曰荆山驿……现在额设马一百四匹，该草料银一千八百七十二两；药饵银一百零四两；马夫五十二名，工食银三百七十四两四钱；兽医工食银一十四两四钱，支应银一百九十两；排夫一百六十名，工食银一千一百七十一两二钱。以上各项共岁支银三千七百二十六两。”

案：荆门直隶州荆山驿，在今湖北省荆门市东宝区文化宫一带。

2. 建阳驿

《置驿二》：“建阳驿，马七十七匹，马夫三十八名半，兽医二名，排夫八十名。”

康熙《安陆府志》卷4《驿传》：“建阳驿，在南九十里。”

乾隆《荆门州志》卷8《四驿图说》：“建阳驿，兼管建阳司巡检事。在州南九十里，署在街西渐圯。额设马匹、马夫工食工料银与荆山驿同。旧有建阳司废署，在建阳街东。乾隆十二年裁，司归驿兼管。”

《嘉庆重修一统志》卷352荆门直隶州：“建阳镇巡司，在荆门州南九十里。兼管驿丞事。”

同治《荆门直隶州志》卷2《官廨》：“按州旧设建阳、仙居、新城三巡检司。乾隆十二年,裁建阳司归驿兼管。其后复裁驿丞仍设建阳司,故今建阳有巡检无驿丞也。仙居司旧署,在仙唐口,今则移建石桥驿,而仙居无巡司矣。耕城司旧署,在沙洋。今沙洋亦无巡司也。盖自雍正八年,裁荆山驿丞归州兼管,乾隆间丽阳驿归并钟祥,石桥、建阳两驿丞亦相继裁去。而以仙居司移驻石桥,复以建阳驿署改巡司署。而新城巡司则归并沙洋州同兼管耳。”

光绪《荆州府志》卷54《人物志八》:“贼逼荆门建阳驿。”

光绪《江陵县志》卷7《建置·驿铺》:“北送荆门州之建阳驿,九十里出境。”

案:建阳驿,在今湖北省荆门市沙洋县西之建阳驿。地处荆襄古道,交通枢纽,驿站之设始自唐代。现仍有驿站遗址。

3. 石桥驿

《置驿二》:“石桥驿,马七十三匹,马夫三十六名半,兽医二名。”

康熙《安陆府志》卷4《驿传》:“石桥驿,在北六十里”

乾隆《荆门州志》卷8《四驿图说》:“石桥驿,在州北六十里。额设马匹马夫工食工料银与荆山驿同。”

《嘉庆重修一统志》卷352荆门直隶州:“石桥镇巡检司,在荆门州北六十里。兼管石桥驿。”

同治《荆门直隶州志》卷2《官廨》:“按州旧设建阳、仙居、新城三巡检司。乾隆十二年,裁建阳司归驿兼管。其后复裁驿丞仍设建阳司,故今建阳有巡检无驿丞也。仙居司旧署,在仙唐口,今则移建石桥驿而仙居无巡司矣。耕城司旧署,在沙洋。今沙洋亦无巡司也。盖自雍正八年,裁荆山驿丞归州兼管,乾隆间丽阳驿归并钟祥,石桥、建阳两驿丞亦相继裁去。而以仙居司移驻石桥,复以建阳驿署改巡司署。而新城巡司则归并沙洋州同兼管耳。”

光绪《襄阳府志》卷2《舆地志二》:“又百余里,经石桥驿南,又东入汉。”

案:石桥驿,在今湖北省荆门市北东宝区之石桥驿镇。自唐代已经置驿,以驿闻名。

4. 当阳县县驿

《置驿二》:“当阳县县驿,排夫十三名。”

康熙《安陆府志》卷4《驿传》:“当阳县,无驿。”

《清史稿》卷67《地理十四·湖北》:“当阳……有驿。”

案:当阳县县驿,在今湖北省宜昌市当阳市。

（五）襄阳府属四驿

1. 襄阳县汉江驿

《置驿二》："襄阳县汉江驿，马七十五匹，马夫三十七名半，兽医二名，排夫一百名。"

乾隆《襄阳府志》卷14《驿铺》："汉江水马驿，原在县南五里，明知府何源迁城西。本朝裁驿丞，归知县带管。迁城内。"

《嘉庆重修一统志》卷348襄阳府三："汉江驿，在襄阳县西一里。明初建于城南五十里。成化中迁今所。"

同治《襄阳县志》卷5《文秩》："汉江驿驿丞，雍正初裁归县管。"

光绪《襄阳府志》卷15《武备志一》："汉江驿，在县治右，北至吕堰驿六十里，南至宜城鄢城驿九十里。"

案：襄阳县汉江驿，在今湖北省襄阳市襄城区。

2. 又递运所

《置驿二》："又递运所，排夫八十名。"

3. 吕堰驿

《置驿二》："吕堰驿，马七十三匹，马夫三十六名半，兽医二名。"

乾隆《襄阳府志》卷14《驿铺》："吕堰马驿，设有驿丞"

《嘉庆重修一统志》卷348襄阳府三："吕堰镇巡司，旧名吕堰驿，在襄阳县北七十里。明初置，本朝因之，设巡检司。"

同治《襄阳县志》卷4《驿传附》："吕堰驿，扛夫八十名，额马七十三匹，马夫三十六名半，兽医二名"卷5《文秩》："吕堰驿驿丞，乾隆二十七年，改设巡检。"

光绪《襄阳府志》卷6《建置志一》原文："油坊滩巡检司署，旧在城西三十里。嘉靖中，改驻城北九十里之泰山庙。今移吕堰驿，兼驿丞，在城北六十里。"

案：吕堰驿，在今湖北省襄阳市襄州区北之古驿镇。

4. 宜城县鄢城驿

《置驿二》："宜城县，鄢城驿，马八十匹，马夫四十名，兽医二名，排夫九十名。"

乾隆《襄阳府志》卷14《驿铺》："宜城县鄢城水马驿，原在城内，明知县郝廷玺迁南关外。本朝裁驿丞，归知县带管，仍迁城内。

《嘉庆重修一统志》卷348襄阳府三："鄢城驿，在宜城县南。明正统元年置，本朝因之。"

同治《宜城县志》卷2《建置志》:“鄢城水马驿,北至襄阳县汉江驿九十里,通京师驿路。东南至安陆府钟祥县丰乐驿九十里,通省垣驿路。西南至钟祥县丽阳驿九十里,通云南贵州驿路。宋元以前为苏湖驿,在县南五里许。明改建鄢城驿,在今县治西七十步,曰皇华厅,左有驿丞署。嘉靖三十年,县令张鸣冈以城垣西势雄胜,东城空弱,改迁城外东北隅,以镇地气。国初徙城内西街大公馆右。雍正六年裁驿丞缺,归知县,乃迁驿于城北今县治西,改名鄢城水马驿。”卷5《秩官志》:“鄢城水马驿驿丞一人,雍正六年裁。”

同治《宜城县志》卷2《建置志》:“鄢城驿,在今县治西七十步。”

案:宣城县鄢城驿,在今湖北省襄阳市宜城市鄢城街道。古名鄢。

(六)郧阳府属一驿

郧县县驿

《置驿二》:“府郧县县驿,排夫十五名,代马差船十二只,水手二十四名。”

乾隆《郧西县志》卷2《沿革》:“前明设郧水驿,属郧县。”

嘉庆《郧阳志》卷1《古迹》:“郧阳水驿,东一里。明设。久废。”

《清史稿》卷67《地理十四·湖北》:“郧……有驿。”

案:郧县县驿,在今湖北省十堰市郧阳区。

(七)德安府属七驿

1. 安陆县县驿

《置驿二》:“安陆县县驿,马二十五匹,马夫十二名半,兽医一名,排夫七十五名。”

道光《安陆县志》卷4《城池》:“皇华驿,今在县署东。”

道光《云梦县志略》卷1《舆地》:“自湖北省出境至河南驿站道里,自江夏县起渡江十里至汉阳县,八十里至黄陂县,七十里至杨店驿,五十里至孝感县,四十里至云梦县,六十里至安陆县,九十里至应山县,七十里至平靖关,八十里至河南信阳州出境。此系向来驿路。乾隆二十九年,奏准东路由广水观音店至河南信阳州较近一百一十里,将原设夫马均匀酌派,一切差使公文皆改由东路。惟护送饷鞘,递解人犯,必须逐程交替住宿县城,以昭慎重,则仍由此路。”

光绪《德安府志》卷8《武备·驿铺》:“安陆县皇华驿,旧额马二十四匹,挑夫十二名,合兽医驿站夫马草料工食支应等银一千二百五十七两。”

案:安陆县县驿,在今湖北省孝感市安陆市。

2. 云梦县县驿

《置驿二》:“云梦县县驿,马二十匹,马夫十名,兽医一名,排夫七十五名。”

道光《云梦县志略》卷1:“云梦县驿站,旧额设驿站人夫七十五名,马夫十名,马二十匹。云梦县共七铺,铺司七名,铺兵二十一名,内七名系永充。二十一名系徭编。”

光绪《德安府志》卷3《古迹》:“云梦驿馆,邑旧当孔道,后移行小河,裁,云梦驿归孝感。”卷8《武备·驿铺》:“云梦县曲阳驿,原额马二十匹,挑夫七十五名,马夫十名,合兽医,驿站夫马草料工食支应等银一千一百两零三钱三分八厘。”

案:云梦县县驿,在今湖北省孝感市云梦县曲阳路。

3. 应城县县驿

《置驿二》:“应城县县驿,马二十五匹,马夫十二名半,兽医一名,排夫三十五名。”

雍正《应城县志》卷2《城池》:“驿马房,在县署左东北。”又同卷:“应城驿,东逹省会,北通府城,东北近云梦,西界京山天门。则襄阳、安陆并荆州陆路之所必由也。……今现存马四十四匹,马夫二十二名。”

光绪《德安府志》卷8《武备·驿铺》:“应城县城北驿,原额设马五十五匹,马夫二十七名。”卷9《职官·县职》:“驿丞,顺治初设,康熙时裁。”

案:应城县县驿,在今湖北省孝感市应城市。

4. 应山县县驿

《置驿二》:“应山县县驿,马二十匹,马夫十名,兽医一名,排夫八十名。”

道光《云梦县志略》卷1《舆地》:“自湖北省出境至河南驿站道里,自江夏县起渡江十里至汉阳县,八十里至黄陂县,七十里至杨店驿,五十里至孝感县,四十里至云梦县,六十里至安陆县,九十里至应山县,七十里至平靖关,八十里至河南信阳州出境。此系向来驿路。乾隆二十九年,奏准东路由广水观音店至河南信阳州较近一百一十里,将原设夫马均匀酌派,一切差使公文皆改由东路。惟护送饷鞘,递解人犯,必须逐程交替住宿县城,以昭慎重,则仍由此路。”

同治《应山县志》卷17《驿铺》:“县城永阳驿,在县署东间壁。距安陆县城九十里,平靖关七十里,信阳州一百四十里,广水四十里。”

光绪《德安府志》卷8《武备·驿铺》:“应山县永阳驿,原设马六十匹,夫一百名,又奉文加马五十二匹。”

案:应山县县驿,在今湖北省随州市广水市应山街道。

5. 平靖关驿

《置驿二》:"平靖关驿,马二十匹,马夫十名,兽医一名,排夫十五名。"

《嘉庆重修一统志》卷343德安府:"平靖关,在应山县东北七十里。接河南汝宁府信阳州界。"

同治《应山县志》卷3《疆域》:"平靖关,在州治北。"

光绪《德安府志》卷8《武备·驿铺》:"平靖关,驿马二十匹,马夫十名,排夫一十五名,合兽医,驿站夫马草料工食支应等银七千六百四十两八钱四厘。"

案:平靖关驿,在今湖北省随州市广水市东北之大贵林场附近。

6. 观音店驿

《置驿二》:"观音店驿,马六十匹,马夫三十名,排夫三十名。"

光绪《德安府志》卷8《武备·驿铺》:"乾隆二年改道于东,增设广水镇、观音河二驿。……六十里至杨店驿,九十里至小河溪,七十里至广水站,五十里出武胜关至观音店,八十里至信阳州。"

同治《应山县志》卷17《驿铺》:"观音河站,距广水驿七十里。"

民国《重修信阳县志》卷6《驿站》:"观音河,名观音驿。"

案:观音店驿,在今湖北省随州市广水市东之武胜关镇。豫鄂之间的重要关口

7. 广水驿

《置驿二》:"广水驿,马六十匹,马夫三十名,排夫三十名。"

《嘉庆重修一统志》卷343德安府:"广水镇,在应山县东五十里。"

同治《应山县志》卷17《驿铺》:"广水驿,在广水镇街南,距观音河七十里,信阳州一百四十里,小河溪七十里,城站四十里。"

案:广水驿,在今湖北省随州市广水市东之广水街道。

(八)黄州府属十一驿

1. 黄冈县齐安驿

《置驿二》:"黄冈县齐安驿,马三十匹,马夫十一名,兽医一名,排夫九十名。"

乾隆《黄冈县志》卷2《建置志》:"旧有齐安驿,在清源门外,今裁。"

《嘉庆重修一统志》卷341黄州府二:"齐安驿,在黄冈县南,滨江。"

光绪《黄州府志》卷10《武备志·驿递》:"齐安驿,在城南,原系水驿。明宏

(弘)治间以临皋马驿,并焉。旧属府,今属黄冈县。”

案:黄冈县齐安驿,在今湖北省黄冈市。

2. 蕲水县浠川驿

《置驿二》:“蕲水县浠川驿,马二十匹,马夫六名半,兽医一名,排夫七十名。”

弘治《黄州府志》卷4《宫室》:“浠川驿,旧在县南二十里,弘治戊午迁于县治东侧,推官罗翰董建。”

《嘉庆重修一统志》卷341黄州府二:“浠川驿,在蕲水县西。”

乾隆《蕲水县志》卷3《公署》:“浠川驿丞署,在治南。……崇祯末,改入府馆侧。今驿裁,署废。”

光绪《黄州府志》卷10《武备志·驿递》:“浠川驿,在县南,额马二十匹。”

案:蕲水县浠川驿,在今湖北省黄冈市浠水县县城。

3. 巴水驿

《置驿二》:“巴水驿,马二十匹,马夫七名,兽医一名。”

乾隆《蕲水县志》卷3《驿递》:“巴水驿腰站,原设马二十五匹,马夫八名半,兽医一名。乾隆十九年,驿丞奉裁,知县兼摄。”

《嘉庆重修一统志》卷341黄州府二:“巴水驿,在蕲水县西。”

光绪《黄州府志》卷10《武备志·驿递》:“巴水驿,在县西四十里,额马二十匹。”

案:巴水驿,在今湖北省黄冈市浠水县西之巴河镇巴驿村。

4. 麻城县县驿

《置驿二》:“麻城县县驿,排夫十二名。”

光绪《黄州府志》卷10《武备志·驿递》:“麻城县,旧馆驿,在县中街,久裁;中馆驿,在县西三十里,久裁;东馆驿,在县东久裁。县前总铺,在鼓楼街。”

案:麻城县县驿,在今湖北省黄冈市麻城市鼓楼街。

5. 罗田县县驿

《置驿二》:“罗田县县驿,马三匹,马夫一名,兽医半名。”

光绪《黄州府志》卷10《武备志·驿递》:“罗田县县城驿,额马三匹。”

案:罗田县县驿,在今湖北省罗田县县城。

6. 蕲州西河驿

《置驿二》:“蕲州西河驿,马二十匹,马夫七名,兽医一名,排夫二十名。”

《嘉庆重修一统志》卷341黄州府二:“西河驿,在蕲州北六十里。”

光绪《蕲州志》卷4《驿递》:“西河驿,在州西北五十五里。明洪武十二年,知州孔思森创建,额设驿丞一员。国朝乾隆十九年,驿丞奉裁,知州兼摄之。”

光绪《黄州府志》卷10《武备志·驿递》:“西河驿,在州西北五十五里,额马二十匹。”

案:蕲州西河驿,明代置,在今湖北省黄冈市蕲春县西河驿村。

7. 黄梅县县驿

《置驿二》:“黄梅县县驿,马五十匹,马夫二十五名,兽医一名,排夫一百二十名。”

乾隆《黄梅县志》卷2《邮驿志》:“县驿,原设马七十匹,马夫三十五名,兽医一名。雍正六年,奉裁马十五匹,马夫七名半。现设马五十匹,马夫二十七名半,兽医一名”

光绪《黄州府志》卷10《武备志·驿递》:“黄梅县县城驿,额马五十匹。”

案:黄梅县县驿,在今湖北省黄冈市黄梅县县城。

8. 停前驿

《置驿二》:“停前驿,马五十匹,马夫二十五名,兽医一名。”

乾隆《黄梅县志》卷2《邮驿志》:“停前驿,原设马八十匹,马夫四十名,兽医一名。雍正六年奉裁马十匹,马夫五名。现设马七十匹,马夫三十五名,兽医一名。”

光绪《黄州府志》卷10《武备志·驿递》:“停前驿,在县东四十里。东通江南太湖之枫香驿,西通广济之双城驿。额马五十匹。”

案:停前驿,在今湖北省黄冈市黄梅县北之停前镇。东接江苏宿松枫香驿。

9. 孔垅驿

《置驿二》:“孔垅驿,马五十匹,马夫二十五名,兽医一名。”

乾隆《黄梅县志》卷2《邮驿志》:“孔垄驿,系康熙一十四年添置,原设马七十匹,马夫三十五名,兽医一名。雍正六年奉裁马十匹,马夫五名。现设马六十匹,马夫三十名,兽医一名。”

光绪《黄州府志》卷10《武备志·驿递》:“孔陇驿,在县南五十里,路通江西德化县。”

案:孔垅驿,在今湖北省黄冈市黄梅县南24公里处之孔垄镇。

10. 广济县广济驿

《置驿二》:“广济县广济驿,马二十匹,马夫七名,兽医一名,排夫七十名。”

乾隆《广济县志》卷3《山川》:“梅川驿,在黄鹄山前,县治之右,旧名广济驿。”

《嘉庆重修一统志》卷 341 黄州府二:“广济驿,在广济县城内。”

光绪《黄州府志》卷 10《武备志 · 驿递》:“广济驿,在县治左,今并入梅川驿。”

案:广济县广济驿,在今湖北省黄冈市武穴市北之梅川镇。

11. 双城驿

《置驿二》:“双城驿,马二十匹,马夫六名半,兽医一名。”

乾隆《广济县志》卷 3《山川》:“龙头寨,在县东五十五里。山形象龙,其尽处如龙首昂起,而两石矶立如角,石下有泉俗呼龙眼。又东五里为双城驿。双城驿,旧设驿丞。乾隆十六年裁与县治右梅川驿,并归知县兼理。其丞署今为行馆。”

《嘉庆重修一统志》卷 341 黄州府二:“双城驿,在广济县东六十里,接黄梅县。”

光绪《黄州府志》卷 10《武备志 · 驿递》:“双城驿,在县东六十里,额马二十匹。”

案:双城驿,在今湖北省黄冈市武穴市余川镇东北之双城驿村。

(九)荆州府属七驿

1. 江陵县荆南驿

《置驿二》:“江陵县荆南驿,马七十匹,马夫三十五名,兽医二名,排夫一百四十名。”

《嘉庆重修一统志》卷 345 荆州府二:“荆南驿,在江陵县公安门外。今裁,归县。”

光绪《荆州府志》卷 25《武备志四》:“荆南驿,在西门外,旧设驿丞一员,属府管。”

光绪《江陵县志》卷 7《驿站》:“荆南驿,马四十匹,馆夫八名。”

案:江陵县荆州南驿,在今湖北省荆州市荆州区。

2. 了角庙驿

《置驿二》:“了角庙驿,马三十五匹,马夫十五名。”

光绪《荆州府志》卷 3《地理志三 · 山川》:“了角庙河,在城东九十里。”

光绪《江陵县志》卷 7《建置四 · 驿铺》:“驿马共一百五匹,内抽拨马三十五匹,改设了角庙,实存马七十匹。县属荆南驿递各路公文,东达了角庙九十里。了角驿至潜江县九十里出境。”

案:了角庙驿,在今湖北省荆州市东约 45 公里处。

3. 公安县孙黄驿

《置驿二》:"公安县孙黄驿,马七十匹,马夫三十五名,兽医一名,排夫一百一十名。"

《嘉庆重修一统志》卷345荆州府二:"孙黄驿,在公安县西一里。今裁,归县。"

嘉庆《常德府志》卷3《舆图考一》:"又,公安县有孙黄驿。"

光绪《荆州府志》卷25《武备志四》:"孙黄驿,在公安县南五里,旧设驿丞一员。国朝雍正八年,裁归县管理。"

案:公安县孙黄驿,在今湖北省荆州市公安县西南之南平镇。清时南平镇曾为公安县治所在,时因水患严重,县治屡迁。新中国成立后移至斗湖堤镇。

4. 孱陵驿

《置驿二》:"孱陵驿,马七十匹,马夫三十五名,兽医一名,排夫一百一十名。"

乾隆《束鹿县志》卷9《选举志》:"李彝,孱陵驿丞。"

光绪《荆州府志》卷25《武备志四》:"孱陵驿,在公安北六十里,有丞。"

同治《公安县志》卷3《驿站》:"额设孱陵、孙黄二驿。孱陵驿,北行江陵渡荆江至荆南驿,计程七十里。孱陵,南至孙黄驿,计程六十里。自孙黄驿至湖南沣州顺林驿,计程八十里。孱陵驿,西至松滋县涴市驿,计程六十里。孱陵基舍,原在孱陵厂厂口硚边,旧有马场一处。道光十二年,江陵堤溃,驿舍漂流,道路冲淤,详移江陵属上李家口。"

案:孱陵驿,在今湖北省公安县所在之斗湖堤镇。公安县古时曾名孱陵,清代亦曾暂为县治。

5. 松滋县县驿

《置驿二》:"松滋县县驿,马二十匹,马夫十名,排夫三十五名。"

康熙《松滋县志》卷14《邮传》:"松滋历代驿路不通南北,而东西则为要道,旧设二驿。"

同治《松滋县志》卷2《建置志》:"县前驿,在县署东。"

光绪《荆州府志》卷25《武备志四》:"县前驿,在松滋县治前。额设马二十匹,马夫十名,排扛夫四十名。归县管理。"

案:松滋县县驿,在今湖北省荆州市松滋市。

6. 涴市驿

《置驿二》:"涴市驿,马二十匹,马夫十名。"

《嘉庆重修一统志》卷345荆州府二:“涴市镇,在松滋县东。”

同治《松滋县志》卷2《建置志》:“涴市三县驿在县东六十里。”

光绪《荆州府志》卷25《武备志四》:“涴市驿,在松滋县北七十里。……归县管理。”

案:涴市驿,在今湖北省松滋市东北之涴市镇。

7. 宜都县县驿

《置驿二》:“宜都县县驿,马二十匹,马夫十名,排夫三十五名。”

同治《宜都县志》卷2《营驿递第四》:“驿上达东湖,下递松滋路,各九十里。额设马二十匹,马夫十名,排夫三十五名。”

同治《松滋县志》卷2《建置志》:“(松滋县)县前驿西至宜都川江驿九十里。”

案:宜都县县驿,在今湖北省宜昌市宜都市。

(十)宜昌府属六驿

1. 东湖县县驿

《置驿二》:“东湖县县驿,马二十五匹,马夫十二名半,排夫三十五名。”

康熙《武昌县志》卷4《赋役》:“协济东湖驿,马三匹,每匹银三十两,带闰银五钱。”

同治《宜昌府志》卷4《建置志·驿置》:“黄牛驿,县西八十里。凤栖驿,南关外。白沙驿,县西一百三十里。以上三驿前明皆设驿丞,今俱裁。劳停驿,见《欧阳修集》,今无考。以上东湖。”

案:东湖县县驿,在今湖北省宜昌市。

2. 白沙驿

《置驿二》:“白沙驿,马二十匹,马夫十名,排夫三十五名。”

乾隆《东湖县志》卷4《疆域志》:“白沙驿,县西一百三十里。”

同治《宜昌府志》卷4《建置志·驿置》:“白沙驿,县西一百三十里。”

案:白沙驿,在今湖北省宜昌市长阳土家族自治县西北贺家坪镇之白沙驿村。

3. 归州州驿

《置驿二》:“归州州驿,马二十匹,马夫十名,排夫三十五名。”

乾隆《归州志·建立志·驿铺》:“州前驿,原额驲二十匹,排夫四十名。奉旨新添四十名驲。”

光绪《归州志》卷 11《武备志》:“归州,旧设驿丞二人,司驿传以一人,驻州前驿,在州署左。一人驻建平,驿在州东一百五里九畹乡。康熙五年,并裁。”

案:归州州驿,在今湖北省宜昌市秭归县归州镇。清代归州直隶州属宜昌府,民国时改成秭归县。

4. 建坪驿

《置驿二》:“建坪驿,马二十匹,马夫十名,排夫三十五名。”

乾隆《归州志·建立志·驿铺》:“建坪驿,州南一百一十里,原额驿马二十匹,驿丞久裁。”

同治《宜昌府志》卷 4《建置志·驿置》:“建坪驿,州南一百一十里,原额驿马二十匹,驿丞久裁。”

案:建坪驿,在今湖北省宜昌市秭归县东南之建平路。

5. 巴东县县驿

《置驿二》:“巴东县县驿,马二十匹,马夫十名,排夫三十五名。”

康熙《京山县志》卷 3《赋役志》:“又于康熙七年,奉□复原驿一案,于六十六匹之内裁马二匹,协济荆州府巴东县巴曲驿。马虽裁去,仍在本县前项银内闰领。”

康熙《巴东县志》卷 1《建署志》:“巴山驿,在治右。明洪武初建。废。国朝康熙五年,驿官奉裁。十九年,知县齐祖望移建于簿廨之故基。”

案:巴东县县驿,在今湖北省恩施土家族苗族自治州巴东县。

6. 火峰口驿

《置驿二》:“火峰口驿,马二十匹,马夫十名,排夫二十名。”

同治《宜昌府志》卷 13《士女传上》:“刘士拔,本邑火峰驿人。”

同治《巴东县志》卷 3《建置志》:“火峰驿在治西六十里。”又同卷:“按旧志康熙时仅巴山驿……无火峰驿,与今制迥别。查嘉庆年通志与今制合。是火峰驿,置在嘉庆年前无疑矣。”

案:火峰口驿,在今湖北省恩施土家族苗族自治州巴东县西北之火峰乡。

湖南

一、湖南地理概述

“东控安成，南连岭峤，西通黔蜀，北限大江。其名山则有衡山、九疑，其大川则有湘水、沅水、资水、洞庭湖，其重险则有荆江口、壶头。”①《湖南通志·驿传志序》载：“楚南号四通五达之区，东达吴会，西通巴蜀，南则两粤、滇、黔，北则由武昌而接晋豫。”②湖南属于云贵高原向江南丘陵、南岭山地向江汉平原的过渡地带，全省东、西、南三面山地环绕，逐渐向中部及东北部倾斜。湘西为山势雄伟的武陵山、雪峰山脉，是进入贵州高原的屏障。湘南有南岭山脉，呈东西方向延伸，是长江和珠江水系的分水岭，多山间盆地，历史上很早就形成南北交通孔道。湖南东部的许多山均为东北—西南走向，将湖南与江西两省分隔，山脉的走势又未使两省封闭。湖南中部为丘陵与盆地相间的湘江河谷与冲积平原。湖南北部地区是洞庭湖湖积平原，有湘江等大河流过，地势平坦，河湖众多。③

湖南省位于长江中游以南，北宋置荆湖南、北路，以汨罗江、洞庭湖、雪峰山为界，南路简称湖南。元、明实行行省制，湖南绝大部分地区属湖广行省。清康熙三年（1664），分湖广右布政使驻长沙，并移偏沅巡抚驻长沙，为湖南建省之始；雍正元年（1723）改为湖南布政使司、湖南巡抚，湖南省正式成为一级行政区建制。

---

① 《嘉庆重修一统志》卷353《湖南统部》，见《四部丛刊续编·史部》，上海书店1984年。

② 仇润喜、刘广生主编：《中国邮驿史料》，上海航空航天大学出版社1999年，第371页。

③ 高冠民、窦秀英编著：《湖南自然地理》，湖南人民出版社1981年，第174—189页。

二、湖南驿道走向

清代湖南省共设驿站62处，亦可分东西两路，东部一路由湖北武昌府入境后，贯穿岳州府、长沙府、衡州府后，分为两路，由永州府进入广西全州，由郴州进入广东乐昌；西路则由湖北荆州府入境，经湖南澧州、辰州府、沅州府、靖州直入贵州，北部与湖北两路相连，西南通贵州。另外，由长沙向西北与澧州相连。

1. 东部驿路

(1)北部与湖北相连

自皇华驿至湖南省城，共3590里。由湖北蒲圻县港口驿入境，60里至临湘县长安驿，60里至临湘县云溪驿，60里至巴陵县岳阳驿，60里至巴陵县青冈驿，60里至湘阴县大荆驿，60里至湘阴县归义驿，60里至湘阴县在城驿，60里至长沙县桥头驿，60里至长沙县长沙驿(长沙)。

(2)与湖北亦可水路相接

由皇华驿经水路至长沙，共5811里，4321里至江夏县将台驿，220里至嘉鱼县在城驿，240里至巴陵县青冈驿，180里至湘阴县在城驿，120里至长沙县长沙驿。

(3)西南通向广西

由长沙驿分道西南，100里至湘潭县南岸驿，90里至湘潭县黄茅驿，90里至衡山县临烝驿，100里至衡阳县驿，90里至衡阳县排山驿，100里至祁阳县祁阳驿，100里至零陵县零陵驿，140里至广西全州城南驿。

(4)南至广东

由长沙驿分道向南，60里至南山站，60里至醴陵县双牌堡，60里至醴陵县，20里至江西萍乡县。又由长沙驿分道，100里至湘潭县，90里至黄茅驿，90里至衡山县，100里至衡阳县，80里至清泉县廖田站，70里至耒阳县，90里至永兴县，80里至郴州，90里至宜章县，再60里至广东乐昌县三峰堆。

2. 西部驿路

由湖北公安县孙黄驿入湖南境，80里至湖南澧州顺林驿，60里至澧州兰江驿，60里至澧州清化驿，70里至武陵县大龙驿，60里至武陵县府河驿(由府河驿分道，80里至龙阳县，40里至益阳县，90里至宁乡县，100里至湖南省城)，80里至桃源县桃源驿，60里至桃源县郑家驿，60里至桃源新店驿，60里至桃源县界亭驿，70里至沅陵县马底驿，60里至沅陵县辰阳驿，70里至沅陵县船溪驿，70里至辰溪县山塘驿,70 里至芷江县怀化驿,60 里至芷江县罗旧驿,60 里至芷江县沅水驿,60 里至芷江县便水驿,60 里至芷江县晃州驿,60 里至贵州玉屏县驿。

3. 由长沙亦可西北而行经澧州至湖北

由南岸驿分道西北,100 里至善化县驿,100 里至宁乡县驿,90 里至益阳县驿,145 里至龙阳县河池驿,80 里至武陵县,60 里至大龙驿,70 里至清化驿,60 里至澧州,60 里至顺城驿,80 里至湖北公安县。

三、湖南置驿六十二处

(一)长沙府属十三驿

1. 长沙县长沙驿

《置驿二》:"长沙县,长沙驿,马三十五匹,马夫十七名半,兽医一名,扛夫五十五名。"

乾隆《长沙府志》卷 17《兵制志》:"原无驿,康熙十二年贼至湖南,湘阴驿路阻隔。自通城至平江改驿道,由浏阳上北乡遂为京城黔粤上下通衢。兵马日夜无停,或一日索夫马数百,亦或数十不等。康熙十八年恢复长沙,驿路仍归湘阴。遂裁。"

嘉庆《长沙县志》卷 13《兵防》:"康熙二十二年癸亥,奉文将桥头腰站马六十匹改归县站。……康熙二十四年……存县站马四十匹,马夫二十名,兽医一名。"

同治《长沙县志》卷 15《兵防》:"长沙驿,在长沙县南。唐置。"

光绪《湖南通志》卷 80《驿传》:"长沙县临湘驿,在府城。由驿北六十里至桥头驿。现设马三十五匹,排夫五十五名。"

案:长沙县长沙驿,在今湖南省长沙市芙蓉区五一大道以北。

2. 桥头驿

《置驿二》:"桥头驿,马四十二匹,马夫二十一名,兽医一名,扛夫六十三名。"

乾隆《长沙府志》卷 9《城池志》:"桥头驿桥,北六十里。"卷 11《建置》:"桥头驿,雍正七年设驿丞。钱世禄建署,及马棚厂。"

嘉庆《长沙县志》卷 5《津梁》:"桥头驿桥,城北五十里临湘都,旧有桥五搭。雍正五年大水圮,九年奉文动项修建。"卷 13《兵防》:"桥头驿站,马四十二匹,马夫二十一名,兽医一名。"

案:桥头驿,在今湖南省长沙市望城区东北之桥驿镇。

3. 善化县县驿

《置驿二》:“善化县县驿,马三十五匹,马夫十七名半,兽医一名,扛夫五十五名。”

嘉庆《湖南通志》卷57《驿传》:“善化县靳江驿,在府城。由驿西百里至宁乡县站,由驿南百里至湘潭县南岸驿。现设马三十五匹,排夫五十五名。”

光绪《善化县志》卷15《兵防》:“见共设额马三十九匹,县站马三十五匹,南山驿马四匹。……县站原设排扛夫七十五名……见设排扛夫五十五名。”

案:善化县县驿,在今湖南省长沙市芙蓉区五一大道以南。善化县于民国初年并入长沙县,即今天的长沙市。

4. 南山驿

《置驿二》:“南山驿,马四匹,马夫二名。”

嘉庆《郴州总志》卷30《人物志》:“刘景,郴县寒士也,为汉南郑司徒细,掌笺奏,因题南山驿厕泉石诗。”

光绪《善化县志》卷8《赋役》:“南山驿,支应银三十两。”卷15《兵防》:“设南山驿,见共设额马三十九匹,县站马三十五匹,南山驿马四匹。”

案:南山驿,在今湖南省株洲市荷塘区北之南山咀。

5. 湘阴县县驿

《置驿二》:“湘阴县县驿,马四十二匹,马夫二十一名,兽医一名,扛夫六十三名。”

乾隆《长沙府志》卷11《建置志》:“笙竹驿,今废。”

乾隆《湘阴县志》卷8《建置》:“笙竹驿,在河泊所之右,知县黄思让建驿,临江,今废,基址尚存。驿之左为驿丞署,有船八只,今裁。”

嘉庆《湖南通志》卷57《驿传》:“湘阴县县站,在城。由站南六十里至长沙县桥头驿,由站北六十里至归义驿。现设马四十二匹,排夫六十三名。”

嘉庆《湘阴县志》卷8《驿站》:“笙竹驿,在县署之西。”

案:湘阴县县驿,在今湖南省岳阳市湘阴县县城。时属长沙府。

6. 归义驿

《置驿二》:“归义驿,马四十二匹,马夫二十一名,兽医一名,扛夫六十三名。”

乾隆《长沙府志》卷11《建置志》:“归义驿,县东北五十里。”

《嘉庆重修一统志》卷355长沙府二:“归义驿,在湘阴县北六十里汨水口。”

嘉庆《湘阴县志》卷 8《驿站》:“归义站,在县北六十里新市,巡检兼管,专司照料差务。至夫马钱粮买补诸事,均由县经理。”

光绪《湘阴县图志》卷 7《疆域表》:“归义驿,六十里渡汨水。”

案:归义驿,在今湖南省岳阳市汨罗市归义镇附近。

7. 大荆驿

《置驿二》:“大荆驿,马四十二匹,马夫二十一名,兽医一名,扛夫六十三名。”

乾隆《长沙府志》卷 11《建置志》:“大荆驿,县东北一百里。”

嘉庆《湘阴县志》卷 8《驿站》:“大荆站,在县北一百二十里。”

光绪《湘阴县图志》卷 28《兵事志》:“大荆驿,县北百二十里,距巴陵新墙四十里。”

案:大荆驿,在今湖南省岳阳市汨罗市东北之大荆镇。自明代起,以驿站渐至兴盛。

8. 醴陵县县驿

《置驿二》:“醴陵县县驿,马四匹,马夫二名。”

乾隆《湖南通志》卷 52《驿传》:“醴陵县,明初,设上官驿、下官驿,随裁。又设昭陵驿,正德间,改县西城外,名泗洲驿。隆庆间,改河塘驿,寻裁。设渌口驿,康熙四十三年裁。”

同治《醴陵县志》卷 6《武备志》:“县前驿,县治之右。”

案:醴陵县县驿,在今湖南省株州市醴陵市。

9. 双牌驿

《置驿二》:“双牌驿,马四匹,马夫二名。”

同治《醴陵县志》卷 1《疆域》:“醴陵县……北至双牌驿,界湘潭,六十里。”卷 6《武备志》:“双牌驿,治北六十里。……双牌铺,治北六十里,界湘潭。铺兵六名,以上六铺为北路系,往省垣驿路。”

案:双牌驿,在今湖南省株洲市芦淞区白关镇双牌村。

10. 湘潭县南岸驿

《置驿二》:“湘潭县南岸驿,马十七匹,马夫八名,兽医一名,扛夫四十三名。”

《嘉庆重修一统志》卷 355 长沙府二:“湘潭驿,在湘潭县治东。”

嘉庆《郴州总志》卷 8《公署志》:“又于湘潭县南岸驿、黄茅驿各拨马二匹,马夫一名。”

嘉庆《湘潭县志》卷 18《驿传》:“南岸驿,在县南,隔江三里,旧为湘潭驿,设驿丞。康熙四十七年,裁归县管。”

案:湘潭县南岸驿,即湘潭县驿,在今湖南省湘潭市城区湘江南岸。

11. 黄茅驿

《置驿二》:“黄茅驿,马十七匹,马夫八名半,兽医一名,扛夫四十三名。”

乾隆《长沙府志》卷17《兵制志》:“改黄茅堡为黄茅驿,今在站驿马三十五匹,马夫十八名,兽医一名,排夫四十三名。”

嘉庆《湘潭县志》卷18《驿传》:“黄茅驿,在县南九十里,旧为黄茅堡。雍正七年,裁堡置驿,设驿丞。乾隆二十四年,裁归县管。”

光绪《衡山县志》卷22《驿传》:“黄堡驿在县城北门内,典史署左。南至衡阳临烝驿一百里,北至长沙府湘潭县黄茅驿九十里。”

案:黄茅驿,在今湖南省湘潭县南之中路铺镇南之黄茅村。

12. 宁乡县县驿

《置驿二》:“宁乡县县驿,马十四匹,马夫五名半,兽医一名,扛夫四十名。”

嘉庆《湖南通志》卷57《驿传》:“善化县靳江驿,在府城,由驿西百里至宁乡县站,由驿南百里至湘潭县南岸驿,现设马三十五匹,排夫五十五名。”

光绪《湖南通志》卷41《建置一·城池一》:“《桃源县古城考》沅南故城有三,一在县南百二十里,今宁乡驿地。”卷80《驿传》:“益阳县县站,在城。由站东九十里至宁乡县站,由站西百四十里至常德府龙阳县河池驿。现设马十四匹,排夫四十名”

案:宁乡县县驿,在今湖南省长沙市宁乡市。

13. 益阳县县驿

《置驿二》:“益阳县县驿,马十四匹,马夫五名半,兽医一名,扛夫四十名。”

同治《益阳县志》卷11《武备志》:“桃花驿,驿设县署西。马棚十二间,康熙二十三年,知县江闿建。明制岁编马八十匹。国初定六十三匹。”

光绪《湖南通志》卷80《驿传》:“益阳县县站,在城。由站东九十里至宁乡县站,由站西百四十里至常德府龙阳县河池驿。现设马十四匹,排夫四十名。”

案:益阳县县驿,在今湖南省益阳市。

(二)岳州府属四驿

1. 巴陵县岳阳驿

《置驿二》:“巴陵县岳阳驿,马四十二匹,马夫二十一名,兽医一名,扛夫六十五名。”

乾隆《岳州府志》卷11《赋役下》:“岳阳驿,马五十三匹。”又同卷:“雍正七年,奉裁巴陵县岳阳驿驿丞。”

光绪《巴陵县志》卷10《驿传》:“岳阳驿,旧在岳阳门内。明初迁北门外,滨湖。国朝康熙初年,迁城南旧县署址。十八年迁城内学前街。乾隆十一年,知县薛澍详请改建于东门外双路口,有官口驿廨。”

案:巴陵县岳阳驿,在今湖南省岳阳市岳阳楼区。

2. 青冈驿

《置驿二》:“青冈驿,马四十二匹,马夫二十一名,兽医一名,扛夫六十三名。”

乾隆《平江县志》卷5《疆域志》:“道路自县城西北至岳州府,陆路由大荆、青冈驿。”

《嘉庆重修一统志》卷359岳州府二:“青冈驿,在巴陵县南六十里。本朝顺治十六年置此。旧有驿丞。乾隆二十六年才,归县管辖。”

光绪《巴陵县志》卷10《驿传》:“青冈驿,在县南六十里,顺治十六年置,有官厅驿廨。”

案:青冈驿,约在今湖南省岳阳市岳阳县青岗林场。

3. 临湘县长安驿

《置驿二》:“临湘县长安驿,马四十二匹,马夫二十一名,兽医一名,扛夫六十三名。”

乾隆《岳州府志》卷11《赋役下》:“长安驿,马一十六匹。”

同治《临湘县志》卷8《驿传》:“长安驿,在县东五十里。明洪武十四年置。由驿南六十里至云溪驿,由驿北六十里至湖北蒲圻县港口驿。设马四十二匹,马夫二十一名,排夫六十三名。”

光绪《湖南通志》卷80《驿传》:“长安驿……旧设驿丞,乾隆二十六年裁,以城陵矶巡司移驻。”

案:临湘县长安驿,在今湖南省岳阳市临湘市之长安街道。

4. 云溪驿

《置驿二》:“云溪驿,马四十二匹,马夫二十一名,兽医一名,扛夫六十三名,凡岳州府属四驿。”

乾隆《岳州府志》卷11《赋役下》:“松阳湖,在县西南三十里,上通云溪驿,下接象骨港,旧设河泊所于此。”

《嘉庆重修一统志》卷359岳州府二:“桃林巡司,在临湘县南一百里。明嘉靖十九年置,本朝因之。乾隆四十一年,移驻县南四十里云溪驿。”

同治《临湘县志》卷8《兵防志》:“云溪驿,在县西南三十里。明天顺五年置。由驿南六十里至巴陵县岳阳驿,由驿北六十里至长安驿。设马四十二匹,马夫二十一名,排夫六十三名。”

光绪《湖南通志》卷80《驿传》:“旧设驿丞,乾隆二十一年裁,以桃林巡司移驻。”

案:云溪驿,在今湖南省岳阳市东北之云溪区。

(三)澧州直隶州属三驿

1. 澧州直隶州兰江驿

《置驿二》:“澧州直隶州兰江驿,马四十五匹,马夫二十二名半,兽医一名,扛夫七十五名。”

康熙《岳州府志》卷8《邮传》:“澧州水驿,一曰:兰江驿。”

乾隆《直隶澧州志林》卷10《驿站》:“兰江驿,州城东凤凰堰北,旧在小河外。”

同治《浏阳县志》卷5《食货一》:“编协岳州府属兰江驿站船水夫八名。”

光绪《湖南通志》卷80《驿传》:“澧州兰江驿,在州东五里。明末改水驿置。由驿南六十里至清化驿,由驿北六十里至顺林驿。现设马四十五匹,排夫七十五名。”

案:澧州直隶州兰江驿,在今湖南省常德市澧县县城。

2. 清化驿

《置驿二》:“清化驿,马四十五匹,马夫二十二名半,兽医一名,扛夫七十五名。”

康熙《岳州府志》卷8《邮传》:“清化驿,州南六十里。”

嘉庆《湖南通志》卷56《兵防三》:“清化驿塘,兵八名。”

嘉庆《湖南通志》卷57《驿传》:“清化驿,在州南六十五里。明洪武十五年置,由驿南六十里至常德府武陵县大龙驿,由驿北六十里至兰江驿。现设马四十五匹,排夫七十五名。旧设驿丞,乾隆四十年裁。”

同治《直隶澧州志》卷8《武备志》:“清化驿,在州南六十里。”

案:清化驿,明代置,在今湖南省常德市津市市南之白衣镇清化驿村。

3. 顺林驿

《置驿二》："顺林驿，马四十五匹，马夫二十二名半，兽医一名，扛夫七十五名。"

康熙《岳州府志》卷8《邮传》："澧州顺林驿，州北六十里。"

乾隆《直隶澧州志林》卷10《驿站》："顺林驿，在州北六十里。"

嘉庆《湖南通志》卷56《兵防三》："顺林驿塘，兵十三名。"

嘉庆《湖南通志》卷57《驿传》："顺林驿，在州北六十里，明洪武十五年置。旧系平江、慈利、石门三县协济，今归本州专站。由驿南六十里至兰江驿，由驿北六十里至湖北公安县境。现设马四十五匹，排夫七十五名。旧设驿丞，乾隆四十年裁。"

同治《直隶澧州志》卷8《武备志》："顺林驿，在州北六十里。"

案：顺林驿，明代置，在今湖南省常德市澧县东北梦溪镇顺林驿村。

（四）衡州府属五驿

1. 衡阳县县驿

《置驿二》："衡州府衡阳县县驿，马十七匹，马夫八名半，兽医一名，扛夫四十三名。"

乾隆《衡州府志》卷11《驿铺》："衡阳县县站在城，原额设马三十五匹，乾隆二十四年奉文暂行抽调马十五匹，现在存额马二十匹，马夫十名。"

乾隆《衡阳县志》卷3《驿传》："临蒸驿，康熙六年，奉裁归县。"

案：衡阳县县驿，在今湖南省衡阳市临蒸路一带。

2. 排山驿

《置驿二》："排山驿，马八匹半，马夫四名二分半，兽医半名，扛夫二十一名半。"

乾隆《衡阳县志》卷3《田赋》："排山驿，支应银五十两。"

乾隆《衡州府志》卷14《赋役》："排山驿馆夫二名。"

嘉庆《湖南通志》卷57《驿传》："排山驿，在县东北百里……国朝以驿在衡、祁适中之地，应付廪粮、银两仍归衡阳、祁阳二县分半造报。嘉庆十年，巡抚阿林保奏准驿既久归祁阳县管理，嗣后廪粮银两概归祁阳县造报，免致牵混。由驿北九十里至衡州府衡阳县站，由驿南百里至祁阳县站。现设马十七匹，排夫四十三名。旧设驿丞，乾隆二十一年裁，以归阳市巡司移驻。"

《嘉庆重修一统志》卷 371 永州府二："归阳巡司，在祁阳县东一百里。乾隆二十一年，以归阳巡司移驻县东北百里排山驿。"

案：排山驿，在今湖南省衡阳市祁东县白鹤街道排山村。

3. 清泉县廖田驿

《置驿二》："清泉县廖田驿，马四匹，马夫二名。"

乾隆《清泉县志》卷 4《邮铺》："清泉所以不分驿站者，缘衡阳额马半簉，上至排山，下至衡山，不过九十里，不必分管。况清泉且多水塘，上至常宁、祁阳、桂阳三路，其接递供应修除等务一与陆路相同，是以清泉但有铺而无马。"

同治《衡阳县志》卷 4《建置第四》："临蒸驿……至乾隆五十年，议者以驲马不均，而衡阳有赢，先后抽拨，以益邻县……清泉廖田铺，马三匹，夫一名。"

案：清泉县廖田驿，在今湖南省衡阳市衡南县南之廖田镇。

4. 衡山县县驿

《置驿二》："衡山县县驿，马十七匹，马夫八名半，兽医一名，扛夫四十三名。"

嘉庆《湖南通志》卷 57《驿传》："衡山县黄堡驿，在县城由驿南百里至衡阳县站，由驿北九十里至长沙府湘潭县黄茅驿，现设马十七匹，排夫四十三名。"

道光《衡山县志》卷 23《驿传》："黄堡驿旧在县北九十里，入湘潭界。"

光绪《衡山县志》卷 23《驿传》："黄堡驿在县城北门内，典史署左，南至衡阳临烝驿一百里，北至长沙府湘潭县黄茅驿九十里。"

案：衡山县县驿，在今湖南省衡阳市衡山县城。

5. 耒阳县县驿

《置驿二》："耒阳县县驿，马四匹，马夫二名。"

嘉庆《湖南通志》卷 57《驿传》："耒阳县县站，在城。乾隆五十年置。现设马四匹。"

道光《耒阳县志》卷 9《驿传》："耒阳向无驿站，乾隆五十年七月内奉旨添设，抽拨驿马四匹，递送紧要公文。其寻常公文任由铺送。棚厂在县署左。"

案：耒阳县县驿，在今湖南省衡阳市耒阳县城。

（五）常德府属七驿

1. 武陵县府河驿

《置驿二》："武陵县府河驿，马五十七匹，马夫二十八名半，兽医一名，扛夫九十三名。"

乾隆《望江县志》卷7《人物》:“王克俊,湖广常德武陵县府河驿丞。”

嘉庆《湖南通志》卷57《驿传》:“武陵县府河驿,在府城小西门外。明初为水驿。嘉靖八年裁水驿,并和丰驿置。由驿南八十里至龙阳县河池驿,由驿北七十里至大龙驿。现设马五十七匹,排夫九十三名。”

嘉庆《常德府志》卷8《建置考二·驿递》:“武陵县府河驿,在常武门外。”

同治《武陵县志》卷24《武备志·驿递》:“雍正七年,裁汰驿丞,归武陵知县兼理。”

案:武陵县府河驿,明代置,在今湖南省常德市武陵区小西门附近。

2. 大龙驿

《置驿二》:“大龙驿,马四十五匹,马夫二十二名半,兽医一名,扛夫七十五名。”

乾隆《长沙府志》卷17《兵制志》:“常德大龙驿,马七。”

嘉庆《湖南通志》卷57《驿传》:“大龙驿,在县北七十里。旧在蹇家坪,明洪武十五年迁置。由驿南七十里至府河驿,由驿北六十里至澧州清化驿。现设马四十五匹,排夫七十五名。旧设驿丞,乾隆四十年裁。”

《嘉庆重修一统志》卷365常德府二:“大龙巡司,在武陵县北六十里。明洪武十五年,以蹇家坪驿丞迁此。本朝因之。乾隆四十一年,改置巡司。”

同治《武陵县志》卷24《武备志·驿递》:“国朝乾隆四十一年,改驿丞为巡检。”

案:大龙驿今,明代置,在今湖南省常德市鼎城区大龙站镇。

3. 桃源县桃源驿

《置驿二》:“桃源县桃源驿,马四十五匹,马夫二十二名半,兽医一名,扛夫七十五名。”

《嘉庆重修一统志》卷365常德府二:“桃源驿,在桃源县西南二里,水驿。”

嘉庆《湖南通志》卷57《驿传》:“桃源县桃源驿,在县西南二里。明洪武十四年置水驿。嘉靖七年并绿萝水驿入桃源。国朝康熙二十二年,改为马驿。”

光绪《桃源县志》卷2《营建志》:“桃源驿丞署,县西南二里。明洪武十四年建,本为水驿,今裁。”

案:桃源县桃源驿,明代置,在今湖南省常德市桃源县城。

4. 郑家驿

《置驿二》:“郑家驿,马四十五匹,马夫二十二名半,兽医一名,扛夫七十五名。”

嘉庆《湖南通志》卷57《驿传》:“郑家驿,在县西南六十里。由驿南六十里至新店驿,由驿北六十里至桃源驿。现设马四十五匹,排夫七十五名。旧设驿丞,乾隆四十年裁。”

嘉庆《常德府志》卷8《建置考二·驿递》:“郑家驿,县西南七十里。”

《嘉庆重修一统志》卷365常德府二:“郑家店巡司,在桃源县西七十里。旧置驿丞。乾隆四十一年,改置巡司。”

光绪《桃源县志》卷3《赋役志》:“郑家驿,在县西一百七十里。”

案:郑家驿,在今湖南省常德市桃源县西南之郑家驿镇。

5. 新店驿

《置驿二》:“新店驿,马四十五匹,马夫二十二名半,兽医一名,扛夫七十五名。”

嘉庆《湖南通志》卷57《驿传》:“新店驿,在县西南百三十里。明洪武四年置,后裁。国朝康熙二年复置。”

嘉庆《常德府志》卷8《建置考二·驿递》:“新店驿,县西南一百三十里。”

《嘉庆重修一统志》卷365常德府二:“新店巡司,在桃源县西南一百三十里。明洪武四年,置驿。后裁。本朝康熙二年,复置。乾隆三十二年,改置巡司。”

光绪《桃源县志》卷1《疆域志》:“新店驿,在县南百二十里。”

案:新店驿,在今湖南省常德市桃源县西南茶庵铺镇新店驿村。

6. 龙阳县县驿

《置驿二》:“龙阳县县驿,马十四匹,马夫五名半,兽医一名,扛夫四十名。”

嘉庆《湖南通志》卷57《驿传》:“龙阳县河池驿,在县治左。旧为水驿,后裁并龙潭驿于河池故址,置为马驿。由驿东百四十五里至长沙府益阳县站,由驿西八十里至武陵县府河驿。现设马十四匹,排夫四十名。”

嘉庆《龙阳县志》卷2《驿铺》:“原设驿马二十五匹,马夫八名。乾隆二十四年,节减驿马十四匹,马夫二名。……现在驿马十四匹,马夫五名半。……现在排夫四十名。”

案:龙阳县县驿,在今湖南省常德市汉寿县龙阳街道。

7. 龙潭桥腰站

《置驿二》:“龙潭桥腰站,马五匹,马夫二名半。”

嘉庆《常德府志》卷9《建置考》:“龙潭桥,县南六十五里。”

嘉庆《龙阳县志》卷 2《驿铺》:“龙潭驿,县南六十五里,即龙潭桥。”

同治《益阳县志》卷 5《田赋志》:“本县排夫内拨协常德府龙潭驿腰站夫三十名。”

案:龙潭桥腰站,在今湖南省常德市汉寿县东南之龙潭桥镇。

(六)辰州府属十驿

1. 沅陵县辰阳驿

《置驿二》:“沅陵县,辰阳驿,马四十五匹,马夫二十二名半,兽医一名,扛夫七十五名。”

康熙《靖州志》卷 2《食货》:“辰阳驿,马八匹,正闰,银三百八两六钱八分六厘一毫九丝。”

康熙《沅陵县志》卷 2《邮传》:“辰阳驿,六十里至船溪驿。马五十匹,扛夫八十名。”

乾隆《湖南通志》卷 19《关隘》:“辰阳驿,在县南沅水南。明洪武中建。本朝乾隆二十一年,因驿止隔县城一水,裁驿归县。”

嘉庆《直隶郴州总志》卷 16《田赋下》:“辰阳驿,马银五两六钱八分,带闰,银八分二厘七毫,共银五两七钱六分二厘七毫。”

《嘉庆重修一统志》卷 367 辰州府二:“辰阳驿,在沅陵县南沅水南。明洪武中建。旧有驿丞,今裁。”

同治《沅陵县志》卷 9《公署》:“辰阳驿,在县南对河,东距马底驿六十六里,南距船溪驿七十八里。”

同治《桂东县志》卷 4《赋役志》:“辰州府辰阳驿,马银五两六钱八分,闰,银八分二厘七毫。”

案:沅陵县辰阳驿,在今湖南省怀化市沅陵县辰阳镇。

2. 马底驿

《置驿二》:“马底驿,马四十五匹,马夫二十二名半,兽医一名,扛夫七十七名。”

康熙《靖州志》卷 2《食货》:“马底驿,马价正闰银,一十四两四钱六厘六毫。”

乾隆《辰州府志》卷 10《附驿铺》:“马底驿,在县东六十六里。东距界亭驿七十二里。元置堡。明洪武初,改设驿丞。乾隆二十六年,裁驿丞,改设巡检,兼管驿务。”

《嘉庆重修一统志》卷367辰州府二:"马底镇巡司,在沅陵县东六十里。元为堡。明洪武中置驿。本朝乾隆二十六年,改设巡司。"

嘉庆《郴州总志》卷15《田赋中》:"协编辰州府属马底驿马八匹。"

同治《沅陵县志》卷9《公署》:"马底驿,在县东六十六里,东距界亭驿七十二里。"

案:马底驿,在今湖南省怀化市沅陵县东之马底驿乡。

3. 界亭驿

《置驿二》:"界亭驿,马四十五匹,马夫二十二名半,兽医一名,扛夫七十五名。"

《嘉庆重修一统志》卷367辰州府二:"界亭驿,在沅陵县东一百三十里,接常德府桃源县界。旧有驿丞,今裁。"

嘉庆《直隶郴州总志》卷15《田赋中》:"驿站公款,协编辰州府界亭驿,马五匹。"卷16《田赋下》:"界亭驿马六匹。"

同治《沅陵县志》卷9《公署》:"界亭驿,在县东一百三十八里,西距马底驿七十二里。明洪武初,设驿丞。乾隆二十一年,裁驿丞,移县丞分驻,兼管驿务。"

案:界亭驿,在今湖南省怀化市沅陵县东之官庄镇界亭驿村。

4. 船溪驿

《置驿二》:"船溪驿,马四十五匹,马夫二十二名半,兽医一名,扛夫七十五名。"

《嘉庆重修一统志》卷367辰州府二:"船溪巡司,在沅陵县南六十里。明洪武中置驿。本朝乾隆二十六年,改设巡司。"

嘉庆《直隶郴州总志》卷15《田赋中》:"船溪驿,马一匹。"卷16《田赋下》:"驿站公款协编辰州府属船溪驿马三匹。"

同治《沅陵县志》卷9《公署》:"船溪驿,在县西南七十八里,东距辰阳驿七十八里,西南至辰溪县之山塘驿七十里。"

案:船溪驿,今湖南省怀化市辰溪县北之船溪乡。

5. 乌宿站

《置驿二》:"乌宿站,健夫四名。"

嘉庆《湖南通志》卷57《驿传》:"乌宿步站,在县西三十里,现设健夫四名。"

同治《沅陵县志》卷8《里社》:"乌宿村,三十里。"

案:乌宿站,在今湖南省怀化市沅陵县二酉苗族乡乌宿村。

6. 枫香塘站

《置驿二》:“枫香塘站,健夫四名。”

嘉庆《湖南通志》卷57《驿传》:“枫香塘步站,在县西六十里,现设健夫四名。”

案:枫香塘站,在今湖南省怀化市辰溪县西北之田湾镇枫香塘村。

7. 葛竹溪站

《置驿二》:“葛竹溪站,健夫四名。”

嘉庆《湖南通志》卷57《驿传》:“葛竹溪步站,在县西九十里,现设健夫四名。”

同治《沅陵县志》卷4《山川》:“葛竹溪,在县西八十里。”

案:葛竹溪站,在今湖南省湘西土家族苗族自治州古丈县东北之高望界林场附近。

8. 辰溪县山塘驿

《置驿二》:“辰溪县,山塘驿,马四十五匹,马夫二十二名半,兽医一名,扛夫七十五名。”

乾隆《长沙府志》卷17《兵制志》:“辰州山塘驿,马三。”

《嘉庆重修一统志》卷367辰州府二:“山塘驿,在辰溪县南三十里。有集。旧有驿丞,今裁。”

嘉庆《湖南通志》卷57《驿传》:“山塘驿,在县南三十里。由驿南七十里至沅州府芷江县怀化驿,由驿北七十里至沅陵县船溪驿。现设马四十五匹,排夫七十五名。旧设驿丞,乾隆二十六年裁。”

嘉庆《郴州总》卷16《田赋下》:“山塘驿,马一匹。”

道光《辰溪县志》卷18《驿传》:“山塘驿,县南三十里。明洪武中,设驿丞,专司驿递夫马。国朝乾隆二十六年,裁汰,归知县管理。”

案:辰溪县山塘驿,在今湖南省怀化市辰溪县东南火马冲镇山塘驿村。

9. 辰溪站

《置驿二》:“辰溪站,马三匹,马夫一名,扛夫十名”

乾隆《沅州府志》卷17《驿递》:“滥泥站,在县东九十五里,东距辰州府属之辰溪站七十里。”

嘉庆《湖南通志》卷57《驿传》:“辰溪县县站,在城。由站南七十里至沅陵县船溪驿,由站西五十五里至沅州府麻阳县滥泥站。现设马三匹,排夫十名。”

道光《辰溪县志》卷18《驿传》:“辰溪小站,额马三匹,马夫二名,扛夫十名。”

案:辰溪站,在今湖南省怀化市辰溪县城。

10. 五塞站

《置驿二》:“五塞站,马三匹,马夫一名,扛夫十名。”

嘉庆《湖南通志》卷57《驿传》:“凤凰厅五寨站,在厅城,现设马三匹,排夫十名。”

道光《辰溪县志》卷18《驿传》:“五寨小站,马匹、马夫、扛夫并草料、工食、马价、添设棚厂、槽□各款,俱与辰溪小站同。归凤凰厅管理。”

道光《凤凰厅志》卷2《疆里》:“五寨站,在本城内。经历经管。现设马三匹,夫十名。下递至麻阳县岩门小站交替。”

案:五塞站,约在今湖南省湘西土家族苗族自治州凤凰县凤凰古城。

(七)沅州府属七驿

1. 芷江县沅水驿

《置驿二》:“沅州府芷江县,沅水驿,马四十五匹,马夫二十二名半,兽医一名,扛夫七十五名。”

乾隆《沅州府志》卷17《驿递》:“沅水驿,在城南门外。东距罗旧驿六十里,西距便水驿七十里。”

嘉庆《湖南通志》卷57《驿传》:“沅水驿,在府城,明置。由驿东六十里至罗旧驿,由驿西七十里至便水驿。现设马四十匹,排夫七十五名。”

同治《芷江县志》卷7《驿递》:“沅水驿,棚厂在城南门外,东距公平驿六十里,西距便水驿七十里。国初废水驿,定设马驿。原置驿丞一员,雍正七年,部议附近城郭驿丞均行裁汰,驿务遂归沅州知州兼管。乾隆元年,新设芷江县,复以知县管理驿事原设站。”

案:芷江县沅水驿,明代置,在今湖南省怀化市芷江侗族自治县县城。

2. 罗旧驿

《置驿二》:“罗旧驿,马四十五匹,马夫二十二名半,兽医一名,扛夫七十五名。”

乾隆《沅州府志》卷17《驿递》:“罗旧驿,在县东六十里。东距怀化驿六十里,西距沅水驿六十里。”

《嘉庆重修一统志》卷369沅州府二:“罗旧驿,在芷江县东北四十里。明置。本朝乾隆二十年裁,五十七年,移榆树湾外委驻守于此。”

嘉庆《湖南通志》卷57《驿传》:“罗旧驿,在县东六十里,明置。由驿东七十里至怀化驿,由驿西六十里至沅水驿,现设马四十五匹,排夫七十五名。旧设驿丞,乾隆二十一年裁,以本县县丞移驻。”

同治《芷江县志》卷7《驿递》:“罗旧驿,按古罗旧驿在城东四十里,后将驿站改移二十里,去沅水、怀化各六十里,谓之公平也。棚厂在县东六十里,东距怀化驿六十里,西距沅水驿六十里。明洪武间建,初设士子乡,离县四十里。”

案:罗旧驿,明代置,在今湖南省怀化市芷江侗族自治县东北之罗旧镇。

3. 怀化驿

《置驿二》:“怀化驿,马四十五匹,马夫二十二名半,兽医一名,扛夫七十五名。”

乾隆《沅州府志》卷17《驿递》:“怀化驿,在县东一百二十里。东距辰州府辰溪县之山塘驿八十里,西距罗旧驿六十里。”

《嘉庆重修一统志》卷369沅州府二:“怀化巡司,在芷江县东一百二十里,宋置铺,明洪武中置驿。本朝因之,兼置汛。乾隆四十一年,改设巡司,兼管驿务。”

嘉庆《湖南通志》卷57《驿传》:“怀化驿,在县东北百二十里。宋置怀化铺,明洪武中置驿。由驿西七十里至罗旧驿。由驿北七十里至辰州府辰溪县山塘驿。现设马四十五匹,排夫七十五名。旧设驿丞,乾隆四十年裁。”

同治《芷江县志》卷7《驿递》:“怀化驿,棚厂在县东一百二十里。东距辰州府辰溪县之三塘驿八十里,西距罗旧驿六十里。”

案:怀化驿,明代置,在今湖南省怀化市中方县东北之泸阳镇。

4. 便水驿

《置驿二》:“便水驿,马四十五匹,马夫二十二名半,兽医一名,扛夫七十五名。”

乾隆《沅州府志》卷17《驿递》:“便水驿,在县西七十里。东距沅水驿七十里,西距晃州驿六十里。”

《嘉庆重修一统志》卷369沅州府二:“便水巡司,在芷江县西五十里。明洪武中置驿。后废。本朝乾隆间,设巡司兼管驿务。”

嘉庆《湖南通志》卷57《驿传》:“便水驿,在县西七十里。由驿东七十里至沅水驿,由驿西六十里至晃州厅晃州驿。现设马四十五匹,排夫七十五名。旧设驿丞,乾隆四十年裁。”

同治《芷江县志》卷7《驿递》:“便水驿,棚厂在县西七十里。东距沅水驿七十里,西距晃州驿六十里。”

案:便水驿,在今湖南省怀化市芷江侗族自治县西之新店坪镇(便水街)。

5. 晃州驿

《置驿二》:"晃州驿,马四十五匹,马夫二十二名半,兽医一名,扛夫七十五名。"

乾隆《沅州府志》卷17《驿递》:"晃州驿,在县西一百三十里,东距便水驿六十里,西距贵州玉屏县六十里。明洪武间建。原设驿丞一员,国朝乾隆元年裁,新设凉山巡检司兼管驿务。"

嘉庆《湖南通志》卷57《驿传》:"晃州驿,在厅东,隔河。明洪武中置由驿。东六十里至沅州府芷江县便水驿,由驿西六十里至贵州玉屏县境。现设马四十五匹,排夫七十五名。乾隆三年,设凉山巡司。嘉庆二十二年,移凉伞汛通判驻札。"

同治《芷江县志》卷62《杂记二》:"晃州驿,在县西一百二十里。"

案:晃州驿,在今湖南省怀化市新晃侗族自治县县城东。

6. 麻阳县岩门驿

《置驿二》:"麻阳县,岩门驿,马三匹,马夫一名,扛夫十名。"

乾隆《沅州府志》卷8《乡都二》:"岩门市,在县东北五十里二都里……近时又增置站马、扛夫、邸舍。"

乾隆《沅州府志》卷17《驿递》:"岩门站,在县东北五十里,南距滥泥站四十五里,北距辰州府凤凰厅之五寨站四十五里。……以岩门巡检司巡检管理。"

嘉庆《湖南通志》卷57《驿传》:"麻阳县岩门站,在县东北五十里。由站东四十里至滥泥站,由站北三十五里至凤凰厅五寨站,现设马三匹,排夫十名。"

案:麻阳县岩门驿,在今湖南省怀化市麻阳苗族自治县西之岩门镇。

7. 滥泥驿

《置驿二》:"滥泥驿,马三匹,马夫一名,扛夫十名。"

乾隆《沅州府志》卷30《职官六》:"岩门巡检司巡检一员,兼管滥泥驿马事。"

乾隆《沅州府志》卷17《驿递》:"滥泥站,在县东九十五里,东距辰州府属之辰溪站七十里,北距岩门站四十五里。"

嘉庆《湖南通志》卷57《驿传》:"滥泥站,在县东九十里。由站东五十五里至辰州府辰溪县站,由站西四十里至岩门站。现设马三匹。"

案:滥泥驿,在今湖南省怀化市麻阳苗族自治县东之兰里镇。

(八)永州府属四驿

1. 零陵县县驿

《置驿二》:"零陵县县驿,马十七匹,马夫八名半,兽医一名,扛夫四十三名。"

嘉庆《湖南通志》卷57《驿传》:“又湘口驿,在县北十里潇湘合流处,唐宋有湘口馆,后设湘口关,明置驿。”

嘉庆《零陵县志》卷2《建置》:“湘口驿,在城西□□(光绪《零陵县志》作“北十”)里潇湘合流处……康熙三十九年奉裁,移驿县署。”

案:零陵县县驿,在今湖南省永州市零陵区。

2. 枣木岭腰站

《置驿二》:“枣木岭腰站,马五匹,马夫二名半。”

嘉庆《湖南通志》卷57《驿传》:“枣木岭腰站,在县北七十五里。雍正五年置。现设马五匹。”

嘉庆《零陵县志》卷2《建置》:“枣木岭腰站,城西七十五里,过此入全州界。雍正五年请置,原设马八匹,马夫四名。乾隆二十四年,奉文抽减,现设马五匹,马夫二名半,工料医药等银如前。”

道光《永州府志》卷3《建置志》:“枣木岭腰站,分置驿马。距城七十五里,过此入全州界。”

光绪《零陵县志》卷2《建置》:“枣木岭腰站,城西七十五里,过此入全州界。”

案:枣木岭腰站,在今湖南省永州市零陵区珠山镇枣木铺村。

3. 祁阳县县驿

《置驿二》:“祁阳县县驿,马十七匹,马夫八名半,兽医一名,扛夫四十三名。”

嘉庆《湖南通志》卷29《津梁一》:“祁阳县,驿马门官渡在县城外,嘉庆三年重修,又太平渡在县东《县志》。”卷57《驿传》:“祁阳县县站,在城。由站南百里至零陵县站,由站北百里至排山驿。现设马十七匹排夫四十三名。”

案:祁阳县县驿,在今湖南省祁阳县城。

4. 排山驿

《置驿二》:“排山驿,马八匹半,马夫四名二分半,兽医半名,扛夫二十一名半。”

乾隆《祁阳县志》卷3《官署》:“排山驿丞署,在县治北一百里。”

《嘉庆重修一统志》卷371永州府二:“归阳巡司,在祁阳县东一百里。乾隆二十一年,以归阳巡司移驻县东北百里排山驿。”

嘉庆《湖南通志》卷57《驿传》:“排山驿,在县东北百里……国朝以驿在衡、祁适中之地应付廪粮银两,仍归衡阳、祁阳二县分半造报,嘉庆十年,巡抚阿林保奏准驿既久归祁阳县管理,嗣后廪粮银两概归祁阳县造报,免致牵混。由驿北九十里至衡州府衡阳县站，由驿南百里至祁阳县站。现设马十七匹，排夫四十三名。旧设驿丞，乾隆二十一年裁，以归阳市巡司移驻。”

道光《永州府志》卷3《建置志》：“排山驿，在县北一百里。”

案：排山驿，在今湖南省衡阳市祁东县东南之排山村附近。

（九）郴州直隶州属三驿

1. 郴州直隶州州驿

《置驿二》：“郴州直隶州州驿，马四匹，马夫二名。”

嘉庆《湖南通志》卷57《驿传》：“郴州州站，在城。现设马四匹。”

嘉庆《郴州总志》卷9《公署附驿传》：“郴州驿传，驿马四匹，马夫二名。”

案：郴州直隶州州驿，在今湖南省郴州市区。

2. 永兴县县驿

《置驿二》：“永兴县县驿，马四匹，马夫二名。”

嘉庆《湖南通志》卷57《驿传》：“永兴县县站，在城。现设马四匹。”

嘉庆《郴州总志》卷9《公署附驿传》：“永兴县驿传，驿马四匹，马夫二名。”

光绪《永兴县志》卷23《驿传志》：“棚厂在县署内东偏，名曰马号，驿马四匹，马夫二名。”

案：永兴县县驿，在今湖南省郴州市永兴县县城。

3. 宜章县县驿

《置驿二》：“宜章县县驿，马四匹，马夫二名。”

嘉庆《湖南通志》卷57《驿传》：“章宜县县站，在城。现设马四匹。”

嘉庆《郴州总志》卷9《公署附驿传》：“宜章县驿传，马四匹，马夫二名。”

案：宜章县县驿，在今湖南省郴州市宜章县县城。

（十）永顺府属五驿

1. 永顺县高望界站

《置驿二》：“永顺县，高望界站，健夫四名。”

乾隆《永顺县志》卷1《建置志》：“高望界铺减铺司一名。”

嘉庆《湖南通志》卷57《驿传》：“高望界步站，在县东百五十里。现设健夫四名。”

同治《永顺府志》卷6《铺递续编》：“高望界，设健夫四名。”

同治《沅陵县志》卷6《关隘》:“高望界,县西北百一十里。”

案:永顺县高望界站,在今湖南省湘西土家族苗族自治州古丈县东北之高望界林场。

2. 毛坪站

《置驿二》:“毛坪站,健夫四名。”

嘉庆《湖南通志》卷57《驿传》:“毛坪步站,在县东百十五里。现设健夫四名。”

同治《永顺府志》卷1《关隘》:“野毛关,在县东一百里野毛坪通永定。”卷6《铺递续编》:“毛坪,设健夫四名。”

案:毛坪站,在今湖南省湘西土家族苗族自治州永顺县东南之小溪镇毛坪村。

3. 王村站

《置驿二》:“王村站,健夫四名。”

乾隆《永顺县志》卷1《建置志》:“王村市,在县南,离城九十里,上通川黔下达辰常。”

《嘉庆重修一统志》卷372永顺府:“王村巡司,在永顺县东南九十里,即施溶土司旧地。上达川黔,下通辰州,为水陆要津。本朝雍正七年,置巡司。”

嘉庆《湖南通志》卷57《驿传》:“王村步站,在县东八十五里。现设健夫四名。”

同治《永顺府志》卷1《关隘》:“王村,在县东南九十里,即施浴土州旧地,上通川黔下达辰常,为水陆要津。”卷6《铺递续编》:“王村,设健夫四名。”

案:王村站,在今湖南省湘西土家族苗族自治州永顺县东南之王村镇。

4. 保靖县县站

《置驿二》:“保靖县,县站,健夫四名。”

嘉庆《湖南通志》卷57《驿传》:“保靖县,县城步站,现设健夫四名。”

同治《永顺府志》卷6《铺递续编》:“保靖县县城,设健夫四名。”

案:保靖县县站,在今湖南省保靖县城。

5. 白楼关站

《置驿二》:“白楼关站,健夫四名。”

乾隆《永顺县志》卷1《建置志》:“一自郡城猛洞起,至王村转递南路保靖白楼关大路交界止,共三铺。”

嘉庆《湖南通志》卷 57《驿传》:"白栖关步站,在县东二十七里,现设健夫四名。"

同治《永顺府志》卷 1《关隘》:"一道则自永顺店房流达县境白楼河。"卷 6《铺递续编》:"白栖关,设健夫四名。"

案:白楼关站,在今湖南省湘西土家族苗族自治州古丈县断龙镇白溪关村。

(十一)永绥厅属一驿

永绥厅花园站

《置驿二》:"永绥厅,花园站,健夫四名。"

嘉庆《湖南通志》卷 57《驿传》:"永绥厅花园步站,在厅城。现设健夫四名。"

同治《永顺府志》卷 6《铺递》:"保靖县……县前西南路至永绥之花园铺四十四里,计三铺。"

宣统《永绥厅志》卷 6《铺递》:"花园铺为厅属统铺,铺司兵五名,在本城内,与保靖县古铜溪交界二十五里。"

案:永绥厅花园站,今湖南省湘西土家族苗族自治州花垣县城。

陕西

一、陕西地理概述

陕西省自古为王者之地，周、秦、汉、唐各朝都曾定都于此，元代初期设陕西四川行省，后于至元二十三年（1286）改为陕西等处行省，辖奉元、延安、兴元等路，以及凤翔府和邠、陇等州。明代仍建陕西行省，清代因之，下辖西安、延安、凤翔、汉中、同州、榆林、兴安七府和五个直隶州。①

陕西"东濒黄河，南据汉水，西连秦陇，北届朔漠。其名山则有终南、太华、吴岳、陇坻、龙门、桥山、嶓冢；其大川则有大河、汉水、渭水、泾水、洛水；其重险则有潼关、武关、散关，山川雄厚，土田衍沃，古称天府，是为澳区"。②

二、陕西驿道走向

清代陕西虽然已经不是帝王之都的所在地，但在全国的战略地理位置仍然非常重要，它北连关陇，以接新疆；南通四川，可达西藏、云贵。北京与西北、西南的主干驿路都是从陕西分道。清代陕西置驿130处。从西安向东至潼关，为关中的门户，自古以来是兵家必争之地。出潼关可与两条重要驿路连接，一是经直隶、河南而来的主干驿路，二是经直隶、山西而来的另外一条驿路。从西安向西北，逆泾水河谷而行可至甘肃，再至新疆。这是清代京师与新疆联系的正式官道。从西安向

① 《嘉庆重修一统志》卷226《陕西统部》，见《四部丛刊续编・史部》，上海书店1984年。

② 《嘉庆重修一统志》卷226《陕西统部》，见《四部丛刊续编・史部》，上海书店1984年。

西南则可翻越秦岭、米苍山，从嘉陵江的河谷穿过，进入四川，经过剑门关直至成都，再由成都转赴西藏。这是京师与西藏联系的正式官道。①

1. 东至潼关以外

自皇华驿至陕西省城，共2540里。由山西永济县河东驿入境，70里至陕西潼关厅潼关驿，40里至华阴县潼津驿，70里至华州华山驿，50里至渭南县丰源驿，80里至临潼县新丰驿，50里至咸宁县京兆驿(西安)。

2. 西北至甘肃

由京兆驿分道西北，50里至咸阳县渭水驿，70里至醴泉县店张驿，40里至乾州驿，90里至永寿县驿，70里至邠州驿，90里至长武县宜禄驿，50里至甘肃泾州瓦云驿。

3. 西南至四川

由咸阳县渭水驿分道西南，50里至兴平县白渠驿，90里至武功县驿，60里至扶风县驿，60里至岐山县驿，50里至凤翔县驿，90里至宝鸡县驿，80里至宝鸡县东河驿，70里至凤县草凉驿，70里至凤县梁山驿，50里至凤县三岔驿，50里至留坝厅松林驿，65里至留坝厅留坝驿，50里至留坝厅武关驿，50里至褒城县马道驿，40里至褒城县青桥驿，50里至褒城县开山驿(由开山驿分道，40里至汉中府南郑县汉阳驿)，50里至沔县黄沙驿，40里至沔县顺政驿，90里至沔县大安驿，90里至宁羌州柏林驿，45里至宁羌州黄坝驿，60里至四川广元县神宣驿。

4. 捷报处塘站专线

由山西保德州年延村站、东关站过黄河进入陕西，15里至陕西省府谷县石嘴头站，25里至孤山站，40里至镇羌站，40里至神木县永兴站，20里至三塘站，30里至神木站，30里至解家站，30里至柏林站，40里至高家站，40里至榆林县建安站，40里至牛角湾站，40里至常乐站，30里至榆林站，40里至归德站，40里至怀远县响水站，40里至波罗站，40里至怀远站，40里至刘家土□瓜站，30里至芦沟站，30里至靖边县黑河站，40里至石渡口站，30里至丢哥子井站，30里至沙头站，30里至红柳滩站，30里至定边县宁条梁站，30里至三十里井站，30里至安边站，40里至砖井站，40里至定边站，60里至甘肃灵州花马池站，30里至高平站。30里至安定站。

① 吴镇烽：《陕西地理沿革》，陕西人民出版社1981年，第57页。

三、陕西置驿一百二十九处

（一）西安府属十八驿

1. 长安县京兆驿

《置驿三》[①]："长安县京兆驿，马六十六匹，马夫三十三名，所夫二百十名。"

雍正《陕西通志》卷36《驿传》："西安府长安县京兆驿，在城，知县管理，西至咸阳县渭水驿五十里。"

乾隆《西安府志》卷11《建置志下·驿传》："长安县京兆驿，在县署东南。"

《嘉庆重修一统志》卷229西安府三："京兆驿，在府治东南，明置。长安、咸宁二县分领之。"

嘉庆《长安县志》卷18《衙署志》："京兆驿，在县治东南。设马五十六匹，马夫三十三名。又县马十匹。"

案：长安县京兆驿，明代置，冲途大驿。在今陕西省西安市碑林区广济街一带。

2. 咸宁县京兆驿

《置驿三》："咸宁县京兆驿，马六十六匹，马夫三十三名，所夫一百四十名。"

雍正《陕西通志》卷36《驿传》："西安府咸宁县京兆驿，在城，知县管理。东至临潼县五十里，至新丰驿七十里。"

乾隆《西安府志》卷11《建置志下·驿传》："咸宁县京兆驿，在县署南。"

《嘉庆重修一统志》卷229西安府三："京兆驿，在府治东南，明代置。长安、咸宁二县分领之。"

案：咸宁县京兆驿，明代置，冲途大驿。在今陕西省西安市碑林区东县门街。

3. 咸阳县渭水驿

《置驿三》："咸阳县渭水驿，马八十五匹，马夫四十三名，所夫一百二十名。"

乾隆《西安府志》卷11《建置志下·驿传》："咸阳县渭水驿，在城中。"

乾隆《咸阳县志》卷2《驿传》："渭水驿，原设驿丞一员，于康熙三十九年奉文裁汰归县令。驿署废，故址存号房二十间，移置县署东另建。……康熙三十九

---

① 嘉庆《钦定大清会典事例》卷530《兵部·邮政·置驿三》，简称《置驿三》，以下同。

年……次奉兵部议:查咸阳县渭水驿居省会之西,为四川临巩总由大路,差使繁多,定为极冲。"

《嘉庆重修一统志》卷229西安府三:"渭水驿,在咸阳县东。明洪武四年置。"

案:咸阳县渭水驿,明代置,极冲大驿。在今陕西省咸阳市区秦都区。

4. 兴平县白渠驿

《置驿三》:"兴平县白渠驿,马六十四匹,马夫三十二名,所夫七十名,协济乾州马五匹,马夫二名半。"

雍正《陕西通志》卷36《驿传》:"兴平县白渠驿,在城,知县管理。西至武功县邰城驿九十里。"

乾隆《西安府志》卷11《建置志下·驿传》:"兴平县白渠驿,在城内。"

乾隆《兴平县志》卷3《驿》:"白渠驿,原设驿丞一员,今裁归县。实在号马五十九匹……夫三十三名。"

《嘉庆重修一统志》卷229西安府三:"又有白渠驿,在县治北。"

案:兴平县白渠驿,明代置,极冲大驿。在今陕西省咸阳市兴平市东城街道。

5. 临潼县新丰驿

《置驿三》:"临潼县新丰驿,马八十九匹,马夫四十五名,所夫一百三十五名。"

雍正《陕西通志》卷36《驿传》:"临潼县新丰驿,县东二十里,知县管理。东至渭南县八十里。"

乾隆《西安府志》卷11《建置志下·驿传》:"临潼县新丰驿,在县东二十里。"

乾隆《临潼县志》卷4《赋役》:"县有新丰驿,在中街之西。旧设驿丞一员,管理夫马。递运所大使一员,管辖所夫,康熙十年裁缺归并驿丞。四十年并裁驿丞归县管理。西至咸宁县京兆驿五十里,东至渭南县丰原驿八十里。"

《嘉庆重修一统志》卷229西安府三:"新丰驿,在临潼县治西南。明洪武初置。"

案:临潼县新丰驿,在今陕西省西安市临潼区新丰街道。

6. 高陵县县驿

《置驿三》:"高陵县县驿,马九匹,马夫四名半,所夫十二名,协济长安马九匹,马夫四名半。"

雍正《陕西通志》卷36《驿传》:"高陵县,北至富平县五十里。马四十匹,马夫二十名。"

乾隆《西安府志》卷11《建置志下·驿传》:“高陵县,额设递马九匹,马夫四名。”

光绪《高陵县续志》卷8《缀录》:“高陵协站,咸阳民不胜其苦也,累经具奏,率皆寝废。”

宣统《重修泾阳县志》卷16《文征》:“若泾阳、高陵,则全无驿所。”

案:高陵县县驿,在今陕西省西安市高陵区。

7. 鄠县县驿

《置驿三》:“鄠县县驿,马三匹,马夫二名半。”

雍正《陕西通志》卷36《驿传》:“鄠县,至盩厔县八十里。马六匹,马夫四名。”

乾隆《鄠县新志》卷2《建置志》:“驿站东至西安府七十里,西至盩厔县八十里。马六匹,夫四名。”

乾隆《西安府志》卷11《建置志下·驿传》:“鄠县,额设递马三匹,马夫二名半。岁支工料修理银一百十六两三钱七厘。”

案:鄠县,即户县。鄠县县驿,在今陕西西安市省户县县城。

8. 蓝田县县驿

《置驿三》:“蓝田县县驿,马四匹,马夫二名。”

雍正《陕西通志》卷36《驿传》:“蓝田县,东南至商州二百一十里。”

乾隆《西安府志》卷11《建置志下·驿传》:“蓝田县,额设递马四匹,马夫二名。岁支工料修理银一百十八两八钱一分。”

光绪《蓝田县志》卷1《疆域图》:“驿铺,旧有青泥、蓝桥、蓝田、藿平、韩公堆五驿今裁废。额设递马四匹,马夫二名。”

案:蓝田县县驿,在今陕西省西安市蓝田县城。

9. 泾阳县县驿

《置驿三》:“泾阳县县驿,马十一匹,马夫五名半,所夫二十四名,协济长安马十二匹,马夫六名。”

雍正《陕西通志》卷36《驿传》:“泾阳县,西北至淳化县九十里。”

乾隆《西安府志》卷11《建置志下·驿传》:“泾阳县,额设递马十一匹,马夫五名半。岁支工料支直修理等银四百二两二钱。”

道光《重修泾阳县志》卷16《驿传》:“额设递马十一匹,马夫五名半。岁支工料银三百八十七两二钱,遇闰加银三十一两三钱五分。岁额支直银一十五两……扛夫二十四名岁支银二百五十九两二钱,遇闰加银二十一两六钱。”

案:泾阳县县驿,在今陕西省泾阳县城。

10. 三原县建忠驿

《置驿三》:"三原县建忠驿,马十二匹,马夫六名,所夫二十四名。协济乾州马六匹,马夫三名。"

雍正《陕西通志》卷36《驿传》:"三原县建忠驿,在城,知县管理,北至耀州顺义驿八十里。"

乾隆《西安府志》卷11《建置志下·驿传》:"三原县建忠驿,在城内。"

乾隆《三原县志》卷2《建置》:"三原建忠驿,在县署内东偏,知县管理,北至耀州顺义驿八十里,南至咸宁县京兆驿九十里。"

《嘉庆重修一统志》卷229西安府三:"建忠驿,在三原县治北。"

光绪《三原县新志》卷2《建置志》:"建忠驿,今在县仪门内东偏,知县管理。"

案:三原县建忠驿,在今陕西省咸阳市三原县城关街道。

11. 盩厔县县驿

《置驿三》:"盩厔县县驿,马三匹,马夫一名半。"

雍正《陕西通志》卷36《驿传》:"盩厔县,岔道,西至郿县一百里,西北至武功县五十里。"

乾隆《西安府志》卷11《建置志下·驿传》:"盩厔县,额设递马三匹,马夫一名半。岁支工料修理银八十九两二钱七分五厘。"

案:盩厔县县驿,在今陕西省西安市周至县城。

12. 渭南县丰原驿

《置驿三》:"渭南县丰原驿,马八十九匹,马夫四十五名,所夫一百三十五名。"

雍正《陕西通志》卷36《驿传》:"渭南县丰原驿,在城,知县管理,东至华州五十里。"

《嘉庆重修一统志》卷229西安府三:"丰原驿,在渭南县东关。明初置,在南厢街北,嘉靖中移于此。"

道光《重辑渭南县志》卷7《建置考》:"丰原驿,在县署左,旧在南厢街北,后为兵备道行署。其在道前街南者驿丞衙也,俗名小馆驿。后改置东关马神庙侧,顺治七年缺裁。"

案:渭南县丰原驿,明代置,极冲大驿。在今陕西省渭南市临渭区。

13. 富平县县驿

《置驿三》:"富平县县驿,马六匹,马夫五名,所夫十二名。协济长安马二匹,马夫一名。"

雍正《陕西通志》卷36《驿传》:"富平县,东至蒲城县九十里。"

乾隆《西安府志》卷11《建置志下·驿传》:"富平县,额设递马六匹,马夫五名。岁支工料支直修理银二百十八两四钱九分三厘。"

案:富平县县驿,在今陕西省渭南市富平县城。

14. 醴泉县店张驿

《置驿三》:"醴泉县店张驿,马七十五匹,马夫四十二名,所夫一百三十五名。"

雍正《陕西通志》卷36《驿传》:"兴平县店张驿,县北三十里,驿丞管理,西北至醴泉县三十里。"

乾隆《西安府志》卷11《建置志下·驿传》:"醴泉县店张驿,在县东南。"

乾隆《醴泉县志》卷1《县属第一》:"今县醴泉驿,在县城内,旧曰店张驿,在县东三十里,属兴平,有驿丞。乾隆十九年,陕西巡抚陈宏谋奏准,兴平县属店张驿裁归醴泉县经管,移驿县城内。"

《嘉庆重修一统志》卷229西安府三:"店张驿,在兴平县东北三十里店张镇。北通固原,最为冲要。明置驿于此,初曰底张,后改名。旧有驿丞即底张递运所,后裁。本朝乾隆二十六年,移县丞驻此。"

案:醴泉县店张驿,西出长安第一驿站,地处莽塬北麓,肖河古道下游,位于咸阳、兴平、礼泉三市县交界处,为入陇孔道。明代置,极冲大驿。在今陕西省咸阳市兴平市东北之店张街道。

15. 同官县漆水驿

《置驿三》:"同官县漆水驿,马九匹,马夫四名半,所夫十二名。"

雍正《陕西通志》卷36《驿传》:"同官县漆水驿,在城,知县管理,北至宜君县云阳驿九十里。"

乾隆《西安府志》卷11《建置志下·驿传》:"同官县漆水驿,在城内。"

乾隆《同官县志》卷2《建置志》:"漆水驿驿丞署,在县署东北皇华卫。顺治十三年缺裁驿,改归县署。旧建马厩于仪门东,乾隆三十年知县张尔戬复移于署西花园。"

《嘉庆重修一统志》卷229西安府三:"漆水驿,在同官县治东北。"

案:同官县漆水驿,在今陕西省铜川市印台区城关街道。同官县原名"铜官",北周始改为同官,原属耀州,清代雍正时改属西安府。新中国成立后,因与潼关同音,改为铜川。

16. 耀州顺义驿

《置驿三》:“耀州顺义驿,马九匹,马夫四名半,所夫十二名。”

雍正《陕西通志》卷36《驿传》:“耀州顺义驿,在城,知州管理,北至同官县漆水驿七十里。”

乾隆《西安府志》卷11《建置志下·驿传》:“耀州顺义驿,在城内。”

嘉庆《耀州志》卷2《建置·驿传》:“顺义驿,在城中,知州管理。部定稍冲僻递。南至三原建忠驿八十里,北至同官漆水驿七十里。”

《嘉庆重修一统志》卷229西安府三:“顺义堡,在耀州南,初名鑑山驿。北至同官县漆水驿七十里。明洪武五年建,永乐后改名。”

案:耀州顺义驿,明代置,属稍冲僻递。在今陕西省铜川市耀州区。

17. 宁陕厅厅驿

《置驿三》:“宁陕厅厅驿,马二匹,马夫一名。”

案:宁陕厅厅驿,在今陕西省安康市宁陕县城关镇北之老城村。宁陕厅原直隶于省,嘉庆时改属西安府。县治原址现在为老城村。“老城”亦名老关口,因清代曾设五郎关于此而得名。现属安康市。

18. 孝义厅厅驿

《置驿三》:“孝义厅厅驿,马二匹,马夫一名。”

光绪《孝义厅志·凡例》:“孝义,除武营塘站外,驿马仅二匹,又有名无实,一切往来公事皆系派役赴省自行投领。”

案:孝义厅厅驿,在今陕西省商洛市柞水县城。清代乾隆时设孝义厅管辖咸宁、蓝田、镇安三县,民国时撤厅设孝义县,又改名柞水县。

(二)商州直隶州属五驿

1. 商州直隶州州驿

《置驿三》:“商州直隶州州驿,马四匹,马夫二名。”

雍正《陕西通志》卷36《驿传》:“商州,南至山阳县一百二十里,东北至雒南县九十里。”

乾隆《直隶商州志》卷5《建置第三下·驿递》:“商州,南至山阳县一百二十里,西北至雒南县九十里。马十匹,马夫五名。”

案:商州直隶州州驿,在今陕西省商洛市商州区。

2. 镇安县县驿

《置驿三》:“镇安县县驿,马四匹,马夫二名。”

雍正《陕西通志》卷36《驿传》:“镇安县,南至洵阳县二百八十里。”

乾隆《直隶商州志》卷5《建置第三下·驿递》:“镇安县,南至洵阳县二百八十里。马六匹,马夫三名。”

乾隆《镇安县志》卷5《建置》:“铺区之外,后有马递。镇安号马四匹,马夫二名。东西北三路,俱在四百里之内,前无驿站更换,遇有急差络绎,尤须另觅帮夫。”

案:镇安县县驿,在今陕西省商洛市镇安县县城。

3. 雒南县县驿

《置驿三》:“雒南县县驿,马一匹,马夫半名。”

雍正《陕西通志》卷36《驿传》:“雒南县,东北至潼关驿一百五十里。”

乾隆《直隶商州志》卷5《建置第三下·驿递》:“雒南县,东北至潼关驿一百五十里。马三匹,马夫一名半。”

乾隆《雒南县志》卷2《驿铺》:“县驿,额马三匹,马夫一名半,内拨协边塘马一匹,马夫一名。东北递至潼关驿一百五十里。”

案:雒南县县驿,在今陕西省商洛市洛南县县城。

4. 山阳县县驿

《置驿三》:“山阳县县驿,马二匹,马夫二名。”

康熙《山阳县志》卷2《铺递》:“递马按冲僻册。山阳极僻,额设马骡四匹,乃递马非驿马。”

雍正《陕西通志》卷36《驿传》:“山阳县,南至湖广郧西界一百二十里。”

乾隆《直隶商州志》卷5《建置第三下·驿递》:“山阳县总铺,在县治前……南至湖广郧西界一百二十里。”

案:山阳县县驿,在今陕西省商洛市山阳县城。

5. 商南县县驿

《置驿三》:“商南县县驿,马二匹,马夫一名。”

雍正《陕西通志》卷36《驿传》:“商南县总铺,在县治前。”

乾隆《直隶商州志》卷5《建置第三下·驿递》:“商南县总铺,在县治前。西十里永安铺,十里失马铺,十里清油铺,五里涧场铺,至商州武关铺二十五里,共铺递五处,铺司兵二十五名。”

民国《商南县志12卷》卷3《递铺》:“民国元年,裁驿站归邮政,来往公文均由邮寄。遇有紧急要件,则由电报传达,尤为便捷,从前递铺概行取消。”

案:商南县县驿,在今陕西省商洛市商南县城。

(三)同州府属十驿

1. 大荔县县驿

《置驿三》:“大荔县县驿,马九匹,马夫六名半,所夫二十四名,协济长安马五匹,马夫二名半。”

雍正《陕西通志》卷36《驿传》:“同州,东至朝邑县三十里,马三十匹,马夫一十七名。”

《清高宗实录》卷19,乾隆元年五月己未条:“礼部议准,陕西同州改设府治,并设附郭大荔一县。”

乾隆《同州府志》卷16《兵防》:“大荔县总铺,在府治前。”

咸丰《同州府志》卷16《兵防志》:“大荔县,额设递马九匹,每年应支草豆银二百一十五两一钱五分九厘,额设马夫六名,每年应支工食银七十两二钱四分。”

案:大荔县县驿,在今陕西省渭南市大荔县城。

2. 潼关厅潼关驿

《置驿三》:“潼关厅潼关驿,马一百八匹,马夫五十七名,所夫一百六十名。”

雍正《陕西通志》卷36《驿传》:“潼关县潼关驿,在城,驿丞管理,东至黄河,接山西省界。”

嘉庆《续修潼关厅志》卷上《建置志第二·公署》:“潼关驿,旧在县治东,驿丞管理,乾隆十三年裁驿丞,归厅管理。”

《嘉庆重修一统志》卷244同州府二:“潼关驿,在潼关厅治西南,东至黄河,接山西界。明置。本朝初设驿丞,乾隆四年裁。”

咸丰《同州府志》卷16《兵防志》:“潼关厅潼关驿,在城,驿丞管理。”

案:潼关厅潼关驿,明代置,极冲大驿。在今陕西省渭南市潼关县北之港口镇。

3. 朝邑县县驿

《置驿三》:“朝邑县县驿,马六匹,马夫六名,所夫十二名,协济乾州马二匹,马夫一名。”

雍正《陕西通志》卷36《驿传》:“朝邑县,东至黄河,接山西省界二十八里。”

咸丰《同州府志》卷16《兵防志》:“朝邑县,额设递马六匹。”

案：朝邑县县驿，在今陕西省渭南市大荔县东之朝邑镇。

4. 合阳县县驿

《置驿三》："合阳县县驿，马三匹，马夫二名。"

雍正《陕西通志》卷36《驿传》："合阳县，东北至韩城县九十里。"

咸丰《同州府志》卷16《兵防志》："合阳县，额设递马三匹。"

案：合阳县县驿，在今陕西省合阳县城。

5. 澄城县县驿

《置驿三》："澄城县县驿，马三匹，马夫一名半。"

顺治《澄城县志2卷》卷1《古迹》："句仓驿，在县东南寺头镇。扑地驿，在县东扑地河。贤相驿，在县西北良辅镇，因魏郑公得名。石道立曰：诸驿相传谓设于宋，废于元。今吾邑马牛驿站给他驿递，谓斯地非要冲故也。"

雍正《陕西通志》卷36《驿传》："澄城县，东北至韩城县九十里。"

乾隆《绥德州直隶州志》卷2《邮传》："澄城县，原协义合驿站银四百二十两一钱一分一厘。"

咸丰《同州府志》卷16《兵防志》："澄城县，额设在号递马三匹。"

民国《澄城县附志》："邮政未设以前，专恃驿传转递消息。旧制设四驿，嗣裁。句仓、扑地、贤相三驿余，在治城之长宁驿额定马一匹，(夫)一名半以供驱使。自清光绪初间，北京总理各国事务衙门奏请开办，至三十一年澄城始创设邮政代办所，民国改为三等邮局，而驿传遂废。"

案：澄城县县驿，在今陕西省渭南市澄城县县城。

6. 韩城县县驿

《置驿三》："韩城县县驿，马三匹，马夫一名半。"

雍正《陕西通志》卷36《驿传》："韩城县，东至黄河，接山西界二十五里。"

咸丰《同州府志》卷16《兵防志》："韩城县，额设在号递马三匹。"

案：韩城县县驿，在今陕西省渭南市韩城市区。

7. 白水县县驿

《置驿三》："白水县县驿，马二匹，马夫一名。"

雍正《陕西通志》卷36《驿传》："白水县，东至澄城县九十里，西至同官县一百二十里，北至中部县一百六十里。"

乾隆《白水县志》卷2《递铺》："递马二匹，马夫一名。递蒲城、澄城两路。……国初寇氛未息，中部、耀州路梗，凡调兵督饷皆经白水，有一日而供马至数十匹者。官马倒损,不足支应,顺甲挨当里下不无帮贴之费。自承平后,以路非冲要,将邑驴马牛站分给他驿,止设走递马四匹。康熙五十三年,又拨榆林府协站马二匹,马夫一名。今在号马止二匹,马夫止一名。"

咸丰《同州府志》卷16《兵防志》:"白水县,马四匹,马夫二名。"

案:白水县县驿,在今陕西省渭南市白水县城。

8. 华州华山驿

《置驿三》:"华州华山驿,马八十九匹,马夫四十五名,所夫一百三十五名。"

《读史方舆纪要》卷54化州:华山驿"在州治北。又西达临潼县境之东阳驿"。

康熙《续华州志》卷2《田赋志》:"华山驿驿马,今驿设马一百二十匹,马夫六十五名。"

雍正《陕西通志》卷36《驿传》:"华州华山驿,在城,知州管理,东至华阴县七十里。"

《嘉庆重修一统志》卷244同州府二:"华山驿,在华州北,东至华阴县七十里,西至渭南县五十里。明置。"

光绪《三续华州志》卷2《建置志》:"华山驿,在仪门外东。"

案:华州华山驿,明代置,极冲大驿。在今陕西省渭南市华州区。

9. 华阴县潼津驿

《置驿三》:"华阴县潼津驿,马八十九匹,马夫四十五名,所夫一百三十五名。"

雍正《陕西通志》卷36《驿传》:"华阴县潼津驿,在城,知县管理,东至潼关县四十里。"

乾隆《华阴县志》卷3《城池》:"潼津驿丞廨,在县治东,今废。"

《嘉庆重修一统志》卷244同州府二:"潼津驿,在华阴县治东南。东至潼关县四十里。明置。"

案:华阴县潼津驿,明代置,极冲大驿。在今陕西省华阴市区太华路街道。

10. 蒲城县县驿

《置驿三》:"蒲城县县驿,马四匹,马夫四名,所夫十二名。"

雍正《陕西通志》卷36《驿传》:"蒲城县,东北至澄城县五十里,正北至白水县五十里,东南至同州七十里。"

咸丰《同州府志》卷16《兵防志》:"蒲城县,递马四匹……马夫四名。"

光绪《蒲城县新志》卷2《驿铺》:"祥原驿,在县署东偏,马四匹。"

案:蒲城县县驿,在今陕西省渭南市蒲城县城关街道。

（四）乾州直隶州属三驿

1. 乾州直隶州州驿

《置驿三》："乾州直隶州州驿，马四十九匹，马夫十九名，所夫七十三名。"

雍正《陕西通志》卷36《驿传》："乾州威胜驿，在城，知州管理，北至永寿县永安驿九十里。"

《嘉庆重修一统志》卷247乾州直隶州："威胜驿，在州北门内小东街。有递运所，在驿东。明初置，今废。"

光绪《乾州志稿》卷5《土地志・建置》："威胜驿，旧为奉天驿，在县南三百步，旋改今驿……向在小东街，自驿丞裁汰，移置州署西偏内。"

民国《乾县新志14卷》卷3《驿铺》："清初沿明制。乾州置威胜驿，设驿丞一员，属驿传道。康熙二十二年，裁驿传道，事归粮道兼管。三十三年，复设驿传道专管。乾隆四十三年，裁驿传道，令按察使司总辖。以巡守各道，分路领其事。而乾州威胜驿丞，亦于此后裁废。驿传事，归知州兼管矣。……驿站在城内，西接永筹永安驿九十里。设所夫七十三名……马四十四匹。"

案：乾州直隶州州驿，明代置，极冲大驿。在今陕西省咸阳市乾县城。

2. 武功县县驿

《置驿三》："武功县县驿，马五十九匹，马夫三十名半，所夫七十名。协济长武马八匹，马夫四名。"

雍正《陕西通志》卷36《驿传》："武功县邰城驿，在城，知县管理，西至凤翔府扶风县凤泉驿六十里。"

《嘉庆重修一统志》卷247乾州直隶州："邰城驿，在武功县城内，西至凤翔府扶风县凤泉驿六十里。"

嘉庆《续武功县志》卷1《建置第二》："自邰城驿丞（旧驿在南街马神庙，东草场在驿址东南），驿递归县，改为马号。"

案：武功县县驿，明代置，极冲大驿。在今陕西省咸阳市武功县西北之武功镇。武功镇在明清一直是县治所在，20世纪80年代，武功县移至普集镇。

3. 永寿县县驿

《置驿三》："永寿县县驿，马四十九匹，马夫十九名，所夫一百四十六名。"

雍正《陕西通志》卷36《驿传》："永寿县永安驿，在城，知县管理，西北至邠州新平驿七十里。"

《嘉庆重修一统志》卷247乾州直隶州："永安驿，在永寿县城内，旧为麻亭镇，明初置。西北至邠州新平驿七十里，南至本州威胜驿九十里。"

案：永寿县县驿，明代置，极冲大驿。在今陕西省咸阳市永寿县西北之永平镇。地处由陕入甘交通要道，为极冲大驿。明清至民国时，永寿县一直治于永平镇，新中国成立后移至今地。

（五）邠州直隶州属五驿

1. 邠州直隶州州驿

《置驿三》："邠州直隶州州驿，马四十九匹，马夫十九名，所夫七十三名。"

雍正《陕西通志》卷36《驿传》："邠州新平驿，在城，知州管理，西至长武县宜禄驿八十里。"

《嘉庆重修一统志》卷248邠州直隶州："新平驿，在州治西。西至长武县宜禄驿八十里。明置。"

案：邠州直隶州州驿，旧名新平驿，明代置，极冲大驿。在今陕西省咸阳市彬县城关街道。

2. 三水县县驿

《置驿三》："三水县县驿，马二匹，马夫一名。"

雍正《陕西通志》卷36《驿传》："三水县，北至庆阳府界五十里。"

案：三水县县驿，在今陕西省咸阳市旬邑县城。此地自秦汉起一直称栒邑县，西晋至明清，称三水，民国时，复名栒邑，新中国成立后改为旬邑。

3. 淳化县县驿

《置驿三》："淳化县县驿，马二匹，马夫一名"。

雍正《陕西通志》卷36《驿传》："淳化县，北至三水县一百里。"

乾隆《淳化县志》卷12《会计簿》："县本无驿，旧设走递马十匹，扛轿夫十四名，后议裁，止留马四匹，驴二头，喂马驴夫四名。……裁去马二匹，驴二头，夫三名，止存工料五十四两四钱五分一厘，遇闰加四两四钱三分一厘。"

案：淳化县县驿，在今陕西省咸阳市淳化县城。

4. 停口所

《置驿三》："停口所，所夫七十三名。"

康熙《陕西通志》卷6《公署》："长武县，……停口递运所，在县东四十里。"

康熙《长武县志》卷之上《官署》："停口所，在停口镇，被焚。"

雍正《陕西通志》卷15《公署》:“停口递运所大使廨,在县东四十里,雍正七年裁缺。”

雍正《陕西通志》卷36《驿传》:“雍正七年,部覆题准……停口递运所归长武县管理,各裁去大使。”

案:停口所,在今陕西省咸阳市淳化县境,确址不详。光绪九年裁。

5. 长武县县驿

《置驿三》:“长武县县驿,马四十九匹,马夫十九名,所夫七十三名。”

康熙《陕西通志》卷6《公署》:“长武县……宜禄驿,在县治东,宜禄递运所,在驿东。”

雍正《陕西通志》卷36《驿传》:“长武县宜禄驿,在城,知县管理,西至平凉府界瓦亭驿五十里。”

《嘉庆重修一统志》卷248邠州直隶州:“宜禄驿,在长武县治东。西至甘肃泾州瓦亭驿五十里。明置。”

案:长武县县驿,明代置,极冲大驿。在今陕西省咸阳市长武县城昭仁街道。此地自古称鹑觚县、宜禄县,宋代始称长武。位于陕甘交界处,地当孔道,过此即入甘肃。

(六)凤翔府属十驿

1. 凤翔县县驿

《置驿三》:“凤翔县县驿,马六十四匹,马夫三十三名,扛夫七十名,协济永寿马五匹,马夫二名半。”

雍正《陕西通志》卷36《驿传》:“凤翔县岐阳驿,在城,知县管理,西南至宝鸡县陈仓驿九十里,西至汧阳县七十里,东南至郿县一百一十里。”

乾隆《凤翔县志》卷2《驿站》:“岐阳驿,旧在城东街,后移置县署西。原设驿丞一员,驿马一百二十匹,马夫六十名,县马十匹,扛夫一百四十二名。……(康熙)十六年,裁驿丞归县管理。……现实存驿马五十九匹,县马五匹,马夫三十三名,扛夫七十名。”

(清)魏光焘辑,(光绪)《陕西全省舆地图·凤翔县》:“岐阳驿,在县内。西南至宝鸡之陈饴驵九十里,南至郿县一百一十里。”

《嘉庆重修一统志》卷236凤翔府二:“岐阳驿,在凤翔县城内,旧名凤鸣驿。西至汧阳县汧阳驿七十里,西南至宝鸡县陈仓驿九十里,东至郡县一百十里。”

案：凤翔县县驿，明代置，极冲大驿。在今陕西省宝鸡市凤翔县城。

2. 岐山县县驿

《置驿三》："岐山县县驿，马五十九匹，马夫三十名半，扛夫七十名，协济长武马八匹，马夫四名。"

康熙《陕西通志》卷15《马政·驿传附》："岐山县岐周驿，设马一百一十匹，马夫六十名，岁支银三千六百二十五两四分。"

雍正《陕西通志》卷36《驿传》："岐山县岐周驿，在城，知县管理，西至凤翔县岐阳驿五十里。"

乾隆《凤翔府志》卷2《驿站》："岐山县岐周驿，县署东。"

《嘉庆重修一统志》卷236凤翔府二："岐周驿，在岐山县治东。西至凤翔县岐阳驿五十里。"

光绪《岐山县志8卷》卷2《驿站铺舍》："岐周驿，旧在县治北街，元泰定二年建，明末毁于兵。国朝顺治十四年，知县王毂详允，移置县署东，即今厩也。初建仅马神庙及东西马房。乾隆四十一年，知县平世增增修庙前卷棚戏楼。原额马一百二十匹，马夫六十名，除历年奉文裁减拨协外，实在马五十四匹，县马五匹，马夫三十名半。光绪九年，知县胡升猷重修卷棚乐楼。"

案：岐山县县驿，明代置，极冲大驿。在今陕西省宝鸡市岐山县。

3. 宝鸡县县驿

《置驿三》："宝鸡县县驿，马六十四匹，马夫三十三名，扛夫七十七名，协济永寿马五匹，马夫二名半。"

雍正《陕西通志》卷36《驿传》："宝鸡县陈仓驿，在城，知县管理，西南至东河驿八十里。……县马五匹。"

乾隆《凤翔府志》卷2《驿站》："宝鸡陈仓驿，县署东。原额驿马一百一十匹马夫五十五名，除历年奉文裁减拨协外，实在驿马五十九匹，马夫三十三名，县马五匹，扛夫一百七名。"

《嘉庆重修一统志》卷236凤翔府二："陈仓驿，在宝鸡县东。西南既而东河驿。"

民国《宝鸡县志》卷3《驿站》："陈仓驿，东至凤翔县之岐阳驿九十里，西至本县之东河驿八十里。驿在县署东内，马神祠三间，卷棚三间，马房二十三间，住房、差房并抄号木料房六间，内号房三间。乾隆四十七年，知县张云龙请项重修。民国二年裁撤，房亦倾圮。"

案：宝鸡县县驿，明代置，极冲大驿。在今陕西省宝鸡市陈仓区。

4. 东河驿

《置驿三》："东河驿，马六十匹，马夫三十名半，扛夫三十名，协济邠州马八匹，马夫四名。"

雍正《陕西通志》卷36《驿传》："宝鸡县东河驿，县西南八十里，驿丞管理，西南至汉中府凤县草凉驿九十里。"

乾隆《凤翔府志》卷2《驿站》："东河驿，县西南八十里。……实在驿马六十匹，马夫三十名。"

《嘉庆重修一统志》卷236凤翔府二："东河驿，在宝鸡县西南八十里，亦名东河桥驿。旧有驿丞，今裁。西南至汉中府凤县草凉驿九十里。"

民国《宝鸡县志》卷3《驿站》："东河驿，在陈仓驿西南八十里，南至凤县之草凉驿七十里。民国二年，裁撤。今改修国民学校。"

案：东河驿，明代置，极冲大驿。在今陕西省宝鸡市凤县黄中铺镇东河桥村。

5. 扶风县县驿

《置驿三》："扶风县县驿，马五十九匹，马夫三十名半，扛夫七十名，协济乾州马十一匹，马夫五名半。"

雍正《陕西通志》卷36《驿传》："凤翔府扶风县凤泉驿，在城，知县管理，西至岐山县岐周驿六十里。"

乾隆《凤翔府志》卷2《驿站》："凤泉驿，县署西。原额驿马一百一十匹，马夫六十名，除历年奉文裁减拨协外，实在驿马五十四匹，马夫三十名半。县马五匹，扛夫七十名。"

《嘉庆重修一统志》卷236凤翔府二："凤泉驿，在扶风县治东，旧名沣川驿，明洪武二年建，十四年更名。东至干州武功县郃城驿六十里，西至峡山县岐周驿六十里。"

嘉庆《扶风县志》卷5《城廨》："凤泉驿，在县廨西典史厅后，即主簿厅地。旧驿在东街布政司右，今马王庙尚存后，为太白行祠。刘志称宋之杰重修时，建临街乐楼，今楼犹故处也。据熊志知移驿今处，当在乾隆间。世莘按：县仪门有明知县杨瞻志修马房，石刻称里马走递寄养民家，余始于治后空地立马房四十间，前为点马厅。知前此已于此喂养里马，后因主簿厅废基址空洞，遂并移官马于此地也。"

案：扶风县县驿，在今陕西省宝鸡市扶风县城。

6. 郿县县驿

《置驿三》:“郿县县驿,马三匹,马夫二名半。”

康熙《陕西通志》卷15《马政·驿传附》:“郿县,设马一十四匹,马夫十名,岁支银四百六十一两七钱二分。”

雍正《陕西通志》卷36《驿传》:“郿县,岔道,东至盩厔县一百里。马六匹,马夫四名。”

乾隆《凤翔府志》卷2《驿站》:“郿无驿站,额设递马十匹,马夫七名,除奉文裁减外,实在递马三匹,马夫二名半。”

宣统《郿县志》卷4《马》:“康熙九年续志:郿无驿站,凡走递马匹皆派里甲,每里赔至数百金。顺治七年,知县曹彬详议设马三十匹……十一年酌设马五匹,驴五头,夫七名。十二年,知县柯永登请设走递马十四匹,夫七名,喂养在外。十三年,知县陈超祚造堂西边马厩三间,官支喂养每匹日支银五分,马夫十名,每名日支工食银三分。”

案:郿县县驿,明代置,极冲大驿。在今陕西省宝鸡市眉县县城。

7. 麟游县县驿

《置驿三》:“麟游县县驿,马二匹,马夫一名。”

康熙《陕西通志》卷15《马政·驿传附》:“麟游县见走递马,设马十匹,岁支银三十两五分。”

乾隆《凤翔府志》卷2《驿站》:“麟无驿站,乾隆二十八年正月,奉文新设递马二匹,马夫一名。工料等项共银五十九两六钱。”

光绪《麟游县新志草》卷2《建置》:“乾隆三十三年,增设驿马二,马夫一。”

案:麟游县县驿,在今陕西省宝鸡市麟游县城。

8. 汧阳县县驿

《置驿三》:“汧阳县县驿,马二十八匹,马夫十四名半,扛夫二十二名。”

康熙《陕西通志》卷15《马政·驿传附》:“汧阳县,设马一百匹,马夫五十五名,岁支银三千一百二十两五钱八分。”

雍正《陕西通志》卷36《驿传》:“凤翔府汧阳县,知县管理,西至陇州九十里。”

乾隆《凤翔府志》卷2《驿站》:“汧阳驿,在县署。原额驿马陆六十匹,马夫三十二名,除历年奉文裁减拨协外,实在驿马二十三匹,县马五匹,马夫四十名,扛夫二十二名。”

《嘉庆重修一统志》卷236凤翔府二:“汧阳驿,在汧阳县城内,西至陇州驿九

十里。”

道光《重修汧阳县志》卷2《驿站》:“汧阳驿,在县署东侧。原额驿马六十匹,马夫三十二名,历年奉文裁减拨协外,实在驿马二十三匹,县马五匹,马夫十四名半,扛夫二十二名。”

案:汧阳县县驿,明代置,次冲僻递。在今陕西省宝鸡市千阳县城。

9. 陇州州驿

《置驿三》:“陇州州驿,马二十八匹,马夫十五名,扛夫十六名。”

雍正《陕西通志》卷36《驿传》:“陇州,知州管理,西至长宁驿一百一十里。”

乾隆《凤翔府志》卷2《驿站》:“在城驿,州署西。……实在州驿马五十三匹,递马五匹,马夫三十名。”

(清)吴炳纂修,乾隆《陇州续志》卷2《驿铺》:“陇州,原额州城、长宁二驿马共一百六十匹,马夫八十九名,内于康熙二十九年题明请将驿站等事案内,裁减马三十四匹,夫二十一名,止留马一百二十六匹,夫六十八名。又于康熙四十一年题明边塘等专案内,州宁二驿拨协边塘马二十六匹,夫一十三名。四十六年,撤回边塘马三匹,夫一名半。又于雍正七年飞咨事案内,拨协凉州马四十八匹,夫二十四名。又于乾隆二十八年奏请等事案内,拨商南、平利二县马四匹,夫二名,止留州宁二驿递马五十一匹,每匹日食草料银六分五厘,一年共食银一千一百九十三两四钱外,支直银八十两,修理鞍屉药油等项银五十一两。止留州宁二驿马夫三十名半。每名日食银三分,一年共食银三百二十九两四钱。原额州马五匹,每匹日食草料银五分,一年共食银九十两外,修理鞍屉药油等项银五两。”

案:陇州州驿,明代置,次冲僻递。在今陕西省宝鸡市陇县城。

10. 长宁驿

《置驿三》:“长宁驿,马二十八匹,马夫十五名半,扛夫十六名。”

雍正《陕西通志》卷36《驿传》:“陇州长宁驿,州西一百一十里,驿丞管理,西至清水县界十里。”

乾隆《凤翔府志》卷2《建置》:“长宁驿,州西一百一十里。”

乾隆《陇州续志》卷5《职官》:“长宁驿,康熙二十五年设立驿丞,专司驿务。乾隆二十一年,奉文裁汰驿丞,以陇州州同移驻长宁驿。

《嘉庆重修一统志》卷236凤翔府二:“长临驿,在陇州西百十里关山上。旧有驿丞,本朝裁驿丞,移州同驻此。西至甘肃秦州清水县九十里。”

案:长宁驿,亦作长临驿,明代置,次冲僻递。在今陕西省宝鸡市陇县西南。

（七）汉中府属二十一驿

1. 南郑县县驿

《置驿三》："南郑县县驿，马十四匹，马夫四名半，扛夫十二名。"

雍正《陕西通志》卷36《驿传》："汉中府南郑县汉阳驿，在城，知县管理。东至城固县七十里。"

乾隆《南郑县志》卷3《驿传》："汉阳驿，旧设驿丞一员。康熙三十九年，裁汰，归县管理。额设马九匹，又县马五匹，马夫四名半。又额设扛夫十二名"

《嘉庆重修一统志》卷："汉阳驿，在南郑县西。又西二十里达褒城县界。"

案：南郑县县驿，在今陕西省汉中市汉台区。

2. 留坝厅留坝驿

《置驿三》："留坝驿，马五十一匹，马夫二十五名半，扛夫八十名，协济长武马八匹，马夫四名。"

雍正《陕西通志》卷36《驿传》："凤县留坝驿，县南一百九十里，驿丞管理，南至武关驿四十里。"

道光《凤县志》卷之《建置》："留坝驿驿丞，兼摄司狱事，在县西南一百九十里，额马五十四匹。"

民国《汉南续修郡志》卷12《驿递》："原额留坝驿马五十四匹，马夫二十七名，岁支夫马工料银一千七百三十五两二钱。"

案：留坝厅留坝驿，明代置，极冲大驿。在今陕西省汉中市留坝县县城。此地明代至清初属凤州所管辖之留坝巡检司，驻柴关岭。乾隆时改设留坝厅，嘉庆时厅治移至留坝。

3. 松林驿

《置驿三》："松林驿，马五十一匹，马夫二十五名，协济永寿马五匹，马夫二名半。"

雍正《陕西通志》卷36《驿传》："凤县松林驿，县南一百一十里，驿丞管理，南至留坝驿八十里。"

《嘉庆重修一统志》卷238汉中府二："松林驿，在留坝厅西北七十五里，有驿丞，今裁。"

道光《留坝厅志》卷1《疆域图》："松林驿，西北七十五里。"

民国《汉南续修郡志》卷7《驿传》："松林驿，厅西北六十五里。"

案：松林驿，明代置，极冲大驿。在今陕西省宝鸡市凤县东南之松林谭。原属凤县，乾隆二十一年，改归留坝厅。据《清高宗实录》卷524载，乾隆二十一年十月丁丑，“兵部议准：署陕西巡抚卢焯奏驿站事宜。一、汉中府留霸通判，并非正印，未便兼管夫马钱粮。其所属之松林驿，附近凤县。武关驿，附近褒城。应分归管理。一、汉中九属，惟南郑附府事繁，余均属中简应各减皂隶一名。拨给草凉、三岔、武关、青桥四驿。一、汉属九驿，应各添弓兵一名，工食在司库公用银内支给。各驿丞养廉每员酌给银八十两，在该州县额设养廉内支销。一、九驿驿丞，俱系兼管巡检，应铸给兼管各关防并移驻驿站地方。一、长宁驿旧署残毁，东河驿向无衙署，应分别修建。从之”。

4. 武关驿

《置驿三》：“武关驿，马五十匹，马夫二十五名，协济邠州马八匹，马夫四名。”

雍正《陕西通志》卷36《驿传》：“凤县武关驿，县南二百三十里，驿丞管理，南至褒城县马道驿五十里。”

《嘉庆重修一统志》卷238汉中府二：“武关驿，在留坝厅南四十里武休关。本朝乾隆三十八年设驿丞。”

道光《凤县志》卷之《建置》：“武关驿，在县南二百四十里。额马五十四匹。乾隆二十四年，裁汰清风阁驿驿丞二员，武关驿驿丞一员。”

民国《汉南续修郡志》卷7《驿传》：“武关驿，厅南五十里。”

案：武关驿，明代置，极冲大驿。在今陕西省汉中市留坝县南之武关驿镇。

5. 褒城县开山驿

《置驿三》：“褒城县开山驿，马五十匹，马夫二十五名，扛夫七十名。”

雍正《陕西通志》卷36《驿传》：“褒城县开山驿，附城，知县管理，南至南郑县四十里，西至沔县黄沙驿五十里。”

《嘉庆重修一统志》卷238汉中府二：“开山驿，在褒城县治西。明初置。东南接南郑县汉阳驿，西南接沔县黄沙驿。”

道光《褒城县志》卷1《疆域图考》：“开山驿，在本城，旧在城东。”

案：褒城县开山驿，明代置，极冲大驿。在今陕西省汉中市勉县东之褒城镇。褒城县自古有之，宋代始治褒城镇，明清袭之。1958年，褒城县被撤销，属地分别划入汉中市和勉县。

6. 青桥驿

《置驿三》：“青桥驿，马五十四匹，马夫二十七名。”

《读史方舆纪要》卷56褒城县：青桥驿“在县北五十里。又北四十里为马道驿”。

雍正《陕西通志》卷36《驿传》：“褒城县青桥驿，县北五十里，驿丞管理，南至开山驿五十里。”

《嘉庆重修一统志》卷238汉中府二：“青桥驿，在褒城县北六十里。明初置，旧有驿丞，乾隆四十七年裁。南至开山驿五十里，北至马道驿四十里。”

道光《褒城县志》卷1《疆域图考》：“青桥驿，城北五十里。”

案：青桥驿，明代置，极冲大驿。在今陕西省汉中市留坝县南约48公里处之青桥驿镇，南距汉中市约35公里，因驿站得名。

7. 马道驿

《置驿三》：“马道驿，马五十匹，马夫二十五名，协济永寿马四匹，马夫二名。”

《读史方舆纪要》卷56褒城县“黄草山”条下：“又有马道山在县北九十里，马道水出焉，注于褒水。又有马道驿，旧有桥，曰樊桥，相传樊哙所创云”。

雍正《陕西通志》卷36《驿传》：“褒城县马道驿，县北九十里，驿丞管理，南至青桥驿四十里。”

《嘉庆重修一统志》卷238汉中府二：“马道驿，在褒城县北一百里，明初置。北至凤县武关驿五十里，今有驿丞。”

道光《褒城县志》卷1《疆域图考》：“马道驿，城北九十里。”

案：马道驿，明代置，极冲大驿。在今陕西省汉中市留坝县南之马道镇。马道镇因驿得名，为秦岭栈道必经之地。

8. 城固县县驿

《置驿三》：“城固县县驿，马二匹，马夫一名。”

雍正《陕西通志》卷36《驿传》：“城固县，东至洋县五十里。”

案：城固县县驿，在今陕西省汉中市城固县城。

9. 洋县县驿

《置驿三》：“洋县县驿，马二匹，马夫一名。”

雍正《陕西通志》卷36《驿传》：“洋县，东南至西乡县一百二十里。”

案：洋县县驿，在今陕西省汉中市洋县城。

10. 西乡县茶溪镇驿

《置驿三》：“西乡县茶溪镇驿，马三匹，马夫一名半。”

雍正《陕西通志》卷36《驿传》：“西乡县并茶溪镇，东北至茶溪镇九十里。又至石泉县一百二十里。"

道光《西乡县志》卷1《关隘》:"茶溪镇,县东百里,即茶镇。"卷2《铺舍》:"驿传无。"

案:西乡县茶溪镇驿,今陕西省西乡县东一百十里之茶镇。

又案:"茶溪镇"之名,应为《会典事例》之误。谭图在西乡县东与汉阴厅石泉县边界处标有"茶镇"。又据《清穆宗实录》卷89,同治二年十二月丙申,"以陕西石泉、茶镇堵剿出力。予守备萧禄等升叙"。又据《清会典事例》卷676:"西乡县额设在城、三郎、白沔、茶镇、古溪、桑园、堰口、辛家坝、葛家河、杨家山十铺。"可知,茶溪镇应为"茶镇"之误。

11. 凤县梁山驿

《置驿三》:"凤县梁山驿,马五十匹,马夫二十五名,扛夫八十名。"

雍正《陕西通志》卷36《驿传》:"凤县梁山驿,在城,知县管理,南至三岔驿五十里。"

《嘉庆重修一统志》卷238汉中府二:"梁山驿,在凤县治东南。"

光绪《凤县志》卷2《建置》:"梁山驿,在治内,知县兼辖。"

案:凤县梁山驿,今陕西省宝鸡市凤县东北之凤州镇。凤县地处交通要道,西接甘肃秦州,北靠秦岭,向南可入四川,古栈道贯通全境。

12. 草凉驿

《置驿三》:"草凉驿,马五十四匹,马夫二十七名。"

雍正《陕西通志》卷36《驿传》:"汉中府凤县草凉驿,县东北七十里,驿丞管理,西南至梁山驿七十里。"

《嘉庆重修一统志》卷238汉中府二:"草凉驿,在凤县东六十里,有驿丞。又东七十里,接宝鸡县之东河桥驿。"

光绪《凤县志》卷2《建置》:"草凉驿,在东路去城七十里,驿丞分防,去宝鸡之东河驿七十里。"

案:草凉驿,在今陕西省宝鸡市凤县东北红花铺镇之草凉驿村。

13. 三岔驿

《置驿三》:"三岔驿,马五十匹,马夫二十五名,协济永寿马五匹,马夫二名半。"

雍正《陕西通志》卷36《驿传》:"凤县三岔驿,县南五十里,驿丞管理,南至松林驿六十里。"

《嘉庆重修一统志》卷238汉中府二:"三岔驿,在凤县南五十里,有驿丞。"

光绪《凤县志》卷2《建置》:“三岔驿,在南路,去城六十里。嘉庆间移废邱关驿丞分防,去留坝之松林驿五十五里。”

案:三岔驿,在今陕西省宝鸡市凤县东南之留凤关镇三岔村。原有三岔镇,古称“三岔驿”,位于凤县西南端,距县城28公里。

14. 宁羌州柏林驿

《置驿三》:“宁羌州柏林驿,马四十三匹,马夫二十一名半,扛夫七十名。”

雍正《陕西通志》卷36《驿传》:“宁羌州柏林驿,附城,知州管理,西南至黄坝驿六十里。”

《嘉庆重修一统志》卷238汉中府二:“柏林驿,在宁羌州治北。”

道光《续修宁羌州志·驿站》:“柏林驿,州北十里。”

案:宁羌州柏林驿,在今陕西省汉中市宁强县汉源街道北柏林驿村。

15. 宽川驿

《置驿三》:“宽川驿,马四十三匹,马夫二十一名半。”

道光《续修宁羌州志·驿站》:“宽川驿,在州城北。”

民国《汉南续修郡志》卷8《公署》:“宽川驿,在州城北。”

案:宽川驿,在今陕西省汉中市宁强县北之宽川乡(现已并入大安镇)。

又案:疑《会典事例》之置驿中,将宽川驿与大安驿误混。

光绪《清会典事例》卷657,置驿有“宽川驿,马四十三匹。马夫二十一名半;黄坝驿。马四十三匹。马夫二十一名半”。但光绪《清会典事例》卷699:“五十里至沔县黄沙驿。四十里至沔县顺政驿。九十里至沔县大安驿。九十里至宁羌州柏林驿。四十五里至宁羌州黄坝驿。”驿程中有大安驿,无宽川驿。

谭图亦标为“大安驿”。

又据光绪《清会典事例》卷685:“(乾隆)三十八年覆准:陕西省将大安驿移改附近沔县之青羊峡地方,并于宽川铺添设一驿,其宽川驿应需夫马及工料银两等项,在于柏林、黄坝、顺政、黄沙、大安等五驿额设马匹内均匀抽拨。每驿一律安设马四十三匹,夫二十一名半,应支夫马工料修理倒马闰月等银,饬令各驿照安设夫马数目支领报销。”

又据《清穆宗实录》卷323,同治十年十一月“丙申,谕军机大臣等:前因川省防务紧要,经吴棠奏准将陕西汉中镇总兵李辉武暂留川省带队,驻扎大安驿,以固边防”。可知大安驿在晚清仍然沿用。但宽川驿在实录中没有出现。

故，似应为大安驿更妥。附近又大安关，故此得名。

16. 黄坝驿

《置驿三》:“黄坝驿，马四十三匹，马夫二十一名半。”

雍正《陕西通志》卷36《驿传》:“宁羌州黄坝驿，州西南六十里，驿丞管理，接四川省广元县界。”

《嘉庆重修一统志》卷238汉中府二:“黄坝驿，在宁羌州西南八十里，有驿丞。南至四川保宁府广元县神山驿四十里，今有把总分驻。”

道光《续修宁羌州志·驿站》:“黄坝驿，州西五十里。”

案：黄坝驿，在今陕西省汉中市宁强县西南黄坝驿乡(现已并入汉源镇)。黄坝驿位于汉中西南端，过七盘关即入四川。位置重要，专置驿丞、把总管理。

17. 沔县顺政驿

《置驿三》:“沔县顺政驿，马四十三匹，马夫二十一名半，扛夫七十名。”

雍正《陕西通志》卷36《驿传》:“沔县顺政驿，附城，知县管理，西北至略阳县一百九十里，西南至大安驿九十里。”

《嘉庆重修一统志》卷238汉中府二:“顺政驿，在沔县治西。”

光绪《沔县志》卷2《建置》:“顺政驿在本城。”

案：沔县顺政驿，今陕西省汉中市勉县西5公里处之武侯镇。明清沔县治所在武侯镇，现称“老城”。

18. 青羊驿

《置驿三》:“青羊驿，马四十三匹，马夫二十一名半。”

雍正《陕西通志》卷16《关梁一》:“青羊驿镇，在县西六十里。”

《嘉庆重修一统志》卷238汉中府二:“青羊驿，在沔县西六十里，南接大安，西通阳平，今废。本朝乾隆三十八年，移设县丞，嘉庆十三年裁。”

光绪《沔县志》卷2《建置》:“青羊驿，在县西六十里。”

案：青羊驿，在今陕西省汉中市勉县新铺镇原有青羊驿镇，后并入新铺镇。

19. 黄沙驿

《置驿三》:“黄沙驿，马四十三匹，马夫二十一名半，协济邠州马八匹，马夫四名。”

雍正《陕西通志》卷36《驿传》:“沔县黄沙驿，县东四十里，驿丞管理，西至顺政驿四十里。”

《嘉庆重修一统志》卷238汉中府二:“黄沙驿，在沔县东四十里，明代置，本朝初设驿丞,乾隆十五年裁。北至褒城县开山驿五十里。”

光绪《沔县志》卷2《建置》:“黄沙驿,在县东四十里。”

案:黄沙驿,明代置。在今陕西省汉中市勉县东之周家山镇黄沙街。

20. 略阳县略阳驿

《置驿三》:“略阳县略阳驿,马二匹,马夫一名。”

雍正《陕西通志》卷36《驿传》:“略阳县,西至阶州界一百一十里,北至徽县界一百三十里。”

光绪《重修略阳县志》卷2《驿铺》:“略阳县,驿站一所,青坭岭驿,驿在县北一百八十里,唐置,今废,止在县城额设递马一十八匹。”

案:略阳县略阳驿,在今陕西省汉中市略阳县城。略阳县地处陕甘川三省交界地带,位于嘉陵江东岸,向西过江即入甘肃康县境。向南顺江而下即入四川。自古为战略要地。

21. 定远厅厅驿

《置驿三》:“定远厅,厅驿,马二匹,马夫一名。”

(清)余修凤撰,光绪《定远厅志》卷7《赋役志·解支》:“班城驿,号马二匹马夫二名,岁支工料银四十七两,遇闰加银三两七钱五分。”

光绪《定远厅志》卷一《沿革》:“嘉庆七年,析西乡县二十四地为定远厅,属汉中府,建固县坝平溪山之麓。谨案,郡志引天下名胜志载,西乡县南三百五十里,为汉定远侯班超封邑,西乡志曰,邑南二百里有定远城。又曰平西城。南郑志曰封超于南郑之西乡,是汉时南郑之境直跨西乡。郦道元水经注,洋水发源星子山,自巴山东北经平阳城入汉江,此后魏洋州洋川郡之所由名也。隋初开皇及大业间州郡并废。唐天宝初,复洋州,移治兴道县,而西乡遂为外邑。意今之洋县,即兴道县耶。武德七年,置洋源县,在今西乡县东,亦曰古城堡。又通鉴注,定远县属汉中郡,故城在西乡县治南,寻废。而郡国志乃未载有汉中定远县名。寰宇记云,西乡县南十五里,平阳故城是也。代远年湮,所指不一,附著诸说以俟博雅折衷。”

案:定远厅厅驿,在今陕西省汉中市镇巴县城。定远城为汉定远侯班超封邑,亦称班城,清代置厅,驿在城内,位于汉中府东南边缘,向南过盐场关进入四川。

(八)兴安府属七驿

1. 安康县县驿

《置驿三》:“安康县县驿,马六匹,马夫三名。”

乾隆《兴安府志》卷5《建置志·驿传》:“今安康县额设递马八匹,岁支银一百六十五两六钱。马夫四名,岁支银四十一两四钱。”

案:安康县县驿,在今陕西省安康市汉滨区。

2. 汉阴厅厅驿

《置驿三》:“汉阴厅厅驿,马二匹,马夫一名。”

雍正《陕西通志》卷36《驿传》:“汉阴县,西至石泉县九十里。”

案:汉阴厅厅驿,在今陕西省安康市汉阴县城。

3. 平利县县驿

《置驿三》:“平利县县驿,马二匹,马夫一名。”

雍正《陕西通志》卷36《驿传》:“平利县总铺,在城内。”

乾隆《兴安府志》卷5《建置志·驿传》:“平利县,额设递马二匹,岁支银四十六两八钱,马夫一名,岁支银十两八钱。……平利县总铺,在城内。

案:平利县县驿,在今陕西省安康市平利县城。

4. 洵阳县县驿

《置驿三》:“洵阳县县驿,马二匹,马夫一名。”

雍正《陕西通志》卷36《驿传》:“洵阳县,西至兴安州一百三十五里。”

乾隆《兴安府志》卷5《建置志·驿传》:“洵阳县,额设递马一十二匹,马夫六名,岁支银二百八十二,内拨边塘马九匹,马夫四名半。雍正七年,裁马一匹,马夫半名,裁银二十三两五钱。《县册》:额设递马二匹,岁支银三十六两,马夫一名,岁支银九两。”

案:洵阳县县驿,在今陕西省安康市旬阳县城。

5. 白河县县驿

《置驿三》:“白河县县驿,马二匹,马夫一名。”

雍正《陕西通志》卷36《驿传》:“白河县总铺,河街底塘城西三里。”

乾隆《兴安府志》卷5《建置志·驿传》:“白河县,额设马二匹,岁支银五十四两,马夫一名,岁支银十两八钱。”

案:白河县县驿,在今陕西省安康市白河县城。白河东接湖北,隔汉江与湖北省郧西县相望,向东出巴山入湖广。

6. 紫阳县县驿

《置驿三》:“紫阳县县驿,马二匹,马夫一名。”

雍正《陕西通志》卷36《驿传》:“紫阳县总铺,在城内。”

乾隆《兴安府志》卷5《建置志·驿传》:“(紫阳县县驿)额设马二匹,岁支银五十三两五钱五分,马夫一名,岁支银一十八两。”

案:紫阳县县驿,在今陕西省安康市紫阳县城。

7. 石泉县县驿

《置驿三》:“石泉县县驿,马二匹,马夫一名。”

雍正《陕西通志》卷36《驿传》:“石泉县,西至洋县二百三十里,西南至西乡县二百一十里。”

雍正《陕西通志》卷36《驿传》:“石泉县总铺,在城内。”

乾隆《兴安府志》卷5《建置志·驿传》:“石泉县,额设递马一十八匹,马夫九名,岁支银四百二十三两,内拨边塘马一十五匹,马夫七名半。雍正七年,裁马一匹,马夫半名,裁银二十三两五钱。《县册》:额设马二匹,岁支银三十六两,马夫一名,岁支银九两。”

案:石泉县县驿,在今陕西省安康市石泉县城。

又案:兴安府位于汉江上游,所属石泉、紫阳、安康、洵阳、白河各县均依次在汉江沿岸,向东出巴山进入湖北,直通湖广。

又案:光绪九年,兴安府增设砖坪厅厅驿,马二匹,马夫一名。

(九)延安府属十八驿

1. 肤施县县驿

《置驿三》:“肤施县县驿,马九匹,马夫四名半。”

康熙《陕西通志》卷15《马政·驿传附》:“肤施县金明驿,设驴二十五头,夫十一名。岁支银四百三十四两六钱一分五厘。”

雍正《陕西通志》卷36《驿传》:“肤施县金明驿,在城西,知县管理,东北至延长县干谷驿八十里,西北至安塞驿四十里。”

《嘉庆重修一统志》卷234延安府二:“金明驿,在肤施县治西北。明宏(弘)治中移此。东北至延长县干谷驿八十里。”

嘉庆《重修延安府志》卷48《刑略五》:“肤施县,在城金明驿,东至干谷驿。”

案:肤施县县驿,在今陕西省延安市宝塔区。自唐宋以至明清,肤施县一直为延安所辖首县,现为延安市主市区。

2. 安塞县县驿

《置驿三》:“安塞县县驿,马八匹,马夫四名。”

康熙《陕西通志》卷15《马政·驿传附》:“安塞县县马,设驴十头,夫六名,岁支银一百九十一两一钱二分六厘。”

雍正《陕西通志》卷36《驿传》:“延安府安塞县,知县管理,西北至保安县园林驿九十里。”

嘉庆《重修延安府志》卷48《刑略五》:“安塞县,东至金明驿。”

民国《安塞县志》卷5《驿站》:“治城新乐驿,额设驿马四匹,马夫二名。”

案:安塞县县驿,在今陕西省延安市安塞县沿河湾镇碟子沟村。

3. 甘泉县县驿

《置驿三》:“甘泉县县驿,马九匹,马夫五名。”

康熙《陕西通志》卷15《马政·驿传附》:“甘泉县抚安驿,设驴二十五头,夫十一名,岁支银四百二十九两八钱九分。”

雍正《陕西通志》卷36《驿传》:“甘泉县抚安驿,在城,知县管理,北至肤施县金明驿九十里。”

《嘉庆重修一统志》卷234延安府二:“抚安驿,在甘泉县治西北。明洪武初置。南至鄜州鄜城驿九十里。”

嘉庆《重修延安府志》卷48《刑略五》:“甘泉县,在城抚安驿,南至鄜城驿。”

嘉庆《甘泉县续志》卷3《驿站》:“驿站,裁驿丞一员。前志:额设马四十匹,马夫二十四名,后加马二十匹,马夫十二名,载在乾隆四十年《赋役全书》。后又奉文减马十五匹,马夫八名。现在设马四十五匹,马夫二十八名。凡逢有大差,仍照原额详咨补设,俟差竣仍归裁减之数。”

案:甘泉县县驿,在今陕西省延安市甘泉县城。

4. 保安县县驿

《置驿三》:“保安县县驿,马四匹,马夫二名。”

康熙《陕西通志》卷15《马政·驿传附》:“保安县园林驿,设驴一十五头,夫八名,岁支银二百七十五两八钱八分九厘。

雍正《陕西通志》卷36《驿传》:“保安县园林驿,县东八十里,驿丞管理,北至杏子城五十里。”

《嘉庆重修一统志》卷234延安府二:“园林驿,在保安县东八十里。明成化中置。北至杏子城五十里。旧有驿丞,今裁。”

嘉庆《重修延安府志》卷48《刑略五》:“保安县,在城园林驿,东至金明驿。”

咸丰《保安县志》卷2《驿传》:“额设马七匹,分拨本城与新集两驿,每马日支草料银六分,马夫三名半,每名日支银三分。"

案:保安县县驿,在今陕西省延安市志丹县县城。

5. 杏子城驿

《置驿三》:"杏子城驿,马三匹,马夫一名半。"

雍正《陕西通志》卷36《驿传》:"保安县杏子城,县东北八十里,北至靖边县一百二十里。"

《嘉庆重修一统志》卷234延安府二:"又杏子城,在县东北八十里,北至靖边县一百二十里。"

嘉庆《重修延安府志》卷9《疆界》:"杏子城,在县东北八十里。"

咸丰《保安县志》卷2《建置志》:"杏子城,在县东北八十里。"

案:杏子城驿,在今陕西省延安市志丹县北之杏河镇城台村。杏子城自宋代得名,亦有杏子河在附近,明代在其北设杏子堡。

6. 安定县县驿

《置驿三》:"安定县县驿,马二匹,马夫一名。"

康熙《陕西通志》卷15《马政·驿传附》:"安定县县马,设驴十头,夫六名,岁支银六十四两八钱。"

雍正《陕西通志》卷36《驿传》:"安定县总铺,在城。"

嘉庆《重修延安府志》卷48《刑略五》:"安定县,东南至金明驿。"

道光《安定县志》卷2《建置志二·兵防》:"原额驿用银六十一两,在钱二分七厘。递马二匹,日支草料银六分八厘三毫零,岁共支银四十九两一钱九分一厘。马夫一名,每日支工食银二分七厘六毫零,岁共支银九两九钱六分九厘。外备补修鞍屉药油等银二两三钱六分七厘。"

案:安定县县驿,在今陕西省延安市子长县西15公里之安定镇。安定镇原为安定县治所在,1942年安定县更名为子长县,县治迁瓦窑堡。

7. 宜川县县驿

《置驿三》:"宜川县县驿,马二匹,马夫一名。"

康熙《陕西通志》卷15《马政·驿传附》:"宜川县县马,设驴一十五头,夫八名,岁支银二百七十五两八钱八分九厘。"

雍正《陕西通志》卷36《驿传》:"宜川县总铺,在城内。"

嘉庆《重修延安府志》卷48《刑略五》:"宜川县,西至抚安驿。"

案:宜川县县驿,在今陕西省宜川县城。

8. 延长县县驿

《置驿三》:"延长县县驿,马九匹,马夫五名。"

康熙《陕西通志》卷15《马政·驿传附》:"延长县干谷驿,设驴二十五头,夫十一名,岁支银四百三十四两六钱一分五厘。"

雍正《陕西通志》卷36《驿传》:"延长县干谷驿,县西七十里,知县管理,东北至延川县文安驿八十里。"

乾隆《延长县志》卷2《建置志·驿铺》:"干谷驿,在县西七十里,至肤施金明驿八十里。"

《嘉庆重修一统志》卷234延安府二:"干谷驿,在延长县西七十里干谷市。明洪武初置,天顺中筑城,东北至延川县文安驿八十里。"

嘉庆《重修延安府志》卷48《刑略五》:"延长县,西至干谷驿。"

案:延长县县驿,在今陕西省延安市宝塔区甘谷驿镇。

9. 延川县县驿

《置驿三》:"延川县县驿,马九匹,马夫五名。"

康熙《陕西通志》卷15《马政·驿传附》:"延川县文安驿,设驴二十五头,夫十一名,岁支银四百三十四两六钱一分五厘。"

雍正《陕西通志》卷36《驿传》:"延川县文安驿,县西三十里,知县管理,北至清涧县奢延驿六十里。"

《嘉庆大一统志》卷234延安府二:"文安驿,在延川县西三十里。明正统中置。嘉靖中筑堡。北至清涧奢延驿六十里。"

嘉庆《重修延安府志》卷48《刑略五》:"延川县,西至文安驿。"

道光《重修延川县志》卷2《驿递》:"今驿石窑三孔,厨房、马房、马棚各一,额设驿马九匹,马夫五名。"

案:延川县县驿,在今陕西省延安市延川县县城。延川县东与山西隔黄河相望,有延水关。

10. 定边县定边堡

《置驿三》:"定边县定边堡,马二十五匹,马夫十二名半,驴易马五匹,马夫二名半。"

雍正《陕西通志》卷36《驿传》:"定边县,知县管理,西至花马池四十里,接宁夏府界。"

嘉庆《重修延安府志》卷42《驿传》:定边县定边堡,原额塘站并不敷,加增银八百九十六两八钱四分八厘。马六匹……塘站马十九匹……马夫十二名……驴易马五匹……马夫二名半。”卷8《刑略五》:“定边县,南至园林驿。”

嘉庆《定边县志》卷2《邮驿》:“邮驿,自靖边、宁条、梁西四十里铺驿,铺系夷地,驿故在柳树涧,康熙年间圣祖西巡经此即其地为驿道,今因之,设台站把总。接递往来文报,由此若递解人犯,仍从柳树涧内地驿行走。二十里至二十里铺腰站,又二十里至安边驿,又二十里至陡沟腰站,又二十里至砖井驿,又二十里至元墩子腰站,又二十里至定边,设台站把总,又二十里至盐场堡驿,又四十里至甘肃花马池。”

案:定边县定边堡,在今陕西省榆林市定边县城。明代置堡,清代设县。捷报处塘站专线过此即入甘肃花马池,亦为甘省入陕门户。

11. 砖井堡

《置驿三》:“砖井堡,马二十五匹,马夫十二名半,驴易马五匹,马夫二名半。”

雍正《陕西通志》卷16《关梁一》:“砖井堡,在定边东五十里,南至新兴堡五十里,北至大边一里东至旧安边四十里。宋盐州地,旧新兴堡,有古井以砖砌,因名。”卷36《驿传》:“砖井堡,知县管理,西至定边县五十里。”

乾隆《河套志》卷3《延绥镇所属沿河套南边城堡》:“砖井堡,东三十里。”

嘉庆《定边县志》卷4《户口》:“砖井堡,离县城四十里。”

《嘉庆重修一统志》卷234延安府二:“明正统二年置,……城在平川,周三里二百五十步,门二,为极冲上地。今有守备驻守。”又同卷:“砖井堡,在定边县东四十里。”

案:砖井堡,明代置,在今陕西省榆林市定边县东四十里之砖井镇。

12. 安边堡

《置驿三》:“安边堡,马二十五匹,马夫十二名半,驴易马五匹,马夫二名半。”

雍正《陕西通志》卷36《驿传》:“安边堡,知县管理,西至砖井堡四十里。”

乾隆《河套志》卷3《延绥镇所属沿河套南边城堡》:“安边营,东四十里。”

嘉庆《定边县志》卷4《户口》:“安边堡,离县城九十里。”

《嘉庆重修一统志》卷234延安府二:“安边堡,在定边县东一百里,亦名旧安边营。东至柳树涧四十里,北至边界一里。地名深井。”

案:安边堡,在今陕西省榆林市定边县东约一百里处之安边镇。

13. 柳树涧堡

《置驿三》:“柳树涧堡,马十六匹,马夫八名,驴易马九匹,马夫四名半。”

雍正《陕西通志》卷 16《关梁一》:“柳树涧堡,在定边东一百四十里,南至永济堡三十里,北至大边一里,东至宁塞堡四十里。地有柳树涧因名。”

乾隆《河套志》卷 3《延绥镇所属沿河套南边城堡》:“柳树涧堡,东四十里。”

嘉庆《定边县志》卷 4《户口》:“柳树涧堡,离县城一百七十里。”

《嘉庆重修一统志》卷 234 延安府二:“柳树涧堡,在定边县东一百四十里。东至安塞堡四十里,南至永济堡三十里,北至边界一里。地有柳树涧,因名。明天顺初置,成化中余子俊移守永济。嘉靖三十七年,巡抚董威修复旧堡,自永济移守于此。城在山上,周三里有奇,门二。为极冲中地。今有守备驻守”。

案:柳树涧堡,也称三十里井站,在今陕西省榆林市定边县赫滩镇柳树涧村。

14. 靖边县龙州堡

《置驿三》:“靖边县,龙州堡,马二十匹,马夫十名,驴易马五匹,马夫二名半。”

雍正《陕西通志》卷 16《关梁一》:“龙州堡,在靖边东一百二十里,南至安塞县三百余里,北至大边五里,东至清平堡三十五里。汉为龙州,宋夏州石堡砦为范仲淹哨马营。”

乾隆《河套志》卷 3《延绥镇所属沿河套南边城堡》:“龙州城堡,东三十里。”

《嘉庆重修一统志》卷 234 延安府二:“龙州堡,在靖边县东北一百二十里。东至清平堡三十五里,北至边界五里。明成化五年巡抚王锐建。城在平地,周二里二百十六步,门二,四面深沟。东西俱通边外要路,为极冲中地。今有把总分防”。

光绪《靖边县志》卷 1《建置志》:“龙州堡,今在治东四十里。……同治六年遭回匪攻陷,全毁。”

案:靖边县龙州堡,在今陕西省榆林市靖边县东南四十里龙洲镇龙洲村。

15. 镇靖堡

《置驿三》:“镇靖堡,马十五匹,马夫七名半,驴易马五匹,马夫二名半。”

雍正《陕西通志》卷 16《关梁一》:“镇靖堡,在靖边东八十里,南至安塞县三百里,北至大边二里,东至龙州城四十里。宋夏州地,后为白滩儿。”

乾隆《河套志》卷 3《延绥镇所属沿河套南边城堡》:“镇靖堡营,东四十里。”

《嘉庆重修一统志》卷 234《延安府二》:镇靖堡“在靖边县东北八十里……地名白滩儿,亦名白塔涧口,明初守安塞县塞门。成化三年,尚书王复移于榆林庄,改名镇靖,后又移此。城在山畔,周四里余,门二,北临快滩河,为极冲中地。今有都司驻守”。

案：镇靖堡，在今陕西省榆林市靖边县南之镇靖乡。清代曾为靖边县治，现存有镇靖堡遗址。

16. 镇罗堡

《置驿三》："镇罗堡，马二十匹，马夫十名，驴易马五匹，马夫二名半。"

雍正《陕西通志》卷16《关梁一》："镇罗堡，在靖边东四十里，东南至安塞县三百里，北至大边一里，东至镇靖堡四十里。"

乾隆《河套志》卷3《延绥镇所属沿河套南边城堡》："镇罗堡，东四十里。"

《嘉庆重修一统志》卷234 延安府二："镇罗堡，在靖边县东北四十里，东至镇靖堡四十里，东南至安塞县三百里，北至边界一里。本名鱼口砦。明万历十八年增置。城在平川，周三百七十丈，门二，为极冲中地。今有把总分防。"

光绪《靖边县志》卷1《建置志》："镇罗堡，即镇鲁堡，明代建筑，在今治西四十里。城设平川，极冲中地……同治六年，遭乱全毁。"

案：镇罗堡，明代置，在今陕西省榆林市靖边县南之杨米涧镇罗堡村。

17. 靖边堡

《置驿三》："靖边堡，马二十匹，马夫十名，驴易马三匹，马夫一名半。"

雍正《陕西通志》卷3《建置第二》："靖边堡，盖取绥靖边疆之意，县因堡名也。"

乾隆《河套志》卷3《延绥镇所属沿河套南边城堡》："靖边营，东四十里。"

嘉庆《重修延安府志》卷3《沿革表》：靖边县"乾隆八年，移属延安府，县治在故靖边堡，在府西北三百里"。

道光《榆林府志》卷2《沿革表》："靖边堡，成化中置。"

案：靖边堡，明代置，在今陕西省榆林市靖边县城。

18. 宁塞堡

《置驿三》："宁塞堡，马十七匹，马夫八名半，驴易马五匹，马夫二名半。"

雍正《陕西通志》卷16《关梁一》："宁塞堡，在靖边西四十里，南至保安县一百八十里，北至大边三里，宋夏州地旧属栲栳城。"

乾隆《河套志》卷3《延绥镇所属沿河套南边城堡》："靖边县宁塞堡，东四十里过大湖弯石碑涧。"

《嘉庆重修一统志》卷234 延安府二："宁塞堡，在靖边县西四十里。东南至保安县一百八十里，北至边界三里。宋栲栳城地。"

光绪《靖边县志》卷1《建置志》："宁塞堡，即古栲栳城，在今治西南一百二十里。明成化十一年(1475)置,……系极冲中地。周围凡四里三分,楼铺一十八座。隆庆六年(1572)加高,万历六年(1578)砖砌牌墙垛口。”

案:宁塞堡,明代置,在今陕西省榆林市靖边县西南中山涧镇之石窑沟村,约在与吴旗县交界处。

(十)鄜州直隶州属四驿

1. 鄜州直隶州州驿

《置驿三》:“鄜州直隶州州驿,马九匹,马夫五名。”

康熙《陕西通志》卷6《公署》:“鄜城驿,在州治西南。”

康熙《鄜州志》卷2《驿铺》:“鄜城驿,旧在儒学西,既废,知州顾耿臣率驿丞方庭鼒买基创建,在西街。”

雍正《陕西通志》卷36《驿传》:“鄜州鄜城驿,在城,知州管理,北至延安府甘泉县抚安驿九十里。”

《嘉庆重修一统志》卷249鄜州直隶州:“鄜城驿,在州北关外。明洪武初置,在州治东南。宏(弘)治中,改置于此。北至延安府甘泉县抚安驿九十里。”

案:鄜州直隶州州驿,在今陕西省延安市富县县城。

2. 洛川县县驿

《置驿三》:“洛川县县驿,马九匹,马夫五名。”

康熙《鄜州志》卷2《驿铺》:“三川驿,在州南七十里,有城从来洛川县协应驿递,今将驿邮移洛川凤楼镇驿,官仍隶鄜州。”

雍正《陕西通志》卷36《驿传》:“洛川县三川驿,县西南四十里,知县管理,北至鄜州鄜城驿七十里。”

嘉庆《洛川县志》卷6《驿站》:“三川驿,在今治城内。……原建三川驿,在故三川县治与县境西进浩镇接壤,嗣废,三川县地并入鄜州,而三川驿如故。原设驿丞管理,雍正七年,裁汰三川驿丞,驿始归县附近管理,因移建凤栖铺堡城内,即今县治。驿地犹沿三川之名。旧额马骡四十匹,走递夫一百二十名,接递夫三十名,除额协并裁站外,额设号马一十五匹,马夫八名,内拨协边塘马六匹,马夫三名,应支驿用银奉解转发安边厅详存留实支。”

《嘉庆重修一统志》卷249鄜州直隶州:“三川驿,在洛川县城内。原在三川故城,后移于此。旧有驿丞,本朝雍正七年裁。北至鄜城驿七十里。”

案:洛川县县驿,在今陕西省延安市洛川县县城。

3. 中部县县驿

《置驿三》:“中部县县驿,马九匹,马夫五名。”

康熙《陕西通志》卷15《马政·驿传附》:“中部县翟道驿,设驴二十二头,夫十名,岁支银二百六十八两三钱。”

雍正《陕西通志》卷36《驿传》:“中部现翟道驿,县西北四十里,知县管理,北至洛川县三川驿七十里。”

嘉庆《续修中部县志》卷4《赋役》:“翟道驿原设驿丞一员,顺治十六年裁。”

《嘉庆重修一统志》卷249鄜州直隶州:“翟道驿,在中部县西北四十里。明洪武中置,北至三川驿七十里。”

案:中部县县驿,在今陕西省延安市黄陵县城。

4. 宜君县县驿

《置驿三》:“宜君县县驿,马九匹,马夫五名。”

康熙《陕西通志》卷6《公署》:“云阳驿,在县治东北。”

康熙《陕西通志》卷15《马政·驿传附》:“宜君县云阳驿,设驴二十五头,夫十一名,岁支银三百一十五两五钱九分。”

雍正《陕西通志》卷36《驿传》:“宜君县云阳驿,县东五里,知县管理。北至中部县翟道驿七十里。”

雍正《宜君县志》卷之《驿铺》:“云阳驿,在县东南,明洪武间建,顺治十六年,裁并归县驿废。”

嘉庆《重修延安府志》卷48《五军道里》:“独道驿七十里(至)云阳驿。”

《嘉庆重修一统志》卷249鄜州直隶州:“云阳驿,在宜君县东五里。明洪武中置,北至翟道驿七十里。”

案:宜君县县驿,在今陕西省铜川市宜君县城。

(十一)绥德直隶州属六驿

1. 绥德直隶州州驿

《置驿三》:“绥德直隶州州驿,马九匹,马夫四名半。”

康熙《陕西通志》卷15《马政·驿传附》:“绥德州青阳驿,设驴五十头,夫二十名,岁支银八百四十七两六钱三分。”

雍正《陕西通志》卷36《驿传》:“绥德州青阳驿,在城,知州管理,北至米脂县银川驿八十里,东北至义合驿六十里。”

《嘉庆重修一统志》卷250绥德直隶州："青阳驿，在州治南。明洪武初置，在城北。嘉靖中移城南。本朝顺治中移今所。东北至义合驿六十里，北至银川驿八十里。"

光绪《绥德直隶州志》卷2《驿递》："青阳驿，在州治东土地祠后。"

案：绥德直隶州州驿，在今陕西省榆林市绥德县城。

2. 义合驿

《置驿三》："义合驿，马九匹，马夫四名半。"

雍正《陕西通志》卷15《公署》："义合驿丞廨，在州东六十里。今俱裁缺。"卷36《驿传》："绥德州义合驿，岔道，知州管理，州东六十里。东至吴堡县河西驿六十里。"

《嘉庆重修一统志》卷250绥德直隶州："义合驿，在州东六十里，义合砦。明正统中置。东北至吴堡县河西驿六十里。"

光绪《绥德直隶州志》卷2《驿递志》："义合驿，在义合镇。"

案：义合驿，明代置。在今陕西省榆林市绥德县东之义合镇。金代曾设义合镇，元代裁。

3. 米脂县县驿

《置驿三》："米脂县县驿，马九匹，马夫四名半。"

康熙《陕西通志》卷6《公署》："银川驿，在州西六十里。"

康熙《陕西通志》卷15《马政·驿传附》："米脂县银川驿，设驴五十头，夫二十名，岁支银八百四十七两六钱三分。"

雍正《陕西通志》卷36《驿传》："米脂县银川驿，在城，知县管理，北至榆林县鱼河驿九十里。"

《嘉庆重修一统志》卷250绥德直隶州："银川驿，在米脂县治西一百步。明洪武初置。北至榆林府榆林县鱼河驿九十里。"

光绪《米脂县志》卷5《田赋志五·驿站》："县旧为圁川驿，今仍称。马号马九匹。南至绥德州青阳驿八十里，北至榆林县鱼河驿九十里"

案：米脂县县驿，在今陕西省榆林市米脂县城。北周、隋唐时置银州，亦曾称银川，元代改称米脂县。

4. 清涧县县驿

《置驿三》："清涧县县驿，马九匹，马夫五名。"

顺治《清涧县志》卷1《地理志》："奢延驿，旧在南门河外，初名清涧驿，洪武己未知县邵仲宝重修，因改今名。嘉靖乙丑河水漂没，改建于旧教场内，万历乙丑复为大水所推,驿官赁居民房,今裁。并奉冲僻册,设驴二十五头,夫十一名应递。”

雍正《陕西通志》卷36《驿传》:“清涧县奢延驿,在城,知县管理,北至石嘴驿七十里。”

《嘉庆重修一统志》卷250绥德直隶州:“奢延驿,在清涧县南五十步,旧曰清涧驿。明洪武中改名。北至石嘴驿七十里。”

道光《清涧县志》卷2《驿递》:“奢延驿,在县大门东。旧在南门河外,名清涧驿。明洪武乙未改今名。嘉靖乙丑河水漂没,改建于旧校场内。隆庆庚午复没于水,驿官赁民房以居,后缺裁。”

案:清涧县县驿,今陕西省榆林市清涧县城。奢延,古水名,黄河支流,上游称红柳河,进入绥德境内后称奢延水,即今之无定河。陕西榆林靖边县城北58公里处的红墩界乡白城子村,即在奢延水北岸,曾有汉代奢延城,亦即后来统万城建造之地。

5. 石嘴驿

《置驿三》:“石嘴驿,马九匹,马夫五名。”

雍正《陕西通志》卷36《驿传》:“清涧县石嘴驿,县北七十里,知县管理,北至绥德州青阳驿七十里。”

《嘉庆重修一统志》卷250绥德直隶州:“石嘴驿,在清涧县北七十里,明洪武初置,北至青阳驿七十里。”

道光《清涧县志》卷2《建置志》:“石嘴驿,在县北七十里。”

案:石嘴驿,明代置。在今陕西省榆林市清涧县北之石嘴驿镇。

6. 吴堡县县驿

《置驿三》:“吴堡县县驿,马九匹,马夫四名半。”

康熙《陕西通志》卷15《马政·驿传附》:“吴堡县河西驿,设驴五十头,夫二十名,岁支银八百四十七两六钱三分。”

雍正《陕西通志》卷36《驿传》:“吴堡县河西驿,县南二十五里,知县管理,东至黄河,接山西省永宁州青龙驿七十里。”

乾隆《绥德州直隶州志》卷2《城堡》:“河西驿,在城东一百二十里。”

《嘉庆重修一统志》卷250绥德直隶州:“河西驿,在吴堡县南二十五里,明正统初置。南至本州义合驿六十里,东至黄河接山西汾州府永宁州青龙驿七十里。”

案:吴堡县县驿,在今陕西省榆林市吴堡县东北之吴堡古城以南25里处。吴堡古城现存较好,位于今吴堡县宋家川镇(吴堡县政府所在地)北2.5公里黄河西岸山巅，是秦晋交通之要冲。

（十二）榆林府属二十二驿

1. 榆林县双山堡

《置驿三》："榆林县双山堡，马二十四，马夫十名，驴易马五匹，马夫二名半。"

雍正《陕西通志》卷16《关梁一》："双山堡，在榆林东少南七十里，南至葭州五十里，北至大边十里，东至建安堡四十里汉真乡县地。"

《嘉庆重修一统志》卷240榆林府二："双山堡，在榆林县东少南七十里，东至建安堡。四十里，东南至葭州五十里，北至大边十里。明正统二年筑水地湾寨，成化中巡抚余子俊移筑今堡。城在山冈，周三里九十步，门三，东北深沟，南面峻坡深壑，唯西稍平，为极冲中地。本朝初设都司驻守。乾隆四十七年裁，设有千总防守"

道光《榆林府志》卷6《建置志》："双山堡，在榆林县东少南七十里，南至葭州五十里，北至大边十里，东至建安堡四十里。"

案：榆林县双山堡，极冲，明代置。在今陕西省榆林市榆阳区麻黄梁镇之双山村。现存遗迹。

2. 常乐堡

《置驿三》："常乐堡，马二十五匹，马夫十二名半，驴易马五匹，马夫二名半。"

雍正《陕西通志》卷16《关梁一》："常乐堡，在榆林东三十里，南至葭州一百四十里，北至大边半里，东至双山堡四十里。汉榆溪地，名岔河儿。"卷36《驿传》："常乐堡，知县管理，东至双山堡四十里。"

《嘉庆重修一统志》卷240榆林府二："常乐堡，在榆林县东三十里。东至双山堡四十里，东南至葭州一百四十里，北至大边半里，地名岔河儿。明成化初，巡抚卢祥于今堡南二十里创筑。宏（弘）治二年，巡抚刘忠因其地沙碛无水，徙建于此。城在平川，周三里五十步，门三，为极冲中地。本朝初设守备。雍正十年改设都司。乾隆二十九年裁，设有把总分防"。

道光《榆林府志》卷6《建置志》："榆林县常乐堡，在榆林县东三十里，南至葭州一百四十里，北至大边半里，东至双山堡四十里。"

案：常乐堡，在今陕西省榆林市榆阳区东北之牛家梁镇常乐堡村。

3. 榆林城堡

《置驿三》："榆林城堡，马三十匹，马夫十五名。"

雍正《陕西通志》卷3《建置》:"榆林,本明东路,双山堡属神木道中路,常乐、保宁、归德、鱼河四堡,属榆林道。本朝因之。雍正九年,并五堡置榆林县,为榆林府治,释名榆林,县本榆林堡地,义与府同。"卷15《公署》:"正统二年,守将都督王桢始请榆林城堡往北三十里之外。"

道光《榆林府志》卷16《职官志》:"榆林城堡同知一员,雍正九年改为榆林知县。"

《嘉庆重修一统志》卷240榆林府二:"榆林驿,在榆林县治。明天顺八年置,南至归德驿四十里。归德驿属绥德州管辖,后入榆林府。今皆裁。"

案:榆林城堡,即榆林县治,明代正统年间修,后经多次加固,即今陕西省榆林市榆阳区。自古以来为陕北的交通要冲和战略要地。现存有榆林古城遗址。

4. 归德堡

《置驿三》:"归德堡,马二十匹,马夫十名。"

雍正《陕西通志》卷16《关梁一》:"归德堡,在榆林南四十里,南至鱼河堡四十里,东至常乐堡四十里,西至响水堡四十里唐党项州延绥镇志。"卷36《驿传》:"榆林县归德堡,县南四十里,知县管理。西至怀远县响水堡四十里,南至鱼河驿四十里。"

《嘉庆重修一统志》卷240榆林府二:"归德堡,在榆林县南四十里。南至鱼河堡,东至常乐堡,西至响水堡,皆四十里。明成化中巡抚余子俊置。成周二里六十七步,门二,为腹里中地,有经制外委分防"。

道光《榆林府志》卷6《建置志》:"归德堡,在榆林县南四十里,南至鱼河堡四十里,东至常乐堡四十里,西至响水堡四十里。"

案:归德堡,在今陕西省榆林市南40里榆阳区长城路街道归德堡村。现存遗迹。

5. 建安堡

《置驿三》:"建安堡,马十五匹,马夫七名半,驴易马五匹,马夫二名半。"

雍正《陕西通志》卷17《关梁二》:"建安堡,在州北一百五十里,北至大边五里,东至高家堡四十里,西至双山堡五十里,地名崖寺子。"

《嘉庆重修一统志》卷240榆林府二:"建安堡,在葭州北一百五十里,北至大边五里,东至高家堡四十里,西至双山堡五十里,地名崖寺子。"

道光《榆林府志》卷6《建置志》:"建安堡,在葭州北一百五十里,北至大边五里,东至高家堡四十里,西至双山堡五十里,地名崖寺子。"

案:建安堡,在今陕西省榆林市榆阳区东北大河塔镇之建安堡村。

6. 鱼河驿

《置驿三》:“鱼河驿,马九匹,马夫四名半。”

雍正《陕西通志》卷36《驿传》:“榆林县鱼河驿,县南八十里,知县管理。北至归德驿四十里。”

《嘉庆重修一统志》卷240榆林府二:“鱼河堡,在榆林县南八十里。东至榆林石佛堂界六十里,东南至米脂县九十里,西至响水堡四十里,地名黑土圪塔。明正统二年置鱼河砦于九股水。成化十一年,巡抚余子俊移置今所。城在半山,周三里三百步,门二。居无定、明堂两河之间,为腹里上地。今有守备分防。”

道光《榆林府志》卷40《艺文志》:“臣等查得榆林驿至鱼河驿、鱼河驿至银川驿各远八十余里。”

案:鱼河驿,在今陕西省榆林市榆阳区东南之鱼河镇。

7. 怀远县响水堡

《置驿三》:“怀远县,响水堡,马十五匹,马夫七名半,驴易马五匹,马夫二名半。”

《读史方舆纪要》卷61榆林镇:响水堡“旧为绥德州属砦,成化二年边臣王复议移黑河山,改名平夷堡。七年,余子俊以平夷水泉枯涸,复还故治”。

雍正《陕西通志》卷16《关梁一》:“响水堡,在怀远东南八十里,南至绥德州一百二十里,北至大边七十里,东至归德堡四十里。汉圁阴地。”

《嘉庆重修一统志》卷240榆林府二:“响水堡,在怀远县东南八十里,东至归德堡四十里,北至大边七十里……城在山坡,周三里二百一十步,门二,为极冲中地。”

道光《榆林府志》卷6《建置志》:“响水堡,在怀远县东南八十里,南至绥德州一百二十里,北至大边七十里,东至归德堡四十里。汉圁阴地。”

案:怀远县响水堡,在今陕西省榆林市横山区东之响水镇。

8. 波罗堡

《置驿三》:“波罗堡,马十五匹,马夫七名半,驴易马五匹,马夫二名半。”

雍正《陕西通志》卷16《关梁一》:“波罗堡,在怀远东四十里,南至绥德州二百二十五里,北至大边十三里,东至响水堡四十里。汉白土县地。正统十年巡抚马恭置以有波罗寺,因名。”卷36《驿传》:“波罗堡,知县管理,西至怀远县四十里。”

道光《榆林府志》卷6《建置志》:“怀远县波罗堡,在怀远县东四十里,南至绥德州二百二十五里，北至大边十三里，东至响水堡四十里。汉白土县地。”

《嘉庆重修一统志》卷240榆林府二：“波罗营，在怀远县东少北四十里。北至大边十三里。……城在山畔，周二里二百七十步，为极冲中地。”

案：波罗堡，明代置，时因有唐代波罗寺遗址而得名，清改波罗堡为营。在今陕西省榆林市横山区东北四十余里之波罗镇。毛乌素沙漠边缘，无定河南岸。

9. 怀远堡

《置驿三》：“怀远堡，马二十匹，马夫十名，驴易马五匹，马夫二名半。”

雍正《陕西通志》卷2《建置图表》：“顺天中，建怀远堡。”卷36《驿传》：“怀远县，知县管理，西至六家坬三十里。”

道光《榆林府志》卷6《建置志》：“雍正九年并五堡，置怀远县属榆林府。按通志释名，本明怀远堡，县因堡名也。”

案：怀远堡，明代置堡驻军，属榆林卫。清雍正九年(1731)改置怀远县。即今陕西省榆林市横山区。

10. 威武堡

《置驿三》：“威武堡，马二十匹，马夫十名，驴易马五匹，马夫二名半。”

雍正《陕西通志》卷16《关梁一》：“威武堡，在怀远西四十里，南至安塞县三百里，北至大边四里，西至清平堡四十里。汉白土县地，后为响铃塔。”

《嘉庆重修一统志》卷240榆林府二：“威武堡，在怀远县西南四十里，南至安塞县三百里，北至大边四里。地名响铃塔。明成化五年，巡抚王锐置堡，城在山阜，周二里八十步，门，为极冲上地。今有把总分守。”

道光《榆林府志》卷6《建置志》：“威武堡，在怀远县西四十里，南至安塞县三百里，北至大边四里，西至清平堡四十里。汉白土县地，后为响铃塔。”

案：威武堡，明代置。在今陕西省榆林市横山县西南约50里处之塔湾镇威武堡村。附近存有元代所建之响铃塔。

11. 青平堡

《置驿三》：“青平堡，马二十匹，马夫十名，驴易马五匹，马夫二名半。”

《读史方舆纪要》卷61《陕西十》：“靖平堡，在威武堡西五十里。旧为白洛城。天顺中，守将房能请移于城北砖营儿，不果。成化二年，王复复奏移之，改今名。七年，余子俊以去水太远，复还旧治。”

雍正《陕西通志》卷16《关梁一》：“清平堡，在怀远西八十里，南至延安卫屯七十里，北至大边十五里，西至龙州城三十里。汉白土县地，后为砖营儿。”

《嘉庆重修一统志》卷240榆林府二：“清平堡，在怀远县西南八十里，东北至威武堡四十里，南至延安卫屯七十里，北至大边十五里，旧名砖营儿。”

道光《榆林府志》卷6《建置志》：“清平堡，在怀远县西八十里，南至延安卫屯七十里，北至大边十五里，西至龙州城三十里。汉白土县地，后为砖营儿。”

案：青平堡，亦作清平堡，明代置，名靖平堡。在今陕西省榆林市靖边县东之清平庙附近。

12. 神木县神木营堡

《置驿三》：“神木县，神木营堡，马二十五匹，马夫十二名半，驴易马五匹，马夫二名半。”

雍正《陕西通志》卷36《驿传》：“神木县，同知管理，东北至三塘铺三十里。”

道光《榆林府志》卷20《驿传》：“县城驿，原额用银五百七十六两，马二十五匹，岁共支银七百六十五两，修理外备等项银四十九两零，马夫十二名半，岁共支银一百三十五两。又额驴易马银一百一十五两零，驴易马五匹，岁共支银一百五十三两外，备银九两零，马夫二名半，岁共支银二十七两。”

案：神木县神木营堡，在今陕西省榆林市神木县神木镇。

13. 永兴堡

《置驿三》：“永兴堡，马十五匹，马夫七名半，驴易马五匹，马夫二名半。”

雍正《陕西通志》卷17《关梁二》：“永兴堡，在县东北六十里，南至黄河九十里，北至大边十三里，东至镇羌堡三十里，城名黑城儿。”卷36《驿传》：“永兴堡，同知管理，东至府谷县镇羌堡四十里。”

《嘉庆重修一统志》卷240榆林府二：“永兴堡，在神木县东北六十里，东至府谷县镇羌堡三十七里，南至黄河九十里，北至大边十三里，地名黑城儿。明成化中，巡抚余子俊置。城在山上，周二里有奇，边垣长六十二里。今有守备分防”。

道光《榆林府志》卷6《建置志》：“永兴堡，在神木县东北六十里，南至黄河九十里，北至大边十三里，东至镇羌堡三十里。城名黑城儿。”

道光《神木县志》卷3《驿传》：“永兴腰站，东至府谷县属之镇羌站四十里，西至三塘二十里。”

案：永兴堡，在今陕西省榆林市神木县东北六十里店塔镇之永兴街道。

14. 三塘堡

《置驿三》：“三塘堡，马十匹，马夫五名。”

雍正《陕西通志》卷36《驿传》:“三塘铺,同知管理。东至永兴堡三十里。”

道光《神木县志》卷3《驿传》:“乾隆九年,于分管塘站马匹等事案内,将神木同知所管塘驿马内拨设神木县城、永兴、三塘、解家、柏林五处。”卷3《驿传》:“三塘正站,西至神木本城站三十里。”

道光《榆林府志》卷20《驿传》:“三塘驿,原额用银二百三十两零,马十匹,岁共支银三百六两,外备修理等项银一十九两零,马夫五名,岁共支银五十四两。”

案:三塘堡,在今陕西省榆林市神木县北之三堂大桥附近。

15. 解家堡

《置驿三》:“解家堡,马十匹,马夫五名。”

雍正《陕西通志》卷36《驿传》:“解家铺,同知管理,东至神木县三十里。”

道光《榆林府志》卷20《驿传》:“解家驿,原额用银二百三十两零,马十匹,岁共支银三百六两,修理外备等项银一十九两零,马夫五名,岁共支银五十四两。”

道光《神木县志》卷3《驿传》:“乾隆九年,于分管塘站马匹等事案内,将神木同知所管塘驿马内拨设神木县城、永兴、三塘、解家、柏林五处。”卷3《驿传》:“解家铺腰站,西至柏林堡站二十五里。”

案:解家堡,明代置。在今陕西省榆林市神木县南之解家堡乡(现已并入神木镇)解家堡村。

16. 柏林堡

《置驿三》:“柏林堡,马十五匹,马夫七名半,驴易马五匹,马夫二名半。”

雍正《陕西通志》卷17《关梁二》:“柏林堡,在县西南六十里,南至黄河一百二十里,北至大边二里,西至高家堡四十里,其地产柏,故名。”卷36《驿传》:“柏林堡,同知管理,东至解家铺三十里。”

《嘉庆重修一统志》卷240榆林府二:“柏林堡,在神木县西南六十里,东至柏油堡二十里,西至榆林高家堡四十里,南至黄河一百二十里,北至大边二里。城在山原,周二里有奇,边垣长四十三里,今有守备分防。”

道光《榆林府志》卷6《建置志》:“柏林堡,在神本县西南六十里,南至黄河一百二十里,北至大边二里,西至高家堡四十里。其地产柏,故名。”

道光《神木县志》卷3《驿传》:“柏林堡腰站,西至高家堡站四十里。”

案:柏林堡,在今陕西省榆林市神木县西南约50里之神木镇柏林村。现有遗址。

17. 高家堡

《置驿三》:“高家堡,马十五匹,马夫七名半,驴易马五匹,马夫二名半。”

雍正《陕西通志》卷 17《关梁二》:“高家堡,在州北一百六十里,北至大边三里,东至柏林堡四十里,西至建安堡四十里,地名飞鸦川。”

《嘉庆重修一统志》卷 240 榆林府二:“高家堡,在葭州北一百六十里,北至大边三里,东至柏林堡四十里,西至建安堡四十里,地名飞鸦川。明正统四年巡抚陈镒建,成化中增修。城在平川,周三里有奇,边垣长四十二里,今有都司驻守”。

道光《榆林府志》卷 6《建置志》:“高家堡,在神木县西一百里,北至大边三里,东至柏林堡四十里,西至建安堡四十里,地名飞鸦川。”

道光《神木县志》卷 3《驿传》:“高家堡正站,西至榆林县属之建安站四十里。”

案:高家堡,在今陕西省榆林市神木县西南一百里之高家堡镇。现存遗址。

18. 府谷县县驿

《置驿三》:“府谷县县驿,马四匹,马夫二名。”

乾隆《府谷县志》卷 3《驿传》:“县城递马四匹,夫二名。”

道光《榆林府志》卷 20《驿传》:“府谷县县城驿,原额用银八十六两零,马四匹,岁共支银八十六两零。马夫二名,岁共支银二十一两零。外备银四两。”

案:府谷县县驿,在今陕西省榆林市府谷县城。府谷县位于陕西东北边角之地,与山西保德州隔黄河相望。

19. 孤山堡

《置驿三》:“孤山堡,马十五匹,马夫七名半,驴易马五匹,马夫二名半。”

雍正《陕西通志》卷 17《关梁二》:“孤山堡,在县西北四十里,西至镇羌堡四十里,东至木瓜园四十里,南至黄河四十里山西交界,北至大边四十里,设守备一员防守。”卷 36《驿传》:“孤山堡,同知管理,东至石嘴头二十里。”

乾隆《府谷县志》卷 3《驿传》:“孤山驿,东至石嘴头台二十五里,西至镇羌四十里。原额安塘马十匹,夫五名。安站马五匹,夫二名半。”

《嘉庆重修一统志》卷 240 榆林府二:“孤山堡,在府谷县西北四十里,西至镇羌堡四十里,东至木瓜园四十里,南至黄河四十里,北至大边四十里。”

道光《榆林府志》卷 6《建置志》:“孤山堡,在府谷县西北四十里,西至镇羌堡四十里,东至木瓜园四十里,南至黄河四十里山西交界,北至大边四十里,设守备一员防守。”卷 20《驿传》:“孤山驿原额用银二百三十两零……马十匹……马夫五名。”

案:孤山堡,在今陕西省榆林市府谷县西北约40里之孤山镇,孤山河畔。

20. 镇羌堡

《置驿三》:“镇羌堡,马十五匹,马夫七名半,驴易马五匹,马夫二名半。”

雍正《陕西通志》卷17《关梁二》:“镇羌堡,在县西北八十里,东至孤山堡四十里,西至永兴堡四十里。”卷36《驿传》:“府谷县镇羌堡,同知管理,东至孤山堡四十里。”

乾隆《府谷县志》卷3《驿传》:“镇羌站,东至孤山驿四十里,西至神木县属永兴驿四十里。原额安塘马十匹,夫五名。安站马五匹,夫二名半。驴易马五匹,夫二名半,受协马二匹,夫一名。”

《嘉庆重修一统志》卷240榆林府二:“镇羌堡,在府谷县西北八十里,东至孤山堡四十里,西至永兴堡四十里,南至黄河一百二十里,北至大边十里。明初置,在东村。成化二年,巡抚卢祥改建。城在山原,周二里有奇,边垣长四十五里。今有都司驻守。”

道光《榆林府志》卷6《建置志》:“镇羌堡,在府谷县西北八十里,东至孤山堡四十里,西至永兴堡四十里,南至黄河一百二十里山西交界,北至边墙十五里。”

案:镇羌堡,约在今陕西省榆林市府谷县西北约80里处之新民镇。现存有遗址。

21. 石嘴头堡

《置驿三》:“石嘴头堡,马十匹,马夫五名。”

雍正《陕西通志》卷36《驿传》:“府谷县总铺,在城。西二十里石嘴头铺,二十里孤山堡铺,四十里镇羌堡铺,二十里万家墩铺。……石嘴头,同知管理,东至府谷县二十里。又东接山西界至黄河保德州境。”

乾隆《府谷县志》卷1《里甲》:“石嘴头塘,至县十五里。”卷3《驿传》:“石嘴头台站,在县西十五里,东至小河畔,渡黄之山西保德州东沟驿十五里,又至年延台三十五里,西至孤山二十五里。”

道光《榆林府志》卷20《驿传》:“石嘴头台站,原额用银二百三十两零,不敷加增银七十五两零。塘马十匹,岁共支银三百六两,马夫五名,岁共支银五十四两,外备银十九两零。”

案:石嘴头堡,约在今陕西省榆林市府谷县西约20里府谷镇水地湾村石咀头。

22. 葭州州驿

《置驿三》:"葭州州驿,马五匹,马夫二名半。"

雍正《陕西通志》卷36《驿传》:"葭州总铺,在城内。"

嘉庆《葭州志》卷3《驿铺》:"本城,马三匹,夫一名半。五十里至通秦寨。"

道光《榆林府志》卷20《驿传》:"葭州州城驿,原额用银一百四十两,递马五匹,岁支银一百零八两,外修理银五两。马夫二名半,岁支银二十七两。又铺司八名,岁支银四十八两。"

案:葭州州驿,明代置,原设州,领神木、绥德等县,清乾隆时改为散州,不领县。即今陕西省榆林市佳县城。位于黄河西岸,与山西吕梁市临县相望。

甘肃

一、甘肃地理概述

甘肃古时属雍州之地，东汉置凉州，东汉以后，战乱纷争，甘肃一省频遭战祸，行政归属不断变更。唐初曾置陇右道，后又改为河西、陇右、朔方、泾原等节度使。唐代后期，该地失于吐蕃，宋时又有西夏、金先后据之。元代一统，属陕西等处行中书省。至元十八年（1281），设甘肃等处行中书省。明代亦属陕西布政使司。清代设甘肃布政使司，下辖临洮、巩昌、平凉、庆阳、甘州、凉州、宁夏、西宁、兰州等九府以及六个直隶州。①

从地理环境上说，甘肃“东接邠岐，南控巴蜀，西抵羌戎，北届流沙。其名山则有陇山、嶓冢、崆峒、西倾、积石、贺兰、祁连、三危；其大川则有黄河、西汉水、渭水、泾水、洮水、湟水。其重险则有萧关、嘉峪关、玉门关。山川雄壮，边屯垦辟，为新疆之孔道，实天府之要区”。② 这种地理位置决定了甘肃自古以来是兵家必争之地，特别是中央王朝在历次掌控西域地区的诸多战争中更是如此。对中央王朝来说，关陇稳固，则进可以用兵西域，退可以善保关中；否则，一旦关陇不稳，必然殃及关中，全国震动。唐代在强大之时，可出关陇经营西域，衰微之时，关陇尽失于吐蕃，关中亦残破不堪。而在清代乾隆时期的西北战事中，就是以重臣坐镇肃州，作为战争指挥的枢纽，转输调运，应措得方，保证了战争的顺利进行。③ 在这种情况下，驿站之设自然必不可少。汉代之时，邮传之设如天上繁星，已经遍布丝绸之路。

① 《嘉庆重修一统志》卷251《甘肃统部》，见《四部丛刊续编·史部》，上海书店1984年。

② 《嘉庆重修一统志》卷251《甘肃统部》，见《四部丛刊续编·史部》，上海书店1984年。

③ 魏源：《圣武记》卷11《附录》。

二、甘肃驿道走向

清代光绪以前甘肃所辖驿站为331处,在各省中最多。

1. 横贯全省的主干驿路,由陕西凤翔府入境,是为陕甘之间的北部驿路,西北至新疆的哈密

自皇华驿至甘肃省城,共4009里。由陕西长武县宜禄驿入境,50里至甘肃泾州瓦云驿,50里至泾州安定驿,70里至平凉县白水驿,70里至平凉县高平驿,90里至华亭县瓦亭驿,50里至隆德县隆城驿,90里至静宁州泾阳驿,90里至会宁县青家驿,126里至会宁县驿,60里至安定县西巩驿,70里至安定县延寿驿,60里至安定县秤钩驿,73里至金县清水驿,60里至金县定远驿,50里至皋兰县兰泉驿(兰州)。①

由皋兰县兰泉驿分道向西,40里至皋兰县沙井驿,70里至庄浪厅苦水驿,50里至庄浪厅红城驿,40里至庄浪厅南大通驿,30里至平番县驿(由平番县驿分道,40里至平番县通远驿,60里至平番县塘坊驿,20里至平番县西大通驿,50里至碾伯县冰沟驿,40里至碾伯县老鹳驿,50里至碾伯县嘉顺驿,60里至西宁县平戎驿,70里至西宁县),30里至平番县武胜驿,30里至平番县岔口驿,50里至平番县镇羌驿,60里至古浪县黑松驿,30里至古浪县古浪驿,60里至武威县靖边驿,40里至武威县大河驿,30里至武威县武威驿,50里至武威县怀安驿,40里至武威县柔远驿,70里至永昌县永昌驿,70里至永昌县水泉驿,50里至山丹县硖口驿,40里至山丹县新河驿,40里至山丹县山丹驿,50里至张掖县东乐驿,30里至张掖县仁寿驿,40里至张掖县甘泉驿,50里至张掖县沙井驿,60里至抚彝厅抚彝驿,40里至高台县高台驿,50里至高台县黑泉驿,50里至高台县深沟驿,30里至高台县盐池驿,40里至高台县双井驿,60里至肃州临水驿,40里至肃州酒泉驿,70里至嘉峪关驿,90里至玉门县属惠回堡驿,70里至赤金湖驿,40里至赤金峡驿,90里至玉门县本城靖逆驿,70里至安西州属柳沟驿,70里至布隆吉驿,90里至小湾驿,70里至安西州本城安西驿,90里至白墩子驿,80里至红柳园驿,70里至大泉驿,60里至马莲井驿,70里至新疆哈密厅属星星硖驿。

---

① 这条驿路溯泾水河谷而上,在陇山和六盘山之间穿过,其间有著名的瓦亭关,为通往兰州的重要门户,亦是交通中枢,兰州与宁夏将军、庆阳府的联络也要经过此地。

2. 与陕西的连接南部驿路

由安定县延寿驿分道向东南，70 里至安定县通安驿，90 里至陇西县驿，90 里至宁远县，80 里至杨家河，80 里至礼县，70 里至西和县，75 里至石家关，65 里至成县小川驿，45 里至两河驿，65 里至白马关，50 里至木瓜园（入陕西省境），70 里至节口，30 里至略阳，40 里至接官亭，50 里至硖口驿，35 里至七里沟，40 里至陕西沔县。

3. 至宁夏将军城

由瓦亭驿分道东北，80 里至固原永宁驿，90 里至三营驿，90 里至李旺驿，90 里至同心驿，70 里至沙泉驿，90 里至宁安驿，70 里至渠口驿，60 里至大坝驿，60 里至王鋐驿，60 里至宁夏府，15 里至宁夏将军城。

4. 至四川驿路

又由陇西县驿分道而南，90 里至漳县三岔驿，60 里至岷州酒店驿，90 里至岷州岷山驿，120 里至岷州西津驿，60 里至西固厅驿，60 里至阶州杀贼驿，120 里至阶州驿，140 里至文县临江驿，100 里至文县驿（接四川省境）。[①]

三、甘肃置驿三百三十一处

（一）兰州府属二十二驿

1. 皋兰县兰泉驿

《置驿三》：“皋兰县兰泉驿，马一百五匹，马夫五十七名半，牛二十二只，牛夫二十二名，车二十二辆。”

乾隆《甘肃通志》卷 16《驿递》：“西路兰州兰泉驿起，四十里至沙井驿并沙井所。”

《嘉庆重修一统志》卷 253 兰州府二：“兰泉驿，在皋兰县南关。明洪武九年置。东至定远驿，西至沙井驿，南至摩云驿，皆从此分。”

道光《兰州府志》卷 3《建置志·邮驿》：“皋兰县兰泉驿，在城内。”

案：皋兰县兰泉驿，光绪九年酌留马九十匹，马夫四十五名，裁牛二十二只，牛夫二十二名，车二十二辆。在今甘肃省兰州市城关区永昌路。

---

① 又由阶州驿分道向东，270 里至成县小川驿，40 里至成县驿，接陕西省境。

2. 沙井驿

《置驿三》:"沙井驿,马七十五匹,马夫四十七名,牛十五只,牛夫十五名,车十五辆。"

乾隆《甘肃通志》卷16《驿递》:"西路兰州兰泉驿起,四十里至沙井驿并沙井所。"乾隆《甘州府志》卷5《营建》:"沙井驿,东至甘泉驿五十里,西至抚彝驿六十里。"

《嘉庆重修一统志》卷253兰州府二:"沙井驿,在皋兰县西北四十里。又西七十里为庄浪厅之苦水驿。"

道光《兰州府志》卷3《建置志·邮驿》:"沙井驿,在县西四十里。"

案:沙井驿,光绪九年酌留马四十五匹,马夫二十二名半,裁牛十五只,牛夫十五名,车十五辆。在今甘肃省兰州市安宁区西北之沙井驿村。《中国历史地名大辞典》1326页,沙井堡即今甘肃兰州市西北沙井驿。《清一统志·凉州府二》:沙井堡,"在平番县东南一百九十里。接兰州府皋兰县界,北至苦水湾七十里,南至黄河一里……城周二百八十丈"。

3. 蔡河驿

《置驿三》:"蔡河驿,马四匹,马夫二名。"

道光《兰州府志》卷3《建置志·邮驿》:"蔡河驿,在县北七十里。"

案:蔡河驿,在今甘肃省兰州市皋兰县石洞镇蔡河村。

4. 三眼井驿

《置驿三》:"三眼井驿,马十三匹,马夫六名半。"

乾隆《甘肃通志》卷16《驿递》:"五十里至三眼井驿,……一百二十里至宁夏西路,属营盘水驿。"

道光《兰州府志》卷3《建置志·邮驿》:"三眼井驿,在县北三百七十里。"

案:三眼井驿,在今甘肃省白银市景泰县西北之三眼井。

5. 宽沟驿

《置驿三》:"宽沟驿,马十三匹,马夫六名半。"

乾隆《甘肃通志》卷16《驿递》:"五十里至宽沟驿,……五十里至三眼井驿,……一百二十里至宁夏西路,属营盘水驿。"

道光《兰州府志》卷3《建置志·邮驿》:"宽沟驿,在县北三百里。"

案:宽沟驿,在今甘肃省白银市景泰县西之宽沟村。

6. 白墩子驿

《置驿三》:“白墩子驿,马十八匹,马夫九名。”

道光《兰州府志》卷3《建置志·邮驿》:“白墩子驿,在县北三百九十里。”

民国《新疆志稿》卷3《新疆邮传志总叙》:“白墩子驿,九十里至红柳围台,八十里至白墩子塘。”

案:白墩子驿,在今甘肃省白银市景泰县北之白墩子村。

7. 又军塘

《置驿三》:“又军塘,马十二匹,马夫六名。”

案:光绪九年裁。

8. 金县清水驿

《置驿三》:“金县清水驿,马九十匹,马夫五十名半,牛十五只,牛夫十五名,车十五辆。”

乾隆《甘肃通志》卷16《驿递》:“六十里至清水驿并清水所……六十里至巩昌府安定县属秤钩驿并秤钩所……六十里至安定县延寿驿。”

乾隆《宁夏府志》卷11《驿递》:“清水驿,东至兴武驿六十里。”

《嘉庆重修一统志》卷253兰州府二:“清水驿,在金县东三十里清水镇。其地有城堡。明置驿于此。有驿丞,今裁。又东六十里,至安定之秤钩驿。”

道光《兰州府志》卷3《建置志·邮驿》:“清水驿,在县东三十里。”

案:据《中国历史地名大辞典》2420页,清水驿,明代置,即今甘肃省兰州市榆中县东三十里清水驿乡。光绪九年酌留马四十五匹,马夫二十二名半,裁牛十五只,牛夫十五名,车十五辆。

9. 定远驿

《置驿三》:“定远驿,马九十匹,马夫五十名半,牛十五只,牛夫十五名,车十五辆。”

乾隆《甘肃通志》卷16《驿递》:“东路兰州兰泉驿并兰泉所兰州管理东至定远驿,西至沙井驿,南至摩云驿,从此驿分。”

《嘉庆重修一统志》卷253兰州府二:“定远驿,在金县西北四十里定远镇。亦有堡。明置驿,本朝因之,去皋兰五十里。”

道光《兰州府志》卷3《建置志·邮驿》:“金县定远驿,在县西北四十里。”

林则徐《荷戈纪程》:“定远驿,土人谓之‘猪嘴驿’。”

案:定远驿,光绪九年酌留马四十五匹,马夫二十二名半,裁牛十五只,牛夫十五名，车十五辆。在今甘肃省兰州市榆中县西北之定远镇。

10. 狄道州洮阳驿

《置驿三》："狄道州洮阳驿，马十四匹，马夫十二名。"

乾隆《狄道州志》卷1《公署》："洮阳驿，在州治，后康熙五十六年驿丞奉裁，雍正八年知府李绮改为府社学，今为千总署。"

《嘉庆重修一统志》卷253兰州府二："洮阳驿，在狄道州东北一里，明洪武四年置。"

道光《兰州府志》卷3《建置志·邮驿》："狄道州洮阳驿，在城内。东至窑店驿五十里，北至沙尼驿九十里。"

案：狄道州洮阳驿，光绪九年酌留马十一匹，马夫十名。明洪武四年置，清代沿用，即今甘肃省定西市临洮县东北。

11. 窑店驿

《置驿三》："窑店驿，马十四匹，马夫十二名。"

乾隆《狄道州志》卷1《公署》："窑店驿，在州东五十里，今作公所。"

《嘉庆重修一统志》卷253兰州府二："窑店驿，在狄道州东五十里。"

案：窑店驿，光绪九年酌留马十一匹，马夫十名。在今甘肃省定西市临洮县东南之窑店乡。

12. 沙泥驿

《置驿三》："沙泥驿，马十四匹，马夫十二名。"

乾隆《狄道州志》卷1《公署》："沙泥驿，在州北九十里，驿丞奉裁，今为州判署。"

《嘉庆重修一统志》卷253兰州府二："沙泥驿，在狄道州北九十里，北去兰州一百二十里，明洪武十三年置，有驿丞，今裁。"

道光《兰州府志》卷3《建置志·邮驿》："沙泥驿，在州北九十里。"

案：沙泥驿，在今甘肃省定西市临洮县北之太石镇。

13. 摩云驿

《置驿三》："摩云驿，马十四匹，马夫十二名。"

乾隆《甘肃通志》卷16《驿递》："东路兰州兰泉驿并兰泉所兰州管理东至定远驿，西至沙井驿，南至摩云驿，从此驿分。"

道光《兰州府志》卷3《建置志·邮驿》："摩云驿，在州北一百五十里。"

案：摩云驿，在今甘肃省定西市临洮县北之摩云关村一带。

14. 渭源县庆平驿

《置驿三》:“渭源县庆平驿,马十四匹,马夫十二名。”

乾隆《甘肃通志》卷16《驿递》:“七十里至渭源县庆平驿石井所,……九十里至巩昌府陇西县属通远驿并北锦甸三所,……九十里至宁远县宁远所。”

《嘉庆重修一统志》卷253兰州府二:“庆平驿,在渭源县东。”

道光《兰州府志》卷3《建置志·邮驿》:“渭源县庆平驿在城内,马十匹,夫八名。”

案:渭源县庆平驿,光绪九年酌留马十匹,马夫八名。在今甘肃省定西市渭源县城。

15. 靖远县古城驿

《置驿三》:“靖远县古城驿,马四匹,马夫二名。”

道光《兰州府志》卷3《建置志·邮驿》:“靖远县古城驿,在城内,马四匹,夫二名半。”

案:靖远县古城驿,在今甘肃省白银市靖远县西南之北湾镇古城。

16. 河州凤林驿

《置驿三》:“河州凤林驿,马四匹,马夫二名半。”

万历《临洮府志》卷6《建置考下》:“凤林驿,在州治南洪武年建。”

《嘉庆重修一统志》卷253兰州府二:“凤林驿,在河州南,明洪武中置。”

道光《兰州府志》卷3《建置志·邮驿》:“河州凤林驿,在城内。”

案:河州凤林驿,明代置,清代沿用,即今甘肃省临夏州临夏县城。

17. 定羌驿

《置驿三》:“定羌驿,马四匹,马夫二名半。”

万历《临洮府志》卷6《建置考下》:“定羌驿,在州东一百二十里。”

《嘉庆重修一统志》卷253兰州府二:“又有定羌驿,在州东南一百二十里,去洮阳驿七十里,路通狄道州。”

道光《兰州府志》卷3《建置志·邮驿》:“定羌驿在州北一百三十里。”

案:定羌驿,明代置,清代沿用,即今甘肃省临夏州广河县城。

18. 和政驿

《置驿三》:“和政驿,马四匹,马夫二名。”

万历《临洮府志》卷6《建置考下》:“和政驿,在州东六十里。”

《嘉庆重修一统志》卷253兰州府二:“和政驿,在河州东南六十里。又有定羌驿，在州东南一百二十里，去洮阳驿七十里。”

道光《兰州府志》卷3《建置志·邮驿》：“和政驿，在州北六十里。”

民国《和政县志》：“（和政驿）在县城东门根，坐北面南，民国初废之。”

案：和政驿，明代置，清代沿用，即今甘肃省临夏州和政县城。

19. 循化厅循化驿

《置驿三》：“循化厅循化驿，马二匹，马夫二名。”

道光《循化厅志》卷3《驿站》：“孙世俨前详于本城、立轮、盘坡根、韩家集等处分为四站。”

道光《循化厅志》卷3《驿站》：“本城驿，马二匹，夫二名。立伦驿，西距厅治本城驿五十里，东距起台堡二十五里。”

案：循化厅循化驿，光绪九年增设马二匹，改隶西宁府。在今青海省西宁市循化撒拉尔族自治县县城。

20. 立轮驿

《置驿三》：“立轮驿，马二匹，马夫二名。”

道光《循化厅志》卷3《驿站》：“立伦驿，西距厅治本城驿五十里，东距起台堡二十五里。盘坡根驿，西距起台堡二十五里，距立伦驿五十里，东距老鸦关二十里。”

案：立轮驿，光绪九年酌留马夫一名，改隶西宁府。在今青海省西宁市循化撒拉尔族自治县东南道帏藏族乡之立伦村。

21. 韩家集驿

《置驿三》：“韩家集驿，马二匹，马夫二名。”

道光《循化厅志》卷2《关津》：“按河州至韩家集五十里，韩家集至关三十里。”卷3《驿站》：“韩家集驿，西距老鸦关三十里，距盘坡根驿五十里，东距河州城五十里。”

案：韩家集驿，光绪九年酌留马夫一名，改隶西宁府。在今甘肃省临夏回族自治州临夏县县城所在之韩集镇。

22. 盘坡根驿

《置驿三》：“盘坡根驿，马二匹，马夫二名。”

道光《循化厅志》卷3《驿站》：“盘坡根驿，西距起台堡二十五里，距立伦驿五十里，东距老鸦关二十里。”

案：盘坡根驿，光绪九年酌留马夫一名，改隶西宁府。在今甘肃省临夏回族自治州临夏县西北，靠近青海循化县。

（二）平凉府属二十一驿

1. 平凉县高平驿

《置驿三》:“平凉县高平驿,马九十匹,马夫五十名半。”

《嘉庆重修一统志》卷 259 平凉府二:“高平驿,在平凉县治东南。”

乾隆《甘肃通志》卷 16《驿递》:“九十里至平凉县高平驿并平凉、安国、鄘现、花家四所……七十里至镇原县白水驿。”

案:平凉县高平驿,光绪九年酌留马五十匹,马夫二十五名。在今甘肃省平凉市区。

2. 又递运所

《置驿三》:“又递运所,牛十只,牛夫十名,车十辆。”

《嘉庆重修一统志》卷 259 平凉府二:“又有高平递运所,在(平凉)县东二里。”

案:光绪九年,裁。

3. 白水驿

《置驿三》:“白水驿,马九十匹,马夫五十名半。”

乾隆《甘肃通志》卷 16《驿递》:“九十里至平凉县高平驿并平凉、安国、鄘现、花家四所……七十里至镇原县白水驿……七十里至泾州安定驿泾州高家二所。”

民国《重修镇原县志》卷 7《财赋志》:“查白水驿乾隆八年改归平凉县管理,夫马工料每年仍于镇原存留项下支给。”

案:白水驿,光绪九年酌留马五十匹,马夫二十五名。在今甘肃省平凉市崆峒区东南白水镇。

4. 安国镇腰站

《置驿三》:“安国镇腰站,马三十匹,马夫十七名。”

乾隆《甘肃通志》卷 16《驿递》:“九十里至平凉县高平驿并平凉、安国、鄘现、花家四所……七十里至镇原县白水驿……七十里至泾州安定驿泾州高家二所。”

案:安国镇腰站,光绪九年酌留马夫十五名。在今甘肃省平凉市崆峒区西部之安国镇。

5. 又递运所

《置驿三》:“又递运所,牛十只,牛夫十名,车十辆。”

《嘉庆重修一统志》卷 259 平凉府二:“安国递运所,在县西安国镇。”

案:光绪九年,裁。在今甘肃省平凉市崆峒区四十里铺镇鄘现村。

6. 鄘现递运所

《置驿三》:“鄘现递运所,牛十只,牛夫十名,车十辆。”

《嘉庆重修一统志》卷259平凉府二:“鄘现递运所,在(高平)县东五十里。”

案:光绪九年,裁。在今甘肃省平凉市崆峒区四十里铺镇鄘现村。

7. 花家庄递运所

《置驿三》:“花家庄递运所,牛十只,牛夫十名,车十辆。”

乾隆《甘肃通志》卷16《驿递》:“九十里至平凉县高平驿并平凉、安国、鄘现、花家四所……七十里至镇原县白水驿。”

《嘉庆重修一统志》卷259平凉府二:“花家庄递运所,在县东九十里。”

案:光绪九年,裁。在今甘肃省平凉山崆峒区花所乡。

8. 静宁州泾阳驿

《置驿三》:“静宁州泾阳驿,马九十五匹,马夫五十三名。”

乾隆《甘肃通志》卷16《驿递》:“九十里至青家驿,并青家所……九十里至平凉府静宁州泾阳驿,并静宁、高家二所。”

《嘉庆重修一统志》卷259平凉府二:“泾阳驿,在静宁州治东,西至会宁县青家驿九十里。”

案:静宁州泾阳驿,光绪九年酌留马四十五匹,马夫二十二名半。在今甘肃省平凉市静宁县城。

9. 又递运所

《置驿三》:“又递运所,牛十只,牛夫十名,车十辆。”

乾隆《甘肃通志》卷16《驿递》:“九十里至青家驿并青家所……九十里至平凉府静宁州泾阳驿,并静宁、高家二所。”

《嘉庆重修一统志》卷259平凉府二:“又有静宁递运所,在(静宁)州治西。”

案:光绪九年,裁。

10. 高家堡腰站

《置驿三》:“高家堡腰站,马三十匹,马夫十七名。”

乾隆《甘肃通志》卷16《驿递》:“九十里至青家驿并青家所……九十里至平凉府静宁州泾阳驿并静宁高家二所。”

乾隆《甘肃通志》卷10《关梁》:“高家堡,在州西四十五里。”

乾隆《河套志》卷3《延绥镇所属沿河套南边城堡》:“高家堡,东南四十里。”

案:高家堡腰站,光绪九年增设马五匹,马夫半名。在今甘肃省平凉市静宁县西北之界石铺镇高堡村。

11. 又递运所

《置驿三》:“又递运所,牛十只,牛夫十名,车十辆。”

《嘉庆重修一统志》卷 259 平凉府二:“高家递运所,在州治西高家堡。”

案:光绪九年,裁。

12. 隆德县隆城驿

《置驿三》:“隆德县隆城驿,马九十五匹,马夫五十三名,夫二名。”

乾隆《甘肃通志》卷 16《驿递》:“九十里至隆德县隆城驿并隆德神林二所……五十里至华亭县瓦亭驿并瓦亭所。”

《嘉庆重修一统志》卷 259 平凉府二:“隆城驿,在降德具治西,西至泾阳驿九十里,东至瓦亭驿五十里。”

案:隆德县隆城驿,光绪九年酌留马四十五匹,马夫二十二名半。在今宁夏固原市隆德县县城。

13. 又递运所

《置驿三》:“又递运所,牛十只,牛夫十名,车十辆。”

乾隆《甘肃通志》卷 16《驿递》:“九十里至隆德县隆城驿,并隆德、神林二所……五十里至华亭县瓦亭驿并瓦亭所。”

《嘉庆重修一统志》卷 259 平凉府二:“又有隆德递运所,在县治北。”

案:光绪九年,裁。

14. 神林堡腰站

《置驿三》:“神林堡腰站,马三十匹,马夫十七名。”

乾隆《甘肃通志》卷 10《关梁》:“神林堡,在县西四十里。”

民国《隆德县志》卷 1《建置·仓库》:“遂有当前之二十一堡,曰岳石堡、神林堡、丹树堡……”

案:神林堡腰站,光绪九年增设马五匹,马夫半名。在今宁夏固原市隆德县西之神林乡。

15. 又递运所

《置驿三》:“又递运所,牛十只,牛夫十名,车十辆。”

乾隆《甘肃通志》卷 16《驿递》:“九十里至隆德县隆城驿并隆德神林二所……五十里至华亭县瓦亭驿并瓦亭所。”

《嘉庆重修一统志》卷 259 平凉府二:“神林堡递运所,在县西神林堡。”

案:光绪九年,裁。

16. 固原州永宁驿

《置驿三》:“固原州永宁驿,马十二匹,马夫十六名。”

乾隆《甘肃通志》卷16《驿递》:“九十里至平凉府固原州属李旺站……九十里至三营站……七十里至固原州永宁驿批验所……八十里至瓦亭驿。”

乾隆《泾州志·武备》:“拨固原州永宁驿马六匹。”

案:固原州永宁驿,光绪九年,改隶固原直隶州,酌留马十匹,马夫五名。在今宁夏固原市。

17. 三营驿

《置驿三》:“三营驿,马八匹,马夫六名。”

乾隆《甘肃通志》卷16《驿递》:“九十里至平凉府固原州属李旺站……九十里至三营站……七十里至固原州永宁驿批验所……八十里至瓦亭驿。”

民国《永登县志》卷2《兵防志》:“暗马墩,红水、永泰、三眼井、三营地属兰州营属庄浪。”

案:三营驿,光绪九年,改隶固原直隶州,增设马二匹,酌留马夫五名。今宁夏固原市原州区三营镇。

18. 李旺驿

《置驿三》:“李旺驿,马八匹,马夫六名。”

乾隆《甘肃通志》卷16《驿递》:“九十里至平凉府固原州属李旺站……九十里至三营站……七十里至固原州永宁驿批验所……八十里至瓦亭驿。”

《嘉庆重修一统志》卷265宁夏府二:“又同心驿,在州西南同心驿堡,北去沙泉驿九十里。……又南九十里,即固原州李旺站也。”

民国《重修镇原县志》卷17《大事纪下》:“嘉靖三年,增筑关城,今名李旺堡。”

案:李旺驿,光绪九年,改隶固原直隶州,酌留马夫四名。在今宁夏中卫市海原县东北之李旺镇。

19. 郑旗堡驿

《置驿三》:“郑旗堡驿,马三匹,马夫二名。”

乾隆《甘肃通志》卷10《关梁》:“南路堡寨,琵琶、新堡、杨花、旧桥、张雄、石旗、温旗、郑旗、纳郎、资付、秦百户共十一处,南至岷州界。”

光绪《海城县志》卷5《驿递》:“郑旗驿设于界牌,在县东七十里,驿书一名,马三匹,夫一名半,添设马二匹,夫一名。”

案:郑旗堡驿,光绪九年,改隶固原直隶州,酌留马夫一名。在今宁夏中卫市海原县东南之郑旗乡。

20. 海喇都驿

《置驿三》:“海喇都驿,马三匹,马夫二名。”

光绪《海源县志》卷5《驿递》:“海喇都驿,设于本城。驿书一名,马三匹,夫一名半,添设马二匹,夫一名。”

案:海喇都驿,光绪九年,改隶固原直隶州,酌留马夫一名半。在今宁夏海原县县城海城镇。

21. 瓦亭驿

《置驿三》:“瓦亭驿,马九十五匹,马夫五十三名,牛十只,牛夫十名,车十辆。”

乾隆《甘肃通志》卷16《驿递》:“九十里至隆德县隆城驿并隆德神林二所……五十里至华亭县瓦亭驿并瓦亭所。”

《嘉庆重修一统志》卷259平凉府二:“瓦亭驿,在华宁县西北一百八十里,东至高平驿九十里。有驿丞,今裁,有汛,设千总驻此。”

案:瓦亭驿,光绪九年,改隶固原直隶州,酌留马四十五匹,马夫二十二名半,裁牛十只,牛夫十名,车十辆。在今宁夏固原市南泾源县大湾乡境内之瓦亭古城。

(三)泾州直隶州属七驿

1. 泾州直隶州安定驿

《置驿三》:“泾州直隶州安定驿,马九十匹,马夫五十名半。”

乾隆《甘肃通志》卷16《驿递》:“七十里至镇原县白水驿……七十里至泾州安定驿泾州高家二所……五十里至瓦云驿。”

《嘉庆重修一统志》卷273泾州二:“安定驿,在州西北。西至白水驿七十里。”

案:泾州直隶州安定驿,光绪九年酌留马六十匹,马夫三十名。在今甘肃省平凉市泾川县城。

2. 又递运所

《置驿三》:“又递运所,牛十只,牛夫十名,车十辆。”

《嘉庆重修一统志》卷273泾州二:“又有泾州递运所。”

案:光绪九年,裁。

3. 瓦云驿

《置驿三》:"瓦云驿,马九十匹,马夫五十名半。"

乾隆《甘肃通志》卷16《驿递》:"七十里至泾州安定驿泾州高家二所……五十里至瓦云驿……五十里至西安府长武县宜禄驿止。"

《嘉庆重修一统志》卷273泾州二:"瓦云驿,在州东五十里瓦云堡。有城周二里有奇,有驿丞,今裁,设外委。东至陕西邠州长武县宜禄驿五十里。"

案:瓦云驿,光绪九年酌留马五十匹,马夫二十五名。在今甘肃省平凉市泾川县东之飞云乡。

4. 又递运所

《置驿三》:"又递运所,牛十只,牛夫十名,车十辆。"

案:光绪九年,裁。

5. 荔家堡驿

《置驿三》:"荔家堡驿,马六匹,马夫三名。"

乾隆《泾州志·地舆志》:"荔家堡,在金村里州东北五十里。"

民国《重修镇原县志》卷17《大事纪下》:"防兵驻荔家堡泾州营。"

案:荔家堡驿,在今甘肃省平凉市泾川县东北之荔堡镇。

6. 崇信县县驿

《置驿三》:"崇信县县驿,夫二名。"

案:崇信县县驿,在今甘肃省平凉市崇信县城。

7. 灵台县县驿

《置驿三》:"灵台县县驿,马四匹,马夫二名。"

案:灵台县县驿,在今甘肃省平凉市灵台县城。

(四)巩昌府属十六驿

1. 陇西县通远驿

《置驿三》:"陇西县通远驿,马十四匹,马夫十二名。"

乾隆《甘肃通志》卷16《驿递》:"七十里至渭源县庆平驿、石井所,……九十里至巩昌府陇西县属通远驿,并北锦甸三所,……九十里至宁远县宁远所。"

《嘉庆重修一统志》卷256巩昌府二:"通远驿,在陇西县东北,明初置,西至渭源庆平驿七十里,东南至宁远所九十里,又东至伏羌所一百里。"

案:陇西县通远驿,在今甘肃省定西市陇西县县城。

2. 安定县延寿驿

《置驿三》:“安定县延寿驿,马一百匹,马夫五十五名半,牛十只,牛夫十名,车十辆。”

康熙《安定县志》卷2《建置・驿所》:“延寿驿,在县治东。”

乾隆《甘肃通志》卷16《驿递》:“六十里至清水驿并清水所……六十里至巩昌府安定县属秤钩驿并秤钩所……六十里至安定县延寿驿。”

《嘉庆重修一统志》卷256巩昌府二:“延寿驿,在安定县治北,相近有安定递运所。”

案:安定县延寿驿,光绪九年酌留马四十匹,马夫二十二名半,裁牛十只,牛夫十名,车十辆。在今甘肃省定西市区。

3. 秤钩驿

《置驿三》:“秤钩驿,马一百匹,马夫五十五名半,牛十只,牛夫十名,车十辆。”

康熙《安定县志》卷2《建置・驿所》:“秤钩驿,在县北六十里。”

乾隆《甘肃通志》卷16《驿递》:“六十里至清水驿并清水所……六十里至巩昌府安定县属秤钩驿并秤钩所……六十里至安定县延寿驿。”

《嘉庆重修一统志》卷256巩昌府二:“秤钩驿,在安定县西北六十里秤钩湾镇,有驿丞,今裁。”

案:秤钩驿,光绪九年酌留马四十五匹,马夫二十二名半,裁牛十只,牛夫十名,车十辆。在今甘肃省定西市西北安定区称钩驿镇。

4. 西巩驿

《置驿三》:“西巩驿,马一百匹,马夫五十五名半,牛十只,牛夫十名,车十辆。”

康熙《安定县志》卷2《建置・驿所》:“西巩驿,在县东六十里。”

乾隆《甘肃通志》卷16《驿递》:“六十里至西巩驿并西巩所……六十里至会宁县保宁驿并会宁翟家二所。”

《嘉庆重修一统志》卷256巩昌府二:“西巩驿,在安定县东七十里西巩镇,路通固原,有驿丞,今裁。”

案:西巩驿,光绪九年酌留马四十五匹,马夫二十二名半,裁牛十只,牛夫十名,车十辆。在今甘肃省定西市东之西巩驿镇。

5. 通安驿

《置驿三》:“通安驿,马八匹,马夫六名半。”

康熙《安定县志》卷2《建置・驿所》:“通安驿,在县南七十里。”

《嘉庆重修一统志》卷256巩昌府二:“通安驿,在安定县南七十里,南至府九十里。”

案:通安驿,光绪九年酌留马夫四名。在今甘肃省定西市陇西县北之通安驿镇。

6. 会宁县保宁驿

《置驿三》:“会宁县保宁驿,马一百匹,马夫五十五名半,牛十只,牛夫十名,车十辆。”

乾隆《甘肃通志》卷16《驿递》:“六十里至西巩驿,并西巩所……六十里至会宁县保宁驿,并会宁、翟家二所……九十里至青家驿,并青家所。”

《嘉庆重修一统志》卷256巩昌府二:“保安驿,在会宁县治东,有会宁递运所,西至西巩驿六十里。”

案:会宁县保宁驿,光绪九年酌留马五十匹,马夫二十五名,裁牛十只,牛夫十名,车十辆。在今甘肃省白银市会宁县城。

7. 青家驿

《置驿三》:“青家驿,马一百匹,马夫五十五名半,牛十只,牛夫十名,车十辆。”

乾隆《甘肃通志》卷16《驿递》:“六十里至会宁县保宁驿并会宁翟家二所……九十里至青家驿并青家所……九十里至平凉府静宁州泾阳驿并静宁高家二所。”

《嘉庆重修一统志》卷256巩昌府二:“青家驿,在会宁县东九十里,有驿丞,今裁。东南至平凉府静宁州九十里。”

案:青家驿,光绪九年酌留马四十五匹,马夫二十二名半,裁牛十只,牛夫十名,车十辆。在今甘肃省白银市会宁县东之青江驿乡。

8. 翟家所腰站

《置驿三》:“翟家所腰站,马三十匹,马夫十七名,牛十只,牛夫十名,车十辆。”

乾隆《甘肃通志》卷16《驿递》:“六十里至西巩驿并西巩所……六十里至会宁县保宁驿并会宁翟家二所……九十里至青家驿并青家所……九十里至平凉府静宁州泾阳驿并静宁高家二所。”

道光《会宁县志》卷3《建置志》:“翟家所,县东四十五里。”

案:翟家所腰站,光绪九年增设马五匹,马夫半名,裁牛十只,牛夫十名,车十辆。在今甘肃省白银市会宁县东之翟家所乡。

9. 通渭县县驿

《置驿三》:“通渭县县驿,马四匹,马夫二名。”

光绪《甘肃新通志》卷19《驿递》:"(两当县县驿)一百五十里至通渭县……八十里至秦安县。"

案:通渭县县驿,在今甘肃省定西市通渭县城。

10. 西河县县驿

《置驿三》:"西河县县驿,马六匹,马夫五名半。"

光绪《甘肃新通志》卷19《驿递》:"(礼县县驿)七十里至西和县……一百五十里至成县小川驿。"

案:西河县县驿,在今甘肃省陇南市西和县城。

11. 漳县三岔驿

《置驿二》:"漳县二岔驿,马八匹,马大六名半。"

乾隆《甘肃通志》卷12《祠祀》:"漳县,在三岔驿。"

《嘉庆重修一统志》卷256巩昌府二:"三岔驿,在漳县西三十里三岔镇。明初置,又三岔递运所亦在焉。西至酒店驿六十里。"

案:漳县三岔驿,光绪九年酌留马六匹,马夫半名。在今甘肃省定西市漳县西之三岔镇。

12. 宁远县红水驿

《置驿三》:"宁远县红水驿,马十四匹,马夫十二名。"

乾隆《甘肃通志》卷10《关梁》:"红水河堡,在州北五百四十里。"

道光《兰州府志》卷6《武备志》:"六月,总督李汶檄参政荆州俊加修红水、三眼井二堡。"

案:宁远县红水驿,在今甘肃省天水市武山县城附近。

13. 伏羌县沙沟驿

《置驿三》:"伏羌县沙沟驿,马十四匹,马夫十二名。"

乾隆《甘肃通志》卷11《关梁》:"阿坝堡,在县东北二百里,城周二百丈,自堡迤东至红水界墩八座,迤南至松山界双井儿墩四座,迤西至裴家营界大沙沟墩七座。"

乾隆《伏羌县志》卷2《地理志》:"上下沙沟,邑南二里,俱发源南山下,逢天雨暴涨水势汹激为邑患,筑堤御之。"

案:伏羌县沙沟驿,光绪九年,改为伏羌县县驿,在今甘肃省天水市甘谷县城南。

14. 岷州岷山驿

《置驿三》:"岷州岷山驿,马八匹,马夫六名半。"

乾隆《甘肃通志》卷16《驿递》:"六十里至岷州酒店驿并酒店所……九十里至岷州岷山驿并梅川所……九十里至岷州岷山驿并梅川所。"

《嘉庆重修一统志》卷256巩昌府二:"岷山驿,在岷州治东。"

案:岷州岷山驿,光绪九年酌留马六匹,马夫六名。在今甘肃省定西市岷县城。

15. 酒店驿

《置驿三》:"酒店驿,马八匹,马夫六名半。"

乾隆《甘肃通志》卷16《驿递》:"九十里至漳县……六十里至岷州酒店驿,并酒店所……九十里至岷州岷山驿,并梅川所。"

《嘉庆重修一统志》卷256巩昌府二:"酒店驿,在岷州东九十里酒店城。相近有酒店递运所。"

案:酒店驿,光绪九年酌留马六匹。在今甘肃省定西市漳县西南之酒店村。

16. 西津驿

《置驿三》:"西津驿,马四匹,马夫二名。"

乾隆《甘肃通志》卷16《驿递》:"六十里至岷州酒店驿并酒店所……九十里至岷州岷山驿并梅川所……一百二十里至岷州西津驿。"

《嘉庆重修一统志》卷256巩昌府二:"西津驿,在岷州西南九十里。"

案:西津驿,光绪九年增设马二匹。约在今甘肃省陇南市宕昌县西北,确址待查。

(五)阶州直隶州属六驿

1. 阶州直隶州平乐驿

《置驿三》:"阶州直隶州平乐驿,马四匹,马夫二名。"

《嘉庆重修一统志》卷277阶州二:"阶州在城驿,在州治北,明置,东至文县临江驿一百四十里,西至杀贼桥驿一百二十里,北至小川驿二百五十里。"

民国《新纂康县县志》卷3《建置沿革》:"文县属巩昌府,清顺治初设杀贼驿驿丞一,康熙六年改平乐驿驿丞,移小川,属成县,后俱裁。"

案:阶州直隶州平乐驿,在今甘肃省陇南市武都区城关镇。

2. 杀贼驿

《置驿三》:“杀贼驿,马四匹,马夫二名。”

《嘉庆重修一统志》卷 277 阶州二:“杀贼桥驿,在州西北一百二十里,明代置。西至西固厅六十里,西北至岷州西津驿一百四十里。”

民国《新纂康县县志》卷 3《建置沿革》:“杀贼驿,马四匹,夫二名,在州西一百二十里。”

案:杀贼驿,在今甘肃省陇南市宕昌县东南之沙湾镇。

3. 文县县驿

《置驿三》:“文县县驿,马四匹,马夫二名。”

《嘉庆重修一统志》卷 277 阶州二:“文县在城驿,在县治西北隅。明置,至临江驿一百里。”

案:文县县驿,在今甘肃省陇南市文县城。

4. 临江县县驿

《置驿三》:“临江县县驿,马四匹,马夫二名。”

《嘉庆重修一统志》卷 277 阶州二:“临江驿,在文县西北临江关,为陇蜀孔道。”

案:临江县县驿,在今甘肃省陇南市文县东北白龙江畔之临江乡。

5. 成县县驿

《置驿三》:“成县县驿,马四匹,马夫二名。”

《嘉庆重修一统志》卷 277 阶州二:“成县在城驿,西至小川驿四十里,东至秦州徽县九十里。”

案:成县县驿,在今甘肃省陇南市成县城。

6. 小川驿

《置驿三》:“小川驿,马六匹,马夫五名半。”

乾隆《成县新志》卷 1《公廨》:“驿丞署在小川驿,康熙六年建。”

《嘉庆重修一统志》卷 277 阶州二:“小川驿,在成县西四十里,州东北二百五十里。旧名平洛驿,今改名。旧有驿丞,本朝乾隆七年裁归县管。”

案:小川驿,在今甘肃省陇南市成县西南之小川镇。

(六)秦州直隶州属七驿

1. 秦州直隶州州驿

《置驿三》:“秦州直隶州州驿,马十四匹,马夫十二名。”

光绪《甘肃新通志》卷19《驿递》:“(伏羌县)一百二十里至秦州所,一百三十里至清水县并清水所。”

案:秦州直隶州州驿,在今甘肃省天水市区。

2. 秦安县县驿

《置驿三》:“秦安县县驿,马四匹,马夫二名。”

光绪《甘肃新通志》卷19《驿递》:“(通渭县县驿)八十里至秦安县。”

案:秦安县县驿,在今甘肃省天水市秦安县城。

3. 清水县清水驿

《置驿三》:“清水县清水驿,马十四匹,马夫十二名。”

乾隆《甘肃通志》卷16《驿递》:“六十里至清水驿并清水所……六十里至巩昌府安定县属秤钩驿并秤钩所……六十里至安定县延寿驿。”

《嘉庆重修一统志》卷275秦州二:“清水驿,在清水县城内。东至陕西陇州长安驿九十里。”

案:清水县清水驿,在今甘肃省天水市清水县城。

4. 长宁驿

《置驿三》:“长宁驿,马十四匹,马夫九名。”

乾隆《甘肃通志》卷16《驿递》:“一百二十里至秦州所……一百三十里至清水县并清水所清水县管理……九十里至长宁驿清水县管理。”

《嘉庆重修一统志》卷275秦州二:“长宁驿,在清水县东九十里。”

案:长宁驿,在今甘肃省天水市张家川县东之马鹿镇长宁村。

5. 礼县县驿

《置驿三》:“礼县县驿,马四匹,马夫二名。”

光绪《甘肃新通志》卷19《驿递》:“(秦州)一百六十里至礼县……七十里至西和县。”

案:礼县县驿,在今甘肃省陇南市礼县县城。

6. 徽县县驿

《置驿三》:“徽县县驿,马四匹,马夫二名。”

光绪《甘肃新通志》卷19《驿递》:“(成县县驿)九十里至徽县……九十里至两当县。”

案:徽县县驿,在今甘肃省陇南市徽县县城。

7. 两当县县驿

《置驿三》:“两当县县驿,马四匹,马夫二名。”

光绪《甘肃新通志》卷19《驿递》:“(徽县县驿)九十里至两当县……一百五十里至通渭县。”

案:两当县县驿,在今甘肃省陇南市两当县城。

(七)庆阳府属五驿

1. 安化县宏化驿

《置驿三》:“安化县宏化驿,马九匹,马夫七名。”

乾隆《合水县志》下卷《邮传》:“华池驿……南至宁州彭原驿九十里,北至安邑宏化驿六十里。”

《嘉庆重修一统志》卷262庆阳府二:“宏化驿,在府治北,明初置。南至合水县华池驿六十里。”

案:安化县宏化驿,在今甘肃省庆阳市区。

2. 合水县华池驿

《置驿三》:“合水县华池驿,马四匹,马夫二名。”

嘉靖《庆阳府志》卷4《公署》:“华池驿,在县城西六十里。”

乾隆《合水县志》下卷《邮传》:“华池驿,距城七十里,即今西华池,现存。”

《嘉庆重修一统志》卷262庆阳府二:“华池驿,在合水县西六十里,南至正宁县九十里。”

案:合水县华池驿,在今甘肃省合水县县城华池镇。

3. 正宁县县驿

《置驿三》:“正宁县县驿,夫二名。”

案:正宁县县驿,今甘肃省庆阳市正宁县西南之罗川乡。

4. 宁州彭原驿

《置驿三》:“宁州彭原驿,马四匹,马夫二名。”

嘉靖《庆阳府志》卷4《公署》:“彭原驿,在州治南关。”

乾隆《合水县志》下卷《邮传》:“华池驿……南至宁州彭原驿九十里,北至安邑宏化驿六十里。”

《嘉庆重修一统志》卷262庆阳府二:“彭原驿,在宁州治南,南至政平驿六十里。”

案:宁州彭原驿,在今甘肃省庆阳市宁县城。

5. 焦村驿

《置驿三》:“焦村驿,马四匹,马夫二名。”

嘉靖《庆阳府志》卷3《里甲》:“焦村,在州西北一十五里,统石池村赵村任村。”

乾隆《甘肃通志》卷10《关梁》:“焦村镇,在州西三十里。”

案:焦村驿,在今甘肃省庆阳市宁县西之焦村乡政府驻地。

(八)宁夏府属五十驿

1. 宁夏宁朔二县县驿

《置驿三》:“宁夏府宁夏宁朔二县县驿,马三十八匹,马夫三十一名。”

案:宁夏、宁朔二县县驿,光绪九年酌留马夫十九名。在今宁夏银川市老城区。

2. 又军塘

《置驿三》:“又军塘,马十二匹,马夫六名。”

案:光绪九年,裁。

3. 王鋐驿

《置驿三》:“王鋐驿,马十八匹,马夫十九名半。”

乾隆《甘肃通志》卷16《驿递》:“七十里至大坝驿……六十里至王鋐驿……六十里至宁夏府在城驿。”

《嘉庆重修一统志》卷265宁夏府二:“王鋐驿,在府南六十里,旧王鋐堡,西至大坝驿六十里。”

案:王鋐驿,光绪九年酌留马夫九名。在今宁夏银川市永宁县南之望洪镇。

4. 又军塘

《置驿三》:“又军塘,马十二匹,马夫六名。”

案:光绪九年,裁。

5. 大坝驿

《置驿三》:“大坝驿,马十八匹,马夫十九名半。”

乾隆《甘肃通志》卷16《驿递》:“一百一十里至渠口驿……七十里至大坝驿……六十里至王鋐驿。”

《嘉庆重修一统志》卷265宁夏府二:“大坝驿,在府西南一百二十里大坝堡。

西南至中卫县渠口驿六十里。”

案:大坝驿,光绪九年酌留马夫九名。在今宁夏吴忠市青铜峡市西南之大坝镇。

6. 又军塘

《置驿三》:“又军塘,马十二匹,马夫六名。”

案:光绪九年,裁。

7. 又腰军塘

《置驿三》:“又腰军塘,马十二匹,马夫六名。”

案:光绪九年,裁。

8. 叶升军塘

《置驿三》:“叶升军塘,马十二匹,马夫六名。”

乾隆《甘肃通志》卷16《驿递》:“惠农渠,在宁夏县叶升堡东南。”

乾隆《河套志》卷6《艺文二》:“以陶家嘴南花家湾为进水口,近在叶升堡之东南也。”

案:叶升军塘,光绪九年裁。在今宁夏吴忠市青铜峡市东北之叶升镇。

9. 魏信军塘

《置驿三》:“魏信军塘,马十二匹,马夫六名。”

乾隆《甘肃通志》卷15《水利》:“石子渠底开暗洞三:一在魏信堡,一在张政堡,一在王澄堡。”

乾隆《宁夏府志》卷5《建置》:“魏信堡,在(宁夏县)城正南三十里。”

案:魏信军塘,光绪九年,裁。在今宁夏银川市永宁县北之西位村。

10. 广武军塘

《置驿三》:“广武军塘,马十二匹,马夫六名。”

乾隆《甘肃通志》卷15《水利》:“石灰渠,在中卫县广武堡,自鐵甬碾盘滩起,至五塘沟止,长五十七里,溉田一百二十七顷。”

乾隆《宁夏府志》卷3《山川》:“回军山,又名尖峰山,在广武堡西北三十五里。”

案:广武军塘,光绪九年,裁。在今宁夏吴忠市青铜峡市青铜峡镇广武村。

11. 张政军塘

《置驿三》:“张政军塘,马十二匹,马夫六名。”

乾隆《甘肃通志》卷15《水利》:“石子渠底开暗洞三:一在魏信堡,一在张政堡,一在王澄堡。"

乾隆《宁夏府志》卷5《堡寨》:"张政堡,在城正东十五里。"

案:张政军塘,光绪九年,裁。在今宁夏银川市兴庆区掌政镇。

12. 灵州州驿

《置驿三》:"灵州州驿,马四匹,马夫三名。"

《嘉庆重修一统志》卷265宁夏府二:"灵州驿,在灵州城内,明置,曰高桥驿,今改名。"

光绪《甘肃新通志》卷19《驿递》:"(瓦亭驿)六十里至灵州州驿。"

案:灵州州驿,在今宁夏银川市灵武市。

13. 同心驿

《置驿三》:"同心驿,马八匹,马夫七名。"

《嘉庆重修一统志》卷265宁夏府二:"又同心驿,在州西南同心驿堡,北去沙泉驿九十里。"

乾隆《宁夏府志》卷11《驿递》:"沙泉驿,南至灵州同心驿九十里。"

案:同心驿,光绪九年,酌留马夫四名。在今宁夏吴忠市同心县县城。

14. 横城口驿

《置驿三》:"横城口驿,马十九匹,马夫九名。"

乾隆《甘肃通志》卷16《驿递》:"六十里至宁夏府在城驿……三十里至横城口驿……四十里至灵州所属红山驿。"

乾隆《宁夏府志》卷2《疆域》:"自宁夏横城口起,至陕西所属府谷县止,皆面边墙,背黄河,所称河套是也。"

案:横城口驿,光绪九年酌留马十八匹,马夫九名。在今宁夏银川市东南兴庆区横城。

15. 又军塘

《置驿三》:"又军塘,马十二匹,马夫六名。"

案:光绪九年,裁。

16. 红山驿

《置驿三》:"红山驿,马十八匹,马夫十名。"

乾隆《甘肃通志》卷16《驿递》:"三十里至横城口驿……四十里至灵州所属红山驿……六十里至清水驿。"

《嘉庆重修一统志》卷265宁夏府二:"在灵州东北六十五里红山堡。西至宁夏县横城驿四十里。”

案:红山驿,光绪九年,酌留马夫八名,在今宁夏银川市灵武市东北之横山村。

17. 又军塘

《置驿三》:“又军塘,马十二匹,马夫六名。”

案:光绪九年,裁。

18. 清水驿

《置驿三》:“清水驿,马十八匹,马夫十名。”

乾隆《甘肃通志》卷16《驿递》:“四十里至灵州所属红山驿……六十里至清水驿……一百里至兴武营驿。”

《嘉庆重修一统志》卷265宁夏府二:“又自红山驿东南六十里至清水堡,有清水驿。”

案:清水驿,光绪九年,酌留马夫九名。在今宁夏灵武市东北42公里处之宁东镇清水营村,有明代清水营堡遗址。

19. 又军塘

《置驿三》:“又军塘,马十二匹,马夫六名。”

案:光绪九年,裁。

20. 安定驿

《置驿三》:“安定驿,马十八匹,马夫十名。”

乾隆《甘肃通志》卷16《驿递》:“一百里至兴武营驿……六十里至安定堡驿……六十里至花马池驿。”

《嘉庆重修一统志》卷265宁夏府二:“又自红山驿东南六十里至清水堡,有清水驿。又东南一百里至兴武营,有兴武驿。又六十里至安定堡,有安定驿。又六十里至花马池驿,属灵州。”

案:安定驿,光绪九年,酌留马夫九名。在今宁夏盐池县王乐井乡牛记圈村附近。

21. 又军塘

《置驿三》:“又军塘,马十二匹,马夫六名。”

案:光绪九年,裁。

22. 兴武驿

《置驿三》:“兴武驿,马十八匹,马夫十名。”

乾隆《甘肃通志》卷16《驿递》："六十里至清水驿……一百里至兴武营驿……六十里至安定堡驿。"

《嘉庆重修一统志》卷265宁夏府二："又自红山驿东南六十里至清水堡，有清水驿。又东南一百里至兴武营，有兴武驿。"

案：兴武驿，光绪九年酌留马夫九名。在今宁夏吴忠市盐池县高沙窝镇二步坑村。

23. 又军塘

《置驿三》："又军塘，马十二匹，马夫六名。"

案：光绪九年，裁。

24. 花马池驿

《置驿三》："花马池驿，马十八匹，马夫十名。"

乾隆《甘肃通志》卷16《驿递》："六十里至安定堡驿……六十里至花马池驿……八十里至宁安驿。"

《嘉庆重修一统志》卷265宁夏府二："又六十里至安定堡，有安定驿。又六十里至花马池驿，属灵州。"

案：花马池驿，光绪九年，酌留马夫九名，由灵州拨管。在今宁夏吴忠市盐池县花马池镇。

25. 又军塘

《置驿三》："又军塘，马十二匹，马夫六名。"

案：光绪九年，裁。

26. 高平军塘

《置驿三》："高平军塘，马十二匹，马夫六名。"

乾隆《宁夏府志》卷11《驿递》："安定塘至高平塘三十里，马一十二匹，夫六名，高平塘至花马塘三十里，马一十二匹，夫六名。"

案：高平军塘，光绪九年，裁。在今宁夏盐池县西花马池镇之红沟梁村（参见米文宝主编《盐池县地名总体规划：2013—2030年》第115页）。

27. 永兴军塘

《置驿三》："永兴军塘，马十二匹，马夫六名。"

乾隆《宁夏府志》卷11《驿递》："永兴塘至安定塘三十里，马一十二匹，夫六名。"

乾隆《河套志》卷3《延绥镇所属沿河套南边城堡》："永兴堡，东四十里。"

案:永兴军塘,光绪九年,裁。在今宁夏吴忠市盐池县西北之高沙窝镇稍东芨芨沟村。

28. 毛卜喇军塘

《置驿三》:“毛卜喇军塘,马十二匹,马夫六名。”

乾隆《甘肃通志》卷11《关梁》:“毛卜喇堡,在县西北六十里,南至水磨川四十里,北至长城有暗门。”

乾隆《河套志》卷3《延绥镇所属沿河套南边城堡》:“宁夏灵州之鞔粟,切近横城,向东南至毛卜喇堡四十里,又三十里至兴武营。”

案:毛卜喇军塘,光绪九年,裁。在今宁夏吴忠市盐池县西北之高沙窝镇宝塔村。

29. 平罗县县驿

《置驿三》:“平罗县县驿,马四匹,马夫二名。”

《嘉庆重修一统志》卷265宁夏府二:“平罗驿,在平罗县城内,南至宁夏在城驿一百二十里。”

案:平罗县县驿,在今宁夏石嘴山市平罗县城。

30. 中卫县中卫驿

《置驿三》:“中卫县中卫驿,马十八匹,马夫九名。”

乾隆《宁夏府志》卷11《驿递》:“中卫驿,西至长流驿七十里。”

《嘉庆重修一统志》卷265宁夏府二:“中卫驿,在中卫县城内。”

案:中卫县中卫驿,在今宁夏中卫市区。

31. 又军塘

《置驿三》:“又军塘,马十二匹,马夫六名。”

案:光绪九年,裁。

32. 宁安驿

《置驿三》:“宁安驿,马八匹,马夫三名半。”

乾隆《甘肃通志》卷16《驿递》:“六十里至花马池驿……八十里至宁安驿……七十里至沙泉驿。”

乾隆《宁夏府志》卷11《驿递》:“宁安驿,南至沙泉驿七十里。”

案:宁安驿,光绪九年,增设马夫半名。在今宁夏中卫市中宁县城。

33. 沙泉驿

《置驿三》:“沙泉驿,马八匹,马夫七名半。”

乾隆《甘肃通志》卷16《驿递》:“八十里至宁安驿……七十里至沙泉驿……九十里至同心驿。”

乾隆《宁夏府志》卷11《驿递》:“沙泉驿,南至灵州同心驿九十里。”

《嘉庆重修一统志》卷265宁夏府二:“沙泉驿,在灵州东南沙井堡,北去绥安驿七十里。”

案:沙泉驿,光绪九年,酌留马夫四名。在今宁夏中卫市中宁县陈麻井大队附近清水河西。

34. 渠口驿

《置驿三》:“渠口驿,马十八匹,马夫八名。”

乾隆《宁夏府志》卷11《驿递》:“渠口驿,东至宁朔县大坝驿七十里,西至胜金驿一百一十里,南至宁安驿七十里。”

《嘉庆重修一统志》卷265宁夏府二:“渠口驿,在中卫县东北一百七十里渠口堡。”

案:渠口驿,光绪九年增设马夫一名。在今宁夏中卫市中宁县东北之渠口农场。

35. 又军塘

《置驿三》:“又军塘,马十二匹,马夫六名。”

案:光绪九年,裁。

36. 胜金驿

《置驿三》:“胜金驿,马十八匹,马夫九名。”

乾隆《宁夏府志》卷11《驿递》:“胜金驿,西至中卫驿六十里。”

《嘉庆重修一统志》卷265宁夏府二:“中卫驿,在中卫县城内。又东六十里为胜金关驿,皆属西路同知管。”

案:胜金驿,在今宁夏中卫市沙坡头区镇罗镇胜金关遗址一带。

37. 又军塘

《置驿三》:“又军塘马十二匹,马夫六名。”

案:光绪九年,裁。

38. 长流水驿

《置驿三》:“长流水驿,马十八匹,马夫九名。”

乾隆《甘肃通志》卷16《驿递》:“七十里至三塘水驿……七十里至长流水驿……七十里至中卫县并西路厅中卫驿。”

乾隆《宁夏府志》卷11《驿递》:“中卫驿,西至长流驿七十里。”

《嘉庆重修一统志》卷265宁夏府二:“长流水驿,在中卫县西七十里。旧有驿丞,今裁。又西七十里至三塘水驿。又西一百二十里至营盘水驿。”

案:长流水驿,在今甘肃省中卫市沙坡头区迎水桥镇长流水村。

39. 又军塘

《置驿三》:“又军塘,马十二匹,马夫六名。”

案:光绪九年,裁。

40. 三塘水驿

《置驿三》:“三塘水驿,马十八匹,马夫九名。”

乾隆《甘肃通志》卷16《驿递》:“一百二十里至宁夏西路厅属营盘水驿……七十里至三塘水驿……七十里至长流水驿。”

《嘉庆重修一统志》卷265宁夏府二:“长流水驿,在中卫县西七十里。旧有驿丞,今裁。又西七十里至三塘水驿。又西一百二十里至营盘水驿。”

案:三塘水驿,约在今宁夏中卫市沙坡头迎水桥镇西之西营盘子附近。

41. 又军塘

《置驿三》:“又军塘,马十二匹,马夫六名。”

案:光绪九年,裁。

42. 营盘水驿

《置驿三》:“营盘水驿,马十八匹,马夫九名。”

乾隆《甘肃通志》卷16《驿递》:“五十里至三眼井驿……一百二十里至宁夏西路厅属营盘水驿……七十里至三塘水驿。”

民国《朔方道志》卷5《建置志》:“由平番县三眼井驿一百二十里至宁夏中卫县属营盘水驿。”

案:营盘水驿,在今宁夏中卫市沙坡头区迎水桥镇西之营盘水村。

43. 又军塘

《置驿三》:“又军塘,马十二匹,马夫六名。”

案:光绪九年,裁。

44. 镇罗军塘

《置驿三》:“镇罗军塘,马十二匹,马夫六名。”

乾隆《宁夏府志》卷11《驿递》:“镇罗塘,西至中卫塘三十里,夫六名,马十二匹。”

民国《朔方道志》卷11《兵防志》:"出水塘房墩,镇罗塘房墩,以上属红山堡。"

案:镇罗军塘,光绪九年,裁。在今宁夏中卫市沙坡头区镇罗镇。

45. 一碗泉军塘

《置驿三》:"一碗泉军塘,马十二匹,马夫六名。"

乾隆《甘肃通志》卷6《山川》:"一碗泉,在县北四十里,为水无多故名。"

乾隆《宁夏府志》卷11《驿递》:"一碗泉塘,西至三塘水塘三十里,夫六名,马十二匹。"

案:一碗泉军塘,光绪九年,裁。在今宁夏中卫市沙坡头区迎水桥镇一碗泉火车站一带。

46. 沙坡军塘

《置驿三》:"沙坡军塘,马十二匹,马夫六名。"

乾隆《宁夏府志》卷11《驿递》:"沙坡塘,西至长流塘三十里,夫六名,马十二匹。"

道光《循化厅志》卷3《营汛》:"西路:沙坡塘、查家沟塘、边都塘、什结弄塘。"

案:沙坡军塘,光绪九年,裁。在今宁夏中卫市沙坡头区。

47. 石空寺军塘

《置驿三》:"石空寺军塘,马十二匹,马夫六名。"

乾隆《宁夏府志》卷5《堡寨》:"石空寺,在县城东九十里。"

乾隆《中卫县志》卷4《边防考·营制》:"石空寺堡守备一员。"

民国《朔方道志》卷5《建置志》:"石空寺,在石空寺堡。"

案:石空寺军塘,光绪九年,裁。在今宁夏中卫市中宁县北之石空镇。

48. 天涝坝军塘

《置驿三》:"天涝坝军塘,马十二匹,马夫六名。"

乾隆《甘肃通志》卷4《疆域》:"靖远县……东北至天涝坝宁夏府中卫县界二百一十里,西北至青崖儿兰州界八十里。"

乾隆《宁夏府志》卷11《驿递》:"天涝坝塘,西至皋兰县白墩塘三十里。"

案:天涝坝军塘,光绪九年,裁。在今甘肃省白银市景泰县天涝坝古庙遗址附近。

49. 石梯子军塘

《置驿三》:"石梯子军塘,马十二匹,马夫六名。"

乾隆《宁夏府志》卷11《驿递》:"石梯塘,西至营盘塘三十里。"

乾隆《中卫县志》卷4《边防考·驿递》:“奉文拨安石梯塘马六匹。”

案:石梯子军塘,光绪九年,裁。在今宁夏中卫市沙坡头区甘塘镇附近。

50. 枣园军塘

《置驿三》:“枣园军塘,马十二匹,马夫六名。”

乾隆《甘肃通志》卷11《关梁》:“枣园堡,在县东北一百二十里,明正统年建,城周二里。”

乾隆《宁夏府志》卷11《驿递》:“枣园塘,西至石空塘四十里,夫六名,马十二匹。”

案:枣园军塘,明代置,光绪九年,裁。在今宁夏中宁县东北之枣园乡刺园堡火车站一带。

又案:据光绪《会典事例》卷657,凡宁夏府属二十驿。原设五十驿,光绪九年,裁三十驿,改属固原州一驿,增设一驿。

又据光绪《会典事例》卷688,所裁驿站仍为“站”:

甘肃灵州花马池站,三十里至高平站,三十里至安定站,三十里至永兴站,三十里至兴武站,三十里至毛卜站,四十里至清水站,四十里至红山站,三十里至横城站,十五里至宁夏县张政站,十五里至魏信站,三十里至王洪站,二十里至叶升站,二十里至宁朔县适中站,二十里至大坝站,四十里至广武站,三十里至中卫县渠口站,四十里至枣园站,四十里至石空寺站,三十里至胜金站,三十里至镇罗站,三十里至中卫站,四十里至沙坡站,三十里至长流水站,四十里至一碗泉站,三十里至三塘水站,四十里至石梯站,三十里至营盘站,三十里至天涝坝站。

(九)西宁府属十驿

1. 西宁县县驿

《置驿三》:“西宁县县驿,马四十四匹,马夫三十一名。”

光绪《甘肃新通志》卷19《驿递》:“(平戎驿)七十里至西宁县在城驿……六十里至镇海堡,无驿路。”

案:西宁县县驿,光绪九年酌留马四十三匹,马夫二十一名。在今青海省西宁市城中区南大街解放巷一带。

2. 平戎驿

《置驿三》:“平戎驿,马二十九匹,马夫二十四名。”

乾隆《甘肃通志》卷16《驿递》:"五十里至碾伯县嘉顺驿……六十里至平戎驿……七十里至西宁县在城驿。"

《嘉庆重修一统志》卷270西宁府二:"平戎驿,在西宁县东七十里平戎堡,东至碾伯县六十里,南至巴燕戎驿一百二十里。旧有驿丞,本朝乾隆二十年裁归知县管理。"

案:平戎驿,元明时建驿站,清代袭之,1979年置平安县,因驿成县,后改为海东市平安区。光绪九年酌留马二十八匹,马夫十四名。在今青海省海东市平安区。

3. 碾伯县嘉顺驿

《置驿三》:"碾伯县嘉顺驿,马三十匹,马夫二十四名。"

乾隆《甘肃通志》卷16《驿递》:"四十里至老鸦驿……五十里至碾伯县嘉顺驿……六十里至平戎驿。"

《嘉庆重修一统志》卷270西宁府二:"嘉顺驿,在碾伯县城内。东至老鸦驿五十里,西至西宁县平戎驿六十里。"

案:碾伯县嘉顺驿,光绪九年酌留马二十九匹,马夫十四名半。在今青海省海东市乐都区。

4. 老鸦驿

《置驿三》:"老鸦驿,马二十九匹,马夫二十三名。"

乾隆《甘肃通志》卷16《驿递》:"五十里至西宁府属冰沟驿……四十里至老鸦驿……五十里至碾伯县嘉顺驿。"

《嘉庆重修一统志》卷270西宁府二:"老鸦驿,在碾伯县东老鸦堡。又东四十里为冰沟驿,东至凉州府平番县西大通驿五十里。"

案:老鸦驿,光绪九年酌留马二十八匹,马夫十四名。在今青海省海东市乐都区东之高庙镇老鸦村。

5. 冰沟驿

《置驿三》:"冰沟驿,马二十九匹,马夫二十四名。"

乾隆《甘肃通志》卷16《驿递》:"二十里至西大通驿并西大通所……五十里至西宁府属冰沟驿……四十里至老鸦驿。"

《嘉庆重修一统志》卷270西宁府二:"老鸦驿,在碾伯县东老鸦堡。又东四十里为冰沟驿,东至凉州府平番县西大通驿五十里。"

案:冰沟驿,光绪九年酌留马二十八匹,马夫十四名。在今青海省海东市乐都区东北之芦花乡。

6. 巴燕戎格厅厅驿

《置驿三》:“巴燕戎格厅,厅驿,马六匹,马夫四名。”

案:巴燕戎格厅厅驿,光绪九年酌留马夫三名。在今青海省海东市化隆回族自治县县城。

7. 大通县县驿

《置驿三》:“大通县县驿,马二匹,马夫一名。”

案:大通县县驿,在今青海省西宁市大通回族土族自治县西北之城关镇。

8. 向阳驿

《置驿三》:“向阳驿,马六匹,马夫三名。”

民国《大通县志》第二部《建置志》:“捐设:一在县城,一在向阳堡。”

案:向阳驿,在今青海省西宁市大通回族土族自治县桥头镇向阳堡村。

9. 长宁驿

《置驿三》:“长宁驿,马二匹,马夫一名。”

民国《大通县志》第一部《地理志》:“河南川,居县城南暗门外,东至五峰山东暗门,西至金峨山麓约七十里,南至长宁堡,北至新城约三十五里。”

案:长宁驿,在今青海省西宁市大通回族土族自治县长宁镇。

10. 贵德厅贵德驿

《置驿三》:“贵德厅,贵德驿,马九匹,马夫六名。”

案:在今青海省海南藏族自治州贵德县县城,光绪九年酌留马三匹,马夫一名半。

又案:据光绪《会典事例》卷657:凡西宁府属二十驿。原设十驿。光绪九年拨管循化、立轮、盘坡根、韩家集四驿。增设札拉山根、申中、朝天、丹噶尔厅、镇海、哈拉库图尔六驿。

札拉山根驿,原设马十匹,马夫八名。光绪九年酌留马八匹,马夫四名。朝天驿,马三匹,马夫一名半。申中驿,马三匹,马夫一名半。丹噶尔厅厅驿,马三匹,马夫一名半。镇海驿,马二匹,马夫一名。哈拉库图尔驿,马四匹,马夫二名。

（十）凉州府属四十四驿

1. 武威县县驿

《置驿三》:“武威县县驿,马六十五匹,马夫四十一名半,牛十五只,牛夫十五名,车十五辆。”

光绪《甘肃新通志》卷19《驿递》:“(大河驿)三十里至凉州府武威县驿并武威所……五十里至怀安驿并怀安所。”

案:武威县县驿,光绪九年酌留马夫三十五名,裁牛十五只,牛夫十名,车十五辆。在今甘肃省武威市。

2. 又军塘

《置驿三》:“又军塘,马十二匹,马夫六名。”

案:光绪九年,裁。

3. 三十里铺军塘

《置驿三》:“三十里铺军塘,马十二匹,马夫六名。”

案:三十里铺军塘,光绪九年,裁。在今甘肃省武威市西。

4. 大河驿

《置驿三》:“大河驿,马六十匹,马夫四十名,牛九只,牛夫九名,车九辆。”

乾隆《甘肃通志》卷16《驿递》:“六十里至靖边驿并靖边所……四十里至大河驿并大河所……三十里至凉州府武威县驿并武威县所。”

《嘉庆重修一统志》卷268凉州府:“大河驿,在武威县东南三十里。又东南四十里为靖边驿。二驿旧有驿丞,今裁。又东南六十里至古浪县之古浪驿。”

案:大河驿,光绪九年酌留马二十四匹,马夫十二名,裁牛九只,牛夫九名,车九辆。在今甘肃省武威市凉州区武南镇大河驿火车站一带。

5. 又军塘

《置驿三》:“又军塘,马十二匹,马夫六名。”

案:光绪九年,裁。

6. 怀安驿

《置驿三》:“怀安驿,马六十匹,马夫三十六名,牛九只,牛夫九名,车九辆。”

乾隆《甘肃通志》卷16《驿递》:“三十里至凉州府武威县驿并武威县所……五十里至怀安驿并怀安所……四十里至柔远驿并柔远所。”

《嘉庆重修一统志》卷268凉州府:“怀安驿,在武威县西五十里,又西四十里为柔远驿。”

案:怀安驿,光绪九年酌留马二十五匹,马夫十二名半,裁牛九只,牛夫九名,车九辆。在今甘肃省武威市凉州区怀安乡。

7. 又军塘

《置驿三》:“又军塘,马十二匹,马夫六名。”

案:光绪九年,裁。

8. 柔远驿

《置驿三》:“柔远驿,马六十匹,马夫三十六名,牛九只,牛夫九名,车九辆。”

乾隆《甘肃通志》卷16《驿递》:“五十里至怀安驿并怀安所……四十里至柔远驿并柔远所……七十里至永昌县永昌驿并永昌所。”

《嘉庆重修一统志》卷268凉州府:“怀安驿,在武威县西五十里,又西四十里为柔远驿。”

案:柔远驿,光绪九年酌留马三十五匹,马夫十七名半,裁牛九只,牛夫九名,车九辆。在今甘肃省武威县西九十里,确址待考。

9. 又军塘

《置驿三》:“又军塘,马十二匹,马夫六名。”

案:光绪九年,裁。

10. 又西三十里铺军塘

《置驿三》:“又西三十里铺军塘,马十二匹,马夫六名。”

案:又西三十里铺军塘,光绪九年,裁。在今甘肃省武威市西。

11. 达家寨军塘

《置驿三》:“达家寨军塘,马十二匹,马夫六名。”

万历《临洮府志》卷11《防御考》有“达家台堡”。

乾隆《宁夏府志》卷11《驿递》有“达家寨塘”。

案:达家寨军塘,光绪九年,裁。在今甘肃省武威市凉州区东南之河东镇达家寨村。

12. 永昌县永昌驿

《置驿三》:“永昌县永昌驿,马六十匹,马夫三十六名,牛九只,牛夫九名,车九辆。”

乾隆《甘肃通志》卷16《驿递》:“四十里至柔远驿并柔远所……七十里至永昌县永昌驿并永昌所……七十里至水泉驿并水泉所。”

《嘉庆重修一统志》卷268凉州府:“永昌驿,在永昌县城内。东至武威县柔远驿七十里。”

案:永昌县永昌驿,光绪九年酌留马三十二匹,马夫十六名,裁牛九只,牛夫九名，车九辆。在今甘肃省金昌市永昌县县城。

13. 又军塘

《置驿三》："又军塘，马十二匹，马夫六名。"

案：光绪九年，裁。

14. 水泉驿

《置驿三》："水泉驿，马六十匹，马夫三十六名，牛九只，牛夫九名，车九辆。"

乾隆《甘肃通志》卷16《驿递》："七十里至永昌县永昌驿并永昌所……七十里至水泉驿并水泉所……五十里至甘州府山丹县硖口驿并硖口所。"

《嘉庆重修一统志》卷268凉州府："水泉驿，在永昌县西六十里。旧有驿丞，今裁。又西五十里达甘州府山丹县硖口驿。"

案：水泉驿，光绪九年酌留马三十二匹，马夫十六名，裁牛九只，牛夫九名，车九辆。在今甘肃省金昌市永昌县西北之红山窑乡水泉子村。

15. 又军塘

《置驿三》："又军塘，马十二匹，马夫六名。"

案：光绪九年，裁。

16. 靖边驿

《置驿三》："靖边驿，马六十匹，马夫四十名，牛九只，牛夫九名，车九辆。"

乾隆《甘肃通志》卷16《驿递》："三十里至古浪县并古浪所……六十里至靖边驿并靖边所……四十里至大河驿并大河所。"

《嘉庆重修一统志》卷268凉州府："大河驿，在武威县东南三十里。又东南四十里为靖边驿。二驿旧有驿丞，今裁。"

案：靖边驿，光绪九年酌留马十二匹，马夫六名，裁牛九只，牛夫九名，车九辆。在今甘肃省武威县凉州区东南之黄羊镇。

17. 崇岗军塘

《置驿三》："崇岗军塘，马十二匹，马夫六名。"

乾隆《甘肃通志》卷11《关梁》："崇冈桥，在县西三十里。"

案：崇岗军塘，光绪九年，裁。在今甘肃省永昌县西北焦家庄乡之崇岗堡。

18. 古浪县古浪驿

《置驿三》："古浪县古浪驿，马七十五匹，马夫四十七名半，牛九只，牛夫九名，车九辆。"

乾隆《甘肃通志》卷16《驿递》："三十里至黑松驿并黑松所……三十里至古浪

县并古浪所……六十里至靖边驿并靖边所。”

《嘉庆重修一统志》卷268凉州府:“古浪驿,在古浪县南关。”

案:古浪县古浪驿,光绪九年酌留马三十五匹,马夫十七名半,裁牛九只,牛夫九名,车九辆。在今甘肃省武威市古浪县城。

19. 黑松驿

《置驿三》:“黑松驿,马七十五匹,马夫四十七名,牛九只,牛夫九名,车九辆。”

乾隆《甘肃通志》卷16《驿递》:“三十里至凉州府属安远所……三十里至黑松驿并黑松所……三十里至古浪县并古浪所。”

《嘉庆重修一统志》卷268凉州府:“黑松驿,在古浪县南三十里。旧有驿丞,今裁。南至安远站三十里,又南至平番县镇羌驿四十里。”

案:黑松驿,光绪九年,裁。在今甘肃省古浪县南之黑松驿镇黑松驿村。

20. 安原递运所

《置驿三》:“安原递运所,牛二十五只,牛夫二十五名,车二十五辆。”

光绪《甘肃新通志》卷19《驿递》:“五十里至镇羌驿并镇羌所……三十里至凉州府属安远递运所……三十里至黑松驿并黑松所。”

案:安原递运所,在今甘肃省武威市天祝藏族自治县安远镇。光绪九年,裁。

21. 圆墩子驿

《置驿三》:“圆墩子驿,马十六匹,马夫八名。”

乾隆《甘肃通志》卷4《疆域》:“东北二路:一路至圆墩子接古浪县界一百里,一路至边墙接镇番县界一百里。”

案:圆墩子驿,光绪九年酌留马三匹,马夫一名半。在今甘肃省武威市东南之园墩火车站一带。

22. 又军塘

《置驿三》:“又军塘,马十二匹,马夫六名。”

案:光绪九年,裁。

23. 夹山岭驿

《置驿三》:“夹山岭驿,马十六匹,马夫八名。”

乾隆《宁夏府志》卷11《驿递》有“夹山岭塘”。

案:夹山岭驿,光绪九年酌留马三匹,马夫一名半。在今甘肃省武威古浪县东之夹山岭。

24. 又军塘

《置驿三》:“又军塘,马十二匹,马夫六名。”

案:光绪九年,裁。

25. 大靖驿

《置驿三》:“大靖驿,马十六匹,马夫八名。”

乾隆《甘肃通志》卷4《疆域》:“按平番边墙东裴家营,自阿坝界大沙沟起,西至大靖界止,共长二千四百四十二丈。”

乾隆《甘州府志》卷12《选举》:“韩正习,凉州大靖守备。”

案:大靖驿,光绪九年酌留马三匹,马夫一名半。在今甘肃省武威市古浪县东之大靖镇。

26. 又军塘

《置驿三》:“又军塘,马十二匹,马夫六名。”

案:光绪九年,裁。

27. 土门军塘

《置驿三》:“土门军塘,马十二匹,马夫六名。”

乾隆《甘肃通志》卷11《关梁》:“按古浪大靖北边,一道迤东五里接平番裴家营界,迤西七十五里连土门堡界土门堡长边。”

乾隆《河套志》卷1《河套建置沿革考》:“土门堡移出十顷坪。”

案:土门军塘,光绪九年,裁。在今甘肃省武威市古浪县东北之土门镇。

28. 关王庙军塘

《置驿三》:“关王庙军塘,马十二匹,马夫六名。”

乾隆《甘肃通志》卷47《艺文》:“自龙尾山麓经关王庙下入灌东川田圃。”

案:关王庙军塘,光绪九年,裁。在今甘肃省武威市古浪县东之新窝铺一带。

29. 平番县县驿

《置驿三》:“平番县县驿,马九十匹,马夫五十四名,牛十五只,牛夫十五名,车五辆。”

光绪《甘肃新通志》卷19《驿递》:“(南大通驿)三十里至庄浪厅平番县在城驿……三十里至武胜驿。”

案:平番县县驿,光绪九年酌留马五十匹,马夫二十五名,裁牛十五只,牛夫十五名,车十五辆。在今甘肃省兰州市永登县城。

30. 俄卜岭驿

《置驿三》:"俄卜岭驿,马十八匹,马夫九名。"

乾隆《宁夏府志》卷11《驿递》有"俄卜岭塘"。

民国《芜湖县志》卷45《选举志》:"韦洪,国英子,任甘肃俄卜营游击。"

案:俄卜岭驿,光绪九年,裁。在今甘肃省武威市古浪县东。

31. 又军塘

《置驿三》:"又军塘,马十二匹,马夫六名。"

案:光绪九年,裁。

32. 南大通递运所

《置驿三》:"南大通递运所,牛十五只,牛夫十五名,车十五辆。"

乾隆《甘肃通志》卷16《驿递》:"五十里至红城驿并红城所……四十里至南大通驿并南大通所……三十里至庄浪厅平番县在城驿并在城所。"

《嘉庆重修一统志》卷268凉州府:"南大通驿,在平番县南三十里,本县县丞兼管。又南四十里为红城子驿。又南五十里为苦水驿。"

案:南大通递运所,在甘肃省兰州市永登县东南之大同镇。光绪九年,裁。

33. 红城驿

《置驿三》:"红城驿,马七十五匹,马夫四十七名,牛十五只,牛夫十五名,车十五辆。"

乾隆《甘肃通志》卷16《驿递》:"七十里至庄浪厅属苦水驿并苦水所……五十里至红城驿并红城所……四十里至南大通驿并南大通所。"

《嘉庆重修一统志》卷268凉州府:"南大通驿,在平番县南三十里,本县县丞兼管。又南四十里为红城子驿。又南五十里为苦水驿。"

案:红城驿,光绪九年酌留马三十五匹,马夫十七名半,裁牛十五只,牛夫十五名,车十五辆。在今甘肃省兰州市永登县南之红城镇。

34. 苦水驿

《置驿三》:"苦水驿,马七十五匹,马夫四十七名,牛十五只,牛夫十五名,车十五辆。"

乾隆《甘肃通志》卷16《驿递》:"四十里至沙井驿并沙井所……七十里至庄浪厅属苦水驿并苦水所……五十里至红城驿并红城所。"

《嘉庆重修一统志》卷268凉州府:"南大通驿,在平番县南三十里,本县县丞兼管。又南四十里为红城子驿。又南五十里为苦水驿。"

案：苦水驿，光绪九年酌留马三十五匹，马夫十七名半，裁牛十五只，牛夫十五名，车十五辆。在今甘肃省兰州市永登县南之苦水镇。

35. 镇羌驿

《置驿三》："镇羌驿，马七十五匹，马夫四十七名半，牛九只，牛夫九名，车九辆。"

乾隆《甘肃通志》卷16《驿递》："三十里至岔口驿并岔口所……五十里至镇羌驿并镇羌所……三十里至凉州府属安远所。"

《嘉庆重修一统志》卷268凉州府："镇羌驿，在平番县西北一百二十里。又东南五十里为岔口驿。又南三十里为武胜驿。"

案：镇羌驿，光绪九年酌留马二十四匹，马夫十二名，裁牛九只，牛夫九名，车九辆。在今甘肃省武威市天祝县东南打柴沟镇之金强驿村。

36. 武胜驿

《置驿三》："武胜驿，马七十五匹，马夫四十七名半，牛九只，牛夫九名，车九辆。"

乾隆《甘肃通志》卷16《驿递》："三十里至庄浪厅平番县在城驿并在城所……三十里至武胜驿并武胜所……三十里至岔口驿并岔口所。"

《嘉庆重修一统志》卷268凉州府："镇羌驿，在平番县西北一百二十里。又东南五十里为岔口驿。又南三十里为武胜驿。"

案：武胜驿，光绪九年酌留马二十四匹，马夫十二名，裁牛九只，牛夫九名，车九辆。在今甘肃省兰州市永登县西北之武胜驿镇。

37. 岔口驿

《置驿三》："岔口驿，马七十五匹，马夫四十七名半，牛九只，牛夫九名，车九辆。"

乾隆《甘肃通志》卷16《驿递》："三十里至武胜驿并武胜所……三十里至岔口驿并岔口所……五十里至镇羌驿并镇羌所。"

《嘉庆重修一统志》卷268凉州府："镇羌驿，在平番县西北一百二十里。又东南五十里为岔口驿。又南三十里为武胜驿。"

案：岔口驿，光绪九年酌留马三十五匹，马夫十七名半，裁牛九只，牛夫九名，车九辆。在今甘肃省天祝藏族自治县西北之华藏寺镇岔口驿村。

38. 通远驿

《置驿三》："通远驿，马三十匹，马夫二十五名。"

乾隆《甘肃通志》卷16《驿递》:“七十里至布朗吉尔驿……四十里至通远驿……六十里至塘坊驿。”

《嘉庆重修一统志》卷268凉州府:“通远驿,在平番县西四十里。”

案:通远驿,光绪九年酌留马二十匹,马夫十名。在今甘肃省兰州市永登县西南之通远乡。

39. 西大通驿

《置驿三》:“西大通驿,马三十匹,马夫二十五名半,牛九只,牛夫九名,车九辆。”

乾隆《甘肃通志》卷16《驿递》:“六十里至塘坊驿……二十里至西大通驿并西大通所……五十里至西宁府属冰沟驿。”

《嘉庆重修一统志》卷268凉州府:“通远驿,在平番县西四十里。又西六十里为塘坊驿,又西二十里为西大通驿,属本县县丞管理。又西四十里至西宁府冰沟驿。”

案:西大通驿,光绪九年酌留马夫十五名,裁牛九只,牛夫九名,车九辆。在今甘肃省永登县西南之河桥镇。

40. 塘坊驿

《置驿三》:“塘坊驿,马二十五匹,马夫十名。”

乾隆《甘肃通志》卷16《驿递》:“四十里至通远驿……六十里至塘坊驿……二十里至西大通驿并西大通所。”

《嘉庆重修一统志》卷268凉州府:“又西六十里为塘坊驿,又西二十里为西大通驿,属本县县丞管理。又西四十里至西宁府冰沟驿。”

案:塘坊驿,光绪九年酌留马二十匹,马夫十名。在今甘肃省兰州市永登县通远乡塘坊村。

41. 红水军塘

《置驿三》:“红水军塘,马十二匹,马夫六名。”

乾隆《甘肃通志》卷11《关梁》:“又阿坝东自红水界起,西至裴家营界止,共长四千一百六十二丈。”

乾隆《宁夏府志》卷11《驿递》有“红水塘”。

乾隆《甘肃通志》卷16《驿递》:“四十里至通远驿……六十里至塘坊驿……二十里至西大通驿并西大通所。”

案:红水军塘,光绪九年,裁。在今甘肃省白银市景泰县西北之红水镇。

42. 裴家营军塘

《置驿三》:“裴家营军塘,马十二匹,马夫六名。”

乾隆《甘肃通志》卷11《关梁》:“按平番边墙东裴家营自阿坝界大沙沟起西至大靖界止,共长二千四百四十二丈。”

乾隆《宁夏府志》卷11《驿递》有“裴家营塘”。

案:裴家营军塘,光绪九年,裁。在今甘肃省武威市古浪县东之裴家营镇。

43. 庄浪厅平城驿

《置驿三》:“庄浪厅平城驿,马十三匹,马夫六名半。”

《嘉庆重修一统志》卷268凉州府:“平城驿,在平番县东北七十里。又东北五十里有松山驿,又五十里有宽沟驿,又五十里有三眼井驿。”

案:庄浪厅平城驿,今甘肃省兰州市永登县北之坪城乡。

44. 松山驿

《置驿三》:“松山驿,马十三匹,马夫六名半。”

乾隆《甘肃通志》卷11《关梁》:“庄浪厅平番县在城驿迤东,七十里至平戎驿……五十里至松山驿……五十里至宽沟驿。”

《嘉庆重修一统志》卷268凉州府:“平城驿,在平番县东北七十里。又东北五十里有松山驿,又五十里有宽沟驿,又五十里有三眼井驿。”

案:松山驿,在今甘肃省天祝藏族自治县东北之松山镇。

又案:据光绪《会典事例》卷688,凡凉州府属二十三驿,原设四十四驿,光绪九年,裁二十一驿。但实际上,所裁驿站,仍为“站”。

捷报处驿程:

三十里至白墩塘站。五十里至红水站。四十里至平番县俄卜站。三十里至裴家营站。三十里至大靖塘站。三十里至古浪县关王庙站。三十里至夹山岭站。四十里至土门堡站。三十里至圆墩子站。三十里至达家寨站。三十里至武威县大河站。三十里至武威站。三十里至西三十里铺站。二十里至怀安站。四十里至柔远站。四十里至永昌县东三十里铺站。三十里至永昌站。三十里至崇岗铺站。三十里至水泉堡站。三十里至定羌庙站。

(十一)甘州府属二十三驿

1. 张掖县甘泉驿

《置驿三》:“张掖县甘泉驿,马七十五匹,马夫四十七名,牛十五只,牛夫十五名，车十五辆。”

乾隆《甘肃通志》卷16《驿递》：“四十里至仁寿驿并仁寿所……四十里至甘泉驿并甘泉所……四十里至沙井驿并沙井所。”

乾隆《甘州府志》卷5《营建》：“甘泉驿，府城内，西至沙井驿四十里，东至仁寿驿四十里。”

《嘉庆重修一统志》卷266甘州府：“甘泉驿，在张掖县城内东北隅，明置，其东四十里至仁寿驿，西五十里至沙井驿，又西四十里至沙河驿，又西四十里至抚彝厅。”

案：张掖县甘泉驿，光绪九年酌留马三十二匹，马夫十六名，裁牛十五只，牛夫十五名，车十五辆。在今甘肃省张掖市甘州区。

2. 又军塘

《置驿三》：“又军塘，马十二匹，马夫六名。”

案：光绪九年，裁。

3. 又二十里铺军塘

《置驿三》：“又二十里铺军塘，马十二匹，马夫六名。”

案：又二十里铺军塘，光绪九年，裁。在今甘肃省张掖市甘州区乌江镇二十里堡村附近。

4. 仁寿驿

《置驿三》：“仁寿驿，马六十匹，马夫三十四名，牛五只，牛夫五名，车五辆。”

乾隆《甘肃通志》卷16《驿递》：“四十里至张掖县东乐驿并东乐所……四十里至仁寿驿并仁寿所……四十里至甘泉驿并甘泉所。”

乾隆《甘州府志》卷5《营建》：“仁寿驿，西至甘泉驿四十里，东至东乐驿四十里。”

《嘉庆重修一统志》卷266甘州府：“仁寿驿，在张掖县东四十里。西四十里至甘泉驿，东三十里至东乐驿，又东四十里达山丹县山丹驿。明时置，本朝置驿于此。”

案：仁寿驿，原设马六十匹，马夫三十四名，光绪九年酌留马二十五匹，马夫十二名半，裁牛五只，牛夫五名，车五辆。在今甘肃省张掖市临泽县板桥镇古城村。

5. 又军塘

《置驿三》：“又军塘，马十二匹，马夫六名。”

案:光绪九年,裁。

6. 沙井驿

《置驿三》:"沙井驿,马六十匹,马夫三十四名,牛五只,牛夫五名,车五辆。"

乾隆《甘肃通志》卷16《驿递》:"四十里至甘泉驿并甘泉所……四十里至沙井驿并沙井所……四十里至沙河驿并沙河所。"

乾隆《甘州府志》卷5《营建》:"沙井驿东至甘泉驿五十里,西至抚彝驿六十里。"

《嘉庆重修一统志》卷266甘州府:"甘泉驿,在张掖县城内东北隅,明代置,其东四十里至仁寿驿,西五十里至沙井驿,又西四十里至沙河驿,又西四十里至抚彝厅。"

案:沙井驿,光绪九年酌留马三十二匹,马夫十六名,裁牛五只,牛夫五名,车五辆。在今甘肃省张掖市甘州区西之沙井镇。

7. 又军塘

《置驿三》:"又军塘,马十二匹,马夫六名。"

案:光绪九年,裁。

8. 东乐驿

《置驿三》:"东乐驿,马六十匹,马夫三十四名,牛五只,牛夫五名,车五辆。"

乾隆《甘肃通志》卷16《驿递》:"四十里至山丹驿并山丹所……四十里至张掖县东乐驿并东乐所……四十里至仁寿驿并仁寿所。"

乾隆《甘州府志》卷5《营建》:"东乐驿,西至仁寿驿三十里,东至山丹驿四十里。"

《嘉庆重修一统志》卷266甘州府:"仁寿驿,在张掖县东四十里。西四十里至甘泉驿,东三十里至东乐驿,又东四十里达山丹县山丹驿。明时置,本朝置驿于此。"

案:东乐驿,光绪九年酌留马三十二匹,马夫十六名,裁牛五只,牛夫五名,车五辆。在今甘肃省张掖市山丹县西之东乐镇。

9. 又军塘

《置驿三》:"又军塘,马十二匹,马夫六名。"

案:光绪九年,裁。

10. 山丹县山丹驿

《置驿三》:"山丹县山丹驿,马六十匹,马夫三十四名,牛五只,牛夫五名,车五辆。”

乾隆《甘肃通志》卷16《驿递》:“四十里至新河驿并新河所……四十里至山丹驿并山丹所……四十里至张掖县东乐驿并东乐所。”

乾隆《甘州府志》卷5《营建》:“山丹驿,本城。西至东乐驿四十里,东至新河驿四十里。”

《嘉庆重修一统志》卷266甘州府:“山丹驿,在山丹县南关。西四十里至东乐驿,东四十里至新河驿。又东四十里至硖口驿,又东五十里达凉州府永昌县之水泉驿。”

案:山丹县山丹驿,光绪九年酌留马三十二匹,马夫十六名,裁牛五只,牛夫五名,车五辆。在今甘肃省张掖市山丹县城。

11. 又军塘

《置驿三》:“又军塘,马十二匹,马夫六名。”

案:光绪九年,裁。

12. 又西二十里铺军塘

《置驿三》:“又西二十里铺军塘,马十二匹,马夫六名。”

案:又西二十里铺军塘,光绪九年,裁。在今甘肃省张掖市山丹县位奇镇二十里堡村。

13. 新河驿

《置驿三》:“新河驿,马六十匹,马夫三十四名,牛五只,牛夫五名,车五辆。”

乾隆《甘肃通志》卷16《驿递》:“五十里至甘州府山丹县硖口驿并硖口所……四十里至新河驿并新河所……四十里至山丹驿并山丹所。”

乾隆《甘州府志》卷5《营建》:“新河驿,西至山丹驿四十里,东至硖口驿四十里。”

道光《山丹县志》卷4《营建》:“新河驿,西至山丹驿四十里,东至硖口驿四十里。”

案:新河驿,光绪九年酌留马三十二匹,马夫十六名,裁牛五只,牛夫五名,车五辆。在今甘肃省张掖市山丹县东南20公里处之新河驿长城景区。

14. 又军塘

《置驿三》:“又军塘,马十二匹,马夫六名。”

案:光绪九年,裁。

15. 硖口驿

《置驿三》:"硖口驿,马六十匹,马夫三十四名,牛五只,牛夫五名,车五辆。"

乾隆《甘肃通志》卷16《驿递》:"七十里至水泉驿并水泉所……五十里至甘州府山丹县硖口驿并硖口所……四十里至新河驿并新河所。"

乾隆《甘州府志》卷5《营建》:"硖口驿西至新河驿四十里东至凉州府水泉驿四十里。"

《嘉庆重修一统志》卷266甘州府:"山丹驿,在山丹县南关。西四十里至东乐驿,东四十里至新河驿。又东四十里至硖口驿,又东五十里达凉州府永昌县之水泉驿。"

道光《山丹县志》卷4《营建》:"硖口驿,西至新河驿四十里,东至凉州府水泉驿四十里。"

案:硖口驿,光绪九年酌留马三十二匹,马夫十六名,裁牛五只,牛夫五名,车五辆。在今甘肃省张掖市山丹县东南之老军乡峡口村长城遗址。

16. 又军塘

《置驿三》:"又军塘,马十二匹,马夫六名。"

案:光绪九年,裁。

17. 定羌庙军塘

《置驿三》:"定羌庙军塘,马十二匹,马夫六名。"

乾隆《甘州府志》卷5《营建》:"定羌庙塘,西至峡口塘二十里,东至水泉塘三十里。抚彝驿,本城,东至沙河驿四十里,西至高台驿四十里。"

道光《山丹县志》卷4《营建》:"定羌庙塘,西至硖口塘二十里,东至水泉塘三十里。"

案:定羌庙军塘,光绪九年,裁。在今甘肃省金昌市永昌县西北红山窑乡水泉子村西。

18. 抚彝厅抚彝驿

《置驿三》:"抚彝厅抚彝驿,马六十匹,马夫三十四名,牛五只,牛夫五名,车五辆。"

乾隆《甘肃通志》卷16《驿递》:"四十里至沙河驿并沙河所……四十里至抚彝驿并抚夷所……四十里至直隶肃州高台县高台驿并高台所。"

乾隆《甘州府志》卷5《营建》:"抚彝驿本城东至沙河驿四十里,西至高台驿四十里。"

《嘉庆重修一统志》卷266甘州府:“甘泉驿,在张掖县城内东北隅,明代置,其东四十里至仁寿驿,西五十里至沙井驿,又西四十里至沙河驿,又西四十里至抚彝厅。”

案:抚彝厅抚彝驿,光绪九年酌留马三十二匹,马夫十六名,裁牛五只,牛夫五名,车五辆。在今甘肃省张掖市临泽县西北之蓼泉镇。

19. 又军塘

《置驿三》:“又军塘,马十二匹,马夫六名。”

案:光绪九年,裁。

20. 又腰军塘

《置驿三》:“又腰军塘,马十二匹,马夫六名。”

案:光绪九年,裁。

21. 沙河递运所

《置驿三》:“沙河递运所,牛五只,牛夫五名,车五辆。”

民国《临泽县志》卷10《军政志》:“沙河堡在县东四十里,明天顺八年平羌将军蒋琬筑。”

案:光绪九年,裁。在今甘肃省张掖市临泽县县城。

22. 又军塘

《置驿三》:“又军塘,马十二匹,马夫六名。”

案:光绪九年,裁。

23. 又腰军塘

《置驿三》:“又腰军塘,马十二匹,马夫六名。”

案:光绪九年,裁。

(十二)安西直隶州属三十九驿

1. 安西直隶州安西驿

《置驿三》:“安西直隶州安西驿,马六匹,马夫四名,车马七十五匹,车夫七十五名,车七十五辆。”

案:安西直隶州安西驿,光绪九年设马六匹,马夫三名,裁马七十五匹,车夫七十五名,车七十五辆。在今甘肃省酒泉市瓜州县县城。

2. 又军塘

《置驿三》:“又军塘,都司一员,外委一员,跟役三名,兵五名,马二十匹,马夫五名,字识二名。”

案:光绪九年,改设外委一员,兵三名,马十匹,马夫三名,铁匠一名,兽医一名。

3. 又营塘

《置驿三》:“又营塘,兵四名,马六匹。”

案:光绪九年,裁。

4. 敦煌县沙州驿

《置驿三》:“敦煌县沙州驿,马四匹,马夫三名。”

乾隆《甘肃通志》卷4《疆域》:“沙州卫……东北至甜水井子安西卫界一百六十里。”

道光《敦煌县志》卷3《建置志·驿站》:“沙州驿,在敦煌本城。”

案:敦煌县沙州驿,光绪九年酌留马夫二名。在今甘肃省酒泉市敦煌市区。

5. 甜水井驿

《置驿三》:“甜水井驿,马四匹,马夫三名。”

乾隆《甘肃通志》卷4《疆域》:“沙州卫……东北至甜水井子安西卫界一百六十里。”

道光《敦煌县志》卷3《建置志·驿站》:“甜水井驿,距敦煌本城一百四十里。”

案:甜水井驿,光绪九年酌留马夫二名。在今甘肃省酒泉市敦煌市东之甜水井火车站附近。

6. 圪塔井驿

《置驿三》:“圪塔井驿,马四匹,马夫三名。”

道光《敦煌县志》卷3《建置志·驿站》:“圪塔井驿,距敦煌本城七十里。”

案:圪塔井驿,光绪九年减马夫一名。在今甘肃省酒泉市敦煌市王墩镇新店台村东12公里安敦公路北侧,有烽燧遗迹。

7. 瓜州驿

《置驿三》:“瓜州驿,马四匹,马夫三名。”

乾隆《甘肃通志》卷23《古迹》:“《隋志》:敦煌郡旧置瓜州治。”

乾隆《甘肃通志》卷23《古迹》:“安西卫……西南至瓜州六十里。”

案:瓜州驿,光绪九年酌留马夫二名。在今甘肃省酒泉市瓜州县瓜州镇。

8. 小湾驿

《置驿三》:“小湾驿,马六匹,马夫四名。”

乾隆《甘肃通志》卷23《古迹》:“安西卫,治在布政司西北二千一百四十里。东至小湾柳沟卫双塔堡界七十里。”

民国《新疆志稿》卷3《新疆邮传志总叙》:“小湾驿,八十里至安西台,八十里至渠口塘。”又同卷:“小湾地名永安堡,北三里为苏赖河。”

案:小湾驿,光绪九年酌留马夫三名。在今甘肃省酒泉市瓜州县东之小宛火车站附近。

9. 柳沟驿

《置驿三》:“柳沟驿,马六匹,马夫三名。”

乾隆《甘肃通志》卷23《古迹》:“安西卫,治在布政司西北二千一百四十里。东至小湾柳沟卫双塔堡界七十里。”

案:柳沟驿,在今甘肃省酒泉市瓜州县东之三道沟镇。

10. 布隆吉驿

《置驿三》:“布隆吉驿,马六匹,马夫四名。”

民国《新疆志稿》卷3《新疆邮传志总叙》:“渠口台八十里至布隆吉驿,九十里至在道沟驿。”又同卷:“布隆吉尔城,雍正二年建。一名里古朗吉。初为安西镇,后改柳沟卫,今废。西为窟窿河,东通十道沟,东北通札萨克外蒙古,西北通巴里坤。”

案:布隆吉驿,光绪九年酌留马夫三名。在今甘肃省酒泉市瓜州县东之布隆吉乡。

11. 又军塘

《置驿三》:“又军塘,外委一员,跟役一名,兵五名,马二十匹,马夫五名,字识一名,兽医二名。”

案:光绪九年改设兵三名,马夫三名,兽医一名,铁匠一名,余仍前。

12. 又营塘

《置驿三》:“又营塘,马六匹。”

案:光绪九年,裁。

13. 玉门县靖逆驿

《置驿三》:“玉门县靖逆驿,马六匹,马夫三名。”

嘉庆《玉门县志·山川》:“靖逆驿、赤金硖、赤金湖、惠回堡,每驿额设马六匹,夫三名。”

民国《新疆志稿》卷3《新疆邮传志总叙》:“靖逆驿,九十里至三道沟台,六十里至大东渠塘。”

案:玉门县靖逆驿,在今甘肃省酒泉市玉门市南之玉门镇。

14. 赤金硖驿

《置驿三》:“赤金硖驿,马六匹,马夫二名。”

嘉庆《玉门县志・山川》:“靖逆驿、赤金硖、赤金湖、惠回堡,每驿额设马六匹,夫三名。”

《嘉庆重修一统志》卷279安西州:“赤金硖站,在玉门县西二十里,其东四十里至赤金湖。又东七十里至回回墓。又东九十里至嘉峪关。又自赤金硖西一百里至靖逆营。又西七十里至柳沟卫,皆设马站。”

民国《新疆志稿》卷3《新疆邮传志总叙》:“赤金峡驿一百十里至大东渠台,八十里至赤金峡塘。”

案:赤金硖驿,在今甘肃省酒泉市玉门市赤金镇赤金硖火车站遗址附近。

15. 又军塘

《置驿三》:“又军塘,外委一员,跟役一名,兵二名,马十四匹,马夫五名,字识二名,兽医二名。”

案:光绪九年改设马七匹,马夫三名,兽医一名,余仍前。

16. 又营塘

《置驿三》:“又营塘,马六匹。”

案:光绪九年,裁。

17. 赤金湖驿

《置驿三》:“赤金湖驿,马六匹,马夫三名。”

嘉庆《玉门县志・山川》:“靖逆驿、赤金硖、赤金湖、惠回堡,每驿额设马六匹,夫三名。”

《嘉庆重修一统志》卷279安西州:“赤金硖站,在玉门县西二十里,其东四十里至赤金湖。”

民国《新疆志稿》卷3《新疆邮传志总叙》:“惠回堡驿九十里至赤金峡台,四十里至赤金湖塘,四十里至惠回堡。”

案:赤金湖驿,在今甘肃省酒泉市玉门市东南之赤金镇。

18. 又军塘

《置驿三》:“又军塘,外委一员,跟役一名,兵二名,马十三匹,马夫四名半,字识一名。”

案:光绪九年改设马五匹,马夫三名,余仍前。

19. 又营塘

《置驿三》:"又营塘,马六匹。"

案:光绪九年,裁。

20. 惠回堡驿

《置驿三》:"惠回堡驿,马六匹,马夫三名。"

嘉庆《玉门县志·山川》:"靖逆驿、赤金硖、赤金湖、惠回堡,每驿额设马六匹,夫三名。"

民国《新疆志稿》卷3《新疆邮传志总叙》:"惠回堡驿,九十里至赤金峡台,四十里至赤金湖塘,四十里至惠回堡,雍正五年筑。《明史·西域传》称'回回墓',今失墓所,在堡北宽台山堡南白杨河。"

案:惠回堡驿,光绪九年,裁。在今甘肃省酒泉市玉门市东南之清泉乡新民堡村。

21. 又军塘

《置驿三》:"又军塘,外委一员,跟役一名,兵二名,马十三匹,马夫四名半,字识一名,兽医二名。"

案:光绪九年改设兵二名,马五匹,马夫三名,余仍前。

22. 又营塘

《置驿三》:"又营塘,马六匹。"

案:光绪九年,裁。

23. 黑山湖军塘

《置驿三》:"黑山湖军塘,外委一员,跟役一名,兵五名,马十九匹,马夫四名半,字识一名。"

道光《哈密志》卷42《纪事志》:"自黑山湖起,至橙槽沟二十七塘,每站原安马四十匹,各减去马二十匹,止留马二十匹,以五匹供应往来急差。"

民国《新疆志稿》卷3《新疆邮传志总叙》:"黑山湖塘,在关外东北四十里,今行者不必经此。"

案:黑山湖军塘,光绪九年改设兵二名,马七匹,马夫三名,铁匠一名,余仍前。在今甘肃省酒泉市嘉峪关市西之黑山湖火车站附近。

24. 火烧沟军塘

《置驿三》:"火烧沟军塘,外委一员,跟役一名,兵二名,马十三匹,马夫五名,字识一名。”

民国《新疆志稿》卷3《新疆邮传志总叙》:“赤金湖台,四十里至火烧沟驿,三十里至惠回堡塘。”

案:火烧沟军塘,光绪九年改设马五匹,马夫三名,余仍前。在今甘肃省酒泉市玉门市东南之清泉乡。

25. 又营塘

《置驿三》:“又营塘,马六匹。”

案:光绪九年,裁。

26. 大东渠军塘

《置驿三》:“大东渠军塘,外委一员,跟役一名,兵二名,马十四匹,马夫五名,字识一名。”

乾隆《甘肃通志》卷17《蠲恤》:“情愿另备余草运赴大东渠站所堆积,以佐军需等语。”

民国《新疆志稿》卷3《新疆邮传志总叙》:“赤金峡驿,一百十里至大东渠台,八十里至赤金峡塘。”

案:大东渠军塘,光绪九年改设马九匹,马夫三名,铁匠一名,余仍前。在今甘肃省酒泉市玉门市南之玉门镇东东渠村附近。

27. 又营塘

《置驿三》:“又营塘,马六匹。”

案:光绪九年,裁。

28. 三道沟军塘

《置驿三》:“三道沟军塘,外委一员,跟役一名,兵二名,马十四匹,马夫五名,字识一名。”

乾隆《甘肃通志》卷6《山川》:“三道沟,在卫东九十里,有微泉,按柳沟自头道起,自东而西其头二道沟在靖逆界。”

民国《新疆志稿》卷3《新疆邮传志总叙》:“九十里至布隆吉台,九十里至三道沟塘,六十里至靖逆驿。”

案:三道沟军塘,光绪九年改设兵三名,马九匹,马夫三名,余仍前。在今甘肃省酒泉市瓜州县东之三道沟镇。

29. 又营塘

《置驿三》:“又营塘,马六匹。”

案：光绪九年，裁。

30. 渠口军塘

《置驿三》："渠口军塘，外委一员，跟役一名，兵五名，马二十匹，马夫五名，字识一名。"

民国《新疆志稿》卷3《新疆邮传志总叙》："渠口塘，在小汉东十三里。又东四十里为双塔堡，又东为窟窿河唐玉门关故址在焉。"

案：渠口军塘，光绪九年改设兵三名，马九匹，马夫三名。在今甘肃省酒泉市瓜州县之小宛东。

31. 又营塘

《置驿三》："又营塘，千总一员，跟役一名，兵四名，马六匹，字识一名。"

案：光绪九年，裁。

32. 白墩子军塘

《置驿三》："白墩子军塘，外委一员，跟役一名，兵五名，马二十匹，马夫五名，字识一名。"

乾隆《甘肃通志》卷4《疆域》："安西卫……北至白墩子九十里接连外境。"

民国《新疆志稿》卷3《新疆邮传志总叙》："九十里至红柳围台，八十里至白墩子塘，九十里至安西底驿。"

案：白墩子军塘，光绪九年改设兵三名，马十匹，马夫三名，余仍前。在今甘肃省酒泉市瓜州县西北白墩子。

33. 又营塘

《置驿三》："又营塘，兵四名，马六匹。"

案：光绪九年，裁。

34. 红柳园军塘

《置驿三》："红柳园塘，外委一员，跟役一名，兵四名，马十九匹，马夫五名，字识一名。"

道光《敦煌县志》卷7《杂类》："转至安西所管红柳园，接连大路至哈密后，仍改归安西。"

民国《新疆志稿》卷3《新疆邮传志总叙》："七十里至马莲井子台，六十里至大泉塘，七十里至红柳园驿。"

案：红柳园军塘，光绪九年改设兵三名，马十匹，马夫三名，余仍前。在今甘肃省瓜州县西北之柳园镇。

35. 又营塘

《置驿三》:"又营塘,兵四名,马六匹。"

案:光绪九年,裁。

36. 大泉军塘

《置驿三》:"大泉军塘,外委一员,跟役一名,兵四名,马十九匹,马夫五名,字识一名,兽医二名。"

民国《新疆志稿》卷3《新疆邮传志总叙》:"七十里至马莲井子台,六十里至大泉塘,七十里至红柳园驿。"

案:大泉军塘,光绪九年改设兵三名,马十匹,马夫三名,铁匠一名,兽医一名,余仍前。在今甘肃省瓜州县柳园镇西北之大泉。

37. 又营塘

《置驿三》:"又营塘,兵四名,马六匹。"

案:光绪九年,裁。

38. 马莲井军塘

《置驿三》:"马莲井军塘,外委一员,跟役一名,兵四名,马十九匹,马夫五名,字识一名。"

道光《哈密志》卷4《舆地志二》:"东至星星硖以外之红土崖,接连安西所属马莲井子交界。"

民国《新疆志稿》卷3《新疆邮传志总叙》:"大泉驿七十里至马莲井子台,六十里至大泉塘,七十里至红柳围驿。"

案:马莲井军塘,光绪九年改设兵三名,马十匹,马夫三名,余仍前。在今甘肃省瓜州县西北之柳园镇马莲井。

39. 又营塘

《置驿三》:"又营塘,兵四名,马六匹。"

案:光绪九年,裁。

又案:据光绪《会典事例》卷657载:"凡安西直隶州属二十六驿。原设三十九驿,裁十三驿。"所裁十三驿,均为营塘。

(十三)肃州直隶州属二十一驿

1. 肃州直隶州州驿

《置驿三》:"肃州直隶州州驿,车马七十五匹,车夫七十五名,车七十五辆。"

案:肃州直隶州州驿,在今甘肃省酒泉市肃州区。

2. 酒泉驿

《置驿三》:“酒泉驿,马七十五匹,马夫四十二名半,牛五只,牛夫五名,车五辆。”

乾隆《甘肃通志》卷16《驿递》:“六十里至临水驿并临水所,四十里至酒泉驿并酒泉所,七十里至肃州嘉峪关。”

《嘉庆重修一统志》卷278肃州:“酒泉驿,在州城东关。西至嘉峪关七十里。”

案:酒泉驿,光绪九年,酌留马七十匹,马夫三十名,裁牛五只,牛夫五名,车五辆。在今甘肃省酒泉市肃州区。

3. 又军塘

《置驿三》:“又军塘,马十二匹,马夫六名。”

案:光绪九年,裁。

4. 又腰军塘

《置驿三》:“又腰军塘,马十二匹,马夫六名。”

案:光绪九年,裁。

5. 临水驿

《置驿三》:“临水驿,马六十匹,马夫三十八名,牛五只,牛夫五名,车五辆。”

乾隆《甘肃通志》卷16《驿递》:“四十里至双井驿并双井所,六十里至临水驿并临水所,四十里至酒泉驿并酒泉所。”

《嘉庆重修一统志》卷278肃州:“又临水驿,在州东四十里临水堡,皆明代置。”

案:临水驿,光绪九年酌留马二十五匹,马夫十二名半,裁牛五只,牛夫五名,车五辆。在今甘肃省酒泉市肃州区东三墩镇之临水村。

6. 又军塘

《置驿三》:“又军塘,马十二匹,马夫六名。”

案:光绪九年,裁。

7. 又腰军塘

《置驿三》:“又腰军塘,马十二匹,马夫六名。”

案:光绪九年,裁。

8. 嘉峪关军塘

《置驿三》:“嘉峪关军塘,马十二匹,马夫六名。”

乾隆《甘肃通志》卷16《驿递》:“四十里至酒泉驿并酒泉所,七十里至肃州嘉峪关,九十里至靖逆厅,属回回墓。”

案:嘉峪关军塘,光绪九年,裁。在今甘肃省酒泉市嘉峪关市。

9. 黄泥铺军塘

《置驿三》:“黄泥铺军塘,马十二匹,马夫六名。”

案:黄泥铺军塘,光绪九年,裁。在今甘肃省酒泉市肃州区东之黄泥堡乡。

10. 高台县高台驿

《置驿三》:“高台县高台驿,马六十匹,马夫三十四名,牛五只,牛夫五名,车五辆。”

乾隆《甘肃通志》卷16《驿递》:“四十里至抚夷驿并抚夷所,四十里至直肃州高台县高台驿并高台所,五十里至黑泉驿并黑泉所。”

《嘉庆重修一统志》卷278肃州:“高台驿,在高台县南关。”

案:高台县高台驿,光绪九年酌留马三十二匹,马夫十六名,牛五只,牛夫五名。在今甘肃省张掖市高台县城。

11. 又军塘

《置驿三》:“又军塘,马十二匹,马夫六名。”

案:光绪九年,裁。

12. 又腰军塘

《置驿三》:“又腰军塘,马十二匹,马夫六名。”

案:光绪九年,裁。

13. 双井驿

《置驿三》:“双井驿,马六十匹,马夫三十四名,牛五只,牛夫五名,车五辆。”

乾隆《甘肃通志》卷16《驿递》:“三十里至盐池驿并盐池所,四十里至双井驿并双井所,六十里至临水驿并临水所。”

《嘉庆重修一统志》卷278肃州:“又西四十里至双井堡,有双井驿。东去临水驿六十里。”

案:双井驿,光绪九年酌留马三十二匹,马夫十六名,裁牛五只,牛夫五名,车五辆。在今甘肃省张掖市高台县西北罗城乡双丰村。

14. 又军塘

《置驿三》:“又军塘,马十二匹,马夫六名。”

案:光绪九年,裁。

15. 盐池驿

《置驿三》:“盐池驿,马六十匹,马夫三十四名,牛五只,牛夫五名,车五辆。”

乾隆《甘肃通志》卷16《驿递》:“五十里至深沟驿并深沟所,三十里至盐池驿并盐池所,四十里至双井驿并双井所。”

《嘉庆重修一统志》卷278肃州:“又西北三十里至盐池堡,有盐池驿。”

案:盐池驿,光绪九年酌留马二十五匹,马夫十二名半,裁牛五只,牛夫五名,车五辆。在今甘肃省张掖市高台县西北之盐池村。

16. 又军塘

《置驿三》:“又军塘,马十二匹,马夫六名。”

案:光绪九年,裁。

17. 深沟驿

《置驿三》:“深沟驿,马六十匹,马夫三十四名,牛五只,牛夫五名,车五辆。”

乾隆《甘肃通志》卷16《驿递》:“五十里至黑泉驿并黑泉所,五十里至深沟驿并深沟所,三十里至盐池驿并盐池所。”

《嘉庆重修一统志》卷278肃州:“又西北五十里至深沟堡,有深沟驿。”

案:深沟驿,光绪九年酌留马二十四匹,马夫十二名,裁牛五只,牛夫五名,车五辆。在今甘肃省张掖市高台县城关镇西北之盐池村深沟,现存深沟堡遗址。

18. 又军塘

《置驿三》:“又军塘,马十二匹,马夫六名。”

案:光绪九年,裁。

19. 黑泉驿

《置驿三》:“黑泉驿,马六十匹,马夫三十四名,牛五只,牛夫五名,车五辆。”

乾隆《甘肃通志》卷16《驿递》:“四十里至直肃州高台县高台驿并高台所,五十里至黑泉驿并黑泉所,五十里至深沟驿并深沟所。”

《嘉庆重修一统志》卷278肃州:“又黑泉驿,在县西北五十里黑泉堡。”

案:黑泉驿,光绪九年酌留马三十二匹,马夫十六名,裁牛五只,牛夫五名,车五辆。在今甘肃省张掖市高台县西北之黑泉镇。

20. 又军塘

《置驿三》:“又军塘,马十二匹,马夫六名。”

案:光绪九年,裁。

21. 花墙军塘

《置驿三》:“花墙军塘,马十二匹,马夫六名。”

乾隆《甘州府志》卷5《营建》:“花墙堡,城东三十里。”

案:花墙军塘,光绪九年,裁。在今甘肃省高台县西北之罗城镇花墙子村。

又案:凡肃州直隶州属七驿。原设二十一驿,裁十四驿。嘉峪关军塘、黄泥铺军塘、花墙军塘,及其他诸军塘皆裁。

(十四)镇西府属二十一驿

1. 宜禾县会宁驿

《置驿三》:“宜禾县会宁驿,马五匹,马夫二名半,驿书一名。”

雍正《猗氏县志》卷4《选举》:“贺得全,会宁驿丞。”

嘉庆《三州辑略》卷5《台站门》:“会宁驿,东哈密境界。”

案:宜禾县会宁驿,在今新疆哈密市巴里坤哈萨克自治县城。

2. 巴里坤军塘

《置驿三》:“巴里坤军塘,守备一员,把总一员,跟役六名,兵六名,马十五匹。”

《嘉庆重修一统志》卷271镇西府:“巴里坤城守营,驻宜禾县。”

嘉庆《三州辑略》卷5《台站门》:“巴里坤塘,至奎素塘九十里。”

光绪《新疆四道志·镇西厅图说·驿站》:“巴里坤底驿,驻镇厅城。”

案:巴里坤军塘,在今新疆哈密市巴里坤哈萨克自治县城。

3. 望山驿

《置驿三》:“望山驿,马五匹,马夫二名半,驿书一名。”

嘉庆《三州辑略》卷5《台站门》:“望山驿,东至会宁驿九十里。”

民国《新疆志稿》卷3《新疆邮传志总叙》:“赴哈密者,由此分道,踰南山接橙槽沟驿,距肋巴泉九十里,旧设望山驿,今废。”

案:望山驿,在今新疆哈密市巴里坤哈萨克自治县萨尔乔克乡苏吉村。

4. 肋巴泉驿

《置驿三》:“肋巴泉驿,马五匹,马夫二名半,驿书一名。”

嘉庆《三州辑略》卷5《台站门》:“肋巴泉驿,东至望山驿九十里。”

光绪《新疆四道志·镇西厅图说·驿站》:“肋巴泉驿,距苏吉驿九十里。”

案:肋巴泉驿,在今新疆哈密市巴里坤哈萨克自治县西之托拉泉以东,确址待考。

5. 又军塘

《置驿三》:“又军塘,兵四名,马三十三匹。”

6. 涌泉驿

《置驿三》:“涌泉驿,马五匹,马夫二名半,驿书一名。”

嘉庆《三州辑略》卷5《台站门》:“涌泉驿,东至肋巴泉驿六十里。”

民国《新疆志稿》卷3《新疆邮传志总叙》:“地为噶顺沟,一名巨沟驿,北接镇西厅界。巨沟驿东北九十里,旧设涌泉驿,今废。”

案:涌泉驿,约在今新疆哈密市巴里坤哈萨克自治县西北、芨芨台东,确址待考。

7. 巨沟驿

《置驿三》:“巨沟驿,马五匹,马夫二名半,驿书一名。”

嘉庆《三州辑略》卷5《台站门》:“巨沟驿,东至涌泉驿九十里。”

民国《新疆志稿》卷3《新疆邮传志总叙》:“地为噶顺沟,一名巨沟驿,北接镇西厅界。巨沟驿东北九十里,旧设涌泉驿,今废。”

案:巨沟驿,在今新疆哈密市巴里坤哈萨克自治县西下涝坝乡之芨芨台子。

8. 苏吉军塘

《置驿三》:“苏吉军塘,把总一员,跟役二名,兵三名,马十五匹。”

光绪《新疆四道志·镇西厅图说·驿站》:“苏吉驿,距底驿九十里。肋巴泉驿,距苏吉驿九十里。”

民国《新疆志稿》卷3《新疆邮传志总叙》:“苏吉驿,九十里至瘦济台,九十里至苏吉塘,九十里至坤底驿。”又同卷:“瘦济,即苏吉之对音,又名索吉。李光庭图考云:距厅城五十里。旧设尖山子卡伦,南行至骨拐泉,又南至瘦集塘,过瞭墩合哈密赴辟展路。”

案:苏吉军塘,在今新疆哈密市巴里坤哈萨克自治县西之萨尔乔克乡。

9. 陶赖军塘

《置驿三》:“陶赖军塘,把总一员,跟役二名,兵四名,马二十三匹。”

嘉庆《三州辑略》卷1《疆域门》:“梧桐窝至陶赖台一百四十里,陶赖台至肋巴泉六十里。”

民国《新疆志稿》卷3《新疆邮传志总叙》:“一湾泉驿,系旧时陶赖台移此。”

案:陶赖军塘,在今新疆哈密市西,七角井镇东一碗泉村。光绪时,改驿名为“一碗泉”。

10. 叉腰军塘

《置驿三》:“叉腰军塘,兵二名,马四匹。”

11. 梧桐窝军塘

《置驿三》:“梧桐窝军塘,把总一员,跟役二名,兵四名,马三十三匹。”

嘉庆《三州辑略》卷1《疆域门》:“梧桐窝至陶赖台一百四十里。”

光绪《新疆四道志·镇西厅图说·驿站》:“梧桐窝驿,距车箍轳泉驿一百一十里。”

民国《新疆志稿》卷3《新疆邮传志总叙》:“惠井子驿,七十里至惠井子台,七十里至梧桐窝驿,四十里至梧桐窝台,六十里至七角井驿。”

案:梧桐窝军塘,在今新疆哈密市伊州区西北之七角井镇梧桐井。

12. 惠井子军塘

《置驿三》:“惠井子军塘,兵二名,马四匹。”

嘉庆《三州辑略》卷5《台站门》:“惠井子腰台,东至梧桐窝台七十里。”

光绪《新疆四道志·镇西厅图说·驿站》:“惠井子驿,距梧桐窝驿七十里。”

民国《新疆志稿》卷3《新疆邮传志总叙》:“惠井子驿,七十里至惠井子台,七十里至梧桐窝驿,四十里至梧桐窝台,六十里至七角井驿。”

案:惠井子军塘,在今新疆哈密市伊州区西北之七角井镇西灰井子沟。《西域地名考录》第433页:“惠井子,驿站名,位于新疆哈密市七角井镇东部盐池与鄯善县西盐池之间。1966年《哈密县城》写作灰井子沟。”

13. 盐池军塘

《置驿三》:“盐池军塘,把总一员,跟役二名,兵五名,马三十三匹。”

光绪《新疆四道志·镇西厅图说·驿站》:“西盐池驿,距惠井子驿由此西南行至吐鲁番属土墩驿一百二十五里。”又同卷:“自西盐池至车毂轳泉,旧属镇西厅,今改隶鄯善。西盐池为唐亦谷地。”

案:盐池军塘,在今新疆吐鲁番市鄯善县西之西盐池。

14. 松树军塘

《置驿三》:“松树军塘,兵三名,马六匹。”

嘉庆《三州辑略》卷5《台站门》:“奎素塘,至哈密所属松树塘八十里。松树塘,至羊圈沟塘三十里。”

光绪《新疆四道志·镇西厅图说·驿站》:“巴里坤底驿,驻镇厅城。由底驿东行至哈密路奎素驿,距底驿七十里。松树塘驿,距奎素驿八十里。”

案:松树军塘,在今新疆哈密市巴里坤哈萨克自治县东之奎苏镇。光绪九年,改驿名为奎素驿。

15. 奇台县孚远驿

《置驿三》:"奇台县孚远驿,马五匹,马夫二名半,驿书一名。"

嘉庆《三州辑略》卷5《台站门》:"孚远驿,东至屏营驿六十七里。"

光绪《新疆四道志·奇台县图说·驿站》:"底驿,即孚远驿,驻本城。由底驿东行至镇西厅路,屏营驿,距底驿九十里。"

案:奇台县孚远驿,在今新疆昌吉回族自治州奇台县县城。

16. 屏营驿

《置驿三》:"屏营驿,马五匹,马夫二名半,驿书一名。"

嘉庆《三州辑略》卷5《台站门》:"屏营驿,东至白水驿七十里。"

民国《新疆志稿》卷3《新疆邮传志总叙》:"屏营驿,在靖宁城东七十里。旧设白水驿,今废。"

案:屏营驿,在今新疆昌吉回族自治州奇台县东之老奇台镇。

17. 白水驿

《置驿三》:"白水驿,马五匹,马夫二名半,驿书一名。"

嘉庆《三州辑略》卷5《台站门》:"白水驿,东至三泉驿九十里。"

民国《新疆志稿》卷3《新疆邮传志总叙》:"屏营驿,在靖宁城东七十里。旧设白水驿,今废。"

案:白水驿,在今新疆昌吉回族自治州木垒哈萨克自治县县城。光绪九年,改为木垒河驿。

18. 三泉驿

《置驿三》:"三泉驿,马五匹,马夫二名半,驿书一名。"

嘉庆《三州辑略》卷5《台站门》:"三泉驿,东至三泉腰站九十里。"

民国《新疆志稿》卷3《新疆邮传志总叙》:"俗呼三个泉,又名三泉驿,距驿东九十里。旧设三泉腰台,今废。"

案:三泉驿,在今新疆昌吉回族自治州木垒哈萨克自治县东之大石头乡。

19. 又腰站

《置驿三》:"又腰站,马三匹,马夫一名半。"

嘉庆《三州辑略》卷5《台站门》:"三泉腰站,东至盘安驿三十里。"

民国《新疆志稿》卷3《新疆邮传志总叙》:"俗呼三个泉,又名三泉驿,距驿东九十里。旧设三泉腰台，今废。”

20. 盘安驿

《置驿三》：“盘安驿，马四匹，马夫二名，驿书一名。”

嘉庆《三州辑略》卷5《台站门》：“盘安驿，东至盘安腰站四十里。”

民国《新疆志稿》卷3《新疆邮传志总叙》：“旧距三泉腰站四十里，置盘安驿。又六十里，置盘安腰站，即色毕沟地，今俱废。”

案：盘安驿，在今新疆昌吉回族自治州木垒县东之大石头村。

21. 又腰站

《置驿三》：“又腰站，马三匹，马夫一名半。”

嘉庆《三州辑略》卷5《台站门》：“盘安腰站，东至巨沟驿六十里。”

民国《新疆志稿》卷3《新疆邮传志总叙》：“旧距三泉腰站四十里，置盘安驿。又六十里，置盘安腰站，即色毕沟地，今俱废。”

案：镇西府所属各军塘，亦设同名台站，但军塘归甘肃管辖，而所属台站归巴里坤办事大臣管辖。光绪九年，新疆建省，二者合二为一，都分别由镇迪道所属之迪化府、镇西直隶厅、哈密厅、吐鲁番厅管辖。

（十五）迪化直隶州属十六驿

1. 迪化直隶州巩宁驿

《置驿三》：“迪化直隶州，巩宁驿，马七匹，马夫三名半，驿书一名。”

嘉庆《三州辑略》卷5《台站门》：“巩宁驿，东至黑沟驿六十里。”

光绪《新疆四道志·昌吉县图说·驿站》：“迪化县巩宁驿即省城，距宁边底驿九十里。”

案：迪化直隶州巩宁驿，在今新疆乌鲁木齐市沙依巴克区新疆农业大学一带。原为巩宁城旧址，也称老满城。

2. 芦沟驿

《置驿三》：“芦沟驿，马四匹，马夫二名，驿书一名。”

嘉庆《三州辑略》卷5《台站门》：“芦沟驿，南至阳和驿四十里。”

民国《新疆志稿》卷3《新疆邮传志总叙》：“根特克，蒙古语，土人讹为硁硁沟，旧设芦沟驿，今废驿，使绕由托克逊小草沟以行也。”

案：芦沟驿，在今新疆吐鲁番市西五十里处。

3. 通津驿

《置驿三》:“通津驿,马四匹,马夫二名,驿书一名。”

嘉庆《三州辑略》卷5《台站门》:“通津驿,南至芦沟驿九十里。”

民国《新疆志稿》卷3《新疆邮传志总叙》:“白杨河地方旧设山阳驿,又东行四十里为三角泉,旧设通津驿,今俱废。”

案:通津驿,在今新疆吐鲁番市托克逊县北。

4. 山阳驿

《置驿三》:“山阳驿,马四匹,马夫二名,驿书一名。”

嘉庆《三州辑略》卷5《台站门》:“山阳驿,南至通津驿八十里。”

案:山阳驿,在今新疆乌鲁木齐市东南之达坂城区东南。

5. 达坂腰站

《置驿三》:“达坂腰站,马二匹,马夫一名。”

嘉庆《三州辑略》卷5《台站门》:“打坂根腰站,南至山阳驿六十里。”

嘉庆《三州辑略》卷5《台站门》:“望墩驿,南至打坂根腰站七十里。”

道光《哈密志》卷49《人物志一》:“朱宽,由行伍历升巴里坤镇,属打坂根守备。”

案:达坂腰站,在今新疆乌鲁木齐市东南之达坂城区。

6. 望墩驿

《置驿三》:“望墩驿,马四匹,马夫二名,驿书一名。”

嘉庆《三州辑略》卷5《台站门》:“望墩驿,南至打坂根腰站七十里。”

民国《新疆志稿》卷3《新疆邮传志总叙》:“距省九十里旧设盐池驿,又百二十里旧设望墩驿,今俱废。”

案:望墩驿,约在今新疆乌鲁木齐市东南之达坂城区西北。

7. 盐池驿

《置驿三》:“盐池驿,马三匹,马夫一名半,驿书一名。”

嘉庆《三州辑略》卷5《台站门》:“盐池驿,南至望墩驿九十里,北至巩宁驿五十里。”

民国《新疆志稿》卷3《新疆邮传志总叙》:“距省九十里旧设盐池驿,又百二十里旧设望墩驿,今俱废。”

案:盐池驿,在今新疆乌鲁木齐市南,在柴窝堡附近。

8. 黑沟驿

《置驿三》:"黑沟驿,马五匹,马夫二名半,驿书一名。"

嘉庆《三州辑略》卷5《台站门》:"黑沟驿,东至康乐驿七十里。"

光绪《新疆四道志·昌吉县图说·驿站》:"迪化县黑沟驿,距宁边底驿七十里。"

案:黑沟驿,在今新疆乌鲁木齐市米东区三道坝镇天生沟村黑沟附近,是清代迪化城向东赴京的第一站。

9. 阜康县康乐驿

《置驿三》:"阜康县康乐柏杨二驿,马九匹,马夫四名半,驿书二名。"

嘉庆《三州辑略》卷5《台站门》:"康乐驿,东至栢杨驿九十里。"

民国《新疆志稿》卷3《新疆邮传志总叙》:"康乐驿,九十里至阜康底台,九十里至阜康塘。"

光绪《新疆四道志·阜康县图说·驿站》:"康乐驿,西行七十里至迪属古牧地,驿由黑沟迁此。"

案:阜康县康乐驿,在今新疆昌吉回族自治州阜康市区。

10. 柏杨驿

嘉庆《三州辑略》卷5《台站门》:"柏杨驿,东至三台驿八十里。"

光绪《新疆四道志·阜康县图说·驿站》:"白杨驿,距底驿九十里,即滋泥泉。"

民国《新疆志稿》卷3《新疆邮传志总叙》:"柏杨驿,即滋泥泉,亦名柳树沟,又名时和堡。"

案:柏杨驿,在今新疆昌吉回族自治州阜康市东之滋泥泉子镇。

11. 保惠驿

《置驿三》:"保惠、三台二驿,马九匹,马夫四名半,驿书二名。"

嘉庆《三州辑略》卷5《台站门》:"保惠驿,东至孚远驿九十里。"

光绪《新疆四道志·阜康县图说·驿站》:"保会驿,距三台驿七十里,由此东行七十里入奇台县境。"

案:保惠驿,在今新疆昌吉回族自治州吉木萨尔县城。

12. 三台驿

《置驿三》:"保惠、三台二驿,马九匹,马夫四名半,驿书二名。"

嘉庆《三州辑略》卷5《台站门》:"三台驿,东至保惠驿七十里。"

光绪《新疆四道志·阜康县图说·驿站》:“三台驿,距白杨驿九十里。”

案:三台驿,在今新疆昌吉回族自治州吉木萨尔县西之三台镇。

13. 昌吉县宁边驿

《置驿三》:“昌吉县宁边、景化二驿,马十匹,马夫五名,驿书二名。”

嘉庆《三州辑略》卷5《台站门》:“宁边驿,东至巩宁底驿七十里,西至景化驿七十里。”

案:昌吉县宁边驿,在今新疆昌吉回族自治州。

14. 景化驿

《置驿三》:“昌吉县宁边、景化二驿,马十匹,马夫五名,驿书二名。”

嘉庆《三州辑略》卷5《台站门》:“景化驿,西至乐土驿六十里。”

光绪《新疆四道志·昌吉县图说·驿站》:“迪化县黑沟驿,距宁边底驿七十里。由底驿西行,景化驿,距底驿九十里。”

案:景化驿,在今新疆昌吉回族自治州呼图壁县城。乾隆时置军台于此,后筑景化城,设呼图壁巡检,民国时正式设县。

15. 绥来县靖远驿

《置驿三》:“绥来县靖远乐土二驿,马十匹,马夫五名,驿书二名。”

嘉庆《三州辑略》卷5《台站门》:“靖远驿,绥来县底站迤西,并未设立驿站。”

光绪《新疆四道志·绥来县图说·驿站》:“靖远驿,驻绥来县城。”

案:绥来县靖远驿,在今新疆昌吉回族自治州玛纳斯县城。乾隆时建绥来堡,后改为县。1954年改称玛纳斯县。

16. 乐土驿

嘉庆《三州辑略》卷5《台站门》:“乐土驿,西至靖远驿七十五里。”

光绪《新疆四道志·昌吉县图说·驿站》:“绥来县乐土驿,距景化驿九十里。”又同卷:“乐土驿,距靖远驿七十里。”

案:乐土驿,在今新疆昌吉回族自治州玛纳斯县东南之乐土驿镇。

(十六)哈密厅属二十二驿

1. 哈密军塘

《置驿三》:“哈密厅,哈密军塘,都司一员,把总一员,跟役三名,兵三名,马二十匹,马夫七名,字识二名,兽医二名。”

嘉庆《三州辑略》卷5《台站门》:“哈密底台,东至黄芦岗台七十里,西至头堡台六十里。”

道光《哈密志》卷3《舆地志一》:“请拨安西镇标兵五百往,仍留嘉峪关至哈密军站。(康熙)五十八年奏,巴里坤至哈密站,旧各设马……”

案:哈密军塘,在今新疆哈密市区。

2. 又营塘

《置驿三》:“又营塘,把总一员,跟役一名,兵三名,马六匹,字识一名。”

3. 苦水军塘

《置驿三》:“苦水军塘,把总一员,跟役一名,兵三名,马十九匹,马夫六名半,字识一名,兽医半名。”

嘉庆《三州辑略》卷5《台站门》:“苦水台,至沙泉子台七十里。”

光绪《新疆四道志·哈密厅图说·驿站》:“苦水驿,距格子烟墩驿一百四十里。”

民国《新疆志稿》卷3《新疆邮传志总叙》:“格子烟墩驿,一百四十里至格子烟墩台,七十里至格子烟墩塘,一百四十里至苦水驿,八十里至天生墩腰台,七十里至苦水塘。”又同卷:“此站百四十里,实止八十三里,以下三驿水皆苦涩不可钦。唐柔远故城地名喀三延图,俗称格子烟墩者,音之讹也。”

案:苦水军塘,在今新疆哈密市东南之苦水。甘肃庄浪厅亦有同名的苦水军塘之设。

4. 又营塘

《置驿三》:“又营塘,兵三名,马六匹。”

5. 格子烟墩军塘

《置驿三》:“格子烟墩军塘,把总一员,跟役一名,兵三名,马十九匹,马夫六名半,字识一名。”

嘉庆《三州辑略》卷5《台站门》:“格子烟墩台,至天生墩腰站七十里。”

光绪《新疆四道志·哈密厅图说·驿站》:“格子烟墩驿,距长流水驿七十里。”

民国《新疆志稿》卷3《新疆邮传志总叙》:“格子烟墩驿,一百四十里至格子烟墩台,七十里至格子烟墩塘,一百四十里至苦水驿,八十里至天生墩腰台,七十里至苦水塘。”又同卷:“此站百四十里,实止八十三里,以下三驿水皆苦涩不可歙。唐柔远故城地名喀三延图,俗称格子烟墩者,音之讹也。”

案:格子烟墩军塘,在今新疆哈密市东南之大泉乡烟墩村(烟墩火车站)。光绪时改为格子烟墩驿,马十八匹,马夫九名,驿书一名。

6. 又营塘

《置驿三》:“又营塘,兵三名,马六匹。”

7. 长流水军塘

《置驿三》:“长流水军塘,把总一员,跟役一名,兵三名,马十九匹,马夫六名半,字识一名。”

嘉庆《三州辑略》卷5《台站门》:“长流水台,至格子烟墩台七十里。”

光绪《新疆四道志·哈密厅图说·驿站》:“长流水驿,距黄芦岗驿七十里。”

民国《新疆志稿》卷3《新疆邮传志总叙》:“长流水驿,七十里至长流水台,七十里至长流水塘,七十里至格子烟墩驿。”

案:长流水军塘,在今新疆哈密市东南大泉湾乡之骆驼圈子一带。

8. 又营塘

《置驿三》:“又营塘,兵三名,马六匹。”

9. 黄芦岗军塘

《置驿三》:“黄芦岗军塘,把总一员,跟役一名,兵三名,马十七匹,马夫五名半,字识一名。”

嘉庆《三州辑略》卷5《台站门》:“黄芦岗台,西至哈密底台七十里,东至长流水台七十里。”

光绪《新疆四道志·哈密厅图说·驿站》:“黄芦岗驿,距底驿七十里。”

民国《新疆志稿》卷3《新疆邮传志总叙》:“黄芦冈驿,十里至黄芦冈台,七十里至黄芦冈塘。”

案:黄芦岗军塘,在今新疆哈密市东南大泉湾乡之黄芦岗村。

10. 头堡军塘

《置驿三》:“头堡军塘,把总一员,跟役一名,兵三名,马二十匹,马夫七名,字识二名。”

嘉庆《三州辑略》卷5《台站门》:“头堡台,至三堡台六十里。”

光绪《新疆四道志·哈密厅图说·驿站》:“头堡驿,距底驿七十里。”

民国《新疆志稿》卷3《新疆邮传志总叙》:“头堡驿,七十里至头堡台。”

案:头堡军塘,在今新疆哈密市伊州区之头堡村。

11. 三堡军塘

《置驿三》:“三堡军塘,把总一员,跟役一名,兵三名,马二十匹,马夫七名,字识二名,兽医二名。”

嘉庆《三州辑略》卷5《台站门》:“三堡台,至鸭子泉台七十里。”

光绪《新疆四道志·哈密厅图说·驿站》:“头堡驿,距底驿七十里。三堡驿,距头堡驿七十里。”

民国《新疆志稿》卷3《新疆邮传志总叙》:“三堡驿,七十里至三堡台。”

案:三堡军塘,在今新疆哈密市西北之三堡。

12. 鸭子泉军塘

《置驿三》:“鸭子泉军塘,把总一员,跟役一名,兵三名,马二十匹,马夫七名,字识二名。”

嘉庆《三州辑略》卷5《台站门》:“鸭子泉台,至瞭墩台八十里。”

民国《新疆志稿》卷3《新疆邮传志总叙》:“鸭子泉,距三道岭十二里。又东二十里为沙枣泉,俗呼沙泉子。”

案:鸭子泉军塘,在今新疆哈密市伊州区西北之三道岭镇东。光绪九年改名为三道岭驿。

13. 瞭墩军塘

《置驿三》:“瞭墩军塘,把总一员,跟役一名,兵三名,马二十匹,马夫七名,字识二名,兽医二名。”

嘉庆《三州辑略》卷5《台站门》:“瞭墩台,至橙槽沟八十里。”

光绪《新疆四道志·哈密厅图说·驿站》:“瞭墩驿,距三道岭驿一百里。由此西行通吐鲁番路,由此北行通镇西厅路。”

案:瞭墩军塘,在今新疆哈密市西北之老了墩东。光绪九年改名为了墩驿。

14. 橙槽沟军塘

《置驿三》:“橙槽沟军塘,把总一员,跟役一名,兵三名,马二十匹,马夫七名,字识二名。”

光绪《新疆四道志·哈密厅图说·驿站》:“橙槽沟驿,距瞭墩驿七十里由此东北行入镇西厅路。”

嘉庆《三州辑略》卷5《台站门》:“橙槽沟台,至巴里坤所属肋巴泉三十里。黄芦岗台,西至哈密底台七十里,东至长流水台七十里。长流水台,至格子烟墩台七十里。”

案:橙槽沟军塘,在今新疆哈密市西北之了墩西。

15. 星星硖军塘

《置驿三》:“星星硖军塘,把总一员,跟役一名,兵三名,马十九匹,马夫七名,字识二名。”

嘉庆《三州辑略》卷5《台站门》:“星星硖,至安西所属马莲井子台八七里。”

光绪《新疆四道志·哈密厅图说·驿站》:“星星峡驿,距沙泉子驿九十里由此南行四十里接安西州界。”

案:星星硖军塘,在今新疆哈密市东南之星星峡镇。光绪九年改名猩猩硖驿。

16. **又营塘**

《置驿三》:“又营塘,兵三名,马六匹。”

17. **沙泉子军塘**

《置驿三》:“沙泉子军塘,把总一员,跟役一名,兵三名,马十九匹,马夫七名,字识二名,兽医一名。”

嘉庆《三州辑略》卷5《台站门》:“沙井子台,至星星硖台七十里。”

光绪《新疆四道志·哈密厅图说·驿站》:“沙泉子驿,距苦水驿八十里。”

民国《新疆志稿》卷3《新疆邮传志总叙》:“鸭子泉,距三道岭十二里。又东二十里为沙枣泉,俗呼沙泉子。”

案:沙泉子军塘,在今新疆哈密市东南之沙泉子。

18. **又营塘**

《置驿三》:“又营塘,兵三名,马六匹。”

19. **天生墩腰军塘**

《置驿三》:“天生墩腰军塘,兵三名,马五匹,骡二头,骡夫二名。”

嘉庆《三州辑略》卷5《台站门》:“天生墩腰台,至苦水台七十里。”

民国《新疆志稿》卷3《新疆邮传志总叙》:“天生墩,一名红土墩,屹立高三丈余,古烽堠道址也。”

案:天生墩腰军塘,在今新疆哈密市东南之烟墩与苦水之间天山墩子村。

20. **黑帐房营塘**

《置驿三》:“黑帐房营塘,兵三名,马六匹。”

道光《哈密志》卷43《纪事志二》:“黑帐房营塘,马匹应需草束系在南湖采割运送,该塘计程九十里。”

民国《新疆志稿》卷3《新疆邮传志总叙》:“黑帐房台,六十里至南山口塘。”

案:黑帐房营塘,在今新疆哈密市黑帐房破屋村。

21. 南山口营塘

《置驿三》:"南山口营塘,兵三名,马六匹。"

道光《哈密志》卷43《纪事志二》:"南山口营塘,马匹应需草束系在牛毛湖采割运送,该塘计程六十里。"

光绪《新疆四道志・哈密厅图说・驿站》:"南山口驿,距底驿九十里,由此西行七十里入镇西厅路。"

民国《新疆志稿》卷3《新疆邮传志总叙》:"南山口五里曰焕彩沟有汉永和五年云中沙南侯获碑。"

案:南山口营塘,在今新疆哈密市北之南山口。

22. 打板顶营塘

《置驿三》:"打板顶营塘,兵三名,马六匹。"

道光《哈密志》卷43《纪事志二》:"打坂顶营塘,马匹应需草束系在平顶山采割运送,该塘计程六十五里。"

道光《哈密志》卷43《纪事志二》:"打坂顶营塘一处,兵三名,马六匹即羊圈沟。"

案:打板顶营塘,约在今新疆哈密北,南山口以北,确址待考。

(十七)吐鲁番厅属一驿

吐鲁番厅阳和驿

《置驿三》:"吐鲁番厅,阳和驿,马三匹,马夫一名半,驿书一名。"

嘉庆《三州辑略》卷5《台站门》:"芦沟驿,南至阳和驿四十里。"

光绪《新疆四道志・吐鲁番厅图说・驿站》:"阳和驿,驻吐鲁番厅城。"

民国《新疆志稿》卷3《新疆邮传志总叙》:"阳和即吐鲁番底驿。"

案:吐鲁番厅阳和驿,在今新疆吐鲁番市区。

四川

一、四川地理概述

四川自古为巴蜀之地,“东据夔门,西连番族,南阻蛮部,北控梁洋。其名山则有岷山、峨眉、青城、巫山,其大川则有岷江、雒江、涪江、嘉陵江、巴江、泸水、大渡河;其重险则有剑门、鹿头关、瞿唐关、邛崃关、清溪关”。① 汉代及汉代以前,为益州;唐代置剑南道,宋改为四川路;元代设四川等处行省,明代改为四川承宣布政使司,清代承袭明代,继续设省,以总督统之。清代的四川辖十二府、八直隶州、五直隶厅和一个屯务厅,即成都、重庆、保宁、顺宁、叙州、夔州、龙安、宁远、雅州、嘉定、潼川、绥定各府,眉州、邛州、泸州、资州、绵州、茂州、忠州、酉阳各直隶州,叙永、松藩、石砫、杂谷、太平、懋功各直隶厅。②

二、四川驿道走向

清代川省置驿 65 处,驿路四通八达。可与陕西、西藏、湖北贵州等省相接,也将内部各府联为一体。从地理位置的战略性上说,四川自古以来一直都是中央王朝征伐或羁縻西南夷、土蕃和南诏的阵地。清代更以四川为入藏的官方正途,因此川省最主要的驿路干线就是经直隶、河南,由陕西宁羌州入境后,过剑门关至成都,再继续西南而行直至打箭炉,而后经过理塘、巴塘进入西藏。四川地理位置之重要

① 《嘉庆重修一统志》卷 383《四川统部》,见《四部丛刊续编 · 史部》,上海书店 1984 年。

② 《嘉庆重修一统志》卷 383《四川统部》,见《四部丛刊续编 · 史部》,上海书店 1984 年。

还在于它地处长江上游,与中游湖北之连接可由水陆两路,陆路由成都东南循长江河谷绕行至夔州府,东接湖北巴东。水路则从成都顺着今岷江而至僰道(今宜宾)入长江,再沿江而下。这是一条沟通巴蜀地区内部、以及巴蜀地区与长江中下游地区联系的主要通道。由此而下,则江汉、江南顺帆可至,所以自古欲取江南者,先取巴蜀也。四川盆地内的交通主要是江水道。此外,四川的驿路还可南至贵州,北界甘肃。

1. 北连陕西、西通藏区之路

自京师皇华驿至四川省城,共4750里。由陕西宁羌州黄坝驿入境,60里至广元县神宣驿,50里至广元县望云驿,40里至广元县问津驿,40里至昭化县昭化驿,40里至昭化县大木村驿,40里至剑州剑门驿,60里至剑州驿,40里至剑州柳池沟驿,40里至剑州武连驿,40里至剑州上停铺驿,40里至梓潼县驿,60里至绵州魏城驿,60里至绵州驿,30里至新铺驿,30里至罗江县罗江驿,60里至德阳县驿,40里至汉州驿,50里至新都县驿,50里至成都县锦官驿(成都)。①

由成都县锦官驿分道西南,40里至双流县驿,40里至新津县驿,60里至邛州驿,110里至名山县百站驿,80里至雅安县驿,100里至荥经县驿,130里至清溪县驿,70里至清溪县泥头驿,70里至清溪县沈村驿,110里至清溪县烹坝驿,110里至打箭炉厅驿,50里至折多,70里至提茹,90里至东俄洛,70里至卧龙石,40里至八角楼,40里至中渡,80里至翦子湾,70里至西俄洛,40里至咱吗拉洞,60里至火竹卡,60里至里塘,50里至头塘,60里至拉二塘,60里至二郎湾,50里至三坝,90里至大朔,80里至绷楂木,80里至巴塘,90里至竹巴笼,100里至空子顶,60里至帮木,100里至古树(110里至接西藏的江卡)。

2. 南至贵州

由锦官驿分道向南,50里至简州龙泉驿,70里至简州阳安驿,90里至资阳县南津驿,130里至资州驿,80里至内江县驿,120里至隆昌县驿,70里至泸州林坎驿,50里至纳溪县驿,80里至纳溪县江门驿,30里至永宁县永宁驿,70里至永宁县

---

① 此路为由关中入川的常用道路,亦称褒斜道。关中与汉水流域、四川盆地的联系比较困难。那里山势陡峻,水流湍急,通道的开辟多选择在河谷,修栈道以通人马。褒斜道也叫称斜谷道,其南段称石牛道或金牛道,是从汉中地区经四川的广元而至成都。这条路是由今陕西沔县西南越七盘岭入川,至今广元朝天驿顺嘉陵江河谷而下,这是历代由汉中入蜀的大道,又称为金牛道。入川之后,道路依然艰险。四川盆地北缘大巴山一线,因嘉陵江在广元、昭化切出一个缺口,即有名的剑门关,此路亦称剑阁道,可以直通省会成都,最为重要,或直达锦阳、成都,又可以顺嘉陵江而下重庆。另外,川陕之间还有米仓道,借用南江水运之便,可抵达南江、巴中等地。洋巴道,连接万源、达县、重庆、涪陵。见吴镇烽:《陕西地理沿革》,第66页。

普市驿,70 里至永宁县赤水河驿,50 里至贵州白岩驿。

3. 东至湖北

又由隆昌县驿分道西北,100 里至荣昌县驿,80 里至永川县驿,80 里至璧山县来凤驿,50 里至巴县白市驿,50 里至巴县朝天驿,150 里至长寿县驿,140 里至垫江县驿,110 里至梁山县驿,170 里至万县驿,140 里至云阳县驿,140 里至奉节县驿,160 里至巫山县水桥驿,180 里至湖北巴东县。

4. 此外,四川还有驿站可通往甘肃等地

三、四川置驿六十五处

(一)成都府属九驿

1. 成都县县驿

《置驿三》:"成都府成都县县驿,马三十四,马夫十五名,扛夫二十名。"

雍正《四川通志》卷 22 下《驿传》:"锦官驿,在成都县治左。东至简州龙泉驿四十里,南至双流县黄水河站四十里,北至新都县广汉驿四十里。"

《嘉庆重修一统志》卷 384 成都府一:"成都县,附郭,在府治北。"

《嘉庆重修一统志》卷 385 成都府二:"锦官驿,在成都县治左,马驿也。又有木马水驿,在华阳县东南六十里,明设驿丞,今裁。"

嘉庆《成都县志》卷 1《驿传》:"锦官驿,在成都县治左。"

案:成都县县驿,在今四川省成都市青羊区署前街。

2. 华阳县县驿

《置驿三》:"华阳县县驿,扛夫二十名。"

雍正《四川通志》卷 22 下《驿传》:"锦官驿,在成都县治左。东至简州龙泉驿四十里,南至双流县黄水河站四十里,北至新都县广汉驿四十里。"

《嘉庆重修一统志》卷 384 成都府一:"华阳县,附郭,在府治南。"

《嘉庆重修一统志》卷 385 成都府二:"锦官驿,在成都县治左,马驿也。又有木马水驿,在华阳县东南六十里,明设驿丞,今裁。"

嘉庆《华阳县志》卷 20《铺递》:"锦官驿,治东城外,国初设,康熙九年裁县,移置成都署侧,其遗址今为东岳庙。"

案:华阳县县驿,在今成都市青羊区正府街附近。据《中国历史地名大辞典》第 1018 页，华阳县在清代治中兴镇（今双流县东南华阳镇）。1965 年撤销，并入双流县。

3. 新都县县驿

《置驿三》："新都县县驿，马三十四，马夫十五名。"

雍正《四川通志》卷 22 下《驿传》："广汉驿，在新都县治内。东至汉州站五十里，德阳县旌阳驿九十里，西至成都锦官驿四十里。"

《嘉庆重修一统志》卷 385 成都府二："广汉驿，在新都县治内。南至省城五十里，北至汉州五十里。为自蜀赴京之道。"

嘉庆《新都县志》卷 22《驿传志》："新都广汉驿在县署左，因广汉郡得名。国朝初年设立。"

案：新都县县驿，在今四川省成都市新都区新都街道。明清为新都县，新中国成立后，与新繁县合并，后改为成都市新都区。

4. 汉州州驿

《置驿三》："汉州州驿，马十二匹，马夫六名，扛夫二十名。"

《读史方舆纪要》卷 67《四川二》："广汉驿，今在州治东。"

雍正《四川通志》卷 22 下《驿传》："汉州站，在州治内。东至德阳县旌阳驿五十里，南至新都县广汉驿五十里。"

嘉庆《汉州志》卷 16《驿传铺递志》："广汉驿，旧设马十二匹，马夫六名，扛夫二十名。东至德阳县旌阳驿计程五十里。西至新都县广汉驿计程五十里。"

案：汉州州驿，在今四川省广汉市区雒城镇。

5. 简州龙泉驿

《置驿三》："简州龙泉驿，马六匹，马夫三名。"

雍正《四川通志》卷 22《驿传》："龙泉驿，在简州西，东至本州阳安驿七十里，西至成都县锦官驿四十里。"

《嘉庆重修一统志》卷 385 成都府二："龙泉驿，在简州西，即龙泉镇。接华阳县界。为东路第一驿。"

咸丰《简州志》卷 3《驿传》："龙泉驿马号，巡司署北。"

案：简州龙泉驿，明代置，在今四川省成都市东南之龙泉驿区龙泉街道。《明史·忠义传》：奢崇明叛军进攻成都，"成都卫指挥翟英扼贼龙泉驿"。

6. 阳安驿

《置驿三》："阳安驿，马六匹，马夫三名。"

嘉靖《四川总志》卷3《郡县志》:“阳安废县,简州东二里,今为阳安驿。”

雍正《四川通志》卷22下《驿传》:“阳安驿,在简州治内,东至资阳县南津驿九十里,西至本属龙泉驿七十里。”

《嘉庆重修一统志》卷385成都府二:“又阳安驿,在州西一里。”

咸丰《简州志》卷3《驿传》:“阳安驿马号,州署侧。”

案:阳安驿,在今四川省简阳市简阳街道政府街。

7. 新津县县驿

《置驿三》:“新津县县驿,马十二匹,马夫六名,扛夫八名。”

雍正《四川通志》卷22下《驿传》:“武阳驿,在新津县治内。东北至成都县锦官驿九十里。西至邛州来凤驿九十里。”

道光《新津县志》卷27《驿传》:“武阳驿在县治东,因汉为武阳县地,故名。”

案:新津县县驿,亦名武阳驿,明代置,在今四川省成都市新津县五津街道。

8. 郫县县驿

《置驿三》:“郫县县驿,马四匹,马夫二名。”

嘉庆《四川通志》卷88《武备志七·驿传》:“郫筒驿,在郫县治左。东至成都县锦官驿五十里,西至灌县七十里。额设站马二匹,马夫一名。雍正六年奉裁,改拨化林坪腰站。乾隆四十一年,复设站。”

嘉庆《郫县志》卷20《驿传铺递》:“郫筒驿,棚厂在署东偏,东至成都县锦官驿五十里。”

案:郫县县驿,在今四川省成都市西北郫都区郫筒街道。

9. 灌县县驿

《置驿三》:“灌县县驿,马四匹,马夫二名。”

嘉庆《四川通志》卷88《武备志七·驿传》:“灌县驿,在县治。乾隆四十一年,设站。马四匹,岁支草料银八十四两九钱六分。马夫二名,岁支工食银三十三两八钱零四厘。买补马一匹,岁支价银八两。棚厂槽铡岁支银五两六钱八分。以上岁其支银一百三十二两四钱四分四厘。”

嘉庆《郫县志》卷20《驿传铺递》:“郫筒驿……西至灌县永康驿七十里。”

光绪《增修灌县志》卷3《建制志》:“县驿,在署内,乾隆四十一年,设站马四匹,马夫二名,买补马一匹。”

案:灌县县驿,明代置,在今四川省都江堰市区。

(二)资州直隶州属三驿

1. 资州直隶州州驿

《置驿三》:"资州直隶州驿,马六匹,马夫三名。"

雍正《四川通志》卷22下《驿传》:"珠江驿,在资州治内。东至内江县仁安驿九十里,西至资阳县南津驿一百四十里。康熙初年奉设站。"

《嘉庆重修一统志》卷413资州直隶州:"珠江驿,在州东一里。"

光绪《资州直隶州志》卷12《武备志·驿传》:"珠江驿,棚厂在治东,仪门外间壁资县旧迹。东南至内江安仁驿九十里,西北至资阳驿一百三十里。"

案:资州直隶州州驿,亦作珠江驿,明代置,在今四川省内江市资中县城。清雍正六年(1728)升为资州直隶州,辖境扩大包括仁寿、井研二县。1913年废,改本州为资中县。

2. 资阳县县驿

《置驿三》:"资阳县县驿,马六匹,马夫三名。"

《读史方舆纪要》卷67资阳县资阳镇条下:"县东三十里有南津驿,镇与驿相连。"

雍正《四川通志》卷22下《驿传》:"南津驿,在资阳县治内。东至资州珠江驿一百四十里,西至简州阳安驿九十里。康熙初年奉设站。"

乾隆《资阳县志》卷5《建置志》:"南津驿,县东四十里,旧制驿丞一员,吏一名,马三十六匹,夫八十八名。国朝裁去驿员,归县管,额设驿马六匹,共铺司五十六名,马夫三名。"

《嘉庆重修一统志》卷413资州直隶州:"南津驿,在资阳县东三十里。"

光绪《资州直隶州志》卷12《武备志·驿传》:"南津驿,棚厂在县治东四十里。站马二匹,马夫一名。"

案:资阳县县驿,即南津驿,明代置,在今四川省资阳市区雁江区南津镇。

3. 内江县县驿

《置驿三》:"内江县县驿,马六匹,马夫三名。"

雍正《四川通志》卷22下《驿传》:"安仁驿,在内江县治内。东至隆昌县隆桥驿一百二十里,西至资州珠江驿九十里。康熙初年奉设。"

《嘉庆重修一统志》卷413资州直隶州:"安仁驿,在内江县南十里。"

同治《内江县志》卷2《兵防附驿递》:"国朝安仁驿,额设驿马六匹,每匹日支草料银六分，设马夫三名，每名日支公食银四分八厘。”

光绪《资州直隶州志》卷12《武备志·驿传》：“内江县安仁驿，额设驿马六匹，每匹日支草料银六分。马夫三名，每名日支工食银四分八厘。”

案：内江县县驿，亦作安仁驿，明代置，在今四川省内江市市中区城东街道。

（三）绵州直隶州属七驿

1. 绵州直隶州州驿

《置驿三》：“绵州直隶州州驿，马三十匹，马夫十五名。”

同治《直隶绵州志》卷4《建置沿革》：“国初州因明制。顺治十六年省彰明入绵州，并罗江入德阳州，及德安绵三县俱属成都府，梓潼属保宁府。雍正五年，升为直隶州，属松茂道，领德安绵梓罗五县。六年复设彰明县，属州，领县六。九年改隶川北道，分彰明隶龙安府。十三年州仍隶松茂道。乾隆二十八年，松茂道移驻茂州，以绵州隶成绵道。三十六年省罗江入州，并移州治罗江，拨州东乡三里北乡五里入梓潼县，领德安绵梓四县。嘉庆六年，士民呈请州复旧治。七年四月奉到奏准札行，六月移州复今治，复设罗江县。拨回梓潼之东北乡八里地方，仍归州辖。领县五。”

案：绵州直隶州州驿，在今四川省绵阳市涪城区解放街。

2. 新铺驿

《置驿三》：“新铺驿，马十二匹，马夫六名。”

雍正《四川通志》卷22下《驿传》：“新铺站，在绵州南，南至罗江县驿五十里，北至本州金山驿四十里。”又同卷：“罗江驿，在县治内，南至德阳县旌阳驿五十里，北至绵州新铺站五十里。”

同治《直隶绵州志》卷23《驿传》：“新铺站，绵州腰站，在州南。南至罗江县驿五十里，北至本州金山驿四十里。雍正五年奉设。”

案：新铺驿，在今四川省绵阳市涪城区西南之磨家镇，地处川陕要道。驿站南北曾有两道牌坊闻名。

3. 金山驿

《置驿三》：“金山驿，马三十匹，马夫十五名，扛夫二十名。”

雍正《四川通志》卷22《驿传》：“金山驿，在绵州治内，南至罗江驿九十里，北至本州魏城驿六十里。自康熙二十九年调设。”

《嘉庆重修一统志》卷414绵州直隶州：“金山驿，在州治内。本朝乾隆三十五年，裁罗江典史设县丞驻此。嘉庆七年，仍设罗江县，裁驿丞。”

同治《直隶绵州志》卷23《驿传》:“金山驿,在绵州治内。南至罗江驿九十里,北至本州魏城驿六十里。自康熙二十九年奉设。”

案:金山驿,明代置,在今四川省绵阳市涪城区解放街。

4. 德阳县县驿

《置驿三》:“德阳县县驿,马三十匹,马夫十五名,扛夫二十名。”

雍正《四川通志》卷22下《驿传》:“旌阳驿,在德阳县治内。南至汉州站五十里,北至罗江县驿五十里。康熙二十九年奉设。”

嘉庆《汉州志》卷16《传递》:“广汉驿,东至德阳县旌阳驿计程五十里。”

同治《德阳县志》卷20《驿递志》:“旌阳驿,在县署东偏南,至成都府属之汉州广汉驿计程五十里。”

同治《直隶绵州志》卷23《驿传》:“旌阳驿,在德阳县治内。”

案:德阳县县驿,亦作旌阳驿,在今四川省德阳市旌阳区旌阳街道。

5. 魏城驿

《置驿三》:“魏城驿,马三十匹,马夫十五名,扛夫二十名。”

雍正《四川通志》卷22下《驿传》:“魏城驿,在绵州东北,上至梓潼县驿六十里,下至本州金山驿六十里。”

《嘉庆重修一统志》卷414绵州直隶州:“魏城驿,在州东北六十里。东北至保宁府剑州,西南至本州金山驿。设驿丞驻此。”

同治《直隶绵州志》卷23《驿传》:“魏城驿,在州东北。上至梓潼县驿六十里,下至本州金山驿六十里。自康熙二十九年奉设。”

咸丰《梓潼县志》卷3《公廨》:“魏城驿署在魏城。”

案:魏城驿,在今四川省绵阳市东北约15公里处之游仙区魏城镇。魏城驿原为魏城县,元代废县入绵州。又清魏源《圣武记》卷9:嘉庆五年(1800),白莲教冉天元等与清军德楞泰激战新店子后,“复走魏城驿,与白号张子总、庹向瑶、雷士王合”。

6. 梓潼县县驿

《置驿三》:“梓潼县县驿,马三十匹,马夫十五名,扛夫二十名。”

雍正《四川通志》卷22下《驿传》:“梓潼驿,在县治内。北至县属上亭铺六十里,南至绵州魏城驿六十里。自康熙二十九年奉设。”

咸丰《梓潼县志》卷3《驿递》:“梓潼县驿,康熙二十九年安设。北至上亭铺四十里,南至魏城驿六十里。”

同治《直隶绵州志》卷23《驿传》:“梓潼驿,在县治内。北至县属上亭铺六十里,南至绵州魏城驿六十里。”

案:梓潼县县驿,在今四川省绵阳市梓潼县文昌镇西段崇文街。清初属保宁府,雍正五年(1727)属绵州。

7. 上亭驿

《置驿三》:“上亭驿,马十二匹,马夫六名,扛夫六名。”

雍正《四川通志》卷22下《驿传》:“上亭铺,在梓潼县北,北至剑州武连驿四十里,南至本县驿六十里。”

《嘉庆重修一统志》卷414绵州直隶州:“上亭镇,在梓潼县北。唐为上亭驿,宋置镇。……今为上亭铺。”

同治《直隶绵州志》卷23《驿传》:“上亭铺,梓潼腰站,在县北。北至剑州武连驿四十里,南至本县驿六十里。雍正六年新设。”

咸丰《梓潼县志》卷3《古迹》:“上亭铺,县北四十里。”卷3《驿递》:“上亭铺腰站,雍正六年安设,北至剑州武连驿四十里,南至本县站四十里。”

案:上亭驿,在今四川省梓潼县北之演武乡上亭铺。唐代置,亦名郎当驿、琅珰驿,为唐玄宗经过之地。南宋魏了翁《题上亭驿》诗:“红锦绷盛河北贼,紫金盏酌寿王妃。弄成晚岁郎当曲,止是三郎快活时。”现存驿站遗址。

(四)茂州直隶州属二驿

1. 汶川县映秀站

《置驿三》:“汶川县,映秀站,马四匹,马夫二名。”

嘉庆《四川通志》卷88《武备志七·驿传》:“映秀湾驿,在汶川县城西,东至灌县八十里,西至桃关七十里。乾隆四十一年设站。”

嘉庆《汶志纪略》卷1《驿站》:“映秀驿在治南九十里。……额设马八匹,马夫四名。”

案:汶川县映秀站,在今四川省阿坝藏族羌族自治州汶川县南之映秀镇,位居阿坝州汶川县南部渔子溪河与岷江交汇处,因辖区内绿化素来较好,水映山秀而得名。

2. 桃关站

《置驿三》:“桃关站,马四匹,马夫二名。”

嘉庆《四川通志》卷88《武备志七·驿传》:“桃关驿,在汶川县城南,东至映秀湾七十里,南至大邑坪三十里。乾隆四十一年设。”

嘉庆《汶志纪略》卷1《驿站》:“桃关驿在治南三十里。……额设马八匹,马夫四名。”

案:桃关站,在今四川省阿坝藏族羌族自治州汶川县南之银杏乡桃关村。

(五)宁远府属二驿

1. 越巂厅厅驿

《置驿三》:“越巂厅厅驿,马六匹,马夫三名。”

雍正《四川通志》卷22下《驿传》:“越巂卫,在卫城内。东至河南站二百七十里。康熙四十一年,调东路站马安设。”

光绪《越巂厅全志》卷4之5《驿传志》:“越巂河南站,康熙四十一年,调东路资阳县驿马六匹,马夫三名安设河南站。调荣县驿马六匹,马夫三名安设越巂卫城。共驿马十二匹。”

案:越巂厅厅驿,今四川凉山彝族自治州越西县越城镇。清雍正六年(1728)改越巂卫置厅,治于今四川省越西县,属宁远府。民国初年降为越巂县。

2. 河南站

《置驿三》:“河南站,马四匹,马夫二名。”

雍正《四川通志》卷22下《驿传》:“河南站,在越巂卫南,西至本卫驿二百七十里,北至清溪县副林驿八十里。”

光绪《越巂厅全志》卷4之《驿传志》:“越巂河南站,康熙四十一年,调东路资阳县驿马六匹,马夫三名安设河南站。调荣县驿马六匹,马夫三名安设越巂卫城。共驿马十二匹。”

案:河南站,今四川省雅安市汉源县西南之河南乡。据《乾隆十三排图》(据汪前进、刘若芳整理:《清廷三大实测全图集·乾隆十三排图》,外文出版社2007年),河南站在大渡河之南,晒经关与大树堡之间,在越巂卫北,故雍正《四川通志》误。在今四川省汉源县西南之河南乡。

(六)保宁府属九驿

1. 广元县县驿

《置驿三》:“广元县县驿,马三十匹,马夫十五名,扛夫二十名。”

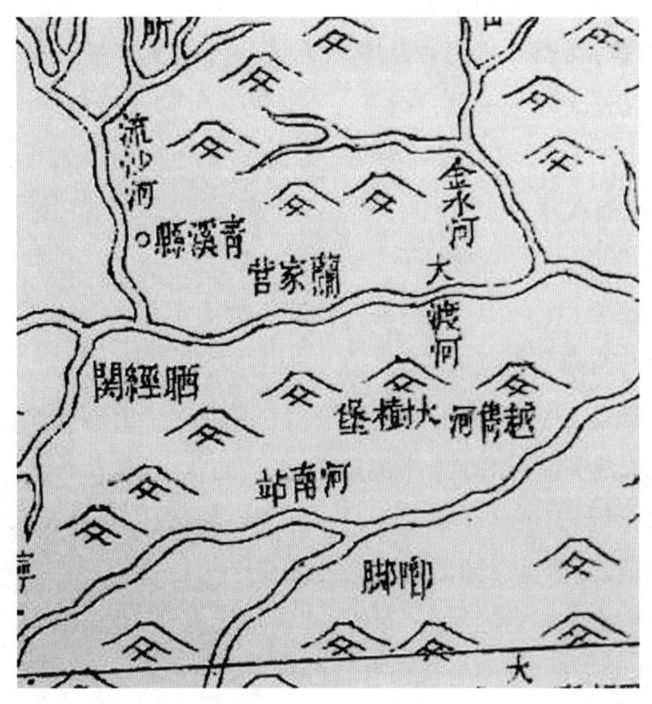

资料来源:《乾隆十三排图》。

雍正《四川通志》卷22下《驿传》:“问津驿,在广元县治西南。北至县属望云铺四十里,南至昭化县驿四十里。自康熙二十九年奉设。”

乾隆《广元县志》卷3《驿铺》:“问津驿,在县治东侧。”

《嘉庆重修一统志》卷391保宁府二:“问津驿,在广元县城内。去望云关四十五里,南至昭化驿五十里。”

道光《保宁府志》卷30《武备·驿传》:“问津驿,在广元县治前,北至县属望云铺四十里,南至昭化县驿四十里。”

案:广元县县驿,即问津驿,明代置,在今四川省广元市利州区东山街鲁家湾。

2. 望云铺驿

《置驿三》:“望云铺驿,马三十四,马夫十五名。”

雍正《四川通志》卷22《驿传》:“望云铺,在广元县东北,北至县属神宣驿五十里,南至本县问津驿四十里。……望云铺,在县东北六十里。”

乾隆《广元县志》卷3《驿铺》:“望云驿,在县治北四十里。”

《嘉庆重修一统志》卷391保宁府二:“望云关,在广元县北四十五里。山势高耸,上接云霄。今名望云铺,设马驿于此。南接问津驿,北接神宣驿。”

道光《保宁府志》卷30《武备·驿传》:“望云铺,在广元县东北,北至县属神宣驿五十里,南至县城问津驿四十里。”

案:望云铺驿,在今四川省广元市朝天区沙河镇望云铺。望云铺,明为望云关,清设驿马于此,改称望云铺。

3. 神宣驿

《置驿三》:“神宣驿,马三十四,马夫三十名,扛夫二十名,站船二只,水手四名,桡夫十二名。”

《读史方舆纪要》卷68广元县:神宣驿,“正德十年并置递运所于此。《志》云:此为秦蜀之要冲,西南朝贡之通道”。

雍正《四川通志》卷26《古迹》:“筹笔驿,在县北九十里即今神宣驿。”

乾隆《广元县志》卷3《驿铺》:“神宣驿,在县北九十里。”

《嘉庆重修一统志》卷391保宁府二:“筹笔古驿,在广元县北八十里。”

嘉庆《四川通志》卷88《驿传》:“神宣驿,在广元县北。”

道光《保宁府志》卷30《武备·驿传》:“在广元县北,北至陕西宁羌州驿交卸,南至县属望云铺五十里,驿路崎嵚,入川首站。”

光绪《宁羌州志》卷2《建置志·驿递》:“黄坝驿南至四川广元神宣驿六十里,北至柏林驿四十五里。”

案:神宣驿,明代置,在今四川省广元市北东北一百三十里之朝天区宣河乡。由陕入川首驿,地势险要。

4. 昭化县县驿

《置驿三》:“昭化县县驿,马三十匹,马夫十五名,扛夫二十名,站船二只,水手四名,桡夫十二名。”

雍正《四川通志》卷22下《驿传》:“昭化驿,在县治内。北至广元县问津驿四十里,南至剑州大木树站四十里。自康熙二十九年奉设。”

《嘉庆重修一统志》卷391保宁府二:“昭化驿,在昭化县城内。北接问津,南接大木树。”

道光《保宁府志》卷30《武备·驿传》:“昭化驿,在县治内,北至广元县问津驿四十里,南至县属大木树站四十里。”

道光《重修昭化县志》卷28《驿传》:“本县驿站,旧额站马二十四匹,马夫十二名。……康熙五十七年,因川陕接壤,而神宣驿以西十六站,马匹不敷,奏请每站设马三十匹。昭化驿增站马六匹,夫三名。”

案:昭化县县驿,在今四川省广元市昭化区昭化镇。

5. 大木树驿

《置驿三》:“大木树驿,马三十匹,马夫十五名。”

雍正《四川通志》卷22下《驿传》:“大木树,在剑州北。北至昭化县驿四十里,南至本州剑门驿四十里。自康熙二十九年奉设。”

《嘉庆重修一统志》卷391保宁府二:“大木树驿,在昭化县西南四十里,马驿也。”

道光《保宁府志》卷30《武备·驿传》:“大木树,在昭化县南。北至本县驿四十里,南至剑州剑门驿四十里。康熙五十五年初设。”

道光《重修昭化县志》卷28《驿传》:“大木树腰站,马十二匹,夫六名。康熙五十七年,因川陕接壤,而神宣驿以西十六站,马匹不敷,奏请每站设马三十匹。……大木树增站马十八匹,夫九名。……大木树地属昭化,康熙五十五年初设驿站,归剑州支应。乾隆三十年,署令阮澍与剑州牧李枝昌议详,奉文改归昭化,每年应需工料银两在本县地丁银内尽数支销。”

案:大木树驿,在今四川省广元市昭化区西南之大朝乡驻地。《会典》称“大木村驿”,似有误,应为“大木树驿”。大朝乡乡政府驻地大木树,以达摩戍(又名大木树)故名。自明天启四年到中华民国二十四年前,为川陕驿道必须之地的一个重要驻站。

6. 剑州州驿

《置驿三》:“剑州州驿,马三十匹,马夫十五名,扛夫二十名。”

雍正《四川通志》卷22下《驿传》:“剑州,在州治内。上至州属剑门驿六十里,下至州属柳池沟站四十里。自康熙二十九年奉设。”

道光《保宁府志》卷30《武备·驿传》:“剑州驿,在州治内,上至州属剑门驿六十里,下至州属柳池沟站四十里。”

案:剑州州驿,在今四川省广元市剑阁县南之普安镇。

7. 剑门驿

《置驿三》:“剑门驿,马三十匹,马夫十五名,扛夫二十名。”

雍正《四川通志》卷22下《驿传》:“剑门驿,在剑州南,北至州属大木树驿四十里,南至本州州站六十里。”

《嘉庆重修一统志》卷391保宁府二:“剑门驿,在剑州东北六十里。本朝乾隆二十七年置驿丞。”

道光《保宁府志》卷30《武备·驿传》:“剑门驿,在剑州南,北至昭化县大木树驿四十里,南至本州站六十里。”

案:剑门驿,明代置,在今四川省广元市剑阁县东南剑门关镇。自古为川陕之间蜀道之上必经之险关要隘。有剑溪桥为文物遗迹。

8. 柳池沟驿

《置驿三》:"柳池沟驿,马三十匹,马夫十五名。"

雍正《四川通志》卷22下《驿传》:"柳池沟,在剑州南,北至本州州驿四十里,南至武连驿四十里。"

《嘉庆重修一统志》卷391保宁府二:"柳池沟驿,在剑州西南四十里。宋置柳池镇,南至武连驿四十里。"

道光《保宁府志》卷30《武备·驿传》:"柳池沟,在剑州南,北至木州州驿四十里,南至武连驿四十里。"

案:柳池沟驿,在今四川省广元市剑阁县西南约23公里处之柳沟镇。

9. 武连驿

《置驿三》:"武连驿,马三十匹,马夫十五名,扛夫二十名。"

雍正《四川通志》卷22下《驿传》:"武连驿,在剑州南,北至本州州驿八十里,南至梓潼县上亭铺四十里。"

《嘉庆重修一统志》卷391保宁府二:"武连驿,在剑州南八十里,本朝乾隆二十七年置驿丞,自神宣驿至此,皆栈道所经。"

道光《保宁府志》卷30《武备·驿传》:"武连驿,在剑州南,北至本州州驿八十里,南至梓潼县上亭铺四十里。"

咸丰《梓潼县志》卷3《驿递》:"上亭铺腰站,雍正六年安设,北至剑州武连驿四十里,南至本县站四十里。"

同治《剑州志》卷5《官师》:剑州设"武连驿驿丞一员"。

案:武连驿,在今四川省广元市剑阁县西南约45公里处之武连镇。

(七)叙州府属九驿

1. 隆昌县县驿

《置驿三》:"隆昌县县驿,马六匹,马夫三名。"

《读史方舆纪要》:明初置隆桥驿,"县址故属荣昌而为隆桥驿之地,故以隆昌为名"。

雍正《四川通志》卷22下《驿传》:"隆桥驿,在隆昌县治内。东至荣昌县峰高驿一百四十里,西至内江县仁安驿一百二十里。康熙初年奉设。"

同治《隆昌县志》卷19《驿传》:“隆桥驿,棚厂在县署左,东至荣昌县高峰驿一百四十里,西至内江县仁安驿一百二十里。”

案:隆昌县县驿,明代置,在今四川省隆昌市金鹅街道(隆昌河东)。

2.屏山县石角渡驿

《置驿三》:“屏山县石角渡驿,渡船一只,水手二名。”

雍正《四川通志》卷22下《驿传》:“石角渡,在屏山县西八十三里。”

光绪《叙州府志》卷13《关梁》:“石角营渡,县西一百二十五里。额设渡船一支,水手二名。”

案:屏山县石角渡驿,在今四川省宜宾市屏山县西之新市镇西宁河与金沙汇交汇处。

3.蛮夷渡驿

《置驿三》:“蛮夷渡驿,渡船一只,水手二名。”

雍正《四川通志》卷22下《驿传》:蛮夷铺,在县西七十五里。”

光绪《叙州府志》卷13《关梁》:“蛮夷渡,县西一百二十里。额设渡船一支,水手二名。”

案:蛮夷渡驿,在今四川省宜宾市屏山县西之新市镇和平街。

4.沙沱渡驿

《置驿三》:“沙沱渡驿,渡船一只,水手二名。”

光绪《叙州府志》卷13:“沙沱渡,县西二百里,在西宁河内,额设渡船一只,水手二名。”

案:沙沱渡驿,在今四川省凉山彝族自治州雷波县东北之沙沱乡。

5.邓溪渡驿

《置驿三》:“邓溪渡驿,渡船一只,水手二名。”

雍正《四川通志》卷22下《驿传》:“邓溪渡,在屏山县西一百五十里。”

光绪《叙州府志》卷7《水道》:“江水又经雷波厅西南有泰沙河注之,又经厅东有豆沙河注之,其南岸次第受小水三,又有桧溪自永善南来注之,又南流至雷波屏山交界之大崖洞有邓溪自蛮溪口注之……又北流至屏山石角泛有西宁河合诸小水来注之。”卷13《关梁》:“邓溪渡,县西一百七十里。”案:则邓溪渡应在豆沙溪之东,雷波与屏山交界之处,参《乾隆十三排图》(见下)。

光绪《雷波厅志》卷10《津梁》:“邓溪渡,在厅东二百里,额设渡船一只,水手二名,桡夫二名。”

案：邓溪渡驿，在今四川省雷波县东北之柑子乡。

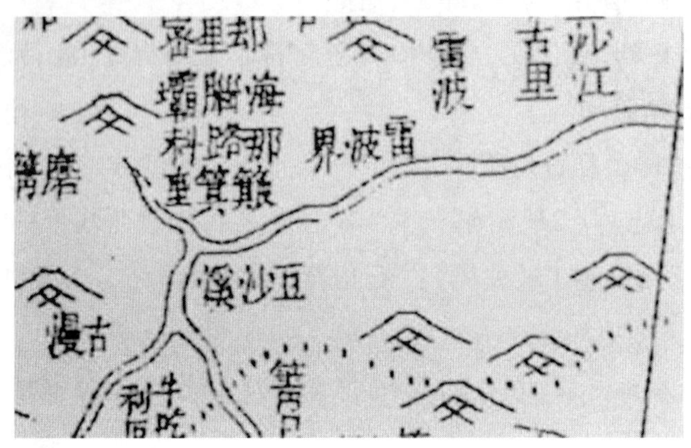

资料来源：《乾隆十三排图》。

6. 叙永厅永宁驿

《置驿三》："叙永厅永宁驿，马二匹，马夫一名。"

弘治《贵州图经新志》卷17《永宁卫》："在卫城南，洪武间建，隶四川永宁宣抚司。"

康熙《叙永厅志》卷2："永宁驿，马四匹。"

雍正《四川通志》卷22下《驿传》："永宁驿，在县治内，南至县属普市驿八十里，北至纳溪属江门驿八十里。"

嘉庆《直隶叙永厅志》卷22《驿传》："永宁驿，在厅置侧。"

案：叙永厅永宁驿，明代置，在今四川省泸州市叙永县叙永镇。

7. 永宁县普市驿

《置驿三》："永宁县普市驿，马二匹，马夫一名。"

弘治《贵州图经新志》卷17《普市守御千户所》："在所城南三里，洪武间建，隶四川永宁宣抚司。"

雍正《四川通志》卷22下《驿传》："普市驿，在永宁县南，南至赤水河六十里，北至本县驿八十里。"

雍正《四川通志》卷22下《驿传》："普市驿铺，在县东五十里。"

《嘉庆重修一统志》卷418叙永直隶厅："又普市驿，在普市。"

嘉庆《直隶叙永厅志》卷22《驿传》："普市驿，在县东南。东南至赤水河六十里，西北至叙永厅永宁驿八十里。"

案：永宁县普市驿，明代置，在今四川省泸州市叙永县东南正东镇普市街村。

8. 赤水河驿

《置驿三》:“赤水河驿,马二匹,马夫一名。”

雍正《四川通志》卷 22 下《驿传》:“赤水河,在永宁县南,南至贵州毕节县界一十里,北至县属普市驿六十里。”

《嘉庆重修一统志》卷 418 叙永直隶厅:“赤水河驿,在赤水站。俱设马站。”

嘉庆《直隶叙永厅志》卷 22《驿传》:“赤水驿,在县东南。东南至贵州毕节县界一十里,西北至县属普市驿六十里。”

案:赤水河驿,在今四川省泸州市叙永县南约 95 公里处之赤水镇。

9. 雷波厅溪落渡驿

《置驿三》:“雷波厅溪落渡驿,渡船一只,水手六名。”

雍正《四川通志》卷 22《驿传》:“直隶雷波卫水驿溪落渡,新设站船一只,水手二名,桡夫四名,岁支工食银六十三两七钱二分。”

光绪《雷波厅志》卷 10《津梁》:“溪落渡,在厅东五十里。额设渡船一只,水手二名,桡夫四名。”

光绪《叙州府志》卷 13:“溪落渡,在城东五十里。额设渡船一只,水手二名,桡夫四名。”

案:雷波厅溪落渡驿,在今云南省昭通市永善县溪落渡镇溪落渡村。参见《乾隆十三排图》(见下)。

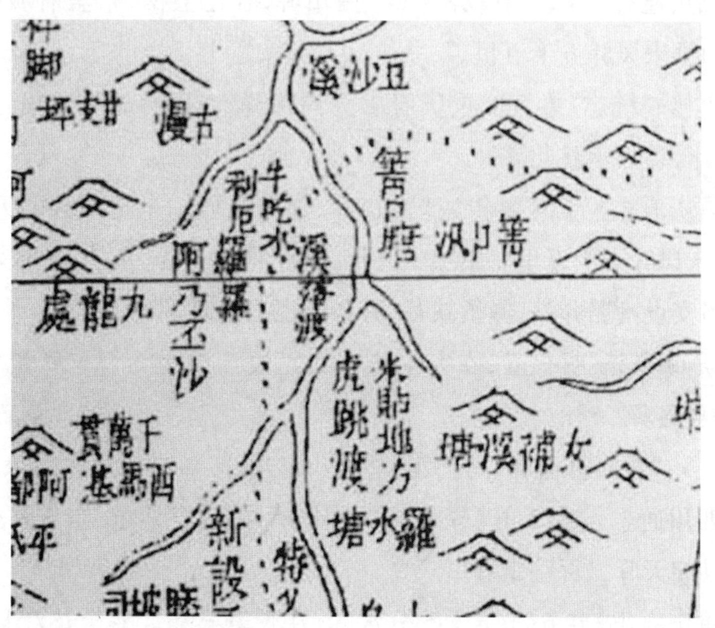

资料来源:《乾隆十三排图》。

（八）重庆府属六驿

1. 巴县朝天驿

《置驿三》:“巴县朝天驿,马六匹,马夫三名。”

《读史方舆纪要》卷69重庆府巴县朝天驿在“府治东三里”。

雍正《四川通志》卷22下《驿传》:“朝天驿,在巴县治内,东至长寿县分水驿二百十五里,西至县属白市驿五十里。”

《嘉庆重修一统志》卷388重庆府二:“朝天驿,在巴县东。”

道光《重庆府志》卷6《驿传》:“朝天驿,在巴县朝天门内。康熙十九年,设驿丞一员……四十五年,驿丞缺裁,驿务改归马县管。”

同治《巴县志》卷2《驿递》:“同治二年及六年,因陕回滋扰,驿路时多梗阻,奏明……除黑石、石柱、土沱三处照旧安设腰站外,白市、朝天二驿,亦各酌添号书一名,走马冈添站马二匹。”

案:巴县朝天驿,明代置,在今重庆市渝中区之朝天门附近,地处渝中区渝中半岛的嘉陵江与长江交汇处,古称“古渝雄关”。

2. 巴县白市驿

《置驿三》:“白市驿,马六匹,马夫三名。”

《读史方舆纪要》卷69重庆府巴县:白市铺马驿“在府西七十里”。

雍正《四川通志》卷22下《驿传》:“白市驿,在巴县西,东至府城朝天驿五十里,西至壁山县来凤驿五十五里。”

《嘉庆重修一统志》卷388重庆府二:“白市驿,在巴县西五十里。明置马驿。本朝雍正七年,移县丞驻此。”

道光《重庆府志》卷6《驿传》:“白市驿,在巴县西。东至本县朝天驿六十里,西至璧山县来凤驿五十五里。康熙十九年,额设驿丞一员。……四十一年,调马六匹,马夫三名安设南路驿站,驿丞缺裁,驿务归巴县管理。”

案:巴县白市驿,明代置,在今重庆市九龙坡区西南之白市驿镇。

3. 长寿县县驿

《置驿三》:“长寿县县驿,马三匹,马夫一名半。”

雍正《四川通志》卷22下《驿传》:“分水驿,在长寿县东,东至涪州一百五十里,西至巴县朝天驿二百一十五里。”

道光《重庆府志》卷6《驿传》:“分水驿,在长寿县东。北至垫江县九十里,西至巴县朝天驿二百一十五里。"

案：长寿县县驿，即分水驿，在今重庆市长寿区八颗街道分水岭附近。

4. 永川县县驿

《置驿三》："永川县县驿，马六匹，马夫三名。"

雍正《四川通志》卷22下《驿传》："东皋驿，在永川县治内。"

《嘉庆重修一统志》卷388重庆府二："东皋马驿，在永川县东十里。"

道光《重庆府志》卷6《驿传》："东皋驿，在永川县治内。东至璧山县来凤驿八十五里，西至荣昌县峰高驿九十里。康熙初年奉设。"

光绪《永川县志》卷3《驿递》："县城东皋驿，正站安设马六匹，马夫三名。"

案：永川县县驿，即东皋驿，明代置，在今重庆市西南之永川区。

5. 荣昌县县驿

《置驿三》："荣昌县县驿，马六匹，马夫三名。"

雍正《四川通志》卷22下《驿传》："峰高驿，在荣昌县东二十里。"

《嘉庆重修一统志》卷388重庆府二："峰高马驿，在荣昌县城内。"

道光《重庆府志》卷6《驿传》："峰高驿，在荣昌县东二十五里。东至永川县东皋驿九十里，西至隆昌县隆桥驿一百四十里。康熙初年奉设。"

光绪《荣昌县志》卷7《驿传》："康熙初年奉设站，马一十二匹，马夫六名，至四十一年，抽调马六匹，马夫三名。"

案：荣昌县县驿，明代置，即峰高驿，在今重庆市荣昌县峰高街道。

6. 璧山县来凤驿

《置驿三》："璧山县来凤驿，马六匹，马夫三名。"

雍正《四川通志》卷22下《驿传》："来凤驿，在璧山县南五十里，东至巴县白市驿五十五里，西至永川县东皋驿七十五里。"

《嘉庆重修一统志》卷388重庆府二："来凤马驿，在璧山县东南五十里，去巴县五十里。旧属巴县，明成化后，改属永川。"

道光《重庆府志》卷6《驿传》："来凤驿，在璧山县南五十里。"

同治《璧山县志》卷五《武备》："来凤驿，在县南五十里，东至巴县白市驿五十里，西至永川县东皋驿八十里。"

案：璧山县来凤驿，在今重庆市璧山区南约20公里处之来凤镇，即来凤街道来凤村。

（九）忠州直隶州属二驿

1. 梁山县县驿

《置驿三》："梁山县县驿，马三匹，马夫一名半。"

《嘉庆重修一统志》卷416忠州直隶州："太平驿，在梁山县西。明嘉靖中置水驿于此。路通大竹。今裁驿设马站。"

嘉庆《四川通志》卷88《驿传》："梁山县，东至万县□百六十里，西至垫江县一百里。"

嘉庆《梁山县志》卷5驿递："明原设白洋、太平、沙河、袁坝四驿，国朝定鼎，以度支艰难，奉裁无考。"

案：梁山县县驿，明代置，在今重庆市梁平区梁山街道。

2. 垫江县县驿

《置驿三》："垫江县县驿，马三匹，马夫一名半。"

《嘉庆重修一统志》卷416忠州直隶州："白渡驿，在垫江县东。旧为马驿，今裁驿设马站。"

嘉庆《四川通志》卷88《驿传》："垫江县，南至长寿县分水驿九十里，北至梁山县一百里。"

案：垫江县县驿，在今重庆市垫江桂阳街道。

（十）夔州府属四驿

1. 巫山县小桥驿

《置驿三》："巫山县小桥驿，马三匹，马夫一名半。"

雍正《四川通志》卷22下《驿传》："巫山县，东至湖广巴东县一百里，西至奉节县一百六十里，原设小桥驿站，马八匹，马夫四名。"

《嘉庆重修一统志》卷398夔州府二："小桥驿，在巫山县东八十里。明万历初，改小桥公馆。置巴中马驿。本朝康熙中，改名小桥驿，后罢为铺。"

道光《夔州府志》卷22《置邮》："巫山县小桥驿，东至湖广巴东县一百里，西至奉节县一百六十里。"

光绪《巫山县志》卷21《置邮》："巫山县小桥驿，东至湖北巴东县一百里，西至奉节县一百六十里。"

案：巫山县小桥驿，在今重庆市巫山县东北之三溪乡。

2. 万县县驿

《置驿三》:“万县县驿,马三匹,马夫一名半。”

雍正《四川通志》卷22下《驿传》:“万县,东至云阳县一百四十里,西至梁山县一百六十里。原设集贤水马驿,瀼途水驿,分水马驿,奉裁,年月无凭查考。雍正八年,复设马三匹……马夫一名半。”

道光《夔州府志》卷22《置邮》:“万县,东至云阳县一百四十里,西至梁山县一百六十里。”

案:万县县驿,在今重庆市东北之万州区,因三峡水位上升,原地淹没江中。

3. 云阳县县驿

《置驿三》:“云阳县县驿,马三匹,马夫一名半。”

道光《夔州府志》卷22《置邮》:“云阳县,东至奉节县一百四十里,西至万县一百六十里。”

咸丰《云阳县志》卷2《驿递》:“驿递东至奉节县一百四十里,西至万县一百六十里。”

案:云阳县县驿,在今重庆市云阳县云阳镇。

4. 奉节县县驿

《置驿三》:“奉节县县驿,马三匹,马夫一名半。”

雍正《四川通志》卷22下《驿传》:“奉节县,东至巫山县一百六十里,西至云阳县一百四十里。”

道光《夔州府志》卷22《置邮》:“奉节县,东至巫山县一百六十里,西至云阳县一百四十里。”

案:奉节县县驿,在今重庆市奉节县老县城区,因三峡水位上升,原地淹没江中。

(十一)邛州直隶州属一驿

邛州直隶州州驿

《置驿三》:“邛州直隶州州驿,马十二匹,马夫六名,扛夫八名。”

嘉庆《四川通志》卷88《驿传》:“来凤驿,在邛州治内。东至新津县武阳驿九十里,南至名山百丈驿七十里。”

嘉庆《邛州直隶州志》卷16《驿传》:“来凤驿,州治东,旧名白凤驿,正站,驿马十四。”

案：邛州直隶州州驿，在今四川省邛崃市临邛街道。

（十二）泸州直隶州属三驿

1. 泸州直隶州林坎驿

《置驿三》："泸州直隶州林坎驿，马二匹，马夫一名。"

雍正《四川通志》卷22《驿传》："林坎驿，在泸州北四十里，南至纳溪站八十里，北至隆昌县驿八十里。"

咸丰《梓潼县志》卷3《驿递》："抽拨泸州林坎驿马一匹。"

光绪《泸州直隶州志》卷5《边防・驿传》："林坎马驿，在州北六十里，至隆昌县驿八十里，南至纳溪县一百里。雍正八年奉设驿，马二匹，马夫一名，扛夫六名。雍正十年，扛夫六名奉裁。"

案：泸州直隶州林坎驿，在今四川省泸州市泸县南之得胜镇。

2. 纳溪县县驿

《置驿三》："纳溪县县驿，马二匹，马夫一名。"

雍正《四川通志》卷22下《驿传》："纳溪县，在县治内。西至县属江门驿八十里，北至本州林坎驿八十里。雍正八年奉设。"

《嘉庆重修一统志》卷412泸州直隶州："纳溪驿，在纳溪县治东。"

嘉庆《纳溪县志》卷7《秩官志・驿传》："县门水驿，站船三只，水手桡夫二十四名……县门马驿，在县治内。东南至县属江门驿八十五里，北至泸州林坎驿一百里。雍正八年，奉设，站马二匹，马夫一名。"

案：纳溪县县驿，在今四川省泸州市纳溪区永宁街道。

3. 江门驿

《置驿三》："江门驿，马二匹，马夫一名。"

雍正《四川通志》卷22《驿传》："江门驿，在纳溪县南，南至永宁县驿八十里，北至本县站八十里。"

嘉庆《纳溪县志》卷2《建置志》："江门驿，康熙十九年奉设驿丞一员，驿马二十匹，二十一年云贵荡平奉裁。"卷7《秩官志・驿传》："江门马驿，在县东南八十五里。南至永宁县驿八十里，康熙十九年大军进讨云贵，于江门设驿马二十匹，驿丞一员。二十一年奉裁。雍正八年，奉设。站马二匹，马夫一名。"

《嘉庆重修一统志》卷412泸州直隶州："江门驿，在纳溪县南二百里。即江门砦，明置驿，今仍为马站。"

案：江门驿，在今四川省泸州市叙永县北之江门镇。

（十三）雅州府属八驿

1. 雅安县县驿

《置驿三》："雅安县县驿，马十二匹，马夫六名，扛夫八名。"

雍正《四川通志》卷22下《驿传》："雅安驿，在雅安县治内。东至名山县百站驿七十里，南至荣经县驿八十里。康熙四十一年，调东路站马六匹，马夫三名安设。"

案：雅安县县驿，即雅安驿，在今四川省雅安市雨城区西城街道。

2. 名山县白站驿

《置驿三》："名山县白站驿，马十二匹，马夫六名，扛夫八名。"

《读史方舆纪要》卷72名山县：百丈马驿"在县东北。……即故百丈县治"。

雍正《四川通志》卷22下《驿传》："百站驿，在名山县东。东至邛州来凤驿七十里，西至雅安县驿七十里。"

乾隆《雅州府志》卷5《邮政》："名山县驿站，康熙四十一年，拨巴县白市驿马六匹，马夫三名，安设百站驿。"

《嘉庆重修一统志》卷403雅州府二："百丈驿，在名山县东北六十里，马驿也。即古百丈县治。"

嘉庆《卫藏通志》卷4《程站》："白站即百丈驿，讹名白站，有唐白丈县故址。……白站至名山尖雅安县宿，计程九十里。"

案：名山县白站驿，明代置，在今四川省名山区东北之百丈镇。

3. 荣经县县驿

《置驿三》："荣经县县驿，马十二匹，马夫六名，扛夫八名。"

雍正《四川通志》卷22下《驿传》："荣经驿在荣经县治内，北至雅安县驿八十里，西至清溪县副林驿九十里。"

乾隆《雅州府志》卷5《邮政》；"荣经驿，在治内。北至雅安驿八十里，西至清溪县副林驿九十里。"

民国《荥经县志》卷2《驿递》："清初置驿县城，北八十五里至雅安驿，西九十里至清溪驿。设马一十二匹，马夫六名。……民国元年五月，裁撤驿站。"

案：荣经县县驿，即荣经驿，在今四川省雅安市荥经县严道镇。

4. 清溪县县驿

《置驿三》:"清溪县县驿,马十二匹,马夫六名,扛夫八名。"

雍正《四川通志》卷22下《驿传》:"副林驿,在清溪县治内,东至荣经县驿九十里,西至县属泥头驿六十里。"

乾隆《雅州府志》卷5《邮政》:"清溪县驿站,康熙四十一年设站,马六匹,夫三名。雍正六年,增设站马六匹,共马一十二匹。泥头驿,站马十二匹,夫八名。雍正七年,改设县治,以典史分驻兼管驿务。"

嘉庆《清溪县志》卷3《武备》:"清溪县清溪驿站,康熙四十一年设,站马六匹,夫三名,雍正六年增设马六匹,共十二匹。"

案:清溪县县驿,即副林驿,在今四川省雅安市汉源县北之清溪镇。

5. 泥头驿

《置驿三》:"泥头驿,马十二匹,马夫六名,扛夫八名。"

雍正《四川通志》卷22《驿传》:"泥头驿,在清溪县西,东至本县副林驿六十里,西至沈村驿七十里。"

乾隆《雅州府志》卷13《西藏路程》:"泥头驿,十五里(至)高硚。"卷5《邮政》:"泥头驿,站马十二匹,夫八名。雍正七年,改设县治,以典史分驻兼管驿务。"

《嘉庆重修一统志》卷403雅州府二:"泥头驿,在清溪县西北。"

嘉庆《卫藏通志》卷4《程站》:"泥头驿至林口尖化林坪宿,计程七十五里。"

案:泥头驿,在今四川省雅安市汉源县西北之宜东镇。

6. 沈村驿

《置驿三》:"沈村驿,马十二匹,马夫六名,扛夫八名。"

雍正《四川通志》卷22下《驿传》:"沈村驿,在打箭炉东,东至清溪县泥头驿七十里,西至烹坝驿七十里。"

乾隆《雅州府志》卷13《西域路程》:"沈村驿,二十里(至)大坝。"卷5《邮政》:"沈村驿,设马一十二……马夫六名。"

《嘉庆重修一统志》卷403雅州府二:"沈村驿,在清溪县西北化林营西三十里。"

案:沈村驿,在今四川省甘孜藏族自治州泸定县南兴隆镇之沈村。

7. 烹坝驿

《置驿三》:"烹坝驿,马十二匹,马夫六名,扛夫八名。"

雍正《四川通志》卷22下《驿传》:"烹坝驿,在打箭炉东,东至沈村驿七十里,西至打箭炉驿七十里。"

乾隆《雅州府志》卷5《邮政》:"烹坝,设马一十二匹。"

《嘉庆重修一统志》卷403雅州府二:"烹坝驿,在打箭炉东南一百里。"

案:烹坝驿,今四川省甘孜藏族自治州泸定县北之烹坝镇。

8. 打箭炉厅厅驿

《置驿三》:"打箭炉厅厅驿,马十二匹,马夫六名,扛夫八名。"

乾隆《打箭炉志略·附驿官》:"炉城驿馆,旧为监督衙署,改建规制卑隘,五十八年拓地增修,有池,有堂,有室,有楼,有亭,足供棲止,在子儿坡下,近北门。"又《驿递》:"炉城驿号,额设递马一十二匹,内拨二匹日地塘,接递出入文报。"

案:打箭炉厅厅驿,今四川省甘孜藏族自治州康定县榆林街道。据《中国历史地名大辞典》第543页,"打箭炉厅,清雍正十一年(1733)置,属雅州府。治所即今四川康定县。乾隆《卫藏通志》卷4:'相传汉诸葛武侯南征,遣将郭达安炉打箭之地。'因名。实是其地为打,折二水汇流之处,藏语称打折多,音讹为打箭炉。简称为炉城。辖厅治迤西诸土司。全境相当今四川甘孜自治州及西藏宁静山以东地区。光绪三十年(1904)升为直隶厅。此后土司陆续改流,分设州、厅、县,辖境日减,宣统三年(1911)改为康定府。"

广东

一、广东地理概述

广东省"东引瓯越，南滨大海，西距安南，北据五岭，内镇蛮狉，外控诸藩"。①全省地势北高南低，向沿海倾斜。北部山地丘陵，占陆境面积的三分之二；南岭为本省北部界山，之后又有大庾岭、骑田岭、大瑶山等东北—西南走向的山脉，呈弧形向南突出，走向复杂而形成曲折的南北通道；中部为河网密布地冲积平原和三角洲，约占三分之一，以台地、平原为主。广东省河流众多，珠江是广东最大的水系，由西江、北江和东江三大支流，从三面汇集而成，在下游构成河网稠密的珠江三角洲。②

广东与广西一起在古代被称为岭南，在秦代属于南海郡，秦末赵佗曾自立南越国。汉武帝时，在岭南设九郡，即南海、苍梧、郁林、合浦、交趾、九真、日南、儋耳、珠崖，归"十三部刺史"中的交趾刺史巡察。三国孙吴时期，将合浦以北南海、苍梧、郁林、合浦等郡划归广州，合浦以南交趾、九真、日南等郡归交州。唐朝贞观年间，在岭南地区设岭南道，置经略使，后又划分为岭南东道和岭南西道，东道治广州，西道治邕州（今南宁）。宋代在岭南先设置广南路，后分为广南东路和广南西路，分治广州和桂林。基本奠定今日两广的分界线。元朝的广南东路属江西行省，原广南西路属湖广行省。自江西的赣水逾大庾岭，可进入广南东路的北江流域；沿湖广行省的湘水上溯，经全州、灵渠、桂州（今桂林），则进入西江的支流漓水。明代将

① 《嘉庆重修一统志》卷440《广东统部》，见《四部丛刊续编 · 史部》，上海书店1984年。

② 中国人民对外友好协会编：《中国分省概况手册》，北京出版社1984年，第341页。

岭南两广与江西、湖广分开。分设广东、广西两省,这种格局一直延续至清代。

清代在广东设九府、四州、二厅,即广州、韶州、惠州、潮州、肇庆、高州、廉州、雷州、琼州各府,南雄、连州、嘉应、罗定各直隶州,以及佛冈、连山直隶厅。①

二、广东驿道走向

广东的驿站设置非常具有特点,全省仅有 10 处驿站,且全部为水路,只有驿船,而无驿马,因此站距较大。公文传递也不能按照其他有马省份的速度执行。所以,乾隆十四年(1749)规定,"广东省山海交错,并无驿马,与福建情形相同,所有发寄紧要公文,一入广东之界无论限行三百里六百里,每昼夜概行三百里。"②主要驿路是历直隶山东江苏,由江西入境,和经过直隶河南湖北,由湖南入境的两条驿路在韶州府的曲江县合而为一后,向南至广州。

1. 北接江西

自皇华驿至广东省城,共 5604 里。北面由江西大庾县横浦驿入境,120 里至广东南雄州临江驿,100 里至始兴县在城驿,200 里至曲江县芙蓉驿,300 里至英德县浈阳驿,200 里至清远县安远驿,200 里至三水县西南驿,170 里至番禺县五仙驿(广州)。

2. 与湖南的联系

由芙蓉驿分道西北,120 里至乐昌县,180 里至乐昌县三峰堆,60 里至湖南宜章县。③

3. 与广西的联系

广东与广西之间虽无正式的驿站之设,但由于水路发达,州县密集,可以逆西江而上,进入广西境内。

由三水县西南驿分道向西,120 里至高要县,180 里至德庆州,100 里至封川县,127 里至广西苍梧县。

4. 与福建的连接

亦无驿站,靠州县密集,由广州向东,循海岸而行,直至福建境内,与福建东部

---

① 《嘉庆重修一统志》卷 440《广东统部》,见《四部丛刊续编·史部》,上海书店 1984 年。

② 光绪《清会典事例》卷 700《邮政·程限》。

③ 光绪《清会典事例》卷 700 载:"湖南省东南与广东接壤,自省城至衡阳县原有驿路,而自衡阳宜章与广东交界之三峰堆,系属山僻小路,未设驿站,遇有紧要公文,各该县设立健夫赍递,嗣后照广东差役赍递之例,限日行二百四十里。"

沿海驿路干线相接,可达于福州。

由五仙驿分道东北,180 里至东莞县,200 里至博罗县,30 里至归善县,270 里至海丰县,100 里至陆丰县,160 里至惠来县,100 里至潮阳县,145 里至海阳县,140 里至福建诏安县南诏驿。

三、广东置驿十处

(一)广东省府属三驿

1. 番禺县县驿

《置驿三》:"番禺县县驿,座船八只,水手五十二名,河船六十五只,水手二百六十名,马船五十只,水手二百名,粮船三十四只,水手一百三十六名,快船七只,水手十四名,小船五只,水手十名。"

乾隆《广州府志》卷 18《公署》:"驿曰五羊,曰澎湖。"

《嘉庆重修一统志》卷 442 广州府二:"五羊驿,在番禺县南三里官渡头。明洪武二年设,本朝乾隆二十年裁。"

光绪《广州府志》卷 74《经政略五 · 邮铺》:"三水县西南驿,一百七十里至省城广州府番禺县五羊驿,距京师七千五百七十里。"卷 74《经政略 · 邮铺》:"番禺县五羊驿,府城南,滋湖驿。乾隆二十一年,裁五羊驿驿丞,归县管理。"

案:番禺县县驿,明代置,在今广东省广州市番禺区。

2. 三水县县驿

《置驿三》:"三水县县驿,河船七只,水手二十八名。"

《嘉庆重修一统志》卷 442 广州府二:"西南驿,在三水县南门外西偏。旧设驿丞,本朝乾隆六年裁。"

嘉庆《三水县志》卷 7《兵制》:"原设西南驿丞一员,专理勘合火牌夫马,乾隆七年奉裁,其驿务归典史兼管。"

光绪《广州府志》卷 74《经政略五 · 邮铺》:"三水县西南驿驿丞,乾隆二十一年裁。"

案:三水县县驿,在今广东省佛山市之三水区。明清三水县地处西江、北江、绥江三江汇流处,故名为三水。

3. 清远县县驿

《置驿三》:"清远县县驿,河船五只,水手二十名。"

《嘉庆重修一统志》卷442广州府二："安远驿，在清远县治西。明洪武五年置，本朝乾隆六年裁。又官庄马驿，在县东南九十里。回岐水驿，在县西南。横口矶水马驿，在县东北。皆明初置，今并裁。"

光绪《广州府志》卷74《经政略五·邮铺》："清远县，安远、横石机、回岐、官庄四驿，向设安远驿丞，乾隆二十一年裁。安远驿在县城西，横石机驿在县东北九十里，回岐驿在县西南八十里，官庄驿在县东。额设驿船五只，水手二十名。"

民国《清远县志》卷12《邮传》："安远驿，在清远县城西。向设安远驿丞，乾隆二十一年裁。谨按，《清一统志》：安远驿，乾隆七年裁。阮通志，亦云七年巡抚奏裁安远驿丞。此作二十一年，误。自裁驿丞，即在县署设立铺长科专管驿务。"

案：清远县县驿，在今广东省清远市清城区。

（二）韶州府属三驿

1. 曲江县县驿

《置驿三》："曲江县县驿，座船二只，水手十二名，差船五只，水手十名。"

同治《韶州府志》卷24《武备略》："曲江县，向设芙蓉、平圃、濛浬三驿。芙蓉驿原在湘江门外，后迁津头庙下，顺治十二年又迁风度楼东。平圃驿在平圃巡司东，濛浬驿在濛浬巡司东，顺治十三年俱裁，归并芙蓉驿。"

《嘉庆重修一统志》卷444韶州府二："芙蓉驿，在曲江县南。宋景佑中，建浈阳馆在湘江门外。明洪武中，改置芙蓉驿。宏（弘）治中，迁于津头庙下。本朝顺治十二年，又迁于此。有驿丞，今裁。"

光绪《曲江县志》卷11《驿传》："芙蓉驿，原设湘江门外，后迁津头庙下。顺治十二年又迁风度楼东。平圃驿，在平圃巡司东。濛浬驿，在濛浬巡司东。顺治十三年，俱裁归并芙蓉驿。额设驿船七号，水手二十二名。"

案：曲江县县驿，在今广东省韶关市曲江区。

2. 英德县县驿

《置驿三》："英德县县驿，河船五只，水手二十名。"

康熙《广东通志》卷11《驿传》："英德县一项驿传存留，除节裁充饷外，尚银一千二百七十八两九钱三分一厘三毫。"

道光《广东通志》卷178《经政略二十一·邮政》："英德县浈阳、清溪二驿，向设浈阳驿丞，乾隆七年裁，额设驿船五只。"

同治《韶州府志》卷24《武备略》："英德县，向设浈阳、清溪二驿，清溪驿顺治十三年奉裁，浈阳驿乾隆七年奉裁。”

案：英德县县驿，在今广东省清远市英德市区。

3. 仁化县县驿

《置驿三》：“仁化县县驿，座船一只，水手六名，河船六只，水手二十四名。”

康熙《广东通志》卷11《驿传》：“仁化县一项驿传存留，除节裁充饷外，尚银二百八十一两零二分四厘六毫。”

道光《广东通志》卷178《经政略二十一·邮政》：“仁化县，额设铺兵三名，县前铺，铺兵三名，至曲江县界文书坳铺三十五里。”

同治《仁化县志》卷3《岁派》：“本县无驿，上司使客往来，合用廪粮银十两。协助曲江县夫马银三十七两五钱。”

案：仁化县县驿，在今广东省韶关市仁化县城。

（三）南雄州属一驿

保昌县县驿

《置驿三》：“保昌县县驿，座船四只，水手二十四名，楼船二只，水手八名，差船十只，水手二十名。”

乾隆《保昌县志》卷3《关梁》：“凌江驿，在南门外，宋为馆，元为站，明洪武庚戌创。”

道光《直隶南雄州志》卷16《邮政》：“南雄州驿站，为江粤通衢。上至江西大庾县止，计程一百二十里。下至始兴县一百里州城，至广东省城南海县止计程一千一百七十里。乾隆十六年，原设凌江驿跑役六名。二十一年，将凌江驿裁汰，驿务归保昌县办理，设立驿书一名，加添跑役四名，专司递送往来文报。”

案：保昌县县驿，在今广东省韶关市南雄市。城北有梅关古驿道上有珠玑古巷等驿站遗址。清代设南雄府，辖有保昌县，后撤。新中国成立后改南雄为县级市，辖于韶关市。

（四）肇庆府属三驿

1. 高要县县驿

《置驿三》：“高要县县驿，河船十只，水手四十名，差船十只，水手二十名。”

道光《肇庆府志》卷10《邮递》：“高要，水路崧台驿，下水一百二十里至三水县西南驿，上水一百二十里至新村驿。……崧台驿，在城西。宋郡守包拯建。明洪武二年迁城东一里临江。后复改建旧址。今裁。新村驿在县西北二十里。今废。”

光绪《德庆州志》卷2《营建志第二》:“(嘉靖)三十一年,……请筑新城以备患,与高要新村驿并建。”

案:高要县县驿,在今广东省肇庆市高要区。

2. 德庆州州驿

《置驿三》:“德庆州州驿,差船四只,水手八名。”

乾隆《德庆州志》卷1《封域·驿铺》:“寿康驿,在西门外。今裁废。”

《嘉庆重修一统志》卷448肇庆府二:“寿康驿,在德庆州东迎恩坊,水驿也。明初置,在州西门外。万历二十八年,移此。今裁。”

光绪《德庆州志》卷7《铺递》:“寿康驿,额设驿船四,水手八名。”

光绪《德庆州志》卷4《经政志第三·驿递》:“寿康驿,额设驿船四,水手八名,铺兵一名,上至西湾塘,十里下至皆春塘十里,遇有公文交汛兵接递。顺治十八年驿裁。”

案:德庆州州驿,在今广东省肇庆市德庆县城。

3. 封川县县驿

《置驿三》:“封川县县驿,差船四只,水手八名。”

《嘉庆重修一统志》:“麟山驿,在封川县西二里,面江枕塘。元至正中,置于县西锦衣坊。明洪武六年,迁堰塘埇口。宏(弘)治十二年,徙此。有驿丞,今裁。”

道光《广东通志》卷178《经政略二十一·邮政》:“封川县灵山驿驿丞,乾隆二十一年裁。额设驿船四只,额设铺兵九名。都落塘铺,铺兵一名,至水口塘铺二十里,又十里至县前塘,又十里至江口塘,又二十里至思蒲塘,以上每铺兵二名,又十五里至广西分界塘。”

道光《封川县志》卷3《兵防》:“县属,额设铺兵九名,每名每月支给公食银五钱。”卷9《署宅》:“麟山驿丞废署,在县治西淳简坊。”

案:封川县县驿,在今广东省肇庆市封开县南江口镇。现存有封川古城墙遗址。

广西

一、广西地理概述

“东据湘水，南控交趾，西接滇黔，北逾五岭。”①广西的西北部属于云贵高原的延伸，东北部属南岭山地，地势北高南低。其山脉多分布于边缘地带，且多呈弧形结构，使广西四周高、中间低，境内山岭绵延，丘陵错综、平原狭小，山地丘陵占全区总面积的三分之二，平原面积小，零星分布。广西河流众多，流量丰沛，受盆地地形影响，干支流向中部汇集，形成以梧州为出口的叶脉状水系，以西江水系最为发达。②

明代设广西布政使司。清代的广西维持明朝的格局未变，省治在桂林，下辖桂林、柳州、广远、思恩、泗城、平乐、梧州、浔州、南宁、太平、镇安 11 府，郁林 1 直隶州。在少数民族聚居的南宁、庆远等各府还设有若干土官建制。③

二、广西驿道走向

全省共置驿 19 处，此外又有水路连接，形成北接湖南、东至广东、西达云南、东北至贵州、南通越南的驿传网络。“粤西驿站四接，自梧而达肇庆，自柳而达黔中，自西隆、百色而达滇南，自兴全以北而达京畿。”④由于境内多山，崎岖难行，广西的

---

① 《嘉庆重修一统志》卷 460《广西统部》，见《四部丛刊续编·史部》，上海书店 1984 年。

② 中国人民对外友好协会编：《中国分省概况手册》，北京出版社 1984 年，第 361 页。

③ 《嘉庆重修一统志》卷 460《广西统部》，见《四部丛刊续编·史部》，上海书店 1984 年。

④ 金鉷修，钱元昌等纂：《广西通志》卷 128《驿站》，见文渊阁《四库全书》，台湾商务印书馆 1983 年影印。

驿站设置也有特殊之处。“广西省地处边陲，山岭居多，向未设有驿马，遇有紧要公文，均差捷足递送，名曰千里马。”①

1. 北接湖南

自皇华驿至广西省城，共4650里。由湖南零陵县零陵驿入境，140里至广西全州城南驿，120里至兴安县白云驿，80里至灵川县大龙驿，54里至临桂县东江驿（桂林）。

2. 东至广东

由东江驿分道东南，154里至阳朔县，62里至平乐县，160里至富川县白霞站，150里至贺县，125里至乐善站，120里至石桥站，160里至苍梧县，93里至广东封川县。

3. 西达云贵

由东江驿分道向西，120里至永福县，180里至洛容县，60里至马平县（柳州府），200里至来宾县，80里至迁江县，120里至宾州，200里至思恩府城，90里至那马土司，100里至都阳土司，90里至白山土司，75里至土上林县，70里至娄凤塘，90里至土田州，90里至百色，50里至平村塘，70里至渌冲塘，70里至云南土富州剥隘。

又由马平县分道西北，80里至柳城县，160里至融县，90里至怀远县，360里至贵州永从县丙妹。

4. 南至越南边境

又由宾州分道向南，250里至宣化县（南宁府），110里至新宁州，160里至崇善县，120里至宁明州，计程三日出镇南关，与越南接界。

5. 水路亦为发达

（1）越城岭道（湘桂道、灵渠）：此道由汉水、长江入湘江，溯湘江至全州；

（2）大庾岭道（横浦关、梅岭关道）：此道由南昌、吉安、赣州，越大庾岭至南雄、韶关，是维系赣粤的常用通道。江西境内有赣江所资，广东境内有北江水道可以利用。

（3）零陵、桂阳峤道：从湖南永州（零陵）沿湘江枝流潇水上溯，至道县，与萌渚岭道分途；在萌渚岭与九嶷山之间穿行，东至汉桂阳县（今广东连州市），再由连江顺流而下，沿北江而抵广州。

---

① 光绪《清会典事例》卷700。

(4)骑田岭道(新道、湟溪关、阳山关道):此道自湖南衡阳沿耒水上溯,经耒阳县,至郴县(今湖南省郴州);由郴县转旱路,西南行,经兰山县,南至汉桂阳县(今广东连州市);或南下坪石,再西南行,经星子也可至广东连县。

三、广西置驿十九处

(一)桂林府属七驿

1.临桂县东江驿

《置驿三》:“桂林府临桂县东江驿,站夫五十名,船八只,水手十六名,千里马八名。又,府属千里马八名。”

《读史方舆纪要》卷107临桂县:“东江驿在府城北。”

雍正《广西通志》卷20《驿站》:“东江驿,北至灵川县大龙驿五十里,西南至永福县三里驿一百里,南至阳朔县古祚驿一百二十里。额设站夫九十名,岁需工食银一千二百九十六两。雍正七年,增设省城苏桥二站共马八匹夫四名,驰递滇粤紧要公文,岁需工食草料银一百七十余两。雍正十年,裁减站夫六十名,留三十名,并裁去驿丞以驿务归县兼理。”卷35《廨署》:“东江驿,在递运所右,后废,僦居民房,雍正十年奉裁。”

《嘉庆重修一统志》卷461桂林府一:“东江驿,在临桂县东北。……旧有驿丞,雍正十年裁。”

嘉庆《临桂县志》卷16《驿站》:“东江驿,驿在府城北。”

案:临桂县东江驿,明代置,在今广西桂林市临桂区。

2.兴安县白云驿

《置驿三》:“兴安县白云驿,站夫三十五名。”

《读史方舆纪要》卷107兴安县:白云驿“在县东北漓江上,驿南有万里桥,漓江所经”。

雍正《广西通志》卷20《驿站》:“大龙驿,南至临桂县东江驿五十里,东北至兴安县白云驿八十里。向有驿丞一员,于顺治十六年奉文裁汰。额设站夫九十名,岁需工食银一千二百九十六两。雍正十年,裁减七十名,留二十名。”卷35《廨署》:“白云驿,在万桥北,今裁,署废。”

《嘉庆重修一统志》卷461桂林府一:“白云驿,在兴安县东北,西至灵川县大龙驿八十里，东至全州城南驿一百二十八里。"

案：兴安县白云驿，在今广西桂林市兴安县兴安镇灵渠附近。兴安县地处"湘桂走廊"要冲，连接湘江、漓水的咽喉要害。

3. 灵川县大龙驿

《置驿三》："灵川县大龙驿，站夫三十五名。"

雍正《广西通志》卷35《廨署》："大龙驿，在县东，今废。"

《嘉庆重修一统志》卷461桂林府一："大龙驿，在灵川县东北。南至临桂县东江驿五十里，东北至兴安县白云驿八十里。旧有驿丞，本朝顺治十六年裁。"

民国《灵川县志》卷3《舆地三》："大龙驿，废署，旧名银江站，在县东。"

案：灵川县大龙驿，在今广西桂林市灵川县城。

4. 阳朔县古祚驿

《置驿三》："阳朔县古祚驿，船八只，水手十六名，千里马三名。"

《读史方舆纪要》卷107阳朔县：古祚驿"在城北龙头山下。旧在县北十五里，正统二年移于此"。

雍正《广西通志》卷20《驿站》："古祚驿，北至临桂县东江驿一百二十里，东至平乐府平乐县昭潭驿一百里。额设站船一十一只，水手二十二名。雍正二年，裁驿丞归县兼理。"卷35《廨署》："古祚驿，在县北，今裁废。"

《嘉庆重修一统志》卷461桂林府一："古祚驿，在阳朔县北龙头山下。北至临桂县东江驿一百二十里，东至平乐府平乐县照潭驿一百里。"

民国《阳朔县志》第7编《宦绩》："古祚驿，在县东北十里。明洪武元年，知县韩政甫建。正统二年，知县万霁迁于北鹿山下按巡分司左。清雍正八年裁。"

案：阳朔县古祚驿，明代置，在今广西桂林市阳朔县城北。

5. 永宁州州驿

《置驿三》："永宁州州驿，千里马二名。"

案：永宁州州驿，在今广西桂林市永福县西北25公里处之百寿镇。明清时为永宁州治所在，现存有永宁州古城遗址。

6. 永福县三里驿

《置驿三》："永福县三里驿，站夫十八名。"

雍正《广西通志》卷20《驿站》："三里驿，东至临桂县东江驿一百里，西至柳州府雒容县一百八十里。额设站夫三十名。雍正七年，增设站船三只，水手六名。雍正九年，裁去站船，另设县城、理定二站，马八匹，夫四名，驰送滇粤紧要公文。雍正十年,裁减站夫十二名,留十八名。"卷35《廨署》:"三里驿,在东门内,元至正二年设,明末裁,久废。"

《嘉庆重修一统志》卷461桂林府一:"三里驿,在永福县治东,东至临桂县东江驿一百里,西至柳州府雒容县一百八十里。"

民国《桂平县志》卷20《古迹》:"三里古塘,在县西五十里厚禄里良美村西北四里许,即古三里驿站遗址,犹存。"

案:永福县三里驿,明代置,在今广西桂林市永福县城。

7. 全州城南驿

《置驿三》:"全州城南驿,站夫五十名。"

《读史方舆纪要》卷107全州:"城南驿旧在州南。洪武二年迁置于广山下,去旧驿十里,正统中改置于城北朝京门外之江次。"

雍正《广西通志》卷20《驿站》:"城南驿,西至兴安县白云驿一百二十八里,东至湖广零陵县一百四十里。"

《嘉庆重修一统志》卷461桂林府一:"城南驿,在全州北,西至兴安县白云驿一百二十八里。东至湖南零陵县一百四十里。"

嘉庆《全州志》卷2《驿铺》:"城南驿,在州治南。……今裁。"

案:全州城南驿,明代置,在今广西桂林市全州县城南。

(二)柳州府属三驿

1. 柳城县县驿

《置驿三》:"柳城县县驿,千里马一名。又府属千里马三名。"

乾隆《柳州府志》卷5《驿站》:"县旧设罗思、东泉、马头、东江四驿,置驿丞管理。久已裁去,所有额编驿站银两解驿盐道库。"

案:柳州县县驿,在今广西柳州市柳城县南约33公里处之凤山镇。

2. 怀远县县驿

《置驿三》:"怀远县县驿,千里马二名。"

雍正《太平府志》卷47《安南》:"二十五年,诏馆:安南使者于怀远驿赐宴,以彰异数,进封天祚南平王,赐袭衣金带鞍马。"

乾隆《柳州府志》卷5《驿站》:"怀远县,县僻处山陬,歷来未设驿站,并无额编驿站银两。"

案:怀远县县驿,在今广西柳州市三江县侗族自治县西南之丹洲镇。明清时为怀远县，自明代万历时，治于丹洲镇。民国时改名三江县，治于今古宜镇。

3. 融县县驿

《置驿三》："融县县驿，千里马一名。"

乾隆《柳州府志》卷5《驿站》："融县，县向未设驿站，所有额编驿站银两解驿盐道库。"

案：融县县驿，在今广西柳州市融水苗族自治县城。

（三）思恩府属一驿

宾州州驿

《置驿三》："宾州州驿，千里马三名，又府属千里马四名。"

雍正《广西通志》卷20《驿站》："宾州，旧未设有驿站。雍正七年五月，奉文于底塘设马四匹，夫二名。"卷49《官制表》："清水镇巡检，旧设清水驿驿丞，裁"

光绪《宾州志》卷12《兵制》："宾州清水驿，州北八十里，又北八十里，为来宾驿。……久裁。底塘站，雍正七年设，马四匹，夫二名。"

案：宾州州驿，在今广西南宁市宾阳县北之宾州镇。现存有宾州古城遗址。

（四）泗城府属一驿

西隆州州驿

《置驿三》："千里马二名。又府属千里马二名。"

案：西隆州州驿，在今广西百色市隆林各族自治县城。

（五）平乐府属四驿

1. 平乐县县驿

《置驿三》："平乐县县驿，船八只，水手十六名，千里马三名。"

康熙《平乐县志》卷3《营建・驿传》："昭潭驿，在西门外，临三江口。"

《嘉庆重修一统志》卷467平乐府："昭潭驿，在平乐县西。水驿也。其东为递运所。西北至桂林府阳朔县古祚驿一百里，东南至昭平县龙门驿二百里。"

嘉庆《平乐府志》卷9《驿递》："平乐县，次冲，昭潭驿，在县西，水驿也，其东为递运所。"

案：平乐县县驿，在今广西桂林市平乐县县城。平乐县古亦称昭县，以城西昭岗潭之故。

2. 富川县县驿

《置驿三》:"富川县县驿,千里马三名。"

嘉庆《平乐府志》卷9《驿递》:"富川县,夫船无。"

案:富川县县驿,在今广西贺州市富川瑶族自治县。

3. 贺县乐善驿

《置驿三》:"贺县乐善驿,千里马四名。"

雍正《广西通志》卷20《驿站》:"十里至山心塘,二十五里至乐善塘,二十五里至黄公塘。"

嘉庆《平乐府志》卷9《驿递》:"贺县,夫船无。"

光绪《广西通志辑要》卷5《柳州府》:"乐善废县,在县北,县有乐善里,分立四堡,疑即州之旧址。"

案:贺县乐善驿,在今广西贺州市东南之贺街镇。

4. 昭平县县驿

《置驿三》:"昭平县县驿,船八只,水手十六名。"

乾隆《昭平县志》卷3《兵防·驿站》:"查未经立县之前,城西原有昭潭驿,自万历初年,设立县治,遂废昭潭驿,而设昭平、龙门二驿,至万历末年,兵事渐竣,遂废昭平驿。国朝雍正三年复裁龙门驿,而一应驿务遂归县管理。……额设战船八只,每只水手二名。"

《嘉庆重修一统志》卷467平乐府一:"龙门驿,在昭平县南九十五里,水驿也。北至平乐县昭潭驿二百里,东南至梧州府苍梧县府门驿二百里。"

案:昭平县县驿,在今广西贺州市昭平县城。

(六)梧州府属三驿

1. 苍梧县县驿

《置驿三》:"苍梧县县驿,船八只,水手十六名。"

雍正《广西通志》卷20《驿站》:"苍梧县,旧设府门驿、龙江驿二驿丞,久经裁汰,府门驿东至广东封川县界四十五里,西至藤县藤江驿一百六十里,北至平乐府贺县界一百七十里,额设站船一十一只,水手二十二名。"

乾隆《梧州府志》卷5《公署》:"府门驿丞署在城南,顺治十六年缺裁,署废址存。龙江驿丞署,在城西北八十里桂江南岸,康熙八年缺裁,署废址存。"卷12《职官》:"龙江驿、府门驿二驿丞俱裁。"

《嘉庆重修一统志》卷469梧州府:"府门驿,在苍梧县西南门外。又有龙江驿,在西北三十里龙江口,皆水驿。旧有驿丞,后并裁。"

同治《苍梧县志》卷12《兵防志·驿站》:"府门驿,在德政门外,递运所亦置于此。"

案:苍梧县县驿,在今广西梧州市长洲区。

2. 藤县县驿

《置驿三》:"藤县县驿,船六只,水手十二名。"

雍正《广西通志》卷20《驿站》:"藤县,旧设藤江驿、黄丹驿、金鸡驿、双竞驿驿丞,俱久经裁汰。藤江驿东至苍梧县府门驿,陆路一百六十里,水路一百里西至浔州府平南县一百里,额设站船八只,水手一十六名。"

《嘉庆重修一统志》卷469梧州府:"藤江驿,在藤县南门外,本水驿。有驿丞,后裁。又双竞驿、金鸡驿、黄甲驿,俱久废。"

同治《滕县志》卷4《舆地志》:"郁绣楼即藤江驿楼,洪武七年建。"卷6《建置志》:"藤县驿公廨,在城南登俊坊。今裁。"

案:藤县县驿,明代置,在今广西梧州市藤县县城。

3. 石桥塘驿

《置驿三》:"石桥塘驿,千里马七名。"

康熙《平乐县志》卷1《舆图》:"十五里至鹅颈塘,十五里至石桥塘,十五里至奇车塘。"

乾隆《梧州府志》卷4《舆地志》:"八寨塘十里至奇车塘,十里至石桥塘。"

案:石桥塘驿,在今广西梧州市苍梧县东北之石桥镇。因有宋代石桥而名,现存遗迹。

云南

一、云南地理概述

滇省位于国之西南边陲，纵延两千余里，外联缅甸、越南。内接西藏、四川、湖南、广西各省。以连通内外，恰似国之犄角。再加上该地区山高林密，地理环境险恶，“山尽连延，鲜终朝之坦道；水多溪峡，无百里之方舟”。① 且诸族杂居，矛盾复杂，一旦有警，便群情涌动。清初三藩之乱就是发轫于滇黔，构乱于全国，至于小规模的冲突更是层出不穷。所以，云贵虽然偏居一隅，但以其特殊的位置和背景，一直以其独特方式对清代政局的变化产生着作用。同样，全国政治、经济形势的变化也直接影响着云南和云南的交通驿传。当中国的经济重心在关中时，南北交流占主导地位，以大理为中心的滇西北地区更容易成为政治中心。元朝时，经济重心与政治重心都已东移，云南的主要联系地点已不再是成都，而变成了大都，因此最便捷的道路也转移成经曲靖、普安、镇远去往湖广的道路了，这样云南的集结点就又重新移回东部的昆明。

清代在云南设十四府、四直隶州、四直隶厅，即云南、大理、临安、楚雄、澄江、广南、顺宁、曲靖、丽江、普洱、永昌、开化、东川、昭通各府，广西、武定、元江、镇沅各直隶州，以及景东、蒙化、永北、腾越各直隶厅。②

二、云南驿道走向

全省设置驿站 81 处，东连贵州，北接四川，又分西北、西南两路直达缅甸边境，

① 师范纂：《滇系 · 疆域系序言》，嘉庆十三年修，光绪六年云南书局刻本。

② 《嘉庆重修一统志》卷 475《云南统部》，见《四部丛刊续编 · 史部》，上海书店 1984 年。

东南则至广西。

1. 与贵州的连接

自皇华驿至云南省城，共5910里。由贵州普安厅亦资孔驿入境，70里至平彝县多罗驿，60里至南宁县白水驿，50里至沾益州南宁驿，70里至马龙州马龙驿，80里至寻甸州易隆驿，65里至嵩明州杨林驿，60里至昆明县板桥驿，40里至昆明县滇阳驿。

2. 北至四川

由滇阳驿分道东北，40里至昆明县板桥驿，60里至嵩明州杨林驿，60里至寻甸州易隆驿，80里至马龙州马龙驿，70里至南宁驿，（由南宁驿分道）30里至沾益州松林驿，80里至沾益州炎方驿，70里至宣威州沾益驿，80里至宣威州倘塘驿，60里至宣威州可渡驿，90里至威宁州驿，40里至磴子坎，40里至浑水塘，40里至水漕，40里至齐家湾，50里至平哨，50里至新屯，40里至高山铺，40里至毕节县，160里至四川永宁县。①

3. 向西北两路可至缅甸边境②

（1）由滇阳驿分道西北，70里至安宁州，70里至老鸦关，70里至禄丰县，70里至舍资，70里至广通县，70里至楚雄县，50里至吕合站，60里至沙桥堡，70里至普淜堡，60里至小云南堡，60里至白岩堡，60里至赵州，95里至合江铺，75里至白木铺，100里至黄连铺，95里至永平县，80里至沙木和，80里至关坡站，40里至保山县，60里至蒲缥站，50里至潞江站，50里至蒲蛮哨，50里至橄榄坝，70里至腾越州，50里至猛连，80里至蛮溪，30里至蚌别，60里至龙陵（缅甸边境）。

（2）由滇阳驿分道西南，40里至呈贡县，50里至晋宁州，60里至铁炉关，60里

---

① 这条驿路在康、雍、乾三朝的《大清会典》中都没有记载。其开辟时间大约应该在乾隆前期平定大小金川的战争中，因为当时云贵地区成为战争资源的重要来源，大量的兵源和其他战备物资需要源源不断的从云贵调拨到四川前线。《清高宗实录》卷322载，乾隆十三年（1748）八月十一日，贵州巡抚爱必达奏称："四川节次征调滇、黔官兵，往来差遣，络绎不绝。自滇省至黔省威宁，自威宁至四川交界，业经各设塘汛，塘安二马。其自贵州省城赴川，另由清镇、黔西、大定一带至毕节县，亦应安设。"这条驿路开通的作用在于大大方便了云贵与西北的陕、甘以及新疆的联系，自乾隆后期开始，云贵地区与西北的所有文报往来无不由之。乾隆四十年（1775）清朝对此曾作了专门的规定："议定各省公文往来经由道路应酌改捷路，以便邮递。云南咨陕西及由陕西转递甘肃公文向由贵州、湖南、湖北、河南递送，计程五千四百七十五里，应改由宣威州出境，从贵州威宁州入四川转递，计程四千三百四十五里，可近一千余里。"见王文韶等修，唐炯、陈灿纂：《续编云南通志稿》卷75，光绪二十七年四川岳池刻本，台北文海出版社1966年影印。

② 由昆明至缅甸边境的驿路，在前明时期即已安设，但到清代旧有驿站早已废弛，平定缅甸的战争开始后，清朝才开始循前明旧路重新安设台站，以满足战争的需要。由昆明到缅甸边境的驿路有两条，一是到腾越州，一是到缅宁。屠述濂纂修《腾越州志》卷4载："乾隆三十一年，边事起，设立驿站。"

至新兴州，60 里至嶍峨县，60 里至化念乡，60 里至扬武坝，70 里至青龙厂，60 里至元江州，45 里至莫浪，50 里至大歇厂，65 里至他郎，60 里至黄草坝，15 里至布固江，45 里至通关哨，50 里至上把边江，40 里至磨黑，45 里至宁洱县，70 里至西萨，50 里至铁厂河，70 里至猛乃，70 里至暖里，50 里至柯里，50 里至威远，50 里至干海子，60 里至谷旧，60 里至翁烘，60 里至阿猓，50 里至蛮茂沟，80 里至小田坝，90 里至缅宁（缅甸边境）。

4. 东南至广西

由滇阳驿分道东南，60 里至七甸，60 里至宜良县，60 里至路南州，70 里至大麦地，60 里至弥勒州，70 里至竹兰村，50 里至二台坡，50 里至小江口，50 里至腻革竜，40 里至路堵，80 里至树皮，60 里至弥勒湾，50 里至上安排，50 里至者报，60 里至者免，50 里至木帖，60 里至董那孟，50 里至岘槽，50 里至蜈蚣箐，60 里至响水，50 里至普厅，50 里至泗亭，50 里至平岭，60 里至者额，50 里至剥隘，70 里至广西渌冲塘。

5. 由云南入藏亦有重要通道，云南与西藏接壤，自元代开始一直是进入西藏的要道

"计今中国入藏有三道，北道由陇，中道由川，南道由滇……滇道自云南中甸至四川之巴塘，又一道由塔城关，过溜通江……地名角占，为番商运茶之道，在江卡南百余里。由此逾大小雪山，直至喀木，险峻重阻。军行较艰。即元世祖降磨些，入大理，下吐蕃之路也。"①到清代前期，云贵作为进入西藏的重要通道更加具有战略地位。康熙、雍正时期对西藏的用兵多经过云南，所以由滇入藏的驿路必然开通。从昆明至丽江为由滇入藏通道，本为明代遗留，原来没有驿站，只设有堡，堡夫负责驿递事务，但堡夫大多已经逃亡。康熙五十九年（1720），清朝派兵进征西藏，始设安宁等十七处驿站，每站设马六匹。"兵部议复：云南巡抚甘国壁疏言：'云南省迤西一带，向未设立驿站。今因大兵出口，自安宁州起至塔城止，请添设二十一站。'应如所请。"②

但这条入藏驿路一直没有稳定下来，而是随着战争的起伏，不断地被裁撤或安置。"雍正七年，师旋裁撤。八年，驻兵查木道，又复安设。十二年，师旋仍裁

---

① 胡炳熊撰：《藏事举要》，清宣统间铅印本。

② 《清圣祖实录》卷 288。

撤。”①在雍正以后，清朝入藏已经不再走云南路，改由四川和青海，云南作为进入西藏通道的战略地位大大下降，这条驿路也就没有再重新安设。但它也没有被完全废弃，从滇阳驿到赵州驿共十一处驿站在后来再次出现，并固定下来。只是不再通往滇藏边境，而是由赵州转向西南通向腾越州和龙陵，即缅甸边境。

三、云南置驿八十一处

（一）云南府属九驿

1. 昆明县滇阳驿

《置驿三》：“昆明县滇阳驿，马六十匹，马夫三十名，堡夫一百名。”

景泰《重修云南图经志》卷1《云南府·馆驿》：“滇阳驿，在城外东南大市中，洪武十六年建置，去驿可三里，置短亭，有门有庑，若廨宇然，门之外有坊曰迎恩，则雄跨于街焉。”

康熙《云南府志》卷3《建设志》：“滇阳驿，旧在城内，今移城东塘子巷外。”

《嘉庆重修一统志》卷476云南府一：“滇阳驿，在昆明县东南，明洪武中建，今移南门外。旧设驿丞，今裁。”

道光《昆明县志》卷3《建置志第五》：“有滇阳驿署，在城东塘子巷，今裁。”

案：昆明县滇阳驿，明代洪武十六年建，原在城外东南大市中，清移至城东塘子巷。在今云南省昆明市官渡区塘子巷。

2. 板桥驿

《置驿三》：“板桥驿，马四十匹，马夫二十名，堡夫一百名。”

康熙《云南府志》卷3《建设志》：“板桥驿，在府治东三十里驿城内。”

乾隆《云南通志》卷6《邮传》：“板桥驿，云南府属，旧设马三十匹，今增十匹。并板桥堡夫一百名。俱驿丞管理。六十里至杨林驿。”清乾隆元年刻本

《嘉庆重修一统志》卷476云南府一：“板桥驿，在昆明县东四十里。明洪武十四年，沐英等征云南，师至板桥是也。本朝康熙二十四年，设驿丞。乾隆二十一年裁，移县丞分驻于此。”

道光《昆明县志》卷3《建置志第五》：“板桥驿署，在县东三十里驿城内，今改

---

① 鄂尔泰、尹继善修，靖道谟纂：《云南通志》卷6，乾隆元年修，见文渊阁《四库全书》，台湾商务印书馆1983年影印。

为昆明县丞署。”

案：板桥驿，明代弘治九年建，在今云南省昆明市官渡区东北之大板桥镇。

3. 嵩明州杨林驿

《置驿三》：“嵩明州杨林驿，马四十匹，马夫二十名，堡夫一百名。”

康熙《云南府志》卷3《建设志》：“杨林驿，在杨林所城内，明洪武二十五年建，万历五年知州郑邦福重修，今仍旧署。”

康熙《嵩明州志》卷2《地理志》：“杨林驿，去州二十五里，西至椛橎驿六十里，东至易隆驿七十里。”

《嘉庆重修一统志》卷476云南府一：“杨林驿，在嵩明州南，即杨林所旧城，西去府城百里，必经之道。旧设驿丞，今裁。”

光绪《嵩明州志》卷2《邮旅》：“杨林驿，去州三十五里，西至板桥六十里，东至易隆驿七十里。”

案：嵩明州杨林驿，在今云南省昆明市嵩明县南之杨林镇。

4. 晋宁州军站

《置驿三》：“晋宁州军站，马二匹，马夫一名。”

景泰《重修云南图经志》卷1《晋宁州·馆驿》：“晋宁驿，在草村，距州东北五里，有迎恩坊在其东之官道。”

乾隆《晋宁州志》卷6《邮传》：“晋宁驿，旧设马二十四匹，本朝奉裁，今设州前、十里、三岔、三尖四处，铺夫共十名，递送公文。”

案：晋宁州军站，在今云南省昆明市晋宁区东之晋城镇。

5. 呈贡县军站

《置驿三》：“呈贡县军站，马二匹，马夫一名。”

雍正《呈贡县志》卷1《兵防》：“呈贡堡，在新街北。成化间，设堡夫三百名，设百户堡官一员，艾毓奇管理。后仅存九十名。”

案：呈贡县军站，在今云南省昆明市呈贡区。

6. 安宁州军站

《置驿三》：“安宁州军站，马二匹，马夫一名。”

景泰《重修云南图经志》卷1《安宁州·馆驿》：“安宁驿，州治之东五里许，洪武十九年建立。”

康熙《云南府志》卷4《建设志》：“安宁堡，向西行六十里至禄脿堡。明设安宁驿，今裁。原设堡夫五十八名，内逃亡故绝二十八名，今存三十名。”

雍正《安宁州志》卷15《兵防志·邮传》:"安宁驿,裁。"

案:安宁州军站,明代置,在今云南省昆明市安宁市城区。

7. 禄丰县军站

《置驿三》:"禄丰县军站,马二匹,马夫一名。"

景泰《重修云南图经志》卷1《安宁州·馆驿》:"禄丰驿,在禄丰之西,洪武十九年建立。"

康熙《云南府志》卷4《建设志》:"禄丰堡,向西行十里至舍资,由舍资西行四十五里至楚雄府广通县。明设禄丰驿,今裁。原设堡夫八十二名,内逃亡故绝五十名,今存三十二名。"

案:禄丰县军站,明代置,在今云南省楚雄彝族自治州禄丰县。

8. 老鸦关军站

《置驿三》:"老鸦关,军站,马二匹,马夫一名。"

康熙《云南府志》卷4《建设志》:"老鸦关,在县辖三乡,距县七十里迤西要路。"

光绪《顺宁府志》卷9《建置志三·邮传邮程》:"由滇阳驿分道,七十里至安宁州,七十里至老鸦关。"

案:老鸦关军站,在今云南省楚雄彝族自治州禄丰县东南之土官镇老鸦关村。

9. 昆阳州军站

《置驿三》:"昆阳州军站,马二匹,马夫一名。"

案:昆阳州军站,在今云南省昆明市晋宁县县城。

(二)大理府属六驿

1. 太和县上关堡

《置驿三》:"太和县上关堡,堡夫三十名。"

景泰《重修云南图经志》卷5:"在郡之北九十里曰龙首关,又曰上关,在郡之南三十里曰龙尾关,又曰下关,以苍山洱海之首尾为险,据之立城以扼塞其要害,若金汤之固焉。"

康熙《大理府志》卷4《驿铺》:"上关堡,南至府城七十里,北至邓川二十里。上关原无堡夫,缘太和至邓川路远夫役受累。故设上关堡,拨大理卫中前所军余入堡接济,以息太和堡夫。"

乾隆《大理府志》卷 4《驿铺》:“上关堡,南至府城七十里,北至邓川二十里。”

《嘉庆重修一统志》卷 478 大理府:“龙首关,在太和县北七十里,当洱河之首。一名河首关,亦曰石门关,又名上关。”

案:太和县上关堡,在今云南省大理白族自治州北之上关镇。

2. 赵州白崖堡

《置驿三》:“赵州白崖堡,堡夫三十名。”

《读史方舆纪要》卷 117 赵州:波罗江“在州治(今凤仪镇)东南。有二源,一出九龙顶山,一出定西岭,合流而北,经州治,又西北流入西洱河。一名大江”。则白崖堡应在今弥渡县定西岭之南。

康熙《大理府志》卷 4《疆域》:“白崖堡,南至小云南八十里,北至下关九十里。”

《嘉庆重修一统志》卷 478 大理府:“白崖堡,在云南县西。与赵州接界。旧有巡司,今裁。”

道光《赵州志》卷 1《铺堡》:“白崖堡,南至小云南八十里,北至下关九十里。”

案:赵州白崖堡,应在今云南省大理白族自治州弥渡县北之红岩镇。《乾隆十三排图》(见下),白崖站在赵州东南婆罗江源头之南。

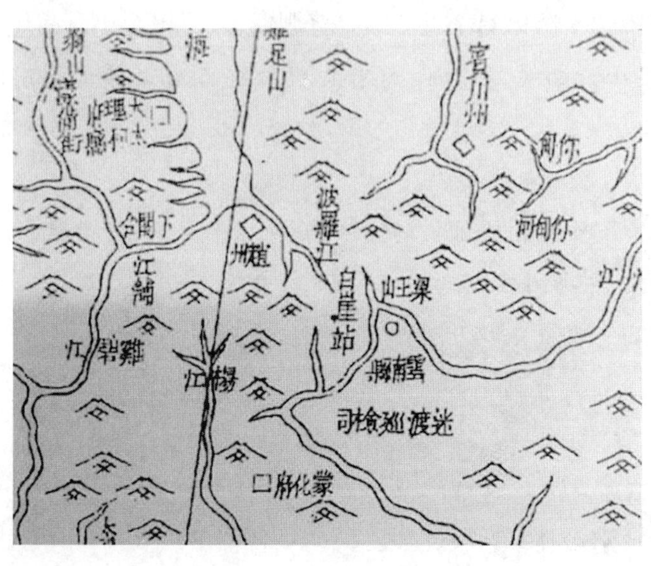

资料来源:《乾隆十三排图》。

3. 又军站

《置驿三》:“又军站,马二匹,马夫一名。”

案:此处军站亦在白崖堡。龙云、周钟岳纂修,民国《新纂云南通志》卷 56

《交通考一》载有“大理府六驿”,其中赵州有白崖堡及军站一。该军站有马二匹,驿夫一名。

4. 红崖军站

《置驿三》:“红崖军站,马二匹,马夫一名。”

光绪《云南县志》卷10《人物》:“石奠图,邑举人。石体信子,应袭云骑尉。官顺云把总。同治九年,剿贼于红崖驿,阵亡。”

民国《新纂云南通志》卷34《疆域六》:“白崖城即在今凤仪之红崖平原。红崖在清代尚称白崖,后因避白字而改名。今红崖有古城村,又有白王山即白崖城故地也。白崖以南二十里今已属弥渡县。”卷56《交通考一》:“红崖军站,马二匹,驿夫一名。”

案:红崖军站,在今云南省大理白族自治州弥渡县苴力镇红石岩村。

5. 云南县小云南堡

《置驿三》:“云南县小云南堡,堡夫三十名。”

乾隆《大理府志》卷4《驿铺》:“云南堡,南至普淜六十里,北至白崖八十里。”

《嘉庆重修一统志》卷478大理府:“云南堡,在云南县南。又有普淜堡,在废云南驿东南。”

光绪《顺宁府志》卷9《建置志三》:“普淜堡,六十里至小云南堡。”

案:云南县小云南堡,在今云南省大理白族自治州祥云县东南之云南驿镇云南驿。

6. 又军站

《置驿三》:“又军站,马二匹,马夫一名。”

案:此处军站应在小云南堡。民国《新纂云南通志》卷56《交通考一》:云南县军站,马二匹,驿夫一名。

(三)临安府属一驿

嶍峨县军站

《置驿三》:“嶍峨县军站,马二匹,马夫一名。”

案:嶍峨县军站,在今云南省玉溪市峨山彝族自治县双江街道东北郊登云村。嶍峨县,《清史稿·地理志》嶍峨县:“东北,嶍山,其后峨山,县以此得名。”明清属临安府,民国时改峨山县。民国《新纂云南通志》卷56《交通考一》载有临安府驿一,即嶍峨县军站。该军站马二匹,驿夫一名。

（四）楚雄府属八驿

1. 楚雄县军站

《置驿三》："楚雄县军站，马二匹，马夫一名。"

嘉庆《楚雄县志》卷2《驿堡》："峩菉驿，旧在西门外，今在县署左。马二匹。"

宣统《楚雄县志》卷3《邮传》："楚雄驿，在县治，原无堡，军堡田，现兵房设驿书一名，驿夫三名。"

民国《新纂云南通志》卷56《交通考一》："楚雄县军站，马二匹，驿夫一名。"

案：楚雄县军站，在今云南省楚雄彝族自治州城区。

2. 吕合军站

《置驿三》："吕合军站，马二匹，马夫一名。"

嘉庆《楚雄县志》卷2《驿堡》："吕合驿，城西四十五里。马二匹。"

宣统《楚雄县志》卷3《邮传》："吕合驿，在县治西五十里，设驿书一名，驿夫三名。"

案：吕合军站，在今云南省楚雄彝族自治州西北约25公里处之吕合镇。

3. 姚州普淜堡

《置驿三》："姚州普淜堡，堡夫三十名。"

乾隆《大理府志》卷4《驿铺》："云南堡，南至普淜六十里。"

《嘉庆重修一统志》卷480楚雄府："普淜驿，在姚州西南一百五十里。为云南县镇南州必经之道。旧有丞。本朝雍正十年，添设姚州州判，驻其地。"

光绪《姚州志》卷2《建制志》："普淜驿，在城西一百二十里，额设堡夫三十名。"

案：姚州普淜堡，在今云南省大理白族自治州祥云县东南之普淜彝族乡。

4. 又军站

《置驿三》："三又军站，马二匹，马夫一名。"

民国《新纂云南通志》卷56《交通考一》："姚州有军站一，该站马二匹，驿夫一名。"

案：此军站亦在姚州普淜堡，在今云南省大理白族自治州祥云县东南之普淜彝族乡。

5. 镇南州沙桥堡

《置驿三》："镇南州沙桥堡，堡夫二十名。"

康熙《楚雄府志》卷2《驿堡》:“沙桥驿,在州西三十五里。原设驿马并土驿丞官一员,康熙七年奉文裁革。”

《嘉庆重修一统志》卷480楚雄府:“沙桥驿,在镇南州西三十里。”

光绪《镇南州志略》卷3《建制略·邮传》:“沙桥驿,在州西三十五里。”

案:镇南州沙桥堡,在今云南省楚雄彝族自治州南华县西之沙桥镇。

6. 又军站

《置驿三》:“又军站,马二匹,马夫一名。”

民国《新纂云南通志》卷56《交通考一》:“镇南州有军站一,设马二匹,驿夫一名。”

案:此军站应该同在镇南州沙桥堡,在今云南省楚雄彝族自治州南华县西之沙桥镇。

7. 广通县军站

《置驿三》:“广通县军站,马二匹,马夫一名。”

民国《新纂云南通志》卷56《交通考一》:“广通县军站,马二匹,驿夫一名。”

案:广通县军站,在今云南省楚雄彝族自治州禄丰县西之广通镇。据《中国历史地名大辞典》第230页,广通县,元至元十二年(1275)改路赕千户置,属南安州。治所在今云南禄丰县西六十六里广通镇。民国《广通县查报省志资料册》:“元改广通县,虽华言,实以道通西迤,随意名之,无深义可求。”明、清改属楚雄府。民国初属云南滇中道。1929年直属云南省。1953年迁治一平浪镇(今禄丰县西三十六里)。1958年撤销,并入禄丰县。

8. 舍资军站

《置驿三》:“舍资军站,马二匹,马夫一名。”

康熙《楚雄府志》卷2《驿堡》:“舍资驿,同堡。洪武二十四年设,今裁。”又同卷:“舍资堡在县东四十五里”。

康熙《大理府志》卷29《艺文》:“又东至广通舍资,将北转为禄丰禄脿草铺一派之北山,而姚安武定则北山之支也。”

民国《新纂云南通志》卷56《交通考一》:“舍资军站,马二匹,驿夫一名。”

案:舍资军站,在今云南省楚雄彝族自治州禄丰县西之舍资镇。

(五)澄江府属一驿

新兴州军站

《置驿三》:“新兴州军站,马二匹,马夫一名。”

民国《新纂云南通志》卷56《交通考一》:“澄江府驿一,即新兴州军站,设马二匹,驿夫一名。”

案:新兴州军站,在今云南省玉溪市区。《中国历史地名大辞典》第2727页,汉代在云南未设新兴县,元人误认为南朝建宁郡或南广郡的新兴县在今玉溪,因名。辖境相当今云南玉溪市地。明、清属澄江府。

(六)曲靖府属十七驿

1. 南宁县白水驿

《置驿三》:“南宁县白水驿,马四十匹,马夫二十名。”

景泰《重修云南图经志》卷2:“白水驿,在城东八十里水关,洪武二十年建置。”

《读史方舆纪要》卷114云南二:白水关“今有白水驿,又有巡司。《滇程记》:自乌撒达沾益而南,谓之西路;自普安达平夷而西,谓之东路,合于白水驿,谓之十字路云”。

康熙《云南通志》卷15《秩官》:“白水驿,在府北八十里。”

《嘉庆重修一统志》卷484曲靖府:“白水关,在南宁县东北八十里。旧有土官巡司,流官驿丞。后裁巡司设白水关驿,以驿丞兼巡司事。本朝乾隆二十一年裁汰,移白崖巡检驻此,兼管驿务。”

咸丰《南宁县志》卷2《驿堡》:“白水驿,额设马四十匹。白水驿附定南堡额设堡夫一百名。”

案:白水驿,又称白水关。在今云南省曲靖市沾益区东北白水镇。

2. 定南堡

《置驿三》:“定南堡,堡夫一百名。”

雍正《云南通志》卷6《邮传》:“白水驿,南宁县属,旧设马三十匹今增十匹,并定南堡夫一百名,俱驿丞管理。六十里至多罗驿。”

《嘉庆重修一统志》卷484曲靖府:“定南堡,在南宁县东北八十里。”

咸丰《南宁县志》卷2《驿堡》:“白水驿,附定南堡,额设堡夫一百名。”

案:定南堡,明代置,在今云南省曲靖市沾益区东北约22公里处之白水镇。

3. 沾益州南宁驿

《置驿三》:“沾益州南宁驿,马四十匹,马二十名。”

乾隆《沾益州志》卷1《邮传》:“交水驿,旧名南宁驿,在曲靖北门外,以纡道不便,移交水,近隶州辖。原设马五十匹,今裁存马四十匹。”

《嘉庆重修一统志》卷484曲靖府:“南宁驿,在南宁县西北十五里。旧在府治,本朝顺治十七年,改设沾益州交水城内。今属南宁。”

道光《大定府志》卷18《疆土志八》:“马龙州马龙驿,又七十里至沾益州南宁驿,又三十里至沾益州松林驿。”

咸丰《南宁县志》卷2《驿堡》:“南宁驿,在城北三十里交水城中,旧设马五十匹,今设马四十匹。”又同卷:“旧县治故驿为南宁。本朝顺治十六年,徙沾益州治于交水,康熙初年因行旅不经郡城以往来之便徙驿于交水,仍隶南宁。四十三年裁去驿丞,归县管理。以交水至县往返多劳,遂详归沾益,而名仍南宁。”

案:沾益州南宁驿,在今云南省曲靖市沾益区。南宁驿,旧在曲靖府治,后以行道不便,移至沾益州交水城内,即今云南曲靖市省沾益区。

沾益,自古便有“入滇第一州”之称,为滇东门户,秦修五尺道即经沾益,境内有七八十公里。公元225年,诸葛亮平定南中,主战场就在南盘江两岸。沾益城北九龙山深沟五尺道外一山石上,仍存诸葛亮所刻“毒水”二字。唐置西平州,治今沾益。州志载:西平废州在城东二里。这西平州城即为沾益州城之始,仅存13年就改为盘州,西平州废。西平州城至今已一千三百多年,其址已无从查考。沾益老城系宋朝大理国磨弥部蛮蒙提所建,名易陬笼。至元,置沾益州,领交水县(今沾益县),治易陬笼,更名交水城。明天启三年(1623),选新址筑。城交水,以砖石。高一丈四尺,厚丈,周围六百丈,径一里三分,垛口一千二百零,雉堞高六尺,开四门,东日太平,南日河清,西日觐华,北日拱辰,城楼四,久圮。”此城池约0.4平方公里,曾于清雍正十年、嘉庆七年、道光二十年、同治三年和光绪二年修葺。现存有县城遗址。

4. 交水堡

《置驿三》:“交水堡,堡夫一百名。”

乾隆《云南通志》卷6《邮传》:“交水堡夫一百名,俱沾益州知州管理。”

光绪《沾益州志》卷2《邮传》:“交水堡,额设夫百名,随驿隶州辖。旧例交水无堡,东路之定南堡,西路之普鲁吉堡,皆至三岔接替。因定南、三岔相距八十里,路远力疲,难供扛运,因废抽二堡余丁于交水设腰堡,上下至此接替。松林至三岔仅五十五里,且属僻路应付无多,自明至今腰堡例不接替,仍径送三岔。”

案:交水堡,在今云南省曲靖市沾益区。

5. 三岔驿

《置驿三》:“三岔驿,马十二匹,马夫六名,堡夫一百名。”

乾隆《沾益州志》卷1《邮传》:“三岔驿,雍正二年以交水至马龙道远,匀裁各驿,于此添设马一十二匹,隶州辖。”

乾隆《云南通志》卷6《邮传》:“三岔驿,南宁县属。旧未设马,以道路险长将杨林等驿额马拨设十二匹,并三岔堡夫一百名俱附南宁驿兼管。三十里至南宁驿。”

《嘉庆重修一统志》卷484曲靖府:“三岔关,在南宁县西十五里,今名三岔堡。”

案:三岔驿,在今云南省曲靖市麒麟区西城街道三岔社区。三岔驿是曲靖古代交通南宁驿至马龙州通省城昆明之间的一个重要驿站。现有驿站通道、客店(已改为民居)和街道等遗址。明代著名文学家杨升庵在《题三岔驿壁》一诗中写道:“三岔驿站十字路,北去春来几朝暮,朝见扬扬拥益来,暮看寂寂迴车去,今古消沉名利中,短亭流水长亭树。”现驿站基本改为民居建筑,但遗址可辨。(范利军:《曲靖市文物志》,云南民族出版社1989年,第20页。)

6. 松林驿

《置驿三》:“松林驿,马六匹,马夫三名。”

乾隆《云南通志》卷18《公署》:“松林驿署,在州南一百五十里。”

乾隆《沾益州志》卷1《邮传》:“松林驿,原设马十匹,今裁存六匹。”

《嘉庆重修一统志》卷484曲靖府:“松林驿,在沾益州西南松林城内。旧名普鲁吉堡,明置松林驿,与交水、炎方犄角,为曲靖捍蔽。今仍设驿,后改隶炎松巡司。”

道光《大定府志》卷18《疆土志八》:“沾益州南宁驿,又三十里至沾益州松林驿。”

案:松林驿城遗址在今云南省曲靖市沾益区北约24公里处之盘江镇松林村。《沾益州志》载:“松林驿城在州二里,明天启五年建,周三百丈,高二丈。”现城内尚存有魁星阁,民居,西城门楼等古建筑。(范利军:《曲靖市文物志》,第19页。)松林驿地处贵州通往两广及湖南等地的交通要道。

7. 普鲁吉堡

《置驿三》:“普鲁吉堡,堡夫四十四名。”

乾隆《云南通志》卷6《邮传》:“松林驿,宣威州属。设马六匹,并普鲁吉堡夫四十四名,俱炎方驿丞兼管。七十里至炎方驿。”

乾隆《沾益州志》卷1《邮传》:“普鲁吉堡,即松林,额设夫五十名,随驿辖。”

《嘉庆重修一统志》卷484曲靖府:“松林驿,在沾益州西南松林城内,旧名普鲁吉堡。”

案:普鲁吉堡,在今云南省曲靖市沾益区盘江镇松林村。

8. 炎方驿

《置驿三》:“炎方驿,马六匹,马夫三名。”

乾隆《云南通志》卷6《邮传》:“炎方驿,宣威州属,设马六匹,并火忽都堡夫四十四名,俱驿丞管理。八十里至沾益驿。”卷18《公署》:“炎方驿署,在州南八十里。”

乾隆《沾益州志》卷1《邮传》:“炎方驿,系通蜀西路,原设马十匹,今裁存六匹。”

《嘉庆重修一统志》卷484曲靖府:“炎方驿,在宣威州南八十里炎方城内,旧名太忽都堡。明置炎方驿,今设炎松巡司兼管二驿。”

道光《大定府志》卷18《疆土志八》:“松林驿,又八十里至沾益州炎方驿,又七十里至宣威州沾益驿。”

光绪《宝山县志》卷8《职官志》:“朱楷,字端如,居罗店内阁供事,任云南炎方驿丞。”

案:炎方驿,在今云南省曲靖市沾益区炎方乡。

9. 火忽都堡

《置驿三》:“火忽都堡,堡夫四十四名。”

乾隆《沾益州志》卷1《邮传》:“火忽都堡,即炎方。”

民国《新纂云南通志》卷56《交通考一》:“火忽都驿,堡夫四十四名。光绪元年,改设健夫十八名。”

案:火忽都堡,在今云南省曲靖市沾益区炎方乡。

10. 马龙州马龙驿

《置驿三》:“马龙州马龙驿,马四十匹,马夫二十名,堡夫一百名。”

雍正《马龙州志》卷4《建设》:“马龙驿,元至元二十年开驿路,由越州、陆京、宜良、汤池入省城。明洪武二十八年,始设马龙驿,由马龙、易隆、杨林、上板桥入省城。康熙二十年复滇,二十三年部选驿丞赁民房为驿舍,后于州治左建草房数间。至四十九年,驿丞杜丞庆始建驿厅三间,左右马房各五间,大门一间,后住宅三间,左右厢房各二间。五十七年裁驿丞归州兼理。额设马四十二匹。"

乾隆《云南通志》卷6《邮传》:"马龙驿,马龙州属。旧设马三十匹,今增十匹,并马龙堡夫一百名俱知州管理。五十里至三岔驿。"

《嘉庆重修一统志》卷484曲靖府:"马龙驿,在马龙州北一里。"

道光《大定府志》卷18《疆土志八》:"易隆驿,又八十里至马龙州马龙驿,又七十里至沾益州南宁驿。"

案:马龙州马龙驿,在今云南省曲靖市马龙县城。《中国历史地名大辞典》第251页,马龙州,元至元十三年(1276)置,属曲靖路。治所在马龙城(今云南马龙县北郊旧城山)。马龙即彝语麻龙的异写,"麻"为兵,"龙"为城,意即驻兵的城。明属曲靖府,万历四十年(1612)迁治今马龙县。1913年废为县,后复。

11. 寻甸州易隆驿

《置驿三》:"寻甸州易隆驿,马四十匹,马夫二十名,堡夫一百名。"

景泰《重修云南图经志》卷2:"易龙驿,在木密关守御千户所之西,洪武十六年建置。"

康熙《云南通志》卷16《秩官》:"易龙驿,在州东南六十里。易隆驿,在木密所城内。洪武十五年建,周四百六十四丈。康熙二十六年裁所,驿仍留城内。"

雍正《云南通志》卷:"易隆驿,寻甸州属,旧设马三十匹,今增十匹,并易隆堡夫一百名俱驿丞管理。三十五里至古城驿。"

乾隆《云南通志》卷6《关哨》:"木密关,在城西南易隆驿,即旧木密所城。"

《嘉庆重修一统志》卷484曲靖府:"易龙驿,在马龙州西南九十里易龙堡。滇城记南宁驿四十里达马龙驿,自驿达易龙堡,经鲁婆伽岭巡司,及下板桥古城堡小关索岭凡七十里。又七十里达云南府之杨林驿,与寻甸州接界。今设易古巡司兼管易龙古城二驿。"

民国《新纂云南通志》:"东南有木密关,一名易龙堡,洪武二十三年四月置木密关守御千户所于此。"卷43《关塘》:"木密关,一名易隆堡,在城西南。"

案:寻甸州易隆驿,在今云南省寻甸县南之易隆村。

12. 古城驿

《置驿三》:"古城驿,马十二匹,马夫六名,堡夫一百名。"

康熙《寻甸州志》卷4《建设·驿堡》:"古城堡,在易隆驿东三十里下板桥,向无专官,自康熙二十四年归驿管理。"

乾隆《云南通志》卷6《邮传》:"古城驿,寻甸州属。旧未设马,以道路险长将杨林等驿额马拨设十二匹，并古城堡夫一百名，俱附易隆驿兼管。四十里至马龙驿。”

《嘉庆重修一统志》卷484曲靖府：“古城堡，在寻甸州木密所北三十里之下板桥驿道。”

案：古城驿，即古城堡，在易隆驿东三十里下板桥，疑在今云南省曲靖市马龙县旧县镇，此镇为昆明进入曲靖的第一镇。

13. 平彝县多罗驿

《置驿三》：“平彝县多罗驿，马四十六匹，马夫二十三名。”

康熙《云南府志》卷18《艺文志》：“多罗驿，原在平彝城内。”

康熙《平彝县志》卷4《建设》：“多罗驿，元至元二十年七月开驿路置，明因之，设于石岑铺之乾桥。正德中移东关外，康熙五年移入城，属罗平州。驿丞一员，旧设马六十匹，今设五十匹。三十四年裁驿丞归县带理。”

乾隆《云南通志》卷6《邮传》：“多罗驿，平彝县属，旧设马六十匹，今四十六匹，并平彝堡夫一百名，俱驿丞管理。六十里至亦资孔。”卷18《公署》：“多罗驿署，在县署内。”

《嘉庆重修一统志》卷484曲靖府：“多罗驿，在平彝县城内。”

案：平彝县多罗驿，在今云南省曲靖市富源县县城。

14. 平彝堡

《置驿三》：“平彝堡，堡夫一百名。”

康熙《云南府志》卷18《艺文志》：“平彝为滇黔接壤。”

康熙《平彝县志》卷4《建设》：“平彝堡，原名白水堡。洪武中设夫一百名，以罪人徙充，每名岁支本卫谷九石六斗，堡田一百八十亩，名为酱豆田，立百户一员典之。顺治十八年裁百户归卫千总，卫裁归驿，驿裁归县。”

乾隆《云南通志》卷6《邮传》：“平彝堡夫一百名，俱驿丞管理。”

案：平彝堡，在今云南省曲靖市富源县县城。

15. 宣威州沾益驿

《置驿三》：“宣威州沾益驿，马六匹，马夫三名，堡夫四十四名。”

乾隆《沾益州志》卷2《秩官》：“沾益驿驿丞一员，今隶宣威，已裁。”

《嘉庆重修一统志》卷484曲靖府：“沾益驿，在沾益州北，有站。”

道光《宣威州志》卷1《邮旅》：“沾益驿，原额马十匹，今裁四匹。堡夫四十名。”

道光《大定府志》卷18《疆土志八》："沾益州炎方驿，又七十里至宣威州沾益驿，又八十里至宣威州傥塘驿。"

民国《新纂云南通志》卷46《官署三》："沾益驿署在州城外西北隅"。

案：宣威州沾益驿，在今云南省曲靖宣威市。

16. 傥塘驿

《置驿三》："傥塘驿，马六匹，马夫三名，堡夫四十四名。"

乾隆《云南通志》卷6《邮传》："傥塘驿，宣威州属。设马六匹，并傥塘堡夫四十四名，俱可渡巡检兼管。五十里至可渡驿。"

《嘉庆重修一统志》卷484曲靖府："傥塘驿，在宣威州北八十里，有丞，今裁。"

道光《大定府志》卷18《疆土志八》："宣威州沾益驿，又八十里至宣威州傥塘驿，又六十里至宣威州可渡河。"

道光《宣威州志》卷1《邮旅》："倘塘驿，原额马十匹，今裁四匹。堡夫四十名。"

案：傥塘驿，明代置，在今云南省曲靖市宣威市北约40公里处之倘塘镇。

17. 可渡驿

《置驿三》："可渡驿，马六匹，马夫三名，堡夫四十四名。"

《嘉庆重修一统志》卷484曲靖府："可渡堡，在宣威州北可渡桥。今设巡司于此。有关。"

道光《大定府志》卷18《疆土志八》："傥塘驿，又六十里至宣威州可渡河，又九十里至威宁州乌撒驿。"

道光《宣威州志》卷1《邮旅》："可渡驿，旧惟堡夫四十名，属倘塘驿管辖，原额无马，今设马六匹。"

民国《宣威县志稿》卷3《舆地志》："可渡驿丞署，在可渡旧城内。废址仅存。"

案：可渡驿，在今云南省曲靖市宣威市西北约70公里处之可渡村。自古便为中原入滇的咽喉，号称"秦道明关，滇黔锁钥"，有可渡桥遗址。

（七）丽江府属二驿

1. 鹤庆州观音山堡

《置驿三》："鹤庆州，观音山堡，堡夫四十名。"

《嘉庆重修一统志》卷485丽江府："观音山关，在鹤庆州西南一百二十里。明初置巡司，今裁。"

光绪《浪穹县志略》卷2《地理志》："中干自鹤庆观音山入县境。"

光绪《鹤庆州志》卷3《邮旅》:“观音山堡夫四十名。”

民国《鹤庆县志》卷:“额设观音山堡堡夫四十名,光绪元年改为驿,设号书一名,健夫六名。”

案:鹤庆州观音山堡,在今云南省大理州剑川县东北约5公里处金华镇观音山。

2. 剑川州州驿

《置驿三》:“剑川州州堡,堡夫二十名。”

民国《新纂云南通志》卷56《交通考一》:“丽江府二驿,有剑川州州堡一,设堡夫二十名。”

案:剑川州州驿,在今云南省大理州剑川县城。

(八)元江直隶州属六驿

1. 元江军站

《置驿三》:“元江直隶州,元江军站,马二匹,马夫一名。”

光绪《顺宁府志》卷9《建置志三》:“化念乡六十里至扬武坝,七十里至青龙厂,六十里至元江州。四十五里至莫浪,五十里至大歇厂。”

民国《元江志稿》卷3《交通》:“本城驿站,设号书一名,健夫三名。”

民国《新纂云南通志》卷56《交通考一》:“元江直隶州六驿,元江军站,设马二匹,驿夫一名。”

案:元江军站,在今云南省玉溪市元江县城。

2. 青龙厂军站

《置驿三》:“青龙厂军站,马二匹,马夫一名,莫浪塘军站,马二匹,马夫一名。”

光绪《顺宁府志》卷9《建置志三》:“化念乡六十里至扬武坝,七十里至青龙厂元,六十里至元江州。四十五里至莫浪,五十里至大歇厂。”

民国《元江志稿》卷3《交通》:“青龙厂驿站,设号书一名,健夫二名。”

民国《新纂云南通志》卷56《交通考一》:“青龙厂军站,设马二匹,驿夫一名。”

案:青龙厂军站,在今云南省玉溪市元江县北之青龙厂镇。

3. 莫浪塘军站

《置驿三》:“莫浪塘军站,马二匹,马夫一名。”

民国《元江志稿》卷3《交通》:“莫浪驿站,设号书一名,健夫二名。”

民国《新纂云南通志》卷56《交通考一》:“莫浪塘军站,设马二匹,驿夫一名。”

案:莫浪塘军站,在今云南省玉溪市元江县南13公里处之澧江镇莫郎村。

4. 大歇厂军站

《置驿三》:“大歇厂军站,马二匹,马夫一名。”

民国《元江志稿》卷3《交通》:“大歇厂驿站,设号书一名,健夫二名。”

民国《新纂云南通志》卷56《交通考一》:“大歇厂军站,设马二匹,驿夫一名。”

案:大歇厂军站,在今云南省玉溪市元江县西南约35公里处之咪哩乡大新村。

5. 新平县罗吕乡军站

《置驿三》:“新平县,罗吕乡军站,马二匹,马夫一名。”

民国《新平县志》卷10《交通 · 乡道》:“罗吕站,额设马二匹,夫一名。扬武站,额设马二匹,夫一名。以上二站共马四匹,夫二名,日支草干银七分二厘,每夫一名日支工银五分四厘。又每马一匹日支棚槽鞍钉等银三厘九毫四丝四忽四微,每年均赴臬司请领。清同治十三年,马匹裁尽,改设驿夫一名递送公文。光绪末年,薪水日减,不足養夫,一切公文请人顺带。驿传之设仅有其名而已。”

民国《新纂云南通志》卷56《交通考一》:“新平县罗吕乡军站,设马二匹,驿夫一名。”

案:新平县罗吕乡军站,应在今天云南省玉溪市峨山县境内。据道光《新平县志》卷1:“罗吕乡水源出羊毛冲、牛尾冲、化皮冲、合流南经罗吕,又南至甘棠,入怕念河,南流入大开门河。”又据《乾隆十三排图》(见下),知新平县罗吕乡军站在今云南省峨山县罗里村。

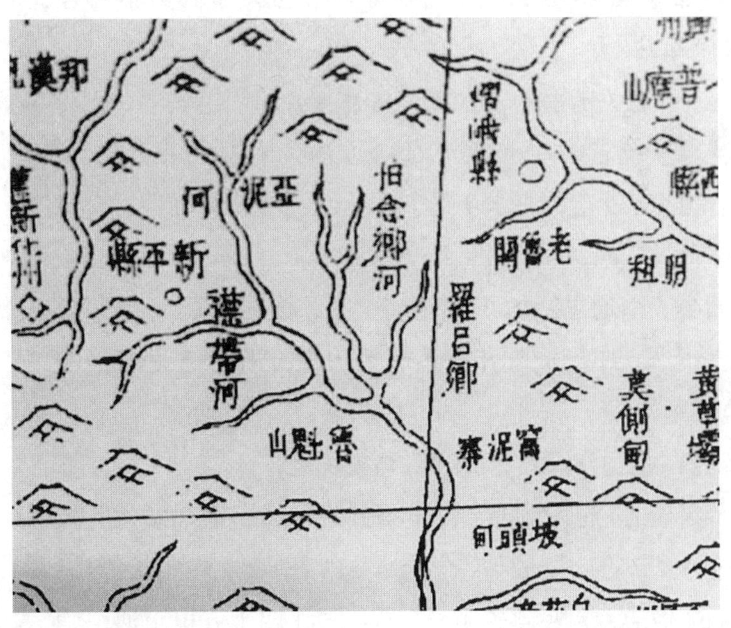

资料来源:《乾隆十三排图》。

6. 扬武坝军站

《置驿三》:“扬武坝军站,马二匹,马夫一名。”

民国《新平县志》卷10《交通·乡道》:“罗吕站,额设马二匹,夫一名。扬武站,额设马二匹,夫一名。以上二站共马四匹,夫二名,日支草干银七分二厘,每夫一名日支工银五分四厘。又每马一匹日支棚槽鞍钉等银三厘九毫四丝四忽四微,每年均赴臬司请领。清同治十三年,马匹裁尽,改设驿夫一名递送公文。光绪末年,薪水日减,不足养夫,一切公文请人顺带。驿传之设仅有其名而已。”

民国《新纂云南通志》卷56《交通考一》:“扬武坝军站,设马二匹,驿夫一名。”

案:扬武坝军站,在今云南省玉溪市新平县东南之扬武镇。

(九)普洱府属八驿

1. 宁洱县军站

《置驿三》:“宁洱县军站,马二匹,马夫一名。”

道光《普洱府志》卷5《邮驿》:“宁洱县,县前站、磨黑站、把边江站、通关哨站,计四站,每站台马二匹,共马八匹。”

光绪《顺宁府志》卷9《建置志三》:“布固江四十五里至通关哨,五十里至上把边江,四十五里至磨黑,四十五里至宁洱县。”

民国《新纂云南通志》卷56《交通考一》:“宁洱县军站,设马二匹,驿夫一名。”

案:宁洱县军站,在今云南省普洱市思茅区。清代为茶马古道之起点。

2. 通关哨军站

《置驿三》:“通关哨军站,马二匹,马夫一名。”

《嘉庆重修一统志》卷486普洱府:“通关哨,在县北一百九十五里。”

道光《普洱府志》卷5《邮驿》:“宁洱县,县前站,磨黑站、把边江站、通关哨站,计四站,每站台马二匹,共马八匹。”

民国《新纂云南通志》卷56《交通考一》:“通关哨军站,设马二匹,驿夫一名。”

案:通关哨军站,今云南省普洱市墨江县西南之通关镇。

3. 把边江军站

《置驿三》:“把边江军站,马二匹,马夫一名。”

道光《普洱府志》卷5《邮驿》:“宁洱县,县前站,磨黑站、把边江站,通关哨站,计四站,每站台马二匹,共马八匹。”

光绪《顺宁府志》卷9《建置志三》:“布固江四十五里至通关哨,五十里至上把边江,四十五里至磨黑,四十五里至宁洱县。"

民国《新纂云南通志》卷56《交通考一》:"把边江军站,设马二匹,驿夫一名。"

案:把边江军站,在今云南省普洱市宁洱县东北50公里处之磨黑镇把边乡。

4. 磨黑军站

《置驿三》:"磨黑军站,马二匹,马夫一名。"

道光《普洱府志》卷5《邮驿》:"宁洱县,县前站,磨黑站、把边江站,通关哨站,计四站,每站台马二匹,共马八匹。"

光绪《顺宁府志》卷9《建置志三》:"布固江四十五里至通关哨,五十里至上把边江,四十五里至磨黑,四十五里至宁洱县。"

民国《新纂云南通志》卷56《交通考一》:"磨黑军站,设马二匹,驿夫一名。"

案:磨黑军站,在今云南省普洱市东北25公里处之磨黑镇。

5. 蒙化厅合江军站

《置驿三》:"蒙化厅合江军站,马二匹,马夫一名。"

乾隆《续修蒙化直隶厅志》卷2《公馆》:蒙化厅北路有三圣庵公馆、合江铺公馆、漾濞驿公馆。

民国《新纂云南通志》卷56《交通考一》:"蒙化厅二驿。蒙化厅合江军站,设马二匹,驿夫一名。"

案:蒙化厅合江军站,在今云南省大理白族自治州巍山县城。

6. 洋濞军站

《置驿三》:"洋濞军站,马二匹,马夫一名。"

乾隆《续修蒙化直隶厅志》卷2《公馆》:蒙化厅北路有三圣庵公馆、合江铺公馆、漾濞驿公馆。

民国《蒙化县志》卷21《兵制志·驿传附》:"旧设开南、漾濞两驿。清初将开南驿裁去,漾濞则裁驿归堡。"

民国《新纂云南通志》卷56《交通考一》:"漾濞军站,设马二匹,驿夫一名。"

案:洋濞军站,亦作漾濞军站,在今云南省大理白族自治州漾濞县。

7. 他郎厅军站

《置驿三》:"他郎厅军站,马二匹,马夫一名。"

道光《普洱府志》卷5:"他郎厅……本城布固江口二处,各设一站,每站额设台马二匹,共四匹。"

民国《新纂云南通志》卷56《交通考一》:“他朗厅军站,设马二匹,驿夫一名。”

案:他郎厅军站,在今云南省普洱市墨江县县城。

8. 阿黑江军站

《置驿三》:“阿黑江军站,马二匹,马夫一名。”

民国《新纂云南通志》卷56《交通考一》:“阿黑江军站,设马二匹,驿夫一名。”

案:阿黑江军站,在今云南省普洱市墨江县。查《乾隆十三排图》(见下),“阿黑江军站”作“阿墨江塘”,应在今云南省墨江县忠爱桥乡。

忠爱桥,原为清代墨江“他郎八景”之一“墨江锦浪”所在地。忠爱桥下的瞻鲁坪江亦即阿墨江。清代《普洱府志》载有他郎文人诗曰:“活水源流涨墨江滔滔碧浪泻飞泷。龙宾一洒如椽笔,锦绣文章聚此邦。”同治十二年(1873)建瞻鲁坪桥于江两岸,桥名取忠爱桥,即忠君爱国之意,桥长11.5米,宽3.3米,木梁瓦顶桥头堡,铁索木板桥面,桥头堡各悬有“滇南第一桥”和“长虹天际”金匾。大桥西边,山高谷深,森林茂密,是滇南大道的一道重要关卡,南来北往的马帮行人都顺沿着险峻的山岭盘旋而下。到了谷底,一线江流和横插两岸悬崖的大桥才突然展现,令人惊叹不已。1953年,为了修通昆(明)(打)洛公路交

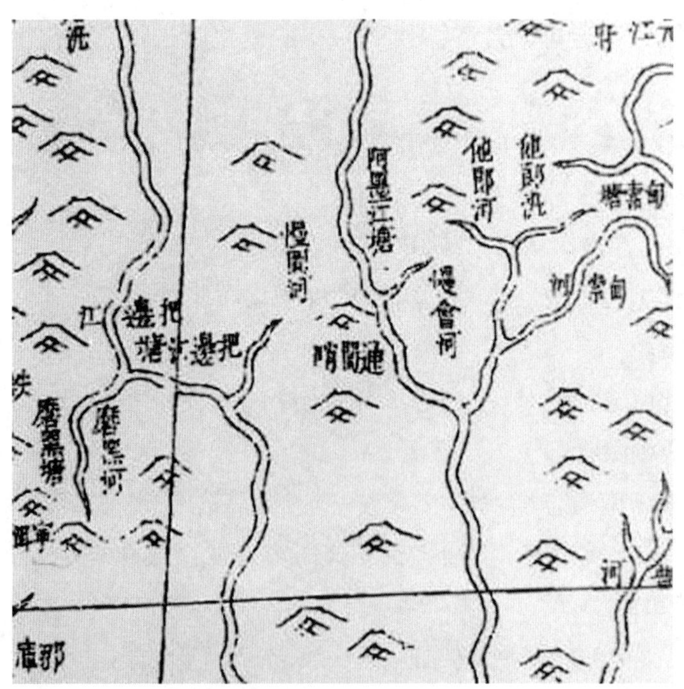

资料来源:《乾隆十三排图》。

通，公路施工处拆弃了原忠爱桥，新修了一座汽车通行的公路石拱桥，仍称忠爱桥。朱德曾为之题词。昆洛公路至今仍畅通无阻，对思普区边疆国防巩固和经济发展起到了重要作用。（黄桂枢：《新编思茅风物志》，云南人民出版社 2000 年，第 26 页。）

（十）永昌府属二十三驿

1. 保山县军站

《置驿三》："保山县军站，马二匹，马夫一名。"

民国《新纂云南通志》卷 56《交通考一》："保山县军站，设马二匹，驿夫一名。"

案：保山县军站，在今云南省保山市隆阳区。

2. 杉木和军站

《置驿三》："杉木和军站，马二匹，马夫一名。"

光绪《永昌府志》卷 6《山川》："沙木和河，在城东北一百二十里，流出顺宁入澜沧江。"卷 16《邮递》："永昌府东北一百一十五里至杉木和堡。"

《嘉庆重修一统志》卷 487 永昌府："沙木和堡，在保山县东北一百二十里。"

光绪《永昌府志》卷 11《公馆》："公馆有八……一在杉木和。"

民国《新纂云南通志》卷 56《交通考一》："杉木和军站，设马二匹，驿夫一名。"

案：杉木和军站，在今云南省大理白族自治州永平县西南约 20 公里处之杉阳镇。

3. 威宁哨军站

《置驿三》："威宁哨军站，马二匹，马夫一名。"

光绪《永昌府志》卷 11《公馆》："公馆有八……一在威宁哨，久废。"

民国《新纂云南通志》卷 56《交通考一》："威宁哨军站，设马二匹，驿夫一名。"

案：威宁哨军站，约在今云南省保山市政府驻地一带。

4. 官坡军站

《置驿三》："官坡军站，马二匹，马夫一名。"

光绪《永昌府志》卷 6《山川》："官坡，在城东北四十里，为入永大道，崎岖陡峻。康熙三十四年，总兵周化凤捐俸修砌，凡数百余里，行者便焉。"卷 11《公馆》："公馆有八……一在官坡。光绪五年知县刘云章重建。"

民国《新纂云南通志》卷 56《交通考一》："官坡军站，设马二匹，驿夫一名。"

案：官坡军站，在今云南省保山市隆阳区东北 7 公里处之板桥镇官坡村。

5. 蒲缥军站

《置驿三》："蒲缥军站，马二匹，马夫一名。"

康熙《永昌府志》卷6《疆域》："蒲缥驿铺，三十五里（至）打板菁铺。"

乾隆《腾越州志》卷13《记载下》："（怒江）源自蒙番，南流少东，经怒夷山，乃入滇界。循山西行，南五百里至永昌境蒲缥站。"

乾隆《永昌府志》卷6《疆域》："永昌府西南六十里至蒲缥堡。"

光绪《永昌府志》卷11《公馆》："公馆有八……一在蒲缥，今废。"

民国《新纂云南通志》卷56《交通考一》："官坡军站，设马二匹，驿夫一名。"

案：蒲缥军站，在今云南省保山市西南约32公里处之蒲缥镇。

6. 腾越州本州军站

《置驿三》："腾越州本州军站，马二匹，马夫一名。"

光绪《腾越厅志稿》卷4《建制·邮驿》："乾隆三十一年，边事起，设立驿站，设马二十匹六十匹不等。"又同卷："驿站九台：厅城、橄榄站（各设马二十匹）、曩宋关（设马十五匹）、龙抱树、喇喙、蛮笼、陇川、景坎、虎踞关（各设马十匹）。"

民国《新纂云南通志》卷56《交通考一》："腾越州军站，设马二匹，驿夫一名。"

案：腾越州本州军站，在今云南省保山市腾冲市区。

7. 橄榄台军站

《置驿三》："橄榄台军站，马二匹，马夫一名。"

康熙《永昌府志》卷6《疆域》："橄榄坡铺，二十里（至）赤土铺。"

乾隆《腾越州志》卷2《疆域》："自州六十里至橄榄站。"

光绪《永昌府志》卷6《山川》："橄榄坡，在厅东六十里，地产橄榄，故名。"

光绪《腾越厅志稿》卷4《建制·邮驿》："厅城、橄榄站各设马二十匹。"

民国《新纂云南通志》卷56《交通考一》："橄榄台军站，设马二匹，驿夫一名。"

案：橄榄台军站，在今云南省保山市腾冲市上营乡大水塘村之橄榄寨。

8. 曩宋军站

《置驿三》："曩宋军站，马二匹，马夫一名。"

乾隆《腾越州志》卷3《山水》："曩宋河在城南六十里。"

乾隆《腾越州志》卷4《城署》："驿站九台，州城、橄榄均设马二十匹，曩宋关设马十五匹。"

光绪《永昌府志》卷4《疆域》："腾越厅，在府西南……南至曩宋关接南甸界七十里。"

民国《新纂云南通志》卷56《交通考一》:"曩宗军站,设马二匹,驿夫一名。"

案:曩宋军站,在今云南省德宏傣族景颇族自治州梁河县东北之曩宋乡。

9. 龙抱树军站

《置驿三》:"抱树军站,马二匹,马夫一名。"

乾隆《腾越州志》卷2《疆域》:"由南甸左行六十里为龙抱树。"

光绪《腾越厅志稿》卷4《建制·邮驿》:"龙抱树、喇唻、蛮笼、陇川、景坎、虎踞关各设马十匹。"

民国《新纂云南通志》卷56《交通考一》:"龙抱树军站,设马二匹,驿夫一名。"

案:龙抱树军站,由乾隆《腾越州志》知南甸至龙抱树为六十里。查南甸在今云南省梁河县,由梁河县至闭田乡需76.8公里,故龙抱树军站应在今云南省德宏傣族景颇族自治州梁河县小厂乡龙抱树村。

10. 喇喇军站

《置驿三》:"喇喇军站,马二匹,马夫一名。"

光绪《腾越厅志稿》卷4《建制·邮驿》:"龙抱树、喇唻、蛮笼、陇川、景坎、虎踞关各设马十匹。"

民国《新纂云南通志》卷56《交通考一》:"别喇军站,设马二匹,驿夫一名。"

案:喇喇军站,约在今云南省保山市腾冲市南之新华乡一带。

11. 蛮笼军站

《置驿三》:"蛮笼军站,马二匹,马夫一名。"

光绪《腾越厅志稿》卷3《道里》:"由南甸左行,六十里(至)龙抱树,五十里杉木笼,三十里蛮陇,六十里陇川。"卷4《建制·邮驿》:"龙抱树、喇唻、蛮笼、陇川、景坎、虎踞关各设马十匹。"

民国《新纂云南通志》卷56《交通考一》:"蛮笼军站,设马二匹,驿夫一名。"

案:蛮笼军站,在今云南省德宏傣族景颇族自治州陇川县曼弄坝。南甸为今云南德宏傣族景颇族自治州梁河县,龙抱树在今梁河县小厂乡龙抱树村,杉木笼在今陇川县杉木笼村。

12. 永平县军站

《置驿三》:"永平县军站,马二匹,马夫一名。"

《嘉庆重修一统志》卷487永昌府:"永平堡,在永平县城东五里。又有漾备上堡在县东七十里。"

光绪《永昌府志》卷16《邮递》:"杉木和堡七十五里至永平堡。"

民国《新纂云南通志》卷56《交通考一》:“永平县军站,设马二匹,驿夫一名。”

案:永平县军站,在今云南省大理白族自治州永平县城。

13. 太平军站

《置驿三》:“太平军站,马二匹,马夫一名。”

康熙《永昌府志》卷6《疆域》:“打牛坪铺,三十里(至)太平铺。”

民国《新纂云南通志》卷56《交通考一》:“太平军站,设马二匹,驿夫一名。”

案:太平军站,在今云南省腾冲县太平铺后山附近。永昌府下有太平县所属太平铺,有腾越州所属太平铺。结合《乾隆十三排图》(见下),知太平军站在橄榄站南,分水岭北,龙川江东,太平铺既距腾越州不过一百一十里,可考知此太平铺在今云南省腾冲县太平铺后山附近,非太平县之太平军站。

资料来源:《乾隆十三排图》。

14. 黄连军站

《置驿三》:“黄连军站,马二匹,马夫一名。”

康熙《永昌府志》卷6《疆域》:“黄连堡,二十五里至打牛坪堡。”

乾隆《云南通志》卷6《邮传》:“黄连堡,永平县属,七十五里至永平县。”

《嘉庆重修一统志》卷487永昌府:“黄连堡,在永平县东一百里。”

案:黄连军站,在今云南省大理白族自治州永平县东北之黄连村。

15. 天井军站

《置驿三》:“天井军站,马二匹,马夫一名。”

康熙《永昌府志》卷6《疆域》:“天井铺,二十里。”

光绪《顺宁府志》卷4《地理志二》:“《顺宁府志》:澜沧自保山南南窝都鲁坳东北入境,行保山天井铺,分支东南行山之东。”

案:天井军站,在今云南省大理白族自治州永平县西南之杉阳镇与花桥村之间。

16. 花桥军站

《置驿三》:“花桥军站,马二匹,马夫一名。”

康熙《永昌府志》卷4《山川》:“花桥,在县西三十五里。”又同卷:“花桥关,在县西南四十里。”

康熙《永昌府志》卷6《疆域》:“花桥铺,二十五里(至)桃源铺。”

光绪《永昌府志》卷12《关哨汛塘》:“永平县花桥关。永平县西南有花桥河,上有花桥关,亦曰玉龙关。在城西南四十里,下有花桥河,控扼险阨之处也。”

民国《新纂云南通志》卷56《交通考一》:“花桥军站,设马二匹,驿夫一名。”

案:花桥军站,在今云南省大理白族自治州永平县西南之花桥村。

17. 龙陵厅龙陵军站

《置驿三》:“龙陵厅,龙陵军站,马二匹,马夫一名。”

民国《龙陵县志》卷4《邮驿》:“由县治九十里至镇安所堡。”

民国《新纂云南通志》卷56《交通考一》:“龙陵厅军站,设马二匹,驿夫一名。”

案:龙陵厅龙陵军站,在今云南省保山市龙陵县城。

18. 蛮怕军站

《置驿三》:“蛮怕军站,马二匹,马夫一名。”

乾隆《腾越州志》卷2《疆域》:“蛮怕七甲。”

民国《新纂云南通志》卷56《交通考一》:“蛮怕军站,设马二匹,驿夫一名。”

案:蛮怕军站,在今云南省保山市龙陵县镇安镇东北约30公里处之邦别村。

19. 邦迈军站

《置驿三》:“拜迈军站,马二匹,马夫一名。”

民国《龙陵县志》卷4《邮驿》:“由镇安所堡三十里至邦迈堡,由邦迈堡一百里至塘子寨堡。”

光绪《永昌府志》卷16《邮递》:“塘子寨堡一百里至邦迈堡。邦迈堡三十里至镇安所堡”

民国《新纂云南通志》卷56《交通考一》:邦迈军站,设马二匹,驿夫一名。

民国《龙陵县志》卷5《经费》:“新设塘子寨、马上树、蛮老、营头、邦迈、镇安所、黄草坝、龙陵八铺。"

案：邦迈军站，在今云南省保山市龙陵县东北镇安镇之邦迈村。

20. 潞江军站

《置驿三》："潞江军站，马二匹，马夫一名。"

康熙《永昌府志》卷4《山川》："潞江，在城西百里，脊名怒江，源出雍望经安抚司，其深莫测，两岸平广，夏秋多瘴毒难行，昔渡以绳桥，今渡以舟。"

乾隆《腾越州志》卷2《疆域》："永昌西南百十里为潞江。"

民国《新纂云南通志》卷56《交通考一》：潞江军站，设马二匹，驿夫一名。

案：潞江军站，在今云南省保山市隆阳区潞江镇。

21. 蒲蛮军站

《置驿三》："蒲蛮军站，马二匹，马夫一名。"

乾隆《腾越州志》卷2《疆域》："自州六十里至橄榄站，又三十里度龙江桥，又二十里太平铺，又二十里分水岭，又二十里至蒲蛮哨，又二十里至八湾。"

民国《新纂云南通志》卷56《交通考一》：蒲蛮军站，设马二匹，驿夫一名。

民国《龙陵县志》卷4《关哨塘汛》："蒲蛮哨，交腾越界。"

案：蒲蛮军站，在今云南省保山市隆阳区西南之蒲满哨。

22. 镇安所军站

《置驿三》："镇安所军站，马二匹，马夫一名。"

康熙《永昌府志》卷20《古迹》："镇安所城，在猛林寨旧潞江安抚司，明万历年建，所裁城存。"

乾隆《永昌府志》卷22《古迹》："镇安所土城，距厅八十五里，土城今废。"

民国《新纂云南通志》卷56《交通考一》：镇安州军站，设马二匹，驿夫一名。

民国《龙陵县志》卷4《邮驿》："由县治九十里至镇安所堡，由镇安所堡三十里至邦迈。"

案：镇安所军站，在今云南省保山市龙陵县东北约23公里处之镇安镇。

23. 黄埠坝军站

《置驿三》："黄埠坝军站，马二匹，马夫一名。"

民国《新纂云南通志》卷56《交通考一》：黄埠坝军站，设马二匹，驿夫一名。

案：黄埠坝军站，约在今云南省保山市龙陵县东北之龙新乡黄草坝村一带。

贵州

一、贵州地理概述

贵州地区在中国历史的前期,因秦代在省境东部设黔中郡,而简称黔。地理位置的险要为贵州地方势力的割据造成极佳的条件,因此在贵州的历史上曾经出现了夜郎国、播州杨氏、水西少数民族等众多政权。自明代起,贵州省的名称固定下来。贵州更像联系通道,“黔,天末也,为楚滇之孔道。羊肠一线,诘曲难前,而出使传命,络绎不绝。”①镇远—贵阳—安顺一线是整个省境内驿站最为集中的地方,也是城镇最为密集的地区,呈现出东西较为发达、南北相对集中的特色。因为对贵州而言,交通线到达什么地区,就会给什么地区带来发展的动力,改善交通条件是改变当地状况的重要方式,这些都服务于中央控制西南的需要。

二、贵州驿道走向

清代贵州置驿 25 处,主要干线由湖南入境,东北—西南贯穿全省,直至云南。另外一条干线则由贵阳北接四川。

1. 连接湖广与云南的驿路干线

自京城皇华驿至贵州省城,共 4755 里。由湖南芷江县晃州驿入境,60 里至贵州玉屏县驿,50 里至青溪县驿,80 里至镇远县驿,65 里至施秉县偏桥驿,60 里至黄平州兴隆驿,35 里至黄平州重安江驿,35 里至清平县清平驿,50 里至平越县杨老驿,40 里至平越县西阳驿,50 里至贵定县新增驿,60 里至龙里县驿,60 里至贵筑县驿。

---

① 卫既齐修,薛载德纂:《贵州通志》卷 36,康熙三十六年修,贵州省图书馆 1965 年油印本。

贵州贵筑县驿分道西南,50里至清镇县威清驿,50里至安平县平坝驿,95里至普定县普利驿,65里至镇宁州安庄驿,60里至永宁州坡贡驿,60里至永宁州郎岱驿,50里至安南县阿都田驿,45里至普安县白沙关驿,45里至普安厅上寨驿,60里至普安厅刘官屯驿,80里至普安厅亦资孔驿,70里至云南平彝县多罗驿。

2. 西北至四川

由贵筑县驿分道向西北方向,50里至清镇县城,60里至镇西卫,40里至鸭池河,60里至黔西州,60里至干堰塘,65里至大定府城,50里至沙子哨,50里至毕节县,60里至层台,50里至白岩,50里至四川赤水河。

三、贵州置驿二十三处

(一)贵州府属三驿

1. 贵筑县皇华驿

《置驿三》:"贵筑县皇华驿,马六十匹,马夫三十名,长夫一百名。"

乾隆《贵州通志》卷6《邮传》:"皇华驿,在省城,上至清镇四十五里,下至龙里五十里。"

《嘉庆重修一统志》卷500贵阳府:"皇华驿,在府治。上通清镇,下达龙里。"

道光《贵阳府志》卷35《宫室图记》:"驿舍之在贵阳者三,曰皇华驿在贵阳城,曰龙里驿在龙里城,曰新添驿在贵定城。"又同卷:"皇华驿,在贵筑县署左。"

案:贵筑县皇华驿,在今贵州省贵阳市花溪区。贵筑县,清康熙二十六年(1687)废贵州、贵前二卫改置。

2. 龙里县龙里驿

《置驿三》:"龙里县龙里驿,马五十匹,马夫二十五名,长夫一百名。"

乾隆《贵州通志》卷6《邮传》:"龙里驿,在龙里县,上至省城五十里,下至新添六十里,本县知县管理。"

《嘉庆重修一统志》卷500贵阳府:"龙里驿,在龙里县西。上通省城,下达新添。"

道光《贵阳府志》卷35《宫室图记》:"龙里驿,在龙里县城内。"

案:龙里县龙里驿,明代洪武四年置,在今贵州省黔南布依族苗族自治州龙里县城。

3. 贵定县新添驿

《置驿三》:“贵定县新添驿,马五十匹,马夫二十五名,长夫一百名。”

乾隆《贵州通志》卷6《邮传》:“新添驿,在贵定县,上至龙里六十里,下至酉阳五十里,本县知县管理。”

《嘉庆重修一统志》卷500贵阳府:“新添驿,在贵定县南。上通龙里,下达黄丝驿,为往来要道。”

道光《贵阳府志》卷35《宫室图记》:“新添驿,在贵定县署。”

案:贵定县新添驿,在今贵州省黔南布依族苗族自治州贵定县城。明代设新添卫,清代省去,将贵定县治由旧治镇移至卫治之地。

(二)思州府属二驿

1. 玉屏县玉屏驿

《置驿三》:“玉屏县玉屏驿,马五十匹,马夫二十五名,长夫一百名。”

乾隆《贵州通志》卷6《邮传》:“玉屏驿,在玉屏县,上至青溪五十里,下至楚省晃州驿六十里,玉屏县知县管理。”

乾隆《玉屏县志》卷3《建设志·邮递》:“玉屏驿,在城内县署右,上至青溪驿五十里,下至湖广晃州驿六十里。”

案:玉屏县玉屏驿,在今贵州省铜仁市玉屏侗族自治县县城。玉屏县清雍正五年(1727)改平溪卫置,属思州府。以北部有玉屏山而得名。

2. 清溪县清溪驿

《置驿三》:“清溪县清溪驿,马五十匹,马夫二十五名,长夫一百名。”

乾隆《贵州通志》卷6《邮传》:“青溪驿,在青溪县。上至镇远五十里,下至玉屏五十里。青溪县知县管理。”

乾隆《玉屏县志》卷3《建设志·邮递》:“玉屏驿,在城内县署右,上至青溪驿五十里,下至湖广晃州驿六十里。”

案:清溪县清溪驿,在今贵州省黔东南苗族侗族自治州镇远县东北之青溪镇。清溪县即青溪县,清置,民国时裁。

(三)镇远府属四驿

1. 镇远县镇远驿

《置驿三》:“镇远县镇远驿,马五十匹,马夫二十五名,长夫一百名。”

乾隆《贵州通志》卷6《邮传》:“镇远驿,在府城内,上至施秉五十里,下至清溪五十里,原系镇远府知府管理。国朝康熙四十一年,巡抚王燕题归镇远县知县管理。”

乾隆《镇远府志》卷21《邮传》:“镇远驿,在府城内。上至施秉七十里,下至清溪九十里。”

《嘉庆重修一统志》卷503镇远府:“镇远驿,在府城西。”

案:镇远县镇远驿,明代置,在今贵州省黔东南苗族侗族自治州镇远县城。

2. 施秉县偏桥驿

《置驿三》:“施秉县偏桥驿,马五十匹,马夫二十五名,长夫一百名。”

乾隆《贵州通志》卷6《邮传》:“偏桥驿,在施秉县,上至黄平五十里,下至镇远五十里,初以偏桥卫守备管理,后裁卫入施秉,专设驿丞管理。”

乾隆《镇远府志》卷21《邮传》:“偏桥驿,在施秉县上至黄平六十里,下至镇远七十里,初以偏桥卫守备管理,后裁卫入施秉,专设驿丞管理。国朝康熙五十三年巡抚刘荫枢题裁驿丞,归施秉县知县管理。”

《嘉庆重修一统志》卷503镇远府:“偏桥驿,在府城西偏桥司东。”

案:施秉县偏桥驿,明代置,在今贵州省黔东南苗族侗族自治州施秉县城东。

3. 黄平州重安江驿

《置驿三》:“黄平州重安江驿,马五十匹,马夫二十五名。”

乾隆《贵州通志》卷6《邮传》:“重安江驿,在重安江腰站。国朝康熙十年,巡抚佟凤彩题设。”

乾隆《贵州通志》卷8《营建志》:“重安江驿驿丞署,在重安江。”

《嘉庆重修一统志》卷503镇远府:“重安江驿,在黄平州西南。本朝康熙十年置,为清平要道。”

案:黄平州重安江驿,康熙十年置,在今贵州省黔东南苗族侗族自治州黄平县南之重安镇。地处重安江北岸,明重安长官司地,1932年设镇,以江名。

4. 兴隆驿

《置驿三》:“兴隆驿,马五十匹,马夫二十五名,长夫一百名。”

乾隆《贵州通志》卷6《邮传》:“兴隆驿,在黄平州,上至重安江三十里,下至施秉五十里,初以兴隆卫守备管理,后裁卫归黄平州知州管理。”

《嘉庆重修一统志》卷503镇远府:“兴隆站,在黄平州境。”

道光《贵阳府志》卷62《政绩录一》:"贵阳东至湖广则有兴隆驿。"

案:兴隆驿,在今贵州省黔东南苗族侗族自治州黄平县城。明代洪武二十二年(1389)置兴隆卫,属贵州都司。清康熙二十六年(1687)省入黄平州。民国初年改州置县。

(四)安顺府属六驿

1. 普定县普利驿

《置驿三》:"普定县普利驿,马五十匹,马夫二十五名,长夫一百名。"

乾隆《贵州通志》卷6《邮传》:"普利驿,在府城内,上至镇宁五十里,下至安平六十里,向系安顺府管理。国朝康熙四十一年,巡抚王燕题归普定县知县管理。"

《嘉庆重修一统志》卷501安顺府:"普利驿,在府城南。上通镇宁,下达平坝。"

咸丰《安顺府志》卷13《关路津梁》:"安顺府普利驿,在府城内,上至镇宁五十里,下至安平六十里。"

案:普定县普利驿,明代洪武时置,在今贵州省安顺市西秀区。普定县在清代为安顺府附郭县,民国初,县治移至定南,即今普定县城关。

2. 镇宁州安庄驿

《置驿三》:"镇宁州安庄驿,马五十匹,马夫二十五名,长夫一百名。"

乾隆《贵州通志》卷6《邮传》:"安庄驿,在镇宁州,上至坡贡五十里,下至普利五十里,本州知州管理。"

《嘉庆重修一统志》卷501安顺府:"安庄驿,在镇宁州城东门内。"

咸丰《安顺府志》卷19《营建·公所》:"安庄驿,在州署左。"

光绪《镇宁州志》卷2《公所》:"安庄驿,在州署左。同治丙寅毁于贼。"

案:镇宁州安庄驿,在今贵州省安顺市镇宁布依族苗族自治县城。

3. 永宁州坡贡驿

《置驿三》:"永宁州坡贡驿,马五十匹,马夫二十名,长夫一百名。"

乾隆《贵州通志》卷6《邮传》:"坡贡驿,在坡贡,上至郎岱四十五里,下至镇宁五十里,以关岭驿驿丞加巡检衔移驻管理。"又同卷:"(雍正)七年总督鄂尔泰巡抚张广泗题请开路改站,将上游旧设之盘江、江西坡二驿裁去,以关岭、查城、尾洒、新兴、软桥、湘满六驿改设为新路之坡贡、郎岱、列当、礶子窑、杨松、刘官屯六驿。"

《嘉庆重修一统志》卷501安顺府:"坡贡驿,在永宁州北四十里。上通郎岱厅,下达安庄。州北旧有查城驿,雍正六年裁,改置于此。”

道光《永宁州志》卷4《营建·公署》:“坡贡驿驿丞署,在坡贡。雍正十二年建,今为驿馆。”

咸丰《安顺府志》卷12《古迹》:“坡贡驿驿丞署,在永宁州北坡贡。”

案:永宁州坡贡驿,在今贵州省安顺市关岭布依族苗族自治县坡贡镇。

4. 郎岱驿

《置驿三》:“郎岱驿,马五十四,马夫二十五名,长夫一百名。”

乾隆《贵州通志》卷6《邮传》:“郎岱驿,在郎岱,上至毛口三十二里,下至坡贡四十五里,郎岱同知管理。”

《嘉庆重修一统志》卷501安顺府:“郎岱驿,在郎岱厅城内。”

咸丰《安顺府志》卷13《关路津梁》:“郎岱驿,在郎岱,上至毛口驿三十二里,下至坡贡四十五里。”

案:郎岱驿,在今贵州省六盘水市六枝特区西南之郎岱镇。清代曾设郎岱厅,置巡检司。

5. 清镇县威清驿

《置驿三》:“清镇县威清驿,马五十四,马夫二十五名,长夫一百名。”

乾隆《贵州通志》卷6《邮传》:“威清驿,在清镇县,上至安平五十五里,下至贵筑四十五里,本县知县管理。”

《嘉庆重修一统志》卷501安顺府:“威清驿,在清镇县南。上通安平,下达省城,为往来要道。”

咸丰《安顺府志》卷20《营建志三·公所》:“威清驿,在城,县署左。”

案:清镇县威清驿,在今贵州省贵阳市清镇市区南。清康熙时期以明代威清、镇西二卫合并置县,属安顺府。由二卫各取一字为名。

6. 安平县平坝驿

《置驿三》:“安平县,平坝驿,马五十四,马夫二十五名,长夫一百名。”

乾隆《贵州通志》卷6《邮传》:“平坝驿,在安平县,上至普定六十里,下至清镇五十五里,本县知县管理。”

《嘉庆重修一统志》卷501安顺府:“平坝驿,在安平县东南。本朝康熙二十六年置。上通普定,下达清镇。”

咸丰《安顺府志》卷27《经制志·驿制》:“平坝驿,在安平县,上至普定六十里,下至清镇五十五里。本县知县管理。”

案:安平县平坝驿,明代永乐中置,在今贵州省安顺市平坝区。清康熙时改平坝卫为县,属安顺府。民国初年因与直隶省(今河北省)安平县重名,改为平坝县,2014 年撤县设区,属安顺市。

(五)兴义府属二驿

1. 普安县白沙关驿

《置驿三》:"普安县,白沙关驿,马五十四,马夫二十五名,长夫一百名。"

咸丰《兴义府志》卷 30《经制志 · 驿站》:"普安县原设罐子窑,驿丞乾隆二十年改移白沙,借普安厅地。'"又云:"'越安南之北境曰白沙,则厅属之插花地,而驿则普安县借地以设者也'"又云:"白沙驿,在普安厅之白沙关,普安县知县管理。"

民国《普安县志》卷 9《驿站》:"新兴、江西坡二驿,雍正七年裁废。别设舍基场驿,旋又改设罐子窑驿。乾隆二十年,又改移白沙,此后仅存白沙驿。"

案:普安县白沙关驿,在今贵州省黔西南布依族苗族自治州普安县东北之白沙乡。白沙关驿为乾隆二十年由罐子窑驿迁置,所借地为普安厅所属,位于安南县北境之插花地,但驿站管辖权归普安县所有。查在今贵州省普安县东北之白沙乡。

2. 安南县阿都田驿

《置驿三》:"安南县阿都田驿,马五十四,马夫二十五名,长夫一百名。"

咸丰《兴义府志》卷 7《地理志》:"阿都田驿,东至郎岱厅那当铺二十里,西至普安县半坡铺三十七里,此新驿路。"卷 15《官制》:"(乾隆)二十七年裁列当驿,改设阿都田驿。"卷 30《经制志 · 驿站》:"阿都田驿,在安南之阿都田,安南县知县管理。"

咸丰《安顺府志》卷 27《经制志 · 兵制》:"兵二百名分防阿都田汛,在安南县北。"

案:安南县阿都田驿,在今贵州省黔西南布依族苗族自治州晴隆县花贡镇都田村。

(六)普安直隶厅属三驿

1. 普安直隶厅上寨驿

《置驿三》:"普安直隶厅,上寨驿,马五十四,马夫二十五名,长夫一百名。"

乾隆《普安州志》卷 6《城池》:"雍正六年改修新路……江西坡驿向属普安县

管,改为杨松驿隶普安州……乾隆十七年奉部改老鹰崖路,以杨松驿改设上寨。”

《嘉庆重修一统志》卷514普安厅:“上寨驿,在厅北七十里。本朝乾隆二十年置。”

咸丰《兴义府志》卷30《经制志·驿站》:“上寨驿,在普安县普安厅交界之上寨,乾隆中置,今为普安厅之驿不隶府。……康熙中,凡驿三:曰安南驿、新兴驿、江西坡驿。其江西坡驿在安南普安交界处,为安南县之驿,乃康熙九年黔抚佟凤采疏增之腰驿也。至雍正中,总督鄂尔泰疏改驿路,旧三驿皆废……今之上寨驿,虽在普安县普安厅交界,实为普安厅驿。”

案:普安直隶厅上寨驿,在今贵州省黔西南布依族苗族自治州普安县窝沿乡上寨村。康熙九年黔府佟凤采上疏于安南普安交界处增一腰驿,翌年即于今普安县东江西坡镇设江西坡驿,隶普安县,雍正六年改修新路,改江西坡驿为杨松驿,隶普安州,乾隆十七年,又将杨松驿向西北移至普安县与普安厅之交界,改名上寨驿。

2. 刘官屯驿

《置驿三》:“刘官屯驿,马五十匹,马夫二十五名,长夫一百名。”

乾隆《贵州通志》卷6《邮传》:“刘官屯驿,在普安州北五里,上至亦资孔五十里,下至杨松三十四里,以软桥驿驿丞加巡检衔管理。”

乾隆《普安州志》卷6《城池》:“雍正六年改修新路,裁湘满驿,将软桥驿改设刘官屯。”

《嘉庆重修一统志》卷514普安厅:“刘官屯驿,在厅西十里。”

咸丰《兴义府志》卷30《经制志·驿站》:“刘官屯驿,雍正中置,旧属普安州隶府,今为普安厅之驿,不隶府。”

案:刘官屯驿,在今贵州省六盘水市盘县东北之刘官镇。康熙九年,黔抚佟凤彩因新兴驿至普安驿八十里皆悬崖深涧,盘旋崎岖,道路难行,故上疏于软桥坡设软桥驿为腰站,在今贵州省盘县英武乡软桥哨村,雍正六年改设驿路,又将软桥驿改至刘官屯,即刘官屯驿,在今贵州省盘县东北之刘官镇。

3. 亦资孔驿

《置驿三》:“亦资孔驿,马五十匹,马夫二十五名,长夫一百名。”

乾隆《贵州通志》卷6《邮传》:“亦资孔驿,在亦资孔,上至滇省多罗驿六十里,下至刘官屯五十里,初以普安卫守备管理。国朝康熙二十六年裁卫,设驿丞管理。”

乾隆《普安州志》卷6《城池》:“亦资孔驿,在治西七十里,乾隆二十一年,改归州管。”

《嘉庆重修一统志》卷514普安厅:“亦资孔驿,在厅西南八十里。”

咸丰《兴义府志》卷30《经制志·驿站》:“亦资孔驿,明时置。资孔驿亦曰亦资孔站,在石象山下,西七十里至云南之平夷,滇黔孔道也。天启二年,安邦彦叛,围贵州西掠云南。抚臣闵洪学遣兵援黔,收复新兴、普安等城及亦资孔站,即此驿也。……今亦资孔驿为普安厅之驿,非郡属之驿矣。”

案:亦资孔驿,明代洪武二十年十二月建,在今贵州省六盘水市盘县南红果镇之亦资孔。亦资孔驿当滇黔孔道,为黔省西南门户,清田雯《古欢堂集》卷35述之曰:“亦资孔驿当滇黔两戒之交,十步之内,疆土风物妍媸顿殊,一似造物有心,自洪荒时划山川而为二者,亦甚可怪也。”

(七)都匀府属一驿

清平县清平驿

《置驿三》:“清平驿,马五十匹,马夫二十五名,长夫一百名。”

弘治《贵州图经新志》卷12:“清平驿,在卫城南一里,洪武十六年建,为翁霾驿,隶四川黄平安抚司。洪武十九年改清平驿,隶平越卫。”

乾隆《贵州通志》卷6《邮传》:“清平驿,在清平县城,上至杨老三十里,下至重安江三十里,清平县知县管理。”

《嘉庆重修一统志》卷502都匀府:“清平驿,在清平县南一里。”

咸丰《安顺府志》卷31《职官志四》:“自清平驿至平越驿八十余里。”

案:清平县清平驿,在今贵州省黔东南苗族侗族自治州凯里市西北炉山镇南。

(八)平越直隶州属二驿

1. 平越直隶州酉阳驿

《置驿三》:“平越直隶州酉阳驿,马五十匹,马夫二十五名,长夫一百名。”

乾隆《贵州通志》卷6《邮传》:“酉阳驿,在酉阳,即平越移驻。上至贵定五十里,下至杨老四十里。平越县知县管理。”

光绪《平越直隶州志》卷4《地理五》:“酉阳驿,在酉阳,即平越移驻。上至贵定五十里,下至杨老四十里。……今为直隶州知州管理。”

案：平越直隶州酉阳驿，在今贵州省黔南布依族苗族自治州福泉市马场坪街道鱼酉村。明代曾在此设酉阳铺。

2. 杨老驿

《置驿三》："杨老驿，马五十四，马夫二十五名。"

弘治《贵州图经新志》卷12："杨老站，在卫城东三十里，洪武二十一年建。"

乾隆《贵州通志》卷6《邮传》："杨老驿，在杨老腰站，上至酉阳四十里，下至清平三十里，初以平戎卫经历管理。国朝康熙十二年，设驿丞管理。"

《嘉庆重修一统志》卷512平越州："杨老坡驿，在州城东。又有杨老坡站。"

咸丰《安顺府志》卷44《艺文志一》："平越至杨老驿四十里。"

光绪《平越直隶州志》卷4《地理五》："杨老驿，在杨老腰站。上至酉阳四十里，下至清平三十里。康熙间设驿丞管理，今知州管理。"

案：杨老驿，在今贵州省黔南布依族苗族自治州福泉市东南之凤山镇杨老村。杨老驿地当荆南要冲，明洪武二十一年置杨老站，清承之，康熙十二年设驿丞管理，文移驰递颇为频繁，乾隆《陵川县志》卷21载康熙十七年杨翔凤为杨老驿丞时事曰："羽檄纷驰，夫仆马毙，又军需屡匮，几难措手，平越官吏多委印去，翔凤独誓死勤事。"

盛京

一、清代东北地区驿传网络形成述论[①]

明清两代在东北地区的驿站设置格局是完全不同的。明代在东北地区的驿站设置极为严密,在辽东都司,驿站以辽阳为中心,向各个方向延伸。在奴尔干都司,有开原东陆路、纳丹府东北陆路、开原西陆路、海西西陆路、海西东水陆等各线驿站通向东北各族各部落所住地区。这些驿站在维持明中央与这些部族的统辖关系方面曾发挥了巨大作用。清朝在东北地区,只有少数驿站沿用明代旧站,而且主要集中在盛京,有两条路线,一是从山海关到盛京,二是从盛京到朝鲜边界的凤凰城。

从山海关沿辽西走廊至盛京,共13站:出山海关后经沙河站,63里至东光站(即东关驿),62里至宁远站,62里至高桥站,54里至小凌河站,54里至石山站(即十三山站),80里至广宁站,70里至旧萧河站(即小黑山站),50里至二道井站,50里至白齐铺(即白旗堡站)70里至巨流河站,40里至旧边站,60里至盛京驿。

从盛京向东南通往朝鲜边界的凤凰城,共8站:60里至石榴河(即十里河站),50里至东京驿站(即迎水寺站),80里至狼子山(浪子山站),50里至甜水站,50里至连山关站,70里至通远堡站,60里至雪里站,40里至凤凰城站。

除了沿用明代的这些驿站,满清统治者还根据实际需要在东北建立起范围更广的驿站,彻底改变了明代在东北旧有的驿站布局。但清代在东北地区的驿站之设也并非一蹴而就,而是根据形势需要,在不同历史背景下逐渐形成。可以分为三个阶段:第一,康雍时期为开辟阶段;第二,乾嘉道时期为改进阶段;第三,光绪时期

---

① 这一部分内容中括号内注明的是该驿站的其他译音。

为拓展阶段。

1. 第一阶段:康雍时期的开辟

沙俄的侵略势力早自顺治初年开始就已经扰及黑龙江流域,清朝对此颇为重视,在平定三藩之后,即着手准备通过较大规模的战争驱逐沙俄的侵略,并构建防俄固边的战略防御体系。其中一个重要措施就是构建以驿站为主的驿传系统。

盛京至开原(吉林界)共 3 站:70 里至伊鲁站(即懿路站),75 里至威远堡站(即高丽屯站),75 里至开原驿。

康熙九年(1670),开设由吉林南至开原沿线的驿站,①包括 8 处驿站:吉林城②向南里 70 里至叟登站,70 里至伊尔门站(伊勒门站),50 里至苏瓦盐站(即苏瓦延站),60 里至一把淡(即伊巴丹站),60 里至阿尔滩额林站(即阿勒谈额墨勒站),60 里至黑尔苏(即赫尔苏站),80 里至叶河站(即叶赫站)向南与奉天的开原站接。

清朝初期,宁古塔是盛京以外东北的另外一个军政重心,初设梅勒章京驻守,后改为宁古塔将军。康熙十六年(1677),命宁古塔梅勒章京萨布素开设吉林至宁古塔的驿站,包括 7 处驿站:由吉林城 90 里至额黑木(即额赫穆站),80 里至额伊虎站(即拉发站),60 里至坨伊屯站(即退搏站),120 里至鄂木合梭罗(即鄂摩和站),140 里至毕尔罕毕喇(即毕尔罕站),60 里至沙蓝站(即沙兰站),80 里至宁古塔站。③

吉林城在康熙初期本来只是一个小城,但由于地处水路要冲,在清朝反击沙俄的战争中很快发展为一个军政枢纽,取代了宁古塔的地位。吉林是由关内经盛京转赴黑龙江前线的中转站。在雅克萨战争之前,吉林与黑龙江之间并没有驿站。康熙二十二年(1683),康熙帝命人着手设置从吉林向西北经白都讷到黑龙江城的驿站。④ 而这条驿路的设置随着战争部署的改变而几经变更。

清政府最初在黑龙江沿岸的驻防地点是一个叫额苏哩的地方。⑤ 康熙二十一年(1682),在郎谈、彭春探测了雅克萨城的虚实和黑龙江沿岸的水陆路程之后不久,建议在额苏哩筑城,并在额苏哩至索伦村之间设置四处驿站,由索伦人等提供

---

① “康熙九年,立驿站于东门里。”刘起凡修,周志焕纂:《开原县志》卷 2《驿站志》,康熙十七年修,见《辽海丛书》,民国二十三年印。

② 驿站在城外 10 里处,名为尼什哈站,即乌拉站,是吉林所有路站的起点。见长顺、讷钦修,李桂林、顾云纂:《吉林通志》卷 57,台北文海出版社影印光绪十七年刻本。

③ 杨宾:《柳边纪略》卷 2,见《辽海丛书》。

④ 中国第一历史档案馆整理:《康熙年间吉林至瑷珲间的驿站》,载《历史档案》1982 年第 4 期。

⑤ 在黑龙江城西北八十余里处,今俄国境内。

运输、传递文报之役。① 后改为镇戍黑龙江,康熙帝又下令准备从黑龙江城到吉林城设置十处驿站,“但设驿之地不行相度,难以悬议”。② 所以,于次年三月派户部郎中包奇等人以郭尔罗斯、杜尔伯特蒙古人为向导前往丈量勘测。这年十一月之前,包奇等人向皇帝提交了第一个方案:吉、黑之间设十四驿。直到康熙二十四年(1685)十二月,置驿方案最终得到了康熙帝的批准,才又调整路线,调拨驿丁,修造房屋,到第二年十月才终告完成。

此路驿道共25处驿站:由吉林乌拉站,60里至锦州俄佛罗(即金珠鄂佛罗站,也叫哲松站),110里至发忒哈边界(即法特哈站),50里至蒙滚河(即盟温站),100里至孙查包速素(即逊扎堡站),110里至舍里村(即社哩站),80里至伯都讷村,80里至茂欣素(即茂兴站),100里至古鲁村(即古鲁站),67里至他尔哈池(即他尔哈站),75里至多耐站(即多鼐站),75里至温托浑池(温托河站),75里至忒默得黑村(即特木德黑站),85里至塔哈儿站(即塔拉尔站),85里至宁年池(即宁年站),85里至拉哈岗(即拉哈站),65里至薄儿德村(即薄尔多站),100里至喀母尼喀俄佛罗(即喀迷尼喀站),42里至乙喇喀池(即一喇哈站),70里至墨尔根村(即墨尔根城站),76里至科落尔河(即科落尔站),76里至喀尔塔尔儿河(即喀尔塔尔溪站),85里至库木尔山(即苦木尔站),33里至额雨儿站(即额雨尔站),78里至黑龙江城③。

在战争期间,清朝还曾修建自墨尔根至雅克萨城的驿站。由于一直在额苏哩驻军,所以清军的军报本来是由雅克萨城经额苏哩、黑龙江城传递,但康熙帝考虑到这样绕道而行会延误军机,所以就在向雅克萨城发起攻击之前,派五百名蒙古兵和索伦兵一起修筑这条驿路,“酌自墨尔根至雅克萨设驿奏报军机,庶免贻误”。④ 又派理藩院侍郎明爱专门负责。但战争结束后,随着清军驻防地点的后撤,这条驿路不再使用逐渐废弃。

雍正帝即位后,继续加强对沙俄的防御,为保护喀尔喀蒙古不受侵略,于雍正十年(1732)开始驻兵于呼伦贝尔,之后开设从齐齐哈尔到呼伦贝尔的台站。共有十处台站:由齐齐哈尔向西,100里至西勒图台(即锡尔特台),80里至恩齐起台(即噶齐克台),70里至蒙果尔乌克楚奇台(即蒙古乌尔楚克台),70里至门都克台

① 曹廷杰:《东北边防辑要 · 征罗刹》,见《辽海丛书》。
② 《清圣祖实录》卷112。
③ 黑龙江站在黑龙江城外,距黑龙江城22里。
④ 《清圣祖实录》卷120。

（即们都克依台），65 里至雅克萨台，70 里至吉尔马太台（即济尔玛沁台），80 里至呼伦贝尔城。①

雍正五年（1727），在吉林至黑龙江城的驿路上，加置乌兰诺尔站，位于茂兴站和古鲁站之间。② 由齐齐哈尔城至呼兰城的驿道也于雍正十三年（1735）着手开设，共有六站：由茂兴站分道，90 里至波尔吉哈站（即博尔济哈站），80 里至查布起尔站（即察布齐勒站），60 里至鄂多尔图站，45 里至布拉克站（以上各站均内蒙古境内），60 里至查哈河朔站（即扎喀和硕站），80 里至胡兰站（即呼兰站）。③

2. 第二阶段：乾嘉道时期的改进

乾隆时期，清代一方面在东北原有一些站道上增加驿站，优化驿站配置，另一方面进一步开设新驿道。

在由奉天通往兴京的路上置噶布拉村站、萨尔浒站、穆奇站三处驿站，以达兴京。

在由奉天向西通往蒙古边界的路上置严千户屯站、法库站。④

在由奉天至吉林的路上加置蒙古和罗站（也叫棉花街站），⑤位于奉天开原站和吉林叶赫站之间，是由盛京进入吉林后的第一站。

在吉林至宁古塔的驿道上增置伊克苏小站、搭拉小站，前者位于坨伊屯站和鄂木合梭罗之间；后者位于鄂木合梭罗和毕尔罕毕喇站之间。⑥

在由吉林至白都讷的路上加置舒兰站（即舒兰河站）、登格尔者库站（即腾额尔哲库站）、拖来招站（即托赖昭站）。⑦

由吉林至三姓的驿路在乾隆时期开通，设十站。由登格尔者库站分道向东北，80 里至蒙古卡伦站，70 里至拉林多浑站，⑧70 里至萨库立站，65 里至飞克图站，82

---

① 西清纂：《黑龙江外记》卷 2："齐齐哈尔西北至呼伦贝尔，雍正十年设十台……呼伦贝尔笔帖式二员治之。"

② 西清纂：《黑龙江外记》卷 2："齐齐哈尔至混同江（案，此混同江指伯都讷一带之松花江）东北之黑龙江城一千三百五十里，中置十九站。康熙二十四年，郎中色奇奉诏定。今茂兴、古鲁尔诺间有乌兰诺尔一站，则为二十站。雍正五年，将军傅尔丹增，故乌兰诺尔有新站之称。"

③ 西清纂：《黑龙江外记》卷 2："乌兰诺尔站东至呼兰，雍正十三年设六台。"

④ 丛佩远认为，该路驿站开辟于乾隆二十五年（1760）至四十四年（1779）之间。见佟冬主编，丛佩远著：《中国东北史》第 4 卷，吉林文史出版社 1999 年，第 1360 页。

⑤ 长顺、讷钦修，李桂林、顾云纂：《吉林通志》卷 57。

⑥ 佟冬主编，丛佩远著：《中国东北史》第 4 卷，认为其设置时间为康熙二十五年（1686），吉林文史出版社 1999 年，第 1364 页。

⑦ 佟冬主编，丛佩远著：《中国东北史》第 4 卷，吉林文史出版社 1999 年，第 1365 页。

⑧ 登格尔者库站、拉林多浑站乾隆九年（1744）增设。见阿桂、董浩修，刘谨之、程维岳纂：《盛京通志》卷三十三，乾隆四十四年修，见台湾商务印书馆影印文渊阁《四库全书》。

里至色勒佛特库站，61 里至弗斯亨站，73 里至富拉浑站，70 里至崇古尔库站，70 里至鄂尔豁穆索站，68 里至苗嘎山站（五里至三姓城）。①

道光五年（1825），设双城站（位于白都讷城和阿勒楚喀城之间）。②

3. 第三阶段：光绪时期的继续拓展

自近代以后，东北地区再次受到沙俄的步步进逼，边患日急，清朝不得不在东北边境布防重兵，这使得该地区文报日繁，以往由卡伦代传军报的情况已经无法维持，增设驿站成为急务。

宁古塔至珲春之间于光绪七年（1881）设置驿站，是在原来的卡伦、军台的基础上，增添夫马，改建而成。包括正站、分站，共十处，由宁古塔 70 里至新官地站，60 里至玛勒瑚哩正站，60 里至老松岭分站，60 里至萨奇库站，60 里至瑚珠岭分站，60 里至哈顺正站，38 里至大坎子分站，45 里至穆克德和正站，60 里至密占分站，60 里至珲春城站。③

另外，同年，经吉林将军铭安的奏请，增设通沟镇站（在鄂摩和站南 70 里），五常站（在舒兰站和拉林多欢站之间），苇子沟站（位于吉林至三姓驿路上，在蜚克图站和塞勒佛特库站之间）。④

二、盛京驿道走向

盛京的驿路共分 3 条，分别为盛京至山海关、北京驿路，盛京至兴京驿路，盛京至朝鲜边境驿路，盛京至吉林驿路。

1. 由北京经山海关至盛京

自皇华驿至盛京，共 1460 里，40 里至通州潞河驿，70 里至三河县三河驿，70 里至蓟州渔阳驿，80 里至玉田县阳樊驿，80 里至丰润县义丰驿，100 里至迁安县七家岭驿，60 里至卢龙县滦河驿，70 里至抚宁县芦峰口驿，40 里至抚宁县榆关驿，60 里至临榆县迁安驿，出山海关，75 里至沙河驿，63 里至东关驿，62 里至宁远驿，62

① “乾隆四十四年（1779）奏准：于鄂摩和、毕尔罕二站内各拨马五匹，牛五头；额赫茂等五站内各拨马四匹，牛四头，分置萨库里等八站。”见阿桂、董浩修，刘谨之、程维岳纂：《盛京通志》卷 33。

② 萨英额撰：《吉林外纪》卷 3，见《丛书集成初编》，中华书局 1985 年。

③ 《吉林将军铭安拟请改设驿站添拨驿丁的奏折及清单（光绪七年二月）》，见吉林邮电管理局文史办编：《吉林邮驿》，吉林文史出版社 1995 年，第 133 页。

④ 《吉林将军铭安拟请改设驿站添拨驿丁的奏折及清单（光绪七年二月）》，见吉林邮电管理局文史办编：《吉林邮驿》，吉林文史出版社 1995 年，第 133 页。

里至高桥驿,54 里至小凌河驿,54 里至十三山驿,80 里至广宁驿,70 里至小黑山驿,50 里至二道井驿,50 里至白旗堡驿,70 里至巨流河驿,40 里至旧边驿,60 里至盛京驿。

2. 盛京至兴京

盛京驿 70 里至噶布喇村驿,70 里至萨尔浒驿,80 里至穆喜驿,40 里至兴京。

3. 盛京至朝鲜边境

由盛京驿分道,60 里至卜河驿,50 里至东京驿,80 里至黑子山驿,50 里至甜水站驿,50 里至连山关驿,70 里至通远堡驿,60 里至雪埋站驿,40 里至凤凰城,即朝鲜界。

三、盛京置驿二十九处

1. 盛京驿

《置驿一》:"盛京驿,驿丞一员,额设壮丁一百九十七名,实应差壮丁五十四名,驿站监督衙门应差壮丁二十九名,马五十四。"

康熙《柳边纪略》卷 2:"山海关外奉天将军所辖二十四站曰……旧边站、盛京驿、石榴河、东京驿、狼子山、甜水站、连山关、通源堡、雪里站、凤凰城、高丽堡、威远堡、伊鲁站。"

《嘉庆重修一统志》卷 60 奉天府二:"第一站,在奉天府城内。"

光绪《吉林通志》卷 57《武备志八 · 驿站》:"盛京驿,七十里至懿路驿。"

案:盛京驿,在今辽宁省沈阳市沈河区。

2. 旧边驿

《置驿一》:"旧边驿,驿丞一员,额设壮丁二百二十五名,实应差壮丁二十九名,马五十四。"

康熙《柳边纪略》卷 2:"山海关外奉天将军所辖二十四站曰……旧边站、盛京驿、石榴河、东京驿、狼子山、甜水站、连山关、通源堡、雪里站、凤凰城、高丽堡、威远堡、伊鲁站。"

《嘉庆重修一统志》卷 60 奉天府二:"第一站,在奉天府城内。又西六十里至老边站,亦名旧边寨。"

光绪《吉林通志》卷 57《武备志八 · 驿站》:"巨流河驿四十里至旧边驿,六十里至盛京驿。"

《清史稿》卷 55,《地理 · 奉天》:"旧设驿四:西老边,通新民。"

案：旧边驿，亦称老边站、旧边寨，在今沈阳市西北六十二里于洪区老边乡。常为清帝自盛京西行驻跸第一站。

3. 巨流河驿

《置驿一》："巨流河驿，驿丞一员，额设壮丁二百七十一名，实应差壮丁二十九名，马五十匹。"

《嘉庆重修一统志》卷 60 奉天府二："又西六十里至老边站，亦名旧边寨。又西四十里至巨流河站，达锦州府广宁县界。"

嘉庆《黑龙江外记》卷 2："老边站四十里至巨流河站，七十里至白旗堡站。"

光绪《吉林通志》卷 57《武备志八 · 驿站》："白旗堡驿七十里至巨流河驿，四十里至旧边驿。"

案：巨流河驿，《中国历史地名大辞典》第 377 页：清初置，即今辽宁省沈阳市新民市西北之巨流河村。为丰田至山海关驿站之第三站。

4. 白旗堡驿

《置驿一》："白旗堡驿，驿丞一员，额设壮丁二百六十六名，实应差壮丁二十九名，马五十匹。"

《嘉庆重修一统志》卷 65 锦州府二："又五十里至白旗堡站，在县东一百六十里。"

嘉庆《黑龙江外记》卷 2："巨流河站七十里至白旗堡站，五十里至二道井子站。"

光绪《吉林通志》卷 57《武备志八 · 驿站》："二道井驿五十里至白旗堡驿，七十里至巨流河驿。"

案：白旗堡驿，在今辽宁省沈阳市新民市西南之红旗乡。

5. 二道井驿

《置驿一》："二道井驿，驿丞一员，额设壮丁三百四十四名，实应差壮丁二十九名，马五十匹。"

《嘉庆重修一统志》卷 65 锦州府二："又五十里至二道井站，在县东一百十里。"

嘉庆《黑龙江外记》卷 2："白旗堡站五十里至二道井子站，五十里至小黑山站。"

光绪《吉林通志》卷 57《武备志八 · 驿站》："小黑山驿五十里至二道井驿，五十里至白旗堡驿。"

案：二道井驿，在今辽宁省锦州市黑山县中安镇二道村。

6. 小黑山驿

《置驿一》："小黑山驿，驿丞一员，额设壮丁三百四十七名，实应差壮丁二十九名，马五十匹。"

《嘉庆重修一统志》卷65锦州府二："又七十里至小黑山站，在广宁县东六十里。"

光绪《吉林通志》卷57《武备志八・驿站》："广宁驿七十里至小黑山驿，五十里至二道井驿。"

案：小黑山驿，在今辽宁省锦州市黑山县城。《中国历史地名大辞典》第200页，小黑山在明代为镇远堡之小黑山台，清初设站，康熙二十九年，设佐领、骁骑校驻防。

7. 广宁驿

《置驿一》："广宁驿，驿丞一员，额设壮丁三百五十五名，实应差壮丁二十九名，马五十匹。"

《嘉庆重修一统志》卷65锦州府二："又东八十里至广宁站，在广宁县南二十里。"

光绪《吉林通志》卷57《武备志八・驿站》："十三山驿八十里至广宁驿，七十里至小黑山驿。"

案：广宁驿，在今辽宁省锦州市北镇市廖屯镇广宁站村。

8. 十三山驿

《置驿一》："十三山驿，驿丞一员，额设壮丁三百五十四名，实应差壮丁二十九名，马五十匹。"

康熙《锦州府志》卷4《建制志二・驿铺》："十三山驿，右屯卫西北三十五里。"

《嘉庆重修一统志》卷65锦州府二："十三山站，在锦县东七十里，有城，周一里有奇。"

嘉庆《黑龙江外记》卷2："小黑山站七十里至广宁站，八十里至十三山站。"

光绪《吉林通志》卷57《武备志八・驿站》："小凌河驿五十四里至十三山驿，八十里至广宁驿。"

案：十三山驿，在今辽宁省锦州市凌海市石山镇。

9. 小凌河驿

《置驿一》："小凌河驿，驿丞一员，额设壮丁三百七十四名，实应差壮丁二十九名,马五十匹。”

康熙《锦州府志》卷4《建制志二·驿铺》:“小凌河驿,锦州城南三十里。”

《嘉庆重修一统志》卷65锦州府二:“又锦县西至山海关站道,自十三山站西五十四里至小凌河站,在锦县东南十八里。”

嘉庆《黑龙江外记》卷2:“十三山站五十四里至小凌河站,五十四里至高桥站。”

光绪《吉林通志》卷57《武备志八·驿站》:“高桥驿五十四里至小凌河驿,五十四里至十三山驿。”

案:小凌河驿,明代置,在今辽宁省锦州市凌海市双羊镇旧站村。

10. 高桥驿

《置驿一》:“高桥驿,驿丞一员,额设壮丁二百六十五名,实应差壮丁二十九名,马五十匹。”

《嘉庆重修一统志》卷65锦州府二:“又五十四里至高桥站,在县西南二十五里,有城,周一里有奇。”

嘉庆《黑龙江外记》卷2:“小凌河站五十四里至高桥站,六十二里至宁远站。”

光绪《吉林通志》卷57《武备志八·驿站》:“宁远驿六十二里至高桥驿,五十四里至小凌河驿。”

案:高桥驿,时在锦县西南二十五里处,有城,即今辽宁省葫芦岛市南票区东北高桥镇。

11. 宁远驿

《置驿一》:“宁远驿,驿丞一员,额设壮丁一百九十四名,实应差壮丁二十九名,马五十匹。”

《嘉庆重修一统志》卷65锦州府二:“又六十二里至宁远站,在宁远州城内。”

光绪《吉林通志》卷57《武备志八·驿站》:“东关驿六十二里至宁远驿,六十二里至高桥驿。”

案:宁远驿,时在宁远州城,清康熙二年改宁远卫置,即今辽宁省葫芦岛市兴城市。

12. 东关驿

《置驿一》:“东关驿,驿丞一员,额设壮丁二百七十一名,实应差壮丁二十九名,马五十匹。”

康熙《锦州府志》卷4《建制志二·驿铺》:“东关驿,宁远卫西南六十里。”

《嘉庆重修一统志》卷65锦州府二:"又六十二里至东关站,在州西南六十里,有城,周一里余。"

嘉庆《黑龙江外记》卷2:"宁远站六十二里至东关站,六十三里至凉水河站。"

光绪《吉林通志》卷57《武备志八·驿站》:"沙河驿六十三里至东关驿,六十二里至宁远驿。"

案:东关驿,在今辽宁省葫芦岛市兴城市西南六十里之东辛庄镇东关站村。明代已置驿,属宁远卫。

13. 沙河驿

《置驿一》:"沙河驿,驿丞一员,额设壮丁三百九十名,实应差壮丁二十九名,马五十匹。"

康熙《锦州府志》卷4《建制志二·驿铺》:"沙河驿,前屯卫东北四十三里。"

《嘉庆重修一统志》卷65锦州府二:"又六十三里至凉水河站,在州西南一百二十三里。又七十五里至山海关。"

光绪《吉林通志》卷57《武备志八·驿站》:"临榆县迁安驿出山海关七十五里至沙河驿,六十三里至东关驿。"

民国《绥中县志》卷4《交通·驿站》:"清顺治二年,绥中始立驿站于城西十五里沙河站,康熙二十五年迁移凉水河。"

案:沙河驿,亦作凉水河站,在今辽宁省绥中县西南之西沙河站满族乡。据《中国历史地名大辞典》第1333页:明代置沙河所城,属广宁中后千户所,周三里零一百八十四步,高二丈五尺,城门二座,城楼二座。清初沙河驿位于辽宁省葫芦岛市绥中县沙河镇,康熙二十五年(1686)迁址于今辽宁省葫芦岛市绥中县网户满族乡凉水村。

14. 懿路驿

《置驿一》:"懿路驿,驿丞一员,额设壮丁一百五十名,实应差壮丁二十六名,马五十匹。"

康熙《铁岭县志》卷上《建置制·驿站》:"懿路站在城南六十里,北至高丽屯站七十里,南至承德县十里河站一百三十里。"

《嘉庆重修一统志》卷60奉天府二:"又奉天东北至吉林站道。七十里至懿路站,即挹娄城。又七十里至高丽屯站,在铁岭县北十里。"

光绪《吉林通志》卷57《武备志八·驿站》:"盛京驿七十里至懿路驿,七十五里至高丽屯驿。"

案:懿路驿,在今辽宁省铁岭市铁岭县新台子镇懿路村。据《中国历史地名大辞典》第 2977 页,明代置懿路千户所,筑城。原为挹娄城也,明代讹为懿路。

15. 高丽屯驿

《置驿一》:“高丽屯驿,驿丞一员,额设壮丁一百六十六名,实应差壮丁二十九名,马五十匹。”

《嘉庆重修一统志》卷 60 奉天府二:“又奉天东北至吉林站道。七十里至懿路站,即挹娄城。又七十里至高丽屯站,在铁岭县北十里。又七十五里至开原站,过此为吉林界。”

嘉庆《黑龙江外记》卷 2:“开原站七十五里至高丽屯站,七十里至懿路站。”

光绪《吉林通志》卷 57《武备志八 · 驿站》:“懿路驿七十五里至高丽屯驿,七十五里至开元驿。”

案:高丽屯驿,在今辽宁省铁岭市铁岭县平顶堡镇。

16. 开原驿

《置驿一》:“开原驿,驿丞一员,额设壮丁一百九十五名,实应差壮丁二十六名,马五十匹。”

康熙《开原县志》卷上《驿站志》:“考古志开原驿站在南门西。”

《嘉庆重修一统志》卷 60 奉天府二:“又七十里至高丽屯站,在铁岭县北十里。又七十五里至开原站,过此为吉林界。”

嘉庆《黑龙江外记》卷 2:“棉花街站五十五里至奉天省开原站,七十五里至高丽屯站。”

光绪《吉林通志》卷 57《武备志八 · 驿站》:“高丽屯驿七十五里至开原驿,五十五里至蒙古和罗站。”

案:开原驿,今辽宁省铁岭市开原市东北之老城街道。元代为开元路治所,明代改名开原,设三万卫,治所在开原老城,辽东马市之一。1619 年为后金攻取。清康熙三年改设开原县,置驿站于南门西。

17. 十里河站

《置驿一》:“十里河站,驿丞一员,额设壮丁八十八名,实应差壮丁十二名,马十三匹。”

《嘉庆重修一统志》卷 60 奉天府二:“又奉天府南至朝鲜站道。南六十里至十里河站。与辽阳州接界,即明之虎皮驿。”

《清史稿》卷55“奉天府”:“南十里河,即明虎皮驿,通辽阳”。

《清太祖实录》卷7:“庚申,上集贝勒诸臣议曰:沈阳已拔,敌兵大败,今即宜乘势率众长驱,以取辽阳。议定,即前进至虎皮驿,军民俱已弃城遁,遂驻营。”

民国《辽阳县志》卷2《河流》:“十里河,源出城东北七十里庙儿岭,西流合柳河,贯穿十里河驿。”卷10《古迹·古驿站》:“朝鲜站道,六十里至十里河站,七十里至迎水寺站。”

案:十里河站,明代置,称虎皮驿,在今辽宁省沈阳市苏家屯区十里河街道,因滨十里河得名。

18. 迎水寺站

《置驿一》:“迎水寺站,驿丞一员,额设壮丁五十三名,实应差壮丁十二名,马十三匹。”

《嘉庆重修一统志》卷60奉天府二:“又南七十里至迎水寺站,在辽阳州东北二十里。”

民国《辽阳县志》卷5《坛庙》:“慈航寺,即迎水寺在城东北五里。”卷10《古迹·古驿站》:“十里河站七十里至迎水寺站,七十里至浪子山站。”

案:迎水寺站,在今辽宁省辽阳市文圣区东京陵乡迎水寺村。

19. 浪子山站

《置驿一》:“浪子山站,驿丞一员,额设壮丁一百六十三名,实应差壮丁十二名,马十三匹。”

《嘉庆重修一统志》卷60奉天府二:“又东南七十里至浪子山站,在辽阳州东南六十里。”

民国《辽阳县志》卷2《山川·山脉》:“浪子山,城东南七十五里,清初在此设驿站。”卷10《古迹·古驿站》:“迎水寺站七十里至浪子山站,五十里至甜水站。”

案:浪子山站,在今辽宁省辽阳市辽阳县东南河栏镇浪子山一带,清置驿站。

20. 甜水站

《置驿一》:“甜水站,驿丞一员,额设壮丁一百八十四名,实应差壮丁十二名,马十三匹。”

《读史方舆纪要》卷37辽东都司:甜水堡在“司东南九十里。亦曰甜水站。辽海卫铁场百户所置于此”。

《嘉庆重修一统志》卷60奉天府二:“又东南五十里至甜水站,在岫岩厅所辖,凤凰城西北一百八十里,有城,周二里余。”

民国《辽阳县志》卷6《古迹》:“甜水站城,城东南九十里。甜水站有土城,城四门方里许,今已颓仅存遗迹。”卷10《古迹·古驿站》:“浪子山站五十里至甜水站,四十里至连山关。”

案:甜水站,明代置,亦有堡,在今辽宁省辽阳市辽阳县东南甜水满族乡。

21. 连山关站

《置驿一》:“连山关站,驿丞一员,额设壮丁三百二名,实应差壮丁十二名,马十三匹。”

民国《辽阳县志》卷2《山川·山脉》:“甜水站之东,东瞰本溪之连山关,即为摩天岭。”卷10《古迹·古驿站》:“浪子山站五十里至甜水站,四十里至连山关。”

案:连山关站,元代明代置,在今辽宁省本溪市本溪满族自治县西南连山关镇。

22. 通远堡站

《置驿一》:“通远堡站,驿丞一员,额设壮丁三百二十九名,实应差壮丁十二名,马十三匹。”

《嘉庆重修一统志》卷60奉天府二:“又东南四十里至连山关站。又东南五十里至通远堡站。又东南六十里至雪里站,有城,周二里余。又东南四十里至凤凰城战,达朝鲜界。”

民国《凤城县志》卷2《职官》:“清初驻通远堡城守尉一员宗室缺。”

民国《沈阳县志》卷10《古迹·古驿站》:“连山关站五十里至通远堡站,六十里至雪里站。”

案:通远堡站,明代置,在今辽宁省丹东市凤城市西北一百二十里通远堡镇老通远堡村一带。

23. 雪里站

《置驿一》:“雪里站,驿丞一员,额设壮丁四百三十四名,实应差壮丁十二名,马十三匹。”

康熙《辽阳州志》卷10《驿站志》:“宁水寺站、浪子山站、甜水站、连山关站、通远堡站、雪里站、凤凰城站,以上俱新设站道,系旗下章京管理,应差俱系壮丁。”

《嘉庆重修一统志》卷60奉天府二:“又东南五十里至通远堡站。又东南六十里至雪里站,有城,周二里余。又东南四十里至凤凰城战,达朝鲜界。”

民国《沈阳县志》卷10《古迹·古驿站》:“通远堡站六十里至雪里站,四十里至凤凰城站。”

民国《凤城县志》卷13《古迹·古驿站》:“雪里站,明代置,《方舆纪要》作叙列站,又相传为薛礼站。因唐薛仁贵至此而名,前清为赴省大路置驿于此,今废。”

案:雪里站,即今辽宁省丹东市凤城县鸡冠山镇西北薛礼村。据《析津志》载,元代在此附近有“斜列站”之设。明代为“斜烈”,清代改成雪里,至民国改为薛礼。

24. 凤凰城站

《置驿一》:“凤凰城站,驿丞一员,额设壮丁二百四十七名,实应差壮丁十二名,马十三匹。”

康熙《辽阳州志》卷10《驿站志》:“凤凰城站,以上俱新设站道,系旗下章京管理,应差俱系壮丁。”

《嘉庆重修一统志》卷60奉天府二:“又东南四十里至凤凰城站,达朝鲜界。”

民国《沈阳县志》卷10《古迹·古驿站》:“雪里站,四十里至凤凰城站。”

案:凤凰城站,时在凤凰城,即今辽宁省丹东市凤城县。据《中国历史地名大辞典》第484页,凤凰城,明筑,属定辽中卫。即今辽宁凤城市。为朝鲜入贡之道。乾隆四十一年(1776)设巡司于此,光绪二年(1876)改为凤凰直隶厅,1913改为凤城县。

25. 噶布拉村驿

《置驿一》:“噶布拉村驿,驿丞一员,额设壮丁一百十四名,实应差壮丁十二名,马十三匹。”

《嘉庆重修一统志》卷58兴京:“穆喜站,在城西北四十里,又西八十里至萨尔浒站,又七十里至噶布拉村站,又七十里至盛京城。以上三站,皆盛京兵部所辖。按盛京兵部所辖兴京、奉天、锦州,共二十九站。”

民国《沈阳县志》卷10《古迹·古驿站》:“沈阳县东至兴京站道,七十里至噶布拉村站,七十里至沙尔湖站。”

案:噶布拉村驿,即今辽宁省抚顺市顺城区葛布街道。

26. 萨尔浒驿

《置驿一》:“萨尔浒驿,驿丞一员,额设壮丁五十三名,实应差壮丁十二名,马十五匹。”

《嘉庆重修一统志》卷58兴京:“穆喜站,在城西北四十里。又西八十里至萨尔浒站。又七十里至噶布拉村站。又七十里至盛京城。以上三站,皆盛京兵部所辖。按盛京兵部所辖兴京、奉天、锦州,共二十九站。”

光绪《吉林通志》卷12《沿革志三》:“萨尔浒卫,永乐四年置,旧讹‘撒儿忽’。案,宁古塔城西十余里有萨尔浒城。”

民国《抚顺县志》卷1《地理志目录·道路》:“抚顺站再三十五里至得古话,二十五里至下萨尔浒站,三十里至土蜜蜂岭,入新宾界。”

案:萨尔浒驿,永乐四年置,旧讹“撒儿忽”。据《中国历史地名大辞典》第2282页,萨尔浒山,在今辽宁省抚顺市东三十余里抚顺县大伙房水库东南隅萨尔浒古城遗址。山下有城,后金努尔哈赤筑。

27. 穆喜驿(备注:亦作木奇站)

《置驿一》:“穆喜驿,驿丞一员,额设壮丁九十五名,实应差壮丁十二名,马十五匹。”

《嘉庆重修一统志》卷58兴京:“穆喜站,在城西北四十里。又西八十里至萨尔浒站。又七十里至噶布拉村站。又七十里至盛京城。以上三站,皆盛京兵部所辖。按盛京兵部所辖兴京、奉天、锦州,共二十九站。”

民国《兴京县志》卷12《交通·津梁》:“穆喜渡,在木奇村西苏子河,至此会诸细流。”

民国《兴京县志》卷11《古迹·郡城附驿站》:“木奇站,一名穆喜站,清初所置,西抵萨尔浒八十里为一站,东抵兴京老城四十里为一站,为奉天东路第三站。”

案:穆喜驿,一曰木奇站。《中国历史地名大辞典》第2917页,清置,即今辽宁省抚顺市新宾满族自治县西北木奇镇。

28. 严千户屯站

《置驿一》:“严千户屯站,驿丞一员,额设壮丁一百八十一名,实应差壮丁十名,马十四。”

《嘉庆重修一统志》卷60奉天府二:“又奉天北至蒙古站道。七十里至严千户屯站,开原县界。又六十里至发库站,过此为蒙古界。”

乾隆《历城县志》卷3《地域考一》:“曰宋家庄,曰小屯,曰老屯,曰孔家庄,曰南大槐树,曰袁柳庄,曰东严千户庄,曰西严千户庄,曰刘家堂,曰张家庄,曰尹马庄,共一百零一牌户一千四十三口三千八百三十二。”

民国《铁岭县志·乡村志》:“石礤子、古城子、苗家屯、大新屯、小造化屯、达连屯、严千户屯、朱家堡、苏家窝棚以上皆旧智十八区。”

案:《中国历史地名大辞典》第1218页,清置,即今辽宁省沈阳市法库县登仕堡子镇东严千户村。

29. 法库站

《置驿一》:“法库站,驿丞一员,额设壮丁一百十九名,实应差壮丁十名,马十四。”

《嘉庆重修一统志》卷60奉天府二:“又奉天北至蒙古站道。七十里至严千户屯站,开原县界。又六十里至法库站,过此为蒙古界。”

嘉庆《黑龙江外记》卷2:“法库门,门在奉天开原县西北二十里,案,法库,汉人言瀑布也。”

民国《沈阳县志》卷10《古迹·古驿站》:“原站:沈阳县北至法库门站道,七十里至严千户屯站,六十里至法库站,以上共十六站。”

案:《中国历史地名大辞典》第2917页,法库门,又作发库门。清康熙元年(1662)建,为辽东柳条边边门之一。即今辽宁省沈阳市法库县县城。乾隆《盛京通志》卷33:发库边门,“国语发库,鱼梁也”。

吉林

一、吉林驿路走向

吉林省的驿站分为3路:由北京、盛京方向来的驿路,由吉林通往黑龙江的驿路,和由吉林通往三姓城方向的驿路。

1. 由盛京至吉林

自皇华驿至吉林,共2245里,1460里至盛京驿,70里至懿路驿,75里至高丽屯驿,75里至开原驿,55里至蒙古和罗站,55里至叶赫站,80里至克尔苏站,60里至阿勒坦额墨勒站,60里至伊巴坦站,60里至苏干延站,55里至伊勒们站,70里至搜登站,70里至吉林城乌拉站。

2. 由吉林至黑龙江方向

吉林乌拉站,60里至金珠鄂佛罗站,60里至舒兰河站,50里至法特哈站,50里至腾额尔哲库站,50里至蒙古站,50里至托赖招站,50里至逊扎布站,35里至蒿子站,60里至舍哩站,80里至伯都讷站,80里至茂兴站。

3. 由吉林至三姓方向

吉林乌拉站,60里至金珠鄂佛罗站,60里至舒兰河站,50里至法特哈站,50里至腾额尔哲库站,80里至蒙古卡伦站,70里至拉林多欢站,70里至萨库哩站,65里至费克图站,82里至塞勒佛特库站,61里至佛斯亨站,73里至富尔珲站,70里至崇古尔库站,70里至鄂尔多穆逊站,68里至妙嘎山站,5里至三姓城。

二、吉林置驿三十八处

1. 乌拉站

《置驿一》:"乌拉站,笔帖式一员,拨什库一名,站丁五十名,水手拨什库一名,水手三十六名，马五十匹，牛五十只。”

《嘉庆重修一统志》卷68吉林二：“尼哈什站，即乌拉站，在吉林城西南十里。”

光绪《吉林通志》卷57《武备志八·驿站》：“吉林城东十里尼什哈站，按即乌拉站，今城北十里有旧站地名，应即乌拉站。后徙城东，而《盛京通志》作城西。”

案：乌拉站，亦作尼哈什站，即今吉林省吉林市北之龙潭区滨江东路龙潭山站一带。据《中国历史地名大辞典》第874页，尼什哈山在附近，山上有尼什哈城，周二里，故又名尼什哈站。尼什哈，满语小鱼之意。

2. 搜登站

《置驿一》：“搜登站，笔帖式一员，拨什库一名，站丁三十七名，马三十七匹，牛三十七只。”

《嘉庆重修一统志》卷68吉林二：“尼哈什站，即乌拉站，在吉林城西南十里。又西南七十里至搜登站。又西南七十里至伊勒们站。”

光绪《吉林通志》卷57《武备志八·驿站》：“苏通站，按即今搜登站。……搜登站在大绥河西。”

案：搜登站，也作苏通站，即今吉林省吉林市船营区搜登站镇。

3. 伊勒们站

《置驿一》：“伊勒们站，笔帖式一员，拨什库一名，站丁三十七名，马三十七匹，牛三十七只。”

《嘉庆重修一统志》卷68吉林二：“又西南七十里至搜登站。又西南七十里至伊勒们站。又西南五十里至苏斡延站，即双杨站。”

光绪《吉林通志》卷57《武备志八·驿站》：“伊勒们，原作一而门。……伊勒门站，在岔路河西。……六十里至衣儿门按即伊勒们站，二十里至沙彝。”

案：伊勒们站，亦作一而门，在今吉林省吉林市永吉县西金家满族乡伊勒门站村。

4. 苏斡延站

《置驿一》：“苏斡延站，笔帖式一员，拨什库一名，站丁三十七名，马三十七匹，牛三十七只。”

《嘉庆重修一统志》卷68吉林二：“又西南七十里至伊勒们站。又西南五十里至苏斡延站，即双杨站。又西南六十里至伊巴丹站，即驿马站。”

嘉庆《黑龙江外记》卷2：“五十里至刷烟站，俗名双杨站，六十里至伊巴丹站，俗名驿马站，六十里至阿勒坦额墨尔站，俗名大孤山。”

光绪《吉林通志》卷57《武备志八·驿站》:“伊巴坦站六十里至苏斡延站,五十五里至伊勒们站。……苏瓦延站在双杨河西。”

民国《桦川县志》卷2《交通》:“……苏斡延站伊勒门站以达会城都五百余里。”

案:苏斡延站,亦称苏瓦延、双阳、双杨、刷烟。在今吉林省长春市双阳区。

5. 伊巴坦站

《置驿一》:“伊巴坦站,笔帖式一员,拨什库一名,站丁三十七名,马三十七匹,牛三十七只。”

《嘉庆重修一统志》卷68吉林二:“又西南五十里至苏斡延站,即双杨站。又西南六十里至伊巴丹站,即驿马站。又西南六十里至阿勒坦额墨勒站,即大孤山站。”

嘉庆《黑龙江外记》卷2:“五十里至刷烟站,俗名双杨站,六十里至伊巴丹站俗名驿马站,六十里至阿勒坦额墨尔站俗名大孤山。”

光绪《吉林通志》卷57《武备志八·驿站》:“阿勒坦额墨勒站六十里至伊巴坦站,六十里至苏斡延站。……伊巴坦(按,一作一把旦)站(按,一作驿马站),在苏瓦延站西六十里,又西四十里至伊通州城。”

案:伊巴坦站,亦作伊巴丹、驿马站、一把旦站,即今吉林省四平市伊通满族自治县东北25里伊丹镇。

6. 阿勒坦额墨勒站

《置驿一》:“阿勒坦额墨勒站,笔帖式一员,拨什库一名,站丁三十七名,马三十七匹,牛三十七只。”

《嘉庆重修一统志》卷68吉林二:“又西南六十里至伊巴丹站,即驿马站。又西南六十里至阿勒坦额墨勒站,即大孤山站。又西南六十里至克尔素站。”

嘉庆《黑龙江外记》卷2:“阿勒坦额墨尔站,俗名大孤山,六十里至克尔苏站,八十里至叶赫站。”

光绪《吉林通志》卷57《武备志八·驿站》:“阿勒坦额墨勒站东五十里至伊通州城。”

光绪《吉林通志》卷57《武备志八·驿站》:“克尔苏站六十里至阿勒坦额墨勒站,六十里至伊巴坦站。”

案:阿勒坦额墨勒站,亦作大孤山,在今吉林省四平市伊通满族自治县西南35里大孤山镇。

7. 克尔苏站

《置驿一》:“克尔苏站,笔帖式一员,拨什库一名,站丁三十七名,马三十七匹,牛三十七只。”

《嘉庆重修一统志》卷 68 吉林二:“又西南六十里至阿勒坦额墨勒站,即大孤山站。又西南六十里至克尔素站。又西南八十里至叶赫站。”

嘉庆《黑龙江外记》卷 2:“阿勒坦额墨尔站,俗名大孤山,六十里至克尔苏站,八十里至叶赫站。”

光绪《吉林通志》卷 57《武备志八 · 驿站》:“黑尔苏站按即克尔苏站,三十里至小孤山,四十里至大孤山。”

案:克尔苏站,又作克尔素站、黑尔素、黑而素,在今吉林省四平市公主岭市南二龙山附近之龙山满族乡和平村。

8. 叶赫站

《置驿一》:“叶赫站,笔帖式一员,拨什库一名,站丁三十七名,马三十七匹,牛三十七只。”

《嘉庆重修一统志》卷 68 吉林二:“又西南六十里至克尔素站,又西南八十里至叶赫站,又西南五十五里至蒙古和罗站,即棉花街站。”

嘉庆《黑龙江外记》卷 2:“克尔苏站八十里至叶赫站,(按,叶赫,明之北关故,一部落以兄弟争长,政由妇人,为我太祖所并),四十里至棉花街站。”

光绪《吉林通志》卷 52《武备志三 · 兵制三练军》:“叶赫站,伊通州城西一百九十里,东距会城四百六十里。”

案:叶赫站,《中国历史地名大辞典》第 746 页,清置,在今吉林省四平市铁东区叶赫满族镇。

9. 蒙古和罗站

《置驿一》:“蒙古和罗站,笔帖式一员,拨什库一名,站丁三十七名,马三十七匹,牛三十七只。”

《嘉庆重修一统志》卷 68 吉林二:“又西南八十里至叶赫站。又西南五十五里至蒙古和罗站,即棉花街站。又西南五十五里至开原威远堡。”

光绪《吉林通志》卷 57《武备志八 · 驿站》:“柳条边威远站西四十里至棉花街(按,即蒙古和罗站),五十里至也合站。……蒙古霍(按,《会典事例》霍作罗)罗站(按,《盛京通志》作棉花街站,又棉花街,亦作莲花街)。”

民国《桦川县志》卷 2《交通》:“线道西界与奉天分自威远堡边门缘站道,而东曰蒙古和罗站……"

案:蒙古和罗站,亦作棉花街站,亦作莲花街,在今辽宁省铁岭市开原市东北之莲花镇莲花街村。

10. 额赫茂站

《置驿一》:"额赫茂站,笔帖式一员,拨什库一名,站丁十三名,马十三匹,牛十三只。"

《嘉庆重修一统志》卷 68 吉林二:"额赫茂站,在吉林城东南九十里。"

光绪《吉林通志》卷 24《舆地志十二·城池》:"十月朔,克宁江州城次来流城可证,今之混同江东百十里者,正额赫茂站。大吴喇在混同江边。"

光绪《吉林通志》卷 57《武备志八·驿站》:"额赫穆(按《会典事例》穆作茂)站,在乌拉站东九十里。"

案:额赫茂站,亦作额黑木、厄黑木、额赫穆,即今吉林省蛟河市西北天岗镇。

11. 拉发站

《置驿一》:"拉发站,笔帖式一员,拨什库一名,站丁十三名,马十三匹,牛十三只。"

《嘉庆重修一统志》卷 68 吉林二:"额赫茂站,在吉林城东南九十里。又东南八十里至拉发站,即额音楚站。又东南六十五里至图依屯站,即安巴多观站。"

道光《吉林外记》卷 9《古迹》:"山神庙五十里至拉发站,七十里至推屯站。"

光绪《吉林通志》卷 15《舆地志三·疆域上》:"额赫穆卡伦驻双岔河地方,省城东南一百余里,东至拉发站八十余里,南至松花江六十余里,北至牛心顶子五十余里。"

案:拉发站,亦作额音楚站,即今吉林省吉林市蛟河市北之拉法镇。

12. 推屯站

《置驿一》:"推屯站,笔帖式一员,拨什库一名,站丁十三名,马十三匹,牛十三只。"

《嘉庆重修一统志》卷 68 吉林二:"又东南八十里至拉发站,即额音楚站。又东南六十五里至图依屯站,即安巴多观站。"

道光《吉林外记》卷 9《古迹》:"拉发站,七十里至推屯站,三里至塞齐窝集。"

光绪《吉林通志》卷 12《沿革志三》:"推屯河卫,永乐六年置。以部人伯辰等为指挥。旧讹秃都(按,河在吉林城东二百三十五里,有推屯站,自吉林至宁古塔第三站也)。”

案:推屯站,亦作图依屯站、安巴多观站,在今吉林省吉林市蛟河市东北前进乡。

13. 伊克苏小站

《置驿一》:“伊克苏小站,拨什库一名,站丁十名,马十匹,牛十只。”

《嘉庆重修一统志》卷68吉林二:“又东南六十五里至图依屯站,即安巴多观站。过此八十里有伊克苏小站。又东南四十里至鄂摩和索罗站。”

道光《吉林外记》卷3《驿站》:“东路自省城小东门外乌拉站起,旧名呢什哈站,在城外十里松花江岸北。九十里曰额赫穆站,八十里曰拉发站,六十五里曰退抟站,八十里曰意气松站,四十里曰鄂摩霍站。”

光绪《吉林通志》卷57《武备志八·驿站》:“伊奇(按,一作意气,又作义其)松(按,《会典事例》作伊克苏站),在退搏站东八十里,东南一百五十里至敦化县城,西五十里至嵩岭石头庙,为吉林府界。”

案:伊克苏小站,即伊克苏站,又作意气松、伊奇松站,在今吉林省延边朝鲜族自治州敦化市额穆镇气松村。

14. 鄂摩和索罗站

《置驿一》:“鄂摩和索罗站,笔帖式一员,拨什库一名,站丁十三名,马十三匹,牛十三只。”

《嘉庆重修一统志》卷68吉林二:“过此八十里有伊克苏小站。又东南四十里至鄂摩和索罗站,过此八十里有搭拉小站。”

光绪《吉林通志》卷17《舆地志五·疆域三》:“东至海三千余里,西至鄂摩和索罗站二百五十里吉林界,南至图们江六百里外为朝鲜界,北至混同江六百里。”

民国《宁安县志》卷3《交通》:“《盛京通志》载:东至海三千余里,西至鄂摩和索罗站二百五十里吉林界,南至图们江六百里,外为朝鲜异,北至混同江六百里。”

案:鄂摩和索罗站,又作额穆赫索罗、俄莫和索洛站、鄂摩和站。清置,在今吉林省延边朝鲜族自治州敦化市北之额穆镇额穆村。

15. 塔拉小站(备注:亦作搭拉小站)

《置驿一》:“塔拉小站,拨什库一名,站丁十名,马十匹,牛十只。”

《嘉庆重修一统志》卷68吉林二:“又东南四十里至鄂摩和索罗站,过此八十里有搭拉小站,又东南六十里至毕尔罕毕喇站。”

光绪《吉林通志》卷12《沿革志三》:“塔拉卫,永乐五年置,旧讹答剌(按,塔拉河在宁古塔城西南，有塔拉站）。”

光绪《吉林通志》卷57《武备志八·驿站》：“塔拉站在通沟站东□十里，西以都棱河与敦化县为界。”

民国《宁安县志》卷3《交通》：“塔拉站在通沟站东。”

案：塔拉小站，亦作搭拉小站、他拉站，即今吉林省延边朝鲜族自治州敦化市雁鸣湖镇塔拉站村。

16. 毕尔罕毕喇站

《置驿一》：“毕尔罕毕喇站，笔帖式一员，拨什库一名，站丁十三名，马十三匹，牛十三只。”

《嘉庆重修一统志》卷68吉林二：“又东南四十里至鄂摩和索罗站，过此八十里有搭拉小站。又东南六十里至毕尔罕毕喇站。又东南六十里至沙兰站。”

光绪《吉林通志》卷57《武备志八·驿站》：“乾隆四十四年奏准，于鄂摩和毕尔罕二站内，各拨马五匹牛五头。”

民国《宁安县志》卷3《交通》：“毕尔罕窝集，宁古塔城西北二百二十里，西接塞齐窝集和伦窝集。”

案：毕尔罕毕喇站，又作必尔罕站，在今黑龙江省牡丹江市宁安市沙兰镇尔站村。

17. 沙兰站

《置驿一》：“沙兰站，笔帖式一员，拨什库一名，站丁十三名，马十三匹，牛十三只。”

《嘉庆重修一统志》卷68吉林二：“又东南六十里至毕尔罕毕喇站，又东南六十里至沙兰站。又东南八十里至宁古塔。”

光绪《吉林通志》卷57《武备志八·驿站》：“德林二十里至沙兰站，四十里至蓝旗沟。”

民国《宁安县志》卷3《交通》：“沙兰卫，永乐四年置，旧讹撒剌尔，按沙兰河、沙兰城、沙兰站，俱在宁古塔城西不及百里，名称未改。”

案：沙兰站，明代置沙兰卫，在今黑龙江省牡丹江市宁安市西南沙兰镇。

18. 宁古塔站

《置驿一》：“宁古塔站，笔帖式一员，拨什库一名，站丁十名，马十匹，牛十只。”

《嘉庆重修一统志》卷68吉林二：“又东南六十里至沙兰站。又东南八十里至宁古塔。”

光绪《吉林通志》卷57《武备志八·驿站》:"……毕尔汉必拉站、沙兰站、宁古塔站共十七处种地一万零六百四十三晌。"

民国《宁安县志》卷3《交通》:"按《盛京志》载:吉林乌喇东至宁古塔站,八十里至额黑木站。"

案:宁古塔站,时在宁古塔城,在今黑龙江省牡丹江市海林市长汀镇宁古村,宁古塔将军原驻地,在今牡丹江市宁安市城区。康熙五年(1667),宁古塔将军迁至新城,即今黑龙江省宁安市城区。

19. 金珠鄂佛罗站

《置驿一》:"金珠鄂佛罗站,笔帖式一员,拨什库一名,站丁二十七名,马二十七匹,牛二十七只。"

《嘉庆重修一统志》卷68吉林二:"金州鄂佛罗站,亦名哲松站,在吉林城西北五十里。"

光绪《吉林通志》卷57《武备志八·驿站》:"由吉林乌拉站六十里至金珠鄂佛罗站,六十里至舒兰河站。"

民国《桦川县志》卷2《交通》:"由吉林乌拉站六十里至金珠鄂佛罗站,六十里至舒兰河站。"

案:金珠鄂佛罗站,亦作金州鄂佛罗站,又名哲松站。在今吉林省吉林市龙潭区北金珠乡。

20. 舒兰河站

《置驿一》:"舒兰河站,笔帖式一员,拨什库一名,站丁二十七名,马二十七匹,牛二十七只。"

《嘉庆重修一统志》卷68吉林二:"金州鄂佛罗站,亦名哲松站,在吉林城西北五十里。又西北六十里至舒兰河站。又西北五十里至法特哈站。"

嘉庆《黑龙江外记》卷2:"法特哈站,在法特哈边门内,四十五里至舒兰河站,六十里至金州俄佛罗站。"

光绪《吉林通志》卷57《武备志八·驿站》:"金珠鄂佛罗站六十里至舒兰河站,五十里至法特哈站。"

案:舒兰河站,又作舒兰站,在今吉林省吉林市舒兰市西南之溪河镇舒兰站村。清宣统二年(1910),因有驿站,置舒兰县于此。

21. 法特哈站

《置驿一》:"法特哈站,笔帖式一员,拨什库一名,站丁二十七名,马二十七匹,牛二十七只。”

《嘉庆重修一统志》卷68吉林二：法特哈边门在“吉林城北一百七十里，一名巴延鄂佛罗。由吉林至伯都讷、黑龙江之道也”，“又西北六十里至舒兰河站。又西北五十里至法特哈站。又西北五十里至腾额尔哲库站”。

嘉庆《黑龙江外记》卷2：“登额勒哲库站（俗名秀水甸子），四十五里至法特哈站（站在法特哈边门内）。”

光绪《吉林通志》卷57《武备志八·驿站》：“法特哈站，距巴彦鄂佛罗边门十里，边门外属伯都讷。”

案：法特哈站，时在柳条边法特哈门内，在今吉林省吉林市舒兰市西北法特镇。

22. 腾额尔哲库站

《置驿一》：“腾额尔哲库站，笔帖式一员，拨什库一名，站丁二十七名，马二十七匹，牛二十七只。”

《嘉庆重修一统志》卷68吉林二：“又西北五十里至法特哈站。又西北五十里至腾额尔哲库站。又西北五十里至蒙古站。”

光绪《吉林通志》卷57《武备志八·驿站》：“法特哈站，五十里至腾额尔哲库站，五十里至蒙古站。”

民国《桦川县志》卷2《交通》：“由腾额尔哲库站分道八十里至蒙古卡伦站，七十里至拉林多欢站。”

案：腾额尔哲库站，又作登伊勒哲库，在今吉林省长春市榆树市西南之秀水镇。

23. 蒙古站

《置驿一》：“蒙古站，笔帖式一员，拨什库一名，站丁二十五名，马二十五匹，牛二十五只。”

《嘉庆重修一统志》卷68吉林二：“又西北五十里至腾额尔哲库站。又西北五十里至蒙古站。又西北五十里至图赖昭站。”

嘉庆《黑龙江外记》卷2：“陶赉洲站五十里至蒙古站，四十五里至登额勒哲库站。”

光绪《吉林通志》卷57《武备志八·驿站》：“腾额尔哲库站五十里至蒙古站，五十里至托赖昭站。”

案：蒙古站，又名盟温站，在今吉林省长春市榆树市五棵树镇盟温站村。

24. 托赖昭站

《置驿一》:"托赖昭站,笔帖式一员,拨什库一名,站丁二十五名,马二十五匹,牛二十五只。"

《嘉庆重修一统志》卷68吉林二:"又西北五十里至蒙古站。又西北五十里至图赖昭站。又西北五十里至逊扎布站,即五家子站。"

光绪《吉林通志》卷57《武备志八·驿站》:"蒙古站,五十里至托赖昭站,五十里至逊扎布站。"

民国《桦川县志》卷2《交通》:"蒙古站五十里至托赖昭站,五十里至逊扎布站。"

案:托赖昭站,又作图赖昭站、陶赖昭站,在今吉林省松原市扶余市西南之陶赖昭镇。

25. 逊扎布站

《置驿一》:"逊扎布站,笔帖式一员,拨什库一名,站丁二十五名,马二十五匹,牛二十五只。"

《置驿一》:"托赖昭站,笔帖式一员,拨什库一名,站丁二十五名,马二十五匹,牛二十五只。"

《嘉庆重修一统志》卷68吉林二:"又西北五十里至图赖昭站。又西北五十里至逊扎布站,即五家子站。又西北三十五里至蒿子站。"

光绪《吉林通志》卷57《武备志八·驿站》:"托赖昭站五十里至逊扎布站,三十五里至蒿子站。"

民国《桦川县志》卷2《交通》:"托赖昭站五十里至逊扎布站(俗名五家子站),三十五里至蒿子站。"

案:逊扎布站,又作孙札堡站、五家子站,在今吉林省松原市扶余市五家站镇。

26. 蒿子站

《置驿一》:"蒿子站,笔帖式一员,拨什库一名,站丁二十五名,马二十五匹,牛二十五只。"

《嘉庆重修一统志》卷68吉林二:"又西北五十里至逊扎布站,即五家子站。又西北三十五里至蒿子站。又西北六十里至舍哩站。"

嘉庆《黑龙江外记》卷2:"舍利站六十里至蒿子站,三十五里至孙扎堡站(俗名五家子站)。"

光绪《吉林通志》卷 57《武备志八 · 驿站》:“逊扎布站三十五里至蒿子站,六十里至舍哩站。”

案:蒿子站,又作浩色站,在今吉林省松原市扶余市新站乡。

27. 舍哩站

《置驿一》:“舍哩站,笔帖式一员,拨什库一名,站丁二十五名,马二十五匹,牛二十五只。”

《嘉庆重修一统志》卷 68 吉林二:“又西北三十五里至蒿子站,又西北六十里至舍哩站,又西北八十里至白都讷站。”

嘉庆《黑龙江外记》卷 2:“由大站至京道里自茂兴站,起南八十里至吉林省伯都讷站,七十里至舍利站,六十里至蒿子站。”

光绪《吉林通志》卷 57《武备志八 · 驿站》:“蒿子站六十里至舍哩站,八十里至伯都讷站。”

案:舍哩站,又作舍利站,在今吉林省松原市宁江区社里乡。

28. 伯都讷站

《置驿一》:“伯都讷站,笔帖式一员,拨什库一名,站丁二十五名,马二十五匹,牛二十五只。”

《嘉庆重修一统志》卷 68 吉林二:“又西北六十里至舍哩站。又西北八十里至白都讷站。”

嘉庆《黑龙江外记》卷 2:“自茂兴站起南八十里至吉林省伯都讷站,七十里至舍利站六十里。”

光绪《吉林通志》卷 57《武备志八 · 驿站》:“舍哩站八十里至伯都讷站。”

案:伯都讷站,亦作白都讷站,位于吉林至黑龙江要道,在今吉林省松原市宁江区城区。康熙二十三年(1694),另筑砖城于站南二十里处,即伯都讷城,设副都统驻防。

29. 蒙古卡伦站

《置驿一》:“蒙古卡伦站,笔帖式一员,拨什库一名,站丁十五名,马十五匹,牛十五只。”

《嘉庆重修一统志》卷 68 吉林二:“蒙古卡伦站,在吉林城东北,自腾额尔哲库站分道东北三十里。”

道光《吉林外记》卷 3《驿站》:“自蒙古卡伦站起,七十里曰多欢站,七十里曰萨库哩站。”

光绪《吉林通志》卷57《武备志八·驿站》:"由腾额尔哲库站分道,八十里至蒙古卡伦站,七十里至拉林多欢站。"

案:蒙古卡伦站,约在今吉林省长春市榆树市北之太安乡新站村。

30. 拉林多欢站

《置驿一》:"拉林多欢站,笔帖式一员,拨什库一名,站丁十五名,马十五匹,牛十五只。"

《嘉庆重修一统志》卷68吉林二:"蒙古卡伦站,在吉林城东北,自腾额尔哲库站分道东北三十里。又东北七十里至拉林多观站。又东北七十里至萨库哩站。"

道光《吉林外记》卷2《疆域形势·城池》:"双城堡旧名双城于拉林多欢站西北二十里。"

光绪《吉林通志》卷57《武备志八·驿站》:"蒙古卡伦站七十里至拉林多欢站,七十里至萨库哩站。"

案:拉林多欢站,亦作拉林多观站、多欢站,今黑龙江省哈尔滨市五常市西北之拉林满族镇多欢站村。清初建拉林城,在黑龙江省五常市西北拉林镇,雍正时设协领驻防,乾隆时改为副都统。以拉林河得名。

31. 萨库哩站

《置驿一》:"萨库哩站,笔帖式一员,拨什库一名,站丁十五名,马十五匹,牛十五只。"

《嘉庆重修一统志》卷68吉林二:"又东北七十里至拉林多观站,又东北七十里至萨库哩站。又东北六十五里至费克图站。"

道光《吉林外记》卷3《驿站》:"多欢站七十里曰萨库哩站,六十五里曰蜚克图站。"

光绪《吉林通志》卷57《武备志八·驿站》:"拉林多欢站七十里至萨库哩站,六十五里至费克图站。"

案:萨库哩站,亦作沙克哩,俗名二道河子站。清吉林将军北路驿站之一。在今黑龙江省哈尔滨市阿城区双丰镇双兰村。

《盛京通志》卷三十三载,乾隆四十四年(1779)奏准:"于鄂摩和、毕尔罕二站内各拨马五匹,牛五头;额赫茂等五站内各拨马四匹,牛四头,分置萨库里等八站。"即以下八站。此路驿站由阿喀楚克副都统驻地通往三姓副都统驻地。

32. 费克图站

《置驿一》:"费克图站,笔帖式一员,拨什库一名,站丁十四名,马十四匹,牛十四只。"

《嘉庆重修一统志》卷68吉林二:"又东北七十里至萨库哩站。又东北六十五里至费克图站。又东北八十二里至塞勒佛特库站。"

道光《吉林外记》卷3《驿站》:"萨库哩站六十五里曰蜚克图站,八十二里曰色勒佛特库站。"

光绪《吉林通志》卷57《武备志八·驿站》:"萨库哩站六十五里至费克图站,八十二里至塞勒佛特库站。……蜚克图站,顺蜚克图河北岸至厅城为路六十二里。"

案:费克图站,又作蜚克图站,在今黑龙江省哈尔滨市阿城区蜚克图街道。

33. 塞勒佛特库站

《置驿一》:"塞勒佛特库站,笔帖式一员,拨什库一名,站丁十四名,马十四匹,牛十四只。"

《嘉庆重修一统志》卷68吉林二:"又东北六十五里至费克图站。又东北八十二里至塞勒佛特库站。又东北七十二里至鄂尔多穆逊站。"

道光《吉林外记》卷3《驿站》:"蜚克图站八十二里曰色勒佛特库站,六十一里曰佛斯亨站。"

光绪《吉林通志》卷57《武备志八·驿站》:"费克图站八十二里至塞勒佛特库站,六十一里至佛斯亨站。……色勒佛特库站,俗称枷板站,西行偏南距厅城五十八里。"

案:塞勒佛特库站,亦作色勒佛特库站,又名枷板站,明代置,清代袭之,在今黑龙江省哈尔滨市宾县东北之宾安镇。

34. 佛斯亨站

《置驿一》:"佛斯亨站,笔帖式一员,拨什库一名,站丁十四名,马十四匹,牛十四只。"

道光《吉林外记》卷3:"色勒佛特库站六十一里曰佛斯亨站,七十三里曰富拉珲站。"

光绪《吉林通志》卷57《武备志八·驿站》:"塞勒佛特库站六十一里至佛斯亨站,七十三里至富尔珲站。"

民国《桦川县志》卷2《交通》:"在松花江北岸设佛斯亨站、富拉珲站、崇古尔库站、鄂尔国木索(会典事例作鄂尔多木逊)站、妙噶山站(据旧舆图)。"

案:佛斯亨站,亦作白杨木站,清乾隆二十七年(1762)置,属三姓副都统,在今黑龙江省哈尔滨市木兰县东之五站乡五站村。

35. 富尔珲站

《置驿一》:“富尔珲站,笔帖式一员,拨什库一名,站丁十四名,马十四匹,牛十四只。”

道光《吉林外记》卷3《驿站》:“佛斯亨站七十三里曰富拉珲站,七十五里曰崇古尔库站。”

光绪《吉林通志》卷57《武备志八·驿站》:“佛斯亨站七十三里至富尔珲站,七十里至崇古尔库站。”

案:富尔珲站,亦作富拉珲站,清乾隆二十七年置,在今黑龙江省哈尔滨市通河县西北富林镇四站村。《中国历史地名大辞典》第2627页谓在今黑龙江省通河县西北富乡西南,疑有误。

36. 崇古尔库站

《置驿一》:“崇古尔库站,笔帖式一员,拨什库一名,站丁十四名,马十四匹,牛十四只。”

道光《吉林外记》卷3《驿站》:“富拉珲站七十五里曰崇古尔库站,七十二里曰鄂尔国木索站。”

光绪《吉林通志》卷57《武备志八·驿站》:“富尔珲站七十里至崇古尔库站,七十里至鄂尔多穆逊站。”

民国《黑龙江志稿》卷45:“大通县治在崇古尔库站,旧隶吉林。”

案:崇古尔库站,清乾隆二十七年置,在今黑龙江省通河县东北之三站乡老站村。清光绪时设大通县,治于此,后改名通河县。初隶吉林,后改属黑龙江。

37. 鄂尔多穆逊站

《置驿一》:“鄂尔多穆逊站,笔帖式一员,拨什库一名,站丁十三名,马十三匹,牛十三只。”

《嘉庆重修一统志》卷68吉林二:“又东北八十二里至塞勒佛特库站。又东北七十二里至鄂尔多穆逊站。又东北六十八里至庙屯站。”

道光《吉林外记》卷3《驿站》:“崇古尔库站,七十二里曰鄂尔国木索站,六十八里曰妙嘎山站。”

光绪《吉林通志》卷57《武备志八·驿站》:“崇古尔库站,七十里至鄂尔多穆逊站,六十八里至妙嘎山站。”

案:鄂尔多穆逊站,一作鄂尔国木索站,清乾隆二十七年置,在今黑龙江省哈尔滨市通河县东北之清河镇二站村。

38. 庙屯站

《置驿一》:“庙屯站,笔帖式一员,拨什库一名,站丁十名,马十匹,牛十只。”

《嘉庆重修一统志》卷68吉林二:“又东北七十二里至鄂尔多穆逊站,又东北六十八里至庙屯站,又东北五里至三姓城。”

道光《吉林外记》卷3《驿站》:“鄂尔国木索站六十八里曰妙嘎山站,至三姓城五里。”

光绪《吉林通志》卷57《武备志八·驿站》:“崇古尔库站七十里至鄂尔多穆逊站,六十八里至妙嘎山站。……妙噶山(按会典事例、盛京通志作庙屯站),妙噶山站南至三姓城五里。”

案:庙屯站,亦作妙嘎山站、妙噶山站,清乾隆二十七年置,在今黑龙江省哈尔滨市依兰县迎兰朝鲜族乡迎兰村。

黑龙江

一、黑龙江驿道走向

黑龙江的驿路分为四条：

1. 由吉林方向来的驿路经茂兴站进入黑龙江，直至黑龙江将军驻地齐齐哈尔城

由茂兴站分道，90 里至博尔济哈台，80 里至察布齐勒台，60 里至鄂多尔图台，45 里至布拉克台，60 里至扎喀和硕台，80 里至呼兰城，45 里至乌兰诺尔站，55 里至古鲁站，67 里至塔勒哈站，75 里至多鼐站，75 里至温托珲站，75 里至特穆德赫站，55 里至黑龙江将军驻扎之齐齐哈尔城站。

2. 由齐齐哈尔至呼伦贝尔城

由齐齐哈尔城站 100 里至锡尔特台，80 里至噶齐克台，70 里至蒙古乌尔楚克台，70 里至们都克依台，65 里至雅克萨台，80 里至济尔玛沁台，80 里至呼伦贝尔城。

3. 由齐齐哈尔至黑龙江城（瑷珲城）

又由齐齐哈尔城分道，60 里至塔拉尔站，85 里至宁尼站，85 里至拉哈站，60 里至博尔多站，60 里至布特哈站，43 里至喀穆尼站，42 里至伊拉喀站，70 里至墨尔根城站，76 里至科洛尔站，76 里至喀尔喀图站，85 里至库穆楞站，33 里至额叶尔站，78 里至黑龙江站，22 里至黑龙江城。

二、黑龙江置驿三十六处

1. 茂兴站

《置驿一》："茂兴站，笔帖式一员，领催二名，壮丁二十七名，马二十六匹，牛二十七只。”

《嘉庆重修一统志》卷71黑龙江:“又五十五里至乌兰诺尔站。又四十五里至墨馨站。又南至白都讷界。”

嘉庆《黑龙江外记》卷2:“由大站至京道里自茂兴站起,南八十里至吉林省伯都讷站。”

嘉庆《黑龙江外记》卷2:“乌兰诺尔四十五里曰茂兴凡八站。”

宣统《呼兰府志》卷4《交通略·邮递》:“西南至京师俱以茂兴站为中枢,其南达吉林西路则由茂兴站东路则由庙噶珊站。”

案:茂兴站,亦作墨馨站,时茂兴站在内蒙古哲里木盟,归黑龙江管辖,在今黑龙江省大庆市肇源县西之茂兴镇。

2. 乌兰诺尔站

《置驿一》:“乌兰诺尔站,笔帖式一员,领催一名,壮丁二十七名,马二十六匹,牛二十七只。”

《嘉庆重修一统志》卷71黑龙江:“又六十五里至古鲁站。又五十五里至乌兰诺尔站。又四十五里至墨馨站。”

嘉庆《黑龙江外记》卷2:“古鲁五十五里曰乌兰诺尔,四十五里曰茂兴。”

民国《黑龙江志稿》卷3《地理志》:“乌兰诺尔,在乌兰诺尔站西数里南流入嫩江。”卷42《交通志·邮政》:“自乌兰诺尔站分道而东一百里至博尔济哈站。”

案:在内蒙古哲里木盟,归黑龙江管辖。《中国历史地名大辞典》第465页,又作新站,清雍正五年(1727)置,在今黑龙江省大庆市肇源县西北之新站镇。

3. 古鲁站

《置驿一》:“古鲁站,笔帖式一员,领催一名,壮丁二十七名,马二十六匹,牛二十七只。”

《嘉庆重修一统志》卷71黑龙江:“又七十五里至塔勒哈站。又六十五里至古鲁站。又五十五里至乌兰诺尔站。”

嘉庆《黑龙江外记》卷2:“塔尔哈六十七里曰古鲁,五十五里曰乌兰诺尔。”

宣统《呼兰府志》卷4《交通略·邮递》:“百里月亮泡,泡在江西其东为古鲁站。”

民国《黑龙江志稿》卷3《地理志》:“古鲁站西北三十余里有宜春故城。……泽莫司湖,在古鲁站东数里。”

案：古鲁站，在内蒙古哲里木盟，归黑龙江管辖，清康熙二十五年（1686）置，在今黑龙江省大庆市肇源县西北之古龙镇。

4. 塔勒哈站

《置驿一》："塔勒哈站，笔帖式一员，领催一名，壮丁二十七名，马二十六匹，牛二十七只。"

《嘉庆重修一统志》卷71黑龙江："又七十五里至多鼐站。又七十五里至塔勒哈站。又六十五里至古鲁站。"

嘉庆《黑龙江外记》卷2："多鼐七十五里曰塔尔哈，六十七里曰古鲁。"

民国《黑龙江志稿》卷42《交通志·邮政》："七十五里至多鼐站，七十五里至塔勒哈站。"

案：塔勒哈站，在内蒙古哲里木盟，归黑龙江管辖。《中国历史地名大辞典》第2489页，又作塔尔哈站，康熙二十五年（1686）置，今黑龙江省大庆市杜尔伯特蒙古族自治县南之他拉哈镇。

5. 多鼐站

《置驿一》："多鼐站，笔帖式一员，领催一名，壮丁二十七名，马二十六匹，牛二十七只。"

《嘉庆重修一统志》卷71黑龙江："又七十里至温托珲站。又七十五里至多鼐站。又七十五里至塔勒哈站。"

嘉庆《黑龙江外记》卷2："过混同江北来，直至多鼐站，环站杂处皆蒙古。……七十五里曰温托欢，七十五里曰多鼐，七十五里曰塔尔哈。"

民国《黑龙江志稿》卷42《交通志·邮政》："七十五里至多鼐站，七十五里至塔勒哈站。"

案：多鼐站，也作多耐，时在内蒙古哲里木盟，归黑龙江管辖。清康熙二十五年（1686）置，在今黑龙江省大庆市杜尔伯特蒙古族自治县巴彦查干乡东北之太和村。

6. 温托珲站

《置驿一》："温托珲站，笔帖式一员，领催一名，壮丁二十七名，马二十六匹，牛二十七只。"

《嘉庆重修一统志》卷71黑龙江："又南五十五里至特穆德赫站，又七十里至温托珲站，又七十五里至多鼐站。"

嘉庆《黑龙江外记》卷2："七十五里曰温托欢，七十五里曰多鼐。"

民国《黑龙江志稿》卷42《交通志·邮政》:“七十五里至温托珲站(温托珲,国语),七十五里至多鼐站,七十五里至塔勒哈站(塔勒哈,国语)。”

案:温托珲站,又作温托欢,清康熙二十五年(1686)置,在今黑龙江省齐齐哈尔市泰来县北之大兴镇附近。

7. 特穆德赫站

《置驿一》:“特穆德赫站,笔帖式一员,领催一名,壮丁二十七名,马二十六匹,牛二十七只。”

《嘉庆重修一统志》卷71黑龙江:“布克衣站,在齐齐哈尔城内。又南五十五里至特穆德赫站。又七十里至温托珲站。”

嘉庆《黑龙江外记》卷2:“齐齐哈尔城中卜奎站起,西南五十五里曰特木德赫,七十五里曰温托欢。”

民国《黑龙江志稿》卷42《交通志·邮政》:“五十五里至特穆德赫站,七十五里至温托珲站,七十五里至多鼐站。”

案:特穆德赫站,也作特木德赫站,清康熙二十五年(1686)置,在今黑龙江省齐齐哈尔市昂昂溪区榆树屯镇头站村。

8. 布克依站

《置驿一》:“布克依站,笔帖式一员,领催一名,壮丁三十名,马四十匹,牛三十只。”

《嘉庆重修一统志》卷71黑龙江:“布克衣站,在齐齐哈尔城内。”

民国《黑龙江志稿》卷1《地理志》:“拜苦卫,按《满洲源流考》作布魁,《盛京通志》作布克依卫,自齐齐哈尔至墨尔根第一站为布克依站。”卷42《交通志·邮政》:“布克依站,城内。凡齐齐哈尔各路站道皆由此起,额设壮丁二十九名马四十匹牛三头。”

案:布克依站,即卜奎站,也作卜魁站,在今黑龙江省齐齐哈尔市城区,是黑龙江将军驻地各路驿站的起点站。

9. 塔拉尔站

《置驿一》:“塔拉尔站,笔帖式一员,领催一名,壮丁二十七名,马二十匹,牛二十七只。”

《嘉庆重修一统志》卷71黑龙江:“布克衣站,在齐齐哈尔城内。又齐齐哈尔东北至摩尔根黑龙江站道。六十里至塔拉尔站。又东北七十五里至安年站。”

嘉庆《黑龙江外记》卷4:“塔哈尔至黑龙江等十二站,每站马二十匹。”

民国《黑龙江志稿》卷42:“六十里至塔拉尔站(塔拉尔,蒙古语),七十五里至宁年站。”

案:塔拉尔站,又作塔哈尔,清康熙二十四年(1685)年置,在今黑龙江省齐齐哈尔市富裕县西南之塔哈镇。

10. 宁尼站

《置驿一》:“宁尼站,笔帖式一员,领催一名,壮丁二十七名,马二十四,牛二十七只。”

嘉庆《黑龙江外记》卷2:“卜奎站起东北六十里曰塔哈尔,七十里曰宁年,凡二站。”

民国《黑龙江志稿》卷42《交通志·邮政》:“至塔尔哈站又东北八十里至宁尼站,以上二站在齐齐哈尔城界,亦南路站官管理。”

案:宁尼站,也作宁年站,清康熙二十四年(1685)置,在今黑龙江省齐齐哈尔市富裕县城。

11. 博尔济哈站

《置驿一》:“博尔济哈站,笔帖式一员,领催一名,壮丁十名,马五匹,牛五只。”

嘉庆《黑龙江外记》卷2:“乌兰诺尔站东至呼兰,雍正十三年设六台,曰博勒集哈,曰察布齐勒,曰俄多勒图,曰布喇克,曰扎喀霍硕,曰呼兰,下站站官兼治之。”

民国《黑龙江志稿》卷42《交通志·邮政》:“自乌兰诺尔站分道而东一百里至博尔济哈站。”

案:博尔济哈站,亦名波尔吉哈台、博勒集哈站,雍正十三年(1755)设,在今黑龙江省大庆市肇源县西北之头台镇。

12. 察布齐勒站

《置驿一》:“察布齐勒站,领催一名,壮丁十名,马五匹,牛五只。”

嘉庆《黑龙江外记》卷2:“乌兰诺尔站东至呼兰,雍正十三年设六台,曰博勒集哈,曰察布齐勒,曰俄多勒图,曰布喇克,曰扎喀霍硕,曰呼兰,下站站官兼治之。”

民国《黑龙江志稿》卷42《交通志·邮政》:“自乌兰诺尔站分道而东一百里至博尔济哈站,一百十里至察布齐勒站。”

案:察布齐勒站,亦名察布齐尔台、查普奇站。雍正十三年(1755)设,在今黑龙江省大庆市肇源县东二站镇。

13. 鄂多尔图站

《置驿一》:“鄂多尔图站,领催一名,壮丁十名,马五匹,牛五只。”

嘉庆《黑龙江外记》卷2："乌兰诺尔站东至呼兰，雍正十三年设六台，曰博勒集哈，曰察布齐勒，曰俄多勒图，曰布喇克，曰扎喀霍硕，曰呼兰，下站站官兼治之。"

民国《黑龙江志稿》卷42《交通志·邮政》："同治八年三月初二日，添铸黑龙江管理齐札雅等九台，哈克鄂莫等八台，图济博尔济哈台，察普钦台，鄂多尔图台，布拉克台，札喀和硕台，呼兰台，新安台，各台图记从署将军德英请也。"

案：鄂多尔图站，亦作俄多勒图站，雍正十三年(1755)设，在今黑龙江省大庆市肇源县东三站镇。

14. 布拉克站

《置驿一》："布拉克站，领催一名，壮丁十名，马五匹，牛五只。"

嘉庆《黑龙江外记》卷2："乌兰诺尔站东至呼兰，雍正十三年设六台，曰博勒集哈，曰察布齐勒，曰俄多勒图，曰布喇克，曰扎喀霍硕，曰呼兰，下站站官兼治之。"

民国《黑龙江志稿》卷42《交通志·邮政》："自乌兰诺尔站分道而东一百里至博尔济哈站，一百十里至察布齐勒站，七十五里至布拉克站(布拉克，蒙古语)。"

案：布拉克站，又作布喇克站，雍正十三年(1755)设，在今黑龙江省绥化市肇东市南之四站镇。

15. 扎喀和硕站

《置驿一》："扎喀和硕站，领催一名，壮丁十名，马五匹，牛五只。"

宣统《呼兰府志》卷2："扎喀和硕台官房在府西南六十里，有房十一间。"

民国《黑龙江志稿》卷5《地理志》："南至松花江二十八里吉林阿勒楚喀城界，西至扎喀和硕台北六十里。"

案：扎喀和硕站，亦作扎喀霍硕站、扎霍硕。雍正十三年(1755)设，在今黑龙江省绥化市肇东市东南之五站镇。

16. 呼兰站

《置驿一》："呼兰站，领催一名，壮丁十名，马五匹，牛五只。"

嘉庆《黑龙江外记》卷2："乌兰诺尔站东至呼兰，雍正十三年设六台，曰博勒集哈，曰察布齐勒，曰俄多勒图，曰布喇克，曰扎喀霍硕，曰呼兰，下站站官兼治之。"

民国《黑龙江志稿》卷42《交通志·邮政》："齐齐哈尔东南至呼兰站道。"

案：呼兰站，雍正十三年(1755)设，在今黑龙江省哈尔滨市呼兰区之呼兰街道。

17. 黑龙江站

《置驿一》："黑龙江站，笔帖式一员，领催一名，壮丁二十七名，马二十匹，牛二十七只。”

《嘉庆重修一统志》卷71黑龙江：“又三十三里至额叶尔站，又七十八里至黑龙江站，又二十二里至黑龙江城。”

嘉庆《黑龙江外记》卷2：“库穆三十五里曰额玉尔，七十八里曰黑龙江，凡十站，谓之上站。”

光绪《吉林通志》卷57《武备志八·驿站》：“盟温站，为吉林西北至伯都讷站道，系东路管站官所辖，吉林至黑龙江站道亦由此出。”

民国《黑龙江志稿》卷42《交通志·邮政》：“齐齐哈尔东北经墨尔根至黑龙江站道。”

案：黑龙江站，亦作“萨哈连乌拉站”，在今黑龙江省黑河市爱辉区西岗子镇东之坤站村。

18. 额页尔站

《置驿一》：“额页尔站，笔帖式一员，领催一名，壮丁二十七名，马二十匹，牛二十七只。”

《嘉庆重修一统志》卷71黑龙江：“又八十五里至库穆楞站，又三十三里至额叶尔站，又七十八里至黑龙江站。”

嘉庆《黑龙江外记》卷2：“库穆三十五里曰额玉尔，七十八里曰黑龙江，凡十站谓之上站。”

民国《黑龙江志稿》卷42《交通志·邮政》：“八十五里至库穆楞站，三十五里至额叶尔站（额叶尔，蒙古语）。”

案：额页尔站，亦作额玉尔、额雨尔。清康熙二十五年（1686）建，在今黑龙江省黑河市爱辉区西南之二站乡。

19. 库穆楞站

《置驿一》：“库穆楞站，笔帖式一员，领催一名，壮丁二十七名，马二十匹，牛二十七只。”

《嘉庆重修一统志》卷71黑龙江：“又七十六里喀尔喀图站。又八十五里至库穆楞站。又三十三里至额叶尔站。”

嘉庆《黑龙江外记》卷2：“宁年站起东北八十里曰拉哈，六十里曰傅尔多，四十三里曰喀木尼喀，四十二里曰伊勒哈，七十里曰墨尔根，七十五里曰科络尔，七十六里曰喀塔尔希，八十五里曰库穆，三十五里曰额玉尔，七十八里曰黑龙江，凡十站。”

民国《黑龙江志稿》卷42《交通志・邮政》:"七十六里至喀尔喀图站,八十五里至库穆楞站,三十五里至额叶尔站。"

案:库穆楞站,亦作库穆,在今黑龙江省黑河市爱辉区西南之三站村。

20. 喀尔喀图站

《置驿一》:"喀尔喀图站,笔帖式一员,领催一名,壮丁二十七名,马二十四,牛二十七只。"

《嘉庆重修一统志》卷71黑龙江:"又七十六里至科洛尔站。又七十六里喀尔喀图站。又八十五里至库穆楞站。"

嘉庆《黑龙江外记》卷1:"兴安二岭外山之著名见于《盛京通志》者,有喀尔喀图山,绰喀里山……"

民国《黑龙江志稿》卷42《交通志・邮政》:"七十五里至科洛尔站,七十六里至喀尔喀图站,八十五里至库穆楞站,三十五里至额叶尔站。"

案:喀尔喀图站,亦作喀尔哈。清康熙二十五年(1686)置。在今黑龙江省黑河市嫩江县东北之塔溪乡。

21. 科洛尔站

《置驿一》:"科洛尔站,笔帖式一员,领催一名,壮丁二十七名,马二十匹,牛二十七只。"

《嘉庆重修一统志》卷71黑龙江:"又七十里至墨尔根城站,又七十六里至科洛尔站,又七十六里喀尔喀图站。"

嘉庆《黑龙江外记》卷2:"七十里曰墨尔根七十五里曰科络尔,七十六里曰喀塔尔希。"

民国《黑龙江志稿》卷42《交通志・邮政》:"七十里至墨尔根站,七十五里至科洛尔站,七十六里至喀尔喀图站,八十五里至库穆楞站,三十五里至额叶尔站。"

案:科洛尔站,清康熙二十五年(1686)置。在今黑龙江省黑河市嫩江县东北之科洛乡。

22. 墨尔根站

《置驿一》:"墨尔根站,笔帖式一员,领催一名,壮丁二十七名,马二十匹,牛二十七只。"

《嘉庆重修一统志》卷71黑龙江:"又四十二里至伊拉喀站,又七十里至墨尔根城站,又七十六里至科洛尔站。"

嘉庆《黑龙江外记》卷2:"伊勒哈七十里曰墨尔根,七十五里曰科络尔。"

民国《黑龙江志稿》卷42《交通志·邮政》:“四十二里至伊拉喀站,七十里至墨尔根站,七十五里至科洛尔站。”

案:墨尔根站,在今黑龙江省黑河市嫩江县城。

23. 伊拉喀站

《置驿一》:“伊拉喀站,笔帖式一员,领催一名,壮丁二十七名,马二十匹,牛二十七只。”

《嘉庆重修一统志》卷71黑龙江:“又四十三里至喀穆尼站。又四十二里至伊拉喀站。又七十里至墨尔根城站。”

嘉庆《黑龙江外记》卷2:“四十三里曰喀木尼喀,四十二里曰伊勒哈,七十里曰墨尔根。”

民国《黑龙江志稿》卷42《交通志·邮政》:“四十三里至喀穆尼站,四十二里至伊拉喀站,七十里至墨尔根站。”

案:伊拉喀站,亦作依拉哈、伊勒哈,在今黑龙江省黑河市嫩江县南之伊拉哈镇。

24. 喀穆尼站

《置驿一》:“喀穆尼站,笔帖式一员,领催一名,壮丁二十七名,马二十匹,牛二十七只。”

《嘉庆重修一统志》卷71黑龙江:“又六十里至博尔多站,又四十三里至喀穆尼站,又四十二里至伊拉喀站。”

光绪《吉林通志》卷19《舆地志七》:“喀穆尼窝集,宁古塔城东北一千四百五十里,在黑龙江东。”

民国《黑龙江志稿》卷42《交通志·邮政》:“六十里至博尔多站(博尔多,国语,过此而西即为布特哈界),四十三里至喀穆尼站,四十二里至伊拉喀站。”

案:喀穆尼站,清康熙二十五年(1686)置。在今黑龙江省齐齐哈尔市讷河市东北之老莱镇。

25. 博尔多站

《置驿一》:“博尔多站,笔帖式一员,领催一名,壮丁二十七名,马二十匹,牛二十七只。”

《嘉庆重修一统志》卷71黑龙江:“又八十五里至拉哈站,入墨尔根城界,又六十里至博尔多站,又四十三里至喀穆尼站。”

民国《讷河县志》卷2《建置志》:“博尔多站,在县城西门外。”

民国《黑龙江志稿》卷42《交通志·邮政》:“八十里至拉哈站,六十里至博尔多站,四十三里至喀穆尼站。”

案:博尔多站,清康熙二十五年(1686)置,在今黑龙江省齐齐哈尔市讷河市西长青村。

26. 拉哈站

《置驿一》:“拉哈站,笔帖式一员,领催一名,壮丁二十七名,马二十匹,牛二十七只。”

《嘉庆重修一统志》卷71黑龙江:“又东北七十五里至安年站。又八十五里至拉哈站,入墨尔根城界。又六十里至博尔多站。”

民国《讷河县志》卷2《建置志》:“拉哈站,距县城西南六十五里。”

民国《黑龙江志稿》卷42《交通志·邮政》:“七十五里至宁年站(以上二站系墨馨管站官所辖),八十里至拉哈站(墨尔根界,拉哈系国语),六十里至博尔多站(博尔多,国语,过此而西即为布特哈界),四十三里至喀穆尼站。”

案:拉哈站,清康熙二十四年(1685)置,在今黑龙江省齐齐哈尔市讷河市西南拉哈镇。

27. 锡尔特台

《置驿一》:“锡尔特台,领催一名,兵九名,马二十匹,牛三十只,车十辆。”

嘉庆《黑龙江外记》卷2:“齐齐哈尔西北至呼伦贝尔,雍正十年设十台,曰西勒图,曰纳齐希,曰蒙古勒乌克察起,曰额赫昂阿,曰巴里玛,曰延博霍托,曰霍络起,曰扪都克伊,曰雅克萨,曰集尔玛大,呼伦贝尔笔帖式二员治之。”

民国《黑龙江志稿》卷42《交通志·邮政》:“齐齐哈尔西至呼伦布雨尔台道,一百里至锡尔特台,八十五里至噶齐克台。”

案:锡尔特台,又作西勒图站,雍正十年(1752)设,在今黑龙江省齐齐哈尔市甘南县长山乡以东,音河西岸一带。

28. 噶齐克台

《置驿一》:“噶齐克台,领催一名,兵九名,马二十匹,牛三十只,车十辆。”

嘉庆《黑龙江外记》卷2:“齐齐哈尔西北至呼伦贝尔,雍正十年设十台,曰西勒图,曰纳齐希,曰蒙古勒乌克察起,曰额赫昂阿,曰巴里玛,曰延博霍托,曰霍络起,曰扪都克伊,曰雅克萨,曰集尔玛大,呼伦贝尔笔帖式二员治之。”

民国《黑龙江志稿》卷42《交通志·邮政》:“锡尔特台八十五里至噶齐克台,七十里至蒙古乌尔楚克台。”

案:噶齐克台,亦作恩齐起台、噶七起。雍正十年(1752)设,在今黑龙江省甘南县县城。1908 年在此站堪定街基兴建县城,后名甘南县。

29. 蒙古乌尔楚克台

《置驿一》:"蒙古乌尔楚克台,领催一名,兵九名,马二十匹,牛三十只,车十辆。"

嘉庆《黑龙江外记》卷 2:"齐齐哈尔西北至呼伦贝尔,雍正十年设十台,曰西勒图,曰纳齐希,曰蒙古勒乌克察起,曰额赫昂阿,曰巴里玛,曰延博霍托,曰霍络起,曰扪都克伊,曰雅克萨,曰集尔玛大,呼伦贝尔笔帖式二员治之。"

民国《黑龙江志稿》卷 42《交通志·邮政》:"噶齐克台七十里至蒙古乌尔楚克台,七十里至额赫昂阿台。"

案:蒙古乌尔楚克台,也作蒙古勒乌克察起台,清雍正十年(1752)设,在今内蒙古呼伦贝尔市扎兰屯市东之达斡尔民族乡。

30. 额赫昂阿台

《置驿一》:"额赫昂阿台,领催一名,兵九名,马二十匹,牛三十只,车十辆。"

嘉庆《黑龙江外记》卷 2:"齐齐哈尔西北至呼伦贝尔,雍正十年,设十台曰西勒图,曰纳齐希,曰蒙古勒乌克察起,曰额赫昂阿……"

民国《黑龙江志稿》卷 42《交通志·邮政》:"蒙古乌尔楚克台,七十里至额赫昂阿台,六十五里至巴林台。"

案:额赫昂阿台,清雍正十年(1732)设,在今内蒙古呼伦贝尔市扎兰屯市卧牛河镇一心屯村。

31. 巴林台

《置驿一》:"巴林台,领催一名,兵九名,马二十匹,牛三十只,车十辆。"

嘉庆《黑龙江外记》卷 2:"齐齐哈尔西北至呼伦贝尔,雍正十年设十台,曰西勒图,曰纳齐希,曰蒙古勒乌克察起,曰额赫昂阿,曰巴里玛,曰延博霍托,曰霍络起,曰扪都克伊,曰雅克萨,曰集尔玛大,呼伦贝尔笔帖式二员治之。"

民国《黑龙江志稿》卷 42《交通志·邮政》:"额赫昂阿台,六十五里至巴林台,七十五里至雅尔博克托台。"

案:巴林台,即巴里玛、巴里木,雍正十年(1732)设,在今内蒙古呼伦贝尔市牙克石市博克图镇巴林镇。

32. 雅尔博克托台

《置驿一》:"雅尔博克托台,领催一名,兵九名,马二十匹,牛三十只,车十辆。"

嘉庆《黑龙江外记》卷2:“齐齐哈尔西北至呼伦贝尔,雍正十年设十台,曰西勒图,曰纳齐希,曰蒙古勒乌克察起,曰额赫昂阿,曰巴里玛,曰延博霍托,曰霍络起,曰扪都克伊,曰雅克萨,曰集尔玛大,呼伦贝尔笔帖式二员治之。”

民国《黑龙江志稿》卷42《交通志·邮政》:“巴林台七十五里至雅尔博克托台,八十里至和罗奇台。”

案:雅尔博克托台,又称延博霍托、雅勒博克托。雍正十年(1732)置,在今内蒙古呼伦贝尔市牙克石市东南之博克图镇。

33. 和罗奇台

《置驿一》:“和罗奇台,领催一名,兵九名,马二十匹,牛三十只,车十辆。”

嘉庆《黑龙江外记》卷2:“齐齐哈尔西北至呼伦贝尔,雍正十年设十台,曰西勒图,曰纳齐希,曰蒙古勒乌克察起,曰额赫昂阿,曰巴里玛,曰延博霍托,曰霍络起,曰扪都克伊,曰雅克萨,曰集尔玛大,呼伦贝尔笔帖式二员治之。”

民国《黑龙江志稿》卷42《交通志·邮政》:“雅尔博克托台八十里至和罗奇台,七十里至乌苏里台。”

案:和罗奇台,亦作霍络起,雍正十年(1732)置,在今内蒙古呼伦贝尔市牙克石市乌奴耳镇伊列克得村火车站一带。

34. 们都克依台

《置驿一》:“们都克依台,领催一名,兵九名,马二十匹,牛三十只,车十辆。”

嘉庆《黑龙江外记》卷2:“齐齐哈尔西北至呼伦贝尔,雍正十年设十台,曰西勒图,曰纳齐希,曰蒙古勒乌克察起,曰额赫昂阿,曰巴里玛,曰延博霍托,曰霍络起,曰扪都克伊,曰雅克萨,曰集尔玛大,呼伦贝尔笔帖式二员治之。”

民国《黑龙江志稿》卷4《地理志》:“又西迤北五十余里径们都克依台东北入札敦河。”

民国《黑龙江志稿》卷42《交通志·邮政》:“呼尔格勒依台又五十里至门都克依台,又西六十里至札敦必喇雅克萨台。”

案:们都克依台,亦作们都克伊、们都黑台、扪都克伊台,雍正十年(1732)置,在今内蒙古牙克石市呼伦贝尔市免渡河镇。“免渡河”即蒙古语“门都克依河”之转音,汉语作“平安的河”之意。

35. 雅克萨台

《置驿一》:“雅克萨台,领催一名,兵九名,马二十匹,牛三十只,车十辆。”

嘉庆《黑龙江外记》卷2:“齐齐哈尔西北至呼伦贝尔,雍正十年设十台,曰西勒图,曰纳齐希,曰蒙古勒乌克察起,曰额赫昂阿,曰巴里玛,曰延博霍托,曰霍络起,曰扪都克伊,曰雅克萨,曰集尔玛大,呼伦贝尔笔帖式二员治之。"

民国《黑龙江志稿》卷42《交通志·邮政》:"门都克依台又西六十里至札敦必喇雅克萨台,又西五十一里至喀勒和硕台。"

案:雅克萨台,清雍正十年(1732)置,在今内蒙古呼伦贝尔市牙克石市城区。

36. 济尔玛沁台

《置驿一》:"济尔玛沁台,领催一名,兵九名,马二十匹,牛三十只,车十辆。"

嘉庆《黑龙江外记》卷2:"齐齐哈尔西北至呼伦贝尔,雍正十年设十台,曰西勒图,曰纳齐希,曰蒙古勒乌克察起,曰额赫昂阿,曰巴里玛,曰延博霍托,曰霍络起,曰扪都克伊,曰雅克萨,曰集尔玛大,呼伦贝尔笔帖式二员治之。"

民国《黑龙江志稿》卷42《交通志·邮政》:"七十里至札敦昂阿台,八十里至济尔玛沁台(过此即为呼伦布雨尔界)。"

案:济尔玛沁台,亦作集尔玛大,雍正十年(1732)置,在今内蒙古呼伦贝尔市海拉尔区哈克镇扎罗木得村。

蒙古

一、蒙古[1]各处台站之安设

1. 清代安设蒙古台站的上谕

康熙三十一年议定设置内蒙古五路驿站，谕："自喜峰口至札赉特十九旗为一路，计程一千六百余里。现有管城二驿，除此二百里，应安设十四驿。自古北口至乌珠穆沁七旗为一路，计程九百余里。有鞍子村江乡十八里台诸驿，除此三百里应安设六驿。自独石口至浩齐特七旗为一路，计程六百余里，应安设六驿。自张家口至四子部落五旗为一路，计程五百余里，应安设五驿。又自张家口至归化城六旗，计程六百余里，应安设六驿，仍为张家口一路。自杀虎口至乌喇特三旗为一路，计程九百余里，现有二驿，除此二百里应安设七驿。又自归化城至鄂尔多斯七旗，计程八百余里，应安设八驿，仍为杀虎口一路。各路驿站，均于水泉形势之处安设。"

又议准："喜峰口古北口独石口张家口杀虎口等五路，每路设管驿蒙古员外郎一人。令各掌关防，与在京员外郎一例较俸升转。每路设笔帖式二人，八年期满更代，照常给予俸禄。每驿设领催一人。凡管驿各官，若有侵欺怠玩以及驿马损伤者，题参治罪。"

又议准："喜峰口一路，除旧有二驿外，置驿丁六百名。古北口一路，除旧有三驿外，置驿丁三百名。独石口一路，置驿丁四百五十名。张家口两路并为一路，共置驿丁五百五十名。杀虎口两路并为一路，共置驿丁七百五十名。均于各路穷户

① 金峰先生曾撰文对清代在内外蒙古、新疆、东北的驿站进行考证，贡献很大，可作为重要依据。《清代蒙古台站通名产生与命名》《清代东北地区诸路站道》《清代内蒙古五路驿站》《清代外蒙古北路驿站》《清代新疆西路驿站》，载《蒙古史论文选集》，呼和浩特市蒙古语文历史学会编印，1983年。

内择其强健者选补，每丁各给乳牛五头，羊三十只，以资养赡。”

又议准：“喜峰口等五路，每驿置驿马五十匹，每马各给价银五两，每驿给马价银二百五十两。蒙古地方水草滋盛，不必再给草料，每年惟给予倒毙马价银一百二十五两，视原额以一半为度，仍将买补数目，造册报院。”①

据光绪《清会典事例》卷982《理藩院·边务驿站》：

达喀喇沁右翼旗、中旗、左翼旗，土默特右翼旗、左翼旗，喀尔喀左翼旗，敖汉旗，奈曼旗，札噜特左翼旗、右翼旗，科尔沁左翼后旗、左翼中旗、左翼前旗、右翼中旗，郭尔罗斯后旗、前旗，科尔沁右翼前旗、右翼后旗，札赉特旗，杜尔伯特旗，凡二十旗。古北口一道，除古北口至坡赖村内地所设六站外，设蒙古站十：曰默尔沟，曰锡尔哈，曰阿木沟，曰卓索，曰彻图巴，曰赖三呼都克，曰锡喇木伦，曰噶察克，曰海拉察克，曰阿鲁噶穆尔。达翁牛特右翼旗、左翼旗，札鲁特左翼旗、右翼旗，巴林右翼旗、左翼旗，阿鲁科尔沁旗，乌珠穆沁右翼旗、左翼旗，凡九旗。

独石口一道，除独石口内地所设一站外，设蒙古站，其第一站奎屯布拉克，在察哈尔境内。入内蒙古境者五站：曰额楞，曰额墨根，曰卓索图，曰锡林郭勒，曰瑚鲁图。达克什克腾旗，阿巴噶右翼旗、左翼旗，阿巴哈纳尔右翼旗、左翼旗，浩齐特右翼旗、左翼旗，凡七旗。

张家口一道，除张家口内地所设一站外，设蒙古站，是为阿尔泰军台。其第一站察汉托罗盖以及第九站沁岱，皆在察哈尔境内。至第十九站奇拉伊木呼尔以下，已接喀尔喀境内。在内蒙古境者九站，曰乌兰哈达，曰奔巴图，曰锡喇哈达，曰布噜图，曰乌兰呼都克，曰察汉呼都克，曰锡喇木伦，曰鄂兰呼都克，曰吉斯洪伙尔，达四子部落旗，苏尼特右翼旗、左翼旗，喀尔喀右翼旗、茂明安旗，凡五旗。

杀虎口一道，除杀虎口内地所设一站外，设蒙古站十一，北路四站：曰八十家站，曰二十家站，曰萨喇齐，曰归化城，皆在土默特境。其乌喇特三旗，即由归化城达之。西路七站，曰杜尔格，曰东素海，曰吉格素特，曰巴彦布拉克，曰阿噜乌尔图，曰巴尔素海，曰察汉札达盖，达鄂尔多斯左翼前旗、左翼后旗、左翼中旗、右翼后旗、右翼前旗、右翼前末旗、右翼中旗，凡七旗。

外蒙古北路驿站，皆由阿尔泰军台达之。自出内札萨克四子部落境起，由第十九站奇拉伊木呼尔至赛尔乌苏凡六站，由赛尔乌苏至哈拉尼敦凡二十一站，由哈拉

① 光绪《清会典事例》卷982《理藩院·边务驿站》。

尼敦至乌里雅苏台凡二十站，由乌里雅苏台至科布多凡十四站，是为阿尔泰军台。由赛尔乌苏至库伦凡十四站，由库伦至恰克图凡十二站，以备巡查卡伦并达俄罗斯互市。由乌里雅苏台至近吉里克卡伦凡九站，由科布多至索果克卡伦凡八站，以备巡查卡伦，皆以喀尔喀官兵供役。由科布多至古城所属之摻吉卡伦凡八站，达于西路，以札哈沁官兵供役。喀尔喀、杜尔伯特、旧土尔扈特、和硕特、及乌梁海、札哈沁等处游牧，均由此分达。阿拉善额鲁特、额济纳、土尔扈特，亦出张家口边外，达其游牧。西路青海各部由西宁出口，珠勒都斯旧土尔扈特、和硕特，由喀喇沙尔济尔哈朗，精河、旧土尔扈特、由库尔哈喇乌苏，霍博克萨里、旧土尔扈特，由塔尔巴哈台以达其游牧。其派往管理驿站之本院司员笔帖式，张家口司员一人，笔帖式一人，随关防笔帖式一人。杀虎口司员一人，笔帖式一人，喜峰口司员一人，笔帖式一人。古北口司员一人，笔帖式一人。独石口司员一人，笔帖式一人，赛尔乌苏司员一人，笔帖式一人。皆三年更代。

2. 蒙古台站的名称特色

根据金峰先生的研究，在蒙古语之中，常以驻守台站的人员编制为起名。按照清朝规定，正站编制为 50 家，50 家的蒙古语为“塔宾格尔”，腰站的编制为 20 家，蒙古语为“和林格尔”，以上两个词常出现在蒙古台站名中。另外，驰驿差夫称为“乌拉齐”“乌尔特格”，满语译为“塔哈尔”。拴马桩在蒙古语中被称为“乌雅”，满语称为“哈岱罕”。兼程飞递为“克依斯呼”“尼斯呼”，物资转运则称为“阿延沁”。由以上几个例子可以看出，蒙古台站的命名并非因地而来，具有很大的“流动性”，一个台站可能会因天气等各种原因，移动位置，但名称不变，对应今地考证，也就非常困难。

二、蒙古各处置驿一百七十三处

（一）喜峰口章京属置驿十六处

据《清会典事例》卷 559《驿程一》：自皇华驿至喜峰口共 410 里，40 里至通州潞河驿，70 里至三河县三河驿，70 里至蓟州渔阳驿，60 里至遵化州石门驿，由石门驿分道，60 里至马兰口马兰镇，60 里至遵化州遵化驿，50 里至迁安县滦阳驿，60 里至喜峰口，出喜峰口 70 里至宽城站。（以下 16 站为蒙古台站）

然后，100 里至蒙古和齐坦频格尔站。120 里至堪斯呼站。140 里至托和图站,140 里至伯尔克站,150 里至洪郭图站,116 里至锡喇诺尔站,100 里至库呼辙尔站,180 里至三音哈克站,90 里至西讷郭特尔站,160 里至奎苏拉克站,140 里至博罗额尔吉站,140 里至诺木齐站,180 里至哈沙图站,180 里至哈拉克勒苏特依站,100 里至珠克特依站,90 里至哈达罕站。

据《清会典事例》卷 982,《理藩院·边务驿站》载,喜峰口外安设台战 16 处,穿越卓索图盟、昭乌达盟和哲里木盟三盟下二十旗:喜峰口一道。除喜峰口、宽城内地所设二站外,设蒙古站十六,曰和齐台品郭勒,曰喀斯瑚,曰托和图,曰伯尔克,曰黄华图,曰锡喇诺尔,曰库呼车,曰三音哈格,曰锡喇郭勒,曰奎素布托,曰博罗阿布齐,曰诺木齐,曰哈沙图,曰哈拉塔克洛素特,曰珠特,曰哈达罕。共计 18 站,约 1600 里。若自京城计算,则约 2100 里。光绪《蒙古志》卷 3《道路》:"此道凡二千一百二十六里,达喀喇沁、土默特、喀尔喀、左翼敖汉奈曼、札鲁特科尔沁、尔罗斯科尔沁、札赉特、杜尔伯特十部凡二十旗。"

1. 和齐坦频格尔站

《置驿四》[①]:"和齐坦频格尔站,蒙古章京一员,昆都一名,兵四十八名,马五十四。"

光绪《蒙古志》卷 3《道路》:"自东始喜峰口外驿站十六,出口第一站曰宽城,系内地站,不在此数。自宽城站而东北,一曰和齐台品郭勒,一百里,在直隶承德府平泉州南境。"

案:嘉庆《会典》、光绪《会典·置驿》称为"和齐坦频格尔站",《理藩院·边务驿站》称为齐台品郭勒。金峰《清代内蒙古五路驿站》称为"浩沁塔宾格尔",意思为"旧五十家子""旧站"。谭图作南五十家子。在今河北省承德市平泉县南之五十家子镇。

2. 堪斯呼站

《置驿四》:"堪斯呼站,蒙古章京一员,昆都一名,兵四十八名,马五十四。"

宣统《呼兰府志》卷 12:"……伯尔克(在建平县东南),百四十里□牛营子百四十里堪斯呼(一作克依斯呼),百二十里平泉州。"

案:堪斯呼站,《理藩院·边务驿站》亦作喀斯瑚,谭图作"北五十家子"。金峰《清代内蒙古五路驿站》为克依斯呼,为"飞递"之意。西清《黑龙江外记》作奎苏库,另有克什库之称。在今河北省承德市平泉县北之五十家子镇。

---

① 嘉庆《钦定大清会典事例》卷 531《兵部·邮政·置驿四》,简称《置驿四》,以下同。

3. 托和图站

《置驿四》:“托和图站,蒙古章京一员,昆都一名,兵四十八名,马五十匹。”

《蒙古游牧记》:“喜峰口一道除喜峰口、宽城内地所设二站外,设蒙古站十六,曰和齐台品郭勒、曰喀斯瑚、曰托和图……”

“老哈河一曰老母花林,又名土河,出喀喇沁右翼旗……经察罕苏巴儿汉和屯南,折北经哈喇托和图驿。”

光绪《蒙古志》卷3《道路》:自东始喜峰口外驿站十六,出口第一站曰宽城系内地站不在此数,自宽城站而东北,一曰和齐台品郭勒(一百里),在直隶承德府平泉州南境……三曰托和图(一百四十里),在老哈河东岸。”

案:西清《黑龙江外记》作图哈图,谭图标在内蒙古自治区宁城县正北处,有老哈河流过,居东岸。依据《赤峰市志》1996年版,托和图站在今内蒙古赤峰市宁城县境内。

4. 伯尔克站

《置驿四》:“伯尔克站,蒙古章京一员,昆都一名,兵四十八名,马五十匹。”

宣统《呼兰府志》第12卷:“百五十里伯尔克,在建平县东南。”

案:据金峰《清代内蒙古五路驿站》,伯尔克为“艰难、艰险”之意。西清《黑龙江外记》作“伯里克”。据谭图,在今内蒙古赤峰市敖汉旗新惠镇西南。

5. 洪郭图站

《置驿四》:“洪郭图站,蒙古章京一员,昆都一名,兵四十八名,马五十匹。”

案:《理藩院·边务驿站》称黄华图,西清《黑龙江外记》作“洪霍图”。在今内蒙古赤峰市敖汉旗新惠镇东北玛尼罕乡的五十家子塔附近。

6. 锡喇诺尔站

《置驿四》:“锡喇诺尔站,蒙古章京一员,昆都一名,兵四十八名,马五十匹。”

案:亦作西喇诺尔。光绪《蒙古志》卷3《道路》:“六曰锡喇诺尔(一百十六里),在老哈河南岸。”《中国历史地名大辞典》第1180页采“奈曼旗西”。在今内蒙古通辽市奈曼旗大沁塔拉镇西北孟克河末流入湖处,敖汉旗长胜镇东与奈曼旗大沁他拉镇之间的西湖与舍力虎水库一带。

7. 库呼辙尔站

《置驿四》:“库呼辙尔站,蒙古章京一员,昆都一名,兵四十八名,马五十匹。”

光绪《蒙古志》卷3《道路》:“七曰库呼车(一百里),在老哈河北岸,西喇木伦河南岸。”

宣统《呼兰府志》:"库库车勒,一作库呼辙尔,在西兰木伦河之南。"

案:《理藩院·边务驿站》称库呼车。据光绪《蒙古志》所载,位于今内蒙古赤峰市翁牛特旗新苏莫苏木稍东北西拉木伦河与老哈河交汇处两河之间,老哈河右岸五十家子。

8. 三音哈克站

《置驿四》:"三音哈克站,蒙古章京一员,昆都一名,兵四十八名,马五十匹。"

光绪《蒙古志》卷3《道路》:"八曰萨英哈克(一百八十里),在西喇木伦河北岸。"

案:三音哈克站,亦作三音哈格、萨英哈克。在今内蒙古通辽市开鲁县西北之明白尔河右岸五十家子,力吉木伦河交汇处一带。

9. 西讷郭特尔站

《置驿四》:"西讷郭特尔站,蒙古章京一员,昆都一名,兵四十八名,马五十匹。"

光绪《蒙古志》卷3《道路》:"九曰西讷郭特尔(九十里),在太布苏图泊西。"

民国《奉天通志》卷67:"东北舆地释略长白山与内兴安岭之分支,各出由奇勒巴尔罕山而分几尔有儿山……又东南经大布苏图泊之东,经西讷郭特尔站,达赖哈克站之间迤东南行。"

案:西讷郭特尔站,在今内蒙古通辽市扎鲁特旗鲁北镇附近。

10. 奎苏拉克站

《置驿四》:"奎苏拉克站,蒙古章京一员,昆都一名,兵四十八名,马五十匹。"

光绪《蒙古志》卷3《道路》:"十曰魁苏布拉克(一百六十里),十一曰博罗额尔吉(一百四十里),皆在郭特尔河南。"

《程德全守江奏稿》(外十九种·下):"……一百三十里至魁苏布拉克台,科尔沁左翼中旗和硕达尔汉亲王属。"

《八旗文经》:"十五日壬子,行一百四十里,抵第十台,为达尔汉亲王旗界地,名魁苏布拉克,魁苏译言脐,布拉克译言泉水。其地洼而多泉,敢各过沙江后绝无溪澜,惟地形污下处辄积水成渊。蒙古语统谓之诺尔坩,近多斤卤,大抵流水所荡,土多散而为沙,积水所浸,土多凝而为嫌土,木克水而为水所制,遂变其性如此。"

案:奎苏拉克站,也称奎素布托、奎苏库,金峰称蒙古语谓脐泉。在今内蒙古通辽市扎鲁特旗黄花山镇稍偏东南。

11. 博罗额尔吉站

《置驿四》:“博罗额尔吉站,蒙古章京一员,昆都一名,兵四十八名,马五十匹。”

光绪《蒙古志》卷3《道路》:“十曰魁苏布拉克(一百六十里),十一曰博罗额尔吉(一百四十里),皆在郭特尔河南。”

案:博罗额尔吉站,也作博罗阿布齐,在今内蒙古兴安盟科尔沁右翼中旗的巴仁太本牧场。

12. 诺木齐站

《置驿四》:“诺木齐站,蒙古章京一员,昆都一名,兵四十八名,马五十匹。”

光绪《蒙古志》卷3《道路》:“十二曰奴木其哈克(一百四十里),在郭特尔河(即霍尔河)北,陶尔河(今洮尔河)南。”

案:诺木齐站,也称奴木其哈克,在今内蒙古兴安盟科尔沁右翼中旗哈日巴达嘎查附近。

13. 哈沙图站

《置驿四》:“哈沙图站,蒙古章京一员,昆都一名,兵四十八名,马五十匹。”

光绪《蒙古志》卷3《道路》:“十三曰哈沙图(一百八十里),在陶尔河北。”

《大清会典图》卷261《舆地一百二十三》:“归拉里河上承乌拉纳河、乌拉桂河、诺扪台河、海拉苏台河、图尔哈尔河东南流注之。又东南经科尔沁右翼后旗西,歧为二,并东南,流经哈沙图站,南复合,折而东北,经郭尔罗斯前旗,北汇为纳喇萨喇泊。”

《清朝续文献通考》卷17《东北政略》:“西北自哈沙图站起,东北至阿勒坦克呼苏特依站止,约长四十里,宽八十里,此处系驿站要道,开垦之后可与扎赉特地已垦地方联为一气。”

案:哈沙图站,在今内蒙古兴安盟科尔沁右翼前旗太本站镇。

14. 哈拉克勒苏特依站

《置驿四》:“哈拉克勒办特依站,蒙古章京一员,昆都一名,兵四十八名,马五十匹。”

光绪《蒙古志》卷3《道路》:“十四曰哈拉克勒苏特伊(一百八十里),在绰尔河南。”

《程德全守江奏稿》(外十九种·下):“哈拉克勒苏特伊台(俗呼和尔色特依),科尔沁右翼后旗镇国公属。”

案:哈拉克勒苏特依站,也称哈拉克勒苏特伊、哈拉塔克洛素特,在今黑龙江省齐齐哈尔市泰来县西南。

15. 珠克特依站

《置驿四》:“珠克特依站,蒙古章京一员,昆都一名,兵四十八名,马五十匹。”

光绪《蒙古志》卷三·道路:“十五曰珠克特伊(一百里),在绰尔河北。”

《兴安盟邮电志》:“珠克特依,即今扎赉特旗努文木仁乡。”

案:珠克特依站,也称珠特、珠克特依。在今内蒙古兴安盟扎赉特旗努文木仁乡。

16. 哈达罕站

《置驿四》:“哈达罕站,蒙古章京一中同,昆都一名,兵四十八名,马五十匹。”

光绪《蒙古志》卷3《道路》:“十六曰哈达罕(九十里),在雅尔河南。若又东北渡雅尔河则入黑龙江境,通齐齐哈尔城。”

案:哈达罕站,在今黑龙江省龙江县乌鸦头站。

(二)古北口章京属置驿十处

《清会典事例》卷559《驿程一》:自皇华驿至热河共450里,70里至顺义县顺义驿,70里至密云县密云驿,60里至密云县石匣站,40里至古北口,70里至鞍匠屯站,由鞍匠屯站分道90里至红旗营站,60里至十八里台站,80里至坡赖村站,120里至默尔沟站,100里至锡尔哈站,60里至阿木沟站,70里至卓索站,80里至彻多布站,80里至拉苏特克站,40里至锡喇穆楞站,100里至噶察克站,120里至海拉扎克站,60里至阿鲁噶木尔站。皆蒙古游牧地方。

有古北口驿道:古北口、鞍匠屯、王家营、红旗营、什巴尔台、坡赖村、美尔沟、希尔哈、阿美沟……

光绪《蒙古志》卷3:“此道凡八百三十里,达翁牛特、札鲁特、巴林、阿鲁科尔沁、乌珠穆沁五部,凡九旗。”

1. 默尔沟站

《置驿四》:“默尔沟站,蒙古章京一员,骁骑校一员,毕齐格齐一名,领催四名,乌拉齐一百四十三名,马五十匹。”

光绪《蒙古志》卷3《道路》:“古北口外驿站十,出口第一站至第四蛣坡赖村系内地站不在此数,自坡赖村而东北一曰默尔沟(一百二十里),二曰锡尔哈(一百里)皆在英金河南。”

《赤峰市邮电志》:“默尔沟站,今喀喇沁旗境内。”

案:默尔沟站,在今内蒙古赤峰市喀喇沁旗美林镇。据戴均良等主编《中国古今地名大词典》:“默尔沟清康熙三十一年(1692)在内蒙古所设驿站。即今内蒙古自治区赤峰市西南默林沟。”

2. 锡尔哈站

《置驿四》:“锡尔哈站,蒙古章京一员,骁骑校一员,毕齐格齐一名,领催四名,乌拉齐九十八名,马三十五匹。”

《松山区志》:“至清光绪年间,今区境置有锡尔哈、阿木沟、卓索三处驿站,一直延续至民国初期,实行‘裁驿归邮’,驿站废除。锡尔哈站位于今老府镇五十家子村。”

《赤峰市志》:“锡尔哈正站,今赤峰二道河子水库西五十家子。”

案:锡尔哈站,在今内蒙古赤峰市西南围场东北西路嘎呀河上游左岸五十家子。

3. 阿木沟站

《置驿四》:“阿木沟站,骁骑校一员,毕齐格齐一名,领催二名,乌拉齐四十一名,马十五匹。”

光绪《蒙古志》卷3《道路》:“阿木沟六十里,四曰卓索,七十里,皆在英金河北。”

《松山区志》:“至清光绪年间,今区境置有锡尔哈、阿木沟、卓索三处驿站,一直延续至民国初期……阿木沟站位于今木头沟乡,是通往西乌珠穆沁旗的驿站。”

《赤峰市志》:“阿木沟站,今赤峰郊区木头沟乡附近。”

案:阿木沟站,在今内蒙古赤峰市松山区北部的木头沟乡。

4. 卓索站

《置驿四》:“卓索站,蒙古章京一员,骁骑校一员,毕齐格齐一名,领催四名,乌拉齐九十八名,马三十五匹。”

《巴林纪程》:“二十四日,辰初行,二十五里至公主陵,借烧锅房早尖。(公主陵在道旁,嘉庆年间下嫁。)又二里许,过一岭,不甚大,四十五里至卓锁,宿。”

《赤峰市邮电志》:“卓索正站,今松山区岗子乡附近。”

《松山区志》:“卓索站位于今岗子乡,是通往西乌珠穆沁旗的驿站。”

案:卓索站,亦作卓锁。在今赤峰市松山区岗子乡又据谭图,卓索站应在翁牛特旗桥头镇。

5. 彻多布站

《置驿四》:“彻多布站,骁骑校一员,毕齐格齐一名,领催二名,乌拉齐四十一名,马十五匹。”

《巴林纪程》:“二十五日,卯初,闻雪声未住,起视,已深尺余。辰正,雪稍止,急催马匹。已正行,三十里至铁匠营,早尖。又数里登土梁一道,高不及半里,至巅则平阳一片,约四十里。四望群山,仅见峰顶,其上风甚大,土人谓之大坝。口外多此,惟巴林一路较少耳。下岭过一村,旋复登一坝,十余里方下,又十余里,申正三刻至陈土博,宿。”

光绪《蒙古志》卷3《道路》:“四曰卓索,七十里,皆在英金河北,五曰彻图巴,八十里。”

案:彻多布站,亦作陈图博、陈土博、彻图巴,在今内蒙古赤峰市翁牛特旗伯尔克河北岸的彻多布(赤峰市翁牛特旗广德公镇巴林道村)。

6. 拉苏特克站

《置驿四》:“拉苏特克站,骁骑校一员,毕齐格齐一名,领催二名,乌拉齐四十一名,马十五匹。”

《巴林纪程》:“二十六日辰初行三十里过小梁,一道名黑水梁,下梁即黑水村,早尖又四十里,申正至来色,宿于站……廿七日辰初,由来色行三十里,至七株树。”

案:拉苏特克站,亦作赖三呼都克、来色。即今内蒙古巴林桥南翁牛特旗西北部毛山东乡的来三站村。

7. 锡喇穆楞站

《置驿四》:“锡喇穆楞站,蒙古章京一员,骁骑一员,毕齐格齐一名,领催四名,乌拉齐九十八名,马三十五匹。”

《巴林纪程》:“由来色行三十里至七株树……过沙岭二里余,抵巴林桥,河名色伦木……桥以北均系巴林王境,无汉人村。过桥十余里抵色拉木伦站。”

案:锡喇穆楞站,亦作锡喇木伦、色拉木伦。在今赤峰市巴林右旗大板镇哈日毛都村,巴林桥北十里。巴林桥,即潢水石桥,清代称巴林桥、公主桥,今内蒙古省道205线赤峰—巴林右旗段西拉木伦河公路桥附近。

8. 噶察克站

《置驿四》:“噶察克站,蒙古章京一员,骁骑校一员,毕齐格齐一名,领催四名,乌拉齐一百四十三名,马五十匹。”

《赤峰市志》:"噶察克正站,今巴林右旗平顶庙附近。"

案:噶察克站,亦作嘎察克。位处查干木伦与噶苏代河交汇处,在今内蒙古赤峰市巴林右旗平顶庙汽车站附近。

9. 海拉扎克站

《置驿四》:"海拉扎克站,蒙古章京一员,骁骑校一员,毕齐格齐一名,领催四名,乌拉齐一百四十三名,马五十匹。"

光绪《蒙古志》卷3《道路》:"八曰噶察克(一百里),九曰海拉察克(一百二十里),皆在西喇木伦河北。"

案:海拉扎克站,亦作海拉察克,在今内蒙古赤峰市林西县五十家子镇,查干木伦河右岸。

10. 阿鲁噶木尔站

《置驿四》:"阿鲁噶木尔站,蒙古章京一员,骁骑校一员,毕齐格齐一名,领催四名,乌拉齐一百四十三名,马五十匹。"

光绪《蒙古志》卷3《道路》:"……十曰阿鲁噶穆尔六十里。"

案:阿鲁噶木尔站,亦作阿噜噶穆尔,在今内蒙古巴林左旗境内。

(三)独石口章京属置驿六处

自皇华驿至独石口,共520里。70里至昌平州榆河驿,60里至延庆州居庸关驿,60里至怀来县榆林驿,60里至土木驿,60里至龙门县长安驿,60里至龙门县雕鹗堡驿,50里至赤城县赤城驿(由赤城驿分道,60里至龙门县龙门驿,40里至赵州驿),40里至赤城县云州驿,60里至独石口。

据《清会典事例》卷559:出独石口120里至蒙古魁屯布拉克站,230里至额楞站,150里至额墨根站,160里至卓索图站,150里至西林果尔站,180里至呼鲁图站。皆蒙古游牧地方。

1. 魁屯布拉克站

《置驿四》:"魁屯布拉克站,蒙古章京一员,昆都一名,乌拉齐五十名,马五十匹。"

光绪《蒙古志》卷3《道路》:"独石口外驿站六,自独石口而东北,一曰魁屯布拉克(一百二十里),在察哈尔境。"

《口北三厅志》卷6:"第一台魁吞布喇克,设马五十匹、达夫五十家。"

案:魁屯布拉克站,在今河北省张家口市沽源县与内蒙古锡林郭勒盟正蓝旗交界处,今正蓝旗南界上都河西,正蓝旗二分场偏西。明代曾置威远驿于附近。

2. 额楞站

《置驿四》:"额楞站,蒙古章京一员,昆都一名,乌拉齐五十名,马五十匹。"

光绪《蒙古志》卷3《道路》:"二曰额楞(一百三十里),在直隶省多伦诺尔厅北。"

案:额楞站,在今内蒙古锡林郭勒盟正蓝旗境内,元上都古城以北70里。

3. 额墨根站

《置驿四》:"额墨根站,蒙古章京一员,昆都一名,乌拉齐五十名,马五十匹。"

光绪《蒙古志》卷3《道路》:"独石口外驿站六……三曰额墨根……皆在达里泊附近。"

案:额墨根站,在今内蒙古锡林郭勒盟正蓝旗阿坝垓境内。

4. 卓索图站

《置驿四》:"卓索图站,蒙古章京一员,昆都一名,乌拉齐五十名,马五十匹。"

光绪《蒙古志》卷3《道路》:"三曰额墨根……四曰卓索图……皆在达里泊附近。"

案:卓索图站,在今内蒙古锡林郭勒盟阿巴嘎旗洪格尔高勒镇两排房附近。

5. 西林果尔站

《置驿四》:"西林果尔站,蒙古章京一员,昆都一名,乌拉齐五十名,马五十匹。"

光绪《蒙古志》卷3《道路》:"五曰锡林郭勒……在锡林河附近。"

案:西林果尔站,亦作锡林郭勒,在今内蒙古锡林浩特市东南锡林河左岸奥尔托鄂博附近。

6. 呼鲁图站

《置驿四》:"呼鲁图站,蒙古章京一员,昆都一名,乌拉齐五十名,马五十匹。"

光绪《蒙古志》卷三:"六曰吴鲁都……在锡林鸡林二河间。"

案:呼鲁图站,亦作吴鲁都,在今内蒙古锡林河与大吉林河之间,今内蒙古锡林郭勒盟西乌珠穆沁旗境内。

(四)杀虎口章京属置驿十一处

《大清会典事例》卷559:自皇华驿至绥远城共1145里。370里至宣化府宣化驿,120里至怀安县驿,60里至天镇县站,60里至阳高县站,60里至聚乐堡驿,60里至大同县站,60里至左云县高山站,60里至左云站,60里至右玉县站,20里至杀虎口站,100里至和林格尔站,50里至萨尔沁站,60里至归化城站,50至绥远城。由萨尔沁站分道50里至二十家站,100里至八十家站,又西100里至杜尔根站,120里至多素哈站,200里至吉格苏特站,200里至巴颜布拉克站,200里至阿鲁乌尔图站,150里至巴尔苏哈站,150里至察哈扎达海站,系蒙古游牧地方。

光绪《蒙古志》卷3《道路》:“杀虎口外驿站十一,四站曰北路,七站曰西路。北路自杀虎口而北,曰八十家站,曰二十家站,皆在图尔根河南。曰……此路约二百十余里,皆在土默特境。十家站,皆在图尔根河南。曰萨里沁,在山西托克托城厅北。曰归化城,在图尔根河北归化城厅东,此路约二百十余里皆在土默特境。”

1. 八十家站

《置驿四》:“八十家站,蒙古章京一员,昆都一名,兵四十八名,马五十匹。”

乾隆《大同府志》卷12《建置・驿站》:“雍正十年,奉文抽拨杀虎口外八十家等站马三匹草料银两照旧支解。”

光绪《蒙古志》卷3《道路》:“杀虎口外驿站十一,四站曰北路,七站曰西路,北路自杀虎口而北,曰八十家站,曰二十家站,皆在图尔根河南。”

案:八十家站,在今山西省朔州市石玉县杀虎口乡。

2. 二十家站

《置驿四》:“二十家站,蒙古章京一员,昆都一名,兵四十八名,马五十匹。”

麟庆《奉使鄂尔多斯行记》:“初六日……至乌苏图鲁,译言水好。是日,行六十里,抵和林格尔,译言二十家也。”

案:二十家站,在今内蒙古呼和浩特市和林格尔县县城。

3. 萨里沁站

《置驿四》:“萨里沁站,蒙古章京一员,昆都一名,兵四十八名,马五十匹。”

光绪《蒙古志》卷3《道路》:“萨里沁,在山西托克托城厅北。”

案:萨里沁站,亦作萨尔沁站,谭图作沙尔沁,在今内蒙古呼和浩特市同和林格尔县之间,北距呼和浩特市旧城六十里,南至和林格尔县五十里。又有土默特左旗萨尔沁镇,名字相似而位置不同,属包头市河东区。

4. 归化城站

《置驿四》:“归化城站,蒙古章京一员,昆都一名,兵四十八名,马五十匹。”

光绪《蒙古志》卷3《道路》:“曰归化城,在图尔根河北,归化城厅东。”

案:归化城站,在今内蒙古呼和浩特市城西(旧城)。

5. 杜尔根站

《置驿四》:“杜尔根站,蒙古章京一员,昆都一名,兵四十八名,马五十匹。”

麟庆《奉使鄂尔多斯行记》:“初七日庚申,西行至察汗胡洞,察汗译言白,胡洞译言坑,以地多沙而中洼也。行五十余里,抵第二台,地名都尔格尔,格尔译言房,都尔译言足数,言房间足五十家之数也。”

案:杜尔根站,亦作图尔根、杜尔格、都尔格尔。1696年清康熙帝亲征噶尔丹时,由归化城启程到湖滩河溯准备西渡黄河,中途在杜尔根站稍作休息。在今内蒙古呼和浩特市托克托县伍什家镇。

6. 多素哈站

《置驿四》:“多素哈站,蒙古章京一员,昆都一名,兵四十八名,马五十匹。”

光绪《蒙古志》卷3《道路》:“其乌喇特部三旗,即由归化城达之西路,自杀虎口而西曰图尔根,在图尔根附近,曰东素海,在黄河附近。”

麟庆《奉使鄂尔多斯行记》:自杜尔根,“西南行五十里,过托克托城,抵河口镇,不里许至河岸,宽一矢余,《水经注》所谓君子津也。过河后,沙岗环绕,土人号为十二连城,行四十里,至第三台,地名东素海,河东二台皆归化城土默特地,过河而西即鄂尔多斯境”。

光绪《绥远全志》卷5下:“驿传道所管伊克昭盟河西东素海台站,有地一段,东西广十五六里,南北袤一里至三里不等,地脉硗瘠,不宜恳种,素产土盐。”

案:多素哈站,亦作东素海。在今内蒙古鄂尔多斯市准格尔旗十二连城乡蓿亥图村。

7. 吉格苏特站

《置驿四》:“吉格苏物站,蒙古章京一员,昆都一名,兵四十八名,马五十匹。”

麟庆《奉使鄂尔多斯行记》:“初九日……西北行……知当为阴山矣,行四十里,抵胡素台河。康熙三十五年,圣祖仁皇帝亲征噶尔丹凯旋,驻跸鄂尔多斯,朝见王、贝勒等即此地。是日,行九十里,抵第四台,地名吉克素。”

光绪《蒙古志》卷3《道路》:“曰吉格素特,在黄河西。”

案:吉格苏特站,亦作吉克素、吉格素特。在今内蒙古鄂尔多斯市达拉特旗吉格斯太镇。

8. 巴颜布拉克站

《置驿四》:“巴颜布拉克站,蒙古章京一员,昆都一名,兵四十八名,马五十匹。”

麟庆《奉使鄂尔多斯行记》:“初十日,癸亥。西行,抵西拉乌苏,译言黄水。自和林格尔以西至此,乃复入山,迨出山行八十里,抵第五台,地名巴彦卜拉克,译言大难,言路不易行也……自入鄂尔多斯境,第三台准格尔旗界,第四台达赉旗界,此台入旺盖旗界。自此以西,率不通汉语。是日,计程一百五十里。”

光绪《蒙古志》卷3《道路》:“曰巴彦布拉克,曰阿鲁乌尔图,皆在河套。”

案:巴颜布拉克站,亦作巴彦布拉克、巴彦卜拉克,道路南行之意。在今内蒙古鄂尔多斯市杭锦旗吉厚城一带。

9. 阿鲁乌尔图站

《置驿四》:“阿鲁乌尔图站,蒙古章京一员,昆都一名,兵四十八名,马五十匹。”

麟庆《奉使鄂尔多斯行记》:“十一日,甲子。西南行,过红沙梁,至马厂,又行三十余里……至第六台,入杭霭旗界,地名阿鲁乌尔图,译言地势广阔也。是日,计程一百里。”

案:阿鲁乌尔图站,在今内蒙古鄂尔多斯市杭锦旗吉厚城一带。

10. 巴尔苏哈站

《置驿四》:“巴尔苏哈站,蒙古章京一员,昆都一名,兵四十八名,马五十匹。”

麟庆《奉使鄂尔多斯行记》:“十二日,乙丑。行五十里许,至察汗苏巴尔噶,以喇嘛庙旁有白塔也。行五十里,抵第七台。入鄂尔多斯盟长乌申旗界,地名巴尔素海。”

案:巴尔苏哈站,亦作巴尔素海。在今内蒙古鄂尔多斯市乌审旗乌审召镇西。

11. 察哈扎达海站

《置驿四》:“察哈扎达海站,蒙古章京一员,昆都一名,兵四十八名,马五十匹。”

麟庆《奉使鄂尔多斯行记》:“十三日,丙寅。行五十余里,过一大招,复行五十余里,抵第八台,为诺塔克旗所属,地名察汗札达海。”

案:察哈扎达海站,亦作察汗札达海,在今内蒙古鄂托克旗东北察汗淖尔村一带。

(五)阿尔泰军台都统属置驿四十四处(张家口外)

康熙三十一年(1692),清朝开始设置内蒙古五路台站。康熙三十五年(1696),清军于昭漠多击溃准噶尔军,噶尔丹败亡。康熙五十四年(1715),清准战火再燃,清军在北路的前沿据点是位于阿尔泰山东北方向的鄂尔斋图杲尔和莫代察罕搜尔,并在这两地筑木城驻兵。所以,康熙五十八年(1719)八月,朝廷派兵部尚书范时崇安设北路台站,自杀虎口至鄂尔斋图杲尔设三十六站,自鄂尔斋图杲尔至莫代察罕搜尔宜设十一站,共四十七站,[①]是为北路台站,即阿尔泰军台的雏形。雍正二年(1724)二月,雍正帝认为北路台站地僻难行,水草不佳,令将台站改为自张家口外安设,与原来张家口外的内蒙古台站合并。雍正十一年(1733),清朝组建乌里雅苏台大营,北路台站再次调整。"自张家口至乌里雅苏台军营,凡四十七台,十六腰站。"[②]后来由于在鄂尔昆驻军,设张家口—鄂尔昆台站。雍正十三年(1735)又改为张家口—鄂尔昆—乌里雅苏台台站。乾隆十九年(1754)三月,在准备再次进兵北疆的准噶尔时,乾隆帝下令将北路台站改为由张家口直抵乌里雅苏台。[③] 科布多城早在雍正九年(1731)已经修建,只是战事不利,清军一直无法在那里立足,直到乾隆十九年(1754),北路大军才稳定地据有科布多,并可由此翻越阿尔泰山进入新疆。北路台站终于由北京延伸到新疆。这路台站经过清准战争的主战场,所以就特别重要。直到近代新疆阿古柏之乱时,清朝仍然依靠这条台路转递文报物资。

自皇华驿至张家口,共430里。250里至怀来县土木驿,60里至宣化县鸡鸣驿,60里至宣化府宣化驿,60里至张家口(由张家口分道,60里至万全县夏堡站,30里至宣化府榆林堡站)。

据《清会典事例》卷《清会典事例》卷559《驿程一》:

自皇华驿至乌里雅苏台,共4960里。430里至张家口,60里至察汉托罗台,50里至布尔嘎素台,60里至哈柳图台,40里至鄂拉呼都克台,70里至奎素图台,60里至扎噶苏台,50里至明爱台,50里至察察尔图台,60里至沁岱台,80里至乌兰哈达台,70里至布母巴图台,70里至锡拉哈达台,50里至布鲁图台,50里至乌兰呼都克

---

① 范昭逵:《从西纪略》,毕奥男编:《清代蒙古游记选辑》(三十四种),东方出版社2015年。

② 方观承:《从军杂记》,毕奥男编:《清代蒙古游记选辑》(三十四种),东方出版社2015年。

③ "乾隆十九年(1754)三月戊辰……将自张家口至鄂尔昆的四十四台站、自鄂尔昆至乌里雅苏台的十八处喀尔喀台站,改移为由张家口直抵乌里雅苏台的台站,数量相当。"见《清高宗实录》卷483。

台,70里至察哈呼都克台,40里至锡拉木楞台,80里至鄂兰呼都克台,60里至吉思洪呼尔台。(由此进入喀尔喀蒙古)

50里至奇拉伊穆呼尔台,80里至布笼台60十里至苏吉布拉克台,50里至托里布拉克台,70里至图古里克台,90里至赛尔乌苏台,100里至戈壁和尼奇台,70里至戈壁毕勒克库台,80里至戈壁哈札布巴台,80里至戈壁札拉图台,60里至戈壁卓博哩台,60里至博罗额巴台,65里至库图勒多兰台,50里至他拉多兰台,70里至莫敦台,90里至哈必尔噶台,60里至什巴尔台,70里至罗萨台,70里至哲林穆台,50里至沙克珠尔嘎台,70里至察布齐尔台,65里至哈沙图台,75里至哲林台,90里至恩依锦台,70里至乌讷克特台,65里至哈达图台。(以上44台站归阿尔泰军台都统管理,以下台站归定边左副将军管理)80里至哈拉尼敦台,70里至嘎噜台,60里至塔楚台,80里至乌尔图额尔呼都克台,100里至沙尔噶勒卓特台,100里至推台,70里至乌尔图哈拉托罗该台,60里至鄂洛该台,120里至乌塔台,90里至都特库图台,100里至札克台,80里至霍波尔车根台,60里至乌兰奔巴图台,120里至鄂伯尔陶寨台,70里至阿鲁陶寨台,70里至呼济尔图台,70里至岱罕得勒台,60里至特木尔图台,60里至舒噜克台,70里至霍克噜图台,60里至乌里雅苏台底台。

1.察汉陀罗海台

《置驿四》:"察汉陀罗海台,参领一员,章京一员,领催一名,马甲十名,乌拉齐十名,蒙古包二架,马二十五匹,驼十只,察克达章京一员,兵十名,马二十二匹,驼十一只。"

光绪《蒙古志》卷3《道路》:"张家口外驿站十八,自张家口而西北,一曰察汉托罗盖。"

案:察汉陀罗海台,亦作察汉托罗盖,在今河北省张家口市张北县南兆丰寺(头台庙)附近。谭图未标此站,但谭图在内外蒙古交界处标有"察汗托洛盖",非驿站。

2.布尔嘎素腰站

《置驿四》:"布尔嘎素腰站,骁骑校一员产,领催一名,马甲九名,乌拉齐十名,蒙古包二架,马二十三匹,驼十只,察克达章京一员,兵十名,马二十二匹,驼十一只。"

《嘉庆重修一统志》卷543:"柳河,在左翼后旗西一百十里,蒙古名布尔哈苏台,源出插汉掩罗海冈北流入黄河。"

《考察蒙古日记》:"二十八日,午前八时十分起程……行四十里抵二台——布尔哈苏台。台之前有柳条河，雪消水涨，车马徒涉，陷落数次，马匹几至倒毙。台路为吾国国道，如此河流，亦无桥梁，殊为缺点。”

案：布尔嘎素腰站，也作布尔哈苏台。在今河北省张家口市张北县小二台镇小二台村。

3. 哈柳图台

《置驿四》：“哈柳图台，骁骑校一员，领催一名，马甲八名，乌拉齐十名，蒙古包二架，马二十三匹，驼十只，察克达章京一员，兵十名，马二十三匹，驼十一只。”

《考察蒙古日记》：“三月初一日，雪止，大风。天势低黑，柳条河水益涨，夫役马匹多在河南，午前十一时渡河而至者，尚不及半。由此至三台，计八十里，恐途中遇险，乃吩咐卜什户将马匹悉数设法渡河，即于台站内喂养，准备明日佛晓时起程。初二日，午前八时起程，午后二时抵三台——哈柳台，道路平坦，而山丘水潦，所在多有，房屋及蒙古包亦伙。”

案：哈柳图台，在今河北省张家口市张北县海流图乡大土城村、小土城村一带。

4. 鄂拉呼都克腰站

《置驿四》：“鄂拉呼都克腰站，骁骑校一员，领催一名，马甲八名，乌拉齐十名，蒙古包二架，马二十三匹，驼十只，察克达章京一员，兵十名，马二十三匹，驼十一只。”

《考察蒙古日记》：“午后三时四十五分，抵四台——鄂拉呼都克(一作倭累)。近台有小山，山下有小湖，冰结未解，枯草环铺。居民蛮子约二千人，蒙民约千人。蛮子事农业，亦有工匠，蒙民事牧畜，亦有务农者。盖蒙民喜食面，游牧进而耕稼，固进化之公例也。然在台站当差者，则绝无别项职业。”

案：鄂拉呼都克腰站，在今河北省张家口市尚义县石井乡四台蒙古营子，在尚义县城东北四十里处。

5. 奎素图台

《置驿四》：“奎素图台，章京一员，领催一名，马甲八名，乌拉齐十名，蒙古包二架，马二十三匹，驼十只，察克达章京一员，兵十名，马十二匹，驼十一只。”

《考察蒙古日记》：“初四日午前八时三十分由四台起程……行三十里许，见村落七八所，每村落少者约二三十户，多者四五十户。其村内有土城一座，屋宇皆内地式，居民皆蛮子。有寺一座，额曰龙泉寺，甚新。有流水一沟，宽处三四丈，可以徒涉，未竟其源委，似全用人工开凿者……午后三时三十分抵五台——奎索图。”

案：奎素图台，在今河北省张家口市尚义县大营盘乡五台蒙古营子。

6. 扎嘎苏腰站

《置驿四》："扎嘎苏腰站，章京一员，领催一名，马四十名，乌拉齐十名，蒙古包二架，马二十三匹，驼十只，察克达章京一员，兵十名，马二十三匹，驼十一只。"

《考察蒙古日记》："初五日，午前七时三十分起程。行李车套马三匹，坐车套牛两头。有既牵马来，复换牛者，爱马之心，甚于爱牛，固不顾行人行进之迟速也。途中垦地渐稀，十一时三十分抵六台——扎噶苏。"

案：扎嘎苏腰站，在今内蒙古乌兰察布市商都县小海子镇宋家村。

7. 明爱台

《置驿四》："明爱台，章京一员，领催一名，马甲八名，乌拉齐十名，蒙古包二架，马二十三匹，驼十只，察克达章京一员，兵十名，马二十二匹，驼十一只。"

《考察蒙古日记》："（初五日）午后一时三十分由六台起程……四时五十分套马坐车抵七台——绵盖。六时十分套牛坐车至，七时行李车至。台之西北有山环绕，近者不逾两千米突。"

案：明爱台，在今内蒙古乌兰察布市商都县七台镇。

8. 察察尔图腰站

《置驿四》："察察尔图腰站，骁骑校一员，领催一名，马甲八名，乌拉齐十名，蒙古包二架，马二十三匹，驼十只，察克达章京一员，兵十名，马二十二匹，驼十一只。"

《考察蒙古日记》："初六日，午前八时起程，西北山峡即赴八台大道。午后一时抵八台——察察尔图，惟行李车四时始到。"

案：察察尔图腰站，在今内蒙古乌兰察布市商都县西井子镇土城子村。

9. 沁岱台

《置驿四》："沁岱台，章京一员，领催一名，马甲九名，乌拉齐十名，蒙古包二架，马二十五匹，驼十只，察克达章京一员，兵十名，马二十二匹，驼十一只。"

《考察蒙古日记》："五时二十分始由八台起程，夫役壮健，车马驰骤，穿山渡水，甚为爽快……十时抵九台——沁岱，寄宿蒙古包内。自头台至八台，台上皆有房屋，住蒙古包自今夕始。包之高，中央不过七尺，周围不满四尺，中经不过一丈。宿于斯，炊于斯，甚形局促。"

案：沁岱台，据《乌兰察布地名》，在今内蒙古乌兰察布市察哈尔右翼后旗土牧尔台镇新建村。原台站在土木尔台西5公里的柴四房子村。

10. 乌兰哈达台

《置驿四》:"乌兰哈达台,骁骑校一员,领催一名,马甲十名,乌拉齐十名,蒙古包二架,马二十三匹,驼十只,察克达章京一员,兵十名,马二十三匹,驼十一只。"

《考察蒙古日记》:"初七日,由九台起程,行李用骆驼驮载,坐车一辆套马,其余套骆驼。自此以北,骆驼众多,庶几不复乘牛车乎。舌人偕乌拉齐一名,先行通告前台早为准备,以免耽搁。途中尽沙土,无正规之道路,逾越山谷,地志学所谓阴山山脉者也。然山皆不甚高,往往有杂树丛生,高约一米突。闻夏秋之交,结实甚巨,味甘,未悉其种类也。居民稀少,无垦熟之地,但其草色绵绵不绝而已。午后一时套马车抵十台——乌兰哈达。"

案:乌兰哈达台,在今内蒙古乌兰察布市察哈尔右翼后旗乌兰哈达苏木乌兰哈达嘎查(苏木为"乡",嘎查为行政村)。

11. 布母巴图腰站

《置驿四》:"布母巴图腰站,副参领一员,领催一名,马甲十名,乌拉齐十名,蒙古包二架,马二十三匹,驼十只,察克达章京一员,兵十名,马二十二匹,驼十一只。"

《考察蒙古日记》:"一时三十分驼车至,四时行李始至。台上卜什户招待殷勤,无勉强之意。附近有蒙古包四五十座,有归化城人数名贸易于此,岁以为常,亦可见内地人与蒙人交通之一斑也。四时十分由十台起程,经过石山数处,约三十里出平原,如乘舟放洋,一望无际,莫测涯涘。时近黄昏,微雨,乌拉齐趋车疾行,九时抵十一台——邦博图,行李车十二时始至。"

案:布母巴图腰站,在今内蒙古乌兰察布市四子王旗白音朝克图镇新尼淖尔嘎查。

12. 锡喇哈达台

《置驿四》:"锡喇哈达台,骁骑校一员,领催一名,马甲八名,乌拉齐十名,蒙古包二架,马二十三匹,驼十只,察克达章京一员,兵十名,马二十三匹,驼十一只。"

《考察蒙古日记》:"初八日,午前七时预备起程,时天雨,乌拉齐动作游移,至九时半始起程。马匹疲弱,行进迟滞。山尽顽石,地尽砂粒,闻此即沙漠也。午后三十二十分抵十二台——色拉哈达。"

案:锡喇哈达台,据《乌兰察布盟志》(中册)、《乌兰察布文史资料第11辑乌兰察布史略》,在今在今内蒙古乌兰察布市四子王旗脑木更苏木。

13. 布鲁图腰站

《置驿四》:“布鲁图腰站,参领一员,骁骑校一员,领催一名,马甲九名,乌拉齐十名,蒙古包二架,马二十三匹,驼十只,察克达章京一员,兵十名,马二十三匹,驼十一只。”

《考察蒙古日记》:“初九日,晨,雨势甚急,烟雾迷蒙,十米外不辨人影马迹,勉强将行李收拾,积载骆驼之上。午前九时半雨势渐杀,乃起程。其时方向不明,惟有辙可寻而已。午后四时,车抵十三台——布鲁图,四时半行李至。台在阴山之麓,西北方面即系广阔平原,望之无涯矣。”

案:布鲁图腰站,在今内蒙古乌兰察布市四子王旗查干补力格苏木白音补力格嘎查。

14. 乌兰呼都克台

《置驿四》:“乌兰呼都克台,章京一员,领催一名,马甲八名,乌拉齐十名,蒙古包二架,马十三匹,驼十只,察克达章京一员,兵十名,马二十二匹,驼十一只。”

《考察蒙古日记》:“初十日,午前八时起程,地尽平原,远望惟见云脚,缭绕四塞。午后零时三十分抵十四台——乌兰呼都克,一作鄂伦呼都克。”

案:乌兰呼都克台,在今内蒙古乌兰察布市四子王旗伊和乌素一带。

15. 察哈呼都克腰站

《置驿四》:“察哈呼都克腰站,章京一员,领催一名,马甲九名,乌拉齐十名,蒙古包二架,马二十三匹,驼十只,察克达章京一员,兵十名,马二十二匹,驼十一只。”

《考察蒙古日记》:“十一日,午前八时由十四台起程,途中地势概系原野,不过稍有起伏而已。午后一时三十分抵十五台——察哈呼都克。夫役驼马既已齐备,三时一律由十五台起程。”

案:察哈呼都克腰站,在今内蒙古乌兰察布市四子王旗白音敖包苏木东南的查干呼都格。

16. 锡喇穆楞克台

《置驿四》:“锡喇穆楞克台,骁骑校一员,领催一台,马甲八名,乌拉齐十名,蒙古包二架,马三十三匹,驼十只,察克达章京一员,兵十名,马二十二匹,驼十一只。”

《考察蒙古日记》:“(十一日)行三十里,过沙地,见札克遍地丛生,亘数十里不绝。札克者,形类小树,生于沙漠,骆驼食之,他畜不食者云。七时五十分渡河,河宽约二十米突，徒涉处深约七十珊知，流速甚急。蒙人谓此河夏间水涨，颇难徒涉。此十余日来，仅见之水道也。即渡即抵十六台——沙喇穆林。”

案：锡喇穆楞克台，亦作锡拉木楞、沙喇穆林，在今内蒙古乌兰察布市四子王旗白音敖包苏木驻地。

17. 鄂兰呼都克台

《置驿四》：“鄂兰呼都克台，骁骑校一员，领催一名，马甲九名，乌拉齐十名，蒙古包二架，马二十五匹，驼十只，察克达章京一员，兵十名，马二十二匹，驼十一只。”

《考察蒙古日记》：“十二日，午前八时三十分起程，行二里许，遥望有高阜当道，即既上，则广漠平坦，四顾茫茫。此种地势，实为长城以南所未有。时风势飒飒，劲不可当。惟骆驼以甚健，履道坦坦，不觉其行之速也。行百二十里，午后四时三十分抵十七台——鄂伦库都克。”

案：鄂兰呼都克台，亦作鄂伦库都克，在今内蒙古乌兰察布市四子王旗白音敖包苏木西北之乌拉。

18. 吉斯洪呼尔台

《置驿四》：“吉斯洪呼尔台，骁骑校一员，领催一名，马甲六名，乌拉齐十名，蒙古包二架，马二十二匹，驼十只，察克达章京一员，兵十名，马二十二匹，驼十一只。”

《考察蒙古日记》：“（十二日）以舌人早至，驼马早已准备，五时三十分复行，地势小有起伏。九时二十分抵十八台——吉思洪呼尔。”

案：吉斯洪呼尔台，在今内蒙古自治区乌兰察布市四子王旗汇岸苏木北部。

19. 奇拉伊穆呼尔台

《置驿四》：“奇拉伊穆呼尔台，章京一员，领催一名，马甲六名，乌拉齐十名，蒙古包二架，马二十二匹，驼十只，察克达章京一员，兵十名，马二十二匹，驼十一只。”

《考察蒙古日记》：“十三日，午前八时由十八台起程，道路尽砂质，地势平坦，正午以后，沙阜石山，绵亘当道，车性颇觉为难。午后二时四十分抵十九台——塔赖穆呼。”

案：奇拉伊穆呼尔台，亦称塔赖穆呼，在今乌兰察布市回子王旗江岸苏木赛点勒乌素一带。

20. 布笼腰站

《置驿四》:“布笼腰站,副参领一员,领催一名,马甲六名,乌拉齐十名,蒙古包二架,马二十二匹,驼十只,察克达章京一员,兵十名,马二十二匹,驼十一只。”

《考察蒙古日记》:“三时四十分起程,台站附近,巨石错落,不成道路,绕山行进……经三时之久……七时三十分,见道侧有湖,甚阔,周围约十里,此亦不常见之静水也。过此入平原,远望亦隐隐若有岗阜,月色清朗,车声辚辚,行进甚速。九时抵二十台——布阑。十时行李至。夜深人倦,意将止宿,舌人告以驼马既备,乃复行。”

21. 苏吉布拉克台

《置驿四》:“苏吉布拉克台,骁骑校一员,领催一名,马甲六名,乌拉齐十名,蒙古包二架,马二十二匹,驼十只,察克达章京一员,兵十名,马二十二匹,驼十一只。”

《考察蒙古日记》:“盖行人之希望,惟期早达目的地点,苟能速行,固不计其为昼为夜也。沿途尽砂地,惜月色昏昏,未能远瞩。始过砂丘,旋入平地,车轮入沙甚深,历五时之久,抵二十一台——苏吉布拉克。时夜三时矣。”

案:苏吉布拉克台,在今蒙古国东戈壁省,苏林海尔稍东。

22. 托里布拉克台

《置驿四》:“托里布拉克台,章京一员,领催一名,马甲六名,乌拉齐十名,蒙古包二架,马二十二匹,驼十只,察克达章京一员,兵十名,马二十二匹,驼十一只。”

《考察蒙古日记》:“十四日,午前七时四十分起程,惟见两面石山对峙,由峡中通过,地势渐低,行进亦速,倏忽之间,不知升降若干处所矣。午后零时三十分抵二十二台——托里布拉克。闻此台多毒物,行人多不留宿。台侧有慈荫寺,蒙人谓康熙佛爷行宫,乾隆年间敕建,有喇嘛六七在内看守。寺外有石塔,高不逾十米突。”

案:托里布拉克台,在今蒙古国东戈壁省哈坦布拉格附近。

23. 图古里克台

《置驿四》:“图古里克台,章京一员,领催一名,马甲六名,乌拉齐十名,蒙古包二架,马二十二匹,驼十只,察克达章京一员,兵十名,马二十二匹,驼十一只。”

《考察蒙古日记》接上记,同日:“二时起程,路尽砂粒,地势小有起伏。七时抵二十三台——图古里克。”

案:图古里克台,在今蒙古国哈坦布拉格通往曼达赫的大道上,库苏古尔与楚鲁特之间。

24. 戈壁穆呼尔嘎顺台

《置驿四》:“戈壁箔呼尔嘎顺台,副参领一员,领催一名,马甲六名,乌拉齐十名,蒙古包二架,马十匹,驼三十只,察克达章京一员,兵十名,马四十四匹,驼二十二只。”

《考察蒙古日记》:“从此以北,至赛尔乌苏,为赛尔乌苏台站,入外蒙古界矣。七时三十分复行,月色冥蒙,所过皆沙漠,虽以乌拉齐之熟练,亦时迷失道路。夜二时抵二十四台——莫霍尔哈顺,行李迟二时始至。”

案:戈壁穆呼尔嘎顺台,亦作箔呼尔嘎顺、莫霍尔哈顺,在今蒙古国东戈壁省达兰扎尔嘎朗县。

25. 戈壁和尼奇台

《置驿四》:“戈壁和尼奇台,章京一员,领催一名,马甲六名,乌拉齐十名,蒙古包二架,马十匹,驼三十只,察克达章京一员,兵十名,马四十四匹,驼二十二只。”

《考察蒙古日记》:“十五日……午后三时抵二十五台——霍尼治。台之附近,地势稍低,沙中杂有土质,草色畅茂。台侧有寺数座,极美丽,问之蒙人,答曰皇清寺。”

案:戈壁和尼奇台,在今蒙古国哈坦布拉格通往曼达赫的大道上,查干察布西南。

26. 戈壁毕勒克库腰站

《置驿四》:“戈壁毕勒克库腰站,骁骑校一员,领催一名,马甲六名,乌拉齐十名,蒙古包二架,马十匹,驼三十只,察克达章京一员,兵十名,马四十四匹,驼二十二只。”

《考察蒙古日记》:“午后四时三十分起程,用马架杆,杆左右各二马,外有豫备马。乌拉齐皆喇嘛,人极强壮,马皆肥健,逾山越谷,如履平地,俨如乘长风破万里浪之势。六时三十分抵二十六台——那林毕勒底台。”

27. 戈壁哈扎布巴台

《置驿四》:“戈壁哈扎布巴台,章京一员,领催一名,马甲六名,乌拉齐十名,蒙古包二架,马十匹,驼三十只,察克达章京一员,兵十名,马四十四匹,驼二十二只。”

28. 戈壁扎拉图腰站

《置驿四》:“戈壁扎拉图腰站,章京一员,领催一名,马甲六名,乌拉齐十名,蒙古包二架,马十匹,驼三十只,察克达章京一员,兵十名,马四十四匹,驼二十二只。”

29. 戈壁卓博哩台

《置驿四》:“戈壁卓博哩台,骁骑校一员,领催一名,马甲五名,乌拉齐十名,蒙古包二架,马十匹,驼三十只,察克达骁骑校一员,兵十名,马四十四匹,驼二十二只。”

案:戈壁卓博哩台,在今蒙古国南戈壁省额黑稍东偏北。

30. 博罗额巴腰站

《置驿四》:“博罗额巴腰站,章京一员,领催一名,马甲六名,乌拉齐十名,蒙古包二架,马二十匹,驼十只,察克达章京一员,兵十名,马四十四匹,驼二十二只。”

《考察蒙古日记》:“十六日,午前八时由二十六台起程,夜二时抵三十台——博罗额巴,一作巴洛波。沿途皆平原,间有小山夹路,路线甚短。”

31. 库图勒多兰台

《置驿四》:“库图勒多兰台,骁骑校一员,领催一名,马甲六名,乌拉齐十名,蒙古包二架,马二十匹,驼十只,察克达四等合吉一员,兵十名,马四十四匹,驼二十二只。”

32. 他拉多兰腰站

《置驿四》:“他拉多兰腰站,参领一员,骁骑校一员,领催一名,马甲八名,乌拉齐十名,蒙古包二架,马二十匹,驼三十只,察克达章京一员,兵十名,马四十四匹,驼二十二只。”

《考察蒙古日记》:“十七日,午前八时四十分,由三十台起程,午后五时抵三十二台——赛尔乌斯。此地为蒙古台站中枢,西北行三十二台至乌里雅苏台,更西通科布多、阿尔泰;北达库伦十四台。有理藩部部员驻此,蒙人称为加尔达,往来之人,须于此换票,因往访之。加尔达姓纪,自称在此当差,困苦万状。有喇嘛多人群聚,盘坐一处,相与歌唱不已。其声抑扬顿挫,隐隐动听。闻系本地风俗,唱者皆受雇而至,或数日或数十日而后止云。自入外蒙古台路以来,台站名称与《会典》所载多不相同,甚或前后颠倒,想系日后变置也。而《缙绅录》亦照旧录置卷首,亦谬甚矣。蒙古台站迁徙靡常,故无一定里数,亦无一定道路,名称之不一,此或一因欤!”

《蒙古与蒙古人》:“赛尔乌苏驿站,是库伦—张家口大道与张家口—乌里雅苏台大道的交点,库伦与张家口通向乌里雅苏台的道路从那里开始合而为一……我们的道路通往西南偏南方向。从驿站翻过不高的、山顶布满巨大黑色漂石的哈拉楚鲁山岭,来到一个山谷,山谷西南面又是一条同样的山岭,叫匝门察黑尔,只是上面的石头是白色的。过了这道山岭,直到赛尔乌苏驿站……赛尔乌苏驿站坐落在一片辽阔的平原上,只是在南面和西面才有山峦将平原明显地隔断。矗立在南面的是色尔奔乌拉山和塔里拉克图山,它们又分别叫作纳密赫山和舒布图山,在西边,靠近地平线处是连绵不断的施翁戈乌拉山。驿站的房屋散布在这片平川上。”

案:他拉多兰腰站,是阿尔泰军台最著名的交通枢纽—赛尔乌苏,即为第三十二站,为赛尔乌苏管站司员衙门驻地。从此站分出叉道,正北赛尔乌苏—库伦,西北阿尔泰军台赛尔乌苏—乌里雅苏—科布多。这一站为赛尔乌苏也可以从晚清到民国时期出使喀尔喀蒙古之大臣所留下的游记及《蒙古与蒙古人》看到。《清会典事例》以第24台戈壁穆呼尔嘎顺台为赛尔乌苏,有误。

在今蒙古国中戈壁省,古尔班赛汗正南。

33. 莫敦台

《置驿四》:“莫敦台,骁骑校一员,领催一名,马甲五名,乌拉齐十名,蒙古包二架,马二十匹,驼十只,察克达章京一员,兵十名,马四十四匹,驼二十二只。”

《蒙古与蒙古人》:“现在我们是朝西北偏西方向前进,也就是说,还得穿过这片赛尔乌苏平川……我们才来到呼拉盖洪霍尔低地……呼拉盖洪霍尔低地的西北面是哈拉察巴高地,从这里下去后又是一片山谷……过了山谷是乌赫尔楚峡谷,我们从这条峡谷上了莫敦山……莫端驿站是坐落在一片小盆地中,南面是起伏的莫端山。”

案:莫敦台,在今蒙古国中戈壁省额勒吉特稍东。

34. 哈毕尔嘎腰站

《置驿四》:“哈毕尔嘎腰站,章京一员,领催一名,马甲六名,乌拉齐十名,蒙古包二架,马二十匹,驼十只,察克达章京一员,兵十名,马四十四匹,驼二十二只。”

志锐《廓轩竹枝词》记作“哈比尔噶布拉克”,曰:“此台难行,万山之中,逼沙杂活石,车行摇荡不堪,易马缓行,犹屡蹶焉。”

《蒙古及蒙古人》:“走出莫端驿的盆地后,道路进入博格多拉山山嘴和杜尔伯力金乌拉山之间的山沟……最后,眼前终于逐渐开阔起来。朝西望去,远方出现了一条不太高的山岭,那是巴彦乌拉山……前面是广阔的哈拉错霍平原……我们的道路总在尽量保持着西北方向……直到抵达阿布达郎图谷地……它的边缘是一条更加多石的漫岗——察罕黑拉。由察罕黑拉下来之后,我们于10点25分来到达姆哈毕尔噶驿站。”

案:哈毕尔嘎腰站,在今蒙古国中戈壁省德尔特附近。

35. 什巴尔台

《置驿四》:"什巴尔台,骁骑校一员,领催一名,马甲六名,乌拉齐十名,蒙古包二架,马二十匹,驼十只,察克达章京一员,兵十名,马四十四匹,驼二十二只。"

志锐《廓轩竹枝词》记作"遐勒希波图",曰:"台四面皆大石堆垒,土人云石罅中当年产鹰,今有人居,已无踪迹矣。"

《蒙古及蒙古人》:"我们翻过哈拉姆岭的一个山口,来到特格山谷……然后进入乌兰德利丘陵……在这片丘陵的西部边缘找到了坐落在一道道深沟之间的舒布图驿站。"

案:什巴尔台,在今蒙古国中戈壁省纳兰东部。

36. 罗萨台

《置驿四》:"罗萨台,章京一员,领催一名,马甲六名,乌拉齐十名,蒙古包二架,马二十匹,驼十只,察克达章京一员,兵十名,马四十四匹,驼二十二只。"

《蒙古及蒙古人》:"我们……来到了阿拉克塔拉草原……在其中的一片盐碱地上点缀着一顶顶帐幕,这就是我们于4点45分来到的罗斯驿站。"

案:罗萨台,在今蒙古国中戈壁省卢斯。

37. 哲林穆台

《置驿四》:"哲林穆台,章京一员,领催一名,马甲五名,乌拉齐十名,蒙古包二架,马二十匹,驼十只,察克达骁骑校一员,兵十名,马四十四匹,驼二十二只。"

志锐《廓轩竹枝词》:"此台方广百里皆碱地,水气腥咸,惟忍渴而已,须切记之。"

《蒙古及蒙古人》:"道路从北面绕过霍勒博托洛果依之后就进入鄂博勒金洪岱山沟。山沟西面是阿尔嘎勒音乌兰山岗,翻过这些山岗我们于上午10点钟就到了黑赖哲林穆驿站。"

案:哲林穆台,在今蒙古国中戈壁省布楞以北,卢斯与查干敖包之间。

38. 沙克珠尔嘎腰站

《置驿四》:"沙克珠尔嘎腰站,骁骑校一员,领催一名,马甲五名,乌拉齐十名,蒙古包二架,马二十匹,驼十只,察克达骁骑校一员,兵十名,马四十四匹,驼二十二只。"

《蒙古及蒙古人》:"哈沙图拖洛果依南麓就是蒙格图驿站的寺院。然后我们又走过两片谷地和两道山岗——再向南拐去,前面就是蒙格图驿站了。蒙格图驿站的正式名称叫达姆沙克舒尔噶。”

39. 察布齐尔台

《置驿四》:“布齐尔台,骁骑校一员,领催一名,马甲五名,乌拉齐十名,蒙古包二架,马二十匹,驼十只,察克达骁骑校一员,兵十名,马四十四匹,驼二十二只。”

《蒙古及蒙古人》:“道路进入一片石岗群,叫察布齐赖错霍。然后是一道多盐碱的山谷……走出这片洼地后,我们于晚7点来到了察布齐尔驿站。”

案:察布齐尔台,在今蒙古国中戈壁省察布齐尔。

40. 哈沙图腰站

《置驿四》:“哈沙图腰站,骁骑校一员,领催一名,马甲五名,乌拉齐十名,蒙古包二架,马二十匹,驼十只,察克达章京一员,兵十名,马四十四匹,驼二十二只。”

《蒙古及蒙古人》:“我们的道路仍一直在接连不断的丘陵中上上下下……由此再向北是高出群岗之上的特古力根鄂博山。道路经过这座山的山嘴,又通过了有三道山谷和山岗的舒隆楚鲁地方。特古力克驿站就坐落在舒隆楚鲁的北端。特古力克驿站的正式名称为达姆哈沙图。它同时又是一条界点:以东为土谢图汗旗,以西为土谢图汗部的济农公旗。”

案:哈沙图腰站,在今蒙古国中戈壁省赛汗敖包以北,特格勒格以西,中戈壁省与前杭爱省交界附近。

41. 哲林台

《置驿四》:“哲林台,章京一员,领催一名,马甲五名,乌拉齐十名,蒙古包二架,马二十匹,驼十只,察克达章京一员,兵十名,马四十四匹,驼二十二只。”

《蒙古及蒙古人》:“由此经贡呼都克,穿越奥利克图山谷和垄岗,走完约两俄里长的博罗乌祖尔高地,我们于中午2点到了遮林驿站……遮林驿站坐落在一片由东向西延伸并向西倾斜的广漠上。”

案:哲林台,亦作蔗林,志锐记曰“蒙古呼黄羊为蔗林”。在今蒙古国前杭爱省巴彦郭勒东部。

42. 恩依锦台

《置驿四》:“恩依锦台,骁骑校一员,领催一名,马甲五名,乌拉齐十名,蒙古包二架,马二十匹,驼十只,察克达骁骑校一员,兵十名,马四十四匹,驼二十二只。”

《蒙古及蒙古人》:“由玛尼图高地下来是多塔头和沼泽的翁金河谷。我们直到晚上9点才走到离河边很近的翁金驿站。翁金驿位于翁金河畔,靠近翁金鄂博高地。”

案:恩依锦台亦作翁金,在今蒙古国前杭爱省查干布兰。

43. 乌讷克特台

《置驿四》:“乌讷克特台,骁骑校一员,领催一名,马甲六名,乌拉齐十名,蒙古包二架,马二十匹,驼十只,察克达章京一员,兵十名,马四十四匹,驼二十二只。”

《蒙古及蒙古人》:“渡过河,绕过翁金鄂博岗……在苏里川地西北角,靠近匝达盖河的地方就是乌努格特驿站。”

案:乌讷克特台,亦作乌努格特,在今蒙古国前杭爱省图亚。

44. 哈达图台

《置驿四》:“哈达图台,参领一员,领催一名,马甲六名,乌拉齐十名,蒙古包二架,马二十匹,驼十只,察克达骁骑校一员,兵十名,马四十四匹,驼二十二只。”

志锐《廓轩竹枝词》:“此台已出戈壁,已近杭爱山南麓,山势重迭,水草丰茂,非复戈壁景象矣。”

《蒙古及蒙古人》:“我们进入呼尔都尼霍洛伊谷地,从这里远远看到了高耸而长满绿草的哈达图乌拉山。哈达图驿站本应该就在此山近旁,但它现在却已经迁到山南约十俄里的地方去了。”

案:哈达图台,亦作哈拉哈什图,在今蒙古国前杭爱省海尔汗都兰附近。

(六)定边左副将军属置驿三十九处

由张家口方向至乌里雅苏台共计 4590 里,台站 65 个,其中 44 个归阿尔泰都统管辖,距离跨度为 3350 里。21 个归定边左副将军管辖,距离跨度约 1240 里。

自哈拉尼敦台,70 里至嘎噜台,60 里至塔楚台,80 里至乌尔图额尔呼都克台,100 里至沙尔噶勒卓特台,100 里至推台,70 里至乌尔图哈拉托罗该台,60 里至鄂洛该台,120 里至乌塔台,90 里至都特库图台,100 里至札克台,80 里至霍波尔车根台,60 里至乌兰奔巴图台,120 里至鄂伯尔陶寨台,70 里至阿鲁陶寨台,70 里至呼济尔图台,70 里至岱罕得勒台,60 里至特木尔图台,60 里至舒噜克台,70 里至霍克噜图台,60 里至乌里雅苏台底台。

乌里雅苏台至科布多台站 14 个,约 1320 里,其中 9 个台站归定边左副将军管辖。

自京师皇华驿 4960 里至乌里雅苏台底台,60 里至阿勒达勒台,80 里至博勒霍台,60 里至呼都克乌兰台,80 里至依克哲斯台,70 里至巴噶哲斯台,70 里至珠勒库珠台,110 里至布固台,100 里至阿勒噶令图台,100 里至巴噶诺尔台。(以上归定边左副将军管辖,以下归科布多参赞大臣管辖)100 里至杜尔根诺尔台,70 里至哈尔噶那台,90 里至吉勒噶琅图台,100 里至札哈布拉克台,110 里至哈拉乌苏台,120 里至科布多。(自皇华驿至科布多,共 6280 里)

乌里雅苏台至吉克里克卡伦台站 9 个,约 650 里。

由底台 70 里至楚布哩雅台,70 里至可尔森迟柳台,60 里至鄂伯尔乌拉克沁台,60 里至阿鲁乌拉克沁台,70 里至埃拉克诺尔台,70 里至查布旦台,60 里至塔木塔尔海台,70 里至珠噜库主台,70 里至察汉托罗海台,接北边近吉里克卡伦。

1. 乌里雅苏台底台

《置驿四》:"乌里雅苏台底台,章京二员,骁骑校二员,兵四十一名,马六十匹,驼三十只。"

《考察蒙古日记》:"(五月)二十五日……下午六时抵乌城。乌城在四山之中,形势险固,胜科城十倍。

"二十六日,入城谒见奎将军、恩参赞。奎将军到任仅二十余日,且前任江宁、镇江皆繁盛之区,初来边地,颇苦寂寞。语中道及乌城兵事、交通等项,意极焦灼。乌城系用土木筑成,大于科城二倍。市街离城三里许,内地商人三十余户,内地人约一千,俄商十余户。俄领事馆在市街之东,有俄兵十余名。……乌城办事机关分五部院,一内阁,一理藩院,一户部,一兵部,一俄商局,外有领班处,则新政筹办之处也。"

案:乌里雅苏台底台,在今蒙古国扎布汗省乌里雅苏台。

2. 霍克噜图台

《置驿四》:"霍克噜图台,喀尔喀台吉一员,章京一员,骁骑校一员,兵十二名,马二十五匹,驼十只。"

志锐《廓轩竹枝词》记作"花硕洛图",意指"有黄土也,蒙古人称土为硕洛"。

《考察蒙古日记》:"初二日,午前七时由乌城起程,由此至哈喇尼敦台为喀尔喀二十台,亦称乌城南台。国家正饷之外,每台岁费约一万五千两,均由喀尔喀四部落摊派,台站中之费钱最多者也。东南行十余里,逾玛巴图山,地势渐次低下,向东南成缓倾斜。过霍克鲁图台十余里,有大丛林,渐转东行。"

案:霍克噜图台,在今蒙古国扎布汗省查干海尔汗东北,乌里雅苏台东南 60 里。

3. 舒噜克台

《置驿四》:"舒噜克台,喀尔喀章京一员,骁骑校一员,兵十二名,马二十五匹,驼十只。”

《定边纪略》:“舒噜克(七十),间有巨河一道,曰舒噜克河。”

案:舒噜克台,又作华硕罗图。在今蒙古国扎布汗省查干海尔汗以南。

4. 特木尔图台

《置驿四》:“特木尔图台,喀尔喀章京一员,骁骑校一员,兵十二名,马二十二匹,驼十只。”

志锐《廓轩竹枝词》记作“特穆尔图”:“松杉夹道入山深,铁矿多年贡潦涔。若假洪炉开鼓铸,一经陶冶尽祥金。”并注:“译言有铁矿也。相传矿甚宽深,产铁极佳。蒙人欲开,而不得其法,近闻俄人颇有意焉。”

《考察蒙古日记》:(初二日)“过舒噜克台,地势稍隆起。沿途颇繁盛,晚抵帖米尔特台止宿。”

案:特木尔图台,在今蒙古国扎布汗省鄂特冈稍西。

5. 岱罕得勒台

《置驿四》:“岱罕得勒台,喀尔喀章京一员,骁骑校一员,兵十二名,马二十五匹,驼十只。”

《定边纪略》:“达罕德勒(六十)。”

6. 呼济尔图台

《置驿四》:“呼济尔图台,喀尔喀台吉一员,章京一员,骁骑校一员,兵十二名,马二十五匹,驼十只。”

《定边纪略》:“胡吉尔图(七十),间有巨河一道,曰布音图河。”

志锐《廓轩竹枝词》:“布音图水濯缨清,雪岭嵯峨晚照明。洁白年年能不改,逐臣心迹与山盟。……胡吉尔,碱也。图者,有也。……过布音图河,抵胡吉尔台,河甚宽,源从西北,注东南。河近东□,雪山高耸,积雪千仞,经岁不消。乌里雅苏台将军、参赞,每岁六月奉旨以太牢往祭,遥拜而已。绕山百里外,尽泥淖不能前也。”

7. 阿噜陶寨台

《置驿四》:“阿噜陶寨台,喀尔喀章京一员,骁骑校一员,兵十二名,马二十五匹,驼十只。”

《定边纪略》:“阿力吉力图(七十)。”

志锐《廓轩竹枝词》记作“阿录吉拉噶郎图”,汉译“山后有湾也”:“锡蜡乌苏黄水河,来源逆挽北流陂。毡庐到处沿溪筑,争牧牛羊趁绿莎。”谓:“河水北流,势甚壮,游牧得此,水草俱美。毡庐棋布,牛羊成群……非复塞外荒寒景象。”

案:阿噜陶寨台,鄂特冈以东70里,夏尔乌斯河边,在今蒙古国扎布汗省与巴彦洪戈尔省交界附近。

8. 鄂伯尔陶寨台

《置驿四》:“鄂伯尔陶寨台,喀尔喀章京一员,骁骑校一员,兵十二名,马二十五匹,驼十只。”

志锐《廓轩竹枝词》记作“鄂伯尔吉拉噶郎图”,汉译“山前有河”:“万山深处溯流行,天为看山满放晴。白雪白云两相杂,岭头一月不分明。”

案:鄂伯尔陶寨台,亦作鄂博尔托斋,在今蒙古国巴彦洪戈尔省臣格勒正西。

9. 乌兰奔巴图台

《置驿四》:“乌兰奔巴图台,喀尔喀章京一员,骁骑校一员,兵十二名,马二十五匹,驼十只。”

《定边纪略》:“乌拉奔巴图(一百廿)。”

志锐《廓轩竹枝词》:“乌兰本巴(第五十七台)。”

案:乌兰奔巴图台,在今蒙古国巴彦洪戈尔省臣格勒西北。

10. 霍波尔车根台

《置驿四》:“霍波尔车要台,喀尔喀章京一员,骁骑校一员,兵十二名,马二十五匹,驼十只。”

《定边纪略》:“和伯力车根(六十),间有巨河一道曰拜达里克河。”

志锐《廓轩竹枝词》记作“霍博勒车根(第五十六台)”:“如札萨克图汗界,地气过寒,五月初□草含秋色,距乌里雅苏台尚四百余里。”

《蒙古与蒙古人》:“7点45分走出驿站后,几乎就在驿站旁边渡过了扎克河……过了河后,我们的道路沿着一条极长的山沟延伸。东边是察干楚鲁图山,西边是察干诺鲁岭,我们远远就能看见它的最高峰哈拉托洛果依。道路在察干楚鲁图山的山脚下曲折前进。8点25分我们来封一条从东面与札克河谷相连的小山沟,名叫哈邦根雅苏,察干楚鲁图山虽被它截为两段,但山名却仍未变。8点40分又有一条山沟从东面通向札克河峡谷……我们从吉尔嘎郎图音达坂山口翻过色拉乌苏乃乌拉山,来到色拉乌苏河河谷,霍波勒驿站就坐落在这片河谷上。霍波勒驿位于一片略向东南方向倾斜的平原上。”

案:霍波尔车根台,在今蒙古国巴彦洪格尔省臣格勒东南。

11. 扎克台

《置驿四》:“扎克台,喀尔喀台吉一员,章京一员,骁骑校一员,兵十二名,马二十五匹,驼十只。”

《蒙古与蒙古人》:“从拜达里克驿出发后,我们向西北方向前进。起先经过的是……拜达里克河谷,然后从河谷走上一条不太高的垄岗……从岗顶下来是扎克河河谷……扎克驿坐落在一片辽阔平原上的河岸边。这片平原的南段横亘着色伯克图山。”

案:扎克台,在今蒙古国巴彦洪格尔省扎格对岸,扎克河东岸。

12. 都特库图台

《置驿四》:“都特库图台,喀尔喀章京一员,骁骑校一员,兵十二名,马二十五匹,驼十只。”

志锐《廓轩竹枝词》记作“白达拉克”(第五十四台):“由乌塔西行入山口,其平如掌,宽廿十里,长百里。两座山俏削壁立,无别路可行。土润草肥,洵屯牧之美地也。”

案:都特库图台,亦作都特库图,在今蒙古国巴彦洪格尔省哈尔乌斯东部。

13. 乌塔台

《置驿四》:“乌塔台,喀尔喀章京一员,骁骑校一员,兵十二名,马二十五匹,驼十只。”

志锐《廓轩竹枝词》:乌塔意为“山口”,“此台在推河上游。沿河行大山坡,怪石浮置,颇具峰岭气势”。

《定边纪略》:“乌塔(九十),间有巨河一道曰乌塔河。”

《蒙古与蒙古人》:“我们于7点5分离开了鄂罗海驿,道路由此沿着驿站所造的谷底直指西南偏西方向……上了鄂罗海河右岸之后,道路顺着毕尔噶山岭径直向西……然后进入乌塔谷地……乌塔河在这里分为三条汊子……我们在河右岸看到了坐落在这里的乌塔驿站。”

案:乌塔台,在今蒙古国巴彦洪格尔省巴彦诺尔南,嘎鲁特西,河流左岸。波兹德涅夫称此台位于乌塔(Uta)河右岸。按乌塔河为拜达里克河支流。台在乌塔河支流察罕帖木尔河与乌塔河合流处之北、乌塔河左岸。(韩儒林《穹庐集》)

14. 鄂洛该台

《置驿四》:“鄂洛该台,喀镜湖喀章京一员,骁骑校一员,兵十二名,马二十五匹,驼十只。"

志锐《廓轩竹枝词》:"驿路在万山之中,甫一登峰,远视对山,细路如线。凡九逾大岭始抵台。各直省虽行万里路,无此境界也。"

《蒙古与蒙古人》:"鄂罗海驿站坐落在一片地势开阔、风景又极其优美的谷地中,绿草丛生,植物丰茂,群山环抱。北面是哈拉甘纳山,东面是吉尔噶朗图山,南面是博果齐山,西面是额勒苏图托洛果依山……鄂罗海驿站是因其西南边一片长长的椭圆形的湖而得名的。湖水苦咸,人不宜食用,只有牲畜饮用。湖边有各种野禽。这个湖从驿站是看不见的,因为它被额勒苏图山挡住了。"

案:鄂洛该台,亦作鄂罗海,在今蒙古国巴彦洪格尔省苏木贝尔附近。

15. 乌尔图哈拉托罗该台

《置驿四》:"乌尔图哈拉托罗该台,喀尔喀章京一员,骁骑校一员,兵十二名,马二十五匹,驼十只。"

《蒙古与蒙古人》:"渡过推河我们仍继续西行。一走出河谷就进入巴音乌祖尔山的一条山沟……过了巴音乌祖尔山,道路略偏向西南,进入另一条山沟……在它南麓有布里杜诺尔湖。我们由此径直向西拐去,开始穿越一个个谷地和垄岗……我们从后一条垄岗上看到了乌尔图哈拉河河谷,河谷上坐落着乌尔图哈拉托罗驿站。"

16. 推台

《置驿四》:"推台,喀尔喀台吉一员,章京一员,骁骑校一员,兵十二名,马二十五匹,驼十只。"

《定边纪略》:"推台(七十),间有巨河一道,曰推河。"

《蒙古与蒙古人》:"过了哈拉楚鲁乃达坂,是推河河谷,推驿站就坐落在这片河谷上……我们 8 点 30 分离开了驿站,径直向西而行,大约在距驿站毡包西两俄里处渡过了推河。河水在这里流成一片泽国,分成了许多汊子,在渡口处我们就涉过了十五条河汊。这里河水落差相当大,形成不少的瀑布。"

案:推台,亦作图音台,在今蒙古国巴彦洪格尔稍东南。

17. 沙尔噶勒卓特台

《置驿四》:"沙尔噶勒卓特台,喀尔喀章京一员,骁骑校一员,兵十二名,马二十五匹,驼十只。"

《蒙古与蒙古人》:"我们中午 1 点出发。道路由驿站向西,进入锡伯平原,平原的北界是又高又长的塔黑勒噶鄂博山……道路从灰苏音洪岱谷地中骤然向北,拐入都尔苏音塔拉谷地，直抵道山岭脚下，山沟向北伸延并逐渐变宽，到了北边的汗鄂博山下，已形成一片相当开阔的山坳。当我们登上汗鄂博的山口时，呈现在眼前的是沙尔噶勒卓特河谷，沙尔噶勒卓特驿站就在我们脚下的北麓。”

案：沙尔噶勒卓特台，在今蒙古国巴彦洪格尔省额勒济特稍东南。

18. 乌尔图额尔呼都克台

《置驿四》：“乌尔图额尔呼都克台，喀尔喀章京一员，骁骑校一员，兵十二名，马二十五匹，驼十只。”

《蒙古与蒙古人》：“早晨 8 点从塔楚驿出来后，我们登上了巴彦布鲁克高地，然后转向西北沿着一条深深的山沟向塔楚河畔下行……从这条山沟走出之后，我们来到了塔楚河谷……我们渡到塔楚河右岸后就在阿尔察乌拉山的南坡行进……道路从阿尔察乌拉山的中间那道山岭开始转向正西，进入一条山沟，山沟里有一条小溪，叫阿尔察音乌苏……我们涉过小溪，绕过岩石嶙峋的蛐勒托洛果依岗，又向北走，进入博果齐山沟。博果齐山沟宛如一片绿色的草场。我们走完山沟，翻过斜缓的博果齐呼图力山，来到海尔汗乌苏河谷，这个名字来自一条从道路西边的海尔汗山流来的溪涧……我们过了纳林山谷，来到一个叫呼都克乌尔图的地方，这就是呼都克乌尔图驿站的所在地。”

案：乌尔图额尔呼都克台，在今蒙古国巴彦洪格尔省与前杭爱省交界的呼达格乌尔特稍东。

19. 塔楚台

《置驿四》：“塔楚台，喀尔喀章京一员，骁骑校一员，兵十二名，马二十五匹。”

《蒙古与蒙古人》：“从甘嘎山口下来后，我们进入沙尔噶音国勒河谷，来到塔楚驿站。”

《定边纪略》：“塔楚（八十里，间有巨河一道曰塔楚河）。”

案：塔楚台，在今蒙古国前杭爱省纳林泰勒对岸东南，海尔汗都兰西南方位。

20. 嘎噜底台

《置驿四》：“嘎噜底台，喀尔喀章京一员，骁骑校一员，兵十二名，马二十五匹，驼十只。”

《蒙古与蒙古人》：“我们于 12 点 15 分拐向正西方向，进入郭里丁郭勒河河谷，河水由北流向南方，我们的道路则伸向谷地的上方。二十分钟后我们到达郭里达驿站，此驿离哈拉呢敦驿的夏季牧地最多不过十俄里远。”

21. 哈拉尼敦台

《置驿四》:“哈拉尼敦台,喀尔喀章京一员,骁骑校一员,兵十二名,马二十五匹,驼十只。”

志锐《廓轩竹枝词》记作“哈拉钮栋”,曰:“入杭爱台,为乌里雅苏台所管,为外扎萨克军台矣,文结俱用蒙古字。”

《蒙古与蒙古人》:“贡诺尔湖方圆约六俄里,哈拉尼敦驿站就在它的南岸。”

案:哈拉尼敦台,亦作哈喇呢敦,在塔楚台东南,今蒙古国海尔汗都兰稍东南,贡纳林稍北。

22. 楚布哩雅台

《置驿四》:“楚布哩雅台,喀尔喀章京一员,兵五名,马二十四匹。”

《乌里雅苏台志略》:“北头台楚布里雅距城九十里。”

案:楚布哩雅台,在今蒙古国扎布汗省亚鲁市稍南。

23. 可尔森迟柳台

《置驿四》:“可尔森迟柳台,喀尔喀章京一员,兵五名,马二十四匹。”

《乌里雅苏台志略》:“二台克尔森赤娄,一百里。”

案:可尔森迟柳台,亦作柯尔森赤楼,在亚鲁格河源头稍南。

24. 鄂伯尔乌拉克沁台

《置驿四》:“鄂伯尔乌拉克沁台,喀尔喀章京一员,兵五名,马二十四匹。”

《乌里雅苏台志略》:“三台额伯尔乌拉克沁九十里。”

案:鄂伯尔乌拉克沁台,在今蒙古国扎布汗省巴嘎诺尔市附近。

25. 埃拉克诺尔台

《置驿四》:“埃拉克诺尔台,喀尔喀章京一员,兵五名,马二十四匹。”

《乌里雅苏台志略》:“五台爱拉克诺尔百二十里。”

26. 阿噜乌拉克沁台

《置驿四》:“阿噜乌拉克沁台,喀尔喀章京一员,兵五名,马二十四匹。”

《乌里雅苏台志略》:“四台阿鲁为拉克沁百十里。”

案:阿鲁乌拉克沁台,在今蒙古国扎布汗省桑根达赖市附近。

27. 查布旦台

《置驿四》:“查布旦台,喀尔喀章京一员,兵五名,马二十四匹。”

《乌里雅苏台志略》:“六台察布丹八十里。”

案:查布旦台,在今蒙古国扎布汗省松吉瑙。

28. 塔木塔尔海台

《置驿四》:“塔木塔尔海台,喀尔喀章京一员,兵五名,马二十四匹。”

《乌里雅苏台志略》:“七台他木塔尔海九十里。”

29. 珠噜库珠台

《置驿四》:“珠噜库珠台,喀尔喀章京一员,兵五名,马二十四匹。”

《乌里雅苏台志略》:“八台珠尔库珠百里。”

案:珠鲁库珠台,亦作珠尔库珠,在今蒙古国扎布汗省特斯市西南。

30. 察汉托罗海台

《置驿四》:“察汉托罗海台,喀尔喀章京一员,兵五名,马二十四匹。”

《定边纪略》:“珠尔库珠,间有巨河一道,察汉托罗盖。”

《乌里雅苏台志略》:“九台察罕托罗盖百十里。”

案:察汉托罗海台,在今蒙古国扎布汗省特斯河东岸(右岸)蒙俄交界处。

31. 巴噶诺尔台

《置驿四》:“巴噶诺尔台,喀尔喀章京一员,骁骑校一员,兵九名,马四十四匹,驼二十二只。”

《考察蒙古日记》:“二十三日,绕杜尔戛湖南岸行进,有沙山三十里,车轮入沙尺许,每车驾马六匹,且时常换马,升降之际,异常危险,乌拉齐时有落马者。下山即巴干诺尔台。”

《科布多政务总册》:“巴噶诺尔(六十里,有沙山二十里)。”

案:巴噶诺尔台,亦作巴罕淖尔、巴干诺尔,在今蒙古国扎布汗省温茨市东稍南。

32. 阿勒噶令图台

《置驿四》:“阿勒噶令图台,喀尔喀章京一员,骁骑校一员,兵十名,水手兵四名,马四十八匹,驼二十四只。”

《考察蒙古日记》:“二十三日……前行至阿勒噶令图台附近,见俄国兵一名,携带马枪,谓自阔什阿戛赤送信前往乌城。”

案:阿勒噶令图台,亦作阿尔噶灵图。在今蒙古国戈壁阿尔泰省扎布汗高勒西北,扎布汗河沿岸。

33. 布固台

《置驿四》:“布固台,喀尔喀章京一员,骁骑校一员,兵九名,马四十四匹,驼二十二只。”

《考察蒙古日记》:“二十三日……晚宿布固台。”

《科布多政务总册》:“布古(九十里)。”

案:布固台,在今蒙古国扎布汗省德尔伯勒金附近。

34. 珠勒库珠台

《置驿四》:“珠勒库珠台,喀尔喀章京一员,骁骑校一员,兵九名,马四十四匹,驼二十二只。”

《科布多政务总册》:“珠勒库住(七十里)。”

案:亦作珠尔库珠,在今蒙古国扎布汗省德尔伯勒金市与阿尔嘎朗特市中点附近。

35. 巴噶哲斯台

《置驿四》:“巴噶哲斯台,喀尔喀章京一员,骁骑校一员,兵九名,马四十四匹,驼二十二只。”

《考察蒙古日记》记载:“二十四日,东行,涉匝盆河,水甚浅。过巴戛则斯台,遇俄商一人,操蒙语,服蒙服,询知彼即在台站附近贸易者。”

《科布多政务总册》:“巴噶哲斯(八十里)。”

案:巴噶哲斯台,亦作巴戛则斯台,在今蒙古国扎布汗省阿尔嘎朗特稍东。

36. 依克哲斯台

《置驿四》:“依克哲斯台,喀尔喀章京一员,骁骑校一员,兵九名,马四十四匹,驼二十二只。”

《科布多政务总册》:“伊克哲斯(九十里)。”

37. 呼都克乌兰台

《置驿四》:“呼都克乌兰台,喀尔喀章京一员,骁骑校一员,兵九名,马四十四匹,驼二十二名。”

《考察蒙古日记》记载:“晚抵呼都克乌兰台,止宿。今日所经过系札萨克图汗地面,水草丰富,人口众多。”

《科布多政务总册》:“呼图克乌兰(五十里)。”

案:呼都克乌兰台,在今蒙古国扎布汗省阿尔嘎朗特市东南,扎布汗河右岸。

38. 博勒霍台

《置驿四》:“博勒霍台,喀尔喀章京一员,骁骑校一员,兵九名,马四十四匹,驼二十二只。”

《科布多政务总册》:“博尔霍(八十里)。”

39. 阿勒达勒台

《置驿四》:“阿勒达勒台,喀尔喀章京一员,骁骑校一员,兵九名,马四十四匹,驼二十二只。”

《科布多政务总册》:“阿勒达尔(六十里)。”

案:阿勒达勒台,为乌里雅苏台向西至科布多第一个台站,距城约60里,在今蒙古国扎布汗省额格莫尔。

(七)库伦大臣属置驿二十五处

自京师、张家口方向至库伦的台站14处,距离跨度为980里。

自皇华驿至库伦。共2880里,1900里至赛尔乌苏台。(以下台站归库伦办事大臣管理)60里至搜吉台,60里至苏鲁海台,60里至毕拉噶库台,60里至巴彦和硕台,60里至博罗达噶台,80里至套哩木台,60里至莫敦台,60里至那蓝台,100里至他拉布拉克台,80里至佛都尔多布台,70里至吉尔噶朗台,70里至布哈台,60里至布库克台,60里至图拉河台,40里至库伦。

由库伦至恰克图台站11处,距离约为920里。

由库伦80里至库依台,50里至布尔噶勒台,80里至博罗诺尔台,70里至呼齐干台,120里至他沙尔台,80里至伯特格台,70里至勒莫格特依台,60里至库特勒那尔苏台,80里至噶萨那台,120里至努克图台,50里至库都格诺尔台,60里至恰克图,接俄罗斯。

另外,以恰克图为中心点,向东至黑龙江呼伦贝尔,向西至近吉里克卡伦,与科布多大臣辖区相接,形成一条东起黑龙江流域,西至阿尔泰山地区,共计4935里的边境卡伦路线,构成中国北部防御的主要支点。

由恰克图至呼伦贝尔卡伦路,共27卡伦,2725里。

由恰克图65里至薄拉,95里至奇兰,100里至奇克泰,95里至库得里,350里至乌呀勒嘎,420里至明儿,50里至库野,50里至阿仍乌,95里至哈苏鲁克,80里至库木哩,80里至齐尔混,90里至齐勒博尔,80里至阿嘎楚,90里至巴彦阿都尔噶,120里至乌勒混,75里至博尔克,75里至伙尔秦,60里至托苏克,40里至呼林纳尔苏,40里至托克托尔,40里至吐尔克能,60里至托尔罗克,200里至鄂凌土,95里至花鄂博果,65里至孟格儿各,60里至哲格勒它音,55里至孟克它罗盖,与黑龙江呼伦贝尔交界。

由恰克图至近吉里克卡伦路线,共 19 卡伦,2210 里。

由恰克图分道,95 里至查罕乌苏,95 里至哈拉呼几尔,95 里至哈布塔海,150 至几尔格代,210 里至鄂尔多果,75 里至特木伦,95 里至额林沁拉木,95 里至阿勒混博勒尔,105 至鄂依拉噶,95 里至达尔秦吐,85 里至库克它罗盖,150 里至哈特呼勒卜木,200 里至博尔特斯,85 里至查罕布笼,150 里至阿噶哩,210 里至洒巴利,95 里至齐噶勒,80 里至哈起克,90 里至巴彦布拉克,接近吉里克卡伦。

1. 透拉毕拉台

《置驿四》:"透拉毕拉台,总管图萨拉克齐二员,章京一员,昆都一名,兵十名,马七十二匹,驼十六只。"

案:透拉毕拉台,也作图拉河台,在今蒙古国中央省乌兰巴托市南 20 公里处。

2. 布库克台

《置驿四》:"布库克台,章京一员,昆都一名,兵十名,马四十八匹,驼十六只。"

3. 布哈台

《置驿四》:"布哈台,章京一员,昆都一名,兵十名,马四十八匹,驼十六只。"

《蒙古及蒙古人》:"过了巴雅斯呼朗图山……整个谷地宽约四俄里……谷地的中间是沼泽地……我们于 10 点 1 刻来到多伦驿站,它坐落在这片谷地的一个角落,东北面是多伦山山麓。"

案:即多伦驿。布哈台(Buqa)波兹德涅夫又作多伦驿(韩儒林《穹庐集》),约在今蒙古国中央省包尔格楞一带。

4. 吉尔噶朗图台

《置驿四》:"吉尔噶朗图台,章京一员,昆都一名,兵十名,马四十八匹,驼十六只。"

《蒙古及蒙古人》:"在离诺贡达坂山脚半俄里外形成了一个相当大的湖,叫做诺贡乃乌苏……过了湖的左岸以后,道路骤然向东拐去,然后又折而向南,直指博罗托洛果依山口,山口南面就是吉尔嘎兰驿站。"

案:吉尔噶朗图台,亦作吉尔噶兰图,在今蒙古国中央省阿布达尔稍西。

5. 佛都尔多布台

《置驿四》:"佛都尔多布台,章京一员,昆都一名,兵十名,马四十八匹,驼十六只。"

《蒙古及蒙古人》:"我们于 2 点 20 分离开这座驿站,在谷地中向西南偏南方向前进……走到离温都尔多博大概还有一俄里时,我们又遇上了多塔头的盐碱地,然后登上了一片不大的高地……整个高地就是驿站……温都尔多博驿站坐落在温都尔多博山岗的斜坡下。"

案:佛都尔多布台,亦作温都尔多博(OndtirDobo),布哈西南。在今蒙古国中央省巴彦查干西北,约与巴彦巴拉特同纬度。

6. 他拉布拉克台

《置驿四》:"他拉布拉克台,章京一员,昆都一名,兵十名,马四十八匹,驼十六只。"

《考察蒙古日记》:"二十日,午前七时三十分起程,路线高度渐急,行六十余里,在最高处望见前面大平坦,地甚低,远不可测。其低洼之处皆湿地,水流方向无常,亦无一定道路,车马皆任意驰驱。午后二时抵库南六台——搭拉布拉克台,距库仅六台矣。库南台站,毡幕皆洁净,虽其中狭小,而铺垫毡毯,围以红帐,安置小木具多件,行旅之人,耳目为之一新。"

《蒙古及蒙古人》:"我们于8点40分离开温都尔多博,道路一直向南延伸,眼前事一片辽阔的草原……10点45分,我们来到塔拉布拉克驿站。"

7. 那蓝台

《置驿四》:"那蓝台,章京一员,昆都一名,兵十名,马四十八匹,驼十六只。"

《蒙古及蒙古人》:"我们在11点25分离开塔拉布拉克驿站,仍在谷地里一路向南走去……12点55分,我们来到一个很深的洼地,洼地中间有一个大水泡子,这就是所谓的黑赖诺尔……又翻过一道山岗之后,我们就来到纳兰驿站所在的谷地,这片谷地十分宽广,一直向南伸延,驿站用水从井中汲取。"

案:那蓝台,在今蒙古国中央省巴彦查干西南,与中戈壁省交界处,中戈壁省萨鲁勒附近。

8. 莫敦台

《置驿四》:"莫敦台,章京一员,昆都一名,兵十名,马四十八匹,驼十六只。"

《蒙古及蒙古人》:"3点40分我们从驿站出发,一直向南穿过纳兰谷地……我们于6点40分来到了莫敦驿站。驿站处于一片小盆地之中,四周都是山:东边是莫敦乌拉山,南面是矮矮的乌兰德里山梁,西南面是哈丹霍硕高地,在它后面再往西南是一片苦咸的湖水,名叫哈丹霍硕音乌苏。"

案:莫敦台,在今蒙古国中戈壁省德伦附近。

9. 套里木台

《置驿四》:“套里木台,章京一员,昆都一名,兵十名,马四十八匹,驼十六只。”

《蒙古及蒙古人》:“从沙尔嘎林苏吉山谷翻过一道多石的漫岗后,我们于 9 点 50 分来到了套那木驿站。驿站位于一道峡谷之中,两边是起伏的岗丘。”

案:套里木台,套里木谷地南缘,在今蒙古国中戈壁省德伦以南,约与戈壁乌格塔勒同纬度稍偏南。

10. 博罗达噶台

《置驿四》:“博罗达噶台,章京一员,昆都一名,兵十名,马四十八匹,驼十六只。”

《蒙古及蒙古人》:“10 点 30 分离开驿站后立即就下坡,来到套里木谷地……走过这片草原,我们进入博罗克钦郭勒洼地。这里还有一个湖也叫博罗克钦郭勒,这是一个积存着雨水的盐湖……我们穿过这湖的西部边缘……东倒西歪地走得十分艰难。我们就这样来到了博罗达噶驿站。这驿站位于一片相当大的谷地中,谷地基本上是东西走向,周围环绕着低矮的山峦。”

11. 托克达台

《置驿四》:“托克达台,章京一员,昆都一名,兵十名,马四十八匹,驼十六只。”

《蒙古及蒙古人》:“巴音和硕驿站坐落在陡直,但却不高的扎拉山岗脚下。这条山岗从西南挡住了巴音和硕谷地,但谷地向东南却延伸得很远很远,直到地平线处才被布音图山所阻断。”

案:托克达台,在今蒙古国中戈壁省楚鲁特稍西。

12. 毕拉噶库台

《置驿四》:“毕拉噶库台,章京一员,昆都一名,兵十名,马四十八匹,驼十六只。”

《蒙古及蒙古人》:“我们于 6 点 10 分离开巴音和硕驿站。我们不能,也无意去走那条捷径,因此仍沿着通往赛尔乌苏的道路,直奔毕勒吉赫驿站。我们的道路指向西南,所以立即就登上了扎拉山岗……将近晚 8 点,我们终了来到各色石块和云母在落日的余辉中放射着绚丽光彩的毕勒吉赫山。过了这座山是一大片盐碱地,然后我们进入丘陵地带深处。毕勒吉赫驿站就在丘陵中一个狭窄的山谷里”

13. 苏鲁海台

《置驿四》:“苏鲁海台,章京一员,昆都一名,兵十名,马四十八匹,驼十六只。”

《考察蒙古日记》:“十八日,午前 8 时由苏乌赤台起程,12 时抵库南十三台——苏鲁海,一作索罗怀,一作稍勒盖。”

《蒙古及蒙古人》:“7 点 40 分离开了毕勒吉赫驿站。走出木什卡丘陵地带,来到一片山谷,山谷西边是莫古山,我们从两座相连的霍勒博察干山岗之间的山口翻越过去,立即又登上了坦缓的洪霍尔察干高地。从高地下来,是一片长满了芨芨草的多沙洼地,在它南面横卧着哈拉鄂博山岗。由这道山岗开始,在几座低矮的山包之间有一条多石的山沟,我们的道路则在这些山包的缓坡上通过,时而上山,时而下山。在这里一共要翻七次山……从最后一道山坡下来时,我们就看到坐落在它山脚下的苏鲁海驿站,在这里服役的也是车臣汗部人。”

案:苏鲁海台,在今蒙古国中戈壁省古尔班赛汗附近。

14. 搜吉台

《置驿四》:“搜吉台,章京一员,昆都一名,兵十名,马四十八匹,驼十六只。”

《蒙古及蒙古人》:“其中最高的一座山是位于道路西侧的巴彦乌拉山,它受到搜吉驿站站户们的祭礼。搜吉驿站位于巴彦乌拉山正南约四俄里处。我们于 12 点 40 分到达这个驿站。搜吉驿站是库伦办事大臣管辖的布黑雅诸驿站中最后的一站。下一站,赛尔乌苏驿站。”

案:搜吉台,在今蒙古国中戈壁省布彦特稍东北一带。

15. 库依台

《置驿四》:“库依台,章京一员,昆都一名,兵七名,马六十九匹,驼二十四只。”

库伦以北到恰克图驿道,头台。

案:库依台,在今蒙古国中央省汗德盖特。

16. 布尔噶勒台

《置驿四》:“布尔噶勒台,章京一员,昆都一名,兵四名,马四十匹,驼十六只。”

17. 博罗诺尔台

《置驿四》:“博罗诺尔台,章京一员,昆都一名,兵四名,马四十匹,驼十六只。”

案:博罗诺尔台,在今蒙古国中央省包尔诺尔。

18. 呼齐干台

《置驿四》:“呼齐干台,章京一员,昆都一名,兵四名,马四十匹,驼十六只。”

案:呼齐干台,在今蒙古国中央省博罗河与哈拉河交汇处。

19. 他沙尔台

《置驿四》:“他沙尔台,章京一员,昆都一名,兵四名,马四十匹,驼十六只。”

20. 伯特格台

《置驿四》:“伯特格台,章京一员,昆都一名,兵四名,马四十匹,驼十六只。”

案:伯特格台,在今蒙古国色楞格省沙林高勒。

21. 乌鲁莫克图台

《置驿四》:“乌鲁莫克图台,章京一员,昆都一名,兵四名,马四十匹,驼十六只。”

22. 库特勒那拉苏台

《置驿四》:“库特勒那拉苏台,章京一员,昆都一名,兵四名,马四十匹,驼十六只。”

案:库特勒那,拉苏台,伯特格台以北,在今蒙古国达尔汗乌拉省东北境。

23. 噶萨那台

《置驿四》:“噶萨那台,章京一员,昆都一名,兵四名,马四十匹,驼十六只。”

24. 努克图台

《置驿四》:“努克图台,章京一员,昆都一名,兵四名,马四十匹,驼十六只。”

案:努克图台,在今蒙古国色楞格省伊赫毛高伊。

25. 库那格诺尔台

《置驿四》:“库都格诺尔台,章京一员,昆都一名,兵五名,马四十匹,驼十只。”

(八)科布多大臣属置驿二十二处

由乌里雅苏台至科布多台站 14 个,约 1320 里,其中 9 个台站归定边左副将军管辖,5 个归科布多大臣管辖,跨度为 490 里。

自杜尔根诺尔台起进入科布多辖区,70 里至哈尔噶那台,90 里至吉勒噶琅图台,100 里至札哈布拉克台,110 里至哈拉乌苏台,120 里至科布多。(自京师皇华驿至科布多,共 6280 里)

科布多至新疆塔尔巴哈台方向台站 17 个,约 1572 里。

由科布多起 65 里至锡喇布拉克台,65 里至和济苏鲁克台,67 里至轰鄂尔鄂笼台,60 里至霍硕罗图台,60 里至哈韬乌里雅苏图台,60 里至乌兰格依台,80 里至必柳图台,65 里至博罗布尔噶苏台,60 里至索果克,140 里至谓火尔,100 里至噶尔吐,140 里至乌克克,120 里至禽达噶吐,120 里至乌尔鲁,70 里至昌吉斯,110 里至那林,100 里至枯蓝阿吉尔噶,90 里至和尼迈拉虎,即塔尔巴哈台交界。

另外,按照谭图,清朝以科布多为中点,构建了一条南北贯穿的卡伦路线,向东北方向通向近吉里克卡伦,向西南方向通往苏济卡伦。边境事务信息可以通过沿线卡伦送达科布多大臣,再送往定边左副将军,甚至是京师。具体卡伦路线如下:

由科布多向北至近吉里克卡伦路线,13 卡伦,共约 1205 里。

由索果克六十里至哈克诺尔,105 里至哈韬乌里雅苏台,60 里至栖格尔苏特依,130 里至乌鲁克诺尔,140 里至博托果呢豁垒,60 里至博罗依栖格吐,70 里至汉达盖吐,140 里至栖栖尔噶那,110 里至鄂尔济呼布拉克,90 里至阿拉克鄂博,110 里至萨木噶勒台,80 里至额尔逊,50 里至近吉里克。

由科布多向南至苏济卡伦路线,8 台站,约 1090 里。

由科布多 140 里至搜吉台,140 里至察汉布尔噶苏台,110 里至达布索图诺尔台,90 里至那林波尔济尔台,80 里至伊什根托罗盖台,80 里至扎哈布拉克台,90 里至锡伯图台,240 里至鄂兰布拉克台,120 里至苏济卡伦。

1. 绰和尔台

《置驿四》:“绰和尔台,章京四员,兵二十名,马六十匹,驼三十只。”

案:绰和尔台,在今蒙古国科布多省科布多市。《定边纪略》:“城内首台。”

2. 哈拉乌素台

《置驿四》:“哈拉乌素台,喀尔喀台吉二员,章京一员,骁骑校一员,兵九名,马四十四匹,驼二十二只。”

《考察蒙古日记》:“(由科布多)行数里,有喀喇乌苏湖当道,风波荡漾,景色甚佳。沿南岸进行,湖之南即哈拉乌苏台。”

《科布多政务总册》:“东十四台(由科布多至乌里雅苏台),哈拉乌苏(百里)。”

案:哈拉乌素台,亦作哈喇乌苏,在今蒙古国科布多省哈拉乌苏湖(慈母湖)西部。

3. 扎哈布拉克台

《置驿四》:“扎哈布拉克台,喀尔喀章京一员,骁骑校一员,兵十名,马四十八匹,驼二十四只。”

《科布多政务总册》:“扎哈布拉克(五十里,有大坝)。”

案:扎哈布拉克台,在今蒙古国科布多省布尔根东南的察罕通古,哈拉乌苏湖中部西缘,德尔根以南。

4. 吉勒噶琅图台

《置驿四》:“吉勒噶琅图台,喀尔喀章京一员,骁骑校一员,兵九名,马四十四匹,驼二十二只。"

《考察蒙古日记》:"二十二日,行抵杜尔戛淖尔台。台固湖名,在湖西岸。"

《科布多政务总册》:"吉尔嘎郎图(八十里)。"

案:吉勒噶郎图台,在今蒙古国乌兰巴托市巴彦高勒。

5. 哈尔噶那台

《置驿四》:"哈尔噶那台,喀尔喀章京一员,骁骑校一员,兵九名,马四十四匹,驼二十二只。"

《科布多政务总册》:"哈尔噶那(八十里)。"

案:哈尔噶那台,亦作哈尔噶纳,在今蒙古国杜尔格湖西南,科布多省钱德曼。

6. 杜尔根诺尔台

《置驿四》:"杜尔根诺尔台,喀尔喀章京一员,骁骑校一员,兵九名,马四十四匹,驼二十二只。"

《科布多政务总册》:"杜尔根诺尔(百里,有野骡子)。"

案:亦作图根淖尔、都尔根、德尔根,在今蒙古国科布多省哈尔湖南端。

7. 锡喇布拉克台

《置驿四》:"锡喇布拉克台,喀尔喀参领一员,章京一员,兵四名,马二十匹,驼五只。"

《科布多政务总册》:"北八台(由科布多至索果克卡伦)沙喇布拉克(七十里,平山沙道,有河,名布彦图郭勒)。"

案:锡喇布拉克台,亦作沙喇布拉克,在今蒙古国科布多省科布多城北之沙喇布拉克。

8. 和济苏鲁克台

《置驿四》:"和济苏鲁克台,喀尔喀章京一员,兵四名,马二十匹,驼五只。"

《科布多巡边日记》:"晃嘉舒鲁克(八十里,乱石沙道,有河有坝,沿河多柳)。"

案:和济苏鲁克台,亦作晃嘉舒鲁克。

9. 轰鄂尔鄂笼台

《置驿四》:"轰鄂尔鄂笼台,喀尔喀章京一员,兵四名,马二十匹,驼五只。"

《科布多巡边日记》:"洪果尔鄂隆(六十里,乱石沙道,有河有坝,沿河多柳)。"

案:轰鄂尔鄂笼台,在今蒙古国科布多省洪戈尔哈格。

10. 霍硕罗图台

《置驿四》:“霍硕罗图台,喀尔喀章京一员,兵四名,马二十匹,驼五只。”

《科布多巡边日记》:“化硕啰图(七十里,平山沙道,有小坝)。”

案:霍硕罗图台,亦作化硕罗图。在今蒙古国巴彦乌列盖省陶勒包一带。

11. 哈韬乌里雅苏图台

《置驿四》:“喀尔喀章京一员,兵四名,马二十匹,驼五只。”

《科布多巡边日记》:“哈头乌里雅苏台(六十里,墁山石沙道,有坝)。”

案:哈韬乌里雅苏图台,亦作哈头乌里雅苏台。在今蒙古国巴彦乌列盖省乌列盖市稍东南之曼达赫。

12. 乌兰格依台

《置驿四》:“乌兰格依台,喀尔喀章京一员,兵四名,水手兵四名,马三十六匹,驼五只。”

《科布多巡边日记》:“乌鲁格依(五十里,平山,有小陡石坝……有大河)。”

案:亦作乌鲁格依,今蒙古国巴彦乌列盖省乌列盖市。

13. 必柳图台

《置驿四》:“必柳图台,喀尔喀章京一员,兵四名,马二十匹,驼五只。”

《科布多巡边日记》:“毕流图(七十里,平山沙石道)。”

14. 博罗布尔噶苏台

《置驿四》:“博罗布尔噶苏台,喀尔喀章京一员,兵四名,马二十匹,驼五只。”

《科布多巡边日记》:“博罗布尔噶苏(五十里,平山沙石道)。”

15. 搜吉台

《置驿四》:“搜吉台,扎哈沁参领一员,章京一员,兵九名,马四十匹,驼二十只。”

《科布多政务总册》:“科布多所管南八台(由科布多至古城)。搜吉(百二十里……过井有河。察汗布尔噶素山道难走)。”

案:搜吉台,在今蒙古国科布多省塔黑勒特,特格勒格东北,与之隔河相对。

16. 察汉布尔噶苏台

《置驿四》:“察汉布镜湖苏台,扎哈沁章京一员,兵九名,马四十匹,驼二十只。”

《科布多政务总册》:“察汗布尔噶素(百二十里,路中有大山,名堪则达坂。过山有大河二道,名色克尔。)”

案:即谭图察罕布尔噶苏,今蒙古国科布多省省会科布多南78公里处,特格勒格偏西。

17. 达布索图诺尔台

《置驿四》:“达布索图诺尔台,扎哈沁章京一员,兵九名,马四十匹,驼二十只。”

《科布多政务总册》:“达布索图诺尔台(九十里,有河名昂吉尔图,过河有山,一名塔布图,一名萨尔塔克台达板,难走)。”

案:达布索图诺尔台,亦作达布索图淖尔,在今蒙古国科布多省省会科布多南104公里处蒙赫海尔汗一带。

18. 那林波尔济尔台

《置驿四》:“那林波尔济尔台,扎哈沁章京一员,兵九名,马四十匹,驼二十只。”

《科布多政务总册》:“纳林伯勒济尔(七十里,有山名克尔库,过山有河,名布苏齐,过河有山,名乌兰达板)。”

案:纳林博罗齐尔,在今蒙古国科布多省巴彦珠尔赫一带。

19. 伊什根托罗盖台

《置驿四》:“伊什根托罗盖台,扎哈沁章京一员,兵九名,马四十匹,驼二十只。”

《科布多政务总册》:“伊什根托罗(改八十里,有大河三道:一名乌玉木齐;一名纳林伯勒齐尔;一名哈尔噶图。过河有山,名哈尔噶图)。”

案:亦作依什根托罗该,在今蒙古国科布多省巴彦高勒一带。

20. 扎哈布拉克台

《置驿四》:“扎哈布拉克台,扎哈沁章京一员,兵九名,马四十匹,驼二十只。”

《科布多政务总册》:“札哈布拉克(八十里,有河名都鲁克)。”

案:扎哈布拉克台,在今蒙古国科布多省布尔根一带。

21. 锡伯图台

《置驿四》:“锡伯图台,扎哈沁章京一员,兵九名,马四十匹,驼二十只。”

《科布多政务总册》:“西博格图(二百三十里,有泉名布都克哈喇)。”

案:亦作西博尔图,《中华民国新地图》作希伯图台。今蒙古国科布多省布尔根以南稍偏东,西呼赖洼地南缘。

22. 鄂兰布拉克台

《置驿四》:“鄂兰布拉克台,扎哈沁章京一员,兵九名,马四十匹,驼二十只。”

案:鄂兰布拉克台,在今中蒙边境中国一侧新疆境内。

新疆

与其他省份相比，新疆台站体系的组成更为复杂。从地域上说，新疆的台站体系应包括新疆内部台站和入疆台站两大部分，入疆台站虽然不在新疆，但都是因为新疆而设，理应属于新疆台站体系。从台站形式上说，在改省之前，新疆的台站体系包括驿、台、塘、站。① 台指军台，塘指营塘或军塘，站指军站，包括正站、腰站、协站，共同构成台站体系。

一、清代入疆的两路台站

清朝的战争无论距离多远，皇帝都亲自在遥远的后方运筹帷幄，调兵遣将，进行战略指挥。在平定新疆的战争中，清朝一直坚持西、北两路用兵，台站自然也就不远万里分西北两路从北京延伸到新疆。“自京城北回龙观站起，迤逦而西分两道，一达张家口，接阿尔泰军台，以达北路文报。一沿边城逾山西、陕西、甘肃，出嘉峪关以达新疆驿传。”②

1. 北路台站

北路指由北京出发向西北出张家口，经过内蒙古由外蒙古的乌里雅苏台、科布多，翻越阿尔泰山进入新疆。北路台站是随着战争的进退，几经变更才得以最终确定。主要由四段组成，一是张家口驿站，二是阿尔泰军台，三是乌里雅苏台军台，四是科布多台站。其发展过程将在蒙古地区台站体系部分详加论述。

---

① 光绪《清会典》卷51。

② 光绪《清会典》卷51。

2. 西路台站

根据清代嘉庆、光绪朝《清会典》的记载，清代入疆的西路台站实际分南北两线。其中以南线为主，从京城皇华驿出发，西南而行，经过直隶、山西、陕西、甘肃等省的省会到达嘉峪关；北线从北京的捷报处出发，向西北到张家口，与北路台站分道后，沿山、陕、甘各省最北端长城南缘，一直向西，在甘肃武威县与南线台站会合，然后到达嘉峪关。之后进入新疆哈密地区。① 关于西路台站的形成，笔者以为，南线驿站经过各省的省会，应该是随着各行省的设立而形成。北线台站则属于军报专线，在用兵新疆的过程中，利用这条台路传递军报在康熙时已经开始，以后成为定例。雍正七年(1729)五月，川陕总督岳钟琪奏请按照以往成例沿该线路设站，“今西路大兵，本年驻扎巴里坤，来年进剿，所有驰送往来申报事件，应请照例于直隶、山西、并陕西之神木、榆林、定边，以至肃州沿边一带，添设腰站。其自肃州以至哈密……自应添设台站，并加添马匹人夫”。② 到乾隆十九年(1754)，才最终固定下来。协办陕甘总督刘统勋奏报陕甘两省北线台站的安设计划，陕省神木县至甘肃定边营，安设正腰各站二十九处；甘肃省，自花马池至嘉峪关安设七十六塘，自嘉峪关至巴里坤安设二十七站。③

在这其中，变动最大的是由嘉峪关进入新疆的台站路径。当时的站道有两条，一条是由嘉峪关直抵巴里坤的台站，另一条是从嘉峪关经安西到哈密的站道。这两条路上的台站都是在康熙五十四年(1715)六月安设，到雍正初年，从嘉峪关直抵巴里坤的台站被撤，而从嘉峪关经安西到哈密的站道被保留。乾隆十九年(1754)十二月，决定再次开通从嘉峪关到巴里坤的站道，而且乾隆帝为了使文报传递更加快捷，认为这条站道必须直抵巴里坤，而不能绕道安西、哈密，同时也保留经安西至哈密的少量台站。战后，到巴里坤的台站再次被裁撤。乾隆二十七年(1762)，陕甘总督杨应琚将经安西到哈密的站道改为经沙州到哈密，沙州以东设军台六处，沙州以西设军台七处。到乾隆三十二年(1767)七月，陕甘总督吴达善又将此路台站重新改为经安西到哈密。至此，由嘉峪关赴新疆的台站道路最终确

① 参见金峰:《清代新疆西路台站》，载《新疆大学学报》1980年第1、2期；金峰:《清代外蒙古北路驿站》，载《内蒙古大学学报》1979年第3期。

② 《岳钟琪奏请沿边口外应照例添设驿站并加添马匹折(雍正七年五月二十二日)》，见《雍正朝汉文朱批奏折汇编》第15册，第374页。

③ 《刘统勋奏为照例安设塘站以速军报折(乾隆十九年十一月初四日)》，见《宫中档乾隆朝奏折》第10辑，第7页。

定下来，以后一直走这条路。①

二、清代新疆内部台站体系的形成

台站的设置以连接各地驻防点为目的。清代为控制新疆，在天山南北筑城驻防。北疆主要有巴里坤、古城、乌鲁木齐、库尔喀喇乌苏、塔尔巴哈台、伊犁等城，南疆则有哈密、吐鲁番、喀喇沙尔、库车、阿克苏、乌什、喀什噶尔、叶尔羌、英吉沙尔、和阗诸城。

新疆内部的台站包括军台和营塘两种，下面这段话可以勾勒出新疆内部台站组成的全貌："伊犁至塔尔巴哈台及精河有军台无营塘，精河至乌鲁木齐有军台有营塘，乌鲁木齐至吐鲁番有军台有营塘，乌鲁木齐经巴里坤至哈密无军台有营塘，吐鲁番至哈密有军台无营塘，喀什噶尔至吐鲁番有军台无营塘，哈密至嘉峪关有军台有营塘。"②

哈密地区位于新疆最东部，是进入新疆的门户。台路到了哈密后分为三路，最北端一路是从哈密向北翻越天山山脉，到达巴里坤，约 300 里，再由此向西延伸。中间一路由哈密向西北方向延伸，在肋巴泉一带与从巴里坤向西延伸的驿路相接，合而为一之后，继续向西经过木垒、奇台、古城、阜康等地到达乌鲁木齐，约 1400 里；然后继续向西经过玛纳斯、库尔喀喇乌苏、精河等地到达伊犁，从乌鲁木齐到伊犁约 1800 里。另外，由库尔喀喇乌苏向北翻越阿尔泰山到达塔尔巴哈台，约 500 里。这是北疆台站。

南疆台站是由哈密向西沿天山南麓到达吐鲁番，约 1200 里；之后分为两路，一路由吐鲁番向西北翻越天山到达乌鲁木齐，约 500 里。另一路由吐鲁番继续沿天山南麓向西南依次行 900 里到达喀喇沙尔，再行 900 里到达库车，又 700 里至阿克苏，从阿克苏到乌什约 200 里；再由阿克苏转而向南穿越戈壁直抵叶尔羌，约 1400 里。从叶尔羌向西北经英吉沙尔到达喀什噶尔，约 590 里；由叶尔羌向东南到达和阗。

另外，清代设伊犁将军统辖南北疆，所以也很重视南北疆之间的台站设置。从伊犁到南疆的阿克苏、叶尔羌等地，最常用的有两条，一是绕经乌鲁木齐、吐鲁番的

---

① 钟方纂修：《哈密志》卷 42，边疆丛书甲集之二，民国二十六年禹贡学会据传抄本印。

② 汪廷楷原辑，松筠纂，祁韵士编纂：《西陲总统事略》卷 3。

大道,“坦荡如砥”,但“遥遥五千里”;二是在伊犁阿克苏之间的天山之中开辟道路,设置台站,这条路主要用为邮程,走这条路需要翻越天山高峰腾格里峰,还要过天桥,走冰岭,路途雪急风大,极为险峻,许多地方需要专门的回人向导用鸭嘴小锄在冰上凿成梯蹬,以妥马足。但由于仅一千里,“经旬可戾至”,所以成为南北疆之间传递文报、运送官物的主要通道,时人称之为冰岭道。①

具体台站路线如下所列:②

哈密—安西:

星星硖驿,80 里至沙泉子驿,70 里至苦水驿(天生墩腰站),140 里至格子烟墩驿,65 里至长流水驿,70 里至黄芦岗驿,70 里至哈密本城驿。

哈密—乌鲁木齐:

由哈密本城驿,西北 60 里至头堡驿,60 里至三堡驿,70 里至鸭子泉台,80 里至瞭墩驿,80 里至橙槽沟驿(接肋巴泉台);此外,由哈密本城驿,向北 60 里至黑帐房台,60 里至南山口台,30 里至达巴顶台,又至巴里坤属巴尔库勒底台西,90 里至叟济台,90 里至肋巴驿。

以上两路台站在此汇合后继续向西延伸:90 里至乌尔图台,90 里至噶顺台西,60 里至色必驿,30 里至乌兰乌苏台,90 里至阿克塔斯台,50 里至一碗泉台,40 里至木垒河驿,90 里至奇台底台,又至大泉塘台,30 里至三台塘台,70 里至滋泥泉底台,90 里至阜康县底台,90 里至辑怀城台,40 里至迪化州鄂拜伦生底台。

乌鲁木齐—伊犁:

由鄂拜伦生底台,70 里至罗克伦台,60 里至呼图壁台,60 里至图古里克台,90 里至玛纳斯台,80 里至乌兰乌苏台,70 里至安集雅尔台,然后至奎屯台,50 里至库尔喀喇乌苏,再至布勒噶齐台,60 里至都木达喀拉乌苏台,50 里至古尔图喀拉乌苏台,西接晶河托多克台,又 70 里至托里台,70 里至托和木台,再至呼苏图布拉克台,70 里至鄂尔追图博木台,60 里至博尔齐尔台,50 里至塔勒齐阿满台,至伊犁底台。③

库尔喀喇乌苏—塔尔巴哈台:

---

① 景廉撰:《冰岭纪程》,光绪六年印。作者于咸丰十一年(1861)九月在伊犁参赞大臣任内,赴叶尔羌办事,途经此道。

② 刘统勋、傅恒修,褚廷璋纂:《钦定皇舆西域图志》卷 31,乾隆二十七年修,见台湾商务印书馆影印文渊阁《四库全书》。祁韵士撰:《西陲要略》卷 1,见王锡祺辑:《小方壶斋舆地丛抄》第二帙,杭州古籍书店 1985 年。

③ 乌鲁木齐—伊犁之间一直设有一些临时台站,如乾隆二十二年(1757)设乌鲁木齐、安济海、托克多三大台站,另外又在玛纳斯、库尔喀喇乌苏、晶河等地驻兵,接济台站。到乾隆二十六年(1761)七月,正式决定在两地之间设二十一台,每台马兵五名。绿旗兵十五名。见《清高宗实录》卷 596。

东 50 里至奎屯驿，北 90 里至库尔河台，90 里至色拉乌苏台，70 里至鄂伦布拉克台，至乌尔图布拉克台，70 里至雅玛图台，90 里至色拉和洛苏台，70 里至色特尔谟多台，70 里至塔尔巴哈台底台。

巴里坤①—吐鲁番：

由巴里坤的奎苏台西，70 里至搜济台西南，70 里至肋巴泉台，60 里至洮赍台，经赍井子腰站 140 里至梧桐窝台，经惠井子腰站 130 里至盐池台，又至齐克塔木台，40 里至苏鲁图台，50 里至辟展底台，60 里至连木齐台，70 里至森尼木台，90 里至土尔番台。

乌鲁木齐—吐鲁番：

鄂拜伦生底台东，120 里至昂吉尔图淖尔台，110 里至哈喇巴勒噶逊台，110 里至（白杨沟腰站）哈必尔噶布拉克台，100 里至根特克台，又至土尔番台。

哈密—吐鲁番②—阿克苏—喀什噶尔：

由哈密本城驿，西北 60 里至头堡驿，60 里至三堡驿，70 里至鸭子泉台，80 里至瞭墩驿，80 里至橙槽沟驿，至肋巴泉台、盐池台、齐克塔木台，40 里至苏鲁图台，50 里至辟展底台，60 里至连木齐台，70 里至森尼木台，90 里至土尔番台，90 里至布干台，70 里至托克三台，90 里至苏巴什台（乾隆三十年由伊拉里克移此），80 里至阿哈布拉克台，130 里至库木什阿克台（乾隆三十年由博尔图昂阿移此），200 里至额克尔齐台（乾隆三十年由博尔图达巴移此），80 里至乌沙克塔勒台（乾隆三十年由鄂博尔博尔图移此），90 里至特伯勒古台，90 里至海都河北台，1 里至海都河南台（自海都河南台向西），哈喇噶阿满台，60 里至库陇勒台，70 里至哈喇布拉克台，100 里至车尔楚台，160 里至策特尔台，60 里至英噶萨尔台，100 里至布古尔台，100 里至阿巴特台，140 里至托和鼐台，60 里至库车本城驿，110 里至赫色勒台，西 40 里至赛里木驿，80 里至拜城台，50 里至鄂依斯塔克齐台（乾隆三十六年自雅尔

① 清初平定西域之乱时，一直以巴里坤为驻军前沿，是由哈密至乌鲁木齐、伊犁的中转站。据《清高宗实录》卷 1014 记载：巴里坤—乌鲁木齐之间本来亦有直达的临时台站，在阿睦尔撒那反叛后大部分都被破坏了，由哈密到乌鲁木齐改由吐鲁番抵达，所以巴里坤的台站一直没有恢复，到乾隆四十一年（1776）八月庚戌，决定在巴里坤以西至乌鲁木齐安设墩塘。

② 由哈密经吐鲁番至南疆或北疆乌鲁木齐的驿路，在当时被称为小南路。见《清高宗实录》卷 581 载：乾隆二十三年（1758）十二月，陕甘总督黄廷桂奏报："由哈密至辟展，经巴里坤，道远山险，今运送军需及各项差使，俱由山南一路，颇为捷迅，请即安设台站。"乾隆帝马上予以批准。到第二年二月，路径勘定，将原设之蔡湖塘移安哈密城，鞭杆墩塘移安头堡，南山口塘移安三堡，羊圈沟塘移安鸭子泉，松树塘移安瞭墩，奎素塘移安橙漕沟，共改安六塘，可直接辟展之肋巴泉台站，较旧路近一百四十里，并免行东达巴罕雪岭之险。这条台路开辟后，可由哈密向南直接去往辟展、吐鲁番，或向北直接去往乌鲁木齐，在此之前则必须绕道巴里坤。

干移此旧属阿克苏,三十七年归赛喇木),又至察尔齐克台(乾隆三十六年自雅哈阿里克移此),120 里至哈拉玉尔滚驿,80 里至扎木驿,80 里至阿克苏底台,南 80 里至库木巴什台,60 里至英额阿里克台,100 里至都齐特台,60 里至乌图斯克满台,60 里至汗阿里克台,140 里至库克辙尔台,70 里至巴尔楚克台,100 里至哲克德里克托海台,70 里至赛尔古努斯台,70 里至毕萨克台,80 里至阿克萨克玛拉尔台,60 里至阿朗格尔台,90 里至迈那特台,120 里至赖里克台,90 里至爱吉特虎台,70 里至叶尔羌底台,西 70 里至喀拉布札什台(北 25 里设戈壁腰站),100 里至赫色察木伦台,50 里至托朴鲁克台,70 里至英噶萨尔台,80 里至库森提斯滚台,80 里至喀什噶尔底台。①

阿克苏—乌什:

阿克苏底台西南至察哈喇克台(乾隆三十年自哲尔格哲克得移此),80 里至阿察塔克台,80 里至乌什台。

叶尔羌—和阗:

叶尔羌底台,南 70 里至博什恰特台,120 里至罗和克亮噶尔台,160 里至固瑞台,120 里至衮得里克台,150 里至哈喇哈什台,70 里至和阗额里齐城。②

阿克苏—伊犁:③

阿克苏底台,80 里至扎木驿,北 80 里至阿尔巴特驿,80 里至亮噶尔台(乾隆三十年自特克和罗移此),80 里至图巴拉克(乾隆三十年自和乐和罗克移此),80 里至玉斯屯托海台,70 里至塔木哈塔什台,120 里至噶克察哈尔海台,80 里至特刻斯台,100 里至和讷海台,90 里至博尔台,70 里至索郭尔台,90 里至海努克台,50 里至巴图孟克台,60 里至伊犁底台。

---

① 阿克苏—叶尔羌、喀什噶尔的驿路大约在乾隆平回的战争中安设而成。见《清高宗实录》卷 609 载:乾隆二十四年(1759)九月己酉,兆惠奏:"臣等从阿克苏进兵,乌什一路安设台站。今既在叶尔羌办事,应将台站移于巴尔楚克至叶尔羌共十台,自巴尔楚克至阿克苏应设台若干,行文舒赫德办理。所有乌什一路台站即行撤回。至喀什噶尔、叶尔羌中间台站,仍留递送事件。"乾隆二十五年(1760)六月,舒赫德奏:"臣于二月二十九日自叶尔羌起程,三十日抵阿克苏,查询应设台站处所。由阿克苏至穆素尔岭请设六台,岭上无水,酌为步站,过岭至海努克,台站人数酌量增添为三大台,俱派察哈尔总管敏珠尔原任副都统杨桑阿办理。"

② 阿克苏—和阗之间亦有驿路,只是时设时撤。见《清宣宗实录》卷 174 载:乾隆二十四年(1759)五月甲辰,"其驿递事件,自阿克苏之扎木至和阗,前设台站五处,今沿途查看,戈壁甚多,酌展为六台"。以后虽被裁撤,改为由阿克苏经叶尔羌再到和阗,但经常在特殊时期被重新利用。如在道光十年(1830)九月,回人叛乱,占领叶尔羌,和阗与外界的联系被割断,和阗的清军只好又沿此路设临时台站。

③ 阿克苏—伊犁:即冰岭道,乾隆二十四年(1759)十二月乾隆帝下谕:"自阿克苏至伊犁,安台传事,声息相通最为重要。"派舒赫德等人负责其事。以后这条路成为南北疆之间的一条主要干线。见《清高宗实录》卷 603。

清代对新疆台站体系的建设是以战争为契机的，是战争推动了新疆台站的发展，而最终，也是战争摧毁了新疆的台站体系。自同治二年（1863），陕甘的回民爆发大规模的反清起义，清朝中央与新疆在西路的联系被阻断，第二年，新疆南北的回民群起响应，到同治五年（1866）以前，伊犁已是孤城，清军退守到哈密、巴里坤，塔尔巴哈台一带，在新疆的统治基本崩溃。新疆的台站体系也陷入困境。主要有以下几个表现：

西路断绝：陕甘回民起义后，清朝的西路文报不通，“陕甘驿路梗塞，折报阻滞”①“甘省兵燹之后，玉关内外，旧设塘驿全行废弛”。② 在左宗棠平定陕甘之前，清朝丧失了通过西路的南北两线台路与新疆的联系。

新疆内部台站，在回民的打击下已经崩溃，伊犁陷于回人的包围，通讯断绝。

北路台站的艰难运转：在丧失了西路联系之后，清朝中央与新疆的联系完全寄托于北路台站上来，“将古城以北之北道桥等处戈壁驿站添拨兵役，常川驻守，接递文报。……即着乌里雅苏台将军咨行伊犁将军、塔尔巴哈台、叶尔羌参赞大臣，及所属各城，嗣后奏报均着暂行改道，由乌里雅苏台、科布多所属蒙古台站，挨台递送至张家口，转递进京，以期迅速”。③

而且，当伊犁陷于孤立时，清朝为了与伊犁联系，不得不借道俄国，因为古城、乌鲁木齐的台站已经断绝，必须从科布多向西绕到伊犁，但当时的一些地方已经割让给俄国，所以每次与伊犁公文往来，需要清朝通过总理衙门转交俄国公使，再用俄文加封后由俄国台站转递。④

直到光绪元年（1875），左宗棠率军平定陕甘后进军新疆，清朝与新疆在西路的联系才得以恢复。但左宗棠在进兵时，已无台站可以利用。“无论驿站也好，军台也好，营塘也好，在历经变乱之后，大多数早已毁灭，房屋沦为瓦砾，马匹化为虫沙。”左宗棠只好采取一些应急措施，或用沿途军营，或设马拨，来专门递送文报。“臣军度陇，凡紧要文报，均饬沿途驻扎防营，专马驰递，月给犒赏。……近时新疆用兵，军塘之急宜安设又不待言，惟饷需奇绌，无从筹此巨款，不得已权商金顺、张曜，于巴哈古城一带，各饬所部，分段安设马拨，驰递文报，照章给以犒赏，俟塘站次

---

① 《清穆宗实录》卷95。

② 《新疆北路台站应由乌科等处大臣安设片（光绪二年正月初三）》，见《左宗棠全集》卷48，第9册，上海书店1986年，第7417页。

③ 《清穆宗实录》卷95。

④ 《清穆宗实录》卷145。

第兴复,再议停止。”①

在战争平息后,左宗棠、刘锦棠等开始着手恢复新疆的台站。主要措施有二,一是大规模筑路修桥,改进新疆的交通状况,为台站体系的恢复打下基础。二是改进台站的设备,修造房屋,备置柴草,甚至组织商人到一些台站搭盖棚厂,和军兵交易。通过这些措施基本恢复了新疆内部的台站体系。到新疆建省,全疆各地遍设州县,新疆的台站一律改为驿站,由地方州县负责管理,而不再由军队管辖。然而此时,传统的驿传体制在包括新疆在内的全国范围内即将走到尽头,并逐渐开始向近代邮政转化。

三、新疆置驿一百三十二处

(一)伊犁将军属置驿十二处

1. 伊犁底台

《置驿四》:“伊犁底台,笔帖式一员,跟役二名,兵二十四名,马二十五匹,牛二十只,车二辆。”

案:据《中国历史地名大辞典》第1014页“伊犁将军”条,伊犁将军“治所在惠远城(今新疆霍城县南三十里,伊犁河北)”。然查《四部丛刊续编·史部·嘉庆重修一统志》卷五百十七伊犁:“沙喇布拉克台(惠远城北七十里,未建惠远城之先,将军参赞大臣,皆驻扎绥定城,故于绥定城东北乌哈尔里克地方,设立底台,嗣移至沙喇布拉克安设,仍为底台)。”括号内原文为小字。则沙喇布拉克台即为伊犁底台。查《西域地名考录》第802页“沙喇布拉克”条,在今新疆伊犁哈萨克自治州霍城县治东北10余公里。

2. 瑚素图布拉克台

《置驿四》:“瑚素图布拉克台,兵十五名,马四十三匹,牛十二只,车二辆。”

《嘉庆重修一统志》卷517伊犁:“呼苏图布拉克台,鄂尔追图博木台东八十里。又东一百二十里至托霍木图台,为库尔喀喇乌苏所属,以上为伊犁北境。”

案:瑚素图布拉克台,据《中国历史地名大辞典》第2642页“瑚素图布拉克

---

① 《新疆北路台站应由乌科等处大臣安设片(光绪二年(1876年)正月初三)》,见《左宗棠全集》卷48,第9册,上海书店1986年,第7417页。

台”条:“亦名呼苏图布拉克台。又名四台。在今新疆博乐市西南。清道光《新疆识略》卷4:瑚素图布拉克台‘在两山间,距鄂勒着依图博木台八十里。自此东四十里有界牌,为伊犁、精河交界’。”又据钟兴麒《西域地名考录》(国家图书馆出版社2008年版)第411页“呼苏图布拉克”条:“台站名。《大清一统志》云:‘(托和木图台)又西一百二十里,至伊犁所属之呼苏图布拉克台。’俗称四台。属新疆博乐市。”又据谭图,在今新疆博乐市西南四台。

3. 鄂尔哲依图博木台

《置驿四》:“鄂尔哲依图博木台,笔帖式一员,跟役二名,兵十五名,马四十三匹,牛十二只,车二辆。”

《嘉庆重修一统志》卷517伊犁:“鄂尔追图博木台,博尔齐尔台东北八十里。”

案:鄂尔哲依图博木台,谭图又作“鄂尔追图博木台”。在今新疆博乐市西南三台。

4. 塔尔巴哈台博尔台

《置驿四》:“塔尔巴哈台博尔台,兵十五名,马四十三匹,牛十二只,车二辆。”

《嘉庆重修一统志》卷517伊犁:“博尔齐尔台,塔勒奇阿璊台北少东四十里。”

案:塔尔巴哈台博尔台,今新疆霍城县东北二台。

据《中国历史地名大辞典》第2342页“鄂尔追图博木”条:鄂尔追图博木“亦作鄂勒着衣图博木,又名三台,在今新疆博乐市西南赛里木湖东岸”。又据《西域地名考录》第274页:“鄂勒着依图博木:军台名,俗称三台,位于新疆博乐市赛里木湖东岸。《西域水道记》卷五云:‘(赛里木淖尔)东岸数百步为鄂勒着依图博木军台,与干珠罕卡伦相去半里,出入伊犁境者,于此验过所。’”又查谭图,与以上两书所载今地同,在今新疆博乐市西南三台。

查《中国历史地名大辞典》及《西域地名考录》均无“塔尔巴哈台博尔台”,据《大清一统志》知“博尔齐尔台”在塔勒奇阿璊台北稍东四十里,鄂尔追图博木台西南八十里,则“塔尔巴哈台博尔台”应为“博尔齐尔台”,《会典》误?存疑。又查《中国历史地名大辞典》及《西域地名考录》,均无“博尔齐尔台”,笔者以为,作图时当以谭图第八册54为据,在鄂尔追图博木台与塔勒奇阿璊台驿路之间,距塔勒奇阿璊台三分之一驿程处,添入博尔齐尔台。

5. 塔尔奇阿璊台

《置驿四》:“塔尔奇阿璊台,笔帖式一员,跟役二名,兵十五名,马四十三匹,牛十二只，车二辆。”

《嘉庆重修一统志》卷517伊犁：“塔勒奇阿璊台，沙喇布拉克台北少西六十里。”

案：谭图作“塔勒奇阿璊”，约在今新疆霍城县东北果子沟口北。

《中国历史地名大辞典》第2489页：“塔勒奇阿璊台，一名头台。在今新疆霍城县东北果子沟口北。清祁韵士《西陲要略》卷1：‘乌哈尔里克台东北八十里至塔尔奇阿满台。’”又查《西域地名考录》第887页：“塔勒(尔)奇阿璊，一、台站名。《大清一统志》云：‘塔勒奇阿璊台，沙喇布拉克台北少西六十里。’位于霍城县清水河子镇。”据第一条知啥喇布拉克台为伊犁底台，在新疆霍城县北四十里，据《大清一统志》知塔勒奇阿璊台又在其北少西六十里。查地图，知塔勒奇阿璊台不应在霍城县清水河子镇，《西域地名考录》误。又查 http://www.bytravel.cn/Landscape/14/guozigou.html 知，果子沟北端出口即赛里木湖，查地图及《一统志》知塔勒奇阿璊台不应在果子沟口北，则《中国历史地名大辞典》亦误。再查谭图所定点位，与文献皆合，故应以谭图之定点为是。

6. 巴图穆克台

《置驿四》：“巴图穆克台，笔帖式一员，跟役二名，兵十五名，马十五匹，牛十只，车二辆。”

《嘉庆重修一统志》卷517伊犁：“巴图孟克台，惠远城南十五里，在伊犁河南。”

案：巴图穆克台，据《西域地名考录》第95页：“巴图孟克，台站名。在新疆伊犁哈萨克自治州察布查尔锡伯自治县孙扎克牛录乡西北。”

7. 海努克台

《置驿四》：“海努克台，笔帖式一员，跟役二名，兵十五名，马十五匹，牛十只，车二辆。”

清道光《新疆识略》卷4：海弩克台在“伊犁河南岸，距巴图蒙柯台九十里”。

案：海努克台，查《西域地名考录》第365页：“海弩克，台站名。今察布查尔锡伯族自治县海努克乡政府驻地附近。”但《嘉庆重修一统志》卷517伊犁：“海弩克台，巴图孟克台东南九十里。”“巴图盖克”应作“巴图孟克”，《西域地名录》误。《中国历史地名大辞典》第2217页：“海努克，清置，即今新疆伊犁哈萨克自治州察布查尔锡伯自治县东南海努克乡。”

8. 索果尔台

《置驿四》:"索果尔台,兵十五名,马十五匹,牛十四只。"

《嘉庆重修一统志》卷517伊犁:"索郭尔台,海弩克台南九十里。"

案:索果尔台,谭图作"索郭尔"。据《中国历史地名大辞典》第2098页:"索果尔,在今新疆巩留县西。清道光《新疆识略》卷4:索果尔台'在索果尔达巴罕北二十里,距海努克台九十里'。"又查《西域地名考录》第873页:"索果尔,军台名。《大清一统志》索郭尔台,海弩克台南九十里。'索郭尔'是'索果尔'的另译,其军台在巩留县可克吐别克乡政府驻地一带。"又查巩留县无"可克吐别克乡",而有阿克吐别克乡,在县之西,则"可克吐别克"应作"阿克吐别克",《西域地名考录》误。则索果尔台在今新疆伊犁哈萨克自治州巩留县西阿克吐别克乡政府驻地一带。

9. 博尔台

《置驿四》:"博尔台,笔帖式一员,跟役二名,兵十五名,马十五匹,牛十四只。"

《嘉庆重修一统志》卷517伊犁:"博尔台,索郭尔台西南八十里。"

案:据《西域地名考录》第140页:"博尔,军台名。《大清一统志》云:'博尔台,索郭尔台西南八十里。'今新疆伊犁哈萨克自治州昭苏县与察布查尔县交界处洪海山隘之北。"

10. 霍诺海台

《置驿四》:"霍诺海台,兵十五名,马十五匹,牛十四只。"

《嘉庆重修一统志》卷517伊犁:"和纳海台,博尔台西南一百里。"

案:霍诺海台,谭图有"霍诺海台"与"和纳海台",为两地,"和纳海台"在今新疆昭苏县,霍诺海台则为另一地,在和纳海台西北。据《中国历史地名大辞典》第2910页:"霍诺海,一作和纳海。即今新疆昭苏县东上洪纳海。清道光《新疆识略》卷4:霍诺海台'在大霍诺海东、小霍诺海西,距博尔台一百里'。后徙今昭苏县东郊。"又据《西域地名考录》第382页:"和纳海,台站名。《大清一统志》云:'和纳海台,博尔台西南一百里。'位于新疆昭苏县城附近。因其东有大小洪那海河而得名。"然由《新疆识略》知和纳海台在大霍诺海东,小霍诺海西,则和纳海台在大小霍诺海之间,不得谓"其东有大小洪那海河",故《西域地名考录》误,应从《中国历史地名大辞典》,则霍诺海台应在今新疆伊犁哈萨克自治州昭苏县东洪纳海乡。

11. 特克斯台

《置驿四》:"特克斯台,笔帖式一员,跟役二名,兵十五名,马十五匹,牛十四只。"

《嘉庆重修一统志》卷517伊犁:"特克斯台,和纳海台西南一百里。"

案:特克斯台,据《中国历史地名大辞典》第2133页:"特克斯,在今新疆昭苏县西南特克斯河南。清道光《新疆识略》卷4:特克斯台'在特克斯河南岸,距霍诺海台一百里,白霍诺海台西南行,过大霍诺海水……至特克斯河北岸,渡河即特克斯台'。"其中"白"应为"自"。又查《西域地名考录》第903页,特克斯,"台站名,清代宁远至温宿台站之一。位于农四师昭苏管理处之南。景廉于咸丰十一年(1861)九月初七日从霍诺海台出发,过小河数十次,茶尖后乘威呼(独木船)渡特克斯河,从人乘马由上游浅处乱流而渡,未初一刻宿特克斯台。台在河南岸。而据宣统元年(1909)《伊犁府总图》,特克斯台标在特克斯河北岸"。再查谭图,特克斯台亦标于特克斯河北岸。又《伊犁府总图》晚出,应以《新疆识略》及景廉之记载为准,则特克斯台应在今新疆伊犁哈萨克自治州昭苏县西南特克斯河南岸,即农四师昭苏管理处之南。

12. 沙土阿璊台

《置驿四》:"沙土阿璊台,兵十五名,马十五匹,牛十四只。"

《嘉庆重修一统志》卷517伊犁:"沙图阿璊台,特克斯台西南八十里。自沙图阿璊台南行五里为天桥,伊犁阿克苏交界之所。又南九十五里,为噶克察哈尔海台。至冰岭之阴矣,以上伊犁南境。"

案:沙土阿璊台,谭图作"沙图阿璊"。据《中国历史地名大辞典》第1331页,"沙图阿璊,即今新疆昭苏县西南夏特柯尔克孜族乡。清道光《新疆识略》卷4:沙图阿璊台'距特克斯台八十里。自特克斯河岸西南行皆平川,七十里入山,山口内里许即沙图阿璊台'。"又查《西域地名考录》第808页:"沙图阿璊,台站名。新疆昭苏县南部夏特古城特克斯河南岸。"则沙土阿璊台在今新疆伊犁哈萨克自治州昭苏县西南夏特柯尔克孜族乡。

(二)塔尔巴哈台大臣属置驿十处

1. 塔尔巴哈台底台

《置驿四》:"塔尔巴哈台底台,笔帖式一员,跟役二名,兵二十七名,马三十匹。”

《嘉庆重修一统志》卷519塔尔巴哈台:“塔尔巴哈台底台。”

案:塔尔巴哈台底台,时在塔尔巴哈台城,即今新疆塔城市区。

2. 干奇汉莫多台

《置驿四》:“干奇汉莫多台,兵十二名。”

案:干奇汉莫多台,在今新疆塔城市南加尔苏村一带。据《西域地名考录》第298页:“干其罕莫多,军台名。即今新疆塔城市东南的头台。”

3. 色特尔莫多台

《置驿四》:“色特尔莫多台,领催一名,兵二十四名,马二十匹,牛五只,车二辆。”

《嘉庆重修一统志》卷519:塔尔巴哈台:“色特尔谟多台,在塔尔巴哈台底台东南百一十里。”

案:色特尔莫多台,今新疆塔城市东南有色铁尔村。据《西域地名考录》第793页:“色特尔谟多,台站名……据《塔尔巴哈台事宜》,自绥靖城出雍熙门,南行60里至头台,50里至二台,即色特尔谟多台,位于新疆塔城市东南有色铁尔村。”

4. 阿布达尔莫多台

《置驿四》:“阿布达尔莫多台,兵十二名。”

案:今新疆塔城市东南,在官店村西二十里处。据《中国历史地名大辞典》第1383页:“阿布达尔莫多卡伦,清乾隆年间置,在今哈萨克斯坦东北境。清《塔尔巴哈台事宜》卷3:阿布达尔莫多卡伦‘在博尔锡正北八十里’。”又查《西域地名考录》第3页:“阿布达尔摩多,卡伦名,清代旧卡伦,位于今塔城市境,因阿布达尔摩多水得名。位于阿布达尔摩多水东西两源交汇处。”此处不知孰是。

5. 色拉瑚鲁素台

《置驿四》:“色拉瑚鲁素台,笔帖式一员,跟役二名,兵二十四名,马二十匹,牛五只,车二辆。”

《嘉庆重修一统志》卷519塔尔巴哈台:“色拉和洛苏台,在色特尔谟多台东南一百二十里。”

案:色拉瑚鲁素台,位于今新疆托里县老风口。则在今新疆托里县北老风口一带。谭图作"色拉和洛苏台"。据《中国历史地名大辞典》第1331页:"色拉和洛苏,在今新疆托里县北老风口。《清一统志·塔尔巴哈台》:色拉和洛苏台'在色特尔谟多台东南一百二十里'。"又查《西域地名考录》第801页,色拉和洛苏,"台站名,据《塔尔巴哈台事宜》,色德尔莫多(色特尔谟多)台40里渡额敏河,察罕河至二道桥,90里至老风口(一名色拉霍洛苏台)"。位于新疆托里县老风口,则在今新疆塔城市托里县北老风口一带。

6. 托里布拉克台

《置驿四》:"托里布拉克台,兵十二名。"

案:托里布拉克台,在今新疆塔城市托里县县城。据《中国历史地名大辞典》第895页:"托里布拉克,即今新疆托里县。"

7. 雅玛图台

《置驿四》:"雅玛图台,领催一名,兵二十四名,马二十匹,牛五只,车二辆。"

《嘉庆重修一统志》卷519塔尔巴哈台:"雅玛图台,在色拉和洛苏台南一百二十里。"

案:雅玛图台,据《中国历史地名大辞典》第2532页:"雅玛图台,即今新疆托里县南加马特。"在今新疆塔城市托里县南庙尔沟镇加玛特村。

8. 昆都仑乌素台

《置驿四》:"昆都仑乌素台,兵十二名。"

案:昆都仑乌素台,今新疆塔城市托里县南庙尔沟镇昆都仑村,在170团场西北、乌希里克以东的公路线上。

9. 乌尔图布拉克台

《置驿四》:"乌尔图布拉克台,笔帖式一员,跟役二名,兵二十四名,马二十匹,牛五只,车二辆。"

《嘉庆重修一统志》卷519塔尔巴哈台:"乌尔格尔布拉克台,在雅玛图台东南一百二十里。又东南九十里至库尔喀喇乌苏所属之鄂伦布拉克台。"

案:乌尔图布拉克台,据《中国历史地名大辞典》第464页,乌尔格图布拉克,一作乌图布拉克。谭图作"乌尔格尔布拉克台"在今新疆塔城市托里县东南庙尔沟镇。

10. 沙尔扎克台

《置驿四》:"沙尔扎克台,兵十名。"

案:沙尔扎克台,据《西域地名考录》第 798 页:“沙尔札克,驿站名,河名。沙尔札克又名什纳驿。位于新疆塔城市托里县庙尔沟镇萨尔加克村。”

(三)乌噜木齐都统所属军台二十六处

1. 鄂伦拜星底台

《置驿四》:“鄂伦拜星底台,参将一员,守备一员,笔帖式一员,外委一员,跟役二名,字识一名,兵十三名,回子九名,马三十匹,车三辆。”

《嘉庆重修一统志》卷 520 乌噜木齐:“鄂伦拜星底台。”

案:鄂伦拜星底台,在今新疆乌鲁木齐市城区。据《西域地名考录》第 274 页:“鄂伦拜星,军台名。《大清一统志》鄂伦拜星底台,位于乌鲁木齐市区。”

2. 呼图壁台

《置驿四》:“呼图壁台,守备一员,笔帖式一员,外委一员,跟役三名,字识一名,兵十四名,马三十匹,车三辆。”

《嘉庆重修一统志》卷 520 乌噜木齐:“呼图克拜台,罗克伦台西一百里。以上中营参将所辖西路军台。”

案:呼图壁台,据《中国历史地名大辞典》第 1545 页:“呼图壁,一名呼图克拜。”在今新疆昌吉回族自治州呼图壁县城。

3. 洛克伦台

《置驿四》:“洛克伦台,外委一员,字识一名,兵十四名,马三十匹,车三辆。”

《嘉庆重修一统志》卷 520 乌噜木齐:“罗克伦台,鄂伦拜星底台西一百里。”

案:洛克伦台,在今新疆昌吉县西二十里三屯河岸。据《中国历史地名大辞典》第 1561 页:“罗克伦,一名洛克伦。在今新疆昌吉市西二十里。清乾隆《西域图志》卷 10:罗克伦‘旧为噶勒丹多尔济游牧之所。乾隆二十年三月,大兵进讨准噶尔,噶勒丹多尔济偕其兄子扎纳噶尔布以二千五百余户降’。”又查《西域地名考录》第 605 页:“罗克伦,村名。《西域图志》卷十云:‘罗克伦,在县治西二十里。’位于新疆昌吉回族自治州三屯河岸。”

4. 昂吉尔图诺尔台

《置驿四》:“昂吉尔图诺尔台,外委一员,跟役一名,字识一名,兵四名,回子九名,马二十五匹,车三辆。”

《嘉庆重修一统志》卷 520 乌噜木齐:“昂吉尔图淖尔台,鄂伦拜星底台迤南一百二十里。”

案:昂吉尔图诺尔台,在今新疆乌鲁木齐市达坂城区柴窝堡乡。据《西域地名考录》第71页:“昂吉尔图淖尔,军台名。《大清一统志》云:昂吉尔图迤南一百二十里。”此处还设有柴窝堡营塘。

5. 喀喇巴尔噶逊台

《置驿四》:“喀喇巴尔噶逊台,守备一员,笔帖式一员,外委一员,跟役三名,字识一名,兵四名,回子九名,马二十五匹,车三辆。”

《嘉庆重修一统志》卷520乌噜木齐:“喀喇巴尔噶逊台,昂吉尔图淖尔台南一百一十里。”

案:喀喇巴尔噶逊台,在今新疆乌鲁木齐市东达坂城镇南。据《中国历史地名大辞典》第2549页:“喀喇巴尔噶逊军台,一作哈喇巴勒噶逊台。清代置,在今新疆乌鲁木齐县东南达坂城镇南十里。清《林则徐日记》:道光二十五年(1845)正月,达坂城‘十里为喀拉巴尔噶逊军台,林木森疏,泉流清泚,有桥两道,兵房民居共数处’。”

6. 白杨河腰台

《置驿四》:“白杨河腰台,兵五名,回子五名,马五匹,车三辆。”

《嘉庆重修一统志》卷520乌噜木齐:“白杨河腰台,喀喇巴尔噶逊台南五十五里。”

案:白杨河腰台,在今新疆吐鲁番市西北角,与托克逊、乌鲁木齐达坂地区交界处白杨河村。据《中国历史地名大辞典》第784页:白杨河,“集镇名。一作白洋河台。在今新疆吐鲁番市西北白杨河村。清王定安《湘军记》卷19:光绪三年(1877),刘锦棠率军讨伐阿古柏,攻占达坂城‘进驻白杨’。即此”。又查《西域地名考录》第106页:“白杨河,驿站名。据《辛卯侍行记》,硁硁沟西北行一百有四里白杨河站。旧设山阳驿。位于吐鲁番市西北角,与托克逊、乌鲁木齐达坂地区交界处。”

7. 哈必尔汉布拉克台

《置驿四》:“哈必尔汉布拉克台,外委一员,跟役一名,字识一名,兵四名,回子九名,马二十五匹,车三辆。”

《嘉庆重修一统志》卷520乌噜木齐:“哈必尔罕布拉克台,白杨河腰台南五十五里。”

案:哈必尔汉布拉克台,在今新疆吐鲁番市西北,大河沿镇西,托克逊县小草湖村一带。据《西域地名考录》第339页:“哈必尔汉布拉克,台站名。《新疆图志》卷八十三写作哈必尔罕布拉克,位于从白杨河台往吐鲁番和托克逊两处的分路处,今小草湖道班。”

8.根忒克台

《置驿四》:“根忒克台,守备一员,笔帖式一员,外委一员,跟役二名,字识一名,兵四名,回子九名,马二十五匹,车三辆。”

《嘉庆重修一统志》卷520乌噜木齐:“根特克台,哈必尔罕布拉克台南一百一十里。又南至吐鲁番底台八十里。以上中营参将所辖南路军台。”

案:根忒克台,在今新疆吐鲁番市大旱沟道班西南。据《西域地名考录》第311页:“根特克,台站名。《新疆图志》卷八十三:根特克台,位于新疆吐鲁番市大旱沟道班西南。”

9.布尔噶济台

《置驿四》:“布尔噶济台,外委一员,字识一名,兵十三名,马四十匹,牛十只,车三辆。”

《嘉庆重修一统志》卷518库尔喀拉乌苏:“布勒哈齐台,在库尔喀喇乌苏台西七十里。”

案:布尔噶济台,在今新疆塔城市乌苏县西之普尔塔。据《中国历史地名大辞典》第609页:“布尔噶齐驿,一作普尔塔齐。清光绪年间置,在今新疆乌苏县西普尔塔。清宣统《新疆图志》卷80库尔喀喇乌苏厅:‘城西七十里布尔噶齐驿,注:布尔噶齐,准语谓伏流之水,旋出地上汇成大泽也。’”

10.奎屯台

《置驿四》:“笔帖式一员,外委一员,跟役二名,字识一名,兵十三名,马三十匹,车三辆。”

《嘉庆重修一统志》卷518库尔喀拉乌苏:“奎屯台,在库尔喀喇乌苏台东八十里。东至乌噜木齐,所属之安集哈雅台九十里,以上东境。”

案:奎屯台,在今新疆奎屯市。据清乾隆《西域图志》卷11:奎屯“在库尔喀喇乌苏东五十里。东有长河,当孔道。旧为布尔古特台吉尼吗游牧处”。《中国历史地名大辞典》第1849页:奎屯,“亦作奎墩。清置军台。即今新疆伊犁哈萨克自治州奎屯市”。

11. 古尔图台

《置驿四》:“古尔图台,外委一员,字识一名,兵十三名,马四十匹,牛十只,车三辆。”

案:古尔图台,在今新疆塔城市乌苏市西之古尔图镇。

12. 库尔河台

《置驿四》:“库尔河台,外委一员,字识一名,兵十三名,马三十匹,牛五只,车三辆。”

《嘉庆重修一统志》卷518库尔喀拉乌苏:“库尔必喇台,在奎屯台北九十里。”

案:库尔河台,在今新疆塔城市乌苏市北头台乡头台村。据《西域地名考录》第549页:“库尔河,驿站名。又名库尔必喇,俗称老西湖。位于新疆塔城市乌苏市塔城市头台村。”

13. 色拉乌苏台

《置驿四》:“色拉乌苏台,笔帖式一员,外委一员,跟役二名,字识一名,兵十三名,马三十匹,牛五只,车三辆。”

《嘉庆重修一统志》卷518库尔喀拉乌苏:“沙喇乌苏台,在库尔必喇台北九十里。”

案:色拉乌苏台,在今新疆塔城市乌苏市北车排子镇。据《中国历史地名大辞典》第1336页:沙喇乌苏驿,“清光绪年间置,在今新疆乌苏县北奎屯河北岸。清宣统《新疆图志》卷80库尔喀喇乌苏厅:沙喇乌苏驿‘俗名二台。又曰车牌子。民居三四,距车牌子庄数里’。”又查《西域地名考录》第803页:“沙喇乌苏,军台名,位于新疆乌苏市车排子镇,南距奎屯军台45公里。清代设。”

14. 库尔喀拉乌苏台

《置驿四》:“库尔喀拉乌苏台,笔帖式一员,外委一员,跟役二名,字识一名,兵十三名,马四十匹,牛十只,车三辆。”

《嘉庆重修一统志》卷518库尔喀拉乌苏:“库尔喀喇乌苏底台。”

案:库尔喀拉乌苏台,在今新疆塔城市乌苏市东。《中国历史地名大辞典》第1303页:库尔喀喇乌苏厅,“清光绪十二年(1886)置,属新疆。治所即今新疆乌苏县。1913年改为乌苏县。”又查《西域地名考录》第550页:“库尔喀喇乌苏,军台名。位于乌苏市区东。”

15. 墩木达台

《置驿四》:“墩木达台,笔帖式一员,外委一员,跟役一名,字识一名,兵十三名,马四十匹,牛十只,车三辆。”

案:墩木达台,在今新疆塔城市乌苏县高泉。据《西域地名考录》第 254 页:“敦木达,军台名。林则徐《荷戈纪程》道光二十二年(1842)十月二十七日所经敦木达,位于乌苏高泉(兵团 124 团驻地)附近。”

16. 鄂伦布拉克台

《置驿四》:“鄂伦布拉克台,外委一员,字识一名,兵十三名,马三十匹,牛五只,车三辆。”

《嘉庆重修一统志》卷 518 库尔喀拉乌苏:“鄂伦布拉克台,在沙喇乌苏台北七十里。又北九十里至塔尔巴哈台所属之乌尔格图布拉克台。以上北境。”

案:鄂伦布拉克台,约在今新疆克拉玛依市西南前山涝坝一带。《中国历史地名大辞典》第 2342 页:“鄂伦布拉克,在今新疆托里县东南。清道光《新疆识略》卷 2 库尔喀喇乌苏:鄂伦布拉克‘北至塔尔巴哈台所属之乌尔克图布拉克台九十里’。”

17. 车排子腰台

《置驿四》:“车排子腰台,兵四名,马六匹。”

18. 精河台

《置驿四》:“精河台,外委一员,字识一名,兵十八名,马四十匹,牛十只,车三辆。”

《嘉庆重修一统志》卷 518 库尔喀拉乌苏:“晶河台,在噶顺腰台西八十里。”

案:精河台,今新疆博尔塔拉蒙古自治州精河县城西附近。谭图作“晶河”。《中国历史地名大辞典》第 2810 页:“精河台,亦作晶河台。在今新疆精河县西。清道光《新疆识略》卷 2 库尔喀喇乌苏:精河台‘西至托里台九十里’。”

19. 托里台

《置驿四》:“托里台,笔帖式一员,外委一员,跟役二名,字识一名,兵十三名,马四十匹,牛十只,车三辆。”

《嘉庆重修一统志》卷 518 库尔喀拉乌苏:“托里台,在晶河台西九十里。”

案:托里台,在今新疆博尔塔拉蒙古自治州精河县托里镇,阿恰勒河东 25 公里处。《中国历史地名大辞典》第 895 页:“托里驿,清置,即今新疆托里县。清宣统《新疆图志》卷 80 塔城厅:托里驿‘旧名托罗布拉克’。1949 年于此置托里中心区(县级)。1953年改托里县。”则此托罗驿非托里台。又查《西域地名考录》第948页:“托里,军台名。清代置,位于新疆精河县阿恰勒河东25公里。洪亮吉《伊犁日记》:‘(嘉庆五年)二月初一日,已刻行八十里托里台。’”

20. 托霍穆图台

《置驿四》:“托霍穆图台,外委一员,跟役一名,字识一名,兵十三名,马四十匹,牛十只,车三辆。”

《嘉庆重修一统志》卷518库尔喀拉乌苏:“托和木图台,在托里台西一百一十里。又西一百二十里至伊犁所属之呼苏图布拉克台。以上西境。”

案:托霍穆图台,在今新疆博尔塔拉蒙古自治州精河县西五台。《中国历史地名大辞典》第896页:“托霍木图,亦作托和木图。即今新疆精河县西五台。”又查《西域地名考录》第945页:“‘托和木图’蒙古语‘马垫子’之义。台站名。位于新疆精河县大河沿子镇西部。”

21. 噶顺腰台

《置驿四》:“噶顺腰台,兵五名,马五匹,车三辆。”

《嘉庆重修一统志》卷518库尔喀拉乌苏:“噶顺腰台,在托多克台西七十里。”

案:噶顺腰台,在今新疆博尔塔拉蒙古自治州精河县驻地以东,托托镇以西,噶顺道班处。《中国历史地名大辞典》第2849页:“噶顺,又名沙泉。清置台站。在今新疆精河县东噶顺(沙泉子)。宣统《新疆图志》卷84:沙泉驿‘旧名噶顺腰台’。”又查《西域地名考录》第296页:“噶顺,台站名。位于新疆精河县噶顺道班处。”

22. 托多克台

《置驿四》:“托多克台,笔帖式一员,外委一员,跟役二名,字识一名,兵十八名,马四十匹,牛十只,车三辆。”

《嘉庆重修一统志》卷518库尔喀拉乌苏:“托多克台,在古尔图喀喇乌苏台西六十里。”

案:托多克台,在今新疆博尔塔拉蒙古自治州精河县东之托托镇。

23. 玛纳斯台

《置驿四》:“玛纳斯台,笔帖式一员,外委一员,跟役三名,字识一名,兵十三名,马三十匹,车三辆。”

《嘉庆重修一统志》卷520乌噜木齐:“玛纳斯台,图古里克台西九十里。”

案:玛纳斯台,在今新疆昌吉回族自治州玛纳斯县县城。《中国历史地名大辞典》第1172页:"玛纳斯,即今新疆玛纳斯县。清乾隆《西域同文志》卷1:玛纳斯,'准语(蒙古语),玛纳,巡逻之谓。地容游牧,巡逻者众,故名'。清乾隆四十四年(1779)于此置绥来县。1953年改名玛纳斯县。"

24. 图古哩克台

《置驿四》:"图古哩克台,笔帖式一员,外委一中,跟役二名,字识一名,兵十三名,马三十匹,车三辆。"

《嘉庆重修一统志》卷520乌噜木齐:"图古里克台,呼图克拜台西六十里。"

案:图古哩克台,在今新疆昌吉回族自治州呼图壁县西之大土古里村。据《中国历史地名大辞典》第1541页:"图古里克,在今新疆伊吾县城附近。清乾隆《西域图志》卷9镇西府:图古里克'在呼济尔台东一百四十里。西距宜禾县治二百九十里。又东南行一百二十里至多都摩垓,接哈密界'。"又查《西域地名考录》第928页:"图古里克,清代军台名。洪亮吉《伊犁日记》写作'土古里'。林则徐《荷戈纪程》写作图古里克,俗称土葫芦。位于呼图壁县大丰镇土古里克村。"据《一统志》知图古里克台在呼图克拜台西六十里,故不应在新疆伊吾,应以《西域地名考录》为是,在呼图壁县大丰镇土古里克村。

25. 乌兰乌苏台

《置驿四》:"乌兰乌苏台,外委一员,字识一名,兵十三名,马三十匹,车三辆。"

《嘉庆重修一统志》卷520乌噜木齐:"乌兰乌苏台,玛纳斯台西八十里。"

案:乌兰乌苏台,在今新疆塔城地区沙湾县东之乌兰乌苏镇。《中国历史地名大辞典》第464页:"即今新疆沙湾县东南乌兰乌苏镇。清道光《新疆识略》卷2乌鲁木齐:乌兰乌苏台'西至安集海一百一十里'。"

26. 安济海台

《置驿四》:"安济海台,笔帖式一员,外委一员,跟役二名,字识一名,兵十三名,马三十匹,车三辆。"

《嘉庆重修一统志》卷520乌噜木齐:"安济哈雅台,乌兰乌苏台西一百一十里。又西至库尔喀喇乌苏所辖奎屯台九十里。以上玛纳斯副将所辖西路军台。"

案:安济海台,今新疆塔城地区沙湾县西之安集海镇。《中国历史地名大辞典》第1126页:"安集海,亦作安济海。即今新疆沙湾县西安集海镇。清道光《新疆识略》卷2乌鲁木齐:安集海台'西至库尔喀喇乌苏所管奎屯台九十里’。”

（四）巴里坤大臣属置驿八处

1. 巴里坤底台

《置驿四》:“巴里坤底台,把总一员,跟役二名,字识一名,兵九名,马十五匹,车二辆。”

案:巴里坤底台,在今新疆哈密市巴里坤哈萨克自治县县城。据《中国历史地名大辞典》第510页:“巴里坤,即巴尔库勒。今新疆巴里坤哈萨克族自治县。”

2. 苏吉台

《置驿四》:“苏吉台,把总一员,跟役二名,字识一名,兵二名,回子十名,马十五匹,车二辆。”

案:苏吉台,在今新疆哈密市巴里坤哈萨克自治县苏吉乡。《中国历史地名大辞典》第1213页:“苏吉卡伦,清置,在今新疆奇台县东北苏吉。清道光《新疆识略》卷2古城:苏吉卡伦‘距城三百三十里’。”又查《西域地名考录》第856页:“苏吉,乡名。新疆巴里坤哈萨克自治县苏吉乡,乡政府驻苏吉西村,在县城西南33公里。‘苏吉’,蒙古语‘胯骨’之义,因其山形似之而得名,即《西域图志》的庋济。”

3. 肋巴泉台

《置驿四》:“肋巴泉台,守备一员,跟役四名,字识一名,兵三名,回子十名,马三十三匹。”

《嘉庆重修一统志》卷521巴里坤:“肋巴泉台,陶赖台东六十里。东南至哈密所辖之橙槽沟台三十里。”

案:肋巴泉台,在今新疆哈密市巴里坤哈萨克自治县西托拉泉以东。

4. 梧桐窝台

《置驿四》:“梧桐窝台,把总一名,跟役二名,字识一名,兵三名,回子十名,马三十三匹。”

《嘉庆重修一统志》卷521巴里坤:“胡桐窝台,惠井子腰台东七十里。”

案:梧桐窝台,据《西域地名考录》第1010页:“梧桐窝,路站名。《西征日记》:‘由跋子至梧桐窝九十里。’梧桐窝即哈密市沁城乡东南梧桐窝子泉。”

5. 惠井子腰台

《置驿四》:"惠井子腰台,兵二名,马四匹。"

《嘉庆重修一统志》卷521巴里坤:"惠井子腰台,盐池台东五十里。"

案:惠井子腰台,在今新疆哈密市七角井镇西部东盐池与鄯善县西盐池之间。《中国历史地名大辞典》第2523页:"惠井子,亦名苦井。在今新疆哈密市西北七角并镇西灰井子沟。清李德贻《北草地旅行记》:西盐池'五十里惠井子,长途镇日不遇一人,乃至惠井子,亦不过有居人三四家,砖屋数堵而已'。"又查《西域地名考录》第433页,惠井子,驿站名,位于新疆哈密市七角井镇西部东盐池与鄯善县西盐池之间。1966年《哈密县图》写作灰井子沟。

6. 托赖井子腰台

《置驿四》:"托赖井子腰台,兵二名,马四匹。"

《嘉庆重修一统志》卷521巴里坤:"托赖井子腰台,胡桐窝台东六十里。"

案:托赖井子腰台,在今新疆哈密市西七角井村东二十里处。

7. 陶赖台

《置驿四》:"陶赖台,把总一员,跟役二名,字识一名,兵三名,回子十名,马二十三匹。"

《嘉庆重修一统志》卷521巴里坤:"陶赖台,托赖井子腰台东八十里。"

案:陶赖台,据《西域地名考录》第901页:"陶赖,清代军台名。位于巴里坤县西南套来泉。"

8. 盐池台

《置驿四》:"盐池台,把总一员,跟役二名,字识一名,兵四名,回子十名,马三十三匹。"

《嘉庆重修一统志》卷521巴里坤:"盐池台。"

案:盐池台,在今新疆吐鲁番市鄯善县东小草湖车站以北。

(五)吐鲁番大臣属置驿八处

1. 吐鲁番底台

《置驿四》:"吐鲁番底台,笔帖式一员,千总一员,跟役二名,字识一名,兵十一名,回子十名,马二十九匹,车三辆。"

《嘉庆重修一统志》卷522吐鲁番:"吐鲁番底台,西北至迪化州所属之根特克台八十里。"

案：吐鲁番底台，清代设吐鲁番厅，在今新疆吐鲁番市区。

2. 齐克腾木台

《置驿四》："齐克腾木台，笔帖式一员，把总一员，跟役二名，字识一名，兵六名，回子十名，马十九匹，车三辆。"

《嘉庆重修一统志》卷522吐鲁番："齐克塔木台，苏鲁图台东五十里，又东一百八十里至镇西府属之盐池台。以上东路。"

案：齐克腾木台，据《中国历史地名大辞典》第1058页，齐克腾木台，一作齐克塔木台。清乾隆年间置，即今新疆吐鲁番市鄯善县东七克台镇。

3. 苏鲁图台

《置驿四》："苏鲁图台，外委一员，跟役一名，字识一名，兵四名，回子十名，马十九匹，车三辆。"

《嘉庆重修一统志》卷522吐鲁番："苏鲁图台，辟展台东六十里。"

案：苏鲁图台，据《西域地名考录》第858页："苏鲁图，村名。《辛卯侍行记》：'（特斯）十六里苏鲁图，有草。'位于鄯善县治东北，1963年《鄯善县图》标为苏勒吐。"

4. 辟展台

《置驿四》："辟展台，笔帖式一员，外委一员，跟役一名，字识一名，兵五名，回子十名，马十九匹，车三辆。"

《嘉庆重修一统志》卷522吐鲁番："辟展台，连木齐木台东六十里。"

案：辟展台，据《中国历史地名大辞典》第2768页，在今新疆吐鲁番市鄯善县县城。

5. 里雅木沁台

《置驿四》："里雅木沁台，外委一员，跟役一名，字识一名，兵四名，回子十名，马十九匹，车三辆。"

案：里雅木沁台，亦作连木沁、连木奇木，在今新疆吐鲁番市鄯善县北连木沁镇牧业村。据《西域地名考录》第590页："连木齐木（沁），城名。《西域同文志》云：'连木齐木，回语，连木，外燥内泞之地；齐木，有草之泥。其地软有草，故名。'《西域图志》卷十四云：'连木齐木，在辟展城西八十里。由山南色尔启布入谷，迤逦东行二十里，出山北口，东傍山麓有小城，有水经城西北流。'位于新疆鄯善县连木沁镇。《西域图志》以连木齐木当《汉书·西域传》所载后城长国,方位不符。”

6. 胜金台

《置驿四》:“胜金台,外委一员,跟役一名,字识一名,兵四名,回子十名,马十九匹,车三辆。”

《嘉庆重修一统志》卷 522 吐鲁番:“胜金台,吐鲁番底台东九十里。”

案:胜金台,在今新疆吐鲁番市胜金乡。据《中国历史地名大辞典》第 1942 页:“胜金台,一作森尼木台。清乾隆年间置,即今新疆吐鲁番市东胜金乡。清王定安《湘军记》卷 19:光绪三年(1877),清军讨伐阿古柏,‘孙金彪与徐占彪已下齐克腾木,进攻辟展,及鲁克沁、连木沁台、胜金台,尽破其城堡’。”

7. 布干台

《置驿四》:“布干台,外委一员,跟役一名,字识一名,兵四名,回子十名,马十八匹,车三辆。”

《嘉庆重修一统志》卷 522 吐鲁番:“布干台,吐鲁番底台西南一百二十里。”

案:布干台,在今新疆吐鲁番市托克逊县以东大地村一带。据《中国历史地名大辞典》第 608 页:“布干,在今新疆吐鲁番县西南六十里。《清一统志·吐鲁番》:布干‘在安济彦西南三十里。有城,周二里许。有泉,名哈毕尔噶’。”

8. 托克逊台

《置驿四》:“托克逊台,笔帖式一员,把总一员,跟役二名,字识一名,兵四名,回子十名,马十八匹,车三辆。”

《嘉庆重修一统志》卷 522 吐鲁番:“托克三台,布干台西南七十里。又西南一百里至喀喇沙尔所属之苏巴什台。以上南路。”

案:托克逊台,在今新疆吐鲁番市托克逊县。据《中国历史地名大辞典》第 895 页:“托克三,即托克逊,今新疆托克逊县。清乾隆《西域图志》卷 14:托克三‘在布干西南六十里。东距辟展城四百十三里。有城周二里许’。”

(六)喀喇沙尔大臣属置驿八处

1. 苏巴什台

《置驿四》:“苏巴什台,笔帖式一员,外委一员,跟役二名,字识一名,兵五名,回子十户,马十八匹,车四辆。”

《嘉庆重修一统志》卷 523 喀喇沙尔:“苏巴什台,东北至吐鲁番所属托克逊台一百里。”

案：苏巴什台，据《中国历史地名大辞典》第1212页，苏巴什在今新疆吐鲁番市托克逊县南。

2. 阿哈尔布拉克台

《置驿四》："阿哈尔布拉克台，外委一员，字识一名，兵五名，回子十户，马十八匹，车三辆。"

《嘉庆重修一统志》卷523喀喇沙尔："阿哈尔布拉克台，苏巴什台西南六十里。"

案：阿哈尔布拉克台，亦作哈尔布拉克驿，在今新疆吐鲁番市托克逊县南阿格洋布拉克达坂。

3. 库木什阿哈玛台

《置驿四》："库木什阿哈玛台，笔帖式一员，外委一中，跟役二名，字识一名，兵五名，回子十户，马十八匹，车三辆。"

《嘉庆重修一统志》卷523喀喇沙尔："库木什阿克玛台，阿哈尔布拉克台西南一百五十里。"

案：库木什阿哈玛台，据《中国历史地名大辞典》第1303页，库木什阿哈玛驿，清光绪年间置。在今新疆吐鲁番市托克逊县西南库米什镇。

4. 喀喇和色尔台

《置驿四》："喀喇和色尔台，外委一员，字识一名，兵五名，回子十户，马二十一匹，车二辆。"

《嘉庆重修一统志》卷523喀喇沙尔："喀喇和色尔台，库木什阿克玛台西一百二十里。"

案：喀喇和色尔台，亦作河色尔，在今新疆巴音郭楞盟蒙古自治州和硕县东榆树沟。

5. 乌沙克他尔台

《置驿四》："乌沙克他尔台，笔帖式一员，外委一员，跟役二名半，字识一名，兵五名，回子十户，马十八匹，车四辆。"

清乾隆《西域图志》卷15：乌沙克塔勒"在哈喇沙尔城东二百一十五里。自辟展西行，入苏巴什塔克口，又西南行逾库木什、阿克玛塔克、额格尔齐塔克三百四十里至其地，为哈喇沙尔东境"。

《嘉庆重修一统志》卷523喀喇沙尔："乌沙克塔勒台，喀喇和色尔台西一百八十里。"

案:乌沙克他尔台,亦作乌沙克他拉、乌沙克塔勒。在今新疆巴音郭楞盟蒙古自治州和硕县东乌什塔拉回族乡。

6. 特伯尔古台

《置驿四》:“特伯尔古台,外委一员,字识一名,兵五名,回子十户,马十八匹,车四辆。”

《嘉庆重修一统志》卷523喀喇沙尔:“特伯勒古台,乌沙克塔勒台西南一百二十里。”

乾隆《西域图志》卷15:特伯勒古“在塔噶尔齐西十五里。逾奇尔归图郭勒至其地,有小城。西逾哈喇沙尔城八十里”。

案:特伯尔古台,在今新疆巴音郭楞盟蒙古自治州和硕县特吾里克镇。

7. 开都河北台

《置驿四》:“开都河北台,笔帖式一员,外委一员,跟役二名半,字识一名,兵三名,回子十户,马十八匹,车四辆。”

《嘉庆重修一统志》卷523喀喇沙尔:“海都河北台,特伯勒古台西南一百六里。喀喇沙尔城西五里。”

案:开都河北台,在今新疆巴音郭楞盟蒙古自治州焉耆县县城西侧。据《西域地名考录》第515页:“开都河,军台名。《西陲总统事略》卷十开都河底台,位于喀喇沙尔城,今新疆焉耆回族自治县城附近。”

8. 开都河南台

《置驿四》:“开都河南台,外委一员,字识一名,兵四名,回子五户,马九匹,车一辆。”

《嘉庆重修一统志》卷523喀喇沙尔:“海都河南台,海都河北台南三里,又西南至库车所属哈喇噶阿璊台百五十里。”

案:开都河南台,在今新疆巴音郭楞盟蒙古自治州焉耆县县城西南侧。

(七)库车大臣属置驿十处

1. 库车底台

《置驿四》:“库车底台,笔帖式一员,外委一员,跟役二名,字识一名,兵三名,回子十户,马十三匹,牛六只,车三辆。”

《嘉庆重修一统志》卷524库车:“库车底台,西至阿克苏属和色尔台二百一十里。”

案:库车底台,即库车城,在今新疆阿克苏市库车县县城。

2. 托和奈台

《置驿四》:"托和奈台,外委一员,字识一名,兵三名,回子十户,马十四匹,牛五只,车三辆。"

《嘉庆重修一统志》卷524库车:"托和鼐台,库车底台东八十里。"

案:托和奈台,在今新疆阿克苏市库车县牙哈镇托克乃村。据《西域地名考录》第945页:"托和鼐,地片名。《西域同文志》云:'托和鼐,亦名雅哈托和鼐。雅哈,谓边界,托和鼐,谓路湾也。'《西域图志》卷十五云:'托和鼐,在阿巴特西南一百四十里。西距库车城六十里。'位于新疆库车县牙哈乡托克乃村。"

3. 阿尔巴特台

《置驿四》:"阿尔巴特台,笔帖式一员,外委一员,跟役二名,字识一名,兵三名,回子十户,马十三匹,牛六只,车三辆。"

《嘉庆重修一统志》卷524库车:"阿尔巴特台,托和鼐台东一百四十里。"

宣统《新疆图志》卷81温宿县:阿尔巴特驿"即盐山口"。

案:阿尔巴特台,在今新疆阿克苏市库车县东二八台农场。据《中国历史地名大辞典》第1384页:"阿尔巴特驿,清光绪年间置,在今新疆温宿县东北盐山口。"又查《西域地名考录》:"阿尔巴特,村庄名,位于新疆库车县,今称二八台,为阿尔巴特的另译。《西域图志》卷之十五云:'阿(尔)巴特,为库车最东境,西距库车城二百里,西濒奇里什郭勒。'并以《新唐书·地理志》西夷僻守捉置于阿尔巴特。"应以《西域地名考录》为是。

4. 布古尔台

《置驿四》:"布古尔台,外委二员,字识一名,兵三名,回子十户,马十四匹,牛五只,车三辆。"

清道光《新疆识略》卷3库车:布古尔台"一百二十里至洋萨尔台"。

案:布古尔台,在今新疆巴音郭楞盟蒙古自治州轮台县轮台古城附近。据《中国历史地名大辞典》第608页,"布古尔,一作玉古尔。即今新疆轮台县。"

5. 洋萨尔台

《置驿四》:"洋萨尔台,笔帖式一员,外委一员,跟役二名,字识一名,兵三名,回子十户,马十四匹,牛五只,车三辆。"

清道光《新疆识略》卷3库车:洋萨尔台'八十里至策达雅尔台'。"

案：洋萨尔台，在今新疆巴音郭楞盟蒙古自治州轮台县东之阳霞镇。谭图作“英噶萨尔”，据《中国历史地名大辞典》第1995页：“洋萨尔台，清置，即今新疆轮台县东北阳霞乡。”

6. 策达雅尔台

《置驿四》：“策达雅尔台，外委一员，字识一名，兵三名，回子十户，马十四匹，牛五只，车三辆。”

《嘉庆重修一统志》卷524库车：“策特尔台，英噶萨尔台东八十里。”

案：也作策特尔，在今新疆巴音郭楞盟蒙古自治州轮台县东北之策大雅乡。

7. 车尔楚台

《置驿四》：“车尔楚台，笔帖式一员，外委一员，跟役二名，字识一名，兵三名，回子十户，马十三匹，牛六只，车三辆。”

《嘉庆重修一统志》卷524库车：“车尔楚台，策特尔台东一百六十里。”

案：车尔楚台，亦作车尔楚，在今新疆巴音郭楞盟蒙古自治州库尔勒市西之库尔楚村。据《中国历史地名大辞典》第371页：“车尔楚，一作库尔楚。在今新疆库尔勒市西库尔楚村。清乾隆《西域图志》卷15：车尔楚‘在库陇勒西一百七十里。东北距哈喇沙尔城三百五十里，逾海都郭勒而至’。清置军台于此。”

8. 喀拉布拉克台

《置驿四》：“喀拉布拉克台，外委一员，字识一名，兵三名，回子十户，马十四匹，牛五只，车三辆。”

《嘉庆重修一统志》卷524库车：“哈喇布拉克台，车尔楚台东南一百里。”

案：喀拉布拉克台，亦作哈喇布拉克台。据《西域地名考录》第498页，喀拉布拉克台位于新疆巴音郭楞盟蒙古自治州库尔勒市区及其西北车尔楚之间。

9. 库尔勒台

《置驿四》：“库尔勒台，笔帖式一员，外委一员，跟役二名，字识一名，兵三名，回子十户，马十四匹，牛五只，车三辆。”

《嘉庆重修一统志》卷524库车：“库陇勒台，哈喇布拉克台东少北三十里。”

案：库尔勒台，亦作库陇勒台，在今新疆巴音郭楞盟蒙古自治州库尔勒市区。

10. 哈尔阿满台

《置驿四》：“哈尔阿满台，外委一员，字识一名，兵三名，回子十户，马十三匹，牛六只，车三辆。”

《嘉庆重修一统志》卷524库车：“哈喇噶阿璊台，库陇勒台东北六十里。又东北至喀喇沙尔属之海都河南台一百五十里。俱在库车东境。”

案：哈尔阿璊台，亦作哈喇噶阿璊。在今新疆巴音郭楞盟蒙古自治州焉耆回族自治县西南七十里处之紫泥泉村。

(八)乌什大臣属置驿三处

1.乌什底台

《置驿四》：“乌什底台，笔帖式一员，外委一员，跟役二名，字识一名，兵三名，回子十户，马十九匹，车二辆。”

《嘉庆重修一统志》卷525乌什：“乌什底台，在乌什城东。”

案：乌什底台，在今新疆阿克苏市乌什县城。据《中国历史地名大辞典》第462页：“乌什城，即今新疆乌什县。清祁韵士《西域释地》：乌什‘准噶尔时名为图尔璊，今名乌什。乌什者，犹言峰峦飞峻也’。清乾隆二十年(1755)，准噶尔达瓦齐汗逃此，阿奇木伯克霍吉斯俘之以献。后设办事大臣。光绪八年(1882)置乌什厅。”

2.阿察他克台

《置驿四》：“阿察他克台，笔帖式一员，外委一员，跟役二名，字识一名，兵三名，回子十户，马十五匹，牛四只，车二辆。”

《嘉庆重修一统志》卷525乌什：“阿察塔克台，乌什底台东八十里。又东八十里至阿克苏属之察哈喇克台。”

案：阿察他克台，在今新疆阿克苏市乌什县东之阿恰塔格乡。

3.察哈拉克台

《置驿四》：“察哈拉克台：外委一员，字识一名，兵三名，回子十户，马十五匹，牛四只，车二辆。”

《嘉庆重修一统志》卷524阿克苏：“察哈喇克台，阿克苏底台西八十里，又西八十里至乌什属之阿察塔克台。以上西境。”卷525乌什条：“阿察塔克台，乌什底台东八十里。又东八十里至阿克苏属之察哈喇克台。”

案：察哈拉克台，在今新疆阿克苏市温宿县西之恰格拉克乡政府驻地。据《西域地名考录》第171页：“察哈喇克，军台名。今译写为‘恰格拉克’。《西域水道记》卷二云：‘托什干河东南流四十里经帖列巴克庄东南，又东流至察哈喇克军台东哲尔格哲克得之地,与东支汇。’位于新疆温宿县恰格拉克乡政府驻地。”

(九)阿克苏大臣属置驿十八处

1. 阿克苏底台

《置驿四》:“阿克苏底台,笔帖式一员,跟役二名,兵十二名,回子十户,马二十二匹,牛二十七只,车三辆。”

《嘉庆重修一统志》卷524阿克苏:“阿克苏底台。”

案:阿克苏底台,在今新疆阿克苏市。

2. 浑巴什台

《置驿四》:“浑巴什台,兵七名,回子十户,马十五匹,牛十四只,车三辆。”

《嘉庆重修一统志》卷524阿克苏:“浑巴什台,阿克苏底台南八十里。”

案:浑巴什台,在今新疆即今新疆阿克苏市南之浑巴什乡。据《中国历史地名大辞典》第1996页:“浑巴什,即今新疆阿克苏市南浑巴什乡。《清一统志·阿克苏》:浑巴什‘在阿克苏城东南九十里’。清于此置军台及驿。”

3. 哈拉玉尔滚台

《置驿四》:“哈拉玉尔滚台,笔帖式一员,跟役二名,兵五名,回子十户,马十五匹,牛九只,车二辆。”

《嘉庆重修一统志》卷524阿克苏:“哈喇裕勒衮台,札木台东少南八十里。”

案:哈拉玉尔滚台,在今新疆阿克苏市温宿县东之喀拉玉尔滚村。据《中国历史地名大辞典》第1872页:“哈拉玉尔滚,一作哈喇裕勒衮。清置,在今新疆温宿县东喀拉玉尔滚村。《林则徐日记》:道光二十五年(1845)二月二十五日,‘至哈拉玉儿滚军台。回语谓红柳为玉尔滚,谓黑为哈喇,此台有古柳,故以取名也’。”

4. 察尔齐克台

《置驿四》:“察尔齐克台,兵五名,回子十户,马十五匹,牛九只,车三辆。”

《嘉庆重修一统志》卷524阿克苏:“察尔齐克台,哈喇裕勒衮台东一百六十里。”

案:察尔齐克台,在今新疆阿克苏市拜城县西南之察尔齐镇。

5. 鄂依斯可齐克台

《置驿四》:“鄂依斯可齐克台,笔帖式一员,跟役二名,兵五名,回子十户,马十五匹，牛九只，车二辆。”

《嘉庆重修一统志》卷524阿克苏：“鄂伊斯塔克齐克台，察尔齐克台东少南八十里。”

案：鄂依斯可齐克台，约在今新疆阿克苏市拜城县西南之大桥乡一带。

6. 拜城台

《置驿四》：“拜城台，兵五名，回子十户，马二十一匹，车二辆。”

《嘉庆重修一统志》卷524阿克苏：“拜城台，鄂依斯塔克齐克台东六十里。在拜城西南。”

案：拜城台，在今新疆阿克苏市拜城县城。据《中国历史地名大辞典》第1903页：“拜城，即今新疆拜城县。清乾隆《西域图志》卷16：拜城台‘地饶水草，城距山岗，周一里三分，高一丈，东西二门’。乾隆《西域同文志》卷2：拜，‘回语，富厚之意。居民富厚，多牲畜，故名’。清光绪八年(1882)置拜城县于此。”

7. 他木哈什台

《置驿四》：“他木哈什台，笔帖式一员，跟役二名，兵十名，马八匹。”

又作塔木哈他什台，《嘉庆重修一统志》卷524阿克苏：“塔木哈他什台，玉斯屯托海台东折北七十里。”

案：他木哈什台，同《中国历史地图集》第八册新疆幅“塔木哈他什”定点。

8. 瑚斯图托海台

《置驿四》：“瑚斯图托海台，兵七名，马三十匹。”

《嘉庆重修一统志》卷524阿克苏：“玉斯屯托海台，图巴拉克台北八十里。”

案：瑚斯图托海台，在今新疆阿克苏市拜城县西北之老虎台乡一带。据《西域地名考录》第422页：“瑚斯图托海，台站名，又写作胡素图托海。位于新疆温宿县与拜城县交界处的木扎尔特河谷上游。”

9. 都齐特台

《置驿四》：“都齐特台，笔帖式一员，跟役二名，兵七名，回子十户，马十五匹，牛十四只。车三辆。”

《嘉庆重修一统志》卷524阿克苏：“都齐特台，英额阿里克台南一百四十里。又西南九十里至叶尔羌属之伊拉都台。以上南境。”

案：都齐特台，亦作都奇特，在今新疆阿克苏市阿瓦提县英艾日克之西的阿克苏市沙井子区域。据《西域地名考录》第249页:"都齐特,军台名。《清史稿·长清传》云:'长清截留各城换防,又发铜厂钱局官兵扼浑巴什河,参将王鸿仪战殁于都齐特。'都齐特为清代军台。《回疆通志》卷八误为都奇。卷九作都奇特。《西陲总统事略》卷十作都奇特。位于新疆阿瓦提县英艾日克之西的阿克苏市沙井子区域。"

10. 洋阿里克台

《置驿四》:"洋阿里克台,兵七名,回子十户,马十五匹,牛十四只,车三辆。"

《嘉庆重修一统志》卷524阿克苏:"英额阿里克台,浑巴什台西南,又折东南八十里。"

案:洋阿里克台,在今新疆阿克苏市阿瓦提县西北之英艾日克乡。据《西域地名考录》第1078页:"洋阿里克,军台名。《回疆通志》卷九洋阿里克军台,至爱巴尔军台170里。洋阿里克位于新疆阿瓦提县英艾日克乡。"

11. 扎木台

《置驿四》:"扎木台,笔帖式一员,跟役二名,兵七名,回子十户,马二十六匹,牛二十三只,车二辆。"

《嘉庆重修一统志》卷524阿克苏:"札木台,阿克苏底台东八十里。"

案:扎木台,在今新疆阿克苏市温宿县东之佳木镇的札木台。据《西域地名考录》第1152页:"札(扎)木,村名。《拉失德史》云:'赛德汗经过阿克苏在一个名叫札木(Jam)的地方设牙帐。满速儿汗从相对的方向来到阿尔巴特,该地距札木有七程。'《西域同文志》云:'札木,蒙古语道路之谓。地当孔道,故名。'《西域图志》云:'札木,在哈喇裕勒衮西南八十里,西距阿克苏城一百里。'位于新疆温宿县佳木乡的札木台。"

12. 阿尔巴特台

《置驿四》:"阿尔巴特台,兵七名,回子五户,马十七匹,牛十四只。"

《嘉庆重修一统志》卷524阿克苏:"阿尔巴特台,札木台东北八十里。"

案:阿尔巴特台,据《中国历史地名大辞典》第1384页:"阿尔巴特驿,清光绪年间置,在今新疆温宿县东北盐山口。宣统《新疆图志》卷81温宿县:阿尔巴特驿'即盐山口'。"

13. 亮噶尔台

《置驿四》:"亮噶尔台,笔帖式一员,跟役二名,兵七名,回子五户,马十匹,牛二十只。”

《嘉庆重修一统志》卷524阿克苏:“亮格尔台,东北八十里。”

案:亮噶尔台,在今新疆阿克苏市温宿县北博孜墩乡附近。据《西域地名考录》第592页:“亮格尔,村名。《西域图志》卷十六云:‘亮格尔,在赫色勒东北九十里,地居山谷间。西南距阿克苏城一百六十里。又北八十里为图巴拉克,又北八十里为王斯屯托海,又北七十里为塔木哈他什,又北一百二十里为噶克察哈尔海接山北伊犁西路界。’位于新疆拜城县与温宿县交界的木札尔特河上游黑不拉村一带。”

14. 土巴拉克台

《置驿四》:“土巴拉克台,兵七名,回子二户,马二十八匹,牛十八只。”

案:土巴拉克台,在今新疆阿克苏市拜城县木扎尔特河谷乌堂布拉克之南。据《西域地名考录》第927页:“图巴拉特,台站名。《新疆图志》卷八十一图巴喇特,又写作图巴拉特、土巴拉克。位于木扎尔特河谷乌尝布拉克之南。”

15. 噶克察哈尔海台

《置驿四》:“噶克察哈尔海台,笔帖式一员,跟役二名,兵十二名,回子四户,马十四匹,牛二十只。”

《嘉庆重修一统志》卷524阿克苏:“噶克察哈尔海台,塔木哈他什台东北。又折西北一百二十里。又北一百里,至伊犁属之沙图阿璊台。以上北境。”

案:噶克察哈尔海台,应在今新疆伊犁哈萨克自治州昭苏县察汗乌苏蒙古族乡。据《西域地名考录》第295页:“噶克察哈尔海:一、河名。又译作阿克苏河。位于新疆昭苏县察汗乌苏民族乡。发自冰岭(哈尔克他乌)之阴,悬流喷激,并山东流,至噶克察哈尔海军台西南潴为池,北经军台曲折流。二、清代军台名。位于新疆昭苏县。”

16. 赛哩木台

《置驿四》:“赛哩木台,兵五名,回子十户,马二十一匹,车二辆。”

《嘉庆重修一统志》卷524阿克苏:“赛喇木台,拜城台东一百里,在赛喇木城北。”

案:赛哩木台,在今新疆阿克苏市拜城县东之赛里木镇。据《中国历史地名大辞典》第2820页:“赛喇木,一作赛里木。即今新疆拜城县东赛里木乡。清乾隆《西域同文志》卷16:赛喇木‘旧对音为赛里木。在赫色勒郭勒西四十里,东北距库车城二百十里。城周一里九分,高一丈,南北二门’。清置军台于此。”

17. 和色尔台

《置驿四》:“和色尔台,笔帖式一员,跟役二名,兵五名,回子十户,马二十一匹,车二辆。”

《嘉庆重修一统志》卷524阿克苏:“赫色勒台,赛喇木台东少南四十里。又东一百五十里至沙尔达朗卡伦,入库车界。又南六十里至库车底台。以上东境。”

案:和色尔台,在今新疆阿克苏市拜城县东之克孜尔乡。据《西域地名考录》第393页:“赫色勒,村名。《西域图志》卷十六云:‘赫色勒,在赫色勒郭勒西五里,南距木素尔郭勒五里,西距赛喇木城二十五里。’位于新疆拜城县克孜勒河西克孜尔吐尔一带。”

18. 北路沟台

《置驿四》:“北路沟台,回子六户。”

案:今地不详。

(十)叶尔羌大臣属置驿十五处

1. 叶尔羌底台

《置驿四》:“叶尔羌底台,六品伯克一中,笔帖式一员,外委一员,字识一名,兵八名,回子十户,马十九匹,骡一头,牛十只,车三辆。”

《嘉庆重修一统志》卷527叶尔羌:“叶尔羌底台。”

案:叶尔羌底台,在叶尔羌城,即今新疆喀什地区莎车县城。

2. 喀拉布扎什台

《置驿四》:“喀拉布扎什台,外委一员,字识一名,兵四名,回子十户,马十五匹,牛二只,车二辆。”

《嘉庆重修一统志》卷527叶尔羌:“喀喇布札什台,叶尔羌底台西七十里,又西七十里至英吉沙尔属之赫色勒塔克腰台。以上西境。”

案:喀拉布扎什台,亦作喀喇布札什,在今新疆喀什地区泽普县西之恰热克镇一带。据《西域地名考录》第493页:“喀拉布扎什,军台名。清代莎车府西路军台之一,位于新疆莎车县恰热克镇。详‘喀喇布札什’条。”又据同书第498页“喀喇布扎什”条:“军台名。《西陲总统事略》卷十喀喇布札什台,即科科热瓦驿所在地,又写作哈喇古哲什。参见'科科热依瓦特瓦'条。"查同书第 524 页"科科热依瓦特瓦"条:"《清史稿·奕山传》科科热依瓦特瓦,宣统元年(1909)《莎车府图》标为科科热瓦。位于新疆莎车县恰热克镇北部库热瓦特村。"则喀拉布札什台位于新疆莎车县恰热克镇北部库热特瓦特村。

3. 爱吉特虎台

《置驿四》:"爱吉特虎台,笔帖式一员,外委一员,字识一名,兵四名,回子十户,马十五匹,牛十只,车三辆。"

《嘉庆重修一统志》卷 527 叶尔羌:"爱吉特呼台,叶尔羌底台东北七十里。"

案:爱吉特虎台,亦作爱吉特呼,在今新疆喀什地区莎车县北艾力西湖镇附近。据《西域地名考录》第 61 页:"爱吉特虎,台站名。《西陲总统事略》卷十和《新疆图志》卷八十四爱吉特虎驿和爱吉特虎军台,清代莎车至巴楚境第一台。位于新疆莎车县艾里西湖镇。"

4. 赖里克台

《置驿四》:"赖里克台,外委一员,兵四名,回子十户,马十五匹,牛十只,车三辆。"

《嘉庆重修一统志》卷 527 叶尔羌:"赖里克台,爱吉特呼台北一百二十里。"

案:赖里克台,在今新疆喀什地区莎车县北之墩巴格乡。据《西域地名考录》第 580 页:"赖里(力)克,台站名。《西陲总统事略》卷十和《新疆图志》卷八十四赖里克驿站和赖里克军台,又写作赖力克。清代莎车至巴楚境第二台。位于莎车墩巴格乡。"

5. 迈那特台

《置驿四》:"迈那特台,笔帖式一员,外委一员,兵四名,回子十户,马十五匹,牛十只,车三辆。"

《嘉庆重修一统志》卷 527 叶尔羌:"迈纳特台,赖里克台北少东九十里。"

案:迈那特台,亦作迈纳特,在今新疆喀什地区巴楚县南部阿瓦提镇与麦盖提交界处附近。据《西域地名考录》第 623 页:"迈那(纳)特,台站名。《西陲总统事略》卷十和《新疆图志》卷八十四迈里那特驿站和迈那特军台,又写作迈纳特。位于新疆巴楚县南部阿瓦提镇与麦盖提交界处附近。"

6. 阿郎格尔台

《置驿四》:"阿郎格尔台,外委一员,兵四名,回子十户,马十四匹,骡一头,牛十只,车三辆。”

《嘉庆重修一统志》卷 527 叶尔羌:“阿朗格尔台,迈纳特台东北一百里。”

案:阿郎格尔台,在今新疆喀什地区巴楚县阿拉格尔乡。据《中国历史地名大辞典》第 1391 页:“阿郎格尔,又名四台。在今新疆巴楚县西南色力布亚镇附近。清道光《新疆识略》卷 3 叶尔羌:阿郎格尔台‘八十里至阿克萨克玛喇尔台’。”又查《西域地名考录》第 32 页:“阿郎(拉)格尔,台站名。《西域水道记》卷一阿郎格尔,花儿马之义。清代莎车至巴楚境第四台。位于新疆巴楚县阿拉格尔乡。”查地图,知当从《西域地名考录》。

7. 阿克萨克玛拉尔台

《置驿四》:“阿克萨克玛拉尔台,笔帖式一员,外委一员,兵四名,回子十户,马十五匹,牛十只,车三辆。”

《嘉庆重修一统志》卷 527 叶尔羌:“阿克萨克玛拉尔台,阿朗格尔台东北八十里。”

案:阿克萨克玛拉尔台,在今新疆喀什地区巴楚县西南阿克萨克马热勒乡老巴扎处。据《中国历史地名大辞典》第 1387 页:“阿克萨克玛喇尔,又名五台、仓台。在今新疆巴楚县西南阿克萨克马热勒乡。”又查《西域地名考录》第 20 页:“阿克萨克马(玛)拉尔(热勒),台站名。《西陲总统事略》卷十阿克萨玛拉尔军台,《新疆图志》卷八十四作阿克萨克玛喇尔台和阿克萨克驿。清代莎车至巴楚境第五台。位于巴楚阿克萨克马热勒乡老巴扎处。”

8. 皮产里克台

《置驿四》:“皮产里克台,笔帖式一员,外委一员,兵四名,回子十户,马十五匹,牛十一只,车三辆。”

《嘉庆重修一统志》卷 527 叶尔羌:“毕萨克台,阿克萨玛拉尔台东八十里,嘉庆五年,因夏令河水涨发移台于皮产里克。”

案:皮产里克台,在今新疆喀什地区巴楚县西南夏马勒一带。据《西域地名考录》第 695 页:“皮产里克,军台名。《西陲总统事略》卷十和《新疆图志》卷八十四皮产里克军台,又写作辟展里克。即吉格达沙玛里克,详‘吉格达沙玛里克’条。”又查同书第 448 页“吉格达沙玛里克”条:“台站名。《新疆图表》卷八十二巴楚州的吉格达沙玛里(力)克,又称比萨克。清代莎车至巴楚境第六台,位于巴楚县夏马勒牧场。”

9. 海南木桥台

《置驿四》:"海南木桥台,外委一员,兵四名,回子十户,马十五匹,牛十二只,车三辆。"

案:海南木桥台,在今新疆喀什地区巴楚县红海之南。据《西域地名考录》第 365 页:"海南木桥,军台名。《西陲总统事略》卷十海南木桥军台,原设赛尔古努斯,嘉庆五年(1800)改设。《新疆图志》卷八十四:'海南木桥台七十五里至皮产里克台。'海南木桥台,位于新疆巴楚县红海之南。"

10. 喀拉塔克台

《置驿四》:"喀拉塔克台,笔帖式一员,外委一员,兵四名,回子十户,马十五匹,牛十三只,车三辆。"

案:喀拉塔克台,在今新疆喀什地区巴楚县驻地与恰尔巴格乡之间。

11. 巴尔楚克台

《置驿四》:"巴尔楚克台,外委一员,兵四名,回子十户,马十五匹,驴一头,牛十三只,车三辆。"

《嘉庆重修一统志》卷 527 叶尔羌:"巴尔楚克台,哲克得里克托海台东一百里。"

案:巴尔楚克台,在今新疆喀什地区巴楚县东北恰尔巴格。

12. 库库车尔台

《置驿四》:"库库车尔台,笔帖式一员,外委一员,兵四名,回子十户,马十五匹,牛十五只,车三辆。"

《嘉庆重修一统志》卷 527 叶尔羌:"库克辙尔台,巴尔楚克台东北八十里。"

案:库库车尔台,亦作库克辙尔,在今新疆图木舒克市。据《西域地名考录》第 556 页:"库库车尔(勒),军台名。《西陲总统事略》卷十库库车尔军台,《新疆图志》卷八十四写作库库车勒台,或库克辙尔,即图木舒克,位于新疆巴楚县图木舒克市附近。"

13. 洪阿拉克台

《置驿四》:"洪阿拉克台,外委一员,兵四名,回子十户,马十五匹,驴一头,牛十五只,车三辆。"

《嘉庆重修一统志》卷 527 叶尔羌:"汗阿里克台,库克辙尔台北少东又少西七十里。"

案:洪阿拉克台,亦作衡阿喇军台、恒阿喇克台,在今新疆图木舒克市东北

53团场南。据《西域地名考录》第405页:"洪阿拉克,军台名。《西陲总统事略》卷十洪阿拉克军台。《西域水道记》卷一写作衡阿喇军台,《新疆图志》卷八十四写作恒阿喇克台,即车底库勒。位于巴楚县东部喀得里克。"

14. 乌图斯克满台

《置驿四》:"乌图斯克满台,笔帖式一员,外委一员,兵四名,回子十户,马十五匹,牛十七只,车三辆。"

《嘉庆重修一统志》卷527叶尔羌:"乌图斯克璊台,汗阿里克台东北六十里。"

案:乌图斯克满台,在今新疆喀什地区巴楚县夏河胡杨林场。据《西域地名考录》第1000页:"乌图斯克满,军台名。《西陲总统事略》卷十乌图斯克满,今巴楚县夏河胡杨林场境内。"

15. 依勒都台

《置驿四》:"依勒都台,外委一员,字识一名,兵五名,回子十户,马十五匹,牛十八只,车三辆。"

《嘉庆重修一统志》卷527叶尔羌:"伊勒都台,乌图斯克璊台东北九十里,又东北九十里至阿克苏属之都齐特台。以上东北境。"

案:依勒都台,在今新疆喀什地区巴楚县与阿克苏地区柯坪交界的农场转运处附近。据《中国历史地名大辞典》第1014页:"伊勒都,在今新疆柯坪县东南。"又查《西域地名考录》第1096页:"伊勒都,军台名。《西陲总统事略》卷十伊勒都军台。《新疆图志》卷八十四:'色瓦特驿,即伊勒都,旧为叶尔羌第十三台。'位于新疆巴楚县与柯坪县交界的农场转运处附近。"

(十一)和阗大臣所属军台八处

1. 和阗底台

《置驿四》:"和阗底台,把总一员,外委一员,跟役二名,字识一名,牛十五只。"

《嘉庆重修一统志》卷528和阗:"和阗底台。"

案:和阗底台,在今新疆和田市。

2. 哈拉哈什台

《置驿四》:"哈拉哈什台,笔帖式一员,外委一员,跟役二名,字识一名,回子十户,马五匹,驴三头,牛四只。"

《嘉庆重修一统志》卷528和阗:"皂洼勒台,又名哈喇哈什台,和阗底台西七十里。又西一百五十里至叶尔羌属之皮雅勒阿勒玛台。”

案:哈拉哈什台,在今新疆和田地区墨玉县喀拉喀什镇。据《中国历史地名大辞典》第1872页:“哈拉哈什,即今新疆墨玉县。清乾隆《西域同文志》卷3:哈喇哈什,‘回语:哈喇,黑色。河中多产黑玉,故名’。1919年置墨玉县于此。”

3. 披雅尔满台

《置驿四》:“披雅尔满台,外委一员,字识一名,回子十户,马五匹,驴二头,牛四只。”

《嘉庆重修一统志》卷527叶尔羌:“皮雅勒阿勒玛台,衮得里克台东一百四十里,又东一百五十里至和阗属之皂洼勒台。以上东南境。”

案:披雅尔满台,在今新疆和田地区皮山县东南皮亚勒玛乡政府驻地。据《西域地名考录》第695页:“披雅尔满,军台名。《西陲总统事略》卷十披雅尔满军台,《新疆图志》卷八十四帕尔慢驿和披雅尔满台,其注曰:‘帕尔慢即披雅尔满,《图志》作皮雅勒阿勒玛。’详‘皮雅勒阿勒玛’条。”又查同书第698页“皮雅勒阿勒玛”条,在今新疆皮山皮亚勒玛乡政府驻地。

4. 滚得里克台

《置驿四》:“滚得里克台,笔帖式一员,外委一员,跟役二名,字识一名,回子十户,马五匹,驴四头,牛三只。”

《嘉庆重修一统志》卷527叶尔羌:“衮得里克台,固璊台东九十里。”

案:滚得里克台,即衮得里克,在今新疆和田地区皮山县藏桂乡西北之兰干村。据《西域地名考录》第335页:“衮得里克,村名。《西域同文志》云:‘回语,衮得,脚镣木名。即所有以名其地。’《西域图志》卷十八云:‘衮得里克,在木济东南四十里,逾叶什勒库勒至其地,西距叶尔羌城四百八十里。’《西陲总统事略》卷十作滚得里克。位于新疆皮山县藏桂乡西北兰干村。”

5. 啯吗台

《置驿四》:“啯吗台,外委一员,字识一名,回子十户,马五匹,驴四头,牛五只。”

案:啯吗台,在今新疆和田地区皮山县固王马镇。据《西域地名考录》第331页:“啯玛,驿站名。又写作固玛。由绰洛克驿至啯玛驿90里。位于新疆皮山县固玛镇。”

6. 绰落克腰台

《置驿四》:"绰落克腰台,回子五户,牛三只。"

《嘉庆重修一统志》卷 527 叶尔羌:"绰洛克腰台,罗和克亮噶尔台东南九十里。"

案:绰落克腰台,即绰洛克驿,在今新疆和田地区皮山县西部秋拉克道班附近。据《中国历史地名大辞典》第 2475 页:"绰洛克驿,清光绪年间置,在今新疆皮山县西九十里。"又查《西域地名考录》第 202 页:"绰洛克,驿站名。即秋拉克(楚鲁克)。由叶城县底驿经火什栏杆至绰洛克驿 60 里。位于新疆皮山县西部秋拉克道班附近。"

7. 洛和克梁噶尔台

《置驿四》:"洛和克梁噶尔台,笔帖式一员,外委一员,跟役二名,字识一名,回子十户,马五匹,驴二头,牛三只。"

《嘉庆重修一统志》卷 527 叶尔羌:"罗和克亮噶尔台,伯什恰特台东南一百二十里。"

案:洛和克梁噶尔台,即洛火克台,亦作罗和克亮噶尔台、洛河克亮噶尔台,在今新疆喀什地区叶城县东 5 公里处。据《西域地名考录》第 608 页:"洛火克,军台名。《西陲总统事略》卷十洛火克军台,《新疆图志》卷八十四写作洛河克亮噶尔台,位于新疆叶城县城东 5 公里。"

8. 坡斯喀木台

《置驿四》:"坡斯喀木台,外委一员,字识一名,回子十户,马五匹,驴二头,牛三只。"

《嘉庆重修一统志》卷 527 叶尔羌:"伯什恰特台,叶尔羌底台南七十里。"

案:坡斯喀木台,亦作坡斯恰木、坡斯坎,在今新疆喀什地区泽普县波斯喀木乡。据《中国历史地名大辞典》第 1467 页:"坡斯坎,亦作波斯坎、坡斯坎木、坡斯恰木。即今新疆泽普县。1921 年置泽普县于此。《清一统志 · 叶尔羌》:坡斯恰木'在叶尔羌城东南七十里'。"又查《西域地名考录》第 704 页,位于新疆泽普县波斯喀木乡。

(十二)喀什噶尔大臣属置驿六处

1. 喀什噶尔底台

《置驿四》:"喀什噶尔底台,笔帖式一员,外委一员,跟役二名,字识一名,兵三名，回子十户，马十五匹，牛二只，车二辆。”

《嘉庆重修一统志》卷526喀什噶尔：“喀什噶尔底台。”

案：喀什噶尔底台，在今新疆喀什市。

2. 英吉沙尔台

《置驿四》：“英吉沙尔台，笔帖式一员，外委一员，跟役二名，字识一名，兵三名，回子十户，马十五匹，牛二只，车二辆。”

《嘉庆重修一统志》卷526喀什噶尔：“英吉沙尔台，库森提斯衮台南一百里。”

案：英吉沙尔台，在今新疆喀什地区英吉沙县城。

3. 库森他斯浑台

《置驿四》：“库森他斯浑台，外委一员，字识一名，兵三名，回子十户，马十五匹，牛二只，车二辆。”

《嘉庆重修一统志》卷526喀什噶尔：“库森提斯衮台，喀什噶尔底台南一百一十里。”

案：库森他斯浑台，在今新疆喀什地区阿克陶县城。

4. 托布拉克台

《置驿四》：“托布拉克台，外委一员，字识一名，兵三名，回子十户，马十五匹，牛二只，车二辆。”

《嘉庆重修一统志》卷526喀什噶尔：“托璞鲁克台，英吉沙尔台南少东七十里。”

案：托布拉克台，亦作托扑鲁克、托璞鲁克，在今新疆喀什地区英吉沙县东南之克孜勒乡托普鲁克乡托普鲁克村。

5. 察木笼台

《置驿四》：“察木笼台，笔帖式一员，外委一员，跟役二名，字识一名，兵三名，回子十户，马十五匹，牛二只，车二辆。”

《嘉庆重修一统志》卷526喀什噶尔：“赫色勒察木伦台，托璞鲁克台东少南五十里，又东少南一百里至叶尔羌属之赫色勒塔克腰台。”

案：察木笼台，亦作察木伦，在今新疆喀什地区英吉沙尔县东南之克孜勒乡乔木仑村。据《西域地名考录》第178页：“察木伦，军台名。《清史稿·壁昌传》云：‘叶尔羌喀拉布札什军台，西至英吉沙尔察木伦军台，中隔戈壁百数十里，相地改驿于黑色热巴特。’察木伦位于新疆英吉沙尔县克孜勒乡乔木伦村。”

6. 戈壁腰台

《置驿四》:“戈壁腰台,外委一员,字识一名,回子十户。”

案:今地不详。

清代西藏驿传网络

一、西藏与外界的驿传联络

元代建立后，曾在西藏建立一套完整的差役和物资供应制度，初步建立起台站系统。

在明代，藏区虽不属于明朝中央直辖，但明朝统治者特别注重藏区的驿传建设，以保证贡使往来的顺利。明太祖洪武十六年(1383)曾下令核查松州地区各土司掌管的户籍，“量其民力，岁令纳马置驿。而籍其民充驿夫，以供徭役。”[①]永乐时期，也曾多次派人到朵甘、乌思藏等地督促当地的土司安设驿站。永乐五年(1407)三月丁卯，谕帕木竹巴灌顶国师阐化王吉剌思巴监藏巴里藏卜同护教王、赞善工、必力工瓦国师、川卜千户所、必里、朵甘、陇答三卫、川藏等族，复置驿站，以通西域之使。令洮州、河州，西宁三卫，以官军马匹给之。不久再次派陕西行都司都指挥同知刘昭、何铭等，往西番朵甘、乌思藏等处，设立站赤，抚安军民。[②] 两年后，何铭等六十人完成使命，返回京师。[③] 永乐十二年(1414)正月，明朝中央又派遣中官杨三保等人，赍敕往谕乌思藏帕木竹巴灌顶国师阐化王吉刺思巴监藏巴里藏卜、必力工瓦阐教王领真巴儿吉监藏、馆觉灌顶国师护教王宗巴斡即南哥巴藏卜、灵藏灌顶国师赞善王着思巴儿监藏巴藏卜及川卜、川藏、陇答、朵甘、灵藏、匝常、剌恰、广迭、上下邛部、陇卜诸处大小头目，令所辖地方，驿站有未复旧者，悉如

① 《明太祖实录》卷153。
② 《明太宗实录》卷48。
③ 《明太宗实录》卷61。

旧设置，以通使命。①

当时的贡使往来多取道青海、甘肃，自成化六年（1470）开始，为了便于管理，明朝规定让藏区的部分土司取道四川，经过四川的碉门、雅州至成都，再沿长江东下，到扬州换船经运河北上北京，并大力整修从雅州到乌思藏的驿路。②

但明朝对西藏的管辖远不如元代那样直接和有效，西藏在明代更多地保持了自治的特点。在驿传系统的建设方面，由于缺少中央的大力支持，再加上西藏内部政权割据，纷争混乱，元代曾建立的完整的驿传系统已经不复存在。那时西藏与外界的信息交流显得非常薄弱，这种状况一直延续到清代初期，以致当入侵者已经兵临城下之时，西藏人依然不知。公元1716年（藏历火猴年），准噶尔的策妄阿拉布坦遣其大将策零敦多布率领6000名精锐部队前来攻打西藏。准噶尔军队则“绕戈壁，逾和田大山，昼伏夜行”，新辟闻所未闻之路，于公元1717年（藏历火鸡年）孟夏，经藏北纳木湖突入。当时的阿里总管康济鼐索南杰布向拉藏汗报告此事说“从叶尔羌传递来消息讲，准噶尔的5000名军队向阿里方面开来，是敌是友，难以逆料，可否集结三围民兵，至边界探听虚实？……据说他们欺骗藏北牧民说，他们是来侍候拉藏汗长子夫妻返藏的。牧民们还搭帐篷给他们以饮食招待。”③

清代中央在藏区设置驿传系统始自康熙时期用兵西藏。康熙五十五年（1716），准噶尔蒙古乘西藏内乱，派兵侵入拉萨，控制西藏。为维护国家统一和稳定，康熙五十七年（1718），清朝派皇十四子允禵为抚远大将军，督率军队，从青海、四川两路用兵，最终击败准噶尔军队。兵锋所至，台站随之，西藏的驿传系统也就以此为契机逐渐建立。

允禵在给康熙的奏折中，多次提到派兵保护自青海西宁到拉萨的驿站。“八月二十八日，平逆将军延信禀称：……准噶尔贼极奸诈，虽正面不敢来犯我大军，但由后面偷犯，窃取驿粮，来去不测，须预先防守坚固。”④于是派台吉额尔德尼吉农率兵专门保护驿站。九月二十八日再次奏称：“臣后闻雪大草无，驿站之马自会病损，驿兵亦有损伤。现正军机之际，驿站至要紧，臣即派倭尔多斯兵一百七十。除他们原有马匹外，赏给每人肥马各一匹、口粮、羊茶银两，交员外郎常明珠至木鲁乌

① 北京大学历史系等辑：《西藏地方历史资料选辑》（内部发行），生活·读书·新知三联书店1963年。

② 顾祖成编著：《明清治藏史要》，齐鲁书社1999年，第67页。

③ 恰白·次但平措、诺章·吴坚、平措次仁：《西藏通史》，《中国西藏》杂志社、西藏社会科学院、西藏古籍出版社联合出版1996年，第658页。

④ 《派台吉额尔德尼吉农防护驿粮折》，见吴丰培编：《抚远大将军允禵奏稿》卷10，全国图书馆文献缩微复制中心1991年。

苏,按驿站增住。”①这些驿站在当时转为行军运粮之用,所以大多为临时性的,战后即行裁撤,但主要干道的驿站保留下来,成为后来西藏驿传系统的基础。因此后世之人一般都将这一时期视为清代西藏驿传系统的发端。“康熙五十九年,大兵定藏,抚有是土,十数年官兵往来其间,崇山鸟道,竟成通衢大路,僻壤陬民,莫不识中国衣冠,恩威远布,外域内归,自唐尔下,从未有如今日之辟莱者也。”②

此时也是确定西藏与北京之间官方驿传正途的时期。自明代开始藏区与北京的驿传路线分为南北两路,南路经四川打箭炉、巴塘、里塘入藏,北路经青海入藏。明代多以青海一路为驿传正途。然而,明末清初,漠西蒙古的和硕特部迁徙至青海,并逐渐进入西藏。康熙时期的安藏战争中,清军两路用兵,并安设两路台站。北路青海台站由于经过蒙古游牧区,地广人少,供应困难,使清军饱受饥寒之苦。而四川的州县建制齐全,驿传供给比较有保障。康熙六十年(1721)在抚远大将军允禵的奏折里面,曾向康熙帝汇报了他与延信等人讨论了青海、四川两路台站如何安设的情况。“我们甘州、凉州、固原三处兵,由第十驿至十七驿,驻八驿,正冬冷时,雪极大,草被压,马不得食,马皆损伤,无烧柴,惟取雪和面而食。我们驻驿兵受疫病死,我们在二边驿皆断,虽事来到,无连接之驿,前后送事甚难。唐古特人等仍来我们驿,妄行窃取。”而“由藏至打箭炉,此路居人不断,而烧柴丰富。唐古特人等又帮送递,并无耽误”。鉴于此,允禵奏请“由四川路驻驿禀咨”。③ 可以说,这次讨论虽然没有最终决定正式设立入藏台站,但基本上确定了清代京藏之间的驿传正路改行四川的格局,一般被视为入藏正驿。

康熙以后,清朝从西藏撤兵的同时再次撤销了台站设施。雍正时期,清朝设驻藏大臣,最初朝廷与西藏之间的文报往来多靠临时设置的塘兵递送。到乾隆十一年(1746),由于临时安设的塘兵屡屡被番民攻击,四川巡抚纪山奏请安设台站,清朝中央于是决定加强西藏与中央之间的文报传送的保护,在从打箭炉到拉萨的沿途已有的塘汛增兵一千名,负责传递文报,保护台站。此外,清朝还下大力气修葺沿途的营房、塘房。自此之后,由川省入藏的台站终于建立起来。④

而北路途径青海蒙古的游牧区,除了军事行军或青海各部朝贡往来,一般不行

---

① 《移兵往驻西宁迎候藏信折》,见吴丰培编:《抚远大将军允禵奏稿》卷10。

② 《西藏考》,见《丛书集成初编》,中华书局1985年。

③ 吴丰培编:《抚远大将军允禵奏稿》卷15。

④ 中国第一历史档案馆藏宫中档朱批奏折。见张羽新编著:《清朝治藏典章研究》,中国藏学出版社2002年,第1141页。

该路。后至乾隆时期,廓尔喀兵骚扰西藏,清朝派福康安率军平定,福康安则由青海驿路安台入藏。

二、清代入藏两条驿路

1. 自京城经四川至西藏的驿路

自京师至成都 4750 里,再经打箭炉、里塘、巴塘、古树站后,110 里至江卡,90 里至力树,80 里至石板沟,60 里至阿足,90 里至洛加宗,70 里至乍丫,80 里至昂地,90 里至王卡,60 里至巴贡,100 里至包墩,70 里至蒙堡,60 里至察木多,100 里至过脚,70 里至纳贡,60 里至恩达,140 里至瓦合,120 里至嘉益桥,120 里至洛隆宗,80 里至铁凹,90 里至硕板多,120 里至巴里郎,110 里至纳子,80 里至边坝,90 里至丹达,120 里至郎吉宗,100 里至阿南多,100 里至甲贡,80 里至多洞,100 里至擦竹卡,80 里至拉里,85 里至阿咱,100 里至山湾,90 里至常多,75 里至宁多,90 里至江达,50 里至顺达,100 里至鹿马岭,90 里至磊达,60 里至乌苏江,50 里至仁进里,80 里至墨竹工,80 里至站达,90 里至西藏拉萨。全程共 10920 里。

2. 自京城由西宁至西藏的驿路

自北京 4629 里至西宁,然后 150 里至阿拉库营(过日月山即系青海地方),20 里至哈什哈水,50 里至巴彦诺尔,50 里至恰布恰,40 里至锡尼诺尔,60 里至贡噶诺尔,60 里至钮郭图(由北路自哈什哈水,60 里至喀布坦,70 里至阿拉乌克,70 里至哈套,50 里至西哈套峡,70 里至木护尔,60 里至钮郭图),50 里至沙拉图,60 里至依玛图,50 里至得努尔特,60 里至哈隆乌素,70 里至第里诺尔,70 里至第利布拉,60 里至碧柳图沟,60 里至阿隆阿他拉川,70 里至肖力麻川,60 里至噶顺阿巴图,60 里至恰克诺尔,50 里至哈麻胡老台,50 里至哈拉河,50 里至乌兰和里,60 里至阿拉台奇,60 里至喇麻托罗海,50 里至伊克巴彦哈拉,60 里至乌河那峡,60 里至巴哈巴彦哈拉,60 里至哈拉和洛,60 里至库克赛渡口,50 里至库克托尔,60 里至大湖滩,50 里至托和洛托罗海,50 里至察汉哈达,40 里至东布拉,70 里至赛柯奔,60 里至呼兰尼伙,60 里至多蓝巴图尔,50 里至巴哈尼赛尔,60 里至呼角尔图,50 里至阿和坦,40 里至因达木,60 里至铁土托罗,60 里至伊克努木汗,70 里至索胡,50 里至巴哈努木汗,50 里至卜瑚沙,50 里至察汉哈达坡伙,50 里至察汉哈达,40 里至沙各,50 里至瞒扎锡里,50 里至恰那尼和罗,60 里至哈拉乌素,40 里至班的奔第,50 里至哈拉和罗,60 里至魁田锡拉,60 里至巴卜隆,40 里至乃满素卜拉哈,50 里至达目,50 里至阳,60 里至来顶寺,40 里至铁锁桥,50 里至恰哈拉,50 里至孙冬卜宗,40 里至浪唐,80 里至西藏拉萨。全程共 8189 里。

案:《清会典》仅有由京入藏驿程,并无西藏置驿,故照录《会典》中驿程如上,不再考证驿站。

参考文献

《大清五朝会典》,线装书局 2006 年版。

《宫中档乾隆朝奏折》,台北故宫博物院 1983 年版。

《嘉庆重修一统志》,见《四部丛刊续编 · 史部》,上海书店 1984 年版。

《明实录》,台北“中央研究院”历史语言研究所据“国立北平图书馆”红格抄本影印。

《清实录》,中华书局 1985 年版。

《清史稿》,中华书局 1977 年版。

顾炎武著,黄汝成释:《日知录集释》,上海古籍出版社 1985 年版。

顾祖禹著:《读史方舆纪要》,上海书店 1998 年版。

光绪《钦定大清会典事例》,见《续修四库全书 · 史部》,上海古籍出版社 2002 年版。

海宁辑:《晋政辑要》,清乾隆山西布政使司刊本。

贺长龄辑:《皇朝经世文编》,台北文海出版社 1992 年版。

胡炳熊撰:《藏事举要》,清宣统间铅印本。

黄六鸿著:《福惠全书》,康熙十三年怀德堂藏版。

嘉庆《钦定大清会典事例》,见《续修四库全书 · 史部》,上海古籍出版社 2002 年版。

李鸿章著:《李鸿章全集 · 奏稿》,海南出版社 1997 年版。

李贤等纂:《大明一统志》,三秦出版社 1985 年版。

刘锦藻纂:《清朝续文献通考》,商务印书馆 1955 年版。

乾隆《钦定大清会典则例》,见《影印文渊阁四库全书 · 史部》,商务出版社 1986 年版。

清国史馆编纂:《清国史》,中华书局 1993 年版。

台北故宫博物院藏:《北方口外图》。

台北故宫博物院藏:《皇朝地理志》。

台北故宫博物院藏:《九边图》。

台北故宫博物院藏:《岳州至龙州驿铺图》。

王士祯:《居易录》,见《影印文渊阁四库全书·子部》,商务出版社 1986 年版。

王象之编著,赵一生点校:《舆地纪胜》,浙江古籍出版社 2012 年版。

夏东元编:《郑观应集》,上海人民出版社 1988 年版。

姚清泉:《龙眠杂忆》,桐城:桐城县文物管理所印 1982 年版。

于敏中等编纂:《日下旧闻考》,北京古籍出版社 1985 年版。

中国第一历史档案馆编:《雍正朝汉文朱批奏折汇编》,江苏古籍出版社 1991 年版。

直　隶

唐执玉、李卫修,陈仪、田易纂:雍正《畿辅通志》,清雍正十三年刻本。

李鸿章、黄彭年等纂:同治《畿辅通志》,凤凰出版社 2010 年版。

周家楣、缪荃孙编纂:光绪《顺天府志》,北京古籍出版社 1987 年版。

高建勋修,王维珍纂:光绪《通州志》,清光绪九年刻本。

金士坚等修,徐白等纂:民国《通县志要》,成文出版社 1968 年版。

陈伯嘉纂修:康熙《三河县志》,清康熙十二年刻本康熙钞本。

洪肇楙修,蔡寅斗纂:乾隆《宝坻县志》,民国六年石印本。

吴都梁修,潘问奇等纂:康熙《昌平州志》,上海书店 2002 年版。

刘德弘修,杨如樟纂:康熙《涿州志》,康熙十六年刻本。

吴山凤纂修:乾隆《涿州志》,乾隆三十年刻本。

张朝琮修,邬棠纂:康熙《蓟州志》,清康熙四十三年刻本。

沈锐修,章过等纂:道光《蓟州志》,清道光十年刻本。

郑侨生修,叶向升纂:康熙《遵化州志》,清康熙钞本。

刘靖纂修,傅修续纂修:乾隆《直隶遵化州志》,清乾隆五十九年刻本。

于成龙修,郭棻纂:康熙《畿辅通志》,清康熙二十二年刻本。

李培祜修,张豫垲纂:光绪《保定府志》,清光绪十二年刻本。

王政修,张珽、陈瑺纂:康熙《唐县新志》,清康熙十一年刻本。

王恪修,缪征纂:雍正《续唐县志略》,清雍正十二年刻本。

王国泰修,刘声纂:乾隆《博野县志》,清康熙十五年刻本。

陈洪书修,王锡侯纂:乾隆《望都县新志》,清乾隆三十六年刻本。

张万铨撰:乾隆《祁州志》,清乾隆二十一年刊本。

李文耀修,张钟秀纂:乾隆《束鹿县志》,清乾隆二十七年刻本。

宋陈寿纂修:同治《续修束鹿县志》,民国二十六年束鹿五志合刊本。

严宗嘉修,李其旋纂:雍正《高阳县志》,清雍正八年刻本。

孙孝芬增修,张鳞甲增纂:乾隆《新安县志》,清乾隆八年钞本。

冀察政务委员会秘书处第三调查组编:《河北省安新县地方实际情况调查报告》,民国抄本。

安新县地方志编纂委员会编:《安新县志》,新华出版社2000年版。

杨芊纂,张登高续纂:乾隆《直隶易州志》,清乾隆十二年刻本。

方立经纂修:乾隆《涞水县志》,清乾隆二十七年刻本。

和瑛纂:嘉庆《热河志略》,清钞本。

海忠纂修:道光《承德府志》,清光绪十三年刻本。

沈家本、荣铨修:光绪《重修天津府志》,见《续修四库全书》,上海古籍出版社1995—2002年版。

王者辅原本,张志奇续修:乾隆《宣化府志》,凤凰出版社2014年版。

何道增修,张惇德纂:光绪《延庆州志》,清光绪七年刊本。

山　东

赵祥星修,钱江等纂:康熙《山东通志》,凤凰出版社2010年版。

岳浚修,杜诏纂:雍正《山东通志》,清文渊阁《四库全书》本。

胡德琳修,李文藻等纂:乾隆《历城县志》,清乾隆三十八年刻本。

王赠芳、王镇修:道光《济南府志》,凤凰出版社2004年版。

吴璋修:道光《章丘县志》,凤凰出版社2004年版。

方作霖修,王敬铸纂:宣统《三续淄川县志》,民国九年石印本。

倪企望修,钟廷瑛纂:嘉庆《长山县志》,清嘉庆六年刻本。

杨豫修,郝金章纂:民国《齐河县志》,民国二十二年铅印本。

余为霖修,郭国琦纂:康熙《齐东县志》,清康熙二十四年刻本。

董鹏翱修,牟应震纂:嘉庆《禹城县志》,清嘉庆十三年刻本。

王道亨修,张庆源纂:乾隆《德州志》,清乾隆五十三年刻本。

凌锡祺修,李敬熙纂:光绪《德平县志》,清光绪十九年刊本。

黄怀祖修,黄光熊纂:乾隆《平原县志》,民国二十五年铅印本。

沈淮纂修:道光《临邑县志》,清道光十七年刻本。

舒化民修,徐德城纂:道光《长清县志》,清道光十五年刊本。

沈淮修,李图纂:光绪《陵县志》,民国二十五年铅印本。
颜希深修,成城纂:乾隆《泰安府志》,清乾隆二十五年刻本。
徐宗幹修,蒋大庆等纂:道光《泰安县志》,清道光八年刻本。
左宜似修,卢崟纂:光绪《东平州志》,清光绪七年刻本。
李贤书修,吴怡纂:道光《东阿县志》,清道光九年刊本,民国二十三年铅印本。
李敬修纂修:光绪《平阴县志》,清光绪二十一年刻本。
江干达修,牛士瞻纂:乾隆《新泰县志》,清乾隆四十九年刻本。
凌绂曾修,邵承照纂:光绪《肥城县志》,清光绪十七年刻本。
李熙龄修,邹恒纂:咸丰《武定府志》,清咸丰九年刻本。
沈世铨修,李勖纂:光绪《惠民县志》,清光绪二十五年柳堂校补刻本。
李熙龄纂修:咸丰《滨州志》,清咸丰十年刊本。
麻兆庆纂:光绪《昌平外志》,清光绪十八年刻本。
觉罗曾尔泰修,陈顾联纂:乾隆《兖州府志》,清乾隆二十五年刻本。
娄一均修,周翼纂:康熙《邹县志》,清康熙五十四年刊本。
赵英祚修,黄承艭纂:光绪《泗水县志》,清光绪十八年刻本。
王政修,王庸立纂:道光《滕县志》,清道光二十六年刻本。
赫达色修,庄肇奎纂:乾隆《武定府志》,清乾隆二十四年刻本。
王振录、周凤鸣修,王宝田等纂:光绪《峄县志》,清光绪三十年刻本。
董政华修,孔广海纂:光绪《阳谷县志》,民国三十一年铅印本。
刘文煃修,王守谦纂:光绪《寿张县志》,清光绪二十六年刊本。
徐宗幹修,许翰纂:道光《济宁直隶州志》,清咸丰九年刻本。
赵英祚纂修:光绪《鱼台县志》,清光绪十五年刻本。
王植修,张金城续修:乾隆《郯城县志》,清乾隆二十八年刊本。
李希贤修,潘遇莘纂:乾隆《沂州府志》,清乾隆二十五年刻本。
李敬修纂修:光绪《费县志》,清光绪二十二年刻本。
周尚质修,李登明纂:乾隆《曹州府志》,清乾隆二十一年刻本。
孙观纂修:道光《观城县志》,民国二十二年排印本。
嵩山修,谢香开纂:嘉庆《东昌府志》,清嘉庆十三年刻本。
汪鸿孙修,刘儒臣纂:宣统《重修恩县志》,清宣统元年刊本。
于睿明修,胡悉宁纂:康熙《临清州志》,清康熙十三年刻本。
骆大俊纂修:乾隆《武城县志》,清乾隆十五年刻本。
毛永柏修,李图纂:咸丰《青州府志》,清咸丰九年刻本。

李传煦修,王永贞纂:民国《乐安县志》,民国七年石印本。

姚延福修,邓嘉缉纂:光绪《临朐县志》,清光绪十年刊本。

方汝翼修,周悦让纂:光绪《增修登州府志》,清光绪刻本。

尹继美纂:同治《黄县志》,清同治十年刻本。

保忠修,李图纂:道光《重修平度州志》,清道光二十九年刻本。

山　西

费淳、沈树声纂修:乾隆《太原府志》,清乾隆四十八年刻本。

李培谦监修,阎士骧纂辑:道光《阳曲县志》,清道光二十三年修,民国二十一年重印本。

方茂昌修,方渊如纂:光绪《忻州志》,清光绪六年刻本。

俞世铨修,王平格纂:同治《榆次县志》,清同治二年刻本。

马家鼎修,张嘉言纂:光绪《寿阳县志》,清光绪八年刊本。

孙和相修,戴震纂:乾隆《汾州府志》,清乾隆三十六年刻本。

王勋祥修,秦宪纂:光绪《补修徐沟县志》,清光绪七年刻本。

吴光熊修,史文炳纂:光绪《岢岚州志》,清光绪十年刻本。

赖昌期修,张彬等纂:光绪《平定州志》,清光绪八年刻本。

张岚奇修,武缵绪纂:光绪《盂县志》,清光绪七年刻本。

黄图昌修:康熙《重修静乐县志》,清康熙三十九年刻本。

吴重光纂修:乾隆《直隶代州志》,清乾隆四十九年刻本。

俞廉三修,杨笃纂:光绪《代州志》,清光绪八年代山书院刻本。

邵丰鍭修,贾瀛纂:乾隆《崞县志》,清乾隆二十二年刻本。

何才价修,杨笃纂:光绪《繁峙县志》,清光绪七年刻本。

王秉韬续纂修:乾隆《保德州志》,清乾隆五十年增刻本。

曹春晓纂修:道光《河曲县志》,清道光十年刻本。

金福增修,张兆魁纂:同治《河曲县志》,清同治十一年刻本。

章廷珪修,范安治等纂:雍正《平阳府志》,清乾隆元年刻本。

高塘修,吕淙纂:乾隆《临汾县志》,清乾隆四十四年刻本。

杨延亮纂修:道光《赵城县志》,清道光七年刻本。

孙奂仑修,韩垧纂:民国《洪洞县志》,民国六年铅印本。

张坊修,胡元琢纂:乾隆《新修曲沃县志》,清乾隆二十三年敦好堂全书本。

劳文庆修,娄道南纂:光绪《太平县志》,清光绪八年刻本。

崔允昭修,李培谦纂:道光《直隶霍州志》,清道光六年刻本。

徐品山修,陆元鏸纂:嘉庆《介休县志》,清嘉庆二十四年刊本。

庆钟纂修:同治《浮山县志》,清同治十三年刻本。

周景柱纂修:乾隆《蒲州府志》,清乾隆十九年刻本。

李荣和修,张元懋纂:光绪《永济县志》,清光绪十二年刻本。

俞家骧主修,赵意空纂修:民国《临晋县志》,民国十二年铅印本。

潘钺修,吴启元、高绍烈纂,宋之树续修,何世勋、陈僩仪续纂:雍正《猗氏县志》,清雍正七年刻本。

赵辅堂修,张承雄纂:光绪《安邑县续志》,清光绪六年刻本。

李遵唐纂修:乾隆《闻喜县志》,清乾隆三十年刊本。

沈凤翔纂修:同治《稷山县志》,清同治四年石印本。

张淑渠修,姚学甲等纂:乾隆《潞安府志》,清乾隆三十五年刻本。

豫谦修,杨笃纂:《长子县志》,清光绪八年刊本。

刘钟麟修,杨笃纂:光绪《屯留县志》,清光绪十一年刻本。

李廷芳修,陈于廷纂:乾隆《重修襄垣县志》,清乾隆四十七年刻本。

方家驹修,王文员纂:光绪《汾阳县志》,清光绪十年刻本。

恩端修,武达材纂:光绪《平遥县志》,清光绪八年刻本。

姚启瑞修,方渊如纂:光绪《永宁州志》,清光绪七年刻本。

叶士宽原本,姚学瑛续修:乾隆《沁州志》,清乾隆三十六年增补雍正九年刻本。

王家坊修,葛士达纂:光绪《榆社县志》,清光绪七年刊本。

朱樟修,田嘉谷纂:雍正《泽州府志》,清雍正十三年刻本。

林荔修,姚学甲纂:乾隆《凤台县志》,清乾隆四十九年刻本。

龙汝霖纂修:同治《高平县志》,清同治六年刻本。

吴辅宏修,王飞藻纂:乾隆《大同府志》,清乾隆四十七年重校刻本。

黎中辅纂修:道光《大同县志》,清道光十年刻本。

李侃修,胡谧纂:成化《山西通志》,民国二十二年景钞明成化十一年刻本。

吴炳纂修:乾隆《应州续志》,清乾隆三十四年刻本。

李长华修,姜利仁纂:光绪《怀仁县新志》,清光绪三十一年增补续刻本。

雷棣荣修,陆泰元纂:光绪《灵邱县补志》,清光绪七年京都吉润斋刻本。

胡元朗纂修:乾隆《天镇县志》,清乾隆四年刻本。

房裔兰修,苏之芬纂:雍正《阳高县志》,民国铅印本。

魏元枢修,周景桂纂:乾隆《宁武府志》,清乾隆十五年刻本。

李炳彦修,梁栖鸾纂:道光《太平县志》,清道光五年刻本。

卢承业原编,马振文增修:道光《偏关志》,清道光间刊,民国四年铅印本。

崔长清修,谷如墉纂:光绪《神池县志》,清钞本。

秦雄褒纂修,朱青选续纂修:嘉庆《五寨县志》,清嘉庆十四年刻本。

方叔裔重修:康熙《朔州志》,民国二十五年石印本。

汪嗣圣修,王霷纂:雍正《朔州志》,清雍正十三年石印本。

刘士铭修,王霷纂:雍正《朔平府志》,清雍正十三年刻本。

陈廷章修,霍殿鳌纂:民国《马邑县志》,民国七年铅印本。

李早荣纂修:乾隆《乐平县志》,清乾隆四十二年刻本。

李翼圣原本,余卜颐增修:光绪《左云县志》,民国间石印本。

夏日瑗校,姚明辉辑:光绪《蒙古志》,清光绪三十三年刊本。

高赓恩纂修:光绪《绥远全志》,清光绪三十四年刊本。

郑裕孚撰:民国《归绥县志》,民国二十三年铅印本。

阿克达春、文秀纂:光绪《新修清水河厅志》,清光绪九年刊钞本。

江　苏

尹继善修,黄之隽纂:乾隆《江南通志》,清文渊阁《四库全书》本。

吕燕昭修,姚鼐纂:嘉庆《重刊江宁府志》,清嘉庆十六年修,清光绪六年刊本。

武念祖修,陈栻纂:道光《上元县志》,清道光四年刻本。

袁枚纂修:乾隆《江宁新志》,清乾隆十三年刻本。

莫祥芝、甘绍盘修,汪士铎等纂:同治《上江两县志》,同治十三年刻本。

曹袭先纂修:乾隆《句容县志》,清乾隆修光绪重刊本。

张绍棠修,萧穆纂:光绪《续纂句容县志》,清光绪刊本。

谢廷庚修,贺廷寿纂:光绪《六合县志》,清光绪十年刻本。

李铭皖修,冯桂芬纂:同治《苏州府志》,清光绪九年刊本。

陈葜纕修,倪师孟纂:乾隆《吴江县志》,清乾隆修,民国年间石印本。

金福曾修,熊其英纂:光绪《吴江县续志》,清光绪五年刻本。

冯鼎高修,王显曾纂:乾隆《华亭县志》,清乾隆五十六年刊本。

张仁静、于定等修,钱崇威等纂:民国《青浦县续志》,民国二十三年刻本。

于琨修,陈玉璂纂:康熙《常州府志》,清康熙三十四年刻本。

王其淦修,汤成烈纂:光绪《武进阳湖县志》,清康熙三十四年刻本。

裴大中修,秦湘业纂:《无锡金匮县志》,清光绪七年刊本。

高龙光修，朱霖纂：乾隆《镇江府志》，清乾隆十五年增刻本。
何绍章修，吕耀斗纂：光绪《丹徒县志》，清光绪五年刊本。
刘诰修，徐锡麟纂：光绪《重修丹阳县志》，清光绪十一年刻本。
张兆栋、孙云修，何绍基、丁晏纂：同治《重修山阳县志》，清同治十二年刻本。
卫哲治等修，叶长扬、顾栋高纂：乾隆《淮安府志》，清咸丰二年刻本。
孙云锦修，吴昆田纂：光绪《淮安府志》，清光绪十年刊本。
邱沅、王元章修，段朝端纂：宣统《续纂山阳县志》，民国十年刻本。
五格修，黄湘纂：乾隆《江都县志》，清乾隆八年刊，清光绪七年重刊本。
阿史当阿修，姚文田纂：嘉庆《扬州府志》，清嘉庆十五年刊本。
王逢源修，李保泰纂：嘉庆《江都县续志》，清光绪七年刻本。
谢延庚修，刘寿曾纂：光绪《江都县续志》，清光绪九年刊本。
钱祥保修，桂邦杰纂：民国《续修江都县志》，民国十五年刊本。
徐成敟修，陈浩恩纂：光绪《增修甘泉县志》，清光绪七年刊本。
王检心修，刘文淇、张安保纂：道光《重修仪征县志》，清光绪十六年刻本。
杨宜仑修，夏之蓉纂：嘉庆《高邮州志》，清道光二十五年范凤谐等重校刊本。
孟毓兰修，乔载繇纂：道光《重修宝应县志》，清道光二十年刻本。
崔志元修，金左泉纂：道光《铜山县志》，清道光十一年刻本。
余家谟修，王嘉诜纂：民国《铜山县志》，民国十五年刊本。
李棠修，田宝发纂：乾隆《沛县志》，清乾隆五年刻本。
董用威修，鲁一同纂：咸丰《邳州志》，清咸丰元年刻本，清光绪二十一年重刻本。
李德溥修，方骏谟纂：同治《宿迁县志》，清同治十三年刊本。

安　徽

吴坤修修，何绍基纂：光绪《重修安徽通志》，清光绪四年刻本。
王毓芳等，赵梅纂辑：道光《怀宁县志》，道光五年刻本。
张楷纂修：康熙《安庆府志》，清康熙六十年刊本。
胡必选原本，王凝命增修：康熙《桐城县志》，清康熙二十二年增刻本。
廖大闻修，金鼎寿纂：道光《续修桐城县志》，道光七年修十四年刻本。
王国均督修：同治《桐城县志》，年代不详，抄本。
李载阳修，游端友、张必刚纂：乾隆《潜山县志》，乾隆四十六年刻本。
吴兰生、王用霖修，刘廷凤纂：民国《潜山县志》，民国九年铅印本。
符兆鹏修，赵继元纂：同治《太湖县志》，同治十一年刻本。

朱维高修,黄钺纂:康熙《宿松县志》,清康熙刻本。

俞庆澜、刘昂修,张灿奎等纂:民国《宿松县志》,民国十年刊本。

劳逢源修,沈伯棠纂:道光《歙县志》,道光八年刻本。

马步蟾修,夏銮纂:道光《徽州府志》,清道光七年刊本。

蒋灿纂修:康熙《婺源县志》,清康熙三十三年刻本。

鲁铨等修,洪亮吉等纂:嘉庆《宁国府志》,清嘉庆刻本。

李应泰修,章绶纂:光绪《宣城县志》,清光绪十四年刊本。

徐心田纂修:嘉庆《南陵县志》,清嘉庆十三年刻本。

陈炳德修,赵良(雨澍)纂:嘉庆《旌德县志》,清嘉庆十三年修民国十四年重刊本。

张士范纂修:乾隆《池州府志》,清乾隆四十四年刻本。

陆延龄修,桂迓衡纂:光绪《贵池县志》,清光绪九年活字本。

高寅修,柯栋修:康熙《建德县志》,清康熙元年刻本。

吴篪修,李兆洛等纂:嘉庆《东流县志》,清嘉庆二十四年刻本。

朱成阿等修,史应贵等纂:乾隆《铜陵县志》,清乾隆二十二年修民国十九年铅印本。

张海修,万橚纂:乾隆《当涂县志》,清乾隆十五年刊本。

黄桂修,宋骧纂:康熙《太平府志》,清康熙十二年修,清光绪二十九年重刊本。

梁启让修,陈春华纂:嘉庆《芜湖县志》,嘉庆十二年重修民国二年重印本。

梁延年修,闵爕纂:康熙《繁昌县志》,清康熙十四年刊本。

曹德赞原本,张星焕增修:道光《繁昌县志》,清道光六年增修民国二十六年铅字重印本。

左辅纂修:嘉庆《合肥县志》,清嘉庆八年修,民国九年重印本。

黄云修,林之望等纂:光绪《续修庐州府志》,清光绪十一年刊本。

赵凤诏撰:光绪《舒城县志》,清光绪二十三年刊本。

邹理纂修:雍正《巢县志》,清雍正八年刻本。

张祥云修,孙星衍等纂:嘉庆《庐州府志》,清嘉庆八年刻本。

于万培修,谢永泰续修:光绪《凤阳县志》,清光绪十三年刊本。

冯煦修,魏家骅等纂,张德霈续纂修:光绪《凤阳府志》,清光绪三十四年木活字印本。

杨慧修,孔传庆、朱昆玉纂:道光《定远县志》,清光绪十三年抄本。

何庆钊修,丁逊之等纂:光绪《宿州志》,清光绪十五年刊本。

贡震纂修:乾隆《灵璧县志略》,年代不详,抄本。

曾道唯修,葛荫南纂:光绪《寿州志》,清光绪十六年刊民国七年重印本。
刘虎文等修,李复庆等纂:道光《阜阳县志》,清道光九年刊本。
钟泰等修:光绪《亳州志》,清光绪二十一年活字本。
李炳涛修,吴保甲等纂:同治《蒙城县志》,清抄本。
李蔚修,吴康霖纂:同治《六安州志》,同治十一年刊光绪三十年重印本。
叶兰纂修:乾隆《泗州志》,清抄本。
赖同宴、孙玉铭修,俞宗诚纂:光绪《重修五河县志》,清光绪二十年刻本。
熊祖诒纂修:光绪《滁州志》,清光绪二十三年刻本。
张其浚修,江克让纂:民国《全椒县志》,民国九年刊本。
赵灿修,唐庭伯纂:康熙《含山县志》,钞本。
朱大绅修,高照纂:光绪《直隶和州志》,清光绪二十七年木活字本。

江　西

徐午修,万廷兰纂:乾隆《南昌县志》,清乾隆五十九年刻本。
庆云修,吴启楠、姜曾纂:道光《南昌县志》,清道光二十九年刻本。
许应鑅修,曾作舟纂:同治《南昌府志》,清同治十二年刻本。
崔登鳌、彭宗岱修,涂兰玉纂:道光《新建县志》,清道光二十九年刻本。
王家杰修,周文凤纂:同治《丰城县志》,清同治十二年刻本。
曾国藩修,刘绎纂:光绪《江西通志》,清光绪七年刻本。
江璧修,胡景辰纂:同治《进贤县志》,清同治十年刻本。
邹山立修,赵敬襄纂:道光《奉新县志》,清道光四年刻本。
吕懋先修,帅方蔚纂:同治《奉新县志》,清同治十一年刻本。
王克生修,王用佐等纂:康熙《鄱阳县志》,清康熙二十二年刻本。
锡德修,石景芬纂:同治《饶州府志》,清同治十一年刻本。
区作霖修,曾福善纂:同治《余干县志》,清同治十一年刻本
孙世昌纂修:康熙《广信府志》,清康熙二十二年刻本。
连柱等纂修:乾隆《广信府志》,清乾隆四十八年刻本。
程肇丰纂修:乾隆《上饶县志》,清乾隆四十九年刻本。
王恩溥修,李树藩纂:同治《上饶县志》,清同治十一年刻本。
蒋继洙纂修:同治《广信府志》,清同治十二年刻本。
杨辰杰修,黄联珏纂:同治《贵溪县志》,清同治十年刻本。
蓝煦修,曹征甲纂:同治《星子县志》,清同治十年刻本。

马璇图修,郭祚炽纂:嘉庆《建昌县志》,清道光元年刻本。
达春市修,黄凤楼纂:同治《九江府志》,清同治十三年刊本。
曾国藩撰:同治《江西全省舆图》,清同治七年刻本。
吴会川修,何炳奎纂:乾隆《彭泽县志》,清乾隆二十一年刻本。
孟照修,黄佑纂:乾隆《建昌府志》,清乾隆二十四年刻本。
王肇赐修,陈锡麟纂:同治《新淦县志》,清同治十二年活字本。
陆尧春纂修:道光《新喻县志》,清道光五年刻本。
聂元善纂修:乾隆《高安县志》,清乾隆十九年刻本。
陈乔枞纂修:咸丰《袁州府志》,清咸丰十年刻本。
黄廷金修,萧凌兰纂:同治《瑞州府志》,清同治十二年刊本。
李寅清修,严升伟纂:同治《分宜县志》,清同治十年刻本。
锡荣修,王明璠纂:同治《萍乡县志》,清同治十一年刊本。
定祥修,刘绎纂:光绪《吉安府志》,清光绪元年刊本。、
戴肇辰修,史澄纂:光绪《广州府志》,清光绪五年刊本。
朱扆等修,林有席纂:乾隆《赣州府志》,清乾隆四十七年刻本。
黄德溥修,褚景昕纂:同治《赣县志》,清同治十一年刻本。
魏瀛修,鲁琪光等纂:同治《赣州府志》,清同治十二年刻本。
黄永纶修,杨锡龄纂:道光《宁都直隶州志》,清道光四年刻本。
陈荫昌修,石景芬纂:同治《大庾县志》,清同治十三年刻本。
杨錞纂修:光绪《南安府志补正》,清光绪元年刊本。
黄鸣珂修,石景芬纂:同治《南安府志》,清同治七年刊本。
沈恩华修,卢鼎峋纂:同治《南康县志》,清同治十一年刻本。

浙　江

李卫修,沈翼机纂:雍正《浙江通志》,清文渊阁《四库全书》本。
魏嵊修,裘琏纂:康熙《钱塘县志》,清康熙刊本。
郑澐修,邵晋涵纂:乾隆《杭州府志》,清乾隆刻本。
赵世安修,邵远平纂:康熙《仁和县志》,清康熙二十六年刻本。
汪文炳修,蒋敬时纂:光绪《富阳县志》,清光绪三十二年刊本。
任之鼎修,范正辂纂:康熙《秀水县志》,清康熙二十四年刻本。
司能任修,屠本仁纂:嘉庆《嘉兴县志》,清嘉庆六年刻本。
许瑶光修,吴仰贤纂:光绪《嘉兴府志》,清光绪五年刊本。

严辰纂:光绪《桐乡县志》,清光绪十三年刊本。

潘玉璇修,周学浚等纂:光绪《乌程县志》,清光绪七年刻本。

罗愫修,杭世骏纂:乾隆《乌程县志》,清乾隆十一年刻本。

汪源泽修,闻性道纂:康熙《鄞县志》,清康熙二十五年刻本。

曹秉仁修,万经纂:雍正《宁波府志》,清雍正十一年刻,乾隆六年补刻本。

钱维乔纂修:乾隆《鄞县志》,清乾隆五十三年刻本。

李亨特修,平恕纂:乾隆《绍兴府志》,清乾隆五十七年刊本。

吕化龙修,董钦德纂:康熙《会稽县志》,民国二十五年绍兴县修志委员会校刊铅印本。

周炳麟修,邵友濂纂:光绪《余姚县志》,清光绪二十五年刻本。

张荩修,沈麟趾纂:康熙《金华府志》,清宣统元年嵩连石印本。

张许修,陈凤举纂:嘉庆《兰溪县志》,清嘉庆五年刻本。

杨廷望纂修:康熙《衢州府志》,清康熙修光绪刊本。

沈藻修,朱谨等纂:康熙《永康县志》,清康熙三十七年刻本。

李汝为修,潘树棠纂:光绪《永康县志》,民国二十一年石印本。

宗元瀚编:光绪《浙江全省舆图并水陆道里记》,清光绪十六年石印本。

周兴峄修,严可均纂:道光《建德县志》,清道光八年刊本。

严正身修,金嘉琰纂:乾隆《桐庐县志》,清钞本。

吴世进修,吴世荣增修:光绪《严州府志》,清光绪九年增修重刊本。

李琬修,齐召南纂:乾隆《温州府志》,清乾隆二十五年刊,民国三年补刻本。

张宝琳修,王棻纂:光绪《永嘉县志》,清光绪八年刻本。

李登云修,陈珅纂:光绪《乐清县志》,清光绪修民国元年刊本。

令孤亦岱修,沈鹿鸣纂:乾隆《缙云县志》,清乾隆三十二年刊本。

潘绍诒修,周荣椿纂:光绪《处州府志》,清光绪三年刊本。

王寿颐修,王棻纂:光绪《仙居志》,清光绪二十年木活字印本。

福　建

郝玉麟修,谢道承纂:乾隆《福建通志》,清文渊阁《四库全书》本。

徐景熹修,鲁曾煜纂:乾隆《福州府志》,清乾隆十九年刊本。

辛可修,林咸吉纂:乾隆《古田县志》,清乾隆十六年刊本。

汪以诚修,孙景烈纂:乾隆《鄠县新志》,清乾隆四十二年刻本。

饶安鼎修,林昂纂:乾隆《福清县志》,清光绪二十四年刻本。

怀荫布修,黄任纂:乾隆《泉州府志》,清光绪八年补刻本。
胡之鋘修,周学曾纂:道光《晋江县志》,清钞本。
吴裕仁纂修:嘉庆《惠安县志》,民国二十五年铅印本。
崔铣修,陆登选等纂:康熙《建安县志》,清康熙五十二年刻本。
邓其文纂修:康熙《瓯宁县志》,清康熙三十二年刊本。
赵模修,王宝仁纂:民国《建阳县志》,民国十八年铅印本。
翁美祜修,翁昭泰纂:光绪《浦城县志》,清光绪二十六年刊本。
梁舆修,江远青纂:道光《建阳县志》,钞本。
杨泰亨修,冯可镛纂:光绪《慈溪县志》,清光绪二十五年刻本。
刘超然修,郑丰稔纂:民国《崇安县新志》,民国三十年铅印本。
程应熊,姚文燮纂修:康熙《建宁府志》,清康熙五年钞本。
傅尔泰修,陶元藻纂:乾隆《延平府志》,清同治十二年重刊本。
朱夔修,邹廷机纂:康熙《南平县志》,清康熙五十八年刻本。
吴栻修,蔡建贤纂:民国《南平县志》,民国十年铅印本。
贾懋功纂修:嘉庆《顺昌县志》,清光绪七年重刊本。
李永锡修,徐观海纂:乾隆《将乐县志》,清乾隆三十年刻本。
曾日瑛修,李绂纂:乾隆《汀州府志》,清同治六年刊本。
陈朝羲纂修:乾隆《长汀县志》,清乾隆四十七年刻本。
谢昌霖修,刘国光纂:光绪《长汀县志》,清光绪五年刻本。
祝文郁修,李世熊纂:康熙《宁化县志》,清同治八年重刊本。
顾人骥修,沈成国纂:乾隆《上杭县志》,清乾隆二十五年刻本。
廖必琦修,宋若霖纂:乾隆《莆田县志》,清光绪五年补刊本,民国十五年重印本。
林扬祖修:道光《莆田县志稿》,稿钞本。
王椿修,叶和侃纂:乾隆《仙游县志》,清同治重刊本。
张凤孙等修,郑念荣等纂:乾隆《邵武府志》,清乾隆三十五年刻本。
王琛修,张景祁纂:光绪《重纂邵武府志》,清光绪二十六年刊本。
盛朝辅修,高澎然纂:道光《重纂光泽县志》,清同治九年补版重印本。
吴宜燮修,黄惠纂:乾隆《龙溪县志》,清乾隆二十七年刻本。
利瓦伊钰原本,吴联熏增纂:光绪《漳州府志》,清光绪三年刻本。
陈汝咸原本,施锡卫再续纂:光绪《漳浦县志》,民国二十五年铅印本。
薛凝度修,吴文林纂:嘉庆《云霄厅志》,民国铅字重印本。
秦炯纂:康熙《诏安县志》,甲戌年翻刻,清同治十三年刻本。

姚循义修,李正曜纂:乾隆《南靖县志》,清乾隆八年刻本。

河　南

孙灏、顾栋高纂修:雍正《河南通志》,清文渊阁《四库全书》本。
阿思哈修,嵩贵纂:乾隆《续河南通志》,清乾隆三十二年刻本。
顾汧修,张沐纂:康熙《河南通志》,清康熙三十四年刻本。
周玑纂修:乾隆《杞县志》,清乾隆五十三年刊本。
刘厚滋修,沈湝纂:道光《尉氏县志》,清道光十一年刻本。
靳蓉镜修,王介等纂:民国《鄢陵县志》,民国二十五年铅印本。
吴若烺修,路春林、邢为翰纂:同治《中牟县志》,清同治九年刻本。
纪黄中、王绩修,宋宣纂:乾隆《仪封县志》,清乾隆二十九年刻本。
刘瑞璘修,马云从等纂:民国《郑县志》,民国二十年刻本。
崔淇修,王博、李维墧纂:乾隆《荥泽县志》,清乾隆十三年刻本。
卢以洽修,张炘纂:民国《续荥阳县志》,民国十三年铅印本。
许勉炖修,禹殿鳌纂:乾隆《汜水县志》,清乾隆三十四年刻本。
车云修,王棽林纂:民国《禹县志》,民国二十八年刻本。
朱廷献修,刘曰烓纂:康熙《新郑县志》,清康熙三十二年刊本。
黄本诚纂修:乾隆《新郑县志》,清乾隆四十一年刻本。
瞿昂、刘侃修,永铭纂:道光《淮宁县志》,清道光六年刻本。
凌甲烺等修,张嘉谋等纂:民国《西华县续志》,民国二十七年铅印本。
董榕修,郭熙纂,牛问仁续纂修:乾隆《商水县志》,清乾隆四十八年刻本。
徐家璘等修,杨凌阁纂:民国《商水县志》,民国七年刻本。
张为旦、张延福等纂修:乾隆《项城县志》,清乾隆十一年刻本。
杜鸿宾等修,刘盼遂纂:民国《太康县志》,民国二十二年铅印本。
王德瑛纂修:道光《扶沟县志》,清道光十三年刻本。
甄汝舟纂修:乾隆《许州志》,清乾隆十年刻本。
陈垣修,管大同等纂:民国《重修临颍县志》,民国五年铅印本。
汪运正纂修:乾隆《襄城县志》,清乾隆十一年刊本。
陈鸿畴修,刘盼遂纂:民国《长葛县志》,民国十九年铅印本。
刘德昌修,叶澐纂:康熙《商邱县志》,民国二十一年石印本。
陈锡辂修,查岐昌纂:乾隆《归德府志》,清乾隆十九年刻本。
张元鉴、蒋光祖修,沈俨纂:乾隆《虞城县志》,清乾隆八年刻本。

王图宁修，王肇栋、王肇椿纂：康熙《宁陵县志》，清康熙三十二年刻本。

岳廷楷修，胡赞采、吕永辉纂：光绪《永城县志》，清光绪二十九年刻本。

周正纪修，侯良弼纂：康熙《永城县志》，清康熙三十六年刻本。

韩世勋修，黎德芬纂：民国《夏邑县志》，民国九年石印本。

枚纂修：光绪《续修睢州志》，清光绪十八年刻本。

张之清修，田春同纂：民国《考城县志》，民国十三年铅印本。

赵希璜修，武忆纂：嘉庆《安阳县志》，清嘉庆四年刻本。

徐汝瓒修，杜昆纂：乾隆《汲县志》，清乾隆二十年刻本。

赵开元修，畅俊纂：乾隆《新乡县志》，清乾隆十二年石印本。

毕沅、刘种之修，德昌纂：乾隆《卫辉府志》，清乾隆五十三年刻本。

吴乔龄修，李栋纂：乾隆《获嘉县志》，清乾隆二十一年刊本。

邹古愚修，邹鹄纂：民国《获嘉县志》，民国二十四年铅印本。

马子宽修，王蒲园纂：民国《重修滑县志》，民国二十一年铅印本。

熊象阶修，武穆淳纂：嘉庆《浚县志》，清嘉庆六年刊本。

余缙修，李嵩阳纂：顺治《封邱县志》，民国二十六年铅印本。

冯继照修，金皋等纂：道光《修武县志》，清道光二十年刻本。

萧国桢修，蕉封桐纂：民国《修武县志》，民国二十年铅印本。

王荣陛修，方履籛纂：道光《武陟县志》，清道光九年刊本。

冯敏昌修，仇汝瑚纂：乾隆《孟县志》，清乾隆五十五年刻本。

阮藩济修，宋立梧纂：民国《孟县志》，民国二十一年刊本。

王其华修，苗于京纂：乾隆《温县志》，清乾隆二十四年刻本。

窦经魁修，耿愔纂：民国《阳武县志》，民国二十五年铅印本。

龚崧林修，汪坚纂：乾隆《重修洛阳县志》，民国十三年石印本。

汤毓倬修，孙星衍纂：乾隆《偃师县志》，清乾隆五十四年刻本。

杨保东、王国璋修，刘莲青、张仲友纂：民国《巩县志》，民国二十六年刻本。

施诚修，裴希纯纂：乾隆《河南府志》，清同治六年刻本。

赵擢彤修，宋缙纂：嘉庆《孟津县志》，清嘉庆二十一年刻本。

张楷纂修：乾隆《永宁县志》，清乾隆五十五年刻本。

李希白修，李希白纂：民国《新安县志》，民国二十七年铅印本。

甘扬声修，刘文运等纂：嘉庆《渑池县志》，清嘉庆十五年刻本。

欧阳珍修，韩嘉会纂：民国《陕县志》，民国二十五年铅印本。

周淦、、方胙勋修，高锦荣、李镜江纂：光绪《重修灵宝县志》，清光绪二年刻本。

黄觉修,韩嘉会纂:民国《新修阌乡县志》,民国二十一年铅印本。
郭光澍修,李旭春纂:光绪《重修卢氏县志》,清光绪十八年刻本。
潘守廉修,张嘉谋等纂:光绪《南阳县志》,清光绪三十年刻本。
徐金位纂修:乾隆《新野县志》,清乾隆十九年刊本。
陈之熉修,张睿、曹鹏翊纂:乾隆《南召县志》,清乾隆十一年刻本。
巩敬绪修,李南晖纂:乾隆《桐柏县志》,清乾隆十八年刻本。
蒋光祖修,姚之琅纂:乾隆《邓州志》,清乾隆二十年刻本。
宝鼎望纂修,张福永续纂修:康熙《内乡县志》,清康熙五十一年刻本。
董学礼纂修,宋名立续修:乾隆《裕州志》,清康熙修,乾隆补刊本。
欧阳霖修,仓景恬纂:同治《叶县志》,清同治十年刊本。
德昌修,王增纂:嘉庆《汝宁府志》,清嘉庆元年刻本。
周之瑚修,严克嶟纂:乾隆《确山县志》,清乾隆十一年刻本。
刘月泉等修,魏松声、陈全三纂:民国《重修正阳县志》,民国二十五年铅印本。
张钺修,万侯纂:乾隆《信阳州志》,民国十四年铅印本。
高兆煌纂修:乾隆《光州志》,清乾隆三十五年刻本。
杨殿梓修,钱时雍纂:乾隆《光山县志》,清乾隆五十一年刻本。
谢聘修,洪亮吉纂:乾隆《重修固始县志》,清乾隆五十一年刻本。

湖　北

王庭桢修,彭崧毓纂:同治《江夏县志》,清光绪七年重刊本。
钟铜山修,柯逢时纂:光绪《武昌县志》,清光绪十一年刊本。
赵兴德修,薛俊升纂:民国《义县志》,民国十九年铅印本。
查子庚修,熊文澜纂:同治《枝江县志》,清同治五年刊本。
陈元京修,范述之纂:乾隆《江夏县志》,清乾隆五十九年刻本。
英启修,邓琛纂:光绪《黄州府志》,清光绪十年刊本。
汪云铭修,方承保纂:乾隆《重修嘉鱼县志》,清乾隆五十五年刻本。
姚子庄修,周体元纂:康熙《石埭县志》,清康熙十五年刻本。
王云翔修,李曰瑚纂:乾隆《重修蒲圻县志》,清乾隆四年刻本。
恩荣修,熊兴杰纂:同治《临湘县志》,清光绪十八年刻本。
陈澍南修,钱光奎纂:光绪《咸宁县志》,清光绪八年刊本。
陶士偰修,刘湘煃纂:乾隆《汉阳府志》,清乾隆十二年刻钞本。
刘嗣孔等修,刘湘煃纂:乾隆《汉阳县志》,清乾隆十三年刻本。

濮文昶修，张行简纂：光绪《汉阳县志》，清光绪十五年刻本。

裘行恕等修，邵翔、徐必观纂：嘉庆《汉阳县志》，清嘉庆二十三年刻本。

袁鸣珂修，林祥瑗纂：同治《汉川县志》，清同治十二年刻本。

章学诚纂：嘉庆《湖北通志检存稿》，民国刘氏嘉业堂刻章氏遗书本。

朱希白修，沈用增纂：光绪《孝感县志》，清光绪八年刊本。

胡国佐纂修：康熙《孝感县志》，清康熙三十四年刻，嘉庆十六年增刻本。

王履谦修，李廷锡纂：道光《安陆县志》，清道光二十三年刊本。

刘宗元修，吴天锡纂：同治《应山县志》，清同治十年刻本。

杨廷蕴等纂修：康熙《黄陂县志》，清康熙五年刻本。

刘昌绪修，徐瀛纂：同治《黄陂县志》，清同治十年刊本。

吕锡麟修，程怀璟纂：道光《云梦县志略》，清道光二十年刻本。

卢希哲纂修：弘治《黄州府志》，明弘治刻本。

张尊德修，谭篆纂：康熙《安陆府志》，清康熙八年刻钞本。

史致谟修，刘恭冕纂：光绪《潜江县志续》，清光绪五年刻本。

刘焕修，朱载震纂：康熙《潜江县志》，清康熙三十三年刻本。

孙福海纂修：同治《钟祥县志》，清同治六年刻本。

吴游龙修，王演纂：康熙《京山县志》，清康熙十二年刻本。

程启安修，张炳钟纂：同治《宜城县志》，清同治五年刊本。

吕缙云修，朱美燮纂：同治《松滋县志》，清同治八年刻本。

沈星标修，秦有锽纂：光绪《京山县志》，清光绪八年刻本。

胡翼修，章镳、章学诚纂：乾隆《天门县志》，民国十一年石印本。

王崇礼纂修：乾隆《延长县志》，清钞本。

舒成龙修，李法孟纂：乾隆《荆门州志》，请乾隆十九年刻本。

恩荣修，张圻纂：同治《荆门直隶州志》，清同治七年刻本。

倪文蔚修，顾嘉蘅纂：光绪《荆州府志》，清光绪六年刊本。

蒯正昌修，刘长谦纂：光绪《江陵县志》，清光绪三年宾兴馆刻本。

恩联修，王万芳纂：光绪《襄阳府志》，清光绪十一年刊本。

陈锷纂修：乾隆《襄阳府志》，清乾隆二十五年刻本。

吴耀斗续修，李士彬续纂：同治《襄阳县志》，清同治十三年刻本。

张道南纂修：乾隆《郧西县志》，清乾隆四十二年刻本。

王正常修，谢攀云：嘉庆《郧阳志》，清嘉庆二年刻本。

赓音布修，李春泽纂：光绪《德安府志》，清光绪十四年刊本。

李可宋纂修:雍正《应城县志》,清雍正四年刻本。
陈善同纂:民国《重修信阳县志》,民国二十五年铅印本。
王凤仪修,杜乘时纂:乾隆《黄冈县志》,清乾隆五十四年刻本。
英启修,邓琛等纂:光绪《黄州府志》,清光绪十年刻本。
卢希哲纂修:弘治《黄州府志》,明弘治十三年刻本。
邵应龙纂修:乾隆《蕲水县志》,清乾隆二十三年钞本。
封蔚礽修,陈廷扬纂:光绪《蕲州志》,清光绪八年刻本。
薛乘时修,沈元寅纂:乾隆《黄梅县志》,清乾隆五十四年刻本。
黄恺修,陈时纂:乾隆《广济县志》,清乾隆五十八年刻本。
盛赞熙修,余朝菜纂:光绪《利津县志》,清光绪九年刻本。
应先烈修,陈楷礼纂:嘉庆《常德府志》,清嘉庆十八年刻本。
李文耀修,张钟秀纂:乾隆《束鹿县志》,清乾隆二十七年刻本。
周承弼修,王慰纂:同治《公安县志》,清同治十三年刻本。
陈麟修,丁楚琮纂:康熙《松滋县志》,清康熙三十五年刻本。
崔培元修,龚绍仁纂:同治《宜都县志》,清同治五年刊本。
林有席修,严思浚纂:乾隆《东湖县志》,清乾隆二十八年刻本。
熊登纂修:康熙《武昌县志》,清康熙十三年刻本。
聂光銮修,王柏心纂:同治《宜昌府志》,清同治刊本。
曹熙衡原本,曾维道增修:乾隆《归州志》,清乾隆五十五年修钞本。
黄世崇纂修:光绪《归州志》,清光绪二十七年刻本。
齐祖望纂修:康熙《巴东县志》,清康熙二十二年刻本。
廖恩树修,萧佩声纂:同治《巴东县志》,清同治修光绪重刊本。

湖　南

吕肃高修,张雄图纂:乾隆《长沙府志》,清乾隆十二年刊本。
赵文在原本,陈光诏续修:嘉庆《长沙县志》,清嘉庆十五年刊,二十二年增补本。
刘采邦修,张延珂纂:同治《长沙县志》,清同治十年刻本。
李瀚章修,曾国荃纂:光绪《湖南通志》,清光绪十一年刻本。
席芬修,周思仁纂:同治《武冈州志》,清乾隆二十二年刻本。
翁元圻修,黄本骥纂:嘉庆《湖南通志》,清刻本。
吴兆熙修,张先抡纂:光绪《善化县志》,清光绪三年刻本。
朱偓修,陈昭谋纂:嘉庆《直隶郴州总志》,清嘉庆二十五年刻本。

阎肇烺等修，黄朝绶等纂，徐鋐续纂修：嘉庆《湘阴县志》，清道光四年刻本。

陈钟理修，杨茂论纂：乾隆《湘阴县志》，清乾隆二十二年刻钞本。

郭嵩焘纂：光绪《湘阴县图志》，清光绪六年县志局刻本。

陈宏谋修，欧阳正焕纂：乾隆《湖南通志》，清乾隆二十二年刻本。

徐淦修，江普光纂：同治《醴陵县志》，清同治九年刊本。

张云璈修，周系英纂：嘉庆《湘潭县志》，清嘉庆二十三年刻本。

李惟丙修，文岳英纂：光绪《衡山县志》，清光绪元年刻本。

姚念杨修，赵裴哲纂：同治《益阳县志》，清同治十三年刻本。

姚诗德修，杜贵墀纂：光绪《巴陵县志》，清光绪十七年岳州府四县本。

黄凝道修，谢仲坃纂：乾隆《岳州府志》，清乾隆十一年增修刻本。

谢仲坃纂修，石文成增修：乾隆《平江县志》，清乾隆二十年增修刻本。

恩荣修，熊兴杰纂：同治《临湘县志》，清光绪十八年刻本。

何璘修，黄宜中纂：乾隆《直隶澧州志林》，清乾隆十五年刻本。

王汝惺修，邹焌杰纂：同治《浏阳县志》，清同治十二年刻本。

何玉棻修，魏式曾纂：同治《直隶澧州志》，清同治八年刻本。

张绰修，曾之亨纂：乾隆《安乡县志》，清光绪六年补刻本。

饶佺修，旷敏本纂：乾隆《衡州府志》，清乾隆二十八年刊刻，清光绪元年补刻本。

陶易修，李德纂：乾隆《衡阳县志》，清乾隆二十六刻本。

罗庆芗修，彭玉麟纂：同治《衡阳县志》，清同治十一年刊本。

侯钤修，萧凤翥纂：道光《衡山县志》，清道光三年刻本。

江恂修，江昱纂：乾隆《清泉县志》，清乾隆二十八年刻本。

常庆、陈翰修，郑优、伍声偁纂：道光《耒阳县志》，清道光六年刻本。

郑交泰修，曹京纂：乾隆《望江县志》，清乾隆三十三年刊本。

孙翘泽等修，陈启迈纂：同治《武陵县志》，清同治二年刻本。

余良栋修，刘凤苞纂：光绪《桃源县志》，清光绪十八年刊本。

应先烈修，陈楷礼纂：嘉庆《常德府志》，清嘉庆十八年刻本。

张在田修，游鳳藻纂：嘉庆《龙阳县志》，清嘉庆十九年刻本。

祝钟贤修，李大翥纂：康熙《靖州志》，清康熙刻本。

郎廷梿修，张佳晟纂：康熙《沅陵县志》，清康熙四十四年刻本。

守忠修，许光曙纂：同治《沅陵县志》，清光绪二十八年补版重印本。

刘华邦修，郭岐勋纂：同治《桂东县志》，清同治五年修，民国十四年重印本。

席绍葆等修，谢鸣谦、谢鸣盛纂：乾隆《辰州府志》，清乾隆三十年刻本。

方传质修,龙凤翥纂:同治《绥宁县志》,清同治六年刻本。
徐会云修,刘家传纂:道光《辰溪县志》,清道光元年刻本。
张官五纂修,吴嗣仲续修:乾隆《沅州府志》,清同治十二年增刻乾隆本。
黄应培修,孙均铨纂:道光《凤凰厅志》,清道光四年刻本。
盛庆绂修,盛一棵纂:同治《芷江县志》,清同治九年刻本。
武占熊修,蒋濂纂:嘉庆《零陵县志》,清嘉庆二十二年刻本。
嵇有庆修,刘沛纂:光绪《零陵县志》,清光绪修民国补刊本。
隆庆修,宗绩辰纂:道光《永州府志》,清道光八年刊本。
李莳修,旷敏本纂:乾隆《祁阳县志》,清乾隆三十年刻本。
吕凤藻修,李献君纂:光绪《永兴县志》,清光绪九年刻本。
黄德基修,关天申纂:乾隆《永顺县志》,清乾隆五十八年刻本。
张天如纂修,魏式曾增修:同治《永顺府志》,清同治十二年刻本。
黄鸿勋纂修:宣统《永绥厅志》,清宣统元年铅印本。

陕　西

沈青崖撰:雍正《陕西通志》,清文渊阁《四库全书》本。
舒其绅修,严长明纂:乾隆《西安府志》,清乾隆刊本。
张聪贤修,董曾臣纂:嘉庆《长安县志》,清嘉庆二十年刻本。
臧应桐纂修:乾隆《咸阳县志》,清乾隆十六年刻本。
顾声雷修,张埙纂:乾隆《兴平县志》,清光绪二年刻本。
史传远撰:乾隆《临潼县志》,清乾隆四十一年刊本。
程维雍修,白遇道纂:光绪《高陵县续志》,清光绪十年刻本。
胡元煐修,蒋相南纂:宣统《重修泾阳县志》,清道光二十二年刻本。
汪以诚修,孙景烈纂:乾隆《鄠县新志》,清乾隆四十二年刻本。
吕懋勋修,袁廷俊纂:光绪《蓝田县志》,清光绪元年刻本。
刘绍攽纂修:乾隆《三原县志》,清乾隆四十八年刻本。
焦云龙修,贺瑞麟纂:光绪《三原县新志》,清光绪八年刻本。
何耿绳修,姚景衡纂:道光《重辑渭南县志》,清道光九年刻本。
蒋骐昌修,孙星衍纂:乾隆《醴泉县志》,清乾隆四十九年刻本。
袁文观纂修:乾隆《同官县志》,清乾隆三十年钞本。
钟研斋撰:乾隆《续耀州志》,清乾隆二十七年刊本。
常毓坤修,李开甲等纂:光绪《孝义厅志》,清光绪九年刻本。

王如玖纂修:乾隆《直隶商州志》,清道光四年刊本。

聂焘纂修:乾隆《镇安县志》,清乾隆十八年钞本。

范启源纂修:乾隆《雒南县志》,清乾隆五十二年刻本。

罗传铭修,路炳文纂:民国《商南县志》,民国十二年铅印本。

闵鉴修,吴泰来纂:乾隆《同州府志》,乾隆四十六年刻本。

李恩继修,蒋相南纂:咸丰《同州府志》,清咸丰二年刻本。

向淮修,王森文纂:嘉庆《续修潼关厅志》,清嘉庆二十二年刻本。

姚钦明修,路世美纂:顺治《澄城县志》,清顺治六年刻本。

吴忠诰修,李继峤纂:乾隆《绥德州直隶州志》,清乾隆四十九年刻本,钞本配补。

王怀斌修,赵邦楹纂:民国《澄城县附志》,民国十五年铅印本。

梁善长纂修:乾隆《白水县志》,清乾隆十九年刻本。

冯昌奕修,刘遇奇纂:康熙《续华州志》,清光绪八年合刻华州本。

吴炳南修,刘域纂:光绪《三续华州志》,清光绪八年合刻华州本。

陆维垣修,李天秀纂:乾隆《华阴县志》,民国十七年铅印本。

李体仁修,王学礼纂:光绪《蒲城县新志》,清光绪三十一年刻本。

周铭旗纂修:光绪《干州志稿》,清光绪十年刻本。

续俭修,范凝绩纂:民国《干县新志》,民国三十年铅印本。

王功成续纂,韩奕续修:康熙《陕西通志》,清康熙五十年刻本。

张树勋修,王森文纂:嘉庆《续武功县志》,清嘉庆二十一年刻本。

万廷树修,洪亮吉纂:乾隆《淳化县志》,清乾隆四十九年刻本。

张纯儒,莫琛修纂:康熙《长武县志》,清康熙时十六年刻本。

罗鳌修,周方炯、刘震纂:乾隆《凤翔县志》,清乾隆三十二年刻本。

魏光焘辑:光绪《陕西全省舆地图不分卷》,清光绪二十五年石印本。

达灵阿修,周方炯纂:乾隆《凤翔府志》,清乾隆三十一年刻本。

胡升猷修,张殿元纂:光绪《岐山县志》,清光绪十年刻本。

曹骥观修,强振志纂:民国《宝鸡县志》,民国十一年铅印本。

宋世荦修,吴鹏翱、王树棠纂:嘉庆《扶风县志》,清嘉庆二十四年刻本。

沈锡荣纂修:宣统《郿县志》,清宣统二年刻本。

彭洵纂:光绪《麟游县新志草》,清光绪九年刻本。

罗曰璧纂修:道光《重修汧阳县志》,清道光二十一年刻本。

吴炳纂修:乾隆《陇州续志》,清乾隆三十一年刻本。

罗彰彝纂修:康熙《陇州志》,清康熙五十二年刻本。

王行俭纂修:乾隆《南郑县志》,清乾隆五十九年刻本。
陈韶纂:道光《凤县志》,清道光六年抄本。
严如熤原本,杨名扬续纂:民国《汉南续修郡志》,民国十三年刻本。
贺仲瑊修,蒋湘南纂:道光《留坝厅志》,清道光二十二年刻本。
光朝魁纂修:道光《褒城县志》,清道光十一年钞本。
张廷槐纂修:道光《西乡县志稿》,清道光八年刻本。
朱子春撰:光绪《凤县志》,清光绪十八年刊本。
张廷槐纂修:道光《续修宁羌州志》,清道光十二年刻本。
孙铭钟修,彭龄纂:光绪《沔县志》,清光绪九年刻本。
谭瑀修,黎成德纂:光绪《重修略阳县志》,清光绪三十年刻本。
余修凤撰:光绪《定远厅志》,清光绪五年刊本。
李国麒纂修:乾隆《兴安府志》,清道光二十八年刻本。
洪蕙纂修:嘉庆《重修延安府志》,清嘉庆七年刻本。
安庆丰修,郭永清纂:民国《安塞县志》,民国三年铅印本。
陈观国修,李保泰纂:嘉庆《甘泉县续志》,清嘉庆十五年刻本。
彭瑞麟修,武东旭纂:咸丰《保安县志》,清咸丰六年刻本。
姚国龄修,米毓璋纂:道光《安定县志》,抄本,年代不详。
王崇礼纂修:乾隆《延长县志》,抄本,年代不详。
谢长清纂修:道光《重修延川县志》,抄本,年代不详。
陈履中纂:乾隆《河套志》,清乾隆寓园刻本。
黄沛修,江廷球纂:嘉庆《定边县志》,嘉庆二十五年刻本。
丁锡奎修,白翰章纂:光绪《靖边县志》,清光绪二十五年刻本。
李熙龄纂修:道光《榆林府志》,清道光二十一年刻本。
顾耿臣修,任于峤纂:康熙《鄜州志》,清康熙五年刻本。
刘毓秀修,贾构纂:嘉庆《洛川县志》,清嘉庆十一年刻本。
丁瀚修,张永清纂:嘉庆《续修中部县志》,民国二十四年铅印本。
查遴纂修:雍正《宜君县志》,清雍正十年刻本。
孔繁朴等修,高维岳纂:光绪《绥德直隶州志》,清光绪三十一年刊本。
潘松等修,高照煦纂:光绪《米脂县志》,清光绪三十三年铅印本。
廖元发修,白乃建纂:顺治《清涧县志》,清顺治十八年刻本。
钟章元修,陈第颂纂:道光《清涧县志》,清道光八年钞本。
王致云修,朱埙纂,张琛增补:道光《神木县志》,清道光十一年刻本。

郑居中撰:乾隆《府谷县志》,清乾隆四十八年刊本。

甘 肃

许容撰:乾隆《甘肃通志》,清文渊阁《四库全书》本。

陈士桢修,涂鸿仪纂:道光《兰州府志》,清道光十三年刊本。

钟庚起撰:乾隆《甘州府志》,清乾隆四十四年刊本。

钟广生撰:民国《新疆志稿》,民国十九年铅印本。

张金城修,杨浣雨辑:乾隆《宁夏府志》,清嘉庆刊本。

呼延华国撰:乾隆《狄道州志》,清乾隆修宪报书局排印本。

唐懋德撰:万历《临洮府志》,明万历三十三年刻增修本。

李本源撰:道光《循化厅志》,清道光二十四年钞本。

焦国理纂:民国《重修镇原县志》,民国二十四年铅印本。

陈国楝撰:民国《隆德县志》,民国二十四年石印本。

张延福撰:乾隆《泾州志》,清乾隆十八年钞本。

周树清撰:民国《永登县志》,民国钞本。

包永昌纂:光绪《洮州厅志》,清光绪刻本。

张尔介撰:康熙《安定县志》,清康熙十九年钞本。

毕光尧纂修:道光《会宁县志》,清光绪末年铅印本。

长庚修,安维峻纂:光绪《甘肃新通志》,清宣统元年刻本。

叶芝纂:乾隆《伏羌县志》,清乾隆刻本。

吕钟祥纂:民国《新纂康县县志》,民国二十五年石印本。

黄泳撰:乾隆《成县新志》,清乾隆六年刊本。

陶奕曾撰:乾隆《合水县志》,清乾隆二十六年钞本。

傅学礼撰:嘉靖《庆阳府志》,明嘉靖三十六年刻增修本。

陈履中纂:乾隆《河套志》,清乾隆寓园刻本。

王之臣撰:民国《朔方道志》,民国十五年铅印本。

黄恩锡撰:乾隆《中卫县志》,清乾隆间刊本。

廖徯苏撰:民国《大通县志》,民国八年铅印本。

余谊密等修,鲍实纂:民国《芜湖县志》,民国八年石印本。

朱逊志撰:道光《山丹县志》,清道光钞本。

曾诚纂:道光《敦煌县志》,清道光十一年刊本。

佚名撰:嘉庆《玉门县志》,清钞本。

钟方撰:道光《哈密志》,民国二十六年铅印本。
吴启元纂,宋之树续修:雍正《猗氏县志》,清雍正七年刊本。
和宁撰:嘉庆《三州辑略》,清嘉庆十年修旧钞本。
佚名撰:光绪《新疆四道志》,清光绪钞本。

四　川

黄廷桂纂修,张晋生编纂:雍正《四川通志》,清文渊阁《四库全书》本。
衷以埙纂修:嘉庆《成都县志》,清嘉庆二十一年刻本。
吴巩、董淳修,潘时彤等纂:嘉庆《华阳县志》,清光绪十八年刻本。
孙真儒修,李觉楹纂:嘉庆《新都县志》,清嘉庆二十一年刻本。
刘长庚修,侯肇元纂:嘉庆《汉州志》,清嘉庆十七年刊本。
濮瑗修,陈治安、黄朴纂:咸丰《简州志》,清咸丰三年刻本。
刘大谟,杨慎纂修:嘉靖《四川总志》,明嘉靖刻本。
陈霁学修,叶芳模纂,郑安仁续纂修:道光《新津县志》,清道光十九年刻本。
常明修,杨芳灿纂:嘉庆《四川通志》,清嘉庆二十一年木刻本。
朱鼎臣修,盛大器纂:嘉庆《郫县志》,清嘉庆十七年刻本。
庄思恒修,郑珶山纂:光绪《增修灌县志》,清光绪十二年刻本。
罗廷权续修,何衮续纂:光绪《资州直隶州志》,清光绪二年刻本。
张德源纂修:乾隆《资阳县志》,清乾隆三十年刻本。
张㮊等纂修,张兆兰等续修,黄觉等续纂:同治《内江县志》,清同治十年刻本。
董贻清修,何天祥纂:同治《直隶绵州志》,清同治十二年刻本。
何庆恩修,刘宸枫、田正训纂:同治《德阳县志》,清同治十三年刻本。
张香海修,杨曦纂:咸丰《梓潼县志》,清咸丰八年刊本。
李锡书纂修:嘉庆《汶志纪略》,清嘉庆十年刻本。
马湘纂,孙锵增修:光绪《越嶲厅全志》,清光绪三十二年铅印本。
张赓谟等纂修:乾隆《广元县志》,清乾隆二十二年刻本。
黎学锦修,史观纂:道光《保宁府志》,清道光二十三年刻本。
马毓华修,郑书香纂:光绪《宁羌州志》,清光绪十四年刻本。
张绍龄纂修:道光《重修昭化县志》,清同治三年刻本。
花映均、魏元燮修,耿光祜等纂:同治《隆昌县志》,清同治元年刻本。
王麟祥修,邱晋成纂:光绪《叙州府志》,清光绪二十一年刻本。
秦云龙修,万科进纂:光绪《雷波厅志》,清光绪十九年刻本。

沈痒修，赵瓒纂：弘治《贵州图经新志》，明弘治间刻本。

宋敏学修，袁斯恭纂：康熙《叙永厅志》，清康熙二十五年刻本。

周伟业修，褚彦昭纂：嘉庆《直隶叙永厅志》，清咸丰间刻本。

王梦庚修，寇宗纂：道光《重庆府志》，清道光二十三年刻本。

霍为棻修，熊家彦纂：同治《巴县志》，清同治六年刻本。

许曾荫修，马慎修纂：光绪《永川县志》，清光绪二十年刻本。

施学煌修，敖册贤纂：光绪《荣昌县志》，清光绪十年刻本。

寇用平修，卢有徽纂：同治《璧山县志》，清同治四年刻本。

符永培纂修，艾鉽续纂：嘉庆《梁山县志》，清同治六年刻本。

恩成修，刘德铨纂：道光《夔州府志》，清光绪十七年刻本。

连山、白曾煦修，李友梁等纂：光绪《巫山县志》，清光绪十九年刻本。

江锡麟撰：咸丰《云阳县志》，清咸丰四年刻本。

吴巩修，王来遴纂：嘉庆《邛州直隶州志》，清嘉庆二十三年刻本。

田秀栗修，施泽久纂：光绪《泸州直隶州志》，清光绪八年刻本。

赵炳然修，陈廷钰纂：嘉庆《纳溪县志》，清嘉庆十八年修，民国二十六年铅字重印本。

曹抡彬修，曹抡翰纂辑：乾隆《雅州府志》，清乾隆四年刊本。

袁昶撰：嘉庆《卫藏通志》，清光绪渐西村舍刻本。

贺泽等修，张赵才等纂：民国《荥经县志》，民国四年刻本。

刘传经修，陈一沺纂：嘉庆《清溪县志》，清嘉庆四年刊本。

吴丰培校订：《打箭炉志略》，乾隆年间修，中央民族学院图书馆 1979 年油印本。

广　东

金烈、张嗣衍修，沈廷芳纂：乾隆《广州府志》，清乾隆二十四年刻本。

戴肇辰修，史澄纂：光绪《广州府志》，清光绪五年刊本。

李友榕修，邓云龙纂：嘉庆《三水县志》，清嘉庆二十四年刊本。

吴凤声等修，朱汝珍等纂：民国《清远县志》，民国二十六年铅印本。

额哲克修，单兴诗纂：同治《韶州府志》，清同治十三年刊本。

张希京修，欧樾华等纂：光绪《曲江县志》，清光绪元年刻本。

金光祖纂修：康熙《广东通志》，清康熙三十六年刻本。

阮元修，陈昌齐纂：道光《广东通志》，清道光二年刻本。

陈志仪纂修：乾隆《保昌县志》，清乾隆十八年刻本。

余保纯等修,黄其勤纂,戴锡纶续纂修:道光《直隶南雄州志》,清道光四年刻本。

屠英修,胡森纂:道光《肇庆府志》,清光绪二年重刊本。

杨文骏修,朱一新纂:光绪《德庆州志》,清光绪二十五年刊本。

宋锦、李麟洲纂修:乾隆《德庆州志》,清乾隆十八年刻本。

温恭修,吴兰修纂:道光《封川县志》,民国二十四年铅印本。

广　西

金鉷修,钱元昌纂:雍正《广西通志》,清文渊阁《四库全书》本。

蔡呈韶修,胡虔纂:嘉庆《临桂县志》,清嘉庆七年修,光绪六年补刊本。

陈美文修,李繁滋纂:民国《灵川县志》,民国十八年石印本。

张岳灵修,黎启勋纂:民国《阳朔县志》,民国二十五年石印本。

黄占梅修:民国《桂平县志》,民国九年铅印本。

温之诚修,曹文深等纂:嘉庆《全州志》,嘉庆四年刻本。

王锦修,吴光升纂:乾隆《柳州府志》,清乾隆二十九年刻本。

甘汝来纂修:雍正《太平府志》,清雍正四年刻本。

杨椿修,陆生兰纂:光绪《宾州志》,清光绪十二年刻本。

黄大成纂修:康熙《平乐县志》,清康熙五十六年刻本。

清柱、王人作纂修:嘉庆《平乐府志》,清光绪五年刻本。

沈秉成修,苏宗经纂:光绪《广西通志辑要》,清光绪十七年刊本。

陆焞纂修:乾隆《昭平县志》,清光绪十七年刻本。

吴九龄修,史鸣皋纂:乾隆《梧州府志》,清乾隆三十九年刻本。

蒯光焕、李百龄修,罗勋等纂,黄玉柱、王鋆绅续:同治《苍梧县志》,清同治十三年刻本。

边其晋修,胡毓璠纂:同治《藤县志》,清光绪三十四年铅印本。

蒯光焕、李百龄修,罗勋等纂,黄玉柱、王鋆绅续:同治《苍梧县志》,清同治十三年刻本。

云　南

师范纂:《滇系》,嘉庆十三年修,光绪六年云南书局刻本。

王文韶等修,唐炯、陈灿纂:《续编云南通志稿》,文海出版社影印光绪二十七年四川岳池刻本。

屠述濂纂修:乾隆《腾越州志》,清光绪二十三年重刊本。

鄂尔泰、尹继善修,靖道谟纂:乾隆《云南通志》,乾隆元年修,清文渊阁《四库全书》本。

郑颙修,陈文纂:景泰《重修云南图经志》,明景泰六年刻本。

张毓碧修,谢俨纂:康熙《云南府志》,清康熙刊本。

戴絅孙纂修:道光《昆明县志》,清光绪二十七年刊本。

王煛修,任洵纂:康熙《嵩明州志》,清康熙五十九年刻本。

毛嶅、朱阳纂修:乾隆《晋宁州志》,清乾隆二十七年刻本。

朱若功修,戴天赐纂:雍正《呈贡县志》,清雍正三年刻本。

杨若椿等修,段昕纂:雍正《安宁州志》,清乾隆四年刻本。

党蒙修,周宗洛纂:光绪《顺宁府志》,清光绪刊本。

李斯佺修,黄元治纂:康熙《大理府志》,清康熙刻本。

傅天祥修,黄元治纂:乾隆《大理府志》,清乾隆十一年刻本。

陈钊镗修,李其馨纂:道光《赵州志》,民国三年重印本。

龙云、周钟岳纂修:民国《新纂云南通志》,民国三十八年铅印本。

项联晋修,黄炳堃纂:光绪《云南县志》,清光绪十六年刻本。

苏鸣鹤修,陈璜纂:嘉庆《楚雄县志》,嘉庆二十三年刻本。

崇谦修,沈宗舜纂:宣统《楚雄县志》,清宣统二年钞本。

陆宗郑修,甘雨纂:光绪《姚州志》,清光绪十一年刻本。

李毓兰修,甘孟贤纂:光绪《镇南州志略》,清光绪十八年木刻本。

毛玉成修,张翊辰纂:咸丰《南宁县志》,清咸丰二年钞本。

王秉韬纂修:乾隆《沾益州志》,清乾隆三十五年刻本。

黄宅中修,邹汉勋纂:道光《大定府志》,清道光二十九年刻本。

李月枝纂修:康熙《寻甸州志》,清康熙五十九年刻本。

梁蒲贵修,朱延射纂:光绪《宝山县志》,清光绪八年刻本。

许日藻修,杜兆鹏纂:雍正《马龙州志》,清雍正元年刻本。

任中宜纂修:康熙《平彝县志》,清康熙四十四年刻本。

刘沛霖修,朱光鼎等纂:道光《宣威州志》,清道光二十四年刻本。

陈其栋等修,缪果章纂:民国《宣威县志》,民国二十三年铅印本。

罗瀛美修,周沆纂:光绪《浪穹县志略》,清光绪二十八年修,民国元年重刊本。

王宝仪修,杨金和等纂:光绪《鹤庆州志》,清光绪二十年刻本。

杨金铠纂修:民国《鹤庆县志》,民国三十三年油印本。

黄元直修,刘达武等纂:民国《元江志稿》,民国十一年铅印本。

李诚修,罗宗琏纂:道光《新平县志》,清道光七年刊刻钞本。

吴永立修,马太元纂:民国《新平县志》,民国二十二年石印本。

李熙龄续纂修:道光《普洱府志》,清咸丰元年刻本。

刘垲、席庆年修,吴蒲等纂:乾隆《续修蒙化直隶厅志》,清光绪七年刻本。

李春曦修,梁友檍纂:民国《蒙华县志稿》,民国八年铅印本。

刘毓珂等纂修:光绪《永昌府志》,清光绪十一年刻本。

罗纶修,李文渊纂:康熙《永昌府志》,清康熙刻本。

宣世涛纂修:乾隆《永昌府志》,清乾隆五十年刻本。

陈宗海修,赵端礼纂:光绪《腾越厅志稿》,清光绪十三年刊本。

张鉴安修,寸晓亭纂:民国《龙陵县志》,民国六年刊本。

贵　州

卫既齐修,薛载德纂:康熙《贵州通志》,康熙三十六年修,贵州省图书馆油印本,1965 年版。

鄂尔泰修,杜诠纂:乾隆《贵州通志》,清乾隆六年刻,嘉庆修补本。

萧管纂:道光《贵阳府志》,清咸丰刻本。

赵沁修,田榕纂:乾隆《玉屏县志》,清乾隆二十二年刻本。

蔡宗建修,龚傅绅纂:乾隆《镇远府志》,清乾隆五十八年刻本。

邹汉勋纂:咸丰《安顺府志》,清咸丰元年刻本。

彭钰纂:光绪《镇宁州志》,清光绪钞本。

黄培杰纂修:道光《永宁州志》,清道光十七年刻本。

邹汉勋修,朱逢甲纂:咸丰《兴义府志》,清咸丰四年刻本。

田昌雯纂:民国《普安县志》,民国石印本。

王粤麟修,曹维祺纂:乾隆《普安州志》,清乾隆二十三年刻本。

瞿鸿锡修,贺绪蕃纂:光绪《平越直隶州志》,清光绪三十三年刻本。

程德炯纂修:乾隆《陵川县志》,清乾隆四十四年刻本。

盛　京

刘起凡修,周志焕纂:《开原县志》,康熙十七年修,民国二十三年印,民国《辽海丛书》本。

长顺修,李桂林纂:光绪《吉林通志》,光绪十七年刻本

杨宾纂:康熙《柳边纪略》,清光绪仰视千七百二十九鹤斋丛书本。

阿桂、董浩修,刘谨之、程维岳纂:乾隆《盛京通志》,乾隆四十四年修,清文渊阁《四库全书》本。

曹廷杰撰:《东北边防辑要》,民国二十三年印,民国《辽海丛书》本。

西清纂:嘉庆《黑龙江外记》,嘉庆十五年修,清光绪广雅书局刻本。

萨英额纂:道光《吉林外记》,清光绪渐西村舍本。

刘源溥修,范勋纂:康熙《锦州府志》,民国辽海丛书本。

文镒修,范炳勋纂:民国《绥中县志》,民国十八年铅印本。

贾弘文修,董国祥纂:康熙《铁岭县志》,民国辽海丛书本。

斐焕星修,白永贞纂:民国《辽阳县志》,民国十七年铅印本。

杨镳修,施鸿纂:康熙《辽阳州志》,民国辽海丛书本。

马龙潭修,蒋龄益纂:民国《凤城县志》,民国十年石印本。

赵恭寅修,曾有翼纂:民国《沈阳县志》,奉天作新印刷局民国六年铅印本。

张克湘修,周之桢纂:民国《抚顺县志》,民国钞本。

沈国冕修,苏民纂:民国《兴京县志》,民国十四年铅印本。

胡德琳修,李文藻等纂:乾隆《历城县志》,清乾隆三十八年刻本。

陈艺修,郑沛纶纂:民国《铁岭县志》,民国六年铅印本。

吉　林

长顺修,李桂林纂:光绪《吉林通志》,清光绪十七年刻本。

西清纂:嘉庆《黑龙江外记》,嘉庆十五年修,清光绪广雅书局刻本。

郑士纯修,朱衣点纂:民国《桦川县志》,民国十七年铅印本。

萨英额纂:道光《吉林外记》,清光绪渐西村舍本。

王世选修,梅文昭纂:民国《宁安县志》,民国十三年铅印本。

万福麟修,张伯英纂:民国《黑龙江志稿》,民国二十一年铅印本。

黑龙江

西清纂:嘉庆《黑龙江外记》,嘉庆十五年修,清光绪广雅书局刻本。

黄维翰纂修:宣统《呼兰府志》,民国铅印本。

万福麟修,张伯英纂:民国《黑龙江志稿》,民国二十一年铅印本。

崔福坤修,丛绍卿等撰:《讷河县志》,民国二十年双城县精益书局铅印本。

蒙　古

夏日瑷校,姚明辉辑:光绪《蒙古志》,清光绪三十三年刊本。

黄维翰纂修:宣统《呼兰府志》,民国铅印本。

张穆撰,何秋涛补注:《蒙古游牧记》,清同治六年刊本。

西清纂:嘉庆《黑龙江外记》,嘉庆十五年修,清光绪广雅书局刻本。

翟文选修,王树枏纂:民国《奉天通志》,民国二十三年铅印本。

李兴盛,马秀娟主编:《程德全守江奏稿》,黑龙江人民出版社 1999 年版。

盛昱、杨钟羲编纂:《八旗文经》,辽沈书社 1988 年版。

刘启端纂:光绪《大清会典图》,清光绪重修本。

兴安盟邮电局编:《兴安盟邮电志》,内蒙古人民出版社 1998 年版。

《赤峰市邮电志》编纂委员会编:《赤峰市邮电志》,方志出版社 1998 年版。

赵建国主编:《松山区志》,辽宁人民出版社 1995 年版。

赤峰市地方志编纂委员会编:《赤峰市志》,内蒙古人民出版社 1996 年版。

文祥著:《巴林纪程》,见毕奥男编:《清代蒙古游记选辑》(三十四种),东方出版社 2015 年版。

金志节撰:《口北三厅志》,清乾隆二十三年刊本。

吴辅宏修,王飞藻纂:乾隆《大同府志》,清乾隆四十七年重校刻本。

麟庆著:《奉使鄂尔多斯行记》,《八旗文经》本,见毕奥男编:《清代蒙古游记选辑》(三十四种),东方出版社 2015 年版。

高赓恩纂修:光绪《绥远全志》,清光绪三十四年刊本。

范昭逵:《从西纪略》,见毕奥男编:《清代蒙古游记选辑》(三十四种),东方出版社 2015 年版。

方观承:《从军杂记》,见毕奥男编:《清代蒙古游记选辑》(三十四种),东方出版社 2015 年版。

佚名:《考察蒙古日记》,见毕奥男编:《清代蒙古游记选辑》(三十四种),东方出版社 2015 年版。

婆兹德奈夜夫著:《蒙古及蒙古人》,北洋法政学会 1913 年影印版。

志锐著:《廓轩竹枝词》,见毕奥男编:《清代蒙古游记选辑》(三十四种),东方出版社 2015 年版。

倭哩贺等撰:《定边纪略》,清代抄本。

佚名编:《乌里雅苏台志略》,清代抄本。

富俊撰:《科布多政务总册》,民国二十六年铅印本。

慧成著:《科布多巡边日记》,见毕奥男编:《清代蒙古游记选辑》(三十四种),东方出版社 2015 年版。

新　疆

钟方撰:道光《哈密志》,民国二十六年铅印本。

汪廷楷原辑,松筠纂,祁韵士编纂:《西陲总统事略》,嘉庆十四年程振甲刻本。

景廉撰:《冰岭纪程》,光绪五年刻本。

刘统勋、傅恒修,褚廷璋纂:《钦定皇舆西域图志》,乾隆二十七年修,清文渊阁《四库全书》本。

祁韵士撰,王锡祺辑:《西陲要略》,见《小方壶斋舆地丛抄》,杭州古籍书店 1985 年版。

《左宗棠全集》,上海书店 1986 年版。

钟兴麒著:《西域地名考录》,北京图书馆出版社 2008 年版。

松筠等撰:道光《新疆识略》,清道光元年武英殿刻本。

袁大化修,王树枏、王学曾纂:宣统《新疆图志》,清宣统三年木活字本。

西　藏

北京大学历史系等辑:《西藏地方历史资料选辑》(内部发行),生活·读书·新知三联书店 1963 年版。

顾祖成编著:《明清治藏史要》,齐鲁书社 1999 年版。

恰白·次但平措、诺章·吴坚、平措次仁:《西藏通史》,西藏古籍出版社 1996 年版。

吴丰培编:《抚远大将军允禵奏稿》,中国藏学出版社 1995 年版。

《西藏考》,见《丛书集成初编》,中华书局 1985 年版。

张羽新编著:《清朝治藏典章研究》,中国藏学出版社 2002 年版。

《西藏记》,见《丛书集成初编》,中华书局 1985 年版。

吴丰培校订:《打箭炉志略》,乾隆年间修,中央民族学院图书馆 1979 年油印本。

其　他

《中国地理概览》编写组:《中国地理概览》,东方出版中心 1996 年版。

安徽省人民政府办公厅:《安徽省情》,安徽人民出版社 1981 年版。

陈桥驿编写:《浙江地理简志》,浙江人民出版社 1985 年版。

陈宪庚,吴金贵著:《保定市北区地名志》,河北科学技术出版社 1990 年版。

仇润喜、刘广生主编:《中国邮驿史料》,北京航空航天大学出版社 1999 年版。

范利军主编:《曲靖市文物志》,云南民族出版社 1989 年版。

高冠民、窦秀英编著:《湖南自然地理》,湖南人民出版社 1981 年版。

韩儒林著:《穹庐集》,河北教育出版社 2000 年版。

黄桂枢:《新编思茅风物志》,云南人民出版社 2000 年版。

吉林邮电管理局文史办编:《吉林邮驿》,吉林文史出版社 1995 年版。

金峰:《清代内蒙古五路驿站》,《内蒙古师范学院学报(哲学社会科学版)》1979 年第 1 期。

金峰:《清代外蒙古北路驿站》,《内蒙古大学学报(哲学社会科学版)》1979 年第 Z2 期。

金峰:《清代新疆西路台站》,《新疆大学学报》1980 年第 1、2 期。

史为乐主编:《中国历史地名大辞典》,中国社会科学出版社 2005 年版。

谭其骧主编:《中国历史地图集》(第八册),中国地图出版社 1987 年版。

佟冬主编、丛佩远著:《中国东北史》第四卷,吉林文史出版社 1999 年版。

万良:《河南省地理简志》,强华文化事业有限公司 1997 年版。

汪前进、刘若芳整理:《清廷三大实测全图集 · 乾隆十三排图》,外文出版社 2007 年版。

王灿炽:《北京固节驿考略》,《北京社会科学》1999 年第 1 期。

王文楚:《古代交通地理丛考》,中华书局 1996 年版。

吴镇烽:《陕西地理沿革》,陕西人民出版社 1981 年版。

雍万里编著:《中国自然地理》,上海教育出版社 1985 年版。

中国第一历史档案馆整理:《康熙年间吉林至瑷珲间的驿站》,《历史档案》1982 年第 4 期。

中国人民对外友好协会编:《中国分省概况手册》,北京出版社 1984 年版。

地名索引

C

D

E

F

G

H

J

K

L

M

N

O

P

Q

R

S

T

W

Y

Z

后　记

十六年前，我完成博士论文《清代驿传系统研究》时，由于资料的限制，没能对清代全国驿站的沿革、地点进行逐一考证，也未能画出一张比较准确的清代驿路图。十余年来，这个遗憾一直留在心中，2013 年，我获得学校项目经费资助，得以将这项工作重新启动，同时，我还参加了华林甫教授主持的国家社科基金重大项目《清史地图集》中“清代驿路图”的绘制工作，从中又学习到地图绘制的程序、方法，通过制作编稿表，对驿站资料进一步全面收集，全国 2000 余处驿站的考订资料逐渐汇集齐全。

此次考订工作，主要包括对清代每个驿站的设置时间、地点、配置沿革等内容，驿站的名称设置以嘉庆朝《清会典事例》中的“置驿”“驿程”为依据，每一处驿站利用三四种地方志进行核对。在有可能的情况下，也充分利用时人的笔记资料，以保证驿站信息的准确性。相对而言，内地行省资料较全，易于考订，边疆地区驿站资料的获得则比较困难。这其中，新疆地区尚有一些地方志及考古资料可兹利用，而蒙古地区、西藏地区资料相对匮乏，再加上以往的驿站遗迹也早已荡然无存，所以还留下一些驿站的信息难以收集，只能留待将来再作进一步考证。

此次考证工作前后历时近五年，得到清史研究所内外诸多同仁的鼓励，尤其是与华材甫教授领导的《清史地图集》团队在一起进行研讨，收获良多。期间，几届研究生都参与其中，特别是陈雅静、孔迎川做了很多基础性工作，张卓群、郑腾、王科杰、池晓宁、屈成、杨亚迪、李伯禹、白雪、张含章等都分别对不同省份的驿站信息进行了查阅、审校、排列，孔迎川、王科杰对于书中“清代驿路图”的绘制极尽心力，屈成则为书中诸多插图的搜集与整理贡献很多，对以上老师、同学们的这些支持我衷心感谢。

人民出版社的陈鹏鸣副总编对我一直给予大力支持，刘畅编辑负责本书的具体编辑工作，由于内容多，信息繁芜，审校工作非常复杂，他们都不厌其烦，提出了很多宝贵意见，工作精益求精，保证了本书的顺利出版，对此我不胜感激。

由于本人才疏学浅，在对驿站信息的考订中一定还有很多舛误之处。这些都是我自己能力、学识有限所致，望各位方家不吝赐教，多多指正，所有的批评都会使我受益匪浅。

刘文鹏

2018 年 5 月

于中国人民大学人文楼

责任编辑:刘　畅
装帧设计:肖　辉　王欢欢

图书在版编目(CIP)数据

清代驿站考/刘文鹏 著.—北京:人民出版社,2017.5(2019.8 重印)
ISBN 978-7-01-016299-7

Ⅰ.①清…　Ⅱ.①刘…　Ⅲ.①驿站-研究-中国-清代　Ⅳ.①F512.9

中国版本图书馆 CIP 数据核字(2016)第 123565 号

清代驿站考
QINGDAI YIZHAN KAO

刘文鹏　著

人民出版社 出版发行
(100706　北京市东城区隆福寺街 99 号)

北京中科印刷有限公司印刷　新华书店经销

2017 年 5 月第 1 版　2019 年 8 月北京第 2 次印刷
开本:787 毫米×1092 毫米 1/16　印张:53.5
字数:929 千字

ISBN 978-7-01-016299-7　定价:148.00 元

邮购地址 100706　北京市东城区隆福寺街 99 号
人民东方图书销售中心　电话 (010)65250042　65289539